CW01373872

CRAIG BROWN

Traduit de l'anglais par
Baptiste Sernin

THE BEATLES

ONE
TWO
THREE
FOUR

rock&folk
éditions

Pour Frances, Silas, Tallulah et Tom

Avec la collaboration de :
Xavier Belrose

Direction artistique :
Martin Laignel
Maquette :
Marine Le Saout

Photographie de couverture :
© Photo by Michael Ochs Archives/Getty Images - Les Fab Four sur le toit du Palace Court Hotel, à Bournemouth pendant leur résidence de six soirées au Gaumont Theatre en août 1963

Copyright
© Craig Brown, 2020
Craig Brown revendique le droit moral d'être reconnu comme l'auteur de cette œuvre.
Première publication sous le titre : *One Two Three Four - The Beatles in Time*, 4th Estate, une division de HarperCollins*Publishers*

© 2022 Éditions Rock & Folk / Casa Éditions / Éditions Larivière - 12 rue Mozart, 92110 Clichy
ISBN : 978-2-38058-264-2
Dépôt légal : juin 2022

Achevé d'imprimer en mai 2022 par Finidr en République tchèque

*En cent étés ! De nouveaux horizons,
Nouveaux espoirs, nouvelles modes, nouvelles folies, nouvelles sagesses ;
De nouveaux soucis à déplorer, de nouvelles joies à apprécier ;
Sans rien laisser de vous ou de moi
Dans la vision éclatante de ce siècle vivant
Au-delà d'une pincée de poussière ou deux ;
Un siècle qui, s'il n'est pas sublime,
Se montrera, je n'en doute pas, à son apogée,
Une portée au-dessus de ce temps aveugle.*
Extrait de *1967*, de Thomas Hardy (écrit en 1867).

Ces cinquante années ont été remarquables pour le monde... Pensez à ce que nous aurions manqué si nous n'avions jamais entendu les Beatles.
La reine Elizabeth II, s'exprimant en novembre 1997 lors de la célébration de
ses noces d'or

1

One.

    Two.

        Three.

            Four.

Dans leurs costumes et cravates noirs soignés, Brian Epstein et son assistant personnel, Alistair Taylor, descendent les dix-huit marches raides du sous-sol moite de Mathew Street. Brian le trouve « aussi noir qu'une tombe profonde, humide et puante ». Il aurait aimé ne pas être là. Taylor et lui auraient préféré assister à un concert classique au Philharmonique, mais la curiosité a eu raison d'eux. Quatre jeunes musiciens entrent sur scène. Brian les reconnaît grâce au magasin de disques familial dont il est le gérant : ce sont ceux qui se prélassent dans les cabines, écoutent les derniers disques et discutent avec les filles, sans avoir la moindre intention d'acheter un disque.

Entre les chansons, les trois voyous à guitares commencent à crier et à jurer, tournant le dos au public et faisant semblant de se frapper. Taylor remarque que les yeux de Brian s'écarquillent d'étonnement. Taylor lui-même est en train de vivre l'une des expériences les plus choquantes de sa vie. - comme si quelqu'un vous cognait - et il est sûr que Brian ressent la même chose.

Après le spectacle, Taylor dit, « Ils sont tout simplement épouvantables. »

« Ils sont « affreux », convient Brian. Mais je pense aussi qu'ils sont fabuleux. Allons-y et disons bonjour. »

George est le premier des Beatles à repérer l'homme du magasin de disques qui s'approche.

« Bonjour, dit-il. Qu'est-ce qui amène M. Epstein ici ? »

2

Les autres groupes avaient tous un leader. Votre favori était donc sélectionné pour vous, en quelque sorte. Personne n'aurait jamais choisi Hank Marvin plutôt que Cliff Richard, par exemple, ou Mike Smith plutôt que Dave Clark.

Mais avec les Beatles, il y avait le choix, vous pouviez choisir votre favori, et celui que vous choisissiez en disait long sur qui vous étiez. Pour leur fan américaine Carolyn See, il y avait « Paul, pour ceux qui préféraient la beauté androgyne ; John, pour ceux qui appréciaient l'intellect et l'esprit ; George parce qu'il possédait cette chose ineffable que nous allions plus tard reconnaître comme la vie spirituelle ; et Ringo, le saint patron des ratés du monde entier. »

À Liverpool, Linda Grant, âgée de douze ans, préférait Ringo « pour des raisons qui me dépassent. » Elle se souvient qu'à l'école, il y avait « une vraie sainte-nitouche qui aimait Paul. George semblait un peu nul. John semblait inaccessible, trop intimidant. »

Ringo était le Beatle pour les filles qui manquaient d'ambition. Le choisir comme favori suggérait une touche de réalisme. Il allait de soi que les autres étaient déjà pris, mais vous pouviez avoir une petite chance avec le batteur. Si on me demandait qui était mon préféré, je répondais toujours : « Oh, j'aime bien Ringo, se souvient Fran Lebowitz, qui a grandi dans le New Jersey. J'aimais la personnalité de Ringo Starr. Je l'aime toujours. Bien sûr, il n'était pas le préféré des filles de mon école. Paul McCartney était de loin le préféré. C'était le plus mignon des Beatles. C'était donc probablement une position à contre-courant que de choisir Ringo Starr. »

Helen Shapiro[1] n'a que seize ans, mais elle est déjà une vraie star lorsque les Beatles partent en tournée avec elle, pour assurer sa première partie au début de l'année 1963. Comme n'importe quelle autre fille, elle avait son préféré. « John était marié mais personne ne le savait à l'époque, alors comme quelques milliers d'autres filles, j'avais le béguin pour lui... George était le plus sérieux. Il parlait de temps en temps de ce qu'il allait faire quand il serait riche, et essayait de me convaincre de l'importance de prendre en main l'aspect financier des choses. Je ne devais pas être une bonne élève. Je n'étais pas encore consciente du rôle de l'argent.

Paul est resté le porte-parole. Ringo était le plus discret. »

Pattie Boyd a rencontré les quatre Beatles après avoir été choisie pour jouer l'une des écolières dans *A Hard Day's Night*. « John semblait plus cynique et effronté que les autres, Ringo étant le plus attachant. Paul était mignon, et George, avec ses yeux bruns comme du velours et ses cheveux châtain foncé, était le plus bel homme que j'avais jamais vu. » Contrairement à des millions d'autres fans, Pattie a pu pousser un peu plus loin la sélection de son favori... puisqu'elle a fini par l'épouser.

Il y avait un Beatle pour tous les goûts. En tant que fan, vous vous exprimiez en choisissant un Beatle plutôt qu'un autre. Chacun personnifiait un élément différent : John le feu, Paul l'eau, George l'air, Ringo la terre. Même leurs amis aimaient les peindre dans des couleurs primaires, avec des caractères très contrastés, comme une de ces blagues sur l'Anglais, le Gallois, l'Irlandais et l'Écossais. Carolyn See a noté comment, dans *A Hard Day's Night*, ils ont joué leurs personnages « Paul le séduisant, John le spirituel, George le réfléchi, Ringo l'idiot. »

---

[1] Helen Shapiro a connu deux grands succès au Royaume-Uni en 1961 avec « You Don't Know » et « Walkin' Back To Happiness ». Elle n'avait que 14 ans à l'époque. (Note du traducteur, N.d.t..)

L'acteur Victor Spinetti a un jour raconté cette histoire à leur sujet. Pendant le tournage de *Help!* à Salzbourg, il a attrapé la grippe. Il a dû rester au lit. « Les Beatles sont venus me rendre visite dans ma chambre d'hôtel. Le premier à arriver fut George Harrison. Il a frappé, est entré et a dit : « Je suis venu pour rembourrer vos oreillers. Quand quelqu'un est malade au lit, il doit faire gonfler ses oreillers. » Il a alors tapoté mes oreillers puis est parti. John Lennon est entré ensuite et a marché de long en large en aboyant « *Sieg heil, Schweinhund !* Les médecins sont là. Ils viennent faire des expériences sur toi. *Sieg heil ! Heil Hitler !* » Et il est parti. Ringo entre alors, s'assoit près du lit, prend le menu de l'hôtel et lit à voix haute, comme à un enfant : « Il était une fois trois ours. Maman ours, Papa ours et Bébé ours. » Et puis il est parti. Paul a ouvert la porte d'un centimètre et m'a demandé : « C'est contagieux ? » « Oui », ai-je répondu, sur quoi il a fermé la porte et je ne l'ai jamais revu. » Paul était un pragmatique, comme d'habitude. Il savait que si, lui ou les autres, avaient attrapé la grippe, il n'y aurait pas eu de tournage.

Travaillant aux côtés de Brian Epstein, Alistair Taylor a observé les différentes façons dont les Beatles géraient leurs revenus. « Chaque mois, Brian remettait à chacun des garçons leurs états financiers, tous soigneusement et précisément détaillés, et scellés dans une enveloppe blanche. Ils réagissaient très différemment. John la froissait instantanément et la mettait dans sa poche. George y jetait peut-être un coup d'œil. Ringo ne voulait certainement pas la comprendre et ne perdait pas de temps à essayer. Paul était celui qui l'ouvrait soigneusement et s'asseyait dans un coin du bureau pendant des heures pour la parcourir méticuleusement. »

En vieillissant, les différences entre leurs caractères sont devenues plus nettes. C'était comme si le vent avait tourné, et que chacun était resté collé avec le visage qu'il avait présenté la dernière fois. Lorsqu'on leur demande de proposer des idées de personnages célèbres à inclure sur la pochette de l'album *Sgt. Pepper*, George suggère quelques gourous indiens, et Paul choisit une grande variété d'artistes, de Stockhausen à Fred Astaire. Les suggestions de John étaient plus macabres ou décalées : le marquis de Sade, Edgar Allan Poe, Jésus, Hitler. Quant à Ringo, il a simplement dit qu'il ferait ce que les autres voulaient.

Bien sûr, les Beatles tournaient autour des personnages contrastés de Paul et John. Leur ingénieur du son Geoff Emerick les observait au travail. « Ils n'auraient pas pu être deux personnes plus différentes. Paul était méticuleux et organisé, il avait toujours un cahier avec lui, dans lequel il notait méthodiquement les paroles et les changements d'accords de son écriture soignée. En revanche, John semblait vivre dans le chaos : il cherchait constamment des bouts de papier sur lesquels il avait griffonné des idées à la hâte. Paul était un communicateur naturel ; John ne parvenait pas à articuler ses idées. Paul était le diplomate ; John était l'agitateur. Paul était doux et d'une politesse presque sans faille ; John pouvait être une grande gueule et assez grossier. Paul était prêt à passer de longues heures pour obtenir un morceau correct ; John était impatient, toujours prêt à passer à autre chose. Paul savait généralement exactement ce qu'il voulait et vivait mal les critiques ; John avait la peau plus épaisse et était ouvert à l'idée d'entendre ce que les autres avaient à dire. » John était cassant, exigeant et caustique ; Paul était apaisant, engageant, agréable. Mais certains ont décelé quelque chose d'unique, peut-être même égocentrique, sous le charme de Paul. Tony Barrow, qui a travaillé comme attaché de presse des Beatles, estime que « John faisait le plus de bruit, surtout avec Epstein. Mais c'est Paul qui laissait John faire le gros du travail lorsqu'il y avait une dispute avec Brian. Ensuite, Paul finissait de le persuader. John faisait parfois pleurer Brian, mais Paul, qui était plus « politique », utilisait une influence discrète pour arriver à ses fins. John aboyait pour masquer son propre manque de confiance.

Paul a tout promis aux gens, des billets, des cadeaux, obtenant ainsi l'assurance que des gens comme moi tenions nos engagements vis-à-vis de lui. Il faisait tout pour avoir l'air d'un bienfaiteur. Il a fait beaucoup de promesses, mais avec très peu de résultats.
« C'était un charmeur qui était un régal pour les relations publiques, un homme qui était maître dans l'art de créer une image. Il est et était un véritable showman. Il se nourrit de l'approbation de son public. »

Paul avait un visage de bébé, il était méticuleux, guilleret, diplomate et énergique, mélancolique, enjôleur, optimiste, extraverti, joyeux, sentimental, plein de sollicitude. John était anguleux, empoté, larmoyant, difficile, paresseux, dissonant, nerveux, sardonique, pessimiste, égoïste, boudeur, froid, brutal. Paul se considérait comme aimable ; John se considérait comme non-aimable.
Paul a tenté un jour d'expliquer comment ils étaient devenus ce qu'ils étaient. « John, à cause de son éducation et de sa vie familiale instable, devait être dur, plein d'esprit, toujours prêt pour la dissimulation, prêt pour la riposte, prêt pour le petit mot d'esprit acéré. Alors qu'avec mon éducation plutôt confortable, beaucoup de famille, beaucoup de gens, très nordique, *Cup of tea, love?*", ma vie était bien plus superficielle. Mettre les gens à leur aise. Bavarder avec les gens, être gentil, c'est bien d'être gentil... Psychologiquement, personne ne pouvait dire grand-chose pour me blesser, alors qu'avec John, son père n'était pas à la maison, alors c'était : "Où est ton père, salaud ?". Et sa mère vivait avec quelqu'un – à l'époque c'était considéré comme "vivre dans le péché" – le sort s'acharnait sur lui. John devait se forger une vraie carapace. Tout cela a formé sa personnalité ; c'était une personne très prudente... Et il avait de gros complexes dus à son éducation. »

La puissance particulière de la musique des Beatles, sa magie et sa beauté, résident dans le mélange de ces opposés. D'autres groupes étaient rauques ou réfléchis, progressistes ou traditionnels, solennels ou optimistes, folkloriques, sexy ou agressifs. Mais quand on écoute un album des Beatles, on sent que toute la vie humaine s'y trouve. Pour John, lorsqu'ils composaient ensemble, Paul « apportait une légèreté, un optimisme, tandis que je recherchais toujours la tristesse, les discordes, un certain côté bluesy. » C'est cette tension finement équilibrée entre le « pousse-moi » et le « tire-toi » qui a rendu leur plus grande musique si expressive, capable d'être à la fois universelle et particulière.
Même à l'adolescence, ils abordaient l'écriture de leurs chansons avec beaucoup de sérieux. Paul sortait de l'école et John le rejoignait dans la maison McCartney à Forthlin Road. Paul ouvrait son cahier d'écolier, avec ses lignes bleues sur du papier blanc, et écrivait sur la page blanche suivante : « Une autre chanson originale de Lennon – McCartney », et tous deux se mettaient directement à composer leur prochaine chanson. Avec le recul, Paul a du mal à se souvenir d'un après-midi infructueux. « On n'a jamais eu de séance sans où nous étions secs... Pendant toutes ces années, on n'est jamais sorti d'une séance en se disant : "Et merde, on n'arrive pas à écrire un morceau !" »

Parfois, leurs contributions à la même chanson étaient si bien différenciées qu'ils semblaient pousser à fond leurs propres caricatures. Paul propose « We Can Work It Out », et John le contredit immédiatement : « *Life is very short* » (La vie est trop courte).
Paul chante « *It's Getting Better* » et John le contredit avec « *Can't get much worse* » (Ça ne peut pas être pire). Dans « A Day In The Life », c'est John, lecteur compulsif de journaux, qui se moque de l'homme qui s'est fait sauter la cervelle dans une voiture (et qui ne voit pas le feu passer au vert), alors qu'avec Paul, l'homme se réveille, tombe du lit, et se passe un coup de peigne dans les cheveux.

Beaucoup de leurs chansons ont des mélodies lumineuses mais des paroles sombres, ou des mélodies sombres mais des paroles lumineuses.

Les paroles de « Help! », « Run for Your Life », « Misery » et « Maxwell's Silver Hammer » parlent toutes de dépression et de psychose, mais elles sont accompagnées de mélodies enjouées.

Privées de cette lutte acharnée entre les deux partenaires concurrents, leurs chansons en solo manquent souvent de ce sentiment de déchirement l'altérité, John s'apitoyant sur son sort et Paul cédant à la fantaisie[2].

Au fil du temps, leur collaboration s'amenuise et ils composent de plus en plus leurs chansons séparément. Mais ils restent animés par un sens commun de la compétition ; chacun cherche l'approbation de l'autre. « C'était un couple idéal, écrit le critique Ian MacDonald. Ils riaient des mêmes choses, pensaient à la même vitesse, respectaient le talent de l'autre et savaient que leur besoin tacite de se surpasser et de se surprendre était crucial pour la vitalité de leur musique. »

---

2 Quatorze ans après la séparation des Beatles, Paul a déclaré à Steve Grant du *Time Out* : « Je sais que j'ai perdu mon tranchant… J'ai besoin d'une sorte d'injection extérieure, de stimulus, qui n'existe plus. Et rappelez-vous que la force venait de tous les Beatles - si Ringo ou George n'aimaient pas quelque chose, c'était fini. Mon travail est devenu plus pop sans ce stimulus extérieur, mais j'ai toujours été plus à l'aise avec les chansons d'amour et les hymnes. » En même temps, John restait frustré par le manque relatif de réception de ses propres compositions. « Il était parfois agacé que les chansons de Paul soient plus reprises que les siennes, a déclaré Yoko à Philip Norman en 2008 ». Il disait : « Ils reprennent toujours les chansons de Paul - ils ne reprennent jamais les miennes. » En 2019, Paul a souri en racontant à la journaliste de la *BBC*, Emily Maitlis, à quel point John était énervé lorsqu'il entrait dans des salons d'hôtel à New York et que les pianistes, cherchant à lui faire plaisir, se lançaient immédiatement dans des interprétations fleuries de « Yesterday ».

3

Fin novembre 1940

Mary Mohin a trente ans et n'est toujours pas mariée. La mère de Mary est morte en 1919, en donnant naissance à son cinquième enfant, qui est également décédé. À l'époque, Mary avait dix ans. Peut-être influencée par cette tragédie précoce, elle se destine à devenir sage-femme. Elle a réalisé son ambition, et plus encore : elle est aujourd'hui non seulement sage-femme, mais aussi sœur de service.

Jim McCartney a trente-huit ans et n'est toujours pas marié. Il était le cinquième enfant de sa mère, mais seulement le troisième à vivre au-delà de l'âge de deux ans. Il a quitté l'école juste avant son quatorzième anniversaire et a trouvé un bon emploi chez un courtier en coton. Il est maintenant vendeur de coton, avec un salaire décent. Mais ce qu'il aime par-dessus tout, c'est jouer de la trompette avec son propre groupe de six à huit musiciens, le Jim Mac's Band. Ils interprètent tous les derniers airs de danse, le préféré de Jim étant « I'll Build A Stairway To Paradise ».

Dispensé de service en temps de guerre parce qu'il est sourd d'une oreille, Jim est attaché à l'unité de pompiers de Fazakerley. Les bombes allemandes tombent sur Liverpool depuis le mois d'août ; Londres est la seule ville à avoir subi plus de dévastations[3], mais l'humour légendaire pince-sans-rire des Liverpudliens leur permet de s'en sortir. À Arnold Grove, la famille Harrison a vu ses fenêtres exploser, et son canapé en cuir, qu'elle réservait pour les grandes occasions, a été déchiqueté par les éclats de verre. « Si j'avais su que cela allait arriver, nous aurions dû nous asseoir plus souvent dessus, pendant toutes ces années », observe Mme Harrison.

Mary loge chez Gin, la sœur de Jim. Mary et Jim se connaissent depuis quelques années maintenant, bien qu'ils n'aient jamais envisagé une romance entre eux deux.

(a)
Ce soir, les bombardiers nazis passent au-dessus de la ville. Gin et Mary rendent visite à la mère de Jim dans l'avenue Scargreen lorsque les sirènes retentissent. Ils doivent rester confiner chez eux. Pendant que les bombes tombent, Jim et Mary s'assoient et discutent pendant des heures. À l'annonce de la fin du raid allemand, ils sentent qu'ils sont faits l'un pour l'autre.

Après de brèves fiançailles, ils se marient le 15 avril 1941 ; un peu plus d'un an plus tard, Mary donne naissance à leur premier enfant, un garçon. Ils le baptisent James Paul McCartney.

(b)
Cette nuit est calme. Les sirènes restent silencieuses. Le raid aérien est pour le lendemain... alors que Gin et Mary ont prévu de rester à la maison. Jim et Mary n'auront donc pas cette discussion à cœur ouvert et prendront des chemins différents. James Paul McCartney n'est jamais né.

---

3 Plus de quatre mille Liverpudliens ont été tués dans le Blitz.

4

Nous avions reçu l'ordre de nous réunir à l'extérieur de Liverpool, à Speke Hall, décrit par le National Trust[4] comme « un atypique manoir Tudor à colombages situé dans un cadre inhabituel sur le bord de la rivière Mersey ». Le domaine a été, selon le guide, « le témoin de plus de 400 ans d'histoire mouvementée ».

J'étais en avance, alors j'ai traîné dans le Visitor Complex, sorte d'annexe - pas vraiment en bon état - en regardant les tasses, les écharpes, les savons et les livres sur les Tudors. « Vous êtes un peu un rat de bibliothèque ? Jetez un coup d'œil à notre collection de livres pour trouver votre prochaine grande lecture ! »

Très vite, un joyeux chauffeur du nom de Joe nous a fait monter dans un mini-bus, puis nous a demandé d'où nous venions. Trois d'entre nous venaient d'Espagne, deux d'Italie, quatre d'Australie, deux d'Autriche et quatre d'Angleterre. Il manquait quelques personnes qui avaient acheté des billets, alors nous avons attendu jusqu'à ce que deux jeunes femmes arrivent en courant vers le bus, en faisant des signes frénétiques. « Faisons-leur peur », dit Joe, en mettant le contact et en partant. Elles ont fait des signes encore plus frénétiques. « Et maintenant, voyons ces larmes se transformer en rires », dit Joe, en arrêtant le minibus et en les faisant monter.

Alors que le minibus quittait Speke Hall, Joe a appuyé sur un bouton et « Love Me Do » a jailli des haut-parleurs. « C'est quoi ces conneries alors ? », a crié un Australien à l'arrière.

« Je vois qui va rentrer à pied ! dit Joe. Quand il descendra du bus, on lui sautera dessus! » C'était très joyeux.

Nous nous trouvons bientôt à Forthlin Road, le quartier typique avec ses rangées de maisons sans prétention que la plupart des membres du National Trust traversent en voiture plutôt que de s'y rendre à pied.

Le National Trust a acheté le 20 Forthlin Road en 1995, sur la suggestion du directeur général de la *BBC* de l'époque, un Liverpudlien du nom de John Birt[5], qui avait remarqué qu'il était en vente. Sept ans plus tard, le Trust a également acquis la maison d'enfance de John Lennon, « Mendips »,

---

[4] Le National Trust est un organisme d'état qui a pour objectif de conserver et mettre en valeur les monuments et lieux exceptionnels en Grande-Bretagne. (N.d.t..)

[5] John Birt, directeur général de la *BBC* de 1992 à 2000. Au cours de l'été 1962, le jeune Birt, âgé de dix-sept ans, travaille pendant ses vacances comme videur au Cambridge Hall de Southport, où les Beatles se produisent deux soirs de suite, avec Joe Brown and the Bruvvers en tête d'affiche. Après le premier concert, on lui demande, ainsi qu'à un ami, de garder la porte de la Green Room des Beatles pour bloquer l'entrée à, selon ses propres termes, « une vingtaine de filles de mon âge, émues et en larmes ». L'une de ces filles s'est avérée être « la plus belle fille de Formby. Nous la voyions chaque jour dans le train pour l'école. Elle était d'une beauté à part et ne prêtait attention à aucun d'entre nous. Personne dans mon entourage ne lui avait jamais parlé. » Elle a supplié Birt et son ami de la laisser entrer pour voir Paul McCartney. Mon ami lui a dit : « On te laisse voir Paul si tu nous laisses te bécoter et te peloter. » Elle a immédiatement accepté et nous a emmenés dans des escaliers de service. À ma grande honte, même à l'époque, j'ai participé à cet odieux chantage, avec cette fille, qui s'est laissée peloter sans aucun plaisir. Cette expérience peu édifiante a été rapidement interrompue et nous l'avons ramenée dans la Green Room pour constater que les Beatles étaient partis. Je me suis précipité dans une panique coupable pour essayer de localiser Paul et, à mon grand soulagement, je l'ai trouvé au bar. J'ai récupéré la fille et l'ai amenée à Paul, qui était entouré d'une foule d'admirateurs. Il s'est retourné, m'a reconnu comme étant le videur, a compris que j'étais là dans un but précis et a haussé les sourcils d'un air interrogateur. J'ai expliqué que j'étais avec quelqu'un qui avait très envie de le rencontrer et j'ai présenté à Paul l'apparition à mes côtés. Il s'est incliné gracieusement et, tandis que je partais, embarrassé, ils discutaient poliment entre eux. »

dans Menlove Avenue, après qu'elle a été achetée par Yoko Ono. Dans une déclaration faite à cette époque, elle a déclaré : « Lorsque j'ai appris que Mendips était en vente, j'ai eu peur qu'elle ne tombe entre de mauvaises mains et ne soit exploitée commercialement. C'est pourquoi j'ai décidé d'acheter la maison et d'en faire don au National Trust afin qu'elle soit bien entretenue et que les gens puissent la visiter et la voir. Je suis ravi que le National Trust ait accepté de la prendre en charge. »

Mais cette décision n'a pas été bien accueillie par tout le monde. Tim Knox, à l'époque conservateur en chef du National Trust[6], s'est déclaré « furieux ». Le critère habituel du National Trust pour l'acquisition d'une propriété - à savoir que le bâtiment doit avoir une valeur artistique intrinsèque - a été, selon lui, abandonné au profit d'un populisme de pacotille. « Ce sont des coups de publicité, pas des acquisitions sérieuses », a-t-il déclaré, ajoutant, à moitié sur le ton de la plaisanterie, « Nous allons maintenant acquérir quatre propriétés pour que Ringo ne se sente pas exclu. »

D'autres sont d'accord. « D'un point de vue architectural, la maison n'est ni plus ni moins intéressante que n'importe quelle autre artère de banlieue de classe moyenne de n'importe quelle autre ville. Sa valeur particulière provient du contact virtuel et mystique avec le génie », a observé le critique de design Stephen Bayley[7]. « Le problème pour les historiens en architecture du National Trust est que, puisque la maison a été pratiquement vidée de son contenu, il n'y a aucune possibilité de contact virtuel et mystique avec le téléviseur du génie, le meuble de cuisine ou tout autre artefact qui pourrait donner un aperçu de l'inspiration qui nous a donné un tel torrent de mots et de musique brillants. Alors, ils se sont mis à faire semblant. »

« Le National Trust se targue d'avoir les plus grands experts dans le domaine de l'architecture au monde. Ces experts sont donc partis à la chasse aux objets nécessaires pour habiller la maison de Lennon. Mais quand des experts partent incognitos à la quête d'objets de pacotille chez les marchands miteux de Liverpool, leur limite dans l'expertise scientifique se retrouve bien entamée. Une armoire à pharmacie pourrie est admirée pour son authenticité. Le lino est soumis à un examen digne d'un bas-relief de Donatello. On trouve les pieds en forme de cônes du téléviseur, mais pas le téléviseur lui-même... Si vous empruntez la longue et sinueuse route du faux, où vous arrêtez-vous? Dans le monde onirique de la mémoire populaire et de la fantaisie, voilà la réponse. »

La détermination du National Trust reste imperturbable. « Imaginez-vous, passer par la porte arrière pour entrer dans la cuisine où la tante Mimi de John Lennon lui aurait préparé son thé », peut-on lire dans la brochure associée à la visite de Mendips. On a le sentiment de pénétrer dans un sanctuaire religieux, un lieu de pèlerinage. « Joignez-vous à notre fascinante gardienne pour un voyage dans le passé... La chambre de John est le lieu propice où vous pourrez vous recueillir, et ne faire qu'un avec cet artiste extraordinaire. »

Les « pèlerins » de Mendips sont soumis à des règles plus strictes que celles de la chapelle Sixtine. « Toute photographie à l'intérieur de Mendips ou duplication du matériel de visite audio est strictement interdite. Il vous sera demandé de déposer tous les sacs à main, appareils photo et matériel d'enregistrement à l'entrée de la maison. »

Ce ne serait pas étonnant qu'un jour, un des « fidèles » ne soit témoin d'une sorte de miracle à Mendips - un aveugle recouvre la vue, un infirme se lève et marche, une petite fille voit la mère de John, Julia, dans une vision - ce qui amène encore plus de pèlerins à affluer vers l'avenue Menlove, formant

---

[6] Il est actuellement le directeur de la Collection Royale.
[7] Par pure coïncidence, c'est le même Stephen Bayley qui, à l'âge de quinze ans, a écrit la lettre à John qui l'a incité à écrire «I Am The Walrus» (voir page 267).

des files d'attente ordonnées pour avoir la chance de voir l'endroit exact où Julia a trouvé la mort. Pendant que notre minibus vidait ses passagers, d'autres sortaient d'un autocar « Magical Mystery Tour » et, derrière eux, quatre Allemands descendaient d'un taxi noir. La porte d'entrée du 20 Forthlin Road est envahie de visiteurs du monde entier, portant des T-shirts des Beatles et posant pour des selfies. Le panneau métallique à l'extérieur annonce « La fière maison familiale de la famille McCartney, Jim, Mary, Paul et Mike. Visites organisées par le National Trust ».

J'ai commencé à me rapprocher de la tête de la file d'attente. J'avais réservé longtemps à l'avance et payé 31 livres (guides compris) pour une visite officielle des deux maisons des Beatles, et je craignais que des personnes participant à des visites non officielles ne se faufilent dans la maison de Paul à ma place. Heureusement, Joe, le chauffeur, était là pour surveiller les quelques élus. Notre petit groupe s'est dirigé avec suffisance vers le jardin de devant du 20 Forthlin Road, et les portes se sont ensuite refermées sur tous les autres.

Notre guide du National Trust s'est présentée sous le nom de Sylvia. Elle conduit 12 000 personnes par an autour de la maison d'enfance de Paul, vingt personnes à la fois, quatre fois par jour. Sa voix a un petit air de Hyacinth Bucket[8]. Debout dans le jardin, elle nous accueille au 20 Forthlin Road. C'est ici, dit-elle, que Paul a vécu pendant huit ans : « des années très importantes sur le plan musical. George Harrison était un des premiers visiteurs. George apportait sa guitare. »

Un frémissement a parcouru la pièce. La promesse de contact mystique de Stephen Bayley semblait prendre forme. « Et puis quand John Lennon a commencé à venir à la maison, John prenait un raccourci à travers le terrain de golf pour venir ici sur son vélo, en moins de dix minutes. Et dans la pièce derrière vous - elle a fait un geste - c'est là que John et Paul se sont assis et ont commencé à écrire des chansons ensemble. C'est à la fin de 1963 que Paul a quitté la maison, les Beatles avaient déjà des succès dans les hit-parades, ils passaient à la télévision. Mais Paul revenait toujours, c'était toujours sa chambre là-bas, jusqu'à la fin de 1963. Il a été le dernier Beatle à déménager à Londres. Alors quand les McCartney sont venus - pardon, vous enregistrez ? »

Je me suis figé. J'avais secrètement enregistré Sylvia sur un téléphone portable, mais il s'est avéré qu'elle parlait à l'un des Australiens, qui se tenait plus près d'elle. Il lui a assuré que, non, il n'enregistrait pas. « Non ? répond-elle, méfiante. Je suis désolée, je n'aime pas ça », marmonna-t-elle, avant de s'efforcer de retrouver son fil. « Mmh... Quand... Euh... Les McCartney... Alors... Hum... Quand les McCartney sont venus vivre ici, euh, c'était des logements sociaux, donc ça veut dire que les McCartney ne possédaient pas cette maison, c'était un logement social, tout le monde payait un loyer. »

À l'insu de Sylvia, j'ai continué à enregistrer, tenant sournoisement mon téléphone dans un angle désinvolte pour ne pas attirer son attention. Je me sentais sur les nerfs, comme si je chipais des produits ménagers à portée de crachat d'une agence de détectives.

« Au fil des ans, vous pouvez voir ce qui s'est passé. Les gens ont acheté les maisons, et ils ont changé les portes et les fenêtres. Lorsque le National Trust a acquis cette maison, il y a vingt-deux ans maintenant, il y avait de nouvelles fenêtres à l'avant, mais le Trust a vu qu'une maison de l'autre côté de la rue avait encore ces fenêtres originales, alors ils ont fait un marché, ils ont obtenu les nouvelles fenêtres et nous avons récupéré les anciennes. Aujourd'hui, la maison est exactement comme elle l'était lorsque Paul et sa famille y vivaient. »

Nous regardions tous consciencieusement ces fenêtres, nous émerveillant qu'elles ressemblent

---

[8] Hyacynth Bucket est un personnage du sitcom extrêmement populaire *Keeping Up In Appearances*, croisement entre la reine d'Angleterre et Madame Doubtfire (N.d.t..).

maintenant à ce qu'elles auraient été avant qu'elles ne soient différentes. Pendant ce temps, mon téléphone enregistrait, et j'avais de plus en plus peur que Sylvia le remarque et me dénonce.
« OK, si quelqu'un veut une photo de l'avant de la maison, donnez-moi votre téléphone ou votre appareil photo. Déplacez-vous jusqu'au bout de la fenêtre pour que je puisse vous faire entrer, serrez-vous un peu pour moi. » Des groupes de visiteurs se tiennent radieux devant l'ancienne porte d'entrée de Paul, ou ce qui aurait été l'ancienne porte d'entrée de Paul si elle avait été l'ancienne porte d'entrée de Paul, ce qui n'est pas le cas. « C'est bon ? Pas d'autres photo ? C'est tout ? »
Sylvia nous a prévenus que nous n'étions pas autorisés à prendre des photos dans la maison ou dans le jardin arrière. « Il y a une raison particulière à cela. Vous verrez à l'intérieur que nous avons des photos, dans toute la maison, de Mike McCartney, le frère cadet de Paul, protégées par le droit d'auteur. C'est charmant de les avoir. Et vous apprécierez de les voir. Mais Paul les ferait enlever si des photos se mettaient à circuler. »
Nous nous rendons maintenant dans le jardin arrière. La notice du National Trust suggère « Cinq choses à rechercher au 20 Forthlin Road ». L'une d'entre elles est décrite comme « le tuyau d'évacuation arrière » : « Après la mort de la mère de Paul, son père insistait pour que les deux garçons soient rentrés à temps pour le dîner, sinon ils étaient enfermés dehors. Lorsque cela se produisait, inévitablement, Paul et Mike couraient à l'arrière de la maison, grimpaient sur le tuyau d'évacuation et passaient par la fenêtre de la salle de bains, qu'ils laissaient toujours sur le loquet pour parer à cette éventualité. » Sylvia répète cette anecdote, presque mot pour mot, tandis que nous fixons tous le tuyau d'évacuation ou, pour être précis, la réplique du tuyau d'évacuation.
« Si vous avez un téléphone portable, ou un appareil photo, pouvez-vous l'éteindre et nous le remettre, car nous ne voulons pas voir de téléphones portables dans vos poches. »
Sur ce, Sylvia nous a fait entrer. Tout le monde a fait la queue pour lui donner son téléphone et son appareil photo, comme s'il s'agissait de passer la frontière d'un pays particulièrement tendu. Elle les a ensuite tous enfermés dans un placard sous l'escalier. Désobéissant, j'ai gardé mon téléphone portable dans ma poche, et je l'ai immédiatement regretté. Pendant tout le reste de ma visite, j'étais terrifié à l'idée que quelqu'un m'appelle, que la sonnerie serve de signal d'alarme et que je sois démasqué et humilié.

Nous nous serrons tous dans le salon, décoré de trois types de papiers peints différents - « la famille McCartney a acheté des rouleaux de fin de série » - qui ne sont pas d'origine. Le fauteuil marron, la télévision des années cinquante et la table d'angle n'étaient pas non plus d'origine, tout comme les tapis. C'est la pièce que les McCartney appelaient le salon de devant. « Le National Trust l'a recréé à l'aide de photos et de souvenirs de famille », a déclaré Sylvia. En réponse à une question, elle a dit que non, le piano n'était pas d'origine. « Paul possède toujours la maison de son père, et il y séjourne lorsqu'il vient à Liverpool. Et c'est là que se trouve le piano original de McCartney. Jim avait l'habitude de jouer « The Entertainer ». Vous connaissez cette chanson de Scott Joplin ? Si vous pensez à Scott Joplin et à « When I'm 64 », vous pouvez vraiment voir l'influence... Le père de Paul, Jim, était un bon musicien autodidacte. Paul a suivi les traces de son père. Après quelques leçons, il a dit : « Je vais faire comme mon père. Je vais apprendre tout seul. » ... Il a composé « World Without Love » ici, et le tout début de « Michelle » a été écrit ici. Et « Love Me Do » - ils étaient assis ici quand ils l'ont écrite... Paul s'est assis ici et a écrit « I'll Follow the Sun ». » Elle a montré une photo de John et Paul sur le mur. « La chanson qu'ils composent sur cette photo est « I Saw Her Standing There »... Une autre chanson qu'ils ont composé est « Please Please Me » ».

De temps en temps, Sylvia essayait de rendre les choses personnelles, en commençant ses phrases par « Paul m'a dit... », du genre : « Paul m'a dit : "Nous avons eu des années tristes, mais la plupart du temps, nous étions vraiment heureux." » Ou encore : « C'était leur salle à manger. Paul m'a dit : "Nous n'avons jamais mangé ici après la mort de maman." » Elle a ajouté : « Paul m'a dit : "Beaucoup de gens pensent que « Let It Be » est sur la Vierge Marie, mais c'était sur ma mère, qui disait toujours « *Let it be* » " ». J'avais lu ces histoires un nombre incalculable de fois au fil des ans[9], mais Sylvia était manifestement satisfaite de dire qu'elle les avait entendues directement de Paul ; et peut-être que dans les années à venir, nous serions satisfaits, nous aussi, de dire que nous les avions entendues de quelqu'un qui les avait entendues de Paul.

Nous nous sommes traînés dans la cuisine. Le carrelage n'a pas été changé. Tous les Beatles se sont tenus sur ces carreaux - mais Ringo seulement deux fois, car il est arrivé en retard. Nous avons regardé les carreaux sacrés sous nos pieds. Le National Trust a trouvé l'évier blanc original dans le jardin avec des plantes et l'a remis à sa place. Nous avons regardé avec étonnement l'évier de la cuisine, en imaginant le jeune Paul en train de faire la vaisselle.

Seuls le carrelage et l'évier sont d'origine dans la cuisine, mais les experts du National Trust ont trouvé des copies conformes pour le reste : le paquet de savon en paillettes Lux, la margarine Stork, la boîte à thé, la boîte à biscuits, la radio, la sécheuse. Des photographies de tous ces objets – que l'on peut considérer comme des artefacts domestiques - peuvent être achetés sur le site du National Trust : photos d'un tourne-disque des années 1950, d'un aspirateur, d'une huche à pain, d'une pince à linge, d'une poêle, d'une bouilloire, de pinces à linge, d'une épingle à cheveux. Et tout a été soigneusement catalogué, comme les objets de la Tour de Londres. La photographie d'une cuillère en bois (datée de 1960-1962, 260 mm ; matériaux : bois) est décrite comme « Services historiques / Préparation des aliments et des boissons, Résumé : Cuillère en bois, conservée dans un bol à mélanger sur une commode ».

Vous pouvez également acheter la photo d'une passoire à thé, d'un paillasson, d'une poêle à frire, d'un porte-manteau ou d'un « seau en émail avec bord noir et anse avec poignée en bois, date inconnue ».

La fierté de la collection est certainement la « Poubelle : Métal, Date 1940-1960, Résumé : Poubelle métallique avec couvercle séparé (plus un couvercle de rechange dans l'abri de jardin) ». Si vous étiez une vieille poubelle en mauvais état, datant des années 1940-1960, imaginez à quel point vous seriez fière de finir comme pièce maîtresse d'une propriété du National Trust, avec 12 000 visiteurs par an qui vous admirent parce que vous ressemblez à la poubelle dans laquelle la famille McCartney avait l'habitude de jeter ses déchets !

Alors que nous étions toujours serrés en bas, j'ai eu tellement peur que mon téléphone sonne que je l'ai subrepticement éteint et que j'ai commencé à prendre des notes à la place. « Le lino des sols est parfait, clamait Sylvia. Nous avons donc réussi à le retrouver, et l'armoire où j'ai mis les sacs, eh bien, c'est là que Paul accrochait sa veste et parfois son pantalon de cuir. Excusez-moi, vous prenez des notes. Pourquoi prenez-vous des notes ? » Surpris, je me suis rendu compte que Sylvia me parlait. « C'est pour qui ?

---

9 Plus récemment dans le Carpool Karaoke 2018 de Paul McCartney (50 millions de vues, 70 000 commentaires), dans lequel Paul dit : « J'ai fait un rêve dans les années 1960, où ma maman, qui était morte, est venue me voir dans le rêve et me rassurait, en me disant : "Ça va aller, laisse-toi aller. (« *Let it be* » en anglais)" Et je me suis senti si bien, comme si tout allait bien se passer... Alors j'ai écrit la chanson. C'était une de ses forces. ». Dans le *New Yorker* de février 2020, James Corden, qui a chaperonné Paul à Liverpool pour son Carpool Karaoke, a révélé que Paul avait d'abord été réticent à retourner dans sa maison familiale : « Je n'y suis pas allé depuis que je suis parti, quand j'avais vingt ans. Ça me fait tout simplement bizarre d'y retourner. »

- Pour moi, j'ai répondu.
- Je vérifie juste que vous n'êtes pas un journaliste.
- Si, je le suis. Je suis en train d'écrire un livre.
- Ça ne me plaît pas que vous preniez des notes.
- Et pourquoi donc ?
- Eh bien, c'est juste que parce beaucoup de ce que je raconte m'a été dicté par Mike, et c'est une information privée.
- Mais vous avez dit que vous en parliez à 12 000 personnes par an. Ça ne peut pas être si privé que ça.
- Je suis désolée, ça me met mal à l'aise. Comment avez-vous dit que vous vous appeliez ? »

Et nous voilà donc en train de nous disputer dans l'entrée des McCartney, par une journée très chaude du mois d'août. Nous sommes finalement parvenus à une sorte d'accord selon lequel je n'écrirais rien de ce que Sylvia considère comme strictement privé. Mais elle n'arrêtait pas de jeter des regards suspicieux dans ma direction. Je sentais que les autres visiteurs s'éloignaient de moi, comme si je venais d'avoir lâché un vent.

Finalement, nous avons été autorisés à monter à l'étage. Sylvia nous a conduits dans la chambre de Paul. Sur son lit se trouvait une guitare acoustique, cordée pour un gaucher. Inévitablement, ce n'était pas la vraie guitare. Quelques disques sont également sur le lit, ainsi qu'un carnet de croquis et un exemplaire du *New Musical Express*.

« Nous avons réunis toutes sortes d'objets de l'univers de Paul. Par exemple, les livres d'oiseaux - Paul a toujours été un passionné d'ornithologie. C'est strictement privé, a-t-elle ajouté en me regardant d'un air mauvais. Mais Paul m'a dit qu'il a toujours aimé regarder ces champs, qui appartiennent à l'école de police. Il aimait observer les chevaux de la police dans le champ du fond. »

Ce n'est que plus tard, en feuilletant le guide en couleur du National Trust pour le 20 Forthlin Road, que je suis tombé sur ce passage de l'introduction de Paul : « La maison donne sur une école de police, et nous pouvions nous asseoir sur le toit de notre abri de jardin et regarder le spectacle annuel de la police sans avoir à payer. »

5

Le 6 juillet 1957, Ivan Vaughan, un ami d'école de Paul, lui propose de se rendre à la fête de l'église de Woolton, où deux de ses camarades jouent dans un groupe de skiffle.
Paul et Ivan regardent le cortège du carnaval quitter l'église - une fanfare, suivie par des guides et des scouts et une succession de chars décorés, tous menés par la reine des roses et ses accompagnateurs. À la fin, l'unique concession des organisateurs à la modernité : un groupe de skiffle d'adolescents appelé Quarrymen, jouant à l'arrière d'un camion ouvert.
Après avoir effectué un circuit, les Quarrymen sautent de leur camion et s'installent dans un champ juste après le cimetière. Ivan et Paul ont payé trois pence pour les voir. La première chanson qu'ils entendent interprétée par John est « Come Go With Me » des Del-Vikings. Paul regarde, fasciné, non seulement par les accords que John joue, mais aussi par sa capacité à inventer au fur et à mesure : même là, il ne se donne pas la peine d'apprendre les paroles. En utilisant cette méthode d'improvisation, John chante « Maggie May », « Putting On The Style» et « Be-Bop-A-Lula ».
Entre les sets, John se rend à la cabane des scouts, où il savait que sa guitare serait en sécurité. Ailleurs, la foule appréciait un numéro des chiens de la police de Liverpool, tandis que les jeunes faisaient la queue pour des ballons. Paul se promène vers la cabane avec Ivan. Il avait reconnu John dans le bus, mais ne lui avait jamais parlé : Paul venait d'avoir quinze ans, tandis que John en avait presque dix-sept. Même à cet âge, John avait un air intimidant : « Je ne voulais pas le regarder trop attentivement de peur qu'il ne me frappe. ». Alors Paul s'approche timidement. Le groupe se rend ensuite à l'église où ils devaient donner un autre concert plus tard. Au bout d'un moment, Paul a eu le courage de demander à John s'il pouvait jouer de la guitare.
Armé de sa guitare, il s'enhardit un peu plus. Il a d'abord demandé à la réaccorder, puis il s'est lancé dans plusieurs chansons, dont « Twenty Flight Rock » et « Be-Bop-A-Lula ». « C'était étrange, se souvient un autre membre des Quarrymen, Eric Griffiths, il avait une telle confiance en lui, il nous a donné une véritable prestation. C'était tellement naturel. »
Toujours plus confiant, Paul se met au piano et entame un medley de chansons de Little Richard. John, lui aussi, était obsédé par Little Richard. La première fois qu'il l'a entendu chanter « Long Tall Sally » : « C'était tellement génial que je ne pouvais pas parler. » Et maintenant, devant lui, un an plus tard, il y a ce gamin qui peut brailler comme son idole.
« WoooOOOOOOOOOOOOOO ! »
« Je me suis à moitié dit : "Il est aussi bon que moi", a déclaré John, en repensant à ce moment singulier. Maintenant, j'ai pensé, "Si je le prends, que va-t-il se passer?" Je me suis dit que je devrais le surveiller s'il nous rejoignait. Mais il était bon, donc ça valait la peine de l'avoir. Il ressemblait à Elvis, aussi. »
Un autre membre du groupe se souvient qu'ils se tournaient autour l'un de l'autre « comme des chats ». Au bout d'un moment, Paul et Ivan sont rentrés chez eux ; les Quarrymen avaient un autre concert à donner.
Plus tard, John a demandé à son meilleur ami Pete Shotton, qui jouait de cet instrument typiquement cajun, le washboard (la planche à laver), ce qu'il pensait de Paul. Pete a dit qu'il l'aimait bien.
« Que penses-tu d'avoir Paul dans le groupe, alors?
- Ça me va. »

Deux semaines plus tard, Paul faisait du vélo quand il a aperçu Pete Shotton qui marchait. Il s'est arrêté pour discuter.
« Au fait, dit Pete, j'en ai parlé avec John, et… nous avons pensé que tu aimerais peut-être rejoindre le groupe ? »
Selon Pete, une minute s'est écoulée pendant que Paul faisait semblant de réfléchir à la question.
« Oh, d'accord », a-t-il répondu en haussant les épaules, et sur ce, il est rentré chez lui à vélo.

* * *

Chacun a une version différente de cette première rencontre entre John et Paul. Il n'y a pas deux récits identiques. Certains disent qu'ils se sont rencontrés dans l'abri de jardin, d'autres dans le hall ; certains sont convaincus que tante Mimi était présente, d'autres sont tout aussi convaincus qu'elle ne l'était pas ; parmi ceux qui disent qu'elle était présente, certains pensent qu'elle a apprécié le concert, tandis que d'autres se souviennent qu'elle a fait des remarques désobligeantes tout au long du concert. En 1967, Pete Shotton a déclaré au premier biographe des Beatles, Hunter Davies, qu'il ne se souvenait pas que Paul ait fait une grande impression sur qui que ce soit : « Il avait l'air très calme. » Mais seize ans plus tard, au moment d'écrire son autobiographie, sa mémoire avait changé : « John a été immédiatement impressionné par ce qu'il a entendu et vu. »

6

De retour dans le minibus du National Trust, nous nous rendons maintenant à Mendips, où John Lennon a vécu avec sa tante Mimi. Le gardien de Mendips se prénomme Colin, qui est, comme par hasard, marié à Sylvia. Il enseignait l'anglais et l'histoire, et s'était retiré dans le Derbyshire. En 2003, il a répondu à une annonce pour devenir le guide des Mendips, et il y est resté depuis. Pendant que j'étais dans le bus entre les deux maisons, je craignais que Sylvia n'ait téléphoné à Colin pour le prévenir des problèmes à venir, mais il semblait imperturbable en nous accueillant dans le jardin de Mendips. « Bienvenue aussi de la part de Yoko Ono Lennon. C'est Yoko qui a acheté la maison en 2002 et qui en a immédiatement fait don au National Trust. J'espère que vous apprécierez cet aperçu des années de formation de John. »
Il désigna la plaque commémorative sur la façade de la maison :
« Vous avez peut-être remarqué qu'il n'y a pas de plaque commémorative sur la maison de Paul. C'est parce qu'il faut être mort depuis vingt ans pour qu'on vous donne une plaque.
Vous devez avoir encore en mémoire la maison de Paul. Eh bien, cette maison a été construite en 1933. Celle de Paul avait vingt ans de moins. Elle était louée, pas possédée, ce qu'on appelait autrefois un "logement social" - pour y vivre, il fallait être de la classe ouvrière. La maison de John se trouvait dans l'un des quartiers les plus recherchés. Des avocats, des médecins, des banquiers vivaient ici. Il était donc le Beatle de la classe moyenne. »
« Lors de nos recherches nous avons retrouvé son premier propriétaire, M. Harrap, un banquier, et nous pensons que c'est sa famille qui l'a baptisée "Mendips". Ce sont les fenêtres d'origine - elle n'a jamais eu de double vitrage. En 1938, George et Mary Smith ont acheté la maison ; John, le neveu de Mary, est venu vivre avec eux en 1945. Il a été élevé comme un enfant unique. »
« Mary Smith - plus connue sous le nom de Tante Mimi - était réputée pour son regard méprisant, poursuit-il, et elle jetait ces regards sévères sur les personnes qui vivaient dans le quartier des HLM. Elle les considérait comme "vulgaires" parce qu'ils vivaient dans des logements sociaux. Et ma mère aussi. Et c'est parce que Mimi était une snob, et ma mère aussi ! Elles étaient toutes les deux des SNOBS ! »
J'ai été surpris par la note de colère qu'il avait injectée dans le mot « snobs ». Ce n'est pas le genre de choses que l'on entend habituellement de la part des guides du National Trust, qui se promènent avec une certaine suffisance dans les demeures seigneuriales d'Angleterre. Dans l'ensemble, on s'adresse plutôt à un type de personnes très à la mode, bien adaptées aux exigences du snobisme. En fait, beaucoup d'entre eux considéreraient Tante Mimi comme une sorte de modèle.
Colin nous a informés que tante Mimi n'aimait pas salir son hall d'entrée, alors elle dirigeait les gens vers la porte de derrière. Apparemment, il y a un vieux dicton de Liverpool qui dit : « Passez par derrière et sauvez le tapis. »
« Paul m'a dit : "Je suis arrivé avec une guitare sur le dos. J'avais oublié que John m'avait dit : "Paul, ne passe surtout pas par la porte d'entrée.""" Et, pour vous aussi, ce sera l'entrée de service... »
Sur ce, Colin nous a conduits dans le grand jardin derrière la maison. Alors que nous traversions le jardin en traînant les pieds, je me suis retourné. Les Beatles, dans leurs costumes gris élégants, vers 1964, étaient penchés sur la porte d'entrée, me montrant du doigt et souriant.
J'ai regardé de plus près : il ne s'agissait pas des vrais Beatles, mais de répliques, probablement

l'un des groupes de sosies qui étaient venus à Liverpool pour le festival international Beatleweek de cette semaine.

Colin nous a conduits vers la porte arrière, jusque dans la cuisine. Cuisine que Mimi avait rénovée dans les années 1960, en faisant installer un nouveau plan de travail en formica jaune et un évier à double égouttoir. Son réaménagement a été lui-même réaménagé par les propriétaires suivants. Mais, déterminé à remonter le temps, le National Trust a parcouru le pays à la recherche du type d'articles de cuisine qui auraient pu se trouver dans la maison de tante Mimi à l'époque : de grands bocaux d'oignons marinés, des boîtes de levure chimique et de lait concentré, une huche à pain portant l'inscription « BREAD », une planche à découper en bois, du savon de ménage PG Tips, Rinzo, Olive Green, un...

« Vous prenez des notes ? »

J'ai levé les yeux. Colin avait arrêté son baratin et me désignait du doigt.

« Vous prenez des notes ? Tout ce dont je parle sont des informations d'ordre privé. »

Une fois de plus, j'ai eu l'impression d'avoir été pris en flagrant délit de vol à l'étalage, et je me suis immédiatement mis sur la défensive. Comment pouvait-il s'agir d'informations privées s'ils les transmettaient à 12 000 visiteurs par an ? Colin m'a dit qu'il avait déjà écrit un livre sur les Beatles et qu'il rassemblait des notes pour un autre. Il voulait clairement garder une partie de ces informations pour lui. Pourtant, jusqu'à présent, il n'avait rien dit que je n'aie déjà lu d'innombrables fois.

« Eh bien, ai-je dit, en essayant d'adopter un ton conciliant, dites-moi quand il y a quelque chose que vous ne voulez pas que je mentionne et je ne l'écrirai pas.

- OK, dit-il. Je ne veux plus que vous notiez quoi que ce soit à partir de maintenant. »

Cela ne me semblait pas juste. Après tout, j'avais payé mes 31 livres (guides compris) pour visiter les maisons de Paul et John, et à aucun moment on ne m'a dit que je ne pouvais pas prendre de notes. Dans le passé, j'ai pris des notes lors de visites guidées du château de Windsor, de Cliveden et de Petworth House, et les guides m'ont regardé avec bienveillance.

À ce stade, je fulmine sur place. Entassés dans la petite cuisine, tous les autres ont commencé à regarder le sol avec embarras. C'était ridicule, j'ai tonné, absolument absurde : c'était un lieu public, une visite du National Trust, j'avais payé ma place, les mêmes restrictions ne s'appliquaient à aucune autre maison du National Trust que je connaissais, et ainsi de suite. Colin a répliqué en me demandant si j'avais officiellement obtenu du siège social la permission de prendre des notes, et si non, que tout ce qu'il disait était une information privée, etc. Alors que nous commencions à tourner sérieusement en rond avec nos disputes, certains des autres visiteurs ont commencé à s'éloigner dans la pièce voisine, obligeant Colin à s'interrompre pour les ramener. « Pourriez-vous s'il vous plaît rester dans cette pièce jusqu'à ce que je vous dise de partir ! »

Finalement, il n'a pas eu d'autre choix que de passer à autre chose. De manière subversive, je me suis mis à l'arrière du groupe et j'ai continué à écrire des notes, mais j'étais maintenant tellement énervé qu'il en ressortait des gribouillis indéchiffrables. Pendant ce temps, Colin faisait précéder les observations les plus banales de phrases telles que « Strictement entre nous... » et « C'est entre vous, moi et le seuil d'entrée... »

Il nous a raconté que tante Mimi avait pris des locataires (bouh ! les affreux !) parce qu'elle avait besoin d'argent supplémentaire pour envoyer John à l'école d'art. « L'ironie est que tante Mimi se soit permis de juger les autres personnes comme des gens médiocres, alors qu'elle-même a eu besoin de recourir à la location de son logement pour arrondir ses fins de mois. » Une fois de plus, il l'a traitée de snob. Pauvre tante Mimi ! Je me suis demandé comment elle se serait sentie en 1959 si elle avait su que soixante ans plus tard, 12 000 visiteurs par an paieraient 25 livres par tête (sans compter les guides) pour fouiller dans sa cuisine et se faire insulter de snob.

J'ai été soulagé quand Colin a soudainement annoncé que nous pouvions monter à l'étage sans être accompagnés. Enfin libéré de son regard inquisiteur, je passai la tête par la porte des toilettes de l'étage. Était-ce le vrai siège sur lequel John lui-même s'était assis, ou juste une réplique ? Je suis ensuite allé dans sa chambre. Trois couvertures de magazines étaient collées au mur au-dessus du lit, chacune avec Brigitte Bardot dans une pose aguichante.

À l'époque où le Mendips a été ouvert au public, j'ai vu un documentaire télévisé sur la participation de Yoko au projet. On a bien vu qu'elle voulait tout contrôler, imposant ses volontés sur la manière dont elle voyait les choses. C'était tout bonnement impossible d'aller à son encontre. Dans une scène, elle s'était même opposée à la couleur du couvre-lit de John. « Non, le couvre-lit n'était pas rose. Je sais de quoi je parle. Je me souviens très bien que John m'avait dit qu'il était vert. » J'avoue que c'était l'une des scènes les plus improbables que j'aie jamais vues de toute ma vie. Mais, soucieux de faire plaisir à Yoko, les agents du National Trust avaient pris soin de lui assurer que, oui, bien sûr, ils veilleraient à ce que le couvre-lit soit changé. J'ai donc été très heureux de constater que le couvre-lit est toujours rose de chez rose. Je voulais absolument le faire remarquer à Colin, juste pour montrer que j'étais dans le coup, mais j'avais la frousse qu'il m'empêche de m'exprimer. À la place, j'ai étudié la lettre encadrée de Yoko posée sur le lit. Elle disait en substance que John n'avait jamais cessé d'évoquer son désir de « quitter Liverpool », mais que, à chaque fois qu'il revenait en ville, quand ils roulaient sur Menlove Avenue, il montrait la maison et s'exclamant « Yoko ! Regarde ! Regarde !! Ça y est ! On y est ! »

Elle a poursuivi en proclamant que toute la musique de John et son « message de paix... ont germé dans les rêves de John dans sa petite chambre à Mendips. » Elle décrit le jeune John comme « un introverti calme et sensible qui rêvait tout le temps », qu'il était « un rêveur incroyable. John a fait de ces rêves une réalité - pour lui-même et pour le monde. »

Elle termine en disant que le fait d'entrer dans cette chambre aujourd'hui lui donnait encore « la chair de poule », et en espérant que le visiteur du National Trust puisse « réaliser son rêve lui aussi. »

* * *

D'années en années, de plus en plus de pop stars passent de la rébellion à l'héritage. À Bloomsbury, j'habite dans un immeuble qui porte une plaque indiquant que...

ROBERT NESTA
MARLEY
1945–1981
LE CHANTEUR, PAROLIER ET
ICÔNE RASTAFARI
A VÉCU ICI
1972

Ailleurs à Londres, on trouve des plaques de toutes sortes à la mémoire, entre autres, de Jimi Hendrix, Tommy Steele, Dire Straits, Pink Floyd, les Small Faces, Don Arden, Spandau Ballet et les Bee Gees. Il s'avère que Bob Dylan est un passionné de visites de sites associés à des stars du rock.

En 2009, il a visité Mendips et aurait dit : « Cette cuisine, c'est comme celle de ma mère. » David Kinney, auteur de *The Dylanologists*, note que Dylan a également visité la maison d'enfance de Neil Young à Winnipeg, ainsi que les Sun Studios à Memphis, où il a pris la peine de s'agenouiller et d'embrasser l'endroit où Elvis Presley a chanté pour la première fois « That's All Right ». Apparemment, alors que Dylan quittait les studios, un homme l'a poursuivi et lui a dit à quel point il l'aimait. « Eh bien, mon fils, nous avons tous nos héros », a-t-il répondu.

La ville natale de Dylan, Hibbing, dans le Minnesota, propose désormais des visites de l'ancienne synagogue familiale, de son ancienne école, de son ancienne maison et de l'hôtel où il a fait sa bar-mitsva. Le menu d'un bar sur le thème de Dylan, le Zimmy's, propose le hamburger *Hard Rain*, la pizza *Slow Train* et une entrecôte *Simple Twist*.

7

Quelque chose de plus profond que la musique liait John et Paul. Leurs mères étaient mortes quand ils étaient adolescents : celle de Paul à quatorze ans, celle de John à dix-sept ans.
Lorsqu'il a rencontré John pour la première fois, Paul avait déjà perdu sa mère, mais la mère de John, Julia, était encore en vie. « Sa mère vivait tout près de chez moi. J'avais perdu ma mère, c'est une chose, mais que votre mère vive ailleurs et que vous soyez un adolescent sans vivre avec elle, c'est très triste. C'est horrible. Je me souviens qu'il n'aimait pas du tout ça. »
Paul se souvient d'une « pointe de tristesse » chez John à l'idée d'être séparé de Julia. « C'était une belle femme avec de longs cheveux roux. Elle aimait s'amuser. Elle aussi était musicienne ; elle lui a appris les accords de banjo, et à cette époque, toute femme qui jouait du banjo était une personne spéciale et avec une fibre artistique... John et moi étions tous deux amoureux de sa mère. Il a été frappé de plein fouet quand elle est morte ».
Cela a créé un lien entre eux. Ensemble, les deux garçons ont comploté pour terrasser leur chagrin, pour transformer la blessure en arme. « Parfois, quand quelqu'un nous demandait : "Ta mère va venir ?", on répondait, d'une voix triste : "Elle est morte". On avait vraiment l'habitude de faire vivre ça aux gens. On pouvait se regarder et se comprendre. »
Il y avait aussi quelque chose de plus particulier qui les liait. En 1997, Paul a déclaré à son ami et biographe Barry Miles : « La nuit, il y avait toujours un moment où elle passait la porte de notre chambre en sous-vêtements, et c'était la seule fois où je voyais ça, et ça m'excitait sexuellement. Je veux dire, ça n'a jamais été plus loin que ça, mais j'en étais assez fier, je me disais, "C'est plutôt bien". Ce n'est pas la mère de tout le monde qui a le pouvoir d'exciter. »

Un après-midi, John s'est aventuré dans la chambre de sa mère. Julia faisait une sieste habillée d'un pull angora noir, sur une chemise moulante à taches vertes et jaunes. Il s'en souvenait parfaitement. Il s'est allongé sur le lit à côté d'elle, et sans le vouloir réellement, est rentré en contact avec l'un de ses seins. C'est un moment qu'il repassera en boucle dans sa mémoire pour le reste de sa vie : « Je me demandais si je devais aller plus loin. C'était un moment étrange parce qu'à l'époque, j'avais le béguin, comme on dit, pour une femme de classe plutôt inférieure qui vivait de l'autre côté de la route. Je pense toujours que j'aurais dû le faire. Je suis persuadé qu'elle n'y aurait pas vu d'inconvénient. »
Les amis de John se souviennent de Julia comme d'une femme vive et coquette. La première fois que Pete Shotton l'a rencontrée, il a été « accueilli par des rires de jeune fille venant d'une femme mince et séduisante qui dansait sur le pas de la porte avec une paire de vieilles culottes en laine enroulées autour de la tête. » John l'a présenté. « Oh, c'est Pete, c'est ça ? John m'a tellement parlé de vous. » Pete lui a tendu la main, mais elle l'a évitée. Julia a commencé à lui caresser les hanches. « Ooh, tu as une jolie taille », lui a-t-elle dit dans un gloussement.
Vingt-quatre ans plus tard, en 1979, assis dans son appartement du Dakota Building, John enregistre une cassette. Au début, il annonce : « Première cassette de l'histoire de la vie de John Winston Ono Lennon. » Après avoir passé en revue une variété de sujets - la maison de ses grands-parents à Newcastle Road, le récent album chrétien de Bob Dylan *Long Train Coming* (« pathétique... juste

embarrassant »), son amour du son des cornemuses au Tattoo militaire d'Edimbourg quand il était enfant... - il revint, une fois de plus, à ce souvenir récurrent de l'après-midi où il s'était allongé sur le lit de sa mère et avait touché sa poitrine.

Sur *The White Album*[10], la chanson « Julia » ressemble moins à une élégie qu'à une chanson d'amour, pleine de nostalgie pour une personne inaccessible :

Julia, sleeping sand, silent cloud, touch me
So I sing a song of love – Julia.

---

10 Officiellement intitulé *The Beatles*, il est devenu populairement connu sous le nom de «*The White Album*», ou occasionnellement « *The Double White* », mais jamais « *The Beatles* ». Dans la suite de ce livre, je l'appellerai « *The White Album* ».

8

Le petit ami de Julia, Bobby Dykins, quarante et un ans, « un petit serveur avec une toux nerveuse et des cheveux clairsemés gominés à la margarine », selon les mots de John, a perdu son permis de conduire et son emploi. Conduisant en état d'ébriété le long de l'avenue Menlove à minuit, ses mouvements erratiques ont été remarqués par un policier, qui lui a fait signe de s'arrêter. Mais Dykins a continué, tournant à gauche alors qu'il aurait dû tourner à droite, puis montant sur le terre-plein. Lorsqu'on lui a demandé de sortir de la voiture, il est tombé au sol. Il a fallu de l'aide pour qu'il puisse se relever. Le policier l'a informé qu'il était en état d'arrestation, et a pris note de sa réponse : « Espèce d'imbécile, vous ne pouvez pas me faire ça, je suis la presse ! »

Dykins passe la nuit en cellule, est conduit au tribunal le lendemain matin, puis est libéré sous caution. Quinze jours plus tard, le 1er juillet 1958, il est interdit de conduire pendant un an et condamné à une amende de 25 livres, soit environ trois semaines de salaire, plus les frais.

Dykins décida que des coupes dans le budget du ménage étaient nécessaires ; il les concentra sur le jeune John, âgé de dix-sept ans. Ils ne peuvent plus, dit-il, se permettre son appétit vorace ; il devra rester chez Mimi, la sœur de Julia. Le mardi 15 juillet, Julia fait un saut à l'avenue Menlove pour informer Mimi de ces nouveaux développements.

Après avoir réglé les choses avec Mimi, Julia a pris le chemin de la maison à 21 h 45. Parfois, elle traversait le terrain de golf à pied, mais cette fois-ci, elle a opté pour le bus n°4, qui devait arriver dans quelques minutes, à une centaine de mètres de l'autre côté de la route.

Alors que Julia partait, Nigel Walley, l'ami de John, est passé, mais Mimi lui a dit que John était sorti. « Oh, Nigel, tu arrives juste à temps pour m'accompagner à l'arrêt de bus, lui a dit Julia. » Nigel l'a accompagnée jusqu'à Vale Road, où ils se sont dit au revoir, puis il a tourné. Alors que Julia traversait Menlove Avenue, Nigel a entendu « une voiture déraper et un bruit sourd. Je me suis retourné immédiatement, et j'ai vu son corps voler dans les airs. » Il s'est précipité. Ce n'était pas très gore, mais elle devait avoir de graves blessures internes. Pour moi, elle avait été tuée sur le coup. Je vois encore ses cheveux blancs voler dans la brise et lui passer sur le visage. »

L'impact de la mort de sa mère sur John a été immédiat. « Je suis témoin de l'effet terrible que cela a eu sur John, raconte Nigel, des décennies plus tard. Il s'est senti si seul après cela. Sa vision des choses a complètement changé. Il s'est endurci et son humour est devenu de plus en plus bizarre. Pendant des mois, John a refusé de lui parler. Intérieurement, il me reprochait la mort. Vous voyez : "Si Nigel ne l'avait pas accompagnée à l'arrêt de bus, ou s'il l'avait occupée cinq minutes de plus, ça ne serait jamais arrivé." »

9

Nous sommes en juin 1957. Paul est un brillant lycéen ; on l'a encouragé à passer deux de ses examens GCE O-Level[11] - espagnol et latin - un an plus tôt, dès ses 15 ans.

Son père, Jim, ne cesse de lui faire remarquer qu'il n'est pas possible de faire correctement ses devoirs et de regarder la télévision en même temps. Paul affirme que cela ne fait aucune différence. Ses bonnes notes à l'Institut de Liverpool semblent le conforter dans cette idée. Mais en réalité, il a l'esprit ailleurs. Tout ce qu'il veut faire, c'est écouter des disques avec son ami Ian James. Ils vont tous les deux de magasins de disques en magasins de disques. Parfois, ils jouent de la guitare ensemble. La révision passe au second plan.

À la fin du mois d'août, les résultats du GCE de Paul sont connus.

---

11 Le GCE-O Level (*Ordinary-level General Certificate of Education*) était un examen destiné à tous les élèves de 16 ans, pour valider leur connaissance dans l'optique d'une orientation future (N.d.t..).

(a)
Il a réussi l'espagnol, mais a échoué en latin. Cela signifie qu'il ne pourra pas monter d'une année, comme prévu. Au lieu de cela, il doit rester dans la même classe, avec des garçons d'un an plus jeunes que lui. Jim est contrarié. Il pense que Paul a échoué en latin délibérément, parce qu'il ne voulait pas aller à l'université. Paul est également contrarié. Lorsqu'il retourne à l'école en septembre, il déteste être dans les classes avec des gamins.

Paul est maintenant dans la même classe qu'un petit garçon qu'il croisait dans le bus, qui faisait partie des fumeurs du bus. Quand il était dans la classe supérieure, il ne lui parlait jamais vraiment. Mais maintenant qu'ils sont dans la même classe, ils se rapprochent. Le garçon s'appelle George Harrison.

Depuis les hauteurs de la Lower Sixth, Ian James, l'ami de Paul, est déconcerté par cette amitié naissante. Pour lui, ils ont des personnalités totalement différentes : « George a toujours semblé un peu lunatique, morose, alors que Paul était enjoué - il aurait probablement pu être un comédien s'il l'avait voulu, il sait si bien raconter les histoires. George n'était pas du tout comme ça. Je trouvais ça vraiment étrange qu'ils soient amis. »

Paul est impressionné par le jeu de guitare de George et le présente à John Lennon, qui lui, a dix-sept ans et n'est plus à l'école. John ne veut pas être vu en train de fréquenter un gosse de quatorze ans. Il est irrité par la façon dont le « petit George », comme on l'appelle, le suit « comme un foutu gamin, à traîner tout le temps. » Mais un jour, alors que John se trouve sur le même pont à deux étages, Paul saisit l'occasion de faire entrer George dans leur nouveau groupe. Sur le pont supérieur, Paul demande à George de jouer la chanson « Raunchy ». « Vas-y, George, montre-lui ! » Le petit George, sort la guitare de son étui et commence à jouer. John est impressionné. « Il est dans le coup, tu es dans le coup, c'est tout ! » L'audition est terminée.

(b)
Il a réussi l'espagnol et le latin. Cela signifie qu'il passe à la classe supérieure et rejoint la Lower Sixth avec son meilleur ami Ian James. De temps en temps, il croise George Harrison dans les couloirs de l'école, mais le petit George est dans l'année inférieure, et de toute façon, ils n'ont pas grand-chose en commun. George et Paul se croisent parfois dans le bus, mais il n'y a aucune raison pour que Paul le présente à John ; il ne le fait donc jamais.

10

Le 21 mai 1956, Léo Valentin, le Français surnommé « Birdman », présenté comme « l'homme le plus courageux du monde », est accroupi dans un avion au-dessus de l'aéroport de Liverpool Speke. L'auteur du livre *Homme-oiseaux* (Éditions de Paris, 1954) s'apprête à s'envoler en portant des ailes faites de bois de balsa et d'alliage. Il prévoit de prendre sa retraite après ce dernier saut : les 200 livres sterling qu'il va gagner grâce au Liverpool Air Show lui permettront de financer son rêve de posséder un cinéma de province en France.
« Voir un homme se jeter dans le vide, a-t-il écrit un jour, est une action folle. On a envie de se détourner, mais on est fasciné, on regarde l'homme qui prend plaisir à se moquer de la mort. »
On estime à 100 000 le nombre de spectateurs rassemblés sur l'aérodrome en contrebas. George Harrison, âgé de treize ans, et Paul McCartney, à peine âgé de quatorze ans, s'y étaient rendus ensemble à vélo.
Les deux garçons ont regardé Valentin se jeter de l'arrière de l'avion. Mais alors qu'il sautait, une de ses ailes s'est brisée contre le cadre de la porte de l'avion. Nous l'avons regardé tomber et nous nous sommes dit « Oh-oh... J'ai l'impression que ça ne se passe pas très bien », se souvient Paul. Valentin fait des tonneaux dans les airs, hors de contrôle. Son parachute ne s'est pas ouvert. Puis son parachute de secours s'enroule autour de lui, comme un linceul. Ainsi, la foule au sol peut distinguer plus facilement la silhouette en chute libre.
On s'est dit : « Son parachute va s'ouvrir d'une seconde à l'autre », mais il ne s'est jamais ouvert. On s'est dit : « Je ne pense pas qu'il va survivre à ça. » Et il n'a pas survécu. Valentin est tombé sur le sol dans un champ de maïs, « en piqué, comme un oiseau », selon les mots d'un spectateur.

* * *

En 1964, John Lennon déconseille à l'attaché de presse des Beatles, Derek Taylor, de manger les sandwichs au fromage de l'aéroport de Speke. Il avait autrefois été employé à Speke comme emballeur, lui dit-il, et il avait l'habitude de cracher dedans.

Au printemps 2002, l'aéroport de Speke a été rebaptisé Liverpool John Lennon Airport. Avec John F. Kennedy, Léonard de Vinci et Josef Strauss, John Lennon est l'une des rares personnes à avoir un aéroport portant son nom. Une statue de John de deux mètres de haut surplombe le hall d'enregistrement, et un vaste sous-marin jaune se dresse sur un îlot de circulation à l'entrée. La devise de l'aéroport est tirée de sa chanson « Imagine » : « *Above Us Only Sky* » (au-dessus de nous, il n'y a que le ciel).

11

*Invitation :
22 Huskisson Street, Liverpool
8 mai 1960*

Les soirées « nuit blanche » sont devenues si populaires parmi les étudiants en art de Liverpool que les fêtards sont censés apporter non seulement une bouteille mais aussi un œuf, pour le petit-déjeuner.
John et Stu Sutcliffe, un autre membre du groupe des Beatles, ont été invités à une soirée au 22 Huskisson Street[12] par Austin Davies, l'un de leurs professeurs à l'école d'art. Stu est occasionnellement le baby-sitter d'Austin et sa femme Beryl, qui est actrice. John amène sa petite amie Cynthia, et ses camarades Paul et George, tous deux âgés de dix-sept ans, les suivent sans y être invités. Le nom actuel de leur groupe est les Silver Beats, mais il est encore en cours de développement. La fête est composée d'un étrange mélange d'invités : dans la salle du haut, des musiciens du Royal Liverpool Philharmonic Orchestra, encore en tenue de soirée, tout juste sortis d'une interprétation de Tchaïkovski, discutent avec Fritz Spiegl, leur principal flûtiste ; au rez-de-chaussée, des étudiants en art passent en boucle sur le tourne-disque le dernier single de Ray Charles, « What'd I Say ». George n'en a jamais assez de la chanson. Il reste bouche bée, avalant verre de vin et bière sur verre de vin et bière, se débarrassant lentement de ses inhibitions. À un moment donné, il aperçoit Spiegl, qui vient de s'aventurer en bas, et lui crie : « Hé, Geraldo, tu as du Elvis ? »
Paul commence à apprécier ces fêtes. Toujours soucieux de projeter la bonne image, il a commencé à privilégier un pull à col roulé noir et à jouer les mystérieux, comme Jacques Brel. « J'essayais d'être énigmatique, pour que les filles se disent : "Qui est ce Français plutôt pas mal dans le coin ?" » Il arrive parfois dans les soirées avec sa guitare, grattant une chanson française en chantant « rhubarbe, rhubarbe ». Il a composé un air à chanter, mais pour l'instant il n'y a qu'un seul mot en français, et ce n'est qu'un nom – « Michelle »[13]. Il ne trouve rien qui rime avec.
La fête se poursuit jusqu'au lendemain matin. Plus tard, Beryl racontera qu'elle a duré trois jours et trois nuits. Au milieu de la première nuit, John et son groupe s'emportent et se mettent à chanter fort. Beryl pense qu'ils font un vacarme épouvantable. Ils ont joué pendant presque deux nuits. J'ai dit que c'était un bruit affreux. J'ai fait sortir les enfants. Elle les accompagne jusqu'à la maison d'un ami et y reste elle-même. Le lendemain matin, elle retourne au n° 22 pour prendre des vêtements, mais elle trouve la porte de sa chambre fermée à clé. Un fêtard lui dit que son mari est à l'intérieur, avec un ami. Cette nuit-là, nous nous sommes séparés. Nous avons divorcé à l'amiable. Je n'ai jamais revu les Beatles. Mais elle n'a aucune rancune envers les Beatles. En fait, c'est tout le contraire. Quarante-huit ans plus tard, la célèbre romancière Dame Beryl Bainbridge[14]

---

12 Par le plus grand des hasards, c'est la même maison dans laquelle Julia, la mère de John, vivait lorsqu'elle a épousé Fred Lennon.
13 Cinq ans plus tard, alors que Paul et John travaillaient sur *Rubber Soul*, John s'est soudain souvenu que Paul avait l'habitude de chanter une chanson française lors de ces soirées. Une fois de plus, Paul a du mal à trouver une rime pour « Michelle ». Un professeur de français de passage, Jan Vaughan, la femme d'Ivan, un ancien camarade de classe de Paul, suggère « ma belle ». Il lui demande alors de traduire en français *These are words that go together* » et lui envoie un chèque pour sa contribution. John a fourni l'interlude « I love you, I love you, I love you », après avoir écouté la chanson « I Put A Spell On You », récemment sortie par Nina Simone.
14 Le titre « Dame » est l'équivalent de « sir ». Beryl Bainbridge était comédienne au début des années soixante. Mais c'est grâce à la littérature qu'elle se distinguera, avec plus de vingt romans publiés entre 1967 et 2011. Le quotidien *The Times* la classera parmi les dix plus grands romanciers britanniques de l'après-guerre. (N.d.t.)

parle de ces premiers jours avec beaucoup d'affection et choisit « Eleanor Rigby » comme l'un de ses disques à sélectionner en cas de séjour prolongé sur une île déserte[15].

---

15 Les autres « Desert Island Discs » de Bainbridge étaient typiquement excentriques, notamment « Two Little Boys » de Rolf Harris, « Kiss Me Goodnight, Sergeant Major » de Vera Lynn et « Bat Out of Hell » de Meatloaf.

12

Déjà connu en tant que journaliste et rédacteur en chef, et devenant rapidement un nom connu en tant que présentateur de télévision, Malcolm Muggeridge prend un vol de Londres à Hambourg le 7 juin 1961. Deux mois plus tôt, il avait fait part de son dégoût pour le média avec lequel il allait bientôt être identifié.

> Comme toujours, profondément bouleversé de me voir à la télévision... Décidé de ne plus jamais le faire. Il y a quelque chose d'inférieur, de bon marché, d'horrible dans la télévision en tant que telle : c'est un prisme à travers lequel les mots passent, les énergies sont déformées, fausses. L'exact contraire de ce que l'on croit communément - elle ne recherche pas la vérité et la sincérité, mais plutôt le mensonge et le manque de sincérité.

Après avoir visité les bureaux du magazine *Stern*, Muggeridge se rend en ville. Fidèle à son personnage, il se délecte de trouver la ville « singulièrement sans joie ; des Allemands aux visages impassibles déambulant de long en large, des vendeurs en uniforme proposant de la nudité totale, trois négresses et d'autres attractions, y compris des catcheuses. Peu d'amateurs, semble-t-il, par un chaud mardi soir. »
Sur un coup de tête, il se rend au Top Ten Club sur la Reeperbahn, « un bar rock'n'roll pour adolescents ». Un groupe jouait : « des enfants sans âge, de sexe indiscernable, en culotte courte, trépignants, dont seule l'odeur de la sueur laissait deviner l'animalité. » Il s'avère qu'ils sont anglais et originaires de Liverpool : « Cheveux longs, visages féminins étranges, frappant leurs instruments et émettant des sons sans nuances dans des microphones. »

En sortant de scène, ils ont reconnu Muggeridge grâce à la télévision et commencent à lui adresser la parole. L'un d'eux lui a demandé s'il était vrai qu'il était communiste. Non, répondit-il, il était simplement dans l'opposition. Il acquiesça d'un signe de tête compréhensif, et observa Muggeridge, lui-même en opposition d'une certaine manière.
« "Vous en tirez de l'argent ?" a-t-il poursuivi. J'ai admis que c'était le cas. Lui aussi, il a gagné de l'argent. Il espérait ramener 200 livres à Liverpool. »
Ils se sont quittés en bons termes. Dans son journal, Muggeridge note : « Dans une conversation plutôt touchante d'une certaine manière, leurs visages ressemblaient à des sculptures de la Renaissance représentant des saints ou des vierges bénies. »

13

Cartes postales de Hambourg

I

16 août 1960

George n'a que dix-sept ans lorsqu'il monte dans la camionnette Austin verte et crème appartenant à Allan Williams, le manager gallois grassouillet du groupe. Il tient une boîte de scones préparés par sa mère. Avant de regarder son fils partir, Mme Harrison prend Williams à part. « Occupez-vous bien de lui, dit-elle. »

Aucun des Beatles n'est jamais allé à l'étranger. Jim McCartney a des doutes, mais il ne se sent pas capable de se mettre en travers du chemin de Paul. Le contrat qu'ils viennent de signer leur donne 210 deutschemarks par semaine, soit 17,10 livres, alors que le salaire hebdomadaire moyen en Grande-Bretagne est de 14 livres : « On lui offre autant d'argent que je gagne par semaine. Comment puis-je lui dire de ne pas y aller ? »

II

Le van est rempli d'une équipe hétéroclite. George est assis à l'arrière avec les autres Beatles. Allan Williams est au volant, avec Beryl, sa femme chinoise, et le frère de Beryl, Barry, assis à côté de lui. Sont également à bord le partenaire commercial de Williams, « Lord Woodbine », ainsi nommé en hommage à sa dévotion pour les cigarettes Woodbine, et George Sterner, l'assistant de Bruno Koschmider, le propriétaire allemand du club avec lequel les garçons ont signé un contrat.

III

C'est le début d'un long voyage. Il y a cinq heures d'attente à Newhaven, et quatre heures à Hoek van Holland. Williams négocie avec les autorités sur l'absence de permis et de visas pour les Beatles, du fait de leur statut d'étudiants. Ils s'arrêtent à Amsterdam pour une courte pause. John en profite pour voler deux bijoux, plusieurs cordes de guitare, quelques mouchoirs et un harmonica. Dans son rôle de manager, Williams lui ordonne de les rapporter dans les magasins, mais John refuse.

IV

En traversant l'Allemagne, ils chantent des chansons – « Rock Around The Clock », « Maggie May » - mais lorsqu'ils arrivent à la Reeperbahn, ils sont momentanément stupéfaits, éblouis par tant de néons et tant de portes ouvertes par lesquelles on peut apercevoir des femmes se déshabiller. Mais ils retrouvent rapidement leur enthousiasme naturel et crient à tue-tête « *Here come the scousers !* » (« Les gars de Liverpool arrivent ! »)

V

On retrouve sur la Reeperbahn le club Grosse Freiheit. Les lumières des clubs de strip-tease s'allument à leur arrivée, et les prostituées commencent à sortir. Toujours au volant, Allan Williams note que les rues « grouillent de tout le ramassis de l'existence humaine - drogués, proxénètes, escrocs des clubs de strip-tease et de bars topless, gangsters, musiciens, travestis, homosexuels, vieux pervers, jeunes pervers, femmes à la recherche de femmes. »

VI

Néanmoins, cela semble être une destination de rêve pour un groupe dont les résultats dans son pays sont à la limite du pitoyable. À l'automne, ils n'ont pas réussi à se qualifier pour l'émission TV Star Search ; au cours des trois premiers mois de cette année, ils n'ont eu aucun engagement professionnel ; en mai, ils ont échoué à une audition pour devenir le groupe d'accompagnement de Billy Fury. Les choses s'améliorent donc. Les Hambourgeois s'ennuient à mourir devant les efforts insipides de leurs groupes locaux : Williams dit que les Allemands transforment le rock'n'roll en une marche de la mort. Mais les groupes britanniques qui ont joué à Hambourg - Dave Lee et les Staggerlees du Kent, les Shades Five de Kidderminster, les Billions du Worcestershire - ne l'ont jamais regretté. Les Allemands semblent tous les aimer, qu'ils soient bons, mauvais ou moyens.

VII

Les Beatles sont accueillis à l'Indra Club par Bruno Koschmider, un gérant peu avenant d'un lieu peu avenant, exigu et moite, avec seulement deux clients au bar. Koschmider les conduit à leur logement. Ils ne s'attendaient pas à grand-chose, mais ce qu'ils voient dépasse leurs plus maigres attentes. À eux cinq, ils sont censés occuper deux pièces minuscules, sombres et humides, à l'arrière du Bambi Kino, le cinéma miteux de Koschmider. Il n'y a pas d'ampoules : ils devront se contenter d'allumettes. Les murs sont en béton. La première pièce mesure deux mètres sur deux. Elle est meublée d'un lit superposé venant certainement d'un surplus de l'armée et d'un canapé usé.

VIII

« Qu'est-ce que c'est que ce bordel ? » dit John, plus habitué au décor intérieur douillet de Tante Mimi. Les autres, en chœur : « Putain de merde ! ». « C'est temporaire », les rassure Koschmider, mais il ment. La première chambre est partagée par John, Stu et George. John et Stu se partagent la couchette. George, étant le plus jeune, doit se contenter du canapé. La deuxième chambre est exactement de la même taille, mais sans fenêtre. Il n'y a aucun moyen de savoir si c'est le jour ou la nuit. Il y a peu de couvertures, et pas de chauffage. Les toilettes, également utilisée par les clients du cinéma, sont attenantes aux chambres, séparées par un mur mince comme du papier. Les odeurs s'infiltrent dans leurs chambres. Ils doivent se laver et se raser avec l'eau froide du bassin situé à côté des urinoirs publics. George n'a jamais pris de bain ou de douche au cours de ses deux premières saisons à Hambourg.

IX

On est bien loin de Las Vegas. Il est compréhensible que leur bonne humeur naturelle se dégonfle. Leur première prestation à l'Indra est terne. Ils restent immobiles et reprennent en chœur des tubes populaires, sous le regard morne d'une demi-douzaine de spectateurs. Koschmider ne se laisse pas impressionner. Il a engagé les Beatles pour qu'ils lui donnent de l'énergie, mais au lieu de cela, ils restent plantés là, l'air triste. « *Mach Schau, les gars ! Mach Schau !* » hurle-t-il. « Faites le spectacle ! Faites le show ! » Cela fait l'affaire et devient le catalyseur de toutes les plaisanteries : désormais, les Beatles s'amusent à fond, se pavanent, dansent et crient, insultent le public et se battent entre eux.

X

Ils jouent régulièrement la même chanson pendant dix ou vingt minutes d'affilée, juste pour le plaisir. Un soir, pour un pari, ils jouent une seule chanson - « What'd I Say », de Ray Charles - pendant plus d'une heure. Pendant que les autres se déchaînent, Pete reste sombre, jouant de la batterie comme si c'était une corvée, un peu comme la vaisselle.

XI

Pete est aussi le seul à refuser les stimulants. Les autres sont aidés dans leur aventure par un assortiment de drogues bon marché - Purple Hearts, Black Bombers et Preludin, une pilule amincissante avec un effet actif : une de ses molécules[16] stimule le métabolisme, vous garde éveillé et déclenche en vous une envie irrépressible de blablater. Astrid Kirchherr, la petite amie allemande de Stu, a la chance d'avoir un fournisseur maison : sa mère. « Ils coûtaient 50 pfennigs chacun et ma mère avait l'habitude de nous les acheter à la pharmacie. Il fallait avoir une ordonnance pour les acheter, mais ma mère connaissait quelqu'un à la pharmacie. » Avec le temps, ils les lancent en l'air pour les gober, comme des Smarties, et les font passer à la bière ou autre alcools bien plus puissants. Ils s'amusent à se bâfrer de sandwiches à la Preludin.

XII

Sans surprise, c'est John qui fait le plus de bruit, et avec le plus grand effet, hurlant des obscénités, se roulant sur la scène, jetant de la nourriture sur les autres membres du groupe, faisant semblant d'être bossu, sautant sur le dos de Paul, se jetant dans le public, se délectant à les traiter de « putain de boches » ou de « nazis ». La finesse n'est vraiment pas son fort. Un soir, il monte sur scène vêtu d'un simple caleçon, avec un siège de toilettes autour de la tête, marchant avec un balai à la main, en scandant « *Sieg heil ! Sieg heil !* » Un autre soir, il apparaît en maillot de bain. À la moitié de « Long Tall Sally », il tourne le dos au public et baisse son slip de bain, remuant son derrière nu devant le public. Les Allemands, qui ne connaissent pas les manières des Liverpudliens, applaudissent poliment.

XIII

Cynthia vient à Hambourg pour une visite, et voit John complètement détraqué par les pilules et l'alcool. Elle est témoin d'une scène où, lors d'un set, John se jette à terre dans des « convulsions hystériques ». En dehors de la scène, il peut être tout aussi sauvage. Il urine depuis un balcon sur un groupe de nonnes dans la rue en contrebas. Les autres ne sont pas pour autant des modèles de sobriété : entre deux numéros, Paul dit quelque chose de grossier sur la belle petite amie de Stu, Astrid, qui plaît à tout le groupe. Stu le frappe comme il se doit. Paul se défend, et ils ne tardent pas à se battre sur scène dans ce que Paul se rappelle « d'une étreinte presque mortelle ». Mais - *Mach Schau ! Mach Schau !* - ces spectacles s'avèrent populaires. On commence à les appeler localement les « *benakked* Beatles », les Beatles fous.

XIV

Les spectateurs Hambourgeois préfèrent se battre entre eux plutôt qu'avec le groupe. Les serveurs - recrutés à l'académie de boxe de Hambourg, sont relativement sensibles à l'égard de tout comportement déviant - portent de lourdes bottes, adaptées aux coups de pied énergiques, et portent des matraques à ressort à l'arrière de leur pantalon, discrètement cachées sous leur veste. Les clubs ont des pistolets à gaz lacrymogène derrière leurs comptoirs, à utiliser lorsqu'une escarmouche menace de se transformer en émeute. Avec le temps, les Beatles se voient confier la tâche « administrative » de faire l'annonce nocturne en allemand d'un couvre-feu à dix heures pour les moins de dix-huit ans : « *Es ist zweiundzwanzig Uhr. Wir mussen jetzt Ausweiskontrolle machen. Alle Jugendlichen unter*

---

16 Phenmetrazine

achtzehn Jahren mussen dieses Lokal verlassen. »[17]

XV

Bruno Koschmider n'est pas un *Mein Host* jovial qui se tape sur les cuisses : il patrouille dans son club en brandissant le pied noué d'une chaise allemande en bois dur. Si un client s'avère indiscipliné ou trop bruyamment mécontent, il est emmené dans le bureau de Koschmider, cloué au sol et battu à plate couture.

XVI

Aux petites heures du matin, les autres propriétaires des clubs alentours passent pour un dernier verre. Ils aiment envoyer des plateaux de schnaps au groupe, pour qu'il les boive cul-sec - « *Beng, beng-ja ! Proost !* » Ils trouvent hilarant que ce groupe venu d'Angleterre s'appelle les Beatles, qu'ils prononcent « Peadles », un mot d'argot allemand signifiant « petits zizis ». « Oh, zee Peadles ! Ha ha ha ! »

XVII

Les plaisanteries du groupe ne se limitent pas à la scène. Un après-midi, ils mettent Paul au défi de d'enfiler un *Pickelhaube* (casque à pointe) et de faire le pas de l'oie sur la Reeperbahn avec un balai à la place du fusil, tout en criant « *Sieg heil !* ». Ils aiment aussi jouer à saute-mouton dans la rue. Ces jeux s'avèrent contagieux : Pete Best se souvient que les passants se sont joints à eux, formant « une longue traînée d'Allemands d'âges différents, tous sautant à cloche-pied derrière nous... À certains intervalles, des flics sympathiques bloquaient la circulation pour nous faire signe de passer ».

XVIII

Au cœur de la Reeperbahn, le sexe - « un sexe presque illimité », selon les mots de Pete - est librement accessible. « Comment aurions-nous pu inviter une femme dans nos taudis sordides, à côté des urinoirs du cinéma, sombres et humides comme un égout et tout aussi attrayants ? » demande Pete, des décennies plus tard, avant de répondre à sa propre question. « Pourtant nous l'avons fait, et aucune fille n'a jamais dit non. »
George Harrison perd sa virginité au Bambi Kino, sous le regard de Paul, John et Pete. « Ils ne pouvaient pas vraiment voir quoi que ce soit parce que j'étais sous les couvertures... Après que j'ai fini, ils ont tous applaudi et applaudi. Au moins, ils n'ont rien dit pendant que je le faisais. » Dans ces conditions, rien n'est privé. Une fan de Liverpool, Sue Johnston[18], reçoit une lettre de Paul à Hambourg. Il lui raconte qu'un soir, John s'est retrouvé avec « une femme étonnante à l'allure exotique, pour découvrir, en y regardant de plus près, que c'était un homme. » Les autres Beatles ont trouvé ça hilarant. Peut-être que dans les années à venir, la description de Pete fera l'objet d'une question dans un devoir de mathématiques du GCSE : « Pour les ébats nocturnes, il y avait généralement cinq ou six filles entre nous quatre... Nous nous sommes retrouvés avec deux ou trois filles par nuit chacun... la nuit d'amour la plus mémorable dans notre logement miteux a été celle où huit damoiselles se sont réunies pour faire une faveur aux Beatles. Elles ont réussi à profiter des quatre Beatles... deux fois ! » La plupart des filles sont des prostituées de la Herbertstrasse, heureuses de renoncer

---

17 « Il est vingt-deux heures. Nous devons maintenant faire un contrôle de passeport. Tous les jeunes de moins de 18 ans doivent quitter le club. »
18 À cette époque, elle sortait avec Norman Kuhlke, batteur des Swinging Blue Jeans. Elle a ensuite travaillé comme inspectrice des impôts, puis pour Brian Epstein, avant de se lancer dans une carrière d'actrice à succès. En 2000, elle a reçu le BAFTA de la meilleure actrice de comédie télévisée.

à leurs honoraires habituels pour ces jeunes Anglais turbulents. Pete ne les oubliera jamais : « Je me souviens encore de certains de leurs noms : Greta, Griselda, Hilde, Betsy, Ruth… Les premières groupies des Beatles. »

XIX

John est aussi friand que n'importe lequel d'entre eux, mais, à sa manière, il se souvient de ces jours d'émerveillement sexuel avec un mélange de dégoût et de déception. « J'avais l'habitude de rêver que ce serait génial si vous pouviez juste claquer des doigts pour qu'elles se déshabillent et soient prêtes pour moi, dira-t-il à Alistair Taylor. J'ai passé la majeure partie de mon adolescence à fantasmer sur le fait d'avoir ce genre de pouvoir sur les femmes. Ce qui est bizarre, c'est que lorsque ces fantasmes se réalisaient, ils étaient loin d'être aussi amusants. L'un de mes rêves les plus fréquents était de séduire deux filles ensemble, ou même une mère et sa fille. C'est arrivé plusieurs fois à Hambourg et la première fois, c'était sensationnel. La deuxième fois, j'ai eu l'impression de donner un spectacle. Plus j'avais de femmes, plus ce sentiment se transformait en une sensation horrible de rejet et de dégoût. »

XX

De manière tout aussi caractéristique, Paul se souviendra de ces aventures sexuelles essentiellement en termes d'avancement personnel. « C'était un réveil sexuel pour nous, dit-il à Barry Miles en 1997. Nous n'avions pas beaucoup de connaissances pratiques avant d'aller à Hambourg. Bien sûr, il y avait des strip-teaseuses et des prostituées… Mais c'était un bon entraînement, je suppose… Nous sommes donc revenus de là-bas raisonnablement initiés. Ce n'était pas tant que nous étions des experts, mais que nous étions plus experts que d'autres personnes qui n'avaient pas eu cette opportunité. »

14

Nous nous rassemblons près du Star-Club, à Hambourg, ou de l'endroit où se trouvait le Star-Club avant qu'il ne soit réduit en cendres en 1983. Un grand panneau noir, comme une pierre tombale brillante, annonce « Star-Club » en écriture diagonale, avec l'image d'une guitare électrique en dessous. Sous la guitare se trouve une série de noms d'antan, chacun placé dans un angle joyeux et dans une police de caractères différente : « The Liverbirds, Ray Charles, The Pretty Things, Gene Vincent, Bo Diddley, Remo Four, Bill Haley, King Size, Taylor and the Dominoes, Screaming Lord Sutch, Little Richard, Johnny Kidd and the Pirates, Gerry and the Pacemakers, The Rattles, The Searchers, Brenda Lee, The V.I.P.s, The Walker Brothers, Ian and the Zodiacs, Jerry Lee Lewis, Tony Sheridan, Chubby Checker, Roy Young, The Lords »
Et là, dans le coin supérieur gauche : « The Beatles ».
« OK, le groube a bassé 300 jours à Hembourg. À Hembourg Pete Best n'est rezdé à la baderie que les quatre bremières zemaines des Fab Vour, remblacé bar Stuart en 1960-1961. Stuart guitte le groube en 1961 pour s'inscrire en école d'art et meurt en avril 1962. En 1961 à Hembourg, Paul basse de la guitare à la basse. »
Notre guide est Peter, un homme de soixante-dix ans, fumeur invétéré, dont les cheveux gris clairsemés sont attachés en queue de cheval. Il égrène les événements et les dates à une vitesse folle, comme s'il s'agissait d'un résumé de résumé, quelque chose qu'il a déjà récité des centaines de fois. Ce qui est le cas, bien sûr, puisqu'il guide la même tournée quatre jours par semaine depuis 1970.
« Le Star-Club a ferbé en 1969. On a eu un cabaret à la blace bendant seize ans, et en 1983 tout a prûlé. Un bâtiment était à l'afant, alors ils ont reconstruit zelui de l'arrière et l'endroit où se trouvait la zalle dans les années 1960 est aujourd'hui la cour arrière. Les Peadles jouent izi en april, mai, buis en nobembre et dézembre 1962. »
Il n'a commencé que depuis quelques minutes, mais nous avons déjà du mal à le suivre. Cela me rappelle une leçon de maths, ou peut-être une leçon d'histoire sur les guerres des Roses, un grand fouillis de dates et de lieux.

« D'abril à mai, bendant zix zemaines, on a zurtout eu Gene Vinzent, bais en novembre Little Richard, en dézembre, Johnny and Ze Hurricabes. Les Peadles édaient l'un des quatre ou zinq krands kroubes à benir y jouer... »
De temps en temps, il raconte une anecdote, mais elle est rare et souvent difficile à déchiffrer.
« En Allemagne, il y a Tony Sheridan et les Peat Prothers sur « My Bonny », mais en Anglederre, c'est Tony Sheridan et les Peadles, donc perzonne ne zait que les Peadles et Tony Sheridan étaient le même kroube !!!!. Fous le foyez agompagné de musiziens. Fous fous dites : qui sont zes rockeurs anglais ? Je fous le dit : ben, merde, ze zont les Peadles !!! »
Nous faisons de notre mieux pour sourire au bon endroit. Peter nous conduit dans une cour miteuse, pleine de détritus, et nous tend une photo noir et blanc, format carte postale, de ce à quoi elle ressemblait autrefois. Elle semble avoir été tout aussi miteuse, mais entièrement différente.
« Z'est la Voto abrès l'incendie. Izi se denait la zcène, izi la zalle, la zcène vaizait zinq mètres de kauche à droidte. z'était fraiment un krand inzendie ! »

Nous faisons circuler la carte postale. Chacun d'entre nous la regarde, puis regarde la scène actuelle, puis regarde à nouveau la carte postale, comme s'il essayait de résoudre un puzzle. Mais rien ne colle.
« Izi, il y avait drois marches, un deux drois. »
Nous regardons en bas, en faisant semblant de repérer trois marches. « OK, fous boufez brendre fos photos izi. » Une ou deux personnes prennent des photos de l'endroit où se trouveraient les trois marches, si elles étaient là, ce qui n'est pas le cas.
Peter marche, et nous le suivons. Tout en marchant, il nous raconte une autre anecdote personnelle. « Z'ai rengondré John en 1966, dans un magasin de guir sur la Reeperbahn. Ils achètaient des pottes de gow-boy, des festes en quir et j'étais dans le magasin quand il a fait le film *How I Von dur Var*, j'ai barlé abec lui bendant dix minutes. »
Quelqu'un demande de quoi ils ont parlé.
« Il y a zi longtemps que je ne me soubiens blus. ».
Il accélère, passant en revue tous les groupes qui jouaient à Hambourg, à l'époque.
« OK, les années 1960 étaient dellement géniales. Il y afait les Jaybirds, gui étaient le vutur de Den Years After. Il y afait les Small Vaces. Dix zemaines blus tard, Eric Clapton et Cream. Il y afait un kroupe abbelé Mendrake Root afec Ritchie Blackmore qui devient blus dard Deep Burple. Il y afait un kroupe drès intéranzant abbelé Ze Earth. À za demande, il change de nom et devient Black Zabbath. Zix bois blus dard, Jimi Hendrix est arribé. Le 6 mars 1967, Hendrix a joué drois jours izi, fendredi, zamedi et dimanche. Le lundi batin, Jimi achète une Fender Ztratogazter, qui goûtait environ 1 100 dollars. Le jeudi, alors qu'il joue à Monterey, il prûle sa nouvelle Ztratogazter achetée à Hampourg. Il n'afait bas brévu de prûler za guitare, mais les Who ont prûlé leur patterie, hein ? Alors il z'est dit : « Ze beux faire la même chose. »
Maintenant nous allons dans le quartier de Reeperbahn.
Nous marchons vers le bout de la rue. En chemin, il parle du genre de personnes qui s'inscrivent à sa tournée touristique des Beatles. « La blubart zont des Anklais. La blubart des Allemands ne zont bas très intérezés, beut-être des bersonnes âgées d'Allemagne de l'Est. Zinon, Espagne, Yapon, Amérique du zud. Les zens d'Hemburg ne zont pas intérezés par les Peadles. Nous afons le musée Peadlemania mais il a fermé abrès drois ans. Maintenant, tout ze qu'ils feulent z'est des visites kuidées zur le zexe et le crime. »
Il garde un bon souvenir du musée Beatlemania. Il s'étendait sur cinq étages, dit-il, mais les objets exposés étaient principalement des reproductions des objets originaux, plutôt que les objets eux-mêmes. « Zeul le gondrat de Bert Kaempfert afec les Peadles édait original, le rezde ne l'était bas. Bas de kuidares originales, bas de dambours originaux. Mais au zinquième édage, il y afait des banneaux originaux du Ztar-Club, d'Indra, dous les banneaux de la rue. Z'est un drès pon musée mais bas azez bobulaire. Ze barle à dellement de gens d'Hemburg qu'ils n'y zont zamais allés. »
Nous arrivons à une zone circulaire pavée, où la rue rejoint la Reeperbahn. On l'appelle Beatles-Platz. Des silhouettes en aluminium représentant quatre personnages avec des guitares et un autre à la batterie se dressent à l'un des bords du cercle, ressemblant à des coupeurs de pâtisserie surdimensionnés.
« Foici la vormation de 1960. Il y a John, George, Baul, Bete et Stuart sur le gôdé troit. À la patterie, z'est Pete Best, pas Ringo. »
Il regarde avec mépris l'espace circulaire. Il y a des courants d'air et c'est peu reluisant, aussi peu glamour que possible.
« Ze n'aime bas zet entroit mais c'est mieux gue rien. Nous l'afons debuis environ tix ans. Vous

voyez, z'est une maison de tisques. » Nous regardons à nouveau, et j'arrive à peu près à comprendre où il veut en venir : au centre du cercle se trouve un cercle plus petit, en pierre plus claire, qui pourrait être l'étiquette d'un disque géant, et deux ou trois rainures métalliques courent autour de ce qui serait le disque lui-même, avec divers titres de chansons des Beatles écrits dessus. Tout cela est un peu bricolé.

Quelqu'un demande si Pete Best reviendra un jour. De toutes les centaines de noms associés aux Beatles, le sien est celui qui peut encore assombrir l'atmosphère. « Pete Best édait à Hembourg guatre, zinq fois, je l'ai fu zoufent, zertaines berzonnes disent que Pete n'a zamais gagné d'argent, mais, les fidéos, les DéFéDé, dout za lui font rendre peaucoup d'argent, il n'est bas à blaindre. » Nous scrutons les chansons inscrites sur les rainures métalliques, notamment « She Loves You » et « I Want To Hold Your Hand ». « En 1964, le kroupe a bazé un week-end à Baris, ils y enregistreront teux de leurs chanzons en allemand : « Sie Liebt Dich » et « Komm Gib Mir Deine Hand » - que fous boufez égouter sur YouTube. »
Nous traversons la Reeperbahn. Un magasin appelé Tourist Center arbore un énorme Union Jack en toile de fond de sa vitrine, avec des tasses, des chats, des chiens et des pingouins à la tête branlante. En revanche, je ne vois aucun souvenir des Beatles. Apparemment, c'est dans ce magasin qui vendait des articles de cuir que Peter a rencontré John, il y a plus d'un demi-siècle.
« Z'édais dans le magasin quand John est arrifé en 1966. Il édait afec l'acdeur Michael Crarfood et Neil Espinall. » Il se ravise, se rappelant soudain qu'il nous en a déjà parlé. « Jimi Hendrix est rezdé drois jours à Hemburg dans un bedit hôdel, en mars 1967. Fous foulez foir ? »
Il sort ses photos et les passe en revue. L'une d'elles, en noir et blanc, montre Jimi Hendrix et Chas Chandler dans une rue allemande. « Dous les pâtiments zont bartis maintenant. Jimi m'a demandé : "Ou beut-on drouver les lieux des Peadles ?" Ze l'ai amené foir. Z'ai fu zix gonzerts avec Jimi en mars 1967. Je le récubère defant l'hôdel. À la fin, Jimi me donne un autographe. Il m'a égrit : "À Peter, reste kool, Jimi Hendrix ". Jimi m'a donné une de ses cigarettes. Elle est « Kool » avec un K, donc l'autographe dit « stay kool » avec un K.
Il nous montre un bâtiment où se trouvait autrefois le Top 10 Club, puis se lance à nouveau dans un de ses cours d'histoire difficiles à suivre. « Ze pâtiment était le Top 10. Aujourd'hui z'est une tisgothèque. Afant le Top 10, z'était un hibbodrome, afec un zirque, une bromenade à dos d'âne ou de cheval - z'était le showbiz tes années 1950 ! Les Peadles ont joué drois mois, du 1er avril 1961 à la fin du mois de juin, six à huit heures bar jour, 35 deutschmarks, ze n'est bas peaucoup d'argent. » Il montre le toit où John, George et Paul ont posé pour une photo. « En 1961, le kroupe fifait sous le doit, ils afaient des chambres, une ou deux. Stuart quitte le kroupe, Baul est bassé de la quitare à la basse. D'autres kroupes ont joué ici - Elex Harvey, Rory Gellegher - mais le Top 10 Club a fermé en 1988. »
Il n'y a rien - aucun signe, aucune statue ou plaque – pour commémorer son emplacement. Cela le met en colère. « Hemburg ne fait rien pour le Club Top 10 ! Rien pour Peadles ! »
C'est également sur la Reeperbahn que se trouve le poste de police où Paul et Pete ont passé la nuit, accusés d'avoir allumé un petit feu dans leur appartement. « Zerdains tisent que, l'inzendie, z'était à gause des gapotes collées au mur, d'autres tisent que z'était barce que les murs étaient en babier… Guoigu'il en zoit, ils ont allumés un feu, se zont vait arrêter, buis exbulsés, d'izi on fa marcher jusgu'à la borte du rock'n'roll, dix ou guinze minutes à bied. »
En chemin, Peter nous raconte encore que depuis qu'il a fait visiter ces lieux à Jimi Hendrix

39

pour la première fois en mars 1967, il est sur une cadence de quatre visites guidées par semaine, cinquante semaines par an. « Za fait peucoup de fisites quidées… » Pourtant, il n'y a vraiment pas grand-chose à voir. Tout a changé. Seul le poste de police est resté le même. Partout ailleurs, ce n'est que le souvenir d'un souvenir, qui n'intéresse que le plus dévoué des archéologues des Beatles. En 1967, lorsque Hunter Davies interrogea les Beatles pour la première fois sur leur séjour à Hambourg, ils ne pouvaient même pas se souvenir du nombre de fois où ils y étaient allés. Depuis lors, les historiens des Beatles tentent régulièrement de reconstituer leur vie là-bas, jour après jour, heure après heure. Mais à l'époque des Beatles, c'est aussi lointain que l'âge des ténèbres.

Nous arrivons enfin à un vaste portail donnant sur une rue, avec un panneau en anglais indiquant « *Keep Out* ». Pete nous dit qu'il n'a pas le droit de nous faire entrer, mais que si nous entrons par nous-mêmes, nous devrions prendre un cliché de la première porte à droite. C'est là que John s'est tenu pour la photo qui a été utilisée plus tard sur la couverture de son album solo *Rock'n'Roll*. « Ze fous zouhaite ponne chance, la bremière borte derrière le bortail : bas un broblème bour fous, zeulement bour moi. » Nous poussons la porte et trouvons un bâtiment lugubre de cinq étages en briques rouges en mauvais état. Nous prenons docilement des photos de la porte, mais personne ne sait vraiment pourquoi.

Finalement, nous nous retrouvons près de l'Indra, qui est toujours, miraculeusement, le « Musike-club Live ». Mais nous ne sommes pas autorisés à y entrer. Une plaque à l'extérieur indique, en allemand : « *Le 17 août 1960, les Beatles se sont produits sur la scène de l'Indra. C'était leur premier engagement allemand et le début d'une grande carrière.* »

Et nous voilà au Kaiserkeller, avec un poster encadré de Rory Storm and the Hurricanes à l'extérieur. « Barmi zes dypes ze drouve Ringo » dit Peter, et nous essayons tous de trouver lequel. Il nous montre ensuite une photo de George, dix-sept ans, avec sa guitare. « Zette voto est bartie aux enchères de Bonham bour teux zent zinquante mille livres sterling, y gompris le texte et tout le reste. La zemaine ternière, à Zotheby, un exemplaire de Brian Epstein afec le croupe a été fendu pour teux zent trente-zinq mille livres ! Ingroyable ! »

Nous soupirons à l'idée que si peu de choses aient pu devenir si importantes.

« Mais en 1962, ils ont vermé le Kaiserkeller et ze n'était blus une dizcothèque. »

15

Leur retour à Liverpool après un séjour de trois mois et demi à Hambourg était si pathétique qu'ils évitèrent de raconter les vraies raisons à leurs familles.
En bref, ils ont eu la tentation de quitter le Kaiserkeller pour un club rival. Pour se venger, le voyou Koschmider a dénoncé George à la police parce qu'il était mineur, et il a été tout simplement expulsé. En rentrant chez lui, George s'est senti « honteux, après toutes ces beaux discours ». Koschmider dénonce ensuite Paul et Pete sous le prétexte fallacieux d'avoir mis le feu à leur logement, et ils sont également expulsés. Le 1er décembre 1960, ils sont revenus à Liverpool, désabusés et sans le sou. Dix jours plus tard, John les suit. Stu reste avec Astrid en Allemagne, il n'est plus un Beatle. La disgrâce des Beatles a été brutale et douloureuse. John a réveillé Mimi au milieu de la nuit en jetant des pierres sur la fenêtre de sa chambre. « Il est passé devant moi et a dit : "Peux-tu payer le taxi, Mimi ?" J'ai crié après lui dans l'escalier : "Où sont tes 100 livres par semaine, John ?" »
« Ah ! je te reconnais bien là, Mimi ! À me tanner sur ces 100 livres par semaine, alors que je suis tout simplement crevé ! »
« Et tu peux te débarrasser de ces bottes. Tu ne rentreras pas dans cette maison avec de telles bottes ! »
La plupart de leur équipement était bloqué à Hambourg. Ils n'avaient rien à présenter pour raconter leur séjour allemand. Les groupes similaires qui étaient restés à Liverpool avaient maintenant plusieurs longueurs d'avance sur eux. Les Swinging Blue Jeans étaient clairement en tête, avec une soirée régulière « *Swinging Blue Jeans Night* » à la Cavern de Mathew Street.

Au cours des trois mois d'absence, la mode a évolué : tout le monde copie désormais les Shadows, porte des costumes moulants, joue des instruments, exécute des enchaînements de danse synchronisée. Au début, les Beatles étaient si découragés qu'ils ne prirent même pas la peine de se contacter : George ne savait pas que John et Paul étaient revenus. John se retire, déprimé, dans sa chambre à Mendips, refusant de voir qui que ce soit. Alors que tante Mimi cède à contrecœur à l'apitoiement de John, Jim McCartney refuse que Paul traîne dans la maison. « L'oisiveté est la mère de tous les vices », dit-il, en lui disant de sortir et de trouver un vrai travail. « La musique, c'est bien, mais Paul, ça ne peut pas durer. » Paul a travaillé brièvement pour une entreprise de livraison, pour intégrer Massey & Coggins, entreprise de câblage, pour un travail de très dur labeur. À la découverte de ses talents de musiciens, ses collègues le surnommèrent « Mantovani »[19]. Brillant et sympathique, Paul est rapidement considéré comme un candidat sérieux à un poste de manager. « Nous allons te donner une chance, mon garçon, déclare le directeur général, impressionné par ses résultats aux examens, et avec ta façon de voir la vie, tu iras loin. »
Paul n'était pas loin d'abandonner toute velléité à une carrière musicale. Au bout de quelques semaines, John et George se sont présentés chez Massey & Coggins. Ils avaient été engagés pour un concert à l'heure du déjeuner à la Cavern, et ils voulaient que Paul se joigne à eux. Il leur a dit qu'il avait un emploi stable et qu'il gagnait 7,10 livres par semaine. « Ils me forment ici. C'est plutôt bien. Je ne peux pas espérer plus. » Mais ils persistent, et Paul finit par céder, s'absentant du travail le 9 février 1961 pour jouer à la Cavern à l'heure du déjeuner. Il fait de même le 22 février.

---
19 Mantovani était un compositeur italien réputé en Angleterre, dans les années 1940 pour ses œuvres... dégoulinantes. (N.d.t.)

Il est bien possible que ses employeurs aient eu vent de ces concerts, et qu'ils lui aient donné un avertissement. En effet, lorsque la prochaine date a été annoncée, Paul était plus qu'hésitant. « Soit tu te présentes aujourd'hui, soit tu n'es plus dans notre putain de groupe », lui balance John. Que faire ? S'il choisit les Beatles, son père sera furieux. S'il obéit à son père et reste chez Massey & Coggins, il devra dire adieu aux Beatles et à toute chance de devenir une star. Comme d'habitude, John n'est pas d'humeur à faire des compromis ; son intransigeance à l'égard de Paul est peut-être aussi une façon de sous-traiter ses propres luttes œdipiennes : « Je lui ai toujours répété : "Fais face à ton père, dis-lui d'aller se faire foutre. Il ne peut pas franchement te faire de mal. Il est trop vieux." Mais Paul finissait toujours par céder devant lui. Son père lui dit de trouver un travail : il laisse tomber le groupe et commence à travailler sur les camions, tout en disant : " Je recherche une carrière stable." On ne pouvait pas le croire. Je lui ai dit au téléphone : "Soit tu viens, soit tu es viré." Alors il a dû prendre une décision entre son père et moi... »

Que ce serait-il passé si Paul avait choisi de rester chez Massey & Coggins ?[20] Avec le recul, Paul a toujours affirmé qu'il était « désespéré à embobiner des bobines » : « Le boulot était d'embobiner toute la journée, quatorze heures par jour ! Je n'en faisais qu'une heure et demie... et mes bobines ne fonctionnaient jamais. » - mais il est difficile d'imaginer qu'il n'aurait pas maîtrisé la technique. Et il avait déjà été promu rapidement à des fonctions managériales. La suite de sa carrière nous prouve qu'il possède le dynamisme, l'esprit d'initiative et les compétences nécessaires pour diriger une entreprise, même la plus difficile, dans les moments de crise.

Au lieu de cela, il s'est barré pour rejoindre les Beatles. Une semaine plus tard, il reçoit par la poste son solde de tout compte, sa carte d'assurance nationale et le formulaire P45, qui signifie la fin de son contrat, aux yeux de l'administration fiscale britannique.

---

20 Une décennie plus tard, lorsque la musique pop est devenue plus académique, Massey & Coggins aurait pu être un nom gagnant pour un groupe, comme Loggins and Messina, Gallagher and Lyle, ou Crosby, Stills, Nash and Young.

16

*La fête au
10 Admiral Grove, Liverpool
8 juillet 1961*

Ritchie Starkey a passé son septième anniversaire dans le coma, après avoir été transporté en ambulance au Royal Liverpool Children's Hospital. Les médecins ont découvert qu'il avait une rupture de l'appendice et qu'il était infecté par une péritonite. Alors qu'on l'emmène dans la salle d'opération, il demande une tasse de thé à l'infirmière. « Tu en auras une tout à l'heure, quand tu reviendras », lui répond-elle gentiment. Mais Ritchie ne reviendra pas à lui pendant dix semaines. Trois fois au cours de cette première nuit, les médecins disent à sa mère Elsie qu'ils ne s'attendent pas à ce qu'il survive. Il doit rester à l'hôpital pendant un an.
Ritchie est de retour dans le même hôpital pour son quatorzième anniversaire, en 1954. Cette fois, il a été admis pour une pleurésie, puis a développé une tuberculose. En convalescence dans un hôpital du Wirral, on lui apprend à tricoter, à faire des paniers et à construire une ferme en papier mâché. Tous les quinze jours, un professeur de musique arrivait dans le service avec une sélection d'instruments de percussion - tambourins, maracas, triangles, petits tambours - et les enfants devaient se joindre à eux pour jouer « Three Blind Mice » et « London Bridge Is Falling Down ». Mais Ritchie refuse obstinément de participer tant qu'il n'aura pas appris à jouer de la batterie. Lorsque le professeur partait, il continuait à jouer des percussions sur sa table de chevet, en l'absence de tout autre instrument. Cette fois, il est resté à l'hôpital pendant deux ans.
Mais son vingt-et-unième anniversaire est une affaire beaucoup plus heureuse. Non seulement il a survécu, mais il a mis à profit ses talents de percussionniste. Il est devenu le batteur du meilleur groupe de Liverpool, Rory Storm and the Hurricanes, et il conduit même sa propre Ford Zodiac. Il y a peu, il s'est fait appeler Ringo Starr ; ses solos de batterie sont annoncés comme « Starr Time ». En 1961, Rory Storm and the Hurricanes jouent toute une saison au village-vacances de Butlin à Pwllheli au Pays de Galles avec un jour de congé par semaine. Le lendemain de son anniversaire, Ringo rentre à la maison pour une vraie fête. Les amis et la famille sont si nombreux à s'être entassés au 10 Admiral Grove, le petit deux-pièces de sa mère – soixante-quatre personnes, selon les comptes de Ringo lui-même - qu'il faut faire la queue pour entrer. Parmi les invités figurent les Hurricanes, les Dominoes, les Big Three et les Pacemakers, ainsi que la jeune Priscilla White, qui monte parfois sur la scène de la Cavern sous le nom de « Swinging Cilla »[21] et coiffe régulièrement Elsie, la mère de Ringo, en échange de Spam[22] et de frites. Ringo est couvert de cadeaux, dont deux bagues qui s'ajoutent aux trois qu'il porte déjà, et un bracelet d'identité en or offert par Elsie, sur lequel sont gravés « Ritchie » d'un côté et « *21st birthday, love Mum* » de l'autre. De sa tante Nancy, il reçoit une médaille en or de saint Christophe.

---

21 Priscilla White va bientôt devenir Cilla Black, et, sous la direction de Brian Epstein, une grande star. « J'ai toujours pensé que si je ne devais pas être chanteuse, je serais coiffeuse. Elsie était un vrai personnage, une mère de substitution pour Pat et moi et pour les autres Beatles, et nous étions toujours en train de nous croiser là-bas. Elle nous préparait de délicieux Spams, des frites maison et des haricots pour le thé, et elle ne semblait jamais se soucier de la fréquence à laquelle nous revenions ou du volume sonore des derniers disques que nous écoutions. Je pensais avoir bien coiffé Elsie, mais, trente ans plus tard, Harry, le beau-père de Ritchie, m'a dit le contraire : "Nous n'avons rien dit à l'époque, a-t-il marmonné, mais tu avais l'habitude de faire un sacré gâchis des cheveux de la pauvre Elsie !" »

22 Le Spam est une sorte de jambon en conserve, aliment favori des soldats de la Seconde Guerre mondiale. (N.d.t.)

Elle représente le saint patron des voyageurs portant l'enfant Jésus sur ses épaules pour traverser une rivière. Ringo l'accroche autour de son cou, pour qu'il soit en sécurité partout où il va.

17

5 autres cartes postales de Hambourg

I

Pour leur deuxième séjour à Hambourg, les Beatles travaillent dans une nouvelle salle, le Star Club, pour un nouveau manager, Manfred Weissleder, et dans un nouveau logement, un bel appartement propre dans la Grosse Freiheit. Herr Weissleder pose cependant une condition : « Je veux toujours que vous vous amusiez au Star Club, mais si vous faites des conneries, je vous renvoie chez vous. » Quelques jours plus tard, George, malade comme un chien, s'est vidé sur le sol, à côté de son lit. Le lendemain matin, la tâche immonde est toujours là, lui faisant de l'œil.
La femme de ménage refuse de la nettoyer, arguant, non sans raison, que cela ne fait pas partie de ses fonctions. Pour des raisons qui lui sont propres, George refuse de s'en débarrasser. Il a toujours eu ce côté têtu.

II

Le lendemain, la souillure reste obstinément présente. La femme de ménage se plaint de la misère générale des Beatles : les chaussettes puantes, les bouteilles vides, les vêtements éparpillés un peu partout. Cette dernière transgression porte leurs méfaits à un autre niveau. Elle va directement voir Herr Weissleder et lui fait part de ses plaintes. Herr Weissleder lui prête une oreille sympathique. Il va regarder de plus près.

III

Après avoir examiné les preuves, Herr Weissleder condamne George et charge son homme de main et videur, Horst Fascher, de l'obliger à nettoyer. Fascher est un ancien champion de boxe. Il a également passé du temps en prison pour homicide involontaire, suite à une bagarre avec un marin. Seules les âmes les plus courageuses refusent de lui obéir. John a déjà eu affaire à lui. Lorsque John l'a traité de nazi, Herr Fascher s'est vengé en le conduisant aux toilettes et en urinant sur lui. Mais George, le têtu George, reste droit dans ses bottines. Non, dit-il, il ne va certainement pas nettoyer. Pourquoi le ferait-il ? Ce n'est pas son travail. Il s'en contrefout, ça peut rester là. Quand il a besoin de se mettre au lit ou d'en sortir, il enjambe tout simplement l'immonde tache.

IV

La discussion est dans une impasse. La femme de ménage ne veut pas nettoyer la flaque de vomi, et George non plus. Au cours des jours suivants, Pete Best observe sa progression lente et odorante avec une fascination morbide, la regardant « grandir, grandir, se transformer en champignon et pratiquement prendre vie. On y écrasait des cigarettes, on lui donnait des restes de leur repas, jusqu'à ce qu'il prenne l'apparence d'un hérisson. »
Les Beatles la baptisent « La Chose » et la traitent presque comme un animal domestique. Très vite, La Chose acquiert une réputation locale. Pete se souvient que « sa renommée s'est tellement bien répandue que les gens voulaient venir la voir. » Il évalue sa taille à environ 15 cm de diamètre et estime qu'elle continue de grandir vers le haut, « comme un jardin de fleurs miniature ».
Alors que La Chose s'épanouit, George nourrit des pensées effrayantes. « J'ai peur de dormir.

Qu'elle se mette à me dévorer, confesse-t-il. »

V

Un matin, Herr Fascher revient à l'improviste. Il jette un coup d'œil au vomi en pleine maturation avant de décider que trop c'est trop. Il revient avec une pelle. « Ne fais pas ça ! C'est notre animal de compagnie ! » crient les Beatles. Mais leurs supplications tombent dans l'oreille d'un sourd. Fascher le ramasse et le transborde en bas des escaliers, par la porte d'entrée et sur la Grosse Freiheit. Les Beatles les suivent dans une sorte de simulacre de procession funéraire. Fascher trouve une poubelle dans la rue et y déverse La Chose.

Quant à George, il estime avoir remporté une petite mais importante victoire. Il a tenu sa parole, et a refusé de reculer. L'honneur est sauf.

18

C'est la fin août 1961. Rory Storm and The Hurricanes viennent de terminer leur saison d'été à Pwllheli. Ils ont eu un tel succès qu'ils ont déjà été invités à revenir l'année prochaine.
Ringo aime voyager. On promet aux Hurricanes des tournées sur le continent à l'automne, mais pour une raison ou une autre, elles ne se concrétisent pas. Ringo s'agite : le moment est peut-être venu de faire un geste audacieux, loin du groupe, loin de Liverpool, loin de la Grande-Bretagne. Il a toujours été attiré par l'Amérique, ses grosses voitures, sa musique country, son blues, son rock'n'roll et ses westerns. Pourquoi ne pas s'y installer ? Inspiré par Lightnin' Hopkins, il opte pour Houston, au Texas. En conséquence, il se rend au consulat américain dans le Cunard Building de Liverpool et prend les formulaires d'immigration. Il s'avère qu'il devra prouver qu'il a de l'argent et la promesse d'un emploi. Sans se décourager, il écrit à la Chambre de commerce de Houston, qui lui remet une liste d'agences de placement locales. Après d'autres allers-retours, il choisit un emploi dans une usine, pensant qu'il pourra passer à autre chose une fois sur place.
Il est maintenant prêt, mais ce qu'il appellera plus tard « les très gros formulaires » constituent une pierre d'achoppement. Les Américains veulent tout savoir sur sa famille, y compris ses affiliations politiques. « Votre grand-père, danois, était-il un communiste ? ». Ces formulaires supplémentaires ont raison de lui : il ne peut tout simplement pas y faire face et finit par abandonner l'affaire.
Quelques jours plus tard, Tony Sheridan lui propose de rejoindre son *backing band* pour un passage au Top Ten Club de Hambourg. Il n'hésite pas. Il donne à Rory Storm un préavis de vingt-quatre heures et s'envole pour Heathrow, un peu nerveux pour son premier vol en avion. À un ou deux formulaires bureaucratiques près, il aurait très bien pu prendre l'avion, mais cette fois-ci dans la direction opposée.

19

Au milieu du mois de juin 1962, Joe Flannery, le manager de Lee Curtis and The All Stars, passe par là. « Quand vas-tu nous rejoindre, Pete ? » demande-t-il.

Pete Best sourit. « Tu dois plaisanter. Pourquoi je voudrais quitter les Beatles alors qu'on est sur le point de percer ? »

Flannery temporise. « Peut-être que je me suis emballé. C'est juste une rumeur qui circule. »

« Pourquoi quelqu'un lancerait-il une telle rumeur ? »

Pete reste perplexe. Il n'a pas l'intention de quitter les Beatles, pas après avoir joué de la batterie avec eux ces deux dernières années.

Cette conversation l'obsède. Quelles sont ces rumeurs ? À la mi-juillet, il aborde le sujet avec M. Epstein. M. Epstein rougit et reste bouche bée. Pete va droit au but.

« Écoutez, Brian. Y a-t-il des plans pour me remplacer dans les Beatles ? »

M. Epstein balaie ses craintes. « Je vous l'assure, en tant que manager, il n'y a aucun plan pour vous remplacer, Pete. »

C'est suffisant pour Pete. On en reste là. Les choses continuent comme d'habitude : chaque matin, Pete et leur road manager, Neil Aspinall, partent dans le van avec tout le matériel des Beatles, qui est toujours conservé dans l'immense maison de la mère de Pete à Hayman's Green. Ils prennent les autres Beatles - John, Paul et George - en cours de route.

Le 15 août, le groupe donne deux concerts à la Cavern, l'un à l'heure du déjeuner, l'autre le soir.

« Je passe te prendre demain, John ! dit Pete en partant.

- Non, répond John. J'ai d'autres arrangements. »

Ce sont les derniers mots que Pete entendra d'un des membres des Beatles.

Avant que Pete ne quitte la Cavern cette nuit-là, M. Epstein lui dit qu'il aimerait le voir dans son bureau à dix heures le lendemain matin. Rien d'étrange à cela : ils se rencontrent souvent pour discuter des arrangements. Neil le conduit et le dépose au bureau du NEMS[23].

M. Epstein semble mal à l'aise, parle de tout et de rien. Il demande à Pete comment il pense que le groupe se porte. Pete répond « fabuleux », un mot qui deviendra bientôt à la mode. Il sent que quelque chose préoccupe M. Epstein. Qui peut reprocher à Epstein ses tergiversations ? Il n'a encore que vingt-sept ans, avec comme seule expérience la vente de meubles.

M. Epstein finit par se lancer et annonce : « J'ai de mauvaises nouvelles pour toi. Les garçons et moi-même avons décidé qu'on ne voulait plus de toi dans le groupe. Ringo te remplace. »

Pete a du mal à parler. Pourquoi ?

« Ils ne pensent pas que tu es un assez bon batteur, Pete », dit-il. Puis il ajoute : « Et George Martin pense aussi que tu n'es pas assez bon. » George Martin est le producteur de Parlophone qui a écouté les Beatles. Quand Pete était hors de portée de voix, il avait dit à Brian Epstein que Pete ne savait pas garder le rythme, et qu'il prévoyait d'utiliser un batteur de session pour l'enregistrement.

Pete se défend et s'estime aussi bon que Ringo, si ce n'est meilleur. « Ringo est déjà au courant ? »

Ringo est un bon ami.

---

23 North End Music Stores est le magasin de disques qui appartenait à ce moment-là au père de Brian Epstein.

« Il nous rejoint dimanche. »

Le téléphone sonne à ce moment-là. M. Epstein décroche le récepteur et écoute.

« Je suis toujours avec lui en ce moment », dit-il en reposant le combiné. Il reprend la conversation où elle s'est arrêtée. Il promet que tant que Pete est encore sous contrat, il lui versera son salaire actuel - 50 ou 60 livres par semaine - et il le mettra aussi dans un autre groupe, dont il sera le leader. « Il reste encore quelques concerts avant que Ringo ne nous rejoigne », ajoute-t-il, presque après coup. « Vous viendrez jouer ? »

Pete ne sait pas quoi dire, alors il dit oui. Puis il le quitte.

Selon les souvenirs de Brian Epstein, la réunion a duré deux bonnes heures. Dix minutes selon les dires de Pete...

Neil Aspinall l'attend en bas. « On dirait que tu as vu un fantôme.

- Ils m'ont mis à la porte ! » lui annonce Pete. Neil, qui sort avec la mère de Pete, décrète que dans ce cas, il va, lui aussi, démissionner. Pete l'en dissuade. « Ne sois pas bête, les Beatles vont aller loin. » Neil le dépose à la maison. Dès que Pete ferme la porte, il éclate en sanglots. Il a envie de mettre une pierre autour de son cou et de se jeter du haut de Pier Head. Il ne peut pas faire face à deux autres concerts avec les Beatles et ne se présente pas au Riverpark Ballroom à Chester ce soir-là. « J'avais été trahi et m'asseoir sur scène avec les trois personnes qui l'avaient fait, c'était comme frotter du sel sur une blessure très profonde. »

Ce n'est que plus tard qu'il découvre que les Beatles se sont vu proposer un contrat avec Parlophone il y a quinze jours. Personne ne lui en a parlé.

Sa mère Mona, qui a aidé à gérer le groupe avant l'arrivée de Brian et qui l'appelle toujours « le groupe de Pete », téléphone immédiatement à George Martin à Londres. Le charmant producteur de disques lui assure que, bien qu'il ait voulu un autre batteur pour la session d'enregistrement, ce n'était pas à lui de décider si les Beatles gardaient Pete ou non.

Mona s'en prend à Brian Epstein : « C'est de la jalousie, Brian, de la pure jalousie, parce que Peter est celui qui a le plus de fans - c'est lui qui est à l'origine de la popularité des Beatles à Liverpool ! » Elle est persuadée qu'ils se sont débarrassés de Peter pour qu'il ne soit plus le centre d'attention, « les autres n'étant que des accessoires. »

Qui a fait quoi ? Comme souvent avec les Beatles, chacun a une histoire différente. Dans *The Beatles Anthology* - qui est, en termes bibliques, la version autorisée - Paul se souvient qu'après leur audition à Abbey Road, George Martin a pris les trois autres à part et a dit : « Je ne suis vraiment pas satisfait du batteur. Est-ce que vous envisageriez de le changer ? » « On a dit : "Non ! On ne veut pas !". C'était une de ces choses terribles que l'on vit quand on est ado. On veut le trahir ? Non. Mais notre carrière était en jeu. Ils allaient peut-être annuler notre contrat. »

Pourtant, George Martin a toujours affirmé avoir été déconcerté par le licenciement de Pete. Il n'était pas impressionné par son jeu de batterie, et il avait certainement remarqué qu'il était à l'écart des trois autres, qui aimaient tous s'amuser. « Mais je n'ai jamais pensé que Brian Epstein le laisserait partir. Il semblait être le plus vendeur en termes d'apparence. J'ai été surpris quand j'ai appris plus tard qu'ils avaient laissé tomber Pete Best. La batterie était importante pour moi sur un disque, mais elle n'avait pas beaucoup d'importance par ailleurs. Les fans ne font pas particulièrement attention à la qualité de la batterie. »

Mais Pete Best a toujours affirmé qu'au cours de ses deux années en tant que Beatle, aucun d'entre eux ne s'est jamais plaint de la qualité de sa batterie : « Jusqu'à la fin, nous buvions toujours des coups ensemble et nous étions apparemment les meilleurs amis du monde. »

Au fil du temps, John s'est montré de plus en plus franc sur cette question, comme sur tant d'autres. « On en avait assez de Pete Best, a-t-il dit en 1967. C'était un batteur minable. Il ne s'est jamais amélioré. Il y avait toujours ce mythe construit autour de lui qu'il était génial et que Paul était jaloux de lui parce qu'il était beau et toute cette merde... La seule raison pour laquelle il était dans le groupe en premier lieu était parce que, pour pouvoir aller à Hambourg, nous devions avoir un batteur... Il était évident qu'il a toujours été prévu que nous le laisserions tomber dès que nous aurions trouvé un batteur décent. »

Ringo, lui aussi, a montré son assurance. Trente ans plus tard, on lui a demandé s'il avait eu de la peine pour Pete. « Non. Pourquoi en aurais-je eu ? J'étais meilleur joueur que lui. C'est comme ça que j'ai eu le poste. Ce n'était pas à cause de ma personnalité. C'est parce que j'étais un meilleur batteur, et j'ai reçu le coup de fil. Je n'ai jamais été désolé pour lui. Beaucoup de gens ont fait carrière en se servant des Beatles. »
Comme dans le dénouement d'un roman d'Agatha Christie, c'est le suspect le moins probable qui finit par avouer. Bien des années plus tard, George - le jeune George calme et réfléchi - a avoué. Pete n'arrêtait pas de se faire porter pâle, disait-il, alors ils demandaient à Ringo de le remplacer, « et à chaque fois que Ringo s'asseyait, on avait l'impression qu'on tenait le truc. Finalement, on s'est dit : "On devrait mettre Ringo dans le groupe à plein temps." J'étais assez fort pour foutre le bordel. J'ai conspiré pour que Ringo soit dans le groupe pour de bon. J'ai parlé à John jusqu'à ce qu'ils finissent par accepter l'idée... On n'était pas très forts pour dire à Pete qu'il devait partir. Mais quand on en arrive là, comment le dire à quelqu'un ?... Brian Epstein était le manager, donc c'était son travail, et je ne pense pas qu'il pouvait le faire très bien non plus. Mais c'est comme ça que ça s'est passé et c'est comme ça que ça se passe. »

> LES BEATLES CHANGENT DE BATTEUR
> Ringo Starr (ancien batteur de Rory Storm and The Hurricanes) a rejoint les Beatles, remplaçant Pete Best à la batterie. Ringo admire les Beatles depuis des années et est ravi de son nouvel arrangement. Naturellement, il est très enthousiaste pour l'avenir.
> Les Beatles commentent : « Pete a quitté le groupe d'un commun accord. Il n'y a pas eu de disputes ou de difficultés, et cela a été une décision entièrement amicale. »
> Le mardi 4 septembre, les Beatles s'envoleront pour Londres afin de réaliser des enregistrements aux studios EMI. Ils enregistreront des morceaux qui ont été spécialement écrits pour le groupe.

Mersey Beat, 23 août 1962, en première page.

Lorsque la nouvelle est connue, *Mersey Beat* reçoit une pétition pour la réintégration de Pete Best, signée par des centaines de fans. Ces derniers se rendent au domicile de la famille de Pete. Mo Best se souvient de son salon « rempli de fans, soupirant et sanglotant ». Ces fans manifestent également devant les bureaux de M. Epstein à Whitechapel. Le propriétaire de la Cavern, Ray McFall, lui fournit un garde du corps. Ringo reçoit une lettre empoisonnée.
Le prochain concert des Beatles à la Cavern s'annonce compliqué. Les fans de Pete les chahutent en scandant « *Pete is best !* » et « *Ringo never, Pete Best forever !* ». Au bout d'une demi-heure, George

perd son sang-froid et se met à répliquer. En réponse, un fan mécontent donne un coup de poing à George, lui collant un œil au beurre noir. Une fan de Pete Best, Jenny, écrit une lettre de réclamation à George, qui lui répond avec assurance : « Ringo est un bien meilleur batteur, et il sait sourire, ce qui est un peu plus que ce que Pete savait faire. On va tous mettre quelques semaines pour s'y faire, mais je pense que la majorité de nos fans considéreront bientôt Ringo comme acquis... Beaucoup d'amour de la part de George ».

Avec le temps, George a eu raison. Les fans sont inconstants. « J'adorais Pete et j'ai eu le cœur brisé quand ils l'ont licencié », raconte l'une d'elles, Elsa Breden, au biographe des Beatles Mark Lewisohn, quarante ans plus tard. « Mais c'est vite passé et c'était comme s'il n'avait jamais été là. Ils étaient bien meilleurs avec Ringo, sans aucun doute. Il leur donnait à tous ce solide rythme de fond - c'est un grand batteur de rock'n'roll - et il s'est parfaitement intégré. »

Six jours seulement après le licenciement de Pete, John, Paul, George et Ringo sont filmés par *Granada TV* lors d'un concert à l'heure du déjeuner à la Cavern. Pete les accompagne pour les regarder. En sortant, Jim, le père de Paul, l'aperçoit et s'exclame triomphalement : « Super, n'est-ce pas ? Ils passent à la télé ! »

« Désolé, M. McCartney, répond Pete, Je ne suis pas la bonne personne à qui il faut poser cette question. » Au cours des deux années suivantes, les Beatles gagnent collectivement 17 millions de livres sterling. De son côté, Pete Best rejoint Lee Curtis and The All Stars. Quand Lee Curtis part en solo, ils changent leur nom en Pete Best All-Stars. Suite à un nouveau départ, ils deviennent les Pete Best Four. Au départ d'un nouveau membre, ils deviennent les Pete Best Combo. Alors que la célébrité des Beatles grandit, l'intérêt pour Pete s'estompe. « Il y avait peu ou pas de revenus, à peine assez pour payer mes factures, et j'ai atteint le stade où je me suis retrouvé à gratter pour trouver assez d'argent pour acheter un paquet de cigarettes. Je ne pouvais pas rester les bras croisés et ignorer le fait que j'aurais dû partager le succès des Beatles, que je considérais comme étant une partie de mon héritage. »

La femme de Pete, Kathy, travaille au comptoir des biscuits chez Woolworths. Un jour de 1967, il attend qu'elle soit partie au travail, monte dans la chambre, il verrouille la porte, bloque toutes les fentes d'aération, place un oreiller sur le sol devant le feu de gaz et allume le gaz. Il est en train de s'évanouir lorsque son frère Rory arrive, sent le gaz, enfonce la porte et lui sauve la vie en criant « Espèce de crétin ! »

La même année, Hunter Davies termine sa biographie pionnière des Beatles. Désireux de savoir ce que sont devenus tous leurs vieux amis, que le biographe a pratiquement tous rencontrés, ils lui demandent de nombreux détails. « Ce qui les intéressait, surtout, était de savoir ce qu'étaient devenus leurs amis d'enfance... sauf quand le sujet Pete Best a été abordé. Ils ont semblé se fermer comme des huîtres, comme s'il n'avait jamais eu d'influence sur leurs vies. Ils n'ont fait preuve d'aucune empathie quand je leur ai dit qu'il coupait maintenant du pain pour 18 livres par semaine. Paul a lâché une grimace. John a posé quelques questions supplémentaires, mais a ensuite oublié le sujet, et ils sont tous retournés à la chanson qu'ils enregistraient. »

En 1969, Pete entame une carrière de fonctionnaire, travaillant dans un bureau de placement. Pendant de nombreuses années, ses deux filles, Beba et Bonita, ignorent que leur père a été un Beatle. Il est maintenant à la retraite et, à soixante-dix-huit ans, il dirige le Pete Best Band. Son site web, www.petebest.com, promet : « Dès le premier battement, vous serez plongé dans la nostalgie, en écoutant "les meilleures années" des Beatles, 1960-1962. » Le slogan du site est « *The Man Who Put the Beat in Beatles* ».

En 2019, le *Sunday Times* estime la fortune de Ringo Starr à 240 millions de livres sterling, ce qui en fait le huitième musicien le plus riche du monde. Il est chevalier du royaume, possède des résidences à Londres, Los Angeles et Monte Carlo, et est marié à Barbara Bach, une ancienne James Bond girl. L'ancienne batterie de Pete Best est exposée au musée The Beatles Story de Liverpool, triste et solitaire, un monument à la perte, la tombe du batteur inconnu. Dans l'audioguide, George Martin explique : « Il était probablement le plus beau, mais il ne parlait pas beaucoup et n'avait pas le charisme des autres. Plus important encore, son jeu de batterie était correct, mais il n'était pas de premier ordre, à mon avis. Je n'ai pas réalisé que les garçons pensaient à peu près la même chose, et ils ont donc pris ça comme le mot final, un catalyseur, et le pauvre Pete a été viré. Je me suis toujours senti un peu coupable à ce sujet. Mais je suppose qu'il a survécu. »

20

Je suis arrivé dans la vieille maison de Pete Best à Hayman's Green le soir du quatrième jour de la semaine annuelle des Beatles. Le sous-sol recréait l'ancien Casbah Club. Un sous-sol très basique, humide, sombre et moite, il débordait d'hommes proches des soixante-dix ans qui ressemblaient à Bernie Sanders ou Bernard Manning. La plupart portaient des T-shirts des Beatles. Un tribute band se met au diapason d'une manière authentiquement sixties, en chantant « One - two, one-two » encore et encore, à se demander s'ils arriveront un jour à « trois ».

La Casbah est moins un sanctuaire pour les Beatles que pour Pete Best. Ringo est le grand absent. À l'entrée, des photographies des Beatles - John, Paul, George et Pete, toutes dédicacées par Pete - étaient en vente pour 15 livres. Une coupure de journal avec le titre « 10,000 SUPPORTING PETE BEST STREET BID » était épinglée à une toile de lin rouge. Il posait une question urgente. « À Liverpool, il y a un "Paul McCartney Way" et un "John Lennon Drive". Alors pourquoi pas une avenue Pete Best ? »

Dans le jardin, un groupe d'hommage indonésien, l'Indonesian Beat Club, composé de cinq « amoureux purs et durs des Beatles », jouait une version fougueuse de « My Bonnie », comme Pete et le reste de son groupe le faisaient à l'époque. En faisant la queue pour un verre, j'ai entendu quelqu'un mentionner un Pete Best Fan Club. Très actif sur Twitter, où il compte cinquante-trois adeptes. Parmi les tweets, on peut lire « PETE IS THE BEST », « I WANT PETE BEST SO BAAAAAD IT'S DRIVING ME MAD », « Happiness Is Pete Best! » et le poignant « MY PETE BEST GENTLY WEEEEEPSSS ».

Des prospectus près de l'entrée annonçaient le Magical Beatles Museum, géré par Roag, le demi-frère de Pete, le fils de Mona Best et Neil Aspinall. Sa collection comprend la première batterie de Pete. Dans le musée, l'histoire s'arrête en juin 1962 : c'est comme si Ringo n'avait jamais vécu. Les visiteurs sont accueillis par des panneaux indiquant « PETE, JOHN, PAUL, GEORGE, STUART ». Roag affirme qu'il ne s'agit pas seulement du « musée des Beatles le plus authentique de Liverpool, mais du musée des Beatles le plus authentique du monde. Mon frère aîné Pete Best était le batteur original des Beatles de 1960 à 1962. Il a donné plus de 1 000 concerts et enregistré 27 titres en tant que Beatle ».

Le site Web de Pete Best annonce que « Lorsqu'il n'est pas en train d'assumer diverses fonctions de célébrité, Pete a un emploi du temps chargé en tournée avec le Pete Best Band. Le Pete Best Band capture le son des Beatles dans leurs années de formation - les premières années pour beaucoup « étaient » les Beatles. »

21

Une fête :
Reece's Café
9-13 Parker Street, Liverpool
23 août 1962

En juillet 1962, Cynthia réalise qu'elle est enceinte. Elle pense que John va mal le prendre et attend plusieurs jours avant de le lui dire. Finalement, elle prend son courage à deux mains. « Quand la nouvelle lui est tombée dessus, il est devenu tout pâle et j'ai vu la peur dans ses yeux. "Il n'y a qu'une seule solution, Cyn", a-t-il dit. «Il faut qu'on se marie. »
Elle lui dit qu'il n'est pas obligé de le faire ; il insiste sur le fait qu'il le veut. Le lendemain, John en parle à Brian Epstein, qui lui répond qu'il n'est pas obligé d'aller jusqu'au bout. Les Beatles viennent de signer leur premier contrat d'enregistrement, et Brian craint que la nouvelle ne rebute les fans. Lorsque John en parle à tante Mimi, elle accuse Cynthia de vouloir le piéger et dit qu'il est hors de question qu'il se marie.
Brian comprend vite que c'est extrêmement sérieux pour John, il décide de prendre les choses en main, demande l'autorisation de mariage et réserve le bureau d'enregistrement pour la première date disponible, dans une quinzaine de jours.
Le 23 août, Brian, élégant dans son costume à rayures, va chercher Cynthia à son appartement. Elle porte un costume deux pièces à carreaux violets et noirs sur un chemisier blanc à froufrous et à col montant, des chaussures noires et un sac noir. Brian l'emmène dans une voiture avec chauffeur au bureau d'enregistrement de Mount Pleasant. En chemin, il lui dit qu'elle est ravissante et fait de son mieux pour calmer ses nerfs.
Quand ils arrivent, John, Paul et George font déjà les cent pas dans la salle d'attente, vêtus de costumes noirs élégants. Cynthia pense qu'ils ont tous l'air « horriblement nerveux ». Tony, le frère de Cynthia, et sa femme Marjorie sont là aussi.
Alors que l'officier d'état civil commence à parler, un ouvrier à l'extérieur met en marche une perceuse pneumatique, mais, imperturbable, il continue son laïus. La cérémonie ne dure que quelques minutes. Ils signent le registre : John Winston Lennon, 21 ans, musicien (guitare) et Cynthia Powell, 22 ans, étudiante en art (école). Et maintenant ? Brian suggère qu'ils aillent tous déjeuner chez Reece's, au coin de la rue. Ils optent pour le café le moins cher du rez-de-chaussée plutôt que pour le fameux Grill Room, plus cher, au dernier étage.
Les mariés et leurs cinq invités font la queue pour une soupe, du poulet et du gâteau. L'alcool n'étant pas disponible, c'est à l'eau qu'ils portent un toast au bonheur du jeune couple. La fierté se lit sur le visage de John. Cynthia est aux anges : « Un mariage à l'église avec tous les extras n'aurait pas pu me rendre plus heureuse. »
Brian leur offre un cendrier en argent, gravé du message « Bonne chance JOHN & CYNTHIA. Brian, Paul & George, 23 août 1962 », ainsi qu'un kit de rasage dans une pochette en cuir gaufrée « JWL », que John emportera partout. Le déjeuner - quinze shillings par tête - est offert par Brian, qui annonce également qu'il leur a trouvé une sorte de refuge dans Falkner Street où John et Cynthia peuvent vivre

aussi longtemps qu'ils le souhaitent. Cynthia est tellement excitée qu'elle le prend dans ses bras. Brian a l'air embarrassé.

Ce soir-là, les Beatles donnent un concert à Chester, et Cynthia en profite pour rendre l'appartement agréable. Pendant le concert, John semble hors de lui, perdant son calme avec le groupe en première partie, qui, selon lui, a tendance à fortement copier les Beatles. Il leur hurle dessus : « Vous êtes en train de faire notre show ! » Il ne dit à personne qu'il vient de se marier. Même le nouveau batteur des Beatles, Ringo, est tenu dans l'ignorance.

22

En novembre 1962, un entrepreneur de Sheffield âgé de vingt-deux ans et portant le nom bien particulier de Peter Stringfellow (traduction littérale : « Compagnon de cordée », N.d.t..) cherche un spectacle pour sa toute jeune boîte de nuit, le Black Cat. À première vue, le Black Cat avait tout de l'endroit « in », alors qu'en fait, ce n'était que le nom que Stringfellow donnait à la salle paroissiale de St. Aidan, les soirs où il la louait.
En parcourant le *New Musical Express*, Stringfellow repère une publicité pour un groupe appelé les Beatles. Ils ressemblaient exactement à ce qu'il cherchait pour sa boîte. Dès le début octobre, il diffusait dans sa boîte la chanson « Love Me Do » à la demande spécifique de son public. Depuis, il la jouait régulièrement.
Il n'y avait pas de téléphone chez ses parents. Il s'est rendu à une cabine téléphonique publique et a été mis en relation avec le manager des Beatles, un certain M. Epstein, qui lui a dit que les Beatles coûteraient 50 livres.
« 50 livres ! répondit Stringfellow. Excusez-moi, mais je paie 50 livres pour Screaming Lord Sutch, et personne n'a entendu parler des Beatles ! »
Epstein répondit que, contrairement à Sutch, les Beatles avaient un disque dans les charts. Stringfellow savait que « Love Me Do » était en train de descendre dans les charts. Il dit qu'il allait y réfléchir.
Le lendemain, il a rappelé Epstein, disant qu'il était prêt à payer les 50 livres. Epstein lui répondit que le prix était passé à 65 livres. Stringfellow sentait qu'Epstein était aussi nerveux qu'il l'était lui-même. Il sentait que les Beatles étaient très demandés, et que leur succès finirait par devenir ingérable pour Epstein. Une fois de plus, Stringfellow dit qu'il allait y réfléchir.
Fidèle à sa parole, il a rappelé deux jours plus tard, et a dit que oui, il pouvait accepter les 65 livres. Brian Epstein a répondu que le prix était maintenant passé à 100 livres. « Les Beatles vont sortir un autre single et celui-ci va se retrouver en tête des hit-parades », lui dit-il avec arrogance. Stringfellow a essayé de marchander, mais M. Epstein a dit qu'il n'accepterait rien de moins que 90 livres. Ils se mirent finalement d'accord sur 85 livres. Stringfellow était secoué. « Je suis sorti de la cabine téléphonique en sueur car je n'avais jamais payé une telle somme à un groupe auparavant. »
Il y a eu une période inquiétante entre le moment où « Love Me Do » quitte les charts et l'entrée de « Please Please Me ». Les Beatles semblaient être réduits au silence. Stringfellow a commencé à paniquer. Avait-il gaspillé tout son argent ?
Il passe une annonce dans le *New Musical Express* annonçant la date du concert des Bealtes au Black Cat en avril 1963, et commande des billets à l'imprimeur, au prix de quatre shillings chacun. Les demandes affluent, jusqu'en Écosse. Il retourne alors chez l'imprimeur pour faire passer le billet à cinq shillings. En janvier, il avait vendu plus de 1 500 billets, bien au-delà de la capacité du Black Cat. Il cherche une salle plus grande, tombe sur l'Azena Ballroom, la salle de danse la plus chic de Sheffield, et passe une nouvelle annonce dans le *NME*, cette fois-ci pour annoncer le changement de lieu. Le 2 avril, il a vendu deux mille billets ; le soir même, un millier d'autres personnes se présentent pour avoir une chance d'entrer.

23

Je suis arrivé trop tard à l'International Beatles Week de Liverpool pour assister à la première partie du spectacle, Les Sauterelles. Elles se sont formées en 1962 et, selon la brochure, « sont rapidement devenues le groupe suisse le plus populaire des années 1960. Au cours de l'été 1968, leur single « Heavenly Club » a été numéro un pendant six semaines dans les charts suisses. »
Suivaient un tribute band Beatles hongrois, les Bits, puis les Norwegian Beatles, « probablement le tribute band Beatles le plus septentrional du monde », et enfin le Clube Big Beatles du Brésil, qui devrait bientôt ouvrir son propre Cavern Club à São Paulo. Parmi les artistes présents sur la scène couverte figuraient les Bertils de Suède, les Fab Fourever (« le premier tribute band Beatles canadien »), Bestbeat de Serbie, couronné « l'un des trente tribute band Beatles les plus importants de la planète » par *Newsweek* en 2012, et B.B. Cats, un groupe d'hommage féminin de Tokyo spécialisé dans le répertoire hambourgeois des Beatles.
Il existe aujourd'hui plus de mille groupes d'hommage aux Beatles dans le monde. Nombre d'entre eux - les Tefeatles du Guatemala, Rubber Soul du Brésil, les Nowhere Boys de Colombie, Abbey Road d'Espagne - existent depuis plus longtemps que les Beatles eux-mêmes : Le groupe britannique Bootleg Beatles et le groupe australien Beatnix existent tous deux depuis quarante ans.
Le soir, j'ai rejoint la longue et sinueuse file d'attente devant le Grand Central Hall pour voir les Fab Four de Californie, l'un des groupes d'hommage aux Beatles les plus populaires au monde. La plupart des personnes qui faisaient la queue avaient environ soixante-dix ans, c'est-à-dire quinze à l'apogée de la Beatlemania. Les hommes portaient des jeans larges et des T-shirts des Beatles ; les femmes des pantalons et des hauts généreux. Une ou deux personnes étaient en fauteuil roulant. Dans la plupart des concerts de rock, les fans se précipitent pour s'approcher de la scène, mais lorsque les portes du Grand Central Hall s'ouvrent, la plupart des gens se précipitent à l'étage, là où se trouvent les sièges. Un homme déprimant vêtu d'un jean et d'un bonnet tricoté a ouvert le spectacle en gémissant sur une version semi-agressive de « Don't Let Me Down » de John, s'accompagnant d'effets pyrotechniques saccadés sur une guitare acoustique. Qu'est-ce que je faisais là, avec ce troisième âge habillé en Beatles ? En faisant abstraction des looks, on aurait pu croire à une réunion d'anciens combattants de la Seconde Guerre mondiale, réunis pour un défilé aérien de Spitfires.
Dans les années 1970, mes parents avaient l'habitude de regarder une émission de télévision intitulée *The Good Old Days*. Les téléspectateurs se déguisaient en Edwardiens, les hommes en canotiers de paille, blazers fantaisistes et moustaches de morse, les femmes en chapeaux à plumes et robes volumineuses à col montant. Ils s'extasiaient devant le maître de cérémonie du camp, Leonard Sachs, qui présentait chaque numéro de music-hall - danseurs de claquettes, prestidigitateurs, chorales a capella sophistiquées - avec son flot de mots ultra-élaborés : « Prestidigitatif ! » (« Oooh ! ») », « Plénitudinale ! » (« Ahh ! »), « Sesquipidalianisme ! » (« Oooh ! »), suivi par un coup de bong. Au son grotesque, le rideau s'ouvre et l'aréopage se joignait à lui, chantant « Down at the Old Bull and Bush ». C'était ce qu'on appelait à l'époque un voyage dans le passé, les spectateurs étant heureux de participer à l'illusion que le temps pouvait être inversé et les morts ressuscités.
Ce renouveau des Beatles ressemblait étrangement au poème Edwardien d'Alfred Edward Housman *Blue Remembered Hills* :

> That is the land of lost content,
> I see it shining plain,
> The happy highways where I went
> And cannot come again.[24]

J'étais à de telles réflexion chagrinées lorsque les Fab Four sont entrés sur scène. Ils ont commencé leur set par « She Loves You ». Ils sonnaient exactement comme les Beatles et, à ma vue déclinante, ils leur ressemblaient aussi - Paul arquant les sourcils et levant les yeux au plafond, George légèrement rêveur et distant, Ringo balançant la tête d'un côté à l'autre, John avec les jambes écartées, comme s'il était à dos d'âne. J'étais témoin de quelque chose qui ressemblait à un merveilleux tour de passe-passe. Une moitié de votre cerveau reconnaît que ce ne sont pas les Beatles : comment pourraient-ils l'être ? Mais l'autre moitié est heureuse de croire qu'ils le sont. C'est comme regarder une pièce de théâtre : oui, bien sûr, vous savez que le couple sur scène est un acteur, mais à un autre niveau, vous pensez qu'il s'agit d'Othello et Desdemona. Le drame réside dans l'interaction entre la connaissance et l'imagination. Et avec les Fab Four, une autre illusion est à l'œuvre, tout aussi convaincante, tout aussi éphémère : tant qu'ils jouent, nous avons tous cinquante ans de moins et regardons avec émerveillement les Beatles dans la fleur de l'âge.

---

24 C'est le pays du bonheur perdu, / je le vois briller au firmament, / Les joyeuses montagnes où je suis allé / et où je ne peux pas revenir.

24

On avait demandé à Helen Shapiro de quitter la chorale de son école parce qu'elle ne pouvait jamais s'empêcher de jazzer les harmonies.
Ainsi, à douze ans, elle forme un groupe, Suzie and The Hula-Hoops, avec ses camarades de classe Mark Feld[25], Stephen Gould et Susan Singer. Mais le groupe se dissout peu après. Helen aimait traîner à l'entrée des scènes du Hackney Empire, en haut de la rue de sa maison familiale, repérant des stars comme Adam Faith, Billy Fury, Cliff Richard et Lord Rockingham's Eleven. Une fois, elle a même réussi à obtenir l'autographe de Marty Wilde.
À treize ans, elle est déterminée à devenir, soit hôtesse de l'air, soit chanteuse. Ce choix est décidé pour elle lorsque son oncle Harry repère par hasard une publicité pour la Maurice Burman School of Modern Pop Singing, où Alma Cogan a déjà été élève. Burman lui-même avait joué du tambour dans les principaux orchestres de danse avant la guerre, et écrivait maintenant une colonne régulière pour le *Melody Maker*. Lorsqu'il a rencontré la petite Helen, il a été tellement enthousiasmé par sa voix profonde et bluesy qu'il a renoncé à faire payer son inscription. Tous les samedis, Helen fréquente son école, à l'angle de Baker Street et de Marylebone Road, et y apprend les gammes, la diction, le phrasé et la technique du microphone.
Après six mois, Burman prend contact avec son vieil ami, le chef d'orchestre et producteur Norrie Paramor. Paramor propose à Helen d'enregistrer une bande test dans les studios EMI d'Abbey Road. Elle chante « Birth Of The Blues ». Paramor a du mal à croire que cette voix puissante et posée émane d'une enfant de treize ans.
EMI a proposé un contrat à Helen. Au lieu d'un pourcentage, ils lui proposent un penny par single, et six pence pour chaque LP de douze titres. Si elle avait du succès, le montant passerait à trois farthings par piste, jusqu'à un maximum de deux pence par single[26]. « Tout cela m'est passé au-dessus de la tête. Les gens d'EMI étaient tous des hommes d'affaires intelligents alors que je n'étais qu'une jeune fille qui voulait chanter. Je ne me suis jamais intéressée à l'aspect financier des choses, jusqu'à ce qu'il soit trop tard. »
Helen et ses parents pensent qu'elle devrait changer de nom : à cette époque, les artistes juifs ont tendance à changer de nom pour éviter toute réaction antisémite. Mais Norrie Paramor pensait que la plupart des gens ne comprendraient pas que Shapiro était un nom de famille juif, et que le nom avait l'air fringant, alors ils décidèrent de le conserver.
Le premier single d'Helen, « Don't Treat Me Like A Child », est sorti le 10 février 1961. Il semblait avoir atteint un satisfaisant numéro 28 dans les charts, mais elle est ensuite apparue dans la première édition de la nouvelle émission de musique pop *Thank Your Lucky Stars*, et a grimpé en flèche jusqu'au numéro 4. Helen commence à être reconnue dans la rue.
Ses deux chansons suivantes, « You Don't Know » et « Walkin' Back To Happiness », se sont toutes deux vendues à plus d'un million d'exemplaires et ont atteint la première place des hit-parades. Helen a été élue meilleure actrice féminine en 1961, et de nouveau l'année suivante.

---
25 Qui a ensuite changé son nom en Marc Bolan.
26 Une livre sterling correspond à vingt shillings. Un shilling égale douze pence (singulier de pence : un penny). Le farthing vaut un quart de penny (N.d.t..).

Vers la fin de 1962, le promoteur Arthur Howes lui parle de l'affiche de sa prochaine tournée britannique. « Nous allons vous préparer un beau spectacle. Nous avons Kenny Lynch, Danny Williams. Red Price sera à nouveau à vos côtés. Dave Allen est l'animateur des soirées, il y a un groupe de chanteuses, les Honeys, et un groupe vocal, les Kestrels. Puis nous avons ce nouveau groupe, les Beatles. Je ne sais pas si vous avez entendu leur disque, « Love Me Do » ? »
Helen connaissait certainement les Beatles : « C'étaient les drôles de types avec de drôles de cheveux. » Le coup d'envoi de sa tournée est donné au Gaumont de Bradford le 2 février. Le Red Price Band ouvre le spectacle, puis viennent les Honeys, le comédien (et animateur) Dave Allen, et les Beatles, avec Danny Williams (« le Johnny Mathis britannique ») pour clôturer la première partie. Après l'entracte, le Red Price Band monte à nouveau sur scène, suivi par les Kestrels, Kenny Lynch, Dave Allen toujours, et enfin, en haut de l'affiche, Helen Shapiro.
Pendant les vérifications du son à Bradford, Helen a été présentée au bassiste des Beatles, Paul. « Je lui ai dit que j'aimais « Love Me Do » et il m'a présentée au reste des gars qui étaient vraiment heureux parce que c'était leur première grande tournée de concerts. Ils s'étaient produits dans des clubs et des salles de bal à Hambourg et à Liverpool, mais ils n'avaient jamais rien fait de comparable au groupe pop et ils étaient impatients d'être sur scène. »
À ce moment-là, l'un d'entre eux a mentionné qu'ils avaient écrit une chanson intitulée « Misery » pour Helen, mais qu'elle avait été refusée en son nom par Norrie Paramor. Helen s'est excusée, disant qu'elle n'était pas au courant.
Quand les Beatles sont montés sur scène, Helen a été frappée par le bruit qu'ils faisaient. « Ils étaient habitués à un public plus bruyant. Ils se sont vite rendu compte qu'ils n'avaient pas besoin de monter le son autant quand les gens étaient assis et écoutaient plutôt que de danser... Ils avaient beaucoup à apprendre. »
La direction de la tournée a encouragé Helen à voyager seule dans une limousine spéciale, pour marquer son statut de star, mais elle a préféré s'asseoir dans le car avec les groupes de soutien. « Je n'aurais raté ça pour rien au monde, surtout quand les Beatles étaient avec nous. » Ensemble dans le car, les Beatles sortaient leurs guitares, et Helen chantait avec eux « The Locomotion » et d'autres succès. Elle se rappelait comment Paul s'entraînait à écrire son autographe encore et encore, puis lui demandait ce qu'elle en pensait. Lors d'un de ces voyages en car, John et Paul ont eu l'idée de courir ensemble vers le micro et de chanter « *Whoooo* ! », une routine qui, en quelques semaines, allait déclencher des explosions d'extase parmi leurs fans.
Un soir, Helen fait entrer les Beatles dans son vestiaire pour qu'ils puissent se regarder à la télévision pour la première fois. John est surpris par son apparence, en particulier par l'étrange posture de jockey qu'il adopte sur scène. Ils n'arrêtaient pas de se donner des coups de coude et de faire des commentaires. « Eh, regarde ça : "Tu es affreux !" »
Au fil de la tournée, la popularité des Beatles ne cesse de croître, tandis que celle d'Helen décline. Par le plus pur des hasards, les Beatles et Helen avaient tous deux sortis de nouveaux singles à peu près au même moment – « Please Please Me » le 17 janvier, « Queen For Tonight » le 26 janvier. Au fil des semaines, le statut de la célèbre tête d'affiche et celui de la modeste première partie s'inverse. Au début du mois de février, « Please Please Me » était à la 33e place, et « Queen For Tonight » n'était nulle part. Le 6 février, « Please Please Me » était numéro 16, et « Queen For Tonight » n'était toujours pas visible. Le 13 février, « Queen For Tonight » était classé 42e, tandis que le single des Beatles était numéro 3. Le 23 février, « Please Please Me » était numéro 2 et le 45 tours d'Helen Shapiro n'en était qu'à la 33e place, la position la plus élevée qu'il n'ait jamais atteinte :

la semaine suivante, il était tombé au rang 35. Helen n'avait que seize ans et était sur le déclin : « J'avais été une nouveauté à quatorze ans mais je souffrais du syndrome de Shirley Temple. J'avais grandi. Tout à coup, je commençais à avoir l'air un peu dépassée, même si j'étais en tête d'affiche. » Un jour, dans le bus de la tournée, elle découvre le titre d'un article dans un journal musical « Helen Shapiro est-elle une «has-been» à seize ans ? »

« C'est comme si quelqu'un m'avait donné un coup de poing dans l'estomac. » Assis, dans la rangée derrière elle, John Lennon s'interroge sur sa réaction choquée. John et Helen avaient une belle relation : comme beaucoup de filles de son âge, elle avait le béguin pour lui. En retour, il était inhabituellement protecteur envers elle, la traitant, selon les mots d'Helen « comme une sorte de petite sœur ».

« Qu'est-ce qu'il se passe, Helly ? »

Elle lui montre le titre incriminé. John cherche à la rassurer. « Ne sois pas à l'écoute de ces ordures. Tu es très bien. Tu vas continuer pendant des années. »

Mais aucun réconfort ne peut masquer la vérité. Helen Shapiro se souviendra de ce moment comme « l'un de ces jalons que je considère comme le début du changement, pas seulement pour moi mais pour beaucoup de chanteurs solistes. Les Beatles ont été le début d'une nouvelle ère, d'une nouvelle vague de groupes, de tout le truc du Merseyside. »

À la fin du mois de février, les Beatles ont été promus au-dessus de Danny Williams sur la tournée, chargés de clôturer la première moitié du programme. Pour la première fois, leur musique est noyée dans les cris. Helen continue de voyager dans le car avec les groupes de soutien, mais, conscient du statut de star naissante des Beatles, Brian Epstein les fait voyager dans leur propre voiture, à l'écart des autres. Ils ont quitté la tournée avant la fin, partant à la tête de leurs propres spectacles. Les Beatles manquaient à Helen : « Les choses n'ont plus jamais été tout à fait les mêmes par la suite. »

Après la tournée, elle a continué à enregistrer. « Mes disques étaient de mieux en mieux, mais les ventes étaient moins bonnes. Tout au long de l'année 1963, le phénomène Merseyside n'a cessé de croître. Londres était exclu, ainsi que les artistes solos. C'était la fin des haricots pour quiconque n'appartenait pas à un groupe, de préférence avec une batterie et des guitares principale, basse et rythmique. »

Son disque suivant, « Woe Is Me », culmine à la 35ᵉ place. En octobre 1963, lorsqu'elle sort « Look Who It Is », les Beatles sont devenus le groupe le plus célèbre de Grande-Bretagne : « She Loves You » est numéro 1 et est en passe de vendre un million d'exemplaires.

Pour aider Helen à promouvoir son single, le producteur de *Ready Steady Go !* a suggéré qu'elle soit filmée en train de le chanter avec les Beatles, qui étaient en tête d'affiche. Il a été convenu qu'elle chanterait un couplet à chaque Beatle à tour de rôle, mais comme il n'y avait que trois couplets, l'un d'entre eux devait se tenir à l'écart. Ils tirent à pile ou face, et le perdant était Paul, qui est allé dans un studio voisin, où il a été chargé de choisir le gagnant d'un tremplin dans lequel quatre filles mimaient « Let's Jump The Broomstick » de Brenda Lee.

Paul a décidé que la gagnante serait la fille numéro quatre, Melanie Coe, alors âgée de quatorze ans, de Stamford Hill à Londres.

25

Lors des émissions précédentes, le prix était un rendez-vous avec une pop star, mais cette fois-ci, il s'agissait simplement du disque des Beatles, *Please Please Me*. En entendant cela, le visage de Melanie Coe s'est effondré. « Je pensais que j'allais avoir un dîner avec les Beatles, alors j'ai été terriblement déçue. » De plus, la poignée de main ferme de Paul McCartney a provoqué le décollement de ses faux ongles. « Je ne pense pas les avoir jamais portés auparavant, et je voulais que tout soit parfait. » Mais sa déception est passablement apaisée lorsque les producteurs, impressionnés par son exubérance naturelle, lui offrent un an de travail comme danseuse de plateau, ce qui lui permet de côtoyer des stars comme Stevie Wonder, Dusty Springfield, Cilla Black et Freddie and The Dreamers. Si elle n'avait pas été choisie par Paul McCartney, Melanie Coe aurait-elle été plus satisfaite de sa vie d'écolière ? Au lieu de cela, elle devient turbulente, et, au fil du temps, elle commence à s'encanailler dans le centre de Londres, contre la volonté de ses parents. « En 1964, je dirais qu'il y avait trois ou quatre discothèques à Londres, donc vous aviez de fortes chances de rencontrer les mêmes personnes où que vous alliez. »

Lors d'une de ces excursions secrètes, elle se rend avec un ami de Hambourg au Bag o' Nails Club de Kingly Street, juste à côté de Carnaby Street. Comme dans la chanson des Beatles, elle n'avait que dix-sept ans. Son amie se vantait depuis longtemps de bien connaître les Beatles, mais Melanie ne la croyait pas. « Nous nous étions assises pour boire un verre et John Lennon est entré avec son entourage. Elle lui a fait signe. Il s'est approché de nous. « Ah ! C'est toi ! Viens donc te joindre à nous ! » Et avant de m'en rendre compte, j'avais dix-sept ans et j'étais à une table avec John Lennon ! C'est comme ça que ça s'est passé ! »

Touchée par ces deux rencontres, la première avec Paul, la seconde avec John, quelle jeune fille aurait pu résister à l'attrait de la vie adulte ? Malheureusement, Melanie n'a pas tardé à tomber enceinte. Un après-midi, elle laisse sur la table de la cuisine un mot qui, espère-t-elle, en dira plus long, et quitte la maison pour aller vivre avec un croupier à Bayswater.

Melanie était partie de chez elle depuis une semaine lorsque, le 27 février 1967, elle a vu sa photo dans le *Daily Mail*, à côté d'un titre disant :

« Une lycéenne abandonne sa voiture et disparaît. »

Ce même jour, Paul McCartney lisait aussi le *Daily Mail*, et son regard a été attiré par le même titre. Voici l'article en substance :

> Le père de Melanie Coe, 17 ans, la lycéenne à qui tout sourit, a passé la journée d'hier à la chercher à Londres et à Brighton. Melanie avait sa propre voiture, une Austin 1100. La voiture est retrouvée déverrouillée devant chez elle alors qu'elle a disparu. Elle a laissé une armoire pleine. Elle est partie avec, comme uniques vêtements, ce qu'elle portait sur elle : un tailleur pantalon cannelle et des chaussures vernies en cuir noir. Elle a laissé son chéquier et n'a pas retiré d'argent de son compte. Melanie, a les cheveux blonds et mesure un mètre cinquante. Elle préparait ses examens de fin d'études. Elle envisageait d'aller à l'université ou dans une école de théâtre.
>
> "Je n'arrive pas à comprendre pourquoi elle est partie, a déclaré son père aux journalistes. Elle a tout laissé ici. Elle adore la mode, mais elle a tout laissé, même son manteau de fourrure."

Sans se rendre compte que Melanie était la même fille qu'il avait choisie pour gagner un prix trois ans auparavant, Paul s'inspire de l'article pour écrire « She's Leaving Home ».
« La chanson est venue par les paroles : elle s'éclipse et laisse un mot, puis les parents se réveillent et... C'était plutôt poignant, se souvient-il. Quand j'ai montré le texte à John, il a ajouté le chœur sur le refrain, de longues notes soutenues. Un des plus beaux traits de cette chanson, c'est resté sur ces accords à l'infini. »
John propose un chœur à la manière des tragédie antiques, comme un commentaire qui accentue la dimension dramatique – « *Sacrificed most of our lives* » (« Nous avons sacrifié la plus majeure partie de notre vie »), « *We gave her everything money could buy* » (« Nous lui avons offert tout ce que nous pouvions payer ») - facile à écrire : ce sont les mêmes plaintes qu'il avait entendues si souvent de la bouche de sa tante Mimi.
Les Beatles ont enregistré « She's Leaving Home » le soir du 17 mars 1967. À cette époque, Melanie Coe était retournée chez elle avec ses parents, qui avaient réussi à la retrouver. Elle a entendu la chanson pour la première fois peu après sa sortie sur l'album *Sgt. Pepper*, à la fin du mois de mai. « Je n'ai pas réalisé qu'il s'agissait de moi, mais je me souviens avoir pensé que cela aurait pu être moi. J'ai trouvé la chanson extrêmement triste. Elle a manifestement touché une corde sensible chez moi. Ce n'est que plus tard, quand j'avais une vingtaine d'années, que ma mère m'a dit : "Tu sais, cette chanson parlait de toi." » Elle avait vu une interview de Paul à la télévision qui avait expliqué qu'il a écrit cette chanson, inspiré par cet article de journal. Elle a fait le rapprochement : deux et deux qui font quatre.
« La chose la plus intéressante dans la chanson est ce que le père dit : « *Nous lui avons offert tout ce que nous pouvions payer* ». Et dans l'article du journal, mon père dit en fait presque les mêmes mots. Il ne comprend pas pourquoi j'aurais quitté la maison alors qu'ils m'ont tout acheté ou donné. Ce qui est vrai ; ils m'avaient acheté une voiture et ils m'achetaient toujours des vêtements chers et des choses comme ça. Mais, comme nous le savons, cela ne signifie pas que vous vous entendez bien avec vos parents, ou même que vous les aimez, juste parce qu'ils vous achètent des choses matérielles. »
Par hasard, McCartney avait fait mouche : avant de commencer à travailler comme croupier, son petit ami plus âgé avait travaillé dans le secteur automobile[27].

---

27 Dans la chanson, Paul invente la vie de la jeune fugueuse, qui rencontre un concessionnaire automobile (« *Meeting a man from the motor trade* »). Dans la vraie vie, Melanie, l'année suivante, quitte à nouveau la maison, ayant épousé un Espagnol. Ils se séparent au bout d'un an, puis elle s'installe en Californie, avec l'intention de poursuivre une carrière d'actrice et de danseuse. Elle a vécu une brève histoire d'amour avec Burt Ward, l'acteur qui jouait Robin, le jeune acolyte de Batman, dans la série télévisée de 1966 à 1968. En 1981, elle rentre au pays pour s'occuper de sa mère, qui est mourante.

26

Les Beatles commencent l'année 1963 en donnant des concerts modestes, comme le bal de la Wolverham Welfare Association au Civic Hall de Wirral (14 janvier) et une fête du club de jeunes de l'église baptiste dans la salle coopérative de Darwen (25 janvier). Le 4 avril, bien avant le printemps, ils donnent un concert en pleine journée pour les garçons de l'école Stowe dans le Buckinghamshire.
Mais leur popularité ne cesse de croître. En mars, leur deuxième single, « Please Please Me », n'avait été empêché d'atteindre la première place des charts britanniques que par la popularité continue de « Wayward Wind » de Frank Ifield et, plus tard, de « Summer Holiday » de Cliff Richard. Mais en mai, « From Me To You » est devenu leur premier single à atteindre la première place, et leur premier album, *Please Please Me*, a également atteint la première place, où il devait rester pendant les trente semaines suivantes.
À la fin du même mois, ils apparaissent pour la deuxième fois à la télévision nationale, interprétant « From Me To You » dans l'émission pour enfants Pops and Lenny, accompagnés de Lenny The Lion, la distinguée marionnette à gants. En outre, ils avaient obtenu une nouvelle série radiophonique sur la BBC, Pop Go the Beatles. Le département d'études d'audience de la société estime que 5,3 pour cent de la population, soit 2,8 millions de personnes, ont écouté le premier épisode. Les commentaires du public allant de « un bruit désagréable » à « vraiment génial ».
Mais la célébrité a ses inconvénients. Paul avait initialement prévu de fêter son vingt-et-unième anniversaire dans la maison familiale des McCartney, à Forthlin Road, mais il est vite apparu que les fans pouvaient représenter un danger. Les McCartney ont donc déplacé la fête chez sa tante Jin, de l'autre côté de la Mersey, à Huyton, où il y avait suffisamment de place pour installer un chapiteau dans le grand jardin arrière et où l'intimité était garantie.

La fête d'anniversaire a lieu le 21 juin 1963. Parmi les invités figurent les trois autres Beatles, la femme de John, Cynthia, le frère de Paul, Mike, les deux amis de Mike, Roger McGough et John Gorman, l'ami de John, Pete Shotton, la petite amie de Ringo, Maureen, le disc-jockey Bob Wooler, Gerry Marsden, Billy J. Kramer et de nombreux musiciens. Paul est particulièrement ravi lorsque les Shadows passent la porte. « Je n'arrive pas à y croire », dit-il à Tony Bramwell, qui travaillait pour Brian Epstein. Il y réfléchit une seconde, avant d'ajouter : « Mais nous sommes un peu comme eux, maintenant, non ?
- Oui, mais en plus grand », a répondu Bramwell, qui se souvient que Paul lui a jeté un regard dubitatif, « comme si je me foutais de lui. »
La nouvelle petite amie de Paul, l'actrice Jane Asher, âgée de dix-sept ans, est également présente. Ils s'étaient rencontrés pour la première fois deux mois auparavant. Cynthia l'a beaucoup aimée : « Elle était belle, avec des cheveux auburn et des yeux verts. De plus, bien qu'elle ait été une actrice à succès depuis l'âge de cinq ans, elle n'était pas affectée, il était facile de lui parler et elle était sympa. »
Jim, le père de Paul, a joué des morceaux démodés sur son piano et, plus tard, le groupe émergeant The Fourmost est monté sur une scène improvisée. C'est leur bassiste, Billy Hatton qui avait géré le deal. « Paul a proposé de nous payer le tarif habituel pour ce genre de travail, mais comme nous

allions à la fête de toute façon, nous avons dit que nous le ferions pour trois fois rien. »
Alors que la fête se poursuit, Pete Shotton aperçoit John dans un coin, « sirotant un scotch et un coca et ayant l'air aussi morose que possible. » John a semblé heureux de voir Pete, et ensemble ils ont dérivé dans le jardin. Autour d'autres verres, John s'est amusé à montrer du doigt les différentes pop stars présentes. « Cliff Richard devrait venir ce soir », ajoute-t-il, avant d'aller se resservir.
Pete est parti chercher des toilettes. À son retour, tout avait changé. « Quand je suis sorti des toilettes… la fête semblait s'être transformée en veillée funèbre. Quelque chose, évidemment, avait terriblement mal tourné. »
Bob Wooler, le MC de la Cavern, était étendu sur le sol, avec du sang partout. Apparemment, il avait taquiné John à propos de ses récentes vacances en Espagne avec Brian Epstein, et John s'était déchaîné. « Un John bien émêché a frappé Wooler pour l'avoir raillé », se souvient Tony Barrow dans son autobiographie. Un autre assistant d'Epstein, Peter Brown, a ajouté plus de détails, en disant que « dans une rage folle et visiblement très ivre », John avait commencé à « tabasser » un des invités ; il avait fallu « trois hommes pour séparer John du pauvre gars, mais pas avant qu'il ait réussi à lui briser trois côtes. »
Tony Bramwell se souvient que « John a vu rouge. Il a agressé Bob, lui cassant les côtes et finissant lui-même avec un nez en sang. » Shotton est allé encore plus loin : « John a réagi en jetant Bob à terre et en le frappant à plusieurs reprises au visage avec une pelle, je crois. Les dégâts sur le visage de Bob étaient si importants qu'il a fallu appeler une ambulance pour l'emmener à l'hôpital. »
Dans sa deuxième autobiographie, écrite quarante-deux ans après l'événement (elle n'a pas mentionné l'incident dans la première), Cynthia Lennon écrit : « John, qui avait beaucoup bu, a explosé. Il a sauté sur Bob, et le temps qu'on le traîne, Bob avait un œil au beurre noir et des côtes fêlées. J'ai ramené John à la maison aussi vite que possible et Brian a conduit Bob à l'hôpital. » Cynthia prétend se souvenir que John lui a dit : « Il m'a traité de pédale. » D'autres, cependant, ont suggéré que Wooler a dit quelque chose de plus insidieux, comme, « Allez, John. Parle-nous de toi et de Brian en Espagne. On est tous au courant. »
Trente-six ans plus tard, Rex Makin, l'avocat de la famille Epstein[28], a fait un compte-rendu dans lequel il a habilement évité de mentionner Brian Epstein ou les vacances en Espagne, et a suggéré que Wooler avait fait des avances à John : « Tout le monde a beaucoup bu et John Lennon a pensé ou perçu que Wooler lui avait fait des avances, après quoi il a donné un coup de poing à John Lennon. Il lui a cassé le nez et lui a fait un œil au beurre noir. »
Les biographes des Beatles offrent également des versions radicalement différentes du même événement. Hunter Davies, qui a donné son accord à Epstein et aux Beatles pour sa biographie autorisée de 1968, a écrit que « John s'est battu avec un disc-jockey local » et a cité John disant : « Je lui aurais cassé les côtes, selon lui. J'étais en colère à l'époque. Il m'avait traité de pédé. »
D'autres biographes ont eu tendance à aller encore un peu plus loin. « Sans avertissement, John a explosé, a écrit Ray Connolly. Il s'est déchaîné, a commencé à frapper le visage et le corps de Wooler avec ses poings et un bâton. Il est devenu fou furieux, à tel point que lorsqu'il a été séparé de Wooler, inoffensif et beaucoup plus âgé, celui-ci a dû être rapidement conduit à l'hôpital par Brian, où il a été traité pour des côtes meurtries et un œil au beurre noir. »
Dans sa biographie des Beatles de 1981 *Shout!*, Philip Norman décrit la fête comme « une beuverie typique de Liverpool, tumultueuse et bruyante ». Il mentionne que « John Lennon s'est battu avec

---

[28] En 1967, Makin devait s'occuper de l'organisation des funérailles d'Epstein. Certains lui attribuent la paternité du terme « Beatlemania ».

un autre invité », mais ne dit pas de qui il s'agit, ni quel est le sujet de la bagarre. Norman a été plus franc dans sa biographie de 2016 sur Paul, ne partageant pas l'avis de Connolly selon lequel Wooler était inoffensif, et le décrivant plutôt comme « notoirement doté d'une langue acérée. » Dans son récit de la bagarre, Norman indique que John « faisait pleuvoir des coups de poing sur la tête et le corps de Wooler », mais ne donne aucune évaluation des blessures. Toutefois, dans sa biographie de John publiée en 2008, il affirme que Wooler « souffre de côtes meurtries et d'un œil au beurre noir. »

Dans sa biographie des Beatles de 2005, Bob Spitz raconte que John a battu Wooler « vicieusement, avec les poings serrés. Comme cela ne faisait pas assez de dégâts, il a attrapé une pelle de jardin laissée dans la cour et a frappé Bob une ou deux fois avec le manche. Selon un observateur "Bob portait ses mains à son visage et John lui arrachait toute la peau des doigts." » Selon Spitz, Wooler a été emmené dans une ambulance dans un état bien plus grave : « un nez cassé, une clavicule fêlée et trois côtes cassées. »

Quelqu'un veut-il surenchérir ? On a un nez cassé, une clavicule et trois côtes cassées ! Qui dit mieux ? Évidemment, les enchères reviennent à Albert Goldman, le plus impitoyable et hyperbolique de tous les biographes de John[29] : « John a doublé son poing et a fracassé le petit disc-jockey au nez. Puis, saisissant une pelle qui traînait dans la cour, Lennon a commencé à battre Wooler à mort. Coup après coup, il s'abat sur l'homme sans défense, allongé sur le sol. Cela se serait terminé par un meurtre si John n'avait pas pris totalement conscience de son acte : « Si je le frappe encore une fois, je vais le tuer ! » Après un énorme effort de volonté, Lennon s'est retenu. À cet instant, trois hommes le saisissent et le désarment. Une ambulance est appelée pour Wooler, qui a le nez cassé, la clavicule brisée et trois côtes cassées. Lennon s'est cassé un doigt. »

En somme, aucun autre événement de la vie des Beatles n'illustre plus clairement la nature aléatoire et subjective de l'histoire, une forme qui se fonde sur l'objectivité mais qui repose sur les sables mouvants de la mémoire.

Un tableau du décompte final ressemble donc à ceci :

---

29 Goldman (1927-1994) a écrit *The Lives of John Lennon* (1988), dans lequel il dépeint John sous un jour particulièrement peu flatteur, allant même jusqu'à suggérer qu'il était un meurtrier. Goldman est mort d'une crise cardiaque dans un avion en direction de Londres, après une vive dispute avec les hôtesses de l'air pour obtenir un meilleur siège. « Goldman ressemblait à Truman Capote et avait la voix de Bette Davis », écrit le nécrologue du *Daily Telegraph*. « On ne peut pas dire qu'il était rongé par la modestie : "Avec la contre-culture, déclarait-il, j'avais trouvé un grand domaine qui avait besoin d'un grand esprit comme le mien pour l'explorer." »

	Descriptif de l'assaut	**Étendu des dégâts**
TONY BARROW	« Wooler tabassé »	Aucune précision
TONY BRAMWELL	« John a agressé Bob »	Côtes brisées, nez en sang
PETER BROWN	« Un tabassage en règle »	Trois côtes cassées
RAY CONNOLLY	« Il a commencé à s'en prendre au visage et au corps de Wooler avec ses deux poings et un bâton »	Côtes brisées et œil au beurre noir
ALBERT GOLDMAN	« Il s'est saisi d'une pelle. A battu Wooler à mort. Cela aurait pu finir en meurtre. »	Nez, clavicule et trois côtes cassées. Et doigt cassé pour Lennon
CYNTHIA LENNON	« Il a sauté sur Bob »	Œil au beurre noir et côtes fêlées
JOHN LENNON (à la presse en 1963)	« Je suis vraiment bouleversé. Je suis allé trop loin pour me rendre compte de ce que je faisais. »	Aucune précision
JOHN LENNON (auprès de Tony Barrow, en 1963)	« Il m'a traité de putain de pédé, je l'ai donc massacré. »	Aucune précision : « Il a eu ce qu'il méritait. »
JOHN LENNON (auprès de Hunter Davies en 1968)	« Je l'ai battu. »	« Je lui aurais cassé ses putains de côtes, selon lui. »
JOHN LENNON (en 1980)	« Je lui ai foutu une putain de raclée, à l'aide d'un gros bâton. »	« Je lui aurais cassé ses putains de côtes, selon lui. »

Cependant, personne ne mettra en doute, que le jour suivant, Wooler a contacté Rex Makin, qui a décidé d'agir pour les deux parties, négociant finalement un paiement de 200 livres et des excuses. La presse est rapidement informée de l'incident. Chargé de limiter les dégâts, Tony Barrow a contacté John, qui n'a jamais montré le moindre remords. Il m'a dit d'un ton bourru : « Wooler était complètement à côté de la plaque. Il m'a traité de pédé alors je l'ai tabassé... Je n'étais pas si énervé. Ce bâtard l'avait bien mérité. Il m'a cherché, je l'ai frappé. Bien sûr, que je ne m'excuserai pas. » Version que Barrow a évidemment largement « rognée, transformée et détournée », destinée au *Sunday Mirror* :

> Le guitariste John Lennon, vingt-deux ans, leader du groupe pop The Beatles, a déclaré hier soir : « Il n'y a aucune raison que j'ai eu à frapper mon meilleur ami. Bob est bien la dernière personne au monde avec laquelle je voudrais me battre. Je n'ai qu'un seul espoir, c'est qu'il réalise ô combien je n'étais pas moi-même à ce moment-là. »

En convalescence à l'hôpital, Wooler reçoit un télégramme conciliant de John : « VRAIMENT DÉSOLÉ, BOB. TERRIBLEMENT DÉSOLÉ DE RÉALISER CE QUE J'AI FAIT. QUE PUIS-JE DIRE DE PLUS ? » Chacun de ces mots ont été dicté par Brian Epstein[30].
Que s'est-il passé exactement en Espagne ? La plupart des gens s'accordent à dire que lorsque Julian avait trois semaines, Brian a pris la décision inhabituelle d'emmener John en vacances en Espagne à deux. Dans sa première autobiographie (1978), Cynthia raconte que lorsque John lui a demandé si cela la dérangerait, « J'ai caché ma peine et mon envie et lui ai donné ma bénédiction. » Dans sa deuxième autobiographie (2005), ses souvenirs se sont modifiés ; maintenant, lorsque John lui demande si cela la dérangerait, il n'est plus question de peine ou d'envie. « Je lui avais dit en toute sincérité que je n'étais pas d'accord. »
L'implacable Albert Goldman, en revanche, affirme que John n'a pu voir son fils qu'une semaine après sa naissance, puis, « se tournant vers Cynthia, l'a informée sans ménagement qu'il partait pour de courtes vacances avec Brian Epstein. » Dans la version de Goldman, loin d'acquiescer, « Cynthia a été outrée par cette proposition incongrue. » Goldman ajoute que John était indifférent aux sentiments de Cynthia qui lui aurait dit : « Tu es d'un égoïsme ! » Il semble avoir tiré cette version des événements des mémoires de Peter Brown, *The Love You Make* (1983), bien qu'il semble peu probable que Brown lui-même ait été au courant de la discussion entre John et Cynthia.
Alors, l'ont-ils fait ou non ? La vérité toute simple est que personne ne le sait, mais tout le monde pense le savoir, ou du moins, ils veulent que tout le monde pense le savoir. Cynthia résume la question en deux phrases. Faisant l'impasse sur les ragots, elle raconte qu'après le retour de John d'Espagne, « il a dû supporter les sournoiseries, les clins d'œil et les insinuations selon lesquelles il était secrètement gay. Cela l'a rendu furieux : tout ce qu'il voulait, c'était une pause avec un ami, mais cela s'est transformé en bien plus que cela. »
Parmi les employés des Beatles, Alistair Taylor et Tony Barrow sont d'accord avec Cynthia pour affirmer haut et fort que rien de sexuel n'a eu lieu. Taylor affirme que « dans l'une de nos plus franches discussions à cœur ouvert, John l'a nié. » « Brian n'a jamais cherché à avoir une relation

---

30 Le télégramme a été vendu chez Sotheby's en 1984 pour 550 livres. En 1980, peu de temps avant sa mort, John a parlé de « l'avoir frappé avec un gros bâton, et pour la première fois j'ai pensé, je peux tuer ce type. C'est comme si l'avais vu sur un écran : "Si je le frappe encore une fois, ce sera fini." J'ai vraiment été choqué. C'est là que j'ai renoncé à la violence, parce que toute ma vie j'avais été comme ça. »

comme celle-ci avec moi. » a-t- il confié à Taylor, ajoutant : « Même complètement hors de ma tête, je ne peux pas baiser un mec. Et je ne peux certainement pas rester allongé là et laisser un mec me baiser. Même un gars sympa comme Brian. Pour être honnête, rien que d'y penser, ça me dégoûte. » Barrow raconte : « John m'a fait comprendre très clairement qu'il n'y avait pas de trafic à double sens le long de cette route. Je ne crois pas que la relation entre Brian et John soit passée par un acte physique, en Espagne ou ailleurs. Je crois la version de John, qui disait qu'il taquinait Brian jusqu'à la limite, mais qu'il s'arrêtait quand ils arrivaient au bord du gouffre. »

D'autre part, Tony Bramwell affirme que John lui avait dit qu'il avait finalement autorisé Brian à avoir des relations sexuelles avec lui, juste « pour en finir ». Mais Bramwell ajoute que John a peut-être menti. « Ceux qui connaissaient bien John, qui le connaissaient depuis des années, n'y croient pas un seul instant. » Cependant, Peter Brown ne partage pas cet avis et brosse un tableau incroyablement vivant, comme s'il était tiré d'un roman de gare : « Ivres et endormis par le vin espagnol, Brian et John se sont déshabillés en silence. "Vas-y, Eppy", a lancé John en s'allongeant sur le lit. Brian aurait aimé le prendre dans ses bras, mais il avait peur. Au lieu de cela, John resta allongé, hésitant et immobile, et Brian a pu concrétiser ses fantasmes, pour se réveiller le lendemain matin aussi vide qu'avant[31]. »

Pete Shotton était plus proche de John que les autres, et moins enclin à la spéculation. Il écrit que lorsque John et Brian sont partis, « les langues ont commencé à se délier dans toute la ville. » Au retour de John, Shotton l'a taquiné : « Alors, tu as passé un bon moment avec Brian ? ». John lui aurai répondu, très tranquillement « En fait Pete, quelque chose s'est passé avec lui une nuit... Eppy n'a cessé de me draguer. Jusqu'à ce qu'une nuit, j'ai finalement baissé mon pantalon et je lui ai dit "Oh, pour l'amour de Dieu, Brian, fourre-le moi dans mon putain de cul !" Et il m'a répondu "En fait, John, je ne fais ce genre de choses. Ce n'est pas ce que j'aime faire." "Eh bien, qu'est-ce que tu veux faire alors ?" Brian m'a répondu : "J'aimerais vraiment juste te toucher, John." Et ben je l'ai laissé me tripoter... Alors quel mal ça fait, Pete, bordel de merde ? Aucun mal du tout. Ce pauvre bâtard, il ne peut pas s'empêcher d'être comme il est. »

Voilà pour les associés de John. Il n'est donc pas étonnant que ses biographes soient également divisés. Ray Coleman, biographe d'Epstein, insiste sur le fait qu'il n'y a pas eu de relation sexuelle : « Depuis la mort d'Epstein et de Lennon, de nombreuses personnes n'ayant pas eu accès aux deux hommes ou ne les ayant pas observés de leur vivant ont colporté l'hypothèse que Brian et John ont eu une liaison sexuelle. Et ce, malgré l'absence de toute preuve, malgré les déclarations fermes de Cynthia et de nombreuses autres femmes sur l'hétérosexualité de John, et malgré la déclaration de McCartney selon laquelle il "a dormi dans un million de chambres d'hôtel, comme nous l'avons tous fait avec John, et il n'y a jamais eu la moindre allusion à une quelconque homosexualité." » Coleman affirme qu'Epstein « n'aurait jamais pris le risque de modifier aussi profondément sa relation avec eux, individuellement ou collectivement. » Il ajoute que « Epstein n'était pas un prédateur », bien qu'il y ait en fait beaucoup de preuves qui suggèrent qu'il l'était[32].

Dans sa biographie de John, Ray Connolly juge Pete Shotton honnête, et croit donc son affirmation selon laquelle John a dit qu'il avait laissé Brian le masturber. « Mais John disait-il la vérité ? Son

---

31 Les mémoires des anciens employés du bureau des Beatles partagent cette étrange qualité d'omniscience divine avec les mémoires des gouvernantes et des valets de chambre royaux.
32 Parmi ceux qui ont affirmé qu'Epstein leur a fait des avances, on trouve Pete Shotton, Larry Kane, Pete Best et le comédien liverpudlien Freddie Starr (1943-2019), qui chantait alors dans un groupe appelé les Midniters. Se prêtant à l'exagération, Starr est le seul à parler d'une lutte : « J'ai commencé à lui donner des coups de poing sur le haut des bras, ce qui l'a fait sursauter, parce que ça devait faire sacrément mal. Il s'est rapidement retiré et s'est calmé. »

entourage savait qu'il était profondément hétérosexuel. Mais il aimait aussi choquer. A-t-il inventé une expérience homosexuelle pour le plaisir, ou peut-être a-t-il simplement exagéré l'incident après que Brian lui avait fait des avances ? Les deux sont possibles. Mais, de même que toute sa vie il a été avide d'expériences nouvelles, était-il curieux de l'homosexualité ? Lorsque Brian lui a fait des avances, voulait-il simplement savoir ce que cela faisait d'être touché par un autre homme ? » Bob Spitz est convaincu que « quelque chose s'est passé », mais il ne sait pas quoi : « Dans l'intimité de leur chambre, après une soirée de beuverie et ou d'exercices physiques, Brian a initié quelque chose qui a conduit à un contact physique. » Bien que Spitz truffe le passage en question de conditionnels – « Si John a participé à une sorte d'acte homosexuel, il s'ensuit que... » « La curiosité a pu prendre le dessus sur lui... » « Il a pu faire des expériences... » - il conclut sur une note de certitude : « Loin de chez lui, dans une belle station balnéaire avec un homme - certainement une figure paternelle - qui se consacrait à lui, John était suffisamment détendu et ouvert pour se laisser faire sans condition. »

Fidèle à lui-même, l'implacable Goldman pense qu'il n'y a aucun doute : « Brian et lui ont fait l'amour. » Citant le livre de Shotton comme preuve, il donnera d'autres détails : « Brian a raconté à Peter Brown la vraie histoire : il avait taillé une pipe à John. » Lennon ne pouvait pas se permettre de reconnaître ce genre d'intimité car cela l'aurait stigmatisé à vie. Pourtant, comme nous l'avons vu, Peter Brown était en fait beaucoup plus circonspect, disant seulement que Brian avait « réalisé ses fantasmes. »

Ayant déjà été très loin, Goldman va ensuite encore beaucoup plus loin en affirmant, sur la base d'aucune preuve, que « John et Brian ne se sont pas limités à une seule expérience sexuelle en Espagne. Ils ont eu une relation sexuelle pendant toute la vie de Brian, et leur relation était une relation de contrôle, John jouant le rôle du maître cruel et Brian celui de l'esclave soumis. »

Philip Norman qualifie le livre de Goldman, non sans raison, de « malveillant » et de « risiblement ignare. » Dans sa biographie de Paul, Norman juge l'idée d'une rencontre sexuelle entre John et Brian possible mais non prouvée, ajoutant que « des années plus tard, il a raconté à un ami proche, qu'il avait eu une sorte de relation sexuelle avec Brian "une fois pour voir ce que c'était, la deuxième fois pour s'assurer que je n'aimais pas ça." » Mais dans sa biographie de John, Norman propose un récit différent, celui de Yoko Ono, avec qui il avait mené une série d'entretiens pendant trois ans : « Des années plus tard, John a finalement avoué ce qui s'était passé : pas à ceux qui étaient là à l'époque, mais à la femme inébranlable avec laquelle il a partagé la dernière décennie de sa vie. Il a dit qu'une nuit, pendant le voyage, Brian avait mis de côté sa timidité et ses scrupules pour finalement le draguer, mais John lui avait répondu : "Si tu te sens comme ça, sors et trouve-toi un gigolo." » Norman ajoute que « Par la suite, il a délibérément entretenu le mythe de la brève relation, racontée par Pete Shotton, afin que tout le monde croie que son pouvoir sur Brian était absolu. »[33]

Il est peut-être préférable de laisser le dernier mot à Paul. « Lors d'un tremblement de terre, vous n'obtiendrez que des versions différentes de ce qui s'est passé par toutes les personnes qui l'ont vécu », a-t-il observé, des décennies plus tard, à propos du phénomène des Beatles. « Et elles sont toutes vraies. »

---

33 Yoko a également confié à Philip Norman que « d'après des remarques fortuites » faites par John, elle avait compris qu'il avait envisagé d'avoir une liaison avec Paul, mais que ce dernier ne l'avait pas voulu. « Autour d'Apple, elle entendait parfois dire que Paul était la princesse de John », écrit Norman. Yoko lui a également raconté qu'elle avait entendu une fois sur une bande de répétition la voix de John appelait « Paul ... Paul ... » d'une manière étrangement soumise et suppliante. « Je savais qu'il y avait quelque chose qui se passait entre eux deux » se souvient-elle. « De son point de vue, pas de celui de Paul. Et il était tellement en colère contre Paul que je n'ai pas pu m'empêcher de me demander de quoi il s'agissait vraiment. »

27

Les Beatles ont commencé l'année 1963 dans un relatif anonymat, et l'ont terminée en devenant le groupe le plus célèbre du pays. Six semaines plus tard, ils étaient le groupe le plus célèbre du monde. Comme nous l'avons vu, au début de l'année 1963, ils n'étaient qu'un autre groupe pop sans emploi. Leur premier single, « Love Me Do », a atteint la 17e place. Leur premier concert de 1963 est présenté par l'Elgin Folk Music Club au Two Red Shoes Ballroom à Elgin, en Écosse. Deux cents personnes y assistent. Dans leur van, sur la route d'Elgin à la mairie de Dingwall, ils avaient tellement froid qu'ils se sont couchés l'un sur l'autre pour se réchauffer. « Lorsque celui qui était en haut avait tellement froid, que l'hypothermie s'installait, c'était à son tour de se mettre en bas se souvient Paul. On se réchauffait mutuellement de cette façon. »

À l'époque, de nombreux autres groupes britanniques - Adam Faith, Mark Wynter, Jet Harris, et bien sûr Cliff Richard et les Shadows - faisaient beaucoup, beaucoup mieux.

Mais lorsque le succès est enfin arrivé, il s'est produit comme un glissement de terrain, aplatissant ceux qui étaient devant. Les groupes et les chanteurs qui, quelques mois auparavant, auraient accepté avec une certaine réticence d'employer les Beatles comme première partie se retrouvèrent dans la position humiliante de faire leur première partie. En l'espace de cinq jours, en septembre 1963, ils reçoivent le prix du meilleur groupe vocal de l'année au Savoy Hotel et sont en tête d'affiche du Great Pop Prom au Royal Albert Hall. Pendant ce temps, « She Loves You » était numéro 1 dans les charts. Alors qu'ils se tiennent dans leurs nouveaux costumes élégants en haut des marches derrière l'Albert Hall, Paul sent le soleil sur son visage. « On s'est regardé, et on s'est dit : "Ça y est ! Londres ! Le Albert Hall !" On se sentait comme des dieux ! On se sentait comme des putains de dieux ! »

Et ce n'est que le début. En octobre, leur apparition dans l'émission Sunday Night au Palladium de Londres a attiré quinze millions de téléspectateurs. Le 4 novembre, ils ont joué au Royal Command Performance. Plus tard dans le mois, leur nouveau single, « I Want To Hold Your Hand », se vend à un million d'exemplaires au Royaume-Uni avant même sa sortie, soit environ un exemplaire pour cinquante personnes dans le pays.

À la fin de l'année 1964, ils sont devenus les jeunes hommes les plus célèbres de la planète. Dans le musée Madame Tussauds, leurs effigies de cire ont pris place aux côtés de leaders mondiaux, de meurtriers de masse et de membres de la famille royale. À West Bridgford, dans le Nottinghamshire, quatre élèves brillants de la Becket Grammar School clôturent leur concert scolaire par une interprétation endiablée de « From Me To You » en latin[34]. Les étudiants de l'université de Leeds élisent Ringo Starr comme vice-président, de préférence à un ancien Lord Chief Justice. En visite dans les studios EMI, Sir Malcolm Sargent, le chef d'orchestre britannique le plus célèbre de l'époque, demande à George Martin s'il peut faire une introduction (« *Chaps, Sir Malcolm would like to say "Hello"* »).

Tout le monde voulait les rencontrer. À Hollywood, les plus grandes stars du cinéma - Edward G. Robinson, Dean Martin, Lloyd Bridges, Kirk Douglas, Shelley Winters, Jack Palance, Jack Lemmon - donnaient de l'argent aux associations caritatives afin de faire la queue pour obtenir leurs

---

34 « A Me ad Vos »

autographes. En exil en France, la duchesse de Windsor se chantait leurs chansons à elle-même. « Oh, les Beatles. Ne les aimez-vous pas ? » dit-elle à Nicky Haslam, jeune architecte d'intérieur en pleine ascension, lors d'une visite. « *"I give her all my love, that's all I do-ooo!"* Je les adore. Vous les connaissez ? Oh, vous avez de la chance ! »

Qu'en est-il de leurs rivaux ? Pour des groupes comme Peter Jay and The Jaywalkers, ça a dû être difficile à digérer. Un an auparavant, les Beatles les avaient admirés. Du fond de la salle, George regardait les Jaywalkers pendant qu'ils installaient leurs flashs colorés, leur batterie clignotante et leurs cymbales explosives, et il les considérait comme de « vrais gros bonnets ». Mais maintenant tout cela appartient au passé.

Des groupes qui, peu de temps auparavant, étaient sur un pied d'égalité, se retrouvent dans l'impossibilité de suivre le rythme. Les Hollies se sont formés en 1962 et ont connu des succès en 1963, mais en 1964, leurs progrès semblaient minuscules à côté de celles des Beatles. Il n'est pas difficile de déceler une note de ressentiment dans les souvenirs de Graham Nash, publiés un demi-siècle plus tard :

> À l'époque, titiller un Beatle, c'était comme blasphémer le pape. Mais on s'en foutait. Je commençais à en avoir marre de leur statut sacré, de leur façon de dire tout ce qu'ils pensaient, peu importe qui ça touchait, à tort ou à raison. Tout Londres était sous leur emprise. Et si vous ne connaissiez pas les papes Jean ou Paul, ou si vous ne mentionniez pas leur nom dans une conversation, vous pouviez aussi bien prendre le train suivant pour retourner en province, et repartir. Keith Richards l'a bien dit dans Life : "Les Beatles sont partout comme un putain de sac de puces." C'était un grand groupe et j'ai adoré leurs disques. Tous les groupes anglais avaient une dette énorme envers eux, mais je n'avais pas l'intention de leur lécher le cul. D'ailleurs, la dernière fois que j'ai regardé, les Hollies occupaient les mêmes places dans le top 10 que les Beatles, alors excusez-moi si vous n'aimez pas notre putain de disque, mais gardez-le pour vous, s'il vous plaît.

28

À la fin de l'année 1963, les Beatles ont joué dans leur propre spectacle de variétés de Noël à l'Astoria de Finsbury Park, deux fois par jour pendant quinze jours. Au total, cent mille personnes ont acheté des billets. L'animateur du spectacle est Rolf Harris, l'amical animateur australien dont les singles « Tie Me Kangaroo Down, Sport » et « Sun Arise », tous deux produits par George Martin, ont atteint le top 10. De dix ans plus âgé que les Beatles, Harris appartient à une tradition plus ancienne du showbusiness, dans laquelle le professionnalisme est primordial.

Un soir, alors que Harris expliquait à un jeune public agité le contexte aborigène de « Sun Arise », John commença à farfouiller avec un micro dans les coulisses. Alors que Rolf expliquait que certaines tribus considéraient le soleil comme une déesse, la voix grinçante de John a retenti dans les haut-parleurs : « J'en savais rien, Rolf. »

Le public a éclaté de rire. Rolf regarde autour de lui, mais ne voit pas d'où vient l'interruption. Il persévère donc, décrivant comment, chaque matin, les tribus pensaient que les jupes de lumière du soleil couvraient la terre.

« Mais oui ! Bien sûr que tu peux raconter ce que tu veux, a dit John. Mais, encore une fois, j'en savais rien, Rolf ! Peut-être bien que tu inventes tout ça ! »

Toujours aussi professionnel, Rolf a fait bonne figure et a émis un rire d'indulgence. « Mais à l'intérieur, avouera-t-il plus tard, j'étais furieux. »

À la fin du spectacle, il a fait irruption dans la loge des Beatles et a crié : « Si vous voulez foutre en l'air votre propre spectacle, faites-le ! Mais ne bousillez pas le mien ! »

Mais les Beatles ne se laissent pas abattre. « Oooh, Rolfie a perdu son doudou », dit John, et George le rejoint : « Ouais, Rolfie est en colère. »

Harris raconte cette histoire dans son autobiographie de 2001 intitulée *Can You Tell What it is Yet?* et met l'accent sur la bonne humeur. « Ils ont commencé à rire et moi aussi, écrit-il. Ils avaient un tel charme que je ne pouvais pas être en colère contre eux. Au moins, je m'étais fait comprendre et ils n'ont pas recommencé. »

Mais était-il vraiment si conciliant ? Dans un moment d'inattention en 1994, il a offert une version beaucoup moins joyeuse de l'événement : « Les Beatles se sont moqués de moi. Lors de ce spectacle de Noël, ils se tenaient dans les coulisses avec un micro et ont fait des commentaires stupides pendant une de mes chansons, et je suis sorti de scène en hurlant : "Faites preuve de professionnalisme ! Bon sang ! On ne se mêle pas du spectacle d'un autre. Ne refaites plus jamais ça." J'étais tellement en colère. Et après ça, ils n'ont plus jamais refait ça, je peux vous le dire ! »

29

Cinq jours seulement séparent les naissances de John Lennon (9 octobre 1940) et de Cliff Richard (14 octobre 1940).

À l'hiver 1958, Cliff est devenu une grande star, numéro 2 des charts avec « Move It ». Pendant ce temps, John reste un bon à rien, se baladant dans Liverpool avec ses Quarrymen, jouant dans des salles de village ou des réceptions privées, souvent sans autre rémunération qu'une bière et un sandwich.

Le *Daily Sketch* s'est exclamé : « Ce garçon est-il trop sexy pour la télévision ? » après que Cliff s'est déhanché de manière un peu trop suggestive dans l'émission Oh Boy. Le critique du *New Musical Express* était encore plus troublé : « Son violent déhanchement était révoltant, ce n'est pas la performance qu'un parent souhaiterait que ses enfants voient. » Avant 1963, c'était Cliff, et non John, qui était le rebelle, le brûlot, la menace pour la civilisation. Le soir même où Cliff et les Shadows font sensation à la télévision nationale, les Quarrymen jouent des standards du skiffle à la réception de mariage du frère de George Harrison, Harry, à Upton Green.

De 1958 à 1962, Cliff a placé vingt chansons dans le top 20, dont six numéros un. Il joue également dans deux films, *Expresso Bongo* et *The Young Ones*. Il n'est donc pas étonnant que John, qui est plutôt d'un naturel jaloux, éprouve des sentiments mitigés à son égard. Lorsque les Beatles entrent enfin dans les charts avec « Love Me Do » en décembre 1962, atteignant la 17e place, Cliff les regarde depuis la 2e place avec « Bachelor Boy ». Le mois suivant, le *New Musical Express* publie son enquête annuelle auprès des lecteurs. Dans le « Top Acts », Cliff Richard arrive en deuxième position derrière Elvis Presley, et les Beatles se retrouvent à la 111e place. Ils ont fait mieux dans le classement plus spécialisé des « petits groupes britanniques » en arrivant huitième avec 735 voix ; mais les Shadows sont arrivés en tête avec 45 951 voix.

Trois mois plus tard, en mars 1963, les Beatles atteignent la deuxième place avec « Please Please Me », mais ils sont empêchés d'atteindre la première place par Cliff, qui y était déjà avec « Summer Holiday ». Mais en 1963, les rôles se sont inversés. À la fin de cette année-là, les Beatles faisaient passer Cliff pour un vieillard. Pour George Melly, le tressaillement érotique de Cliff n'était plus qu'un « shuffle à genoux, pas tant une danse de séduction sexuelle qu'une suggestion qu'il s'était fait dessus. » Les Beatles étaient l'avenir, et Cliff le passé. Cliff avait beau essayer, ça le titillait. Dans un rare accès de candeur, il se plaint du primitivisme des Beatles à un journaliste du *Daily Mirror* : « Tout ce qu'ils ont fait, c'est revenir au rock'n'roll. Nous avons minimisé tout ça, les cris et les délires. Les Beatles ont tout ravivé. »

Ce Noël-là, les Beatles occupent la première et la deuxième place des charts britanniques avec « I Want To Hold Your Hand » et « She Loves You », tandis que Cliff se morfond à la huitième place avec « Don't Talk To Him ». À ce moment-là, ses fans s'éloignaient à la recherche d'idoles plus brillantes et plus audacieuses. Au début de l'année, il est révélé que les propres sœurs de Cliff ont récemment formé un fan club Dave Clark Five.

Pendant cinq ans, Cliff s'est efforcé de percer le marché américain, mais sans succès. En fait, c'est l'échec de Cliff qui a incité Brian Epstein à organiser la campagne américaine des Beatles avec un soin si méticuleux. « Cliff est allé là-bas et il est mort », a déclaré John au journaliste américain

Michael Braun avec une délectation impitoyable alors qu'ils montaient à bord de leur avion pour l'aéroport Kennedy. « Il était quatorzième sur une affiche avec Frankie Avalon. »

Cliff se trouve aux îles Canaries, où il termine son troisième film, *Wonderful Life*, lorsqu'il apprend que les Beatles ont obtenu en Amérique le succès qui lui échappe encore. *Wonderful Life* est sorti le 2 juillet 1964, mais a été éclipsé par *A Hard Day's Night*, sorti quatre jours plus tard. *A Hard Day's Night* bat des records au box-office et est salué par les critiques des deux côtés de l'Atlantique pour sa fraîcheur et son originalité. En revanche, *Wonderful Life* est qualifié de « petit film triste » par *Films and Filming*, tandis que le *Sunday Times* le décrit comme « un film d'un ennui mortel » qui ne cesse de « radoter. » Le film a été rebaptisé *Swingers' Paradise* (*Le paradis des danseurs de swing*, ou *Le paradis des échangistes…*) pour le marché américain, mais en vain. À l'âge de vingt-trois ans, la carrière cinématographique de Cliff est terminée.

Peu après la sortie des deux films, *Melody Maker* a publié un article sur l'évolution des goûts des jeunes. « J'ai eu ma période Cliff Richard, il y a quelques années, a déclaré un jeune homme de vingt ans. Quand je regarde en arrière, je me dis que j'ai dû être très mou. Aujourd'hui, des groupes comme les Beatles et les Stones ont vraiment quelque chose et je ne vois pas comment je pourrais m'en lasser. Pas avant d'être vieux, en tout cas. »

À partir de ce moment-là, John occupe un tel sommet de gloire et de fortune qu'il prend rarement la peine de jeter un coup d'œil à Cliff Richard. En revanche, la moindre allusion aux Beatles perturbe l'image de Cliff. Depuis le milieu des années 1960, il est devenu un « amuseur familial complet », sain et inoffensif, se produisant dans des cabarets, des pantomimes[35] et à la télévision le samedi soir. Au fond de lui, il savait qu'il n'était plus « dans le coup » : « Le succès des Beatles et des Stones nous avait mis sur la touche, les Shadows et moi. Nous étions maintenant les vieux de la vieille. » Le samedi 6 avril 1968, alors que John Lennon séjourne en Inde avec le Maharishi Mahesh Yogi et compose des chansons pour *The White Album*, Cliff sautille sur « Congratulations » au concours Eurovision de la chanson, vêtu d'un costume bleu clair croisé avec des volants blancs mousseux autour du cou et des poignets. Au moment du décompte final, il s'avère que Cliff est arrivé deuxième derrière l'Espagnole Massiel avec sa chanson « La La La ».

Bien qu'il soit connu pour son caractère agréable, sa capacité à faire les choses et son engagement religieux chrétien, Cliff n'a jamais réussi à étouffer son irritation envers les Beatles. Le dimanche 19 janvier 1969, alors qu'il chantait des hymnes dans une église d'Édimbourg et qu'il parlait de ses croyances religieuses, il a lâché : « Les Beatles sont des artistes qui ont beaucoup de succès, mais ils ne réussissent pas dans la vie. Les Beatles ne font rien d'autre que de courir le monde après un rêve, et ils doivent maintenant se rendre compte que leur Maharishi n'a fait qu'une bouchée d'eux et ne les aide pas du tout. Je pense qu'ils recherchent ce que les chrétiens ont trouvé. »

Près d'un quart de siècle plus tard, Cliff pouvait encore être ébranlé par une mention des Beatles. L'interviewant pour le magazine Q en 1992, Tom Hibbert[36] lui a demandé s'il avait déjà ressenti de la jalousie à leur égard. La véhémence de sa réponse suggère qu'il n'a jamais cessé de ruminer.

---

35 J'ai moi-même beaucoup apprécié la prestation de Cliff Richard dans le rôle de Buttons dans *Cendrillon* au Palladium de Londres en 1966, avec Terry Scott et Hugh Lloyd dans le rôle des vilaines sœurs, Tudor Davies dans celui de Dandini et Jack Douglas dans celui du baron Hardup. Les hommes des courtiers étaient joués par les Shadows. Le clou du spectacle était un éléphanteau appelé « The Adorable Tonya ». À la même époque, les Beatles enregistrent « Strawberry Fields Forever » et « Penny Lane ».

36 Tom Hibbert (1952-2011) a écrit des interviews très drôles avec, entre autres, Robert Maxwell, Bernard Manning, Yoko Ono et Sir Jimmy Savile pour *Smash Hits* et Q magazine. Dans la nécrologie qu'il lui a consacrée dans le *Guardian*, Mark Ellen a écrit : « Tom n'avait pas peur du silence. Il donnait à ses sujets l'impression qu'en dépit de leurs succès évidents, ils étaient toujours, d'une manière ou d'une autre, des nullités honteuses, puis il s'asseyait tranquillement avec une cigarette pour apprécier la réponse paniquée. »

« Il y avait une certaine dose de jalousie. C'était blessant d'être sur-regardé de façon si dramatique par les médias. Mais je vendais quand même des disques par millions, alors que diable ? Et regardez-moi maintenant. Les Beatles n'existent plus, et j'ai commencé cinq ans avant les Beatles, donc personne ne pourra jamais me rattraper. Je serai toujours en avance sur tout le monde. Je viens de faire ma millième semaine dans le hit-parade et mon concurrent le plus proche n'a pas atteint les cinq cents semaines dans le hit-parade, ce qui signifie que pour que cette personne me rattrape, il faudrait que j'arrête d'enregistrer maintenant et qu'elle ait un disque dans le hit-parade chaque semaine pendant les cinq prochaines années. Ce n'est pas possible. J'ai une bonne longueur d'avance… Autre chose : en matière de rébellion, nous étions bien plus rebelles que les autres. Les Beatles étaient acceptés par la royauté, ils étaient acceptés par toute la haute société. Les Shadows et moi ne l'avons jamais été. Donc on avait une longueur d'avance sur eux. »

30

Un jour, Ringo Starr a réalisé qu'il ne pourrait jamais redevenir le simple Ritchie Starkey.
Il était avec sa famille chez sa tante à Liverpool, lorsqu'une partie du thé de Ringo s'est renversée dans sa soucoupe. Il a été choqué par ce qui s'est passé ensuite.
La réaction de tout le monde était : « Ça n'est pas possible ! Ça ne peut pas lui arriver ! Il faut absolument que nous nettoyions tout cela ! » Dans le passé, on l'aurait laissé gérer sa maladresse. Mais plus maintenant. Maintenant, ils le traitaient différemment, comme s'il était un étranger supérieur, et pas l'un des leurs. C'était, dit-il, « comme une flèche dans le cerveau. Tout à coup, j'étais devenu "un étranger", même au sein de ma famille, et c'était très difficile de s'y habituer. J'avais grandi et vécu avec ces gens et maintenant je me sentais comme un type qui vient d'une autre galaxie. Une fois que nous sommes devenus énormes et célèbres, nous avions vite appris que les gens n'étaient avec nous que pour notre notoriété, l'idée d'être avec un « Beatle ». Mais quand c'est arrivé aussi au sein de ma famille, ça a été un coup dur. »
Il n'y avait pas de retour possible. Toute plainte ne servirait qu'à renforcer leur attitude. « Je ne pouvais pas me lever et dire, "Traitez-moi comme avant", parce que ça aurait perçu comme une sorte de caprice de ma part. »

31

*Une fête :
King's road, London SW3
18 avril 1963*

« Please Please Me » descend dans les charts, croisant le chemin de « From Me To You » qui remonte. Pendant ce temps, les Beatles participent à un concert de variétés au Royal Albert Hall, « Swinging Sound '63 », avec Del Shannon, Lance Percival, Rolf Harris, Shane Fenton and the Fentones, The Springfields et George Melly.

Dans un intervalle entre les répétitions, ils rencontrent Jane Asher dans la Green Room. À seize ans, Jane est déjà une sorte de vétéran du showbiz : son premier rôle principal était *Mandy* en 1952, puis elle a joué aux côtés de Jack Warner le rôle de la petite fille dans *The Quatermass Xperiment* de la Hammer Horror. Depuis, elle est apparue dans *Alice au pays des merveilles*, *Le Prince et le Pauvre*, *Les Aventures de Robin des Bois*. Au théâtre, elle a été la plus jeune Wendy dans *Peter Pan*. Récemment, elle s'est fait connaître en participant régulièrement à l'émission télévisée *Juke Box Jury*.

Jane assiste au concert de variétés pour le compte du *Radio Times* : un reporter et un photographe sont là pour enregistrer ses réactions. Les Beatles sont en admiration devant elle, surtout Paul : « Nous avons été pris en photo avec elle et nous l'avons tous admirée. Nous pensions qu'elle était blonde, car nous ne l'avions jamais vue qu'à la télévision en noir et blanc dans Juke Box Jury, mais elle s'est avérée être rousse. Donc c'était : "Waouh, tu es rousse." »

Leur concert au Royal Albert Hall s'avère être une étape importante, la première fois qu'un public a crié avec un tel abandon. Plus tard, les fans monteront sur le toit de leur voiture et bloqueront la circulation. La police réussit finalement à dégager un passage, et les Beatles et leurs amis partent en voiture, sans vraiment savoir où ils vont. Ils finissent généralement par se rendre à l'Ad Lib Club, à proximité de Leicester Square, mais George, le plus timide des quatre, craint que des centaines de fans ne s'y rendent déjà. Le journaliste Chris Hutchins les accompagne et leur propose d'aller tous chez lui, sur King's Road. Il le regrette aussitôt, se demandant comment les quatre Beatles, Shane Fenton[37] et Jane Asher vont pouvoir se serrer dans ce minuscule appartement et comment pourront-ils s'asseoir, vu le peu de chaises disponibles.

Le problème est résolu en faisant asseoir tout le monde sur le tapis. Mais un autre problème se présente alors : John trouve une bouteille d'amphétamines et commence à les avaler, en les faisant descendre avec le rosé Mateus fourni par Hutchins. Chargé, il devient agressif envers Jane. Pour John, l'attirance sexuelle contrariée peut parfois se transformer en méchanceté. D'abord, il parle de leurs fans qui les adorent.

> JOHN : Ouais, le groupe que les fans aiment tellement qu'ils veulent nous mettre en pièces.
> JANE : (riant) Oh, John. Tu es tellement cynique. Admets-le, tu adores attirer les regards !
> JOHN : Bien sûr, je suis cynique. Ce que nous jouons est du rock'n'roll sous un nouveau nom. Le rock, c'est la guerre, l'hostilité, la conquête. Nous chantons l'amour, mais nous voulons dire

---
37 Né Bernard Jewry, il a changé son nom en Shane Fenton, puis en Alvin Stardust.

le sexe, et les fans le savent.

HUTCHINS : Les fans pensent que vous êtes des gars décents et propres.

JOHN : C'est juste une image, mais c'est pas la bonne. Regarde les Rolling Stones. Des durs à cuire. En fait, on a ouvert la voie, et maintenant ils l'ont empruntée.

RINGO : On ne peut pas leur en vouloir pour ça.

JANE : Les fans doivent rêver qu'un jour ils pourront épouser un Beatle.

JOHN : Oui, mais seulement ceux qui n'ont pas atteint l'âge de la puberté. Je donne un autographe à une fille et elle veut ma cravate ou des cheveux. Puis elle veut faire l'amour. Puis elle me dit qu'elle n'a que quinze ans. Direct en prison, oui ! Il y a encore à boire ?

HUTCHINS : (versant la dernière goutte de vin dans le verre vide de John) C'est le dernier. Je n'attendais pas de compagnie.

JOHN : OK, il n'y a plus d'alcool. Parlons de sexe. Jane, comment les filles jouent-elles avec elles-mêmes ?

JANE : (choquée mais cool) Je ne vais certainement pas parler de ça !

JOHN : Tu es la seule fille ici et je veux savoir. Comment tu te branles ?

HUTCHINS : Il n'y a qu'un seul branleur, ici.

JOHN : Oh sensas ! Pas d'alcool, pas d'oiseaux, des insultes de la part de l'hôte... on est dans quelle genre de fête, ici ? Putain de merveilleux. J'ai envie de pancakes ! Appelle-moi un taxi.

JANE : (pleurant, réconfortée par George) Tu sais, John, tu peux être très cruel parfois.

JOHN : (debout à la porte d'entrée) C'est la bête qui est en moi.

À ce moment-là, Paul fait sortir Jane de la pièce et l'éloigne de John. Ils s'assoient ensemble sur un lit et discutent de nourriture et de livres. Ils en viennent aux *Contes de Canterbury* de Chaucer, qu'ils ont tous deux appris dans leurs écoles respectives. Paul cite spontanément un extrait du *Conte de la prieure* : « *Ful semly hir wympul pynched was* ». Jane, ancienne élève du sophistiqué Queen's College de Harley Street, semble bien plus impressionnée par cela que par le statut d'idole de la pop de Paul. Alors que la soirée touche à sa fin, Paul se porte volontaire pour raccompagner Jane chez elle. Avant qu'ils ne se disent au revoir, il a décidé que cette fille était faite pour lui. Sur le pas de la porte de la maison de la famille Asher à Wimpole Street, il lui demande son numéro de téléphone, et Jane le lui donne avec joie.

32

Ils deviendront petit ami et petite amie. Les parents de Jane donnent à Paul sa propre petite chambre au dernier étage du 57 Wimpole Street, à côté de celle de Peter, le frère de Jane. Paul va y vivre, en tant que membre de la famille Asher, pendant les trois années suivantes, sa chambre se remplissant des fruits de son extraordinaire carrière : il finira par ranger ses disques d'or sous son lit, et sa médaille de l'ordre de l'Empire britannique sur une étagère, à côté de deux dessins de Jean Cocteau. C'est à Wimpole Street que Paul reçoit en 1965 une lettre du comptable des Beatles l'informant qu'à l'âge de vingt-trois ans, il est devenu millionnaire.

Les Asher étaient une famille remarquable à tous points de vue : remarquablement accomplie, remarquablement civilisée, remarquablement accueillante. À l'âge de huit ans, Peter Asher avait joué aux côtés de Claudette Colbert et Jack Hawkins dans le film *The Planter's Wife*, et à dix ans, aux côtés de Cecil Parker et Donald Wolfit dans *Isn't Life Wonderful*. La jeune sœur de Jane, Claire, a joué dans le feuilleton radiophonique de la BBC fleuve, *Mrs Dale's Diary*. Leur mère Margaret était professeur à Guildhall : en 1948, elle avait donné des cours de hautbois à George Martin.

Tout comme Paul quinze ans plus tard, Martin avait savouré ses visites à la maison Asher, avec tout son confort et son érudition. Malgré son apparence de classe supérieure (héritage de son service dans la RAF en temps de guerre, au cours duquel « on nous a enseigné des détails militaires importants comme la façon de tenir correctement un couteau et une fourchette »), il avait été élevé dans un appartement de trois pièces à Drayton Park, sans cuisine, sans salle de bains et avec des toilettes partagées avec trois autres familles. Issu d'un milieu aussi pauvre, il avait été séduit par la vision d'une vie plus agréable offerte par les Asher de Wimpole Street. Et maintenant, c'est au tour de Paul, d'être séduit par les Asher. Tout semblait touché par la culture. Dans le hall du n° 57 était accroché un portrait gravé d'Alfred, Lord Tennyson, un parent éloigné de Margaret Asher ; la bibliothèque vitrée de la salle à manger contenait une première édition rare de 1926 des *Sept Piliers de la Sagesse*, apportée dans la famille par le père de Margaret, l'honorable Edward Granville Eliot, qui avait été l'avocat de Lawrence d'Arabie.

Le père de Jane, le Dr Richard Asher, était un endocrinologue pionnier qui, en 1951, avait nommé et identifié le syndrome de Munchausen, le trouble mental qui pousse les individus à fabriquer des symptômes de maladie. Il était également un écrivain habile et plein d'esprit. Un article qu'il a publié dans le Lancet en février 1951 commence ainsi : « Voici décrit un syndrome commun que la plupart des médecins ont vu, mais sur lequel on a peu écrit. Comme le célèbre baron von Munchausen, les personnes touchées ont toujours beaucoup voyagé ; et leurs histoires, comme celles qu'on lui attribue, sont à la fois dramatiques et mensongères. C'est pourquoi ce syndrome est respectueusement dédié au Baron, et porte son nom. » Inévitablement, le titre « Syndrome de Munchausen » a été critiqué par les esprits chagrins pour sa légèreté inappropriée.

Les articles du Dr Asher dans le *British Medical Journal* restent un plaisir à lire, drôles, alertes, aphoristiques, pleins d'autodérision, d'une clarté étincelante - et indiquent l'étendue de l'éducation que Paul aurait reçue lors de ses conversations avec lui. Dans « The Dangers of Going to Bed », Asher s'oppose au consensus médical selon lequel rester au lit est la voie la plus sûre vers la guérison : « Regardez un patient qui reste longtemps au lit. Quelle image pathétique il donne ! Le sang qui coagule dans ses veines, le calcaire qui s'écoule de ses os, les excréments qui s'empilent dans son côlon, la chair qui pourrit de son siège, l'urine qui s'écoule de sa vessie distendue et l'esprit qui s'évapore de son âme. » Il se décrédibilise ensuite en disant : « J'ai brossé un tableau sombre et injuste : ce n'est pas si grave que cela. » Plus loin dans le même article, il spécule sur les raisons pour lesquelles l'enfermement s'est répandu : « Trop souvent, une infirmière remet tous ses patients au lit comme une ménagère remet toutes ses assiettes dans le porte-assiettes - pour avoir une apparence généralement ordonnée. »

Un autre de ses articles dans le *BMJ*, portant le titre incendiaire « Pourquoi les revues médicales sont-elles si ennuyeuses ? ». Il y dénonce l'indigence et la complexité au profit de la limpidité et de la précision : « Un mauvais titre émousse l'appétit clinique, alors qu'un bon titre l'aiguise. J'ai intitulé cet article "Pourquoi les revues médicales sont-elles si ennuyeuses ?". Je ne prétends pas que ce titre soit particulièrement bon, mais il est meilleur que " Étude des réactions psychomotrices négativistes induites par la lecture de matériel clinique verbalisé." »

Il est facile de voir comment Paul se serait délecté d'un tel découpage joyeux. Toute la famille Asher s'impliquait dans des discussions autour de la table, animées par l'érudition, la curiosité et le plaisir. « Ils s'adonnaient à des choses que je n'avais jamais vues auparavant, comme des jeux de mots au moment du dîner », a déclaré Paul à Barry Miles. « Je suis assez intelligent, mais mon intelligence est intuitive. Je pouvais à peu près suivre, et je pouvais toujours dire : "Je ne connais pas ce mot." » Il se souvient d'une dispute au cours d'un dîner entre le Dr Asher et son fils Peter, contemporain de Paul, sur la date d'introduction de la tomate en Angleterre. Ce n'était pas le genre de sujet dont ils discutaient à Forthlin Road. Tout au long de ses années chez les Asher, Paul n'est pas traité comme une pop star, mais comme un membre de la famille : « C'était très agréable pour moi, parce qu'à leurs yeux, je n'étais pas uniquement un "Beatle" ». L'atmosphère de Wimpole Street fait également appel à son esprit de compétition : « J'avais souvent l'impression que les gars faisaient la fête, alors que j'apprenais beaucoup, énormément. » Dans son salon de musique au sous-sol, Margaret Asher apprend à Paul à jouer de la flûte à bec - il en joue dans « Fool on the Hill » - mais ses tentatives pour lui apprendre à lire la musique sont vite abandonnées.

Sa curiosité intellectuelle a été stimulée. « Je ne veux pas ressembler à Jonathan Miller,[38] mais j'essaie d'absorber les choses, tout ce que j'ai pu manquer. », a-t-il déclaré à la journaliste Maureen Cleave en 1966. « Les gens disent des choses et peignent des choses extraordinaires, et je dois savoir ce qu'ils font... Je pense que cela me dérange que les gens sachent toutes ces choses que j'ignore. » Il lit Jung et Huxley, regarde des pièces d'Alfred Jarry et d'Harold Pinter et écoute des compositeurs d'avant-garde comme Stockhausen et Luciano Berio.

Parfois, Jane emmenait Paul chez des amis de la famille en dehors de la ville. « C'était encore un autre truc de classe supérieure : partir en week-end à la campagne... C'était la première fois que je voyais des gens laisser un livre à votre chevet pour que vous le lisiez. J'étais assez impressionné par le choix de leurs livres. C'est le fait de supposer que vous êtes raisonnablement intelligent qui m'a plu. Ils ne m'ont jamais rabaissé. »

Inévitablement, les fans des Beatles s'attardaient devant la maison, prêts à bondir. Pendant une absence de Paul en tournage sur le film *Help!* le père de Jane se met en tête de trouver un moyen d'échapper à la cohorte de fans qui pourrait servir pour Paul. Il est sorti par la fenêtre de derrière

---

[38] Jonathan Miller est une personnalité extrêmement appréciée pour ses différents talents (acteur, dramaturge, humoriste, physicien, neurologue) : il animait une émission satirique sur la *BBC* au début des années soixante Beyond the Firnge. Il représente à cette époque la définition même d'une personne érudite.

et a escaladé jusqu'à la maison voisine, puis a tapé à la fenêtre du voisin pour lui expliquer le problème particulier. Au retour de Paul à Londres, le Dr Asher est ainsi en mesure de lui présenter un chemin secret vers New Cavendish Street. « J'avais l'habitude de sortir par la fenêtre de ma chambre mansardée, sur un petit balcon. Il fallait être assez prudent, ce n'était pas très large, seulement 30 cm environ, donc il ne fallait pas avoir le vertige. Je me dirigeais vers la droite, vers le numéro 56 de Wimpole Street. Il y avait un ancien colonel qui vivait là. Il avait ce petit appartement au dernier étage, et il était adorable. « Oh oh ! Je passe, Colonel ! » « Oh, oh, OK, motus et bouche cousue ! » Sur son palier, je prenais l'ascenseur et descendais directement au sous-sol de cette maison. Un jeune couple vivait en bas et ils me voyaient sortir par la cuisine et entrer dans le garage. »

Si je pouvais être n'importe quel « Beatle », à n'importe quel moment, je serais Paul dans ses années Wimpole Street, vivant avec Jane, choyé par sa famille, béni par la chance, heureux de la vie, vivant de la culture, adoré par le monde, et avec des chansons merveilleuses, débordant comme par magie, de mon cerveau jusqu'au piano : « I Want To Hold Your Hand », « I'm Looking Through You », « The Things We Said Today », « And I Love Her », « We Can Work It Out », « Here, There and Everywhere », « Yesterday ».

Mais rien ne dure. Le jour de Noël 1967, Paul et Jane annoncent leurs fiançailles ; sept mois plus tard, en réponse à une question posée par hasard par l'animateur de télévision Simon Dee, Jane annonce que tout est fini : « Je n'ai pas rompu, mais c'est fini, terminé. Je sais que ça peut paraître ringard, mais nous nous voyons toujours et nous nous aimons, mais ça n'a pas marché. Peut-être que nous serons des amours de jeunesse et que nous nous retrouverons quand nous aurons soixante-dix ans. »

Plus de cinquante ans plus tard, ils restent tous deux discrets sur leur rupture, n'en parlant qu'en termes très généraux, laissant les autres spéculer. Certains suggèrent que Jane a surpris Paul au lit avec une Américaine du nom de Francie Schwartz[39]. Pendant que Jane était partie jouer, Paul et Francie étaient ensemble dans sa nouvelle maison de St John's Wood. « Des fans attendaient à l'entrée comme d'habitude et ont essayé de prévenir Paul que Jane approchait. Mais Paul pensait qu'ils plaisantaient », se souvient Alistair Taylor. Selon Taylor, c'est Jane qui a rompu avec Paul, et non l'inverse. Bien que Paul, un expert dans la maîtrise de soi, ait déclaré : « Je ne me souviens pas de la rupture comme d'un traumatisme » et « J'ai l'ai senti venir ». Il a admis ailleurs : « J'étais dévasté, sans elle. » D'autres se souviennent du choc qu'il a subi. Taylor, qui considérait Jane comme « la femme la plus adorable que l'on puisse rencontrer », se souvient que Paul était « absolument ravagé… il a complètement déraillé. » « J'avais tout et j'ai tout foutu en l'air. », disait-il. Selon sa coiffeuse, Leslie Cavendish, son « cœur était brisé. Il avait cessé de se raser la barbe, ne quittait presque plus la maison et commençait à prendre plus de drogues. »

Une ou deux de leurs connaissances affirment l'avoir vu venir. Marianne Faithfull n'a jamais pensé qu'ils étaient naturellement compatibles : « J'ai toujours pensé que Jane et Paul étaient très tendus. Je me souviens très clairement d'une soirée à Cavendish Avenue où elle voulait que la fenêtre soit fermée et il voulait que la fenêtre soit ouverte. C'était vraiment comme une pièce de Joe Orton. C'était vraiment génial. Je suis restée assise là toute la nuit à regarder Jane se lever et la fermer, et Paul l'ouvrir et pourtant, aucune des deux n'a véritablement verbalisé ce qu'ils souhaitaient. Et peu de temps après ils se sont séparés, ce que j'aurais pu prédire à n'importe qui. » Mais elle ne donne pas de raison pour laquelle Jane aurait voulu ouvrir la fenêtre. Aurait-ce été pour libérer les vapeurs de marijuana qui accompagnaient nécessairement toute visite de Mick et Marianne ?

---

39 Qui a ensuite écrit un livre de ragots appelé *Body Count*.

33

Avant de monter sur scène au Majestic Ballroom, à Newcastle-upon-Tyne, John et Paul ont saisi le moment pour écrire une chanson.
Le 26 juin 1963, ils partagent une chambre à deux lits à l'hôtel Royal Turk's Head[40] et Paul prend ses cigarettes. « On devait avoir quelques heures avant le concert, alors on s'est dit : "Oh, super ! Prenons une clope et écrivons une chanson !" »
Les paroles de leurs précédents singles – « Love Me Do », « Please Please Me », « From Me To You », « I Saw Her Standing There » - tournaient toutes autour d'une seule personne, mais Paul a décidé de faire quelque chose de différent.
C'était l'idée de Paul, se souvient John. « Au lieu de chanter « *I love you* », on place une tierce personne. » C'était le signe que leurs approches différentes de l'écriture de chansons allaient se développer : celle de Paul vers une narration à la troisième personne, un peu comme une nouvelle miniature, et celle de John plus autobiographique.

> You think you've lost your love
> Well I saw her yesterday-ay

Un jeune homme parle à un autre d'une fille qui l'a peut-être ou peut-être pas quitté. Les deux hommes sont, consciemment ou inconsciemment, des versions des deux compositeurs - Paul optimiste, sûr de lui, jamais à court de conseils, et John, prêt à faire du mal – « *She said you hurt her so* » - tout en s'éloignant de son propre sentiment de culpabilité. Comme tant de chansons ultérieures de Lennon/McCartney, son énergie provient de ce mélange de l'obscurité et du soleil.
Les Beatles avaient le lendemain de libre, alors John et Paul sont retournés à Liverpool. Ils ont ainsi pu terminer leur nouvelle chanson à Forthlin Road, tandis que Jim, le père de Paul, était assis dans la pièce voisine, fumant et regardant la télévision.
À ce stade, John et Paul sont tous deux des pies, qui récupèrent ce qui leur plaît dans les chansons des autres : le « *woo woo* » vient de « Twist And Shout » des Isley Brothers. John, en particulier, était friand de ces « *whoops* » et « *hollers* », des bruits en deçà ou au-delà des mots : quand il a entendu Elvis Presley chanter « All Shook Up », sa première pensée a été qu'il n'avait jamais entendu de « *uh huh* », « *oh yeah* » et « *yeah, yeah* » dans une même chanson auparavant.
Après un moment, ils ont fait irruption dans le salon. « Papa, écoute ça. Qu'est-ce que tu en penses ? » Puis ils lui ont chanté leur nouvelle chanson : « She Loves You ».
« C'est très bien, fiston », a dit Jim, un gars de la vieille école. « Mais il y a assez de ces américanismes ici. Tu ne pourrais pas chanter "She loves you, yes, yes, yes" ? »
John et Paul n'ont pas pris ce conseil au sérieux. « On s'est effondré et on a dit : "Non, papa, tu ne comprends rien." »
Quatre jours plus tard, les Beatles se rendent aux studios EMI d'Abbey Road pour enregistrer leur nouvelle chanson. Ils arrivent tôt, afin de poser pour une nouvelle série de photos dans la ruelle derrière le studio. Désormais, où qu'ils aillent, ils attirent des fans. De fil en aiguille, les fans qui

---

40 Rebaptisé plus tard le Rainbow.

attendaient déjà à l'extérieur ont téléphoné à leurs amis pour les avertir, et ces amis l'ont dit à d'autres amis, et ainsi de suite. En peu de temps, une masse de filles a réussi à franchir la porte d'entrée et à se précipiter autour du bâtiment à la recherche de leurs idoles. « C'est une véritable maison de malade dehors », dit Neil Aspinall en entrant dans le studio.

Pendant ce temps, en plaçant les feuilles de chansons sur les pupitres, l'ingénieur du son d'EMI Norman Smith[41] jette un coup d'œil aux paroles. « Je me suis dit : "Je vais juste jeter un coup d'œil." "*She loves you, yeah, yeah, yeah ; She loves you, yeah, yeah, yeah ; She loves you, yeah, yeah, yeah*" J'ai pensé : "Oh mon Dieu, quelles paroles. Ça m'étonnerait que cette chanson me plaise." »

George Martin, toujours aussi calme, fait écouter à John et Paul leur nouvelle chanson, avec George Harrison qui se joint aux refrains. « J'ai trouvé ça génial, mais j'ai été intrigué par l'accord final, une sorte de sixte majeure étrange, avec George faisant la sixte et John et Paul la tierce et la quinte, comme un arrangement de Glenn Miller. Ils disaient : "C'est un accord génial ! Personne ne l'avait jamais entendu avant !" Bien sûr, ce n'était pas tout à fait vrai. »

En fait, une grande partie de l'inventivité de John et Paul en tant qu'auteurs de chansons est née d'une sorte d'ignorance béate. Ils ne savaient pas lire la musique et n'avaient jamais pris de cours. Cela signifie qu'ils avaient tendance à trouver les accords par hasard. Leurs premières chansons reflètent l'émerveillement innocent avec lequel ils ont découvert la source de toute musique, comme si c'était la toute première fois.

Une fois les fans en maraude dispersés, la session d'enregistrement peut commencer. L'ingénieur du son Geoff Emerick s'est rendu compte que l'excitation générée par l'invasion des fans a contribué à insuffler un nouveau niveau d'énergie et d'invention dans le jeu du groupe, notamment de Ringo et George. En entendant la chanson interprétée, Norman Smith, qui était sceptique, a immédiatement compris l'intérêt de la chanson : « Quand ils ont commencé à la chanter - clac, wow, formidable. J'étais devant la table de mixage en train de faire du jogging. »

Emerick, lui aussi, a été enthousiasmé : « Il y avait un niveau d'intensité dans cette performance que je n'avais jamais entendu auparavant et que j'ai rarement entendu depuis. Je considère toujours ce single comme l'une des performances les plus excitantes de toute la carrière des Beatles. »

« She Loves You » est sorti le 23 août 1963. En un mois, il s'est vendu à trois quarts de million d'exemplaires en Grande-Bretagne, ce qui en fait le disque le plus rapidement vendu de tous les temps. Il est resté dans le top 3 pendant dix-huit semaines et dans les charts pendant trente et une semaines. Pour beaucoup, fans et ennemis confondus, elle reste la quintessence de la chanson des Beatles. Les mots auxquels Jim McCartney s'était opposé – « Yeah ! Yeah ! Yeah ! » - sont devenus l'emblème du phénomène Beatles : aussi bien sauvage qu'incisif, frais et libérateur, selon le point de vue. En Europe, les Beatles étaient communément appelés les « Yeah-Yeah ».

Pour les conservateurs qui préféraient que le monde reste inchangé, « She Loves You » était un signal d'alarme ; pour les marxistes, elle symbolisait la décadence de l'Occident. « Est-ce vraiment nécessaire d'imiter toutes les saletés qui viennent de l'Ouest ? » a demandé le dirigeant est-allemand Walter Ulbricht dans un discours à son parti. « Je pense, camarades, qu'avec la monotonie du « *yeah yeah yeah* » ou quel que soit le nom qu'on lui donne, nous devrions marquer un arrêt. »

Une fois n'est pas coutume, l'Amérique tarde à s'emparer d'une nouvelle tendance. Sorti aux États-Unis le 16 septembre, « She Loves You » se vend à peine à un millier d'exemplaires les premières

---

41 Alors qu'il travaillait chez EMI, Norman Smith (1923-2008) a produit le disque « See Emily Play » de Pink Floyd, ainsi que leurs quatre premiers albums. Il est ensuite devenu brièvement célèbre sous le nom d'Hurricane Smith à la voix graveleuse, dont le single « Don't Let it Die » a atteint la deuxième place des charts en 1971.

semaines et n'atteint pas les charts. Le chanteur folk Steve De Naut l'entend pour la première fois en octobre au Café Wha? de Greenwich Village, un établissement à la pointe de la mode. Sa petite amie de l'époque, Vicky Tiel, se souvient qu'il est entré dans son appartement et a mis le disque sur le tourne-disque en disant : « "Écoute ça, bébé." Steve et moi avons commencé à faire l'amour. Au moment où il change de rythme, il s'est arrêté au milieu de l'acte sexuel. "Écoute ça !", a-t-il dit. La musique est passée à un autre rythme. Il a dit : "Putain, personne ne fait ça ! C'est *dingue* ! Et les *'yeah, yeah, yeah'* ? C'est *dingue*, putain ! Personne ne fait ça !" »

Vicky ne comprenait pas où Steve voulait en venir. « C'est un nouveau type de la musique », a-t-il expliqué. « Je n'ai jamais rien entendu de tel. Et c'est fantastique ! » Il a ensuite ajouté, plus découragé : « Je suis fini. C'est fini. C'est fini pour nous tous. »

34

John Lennon et Ringo Starr sont nés en 1940, lorsque les mots *blitz, paratroops, call-up et quisling*[42] sont apparus, ainsi que le verbe *to scramble* qui a changé de sens : *to scramble* s'applique aux œufs brouillés (*scrambled eggs*) mais en 1940, le terme prend un tout autre sens, et concerne des décollages d'avions en urgence à cause d'alerte d'attaque.

D'autres néologismes de 1940 annoncent une nouvelle ère de produits et de tendances américains : *beefburger*, *crew-cut* (coupe à la brosse), *holiday camp*, mobile home, nylons, super-duper (forme familière pour super bon), *youth club*[43]. Beaucoup sont nés d'inventions : *jeep, plutonium, radar*. Certains, comme *telly* (télé), étaient des abréviations familières pour des inventions récentes, maintenant si répandues qu'elles ressemblaient à de vieux amis. D'autres, comme la perception *extra-sensorielle*, sont nées d'une étude plus approfondie de ce qui a toujours été là, ou - vu sous un autre angle - de ce qui a toujours été absent. - ce qui n'a jamais été là.

L'année suivante, en 1941, l'expression « État-providence » est inventée, tout comme *disc-jockey, boogie, cheesed-off, Terylene, sunbathe, straight*, dans son sens de « conformiste », et *knockers*[44]. C'est également cette année-là - l'année qui sépare les naissances de John et Paul - que le mot *teenager* (adolescent) fait sa première apparition.

Paul McCartney est né en 1942, année où sont apparus les termes *spaceman, office block, napalm* et *sixty-four-dollar question*, ainsi que les abréviations *PR* et *preggers*[45]. George, le plus jeune des Beatles, est né en 1943, année où sont apparus les mots *bobby socks, disposable, paper towel, pizzeria, double glazing et falsies*. Le Squarebashing fait également ses débuts cette année-là et, peut-être comme une sorte de contrepoids cosmique, la *group therapy* et la *free expression*[46] font de même. En Angleterre, Barnes Wallis invente la bombe rebondissante (*bouncing bomb*), et en Suisse, le Dr Albert Hofmann combine l'acide lysergique avec la diéthylamine pour créer *l'acide lysergique diéthylamide*, plus tard connu sous le nom de LSD.

La plupart des gens font remonter l'origine des Beatles à 1957, lorsque Paul, âgé de quinze ans, se présente à John, âgé de seize ans. La plupart des nouveaux mots et expressions de cette année-là étaient centrés sur la jeunesse : *Frisbee, skiffle, sexpot, scooter, pop art, bonkers, backlash, Hell's Angel, flick knife, diminished responsibility, consenting adult, role model, angry young man*[47]. Un disque de longue durée commence à être connu sous le nom d'album. Aux États-Unis, les agents de circulation féminins sont surnommés *meter maids*. L'adjectif *fab*, abréviation de *fabulous*, est entendu pour la première

---

42 *Paratroops* : parachutistes ; *call-up* : conscription, *quisling* : collabo (N.d.t.).
43 *Crew-cut* : coupe à la brosse ; *super-duper* : forme familière pour qualifier quelqu'un ou quelque chose de « super bon » ; *youth-club* : centre aéré.
44 *Cheesed-off* : forme familière pour exprimer l'ennui ; *Terylene* : fibre en polyester ; *sunbathe* : séance de bronzage ; *knockers* : seins.
45 *Spaceman* : cosmonaute ; *office block* : immeuble de bureaux ; *sixty-four-dollar question* : expression qui vient d'une émission de radio pour évoquer soit une question très importante, soit une question insolvable ; *PR* : Public relation ; *preggers* : en cloque.
46 *Bobby socks* : chaussettes portées par les filles qui s'arrêtent à la cheville ; *disposable* : jetable ; *paper towel* : essuie-tout ; *double gazling* : double-vitrage ; *falsies* : coussinets à glisser dans un soutien-gorge pour exagérer la taille de la poitrine ; *squarebashing* : parade militaire ; *group therapy* : thérapie de groupe ; *free expression* : liberté d'expression.
47 *Skiffle* : Genre musical pop des années 1950 ; *sexpot* : dans le langage familier, mec ou nana sexy ; *bonkers* : taré ; *backlash* : une réaction violente ; *flick knife* : cran d'arrêt ; *diminished responsibility* : responsabilité (ou capacité) diminuée ; *role model* : personne exemplaire ; *angry young man* : jeune homme en colère (référence à un groupe d'écrivains britannique des années 1950 dont le porte-voix était le père de Martin Amis : Kingsley Amis).

fois cette année-là, mais il ne se répandra qu'en 1963, précédant le plus souvent le chiffre quatre. C'est également en 1963 qu'un autre mot associé aux Fab Four est apparu. Le 5 octobre 1963, un jeune promoteur de concerts, Andi Lothian, se trouve au Carnegie Hall de Glasgow lorsque le jeune groupe qu'il a réservé entre sur scène. Pour lui, la réaction du public rappelle le siège de Mafeking[48] : « Un pandémonium absolu. Des filles qui s'évanouissent, des cris, des sièges mouillés. La salle entière s'est totalement transformée dans une sorte d'état second, presque comme un hypnotisme collectif ». Au milieu de ce chaos, un journaliste de Radio Scotland a crié : « Pour l'amour de Dieu, Andi, qu'est-ce qui se passe ? » Sorti de nulle part, un nouveau mot a surgi dans sa tête. « Ne t'inquiète pas », a-t-il répondu « C'est n'est que la... *Beatlemania !* »

---

[48] Le siège de la ville Mafeking (plus de 2200 morts dans les deux camps) restera un de moments les plus symboliques de la seconde guerre des Boers, en Afrique du Sud (N.d.t.).

35

Vers la fin de 1963, la santé mentale de la jeune génération est remise en question. « De nos jours, de nombreux jeunes se plaignent que les adultes ont tendance à les condamner », écrit un lecteur de journal irrité. « Mais quand on voit le comportement révoltant qui se produit actuellement dans tout le pays sous le nom de «Beatlemania», il est impossible de ne pas en tirer certaines conclusions. » Un chroniqueur de l'*Evening Press* de la ville de York s'est fait l'écho de ce sentiment : « Demandez à n'importe quel adolescent de York et il pourra vous citer les quatre Beatles. Maintenant, demandez à ces mêmes adolescents le nom de quelques autres personnalités connues. Le secrétaire général des Nations unies, par exemple, ou même notre propre Premier ministre. Les réponses, dans de nombreux cas, ne couleront pas de source. Telle est la célébrité. Tel est notre sens des valeurs dans le monde moderne. » Ce même chroniqueur, le bien nommé John Blunt, a décrié « les foules qui se rassemblent, hurlent, crient, se bousculent, se battent à chaque apparition de Beatles. »

Tout au long de la tournée des Beatles au Royaume-Uni, les journalistes ont eu du mal à décrire le son de milliers d'adolescents hurlant à tue-tête. « Je n'ai jamais assisté à la torture ou à l'exécution en masse de 5 000 animaux de basse-cour », a écrit le journaliste Rodney Pybus du *Newcastle Journal*. « Mais j'imagine que le bruit qu'ils feraient serait très similaire à celui qui m'a forcé à enfoncer le bout de mes doigts dans mes oreilles. » D'autres journaux ont fait appel à des psychologues pour creuser davantage dans l'espoir de découvrir la source de ce chaos. « Ce n'est pas vraiment de l'hystérie. L'hystérie est une pathologie. Une maladie », a conclu le professeur John Cohen, directeur du département de psychologie de l'université de Manchester. À la question centrale - pourquoi les filles crient ainsi ? - il a fait chou blanc : « Vous pourriez aussi bien demander à un troupeau d'oies pourquoi elles volent et battent des ailes. » Lors du concert des Beatles à l'Odéon de Southend le 9 décembre, un policier armé d'un sonomètre a enregistré des cris à 110 décibels, soit l'équivalent d'un barrage d'artillerie soutenu.

Le journaliste américain Michael Braun accompagne les Beatles au Regal de Cambridge le 26 novembre. Au même endroit, en mars de la même année, le groupe avait fait la première partie de « America's Exciting » Chris Montez et « America's Fabulous » Tommy Roe. Mais aujourd'hui, ce sont eux qui sont en tête d'affiche. Les fans font la queue dans les rues devant le Regal depuis 10 h 30. À 18 heures, la file d'attente fait déjà 800 mètres de long. Quelques heures avant le spectacle, les Beatles avaient rendez-vous avec la police à un endroit convenu à un kilomètre de là, pour être introduits clandestinement dans le théâtre à l'arrière d'un fourgon de police.

Quand j'étais enfant, chaque fois que nous allions au cinéma à Dorking, ou à la pantomime à Leatherhead, « God Save The Queen » était joué avant et après chaque spectacle. Comme par magie, le public se levait de son siège et se mettait au garde-à-vous jusqu'à ce que les accents patriotiques soient satisfaits. Lorsque l'hymne national est joué au début du spectacle des Beatles à Cambridge, Michael Braun n'a pas été témoin du moindre soupçon de rébellion. Mais là encore, il y a beaucoup de groupes de soutien insupportables à passer avant que les Beatles n'arrivent, parmi lesquels Peter Jay and The Jaywalkers, les Vernon Girls et les Brook Brothers. Mais à la seconde où les Beatles sont annoncés, le public éclate en cris aigus qui se poursuivent jusqu'au dernier accord de « Twist and Shout ». « Certaines filles agitent des mouchoirs, écrit Braun. D'autres sont assises en position fœtale : le dos voûté, les jambes repliées, les mains frappant alternativement leurs cuisses et couvrant leurs oreilles. La plupart des garçons se contentent de garder les mains sur les oreilles. » Braun a observé une fille dans un siège, côté couloir, pleurer à chaque fois que les lumières montent et descendent. À la fin, après « Twist and Shout », elle est restée sur son siège en criant et en pleurant jusqu'à ce que l'hymne national commence à être diffusé par les haut-parleurs de la salle. À ce moment-là, comme toutes les autres filles, elle a arrêté de crier et est restée immobile. Mais à la seconde même où l'hymne s'achève - Gar-aar-ard Say-aay-aayve the Quee-eee-eeen ! - elles se sont toutes remises à crier.[49]

Ce schéma particulier s'est répété tout au long de la tournée des Beatles en Grande-Bretagne. Les services d'ordre de ces spectacles, généralement d'âge moyen et durs à cuire, sont d'un tempérament peu apte à tirer du plaisir de l'exubérance juvénile. Lors du spectacle donné au De Montfort Hall de Leicester le 1er décembre, les policiers et le service d'ordre reçoivent de la cire pour se protéger les oreilles. Ray Millward, âgé de cinquante-neuf ans, se plaint d'avoir reçu des coups de pied et des coups de poing de la part d'une fan délirante : « Nous avions l'habitude d'avoir beaucoup d'hystérie avec Cliff Richard, mais ça bat tout. On m'a jeté une chaussure et un parapluie. Une fille s'est battue comme un chat sauvage. J'ai dû forcer son bras derrière son dos pour qu'elle s'assoie. Elle griffait, donnait des coups de pied et criait. » Les bonbons gélifiés - que les Beatles avaient déclaré apprécier dans un moment de désinvolture - leur sont maintenant lancés de tous les coins, même si le groupe a publiquement protesté qu'il préférait qu'ils ne le soient pas. Se méprenant, certaines filles ont commencé à jeter des boîtes de chocolats pleines à la place. Des livres d'autographes, une poupée et un panda géant ont également été lancés. Malgré ce capharnaüm, les fans restent immobiles pendant l'hymne national, une aubaine du point de vue des Beatles, qui ont ainsi tout le temps de s'enfuir rapidement par l'entrée des artistes pour rejoindre leur Austin Princess. Pendant ce temps, leurs fans sont restés à l'intérieur, rivés sur place par respect pour Sa Majesté. Ce mois de novembre, alors que la reine mère, la princesse Margaret et Lord Snowdon arrivent au théâtre Prince of Wales pour la représentation de la Royal Command, ils sont accueillis par la foule qui scande « *We Want the Beatles!* » À ce moment-là, ils ont dû se rendre compte que, comme tant d'autres groupes établis de longue date cette année- là, ils venaient d'être rétrogradés au rang de première partie.

Prenant place dans le public, Brian Epstein était nerveux. Peut-il faire confiance à John pour se comporter correctement ? La veille, John avait mis au point une blague insolente pour introduire leur dernière chanson, « Twist and Shout » : « Pour notre dernier morceau, j'aimerais solliciter votre aide. Ceux qui sont assis dans les sièges les moins chers peuvent-ils taper dans leurs mains ? Et les autres, si vous voulez bien agiter vos bijoux. » C'était déjà un peu osé, mais lors de la répétition générale, John l'avait rendu encore plus osé en disant « Faites tinter vos putains de bijoux. » Au grand soulagement d'Epstein, lorsque le grand moment est arrivé, John a omis l'explétif et a même ajouté un pouce levé pour montrer que ce n'était qu'une blague. Dans leurs cravates noires et leurs robes de soirée, les spectateurs éclatent de rire et applaudissent.

---

49 Lors de l'écriture de ce livre, il m'est arrivé de passer des nuits blanches alors que telle ou telle chanson des Beatles passait en boucle dans mon cerveau. Lorsqu'il s'agissait d'une chanson particulièrement répétitive – « Yellow Submarine », par exemple, ou « All Together Now » - je me suis rendu compte que le seul moyen de stopper net la chanson dans ma tête, était de l'opposer à « God Save the Queen » dans une autre partie de ma tête. Néanmoins, le problème avec cette méthode, c'est que vous vous retrouvez avec une chanson encore plus ennuyeuse que celle qu'elle a remplacée.

Après le spectacle, les Beatles ont été présentés à la reine mère, ou - étant donné les nouvelles priorités de la société - est-ce la reine mère qui a été présentée aux Beatles ? Elle a dit qu'elle s'était beaucoup amusée. Et où se produiront-ils ensuite ? Slough, lui répond-elle. « Oh, c'est près de chez nous », a-t-elle répondu.

Les journaux du lendemain parlent des Beatles. Consacrant un éditorial à leur triomphe, le *Daily Mirror*, un journal populaire, salue la révolution :

> Le fait est que les Beatles sont partout. De Wapping à Windsor. Âgés de sept à soixante-dix ans. Et il est facile de comprendre pourquoi ces quatre jeunes gens de Liverpool, pleins d'énergie et d'insolence, sont si populaires.
>
> Ils sont jeunes, nouveaux. Ils sont pleins d'entrain, joyeux. Quel changement par rapport aux pleurnichards qui s'apitoient sur leur sort, chantant leurs airs d'amour depuis les bas-fonds torturés de leurs cœurs tièdes.
>
> Les Beatles sont bizarres. Ils portent leurs cheveux comme une serpillière - mais ils sont lavés, ils sont super propres. Il en va de même pour leur jeune et fraîche prestation. Ils n'ont pas besoin de faire des blagues sur les homos pour s'amuser…
>
> Des jeunes comme les Beatles font du bien au show-business - et nous aussi - avec leurs nouveaux sons, leurs nouveaux looks.
>
> Bonne chance, Beatles !

Le *Daily Telegraph*, toujours sur ses gardes contre les nouveautés et les inconvenances, a condamné ce délire. « Cette hystérie remplit vraisemblablement des têtes et des cœurs assurément vides », affirmait l'auteur d'un éditorial anonyme. « N'y a-t-il pas quelque chose d'un peu effrayant dans des masses entières de jeunes gens, tous apparemment si influençables, si volatiles et sans gouvernail ? Quelle aubaine, pour l'élection d'un quelconque dictateur ! Hitler aurait désapprouvé, mais il aurait pu voir ce qu'on pourrait en faire dans d'autres circonstances. »

Lors de leur retour à Leicester un an plus tard, en octobre 1964, les Beatles tentent d'exécuter leur tour de passe-passe habituel, se précipitant hors de la scène et dans leur voiture pendant que l'hymne national retentit. Mais au cours de cette brève période, les mœurs de la société ont changé : cette fois, un groupe de soixante ou soixante-dix fans ne se met pas au garde-à-vous, préférant sortir en courant du théâtre et s'agglutiner autour des Beatles dans leur voiture, martelant le toit et les vitres. Désemparé, le conducteur perd son sang-froid et percute une autre voiture, mais les fans continuent de tambouriner le véhicule, obligeant les Beatles à attendre que la police vienne les libérer.

36

L'arrivée soudaine des Beatles a été un choc pour de nombreux membres de la vieille garde du show-business.
Marlene Dietrich, star de *L'Ange bleu* (1930) et de *Vénus blonde* (1932), a soixante et un ans lorsqu'elle accepte de participer au Royal Variety Performance de 1963. Sa stature internationale semble lui garantir le rôle de vedette de la soirée.
En juillet 1963, l'impresario Bernard Delfont se voit demander par sa fille Susan, âgée de seize ans, de programmer les Beatles pour le spectacle. Delfont n'en revient pas : « Je n'avais jamais entendu parler d'eux. Quand je lui ai demandé ce qu'ils faisaient, elle m'a répondu qu'ils étaient en quelque sorte... enfin, vous savez... différents. »
Peu après, il apprend que quelqu'un de son organisation les a invités pour une représentation dominicale au Princess Theatre de Torquay. Il a immédiatement téléphoné au directeur du théâtre.

> « "Comment vont les affaires?" J'ai demandé au manager.
> "Nous avons tout vendu, m'a-t-il répondu. Il y a des fans qui n'ont pas de places qui dorment dans la rue, attendant des annulations."
> C'était suffisant pour moi. J'ai lancé la programmation. »

En novembre, la notoriété des Beatles a éclipsé celle de Dietrich. À l'approche du grand jour, Delfont remarque à quel point cela contrarie Dietrich, qui estime que tous les honneurs doivent lui revenir. « Je m'attendais à un clash, mais j'aurais dû savoir que Mlle Dietrich ne s'abaisserait pas à une vulgaire bagarre », se souvient-il. « Au lieu de cela, elle s'est défendue avec toute la subtilité et l'impitoyabilité de Lady Macbeth. »
Au cours des répétitions, Rita, la sœur de Delfont, remarque que Dietrich se comporte de manière « irascible et capricieuse », accaparant plus que sa part du temps disponible. Lorsqu'elle a terminé, tous les photographes se précipitent à l'avant des gradins. « Pas maintenant, chéri ! », ordonne-t-elle. « Reviens dans une heure quand je me serai maquillée ! » Elle ne s'était pas rendu compte qu'ils étaient là pour les Beatles. Les caméras s'éloignent tandis que les Beatles répètent pendant la période qui leur est allouée. « Lorsque Marlene est revenue, resplendissante dans une robe à paillettes et entièrement maquillée, il n'y avait plus un seul photographe en vue, se souvient Rita Delfont. »
Les photographes reviennent pour des séances de photos juste avant le spectacle. Une fois de plus, les Beatles sont au centre de l'attention, mais à chaque fois qu'ils prennent une nouvelle pose, Dietrich apparaît miraculeusement, jouant des coudes pour se glisser dans le cadre. Les garçons, qui ne sont pas encore très sûrs d'eux, acceptent cette intrusion comme un compliment. Ce n'est pas le cas de l'équipe de production, qui a su reconnaître sa stratégie intrusive.
Néanmoins, elle a fait une forte impression sur Ringo : « Je me souviens : j'admirais ses magnifiques jambes qu'elle croisait, assise dans son fauteuil. J'ai toujours été un « homme à jambes ». "Matez-moi ces cannes !" »
Dietrich elle-même finit par accepter la présence du groupe. « Ils sont tellement SEXY », fait-elle remarquer à Brian Epstein après le baisser de rideau. « C'était une joie d'être avec eux. J'adore ces Beatles. Les filles sont si folles d'eux. Ils doivent bien s'amuser ! »

Quatre ans plus tard, les Beatles leur rendent la pareille en plaçant Marlene Dietrich parmi les élus sur la couverture de *Sgt. Pepper.*

37

Au sous-sol de la maison des Asher, dans Wimpole Street, se trouvait une petite pièce où Margaret Asher apprenait à ses élèves à jouer du hautbois. Elle était équipée d'un canapé, un piano droit et un pupitre. Lorsque Margaret n'avait pas besoin de la pièce, elle laissait Paul l'utiliser pour écrire ses chansons pop.

Un jour, à la mi-octobre 1963, John est passé. Ils descendirent tous les deux dans la petite pièce au sous-sol et s'assirent ensemble sur le tabouret de piano de Mme Asher. Brian Epstein leur avait dit que leur prochaine tâche, la plus importante, était de composer une chanson pour percer l'insaisissable marché américain. Jusqu'à présent, leurs singles à succès en Grande-Bretagne – « From Me to You », « She Loves You », « Please Please Me » - avaient tous fait un flop là-bas.

En griffonnant, ils ont trouvé la phrase « *Oh, you-ou-ou got that something* ». Paul a joué un accord pour l'accompagner. « C'est ça ! » dit John. « Refais-le ! »

Au bout d'une heure environ, Paul monte à l'étage et passe la tête par la porte de la chambre de Peter Asher. « Tu veux venir écouter un truc qu'on vient d'écrire ? », demande-t-il. Peter l'accompagne en bas, et ensemble Paul et John lui jouent leur nouvelle chanson, « I Want to Hold Your Hand ». « Qu'en pensez-vous ? a demandé Paul.

- Oh, mon Dieu ! Pouvez-vous la rejouer ? dit Peter. » Alors qu'il l'écoutait pour la deuxième fois, il pensa : « Est-ce que je perds la tête, ou est-ce que c'est la meilleure chanson que j'ai entendue dans ma vie ? »

* * *

Un jour ou deux plus tard, John et Paul se rendent aux studios d'Abbey Road avec « I Want to Hold Your Hand ». Ils travaillent vite : dans la même session, ils enregistrent « I Want to Hold Your Hand », sa face B, « This Boy », leur premier message de Noël pour leur fan club, et la moitié de « You Really Got a Hold on Me ». Comme si cela ne suffisait pas, Paul part à mi-chemin pour aller déjeuner avec une fille qui a remporté le premier prix d'un concours de rédaction intitulé « Why I Like the Beatles ».

Ce sont des journées bien remplies. Au cours des trois semaines suivantes, ils font une apparition dans *Thank Your Lucky Stars*, une tournée en Scandinavie, le Royal Command Performance (« secouez vos bijoux »), des concerts à Cheltenham, Sheffield, Slough, Leeds et Northampton, et un voyage à Dublin.

Le 9 novembre, ils sont conduits dans leur Austin Princess à East Ham, où la foule, devant le cinéma Granada, est si déchaînée que même le repas des Beatles est sous escorte policière.

Avant qu'ils ne montent sur scène, George Martin passe la tête par la porte et demande le silence. « Écoutez, tout le monde, j'ai quelque chose d'important à vous dire. Je viens d'apprendre d'EMI que les ventes anticipées de « I Want to Hold Your Hand » ont dépassé le million. »

Tout le monde a applaudi. « Ouais, super », a dit John, qui n'a jamais été d'un grand optimisme : « Mais ça veut dire qu'il ne sera numéro 1 que pendant une semaine environ. »

« I Want to Hold Your Hand » est sorti en Grande-Bretagne le 29 novembre 1963, un peu plus de six semaines après que John et Paul l'ont composé en une heure dans la cave de Margaret Asher. Deux semaines plus tard, il atteint la première place, reléguant « She Loves You » à la deuxième place. Contrairement à la prédiction de John, il reste à la première place pendant quatre semaines supplémentaires, et reste dans les charts jusqu'à la fin du mois d'avril, alors que le single suivant, « Can't Buy Me Love », est déjà en tête des charts depuis trois semaines[50].

« I Want to Hold Your Hand » n'est pas sorti en Amérique avant un mois, et seulement après une série d'événements particulièrement hasardeux. Un disc-jockey de Washington avait reçu un pressage britannique et l'a passé en boucle dans son émission, ce qui a incité les stations de Chicago et de St Louis à faire de même. À ce moment-là, Capitol Records a reconnu son potentiel et l'a sorti en single le lendemain de Noël 1963. En l'espace d'une semaine, il a atteint la 43e place du hit-parade américain et semblait pouvoir grimper plus haut.

---

50 « Can't Buy Me Love » a cédé sa place de numéro 1 à une autre composition de Lennon/McCartney, « World Without Love », chantée par Peter Asher et son ami Gordon Waller, connus conjointement sous le nom de Peter and Gordon.

38

Le 17 janvier 1964, à trois heures du matin, les Beatles sont dans leur suite royale de l'hôtel George V à Paris, après avoir donné le premier d'une série de concerts à l'Olympia. Alors qu'ils sont assis en pyjama et en robe de chambre, Brian Epstein entre, un télégramme à la main.
« Les garçons, a-t-il dit, vous êtes numéro 1 en Amérique ! » Pour une fois, même John était ravi. Leur road manager, Mal Evans, a été témoin de leur exaltation. Pour lui, c'était « juste une bande de gamins, sautant de haut en bas avec un pur plaisir. »

Ringo était fou de joie : « On ne pouvait pas y croire. On s'est tous mis à faire comme des Texans, à hurler et à crier *"Ya-hoo"* ». Paul a grimpé sur les épaules de Mal et a exigé un tour sur son dos. Pour couvrir leur tournée, le photographe Harry Benson leur suggère de faire une bataille de polochons. « C'est la chose la plus stupide que j'aie jamais entendue », dit John. Une seconde plus tard, il ramasse un oreiller et frappe Paul à l'arrière de la tête, puis tous les quatre sautent sur le vaste lit Empire et commencent à se frapper avec des oreillers. En pyjama et en robe de chambre, ils continuent leurs joyeuses plaisanteries, soulevant Ringo et – « Un, deux, trois, quatre ! » le jetant en l'air. Pourront-ils être, un jour, aussi heureux ?

39

Tout s'est passé si vite. Exactement un an auparavant, le 17 janvier 1963, ils avaient joué à la Cavern et au Majestic Ballroom, à Birkenhead. Un an auparavant, le 1er janvier 1962, ils avaient été refusés par Dick Rowe de Decca Records, au motif que « les groupes de guitares sont en voie de disparition. »
Et maintenant ils ont conquis l'Amérique. Dans les trois premiers jours de sa sortie américaine, « I Want to Hold Your Hand » s'est vendu à un quart de million d'exemplaires. Il s'est ensuite vendu à cinq millions.

Le poète Allen Ginsberg était au Dom, une boîte branchée dans l'East Village de New York, lorsqu'il a entendu la chanson pour la première fois : « J'ai entendu ce son alto aigu et jodlant du OOOH qui m'a traversé le crâne, et j'ai réalisé qu'il allait traverser le crâne de la civilisation occidentale. » À la stupéfaction de ses collègues intellectuels, le corpulent Ginsberg s'est levé et a dansé.

Quand Brian Wilson des Beach Boys l'a entendu, « j'ai flippé. C'est comme si un choc avait traversé mon système nerveux. » Le dernier single des Beach Boys, « Be True to Your School », reprenait le refrain :

> Be true to your school now
> Just like you would to your girl or guy
> Be true to your school now
> And let your colors fly[51]

À cet instant, Wilson a réalisé que les Beatles l'avaient rendu littéralement antique. Il avait deux jours de moins que Paul, mais se sentait maintenant comme un ancêtre : « J'ai immédiatement su que tout avait changé. »
Au cours des six derniers mois, les Beach Boys ont été le groupe le plus populaire d'Amérique. Mais à partir de maintenant, ils sont obligés de vivre dans l'ombre des Beatles. Pour aggraver les choses, les Beatles ont signé chez Capitol, le même label que les Beach Boys. Les mêmes cadres qui avaient accordé toute leur attention aux Beach Boys ne pouvaient plus s'arrêter de parler des Fab Four. « Les Beach Boys étaient à la mode depuis deux ans, mais maintenant les gens pensaient que les Beatles étaient l'avenir. Et la loyauté n'est plus ce qu'elle était à Capitol », se souvient leur promoteur, Fred Vail.
En avril suivant, ils enregistrent « Don't Back Down ». Contrairement à leurs autres chansons, elle a un air de malheur : *The girls dig the way the guys get all wiped out ... When a twenty-footer sneaks up like a ton of lead* »[52] Ce sera la toute dernière chanson de surf des Beach Boys.

À Freehold, dans le New Jersey, un garçon de quatorze ans était assis sur le siège avant de la voiture

---

51 Soyez fidèle à votre école maintenant / Comme tu le ferais avec ta copine ou ton copain. / Sois fidèle à ton école maintenant. / Et laissez vos couleurs voler.
52 « Les filles adorent la façon dont les gars se font laminer... Comme si un paquebot se transforme en une tonne de plomb » (N.d.t.)

de sa mère lorsque la chanson est passée à la radio. Il a senti le temps s'arrêter, et ses cheveux se dresser sur la tête. Un effet étrange et vaudou s'est emparé de lui, « la radio brûlait plus fort devant mes yeux alors qu'elle s'efforçait de contenir le son. » Ils sont arrivés à la maison, mais il n'est pas entré. Au lieu de cela, il a couru directement vers le bowling de Main Street, s'est précipité vers la cabine téléphonique et a appelé sa petite amie Jan.
« Tu as entendu les Beatles ? a-t-il demandé.
- Ouais, ils sont cool », a-t-elle répondu. Il se précipita ensuite chez Newbury, un magasin avec une section minimale de disques. Il n'avait pas « I Want to Hold Your Hand » en stock, alors il a acheté un single appelé « My Bonnie », apparemment par The Beatles with Tony Sheridan and Guests. « C'était une arnaque. Les Beatles accompagnant un chanteur dont je n'avais jamais entendu parler... Je l'ai acheté. Et je l'ai écouté. Ce n'était pas génial mais c'était aussi proche que je pouvais l'être. » Il a instantanément jeté son dévolu sur une guitare exposée dans la vitrine du magasin West Auto sur Main Street. L'été venu, sa tante Dora l'a payé pour avoir repeint sa maison. Il a acheté la guitare avec l'argent qu'il a gagné : « Cet été-là, le temps a passé lentement. » Il vivait pour chaque sortie des Beatles. « Je cherchais dans les kiosques à journaux chaque magazine avec une photo que je n'avais pas vue et j'ai rêvé... rêvé... rêvé... que c'était moi... Je ne voulais pas rencontrer les Beatles. Je voulais être les Beatles. »
Plus d'un demi-siècle plus tard, Bruce Springsteen affirme toujours qu'avoir entendu « I Want to Hold Your Hand » ce jour-là, dans la voiture de sa mère, a changé le cours de sa vie.

À Chicago, la jeune Ruby Wax, dix ans, se trouve chez un disquaire lorsque la face B de « I Want to Hold Your Hand » est diffusée dans les haut-parleurs : « Les Beatles chantaient « Well, she was just seventeen », et tous mes organes se sont mis en alerte rouge. C'était le son le plus excitant que j'avais jamais entendu - c'était un moment inoubliable. Depuis lors, aucun homme ne m'a jamais autant vibrer comme ils l'ont fait. »
Au cours des semaines suivantes, Ruby a recouvert le mur de sa chambre de posters des Beatles, qu'elle léchait ensuite rituellement. Elle collectionnait les magazines, stylos, disques, lunettes de soleil, horloges, chaussettes et autocollants des Beatles. « Je montais le son de mes disques des Beatles jusqu'à ce que mes tympans se brisent, je pleurais, je gémissais et je criais mon amour. » Elle allait même jusqu'à appeler l'opérateur téléphonique de Liverpool pour l'entendre dire « Bonjour » avec l'accent de *Scouse*[53]. « Ensuite, j'étais tellement bouleversée que je devais raccrocher. » Condamné à dix ans de prison au centre pénitentiaire de McNeil Island, dans l'État de Washington, le petit délinquant Charlie Manson entendait sans cesse la chanson « I Want to Hold Your Hand » sur les radios qui circulaient parmi les détenus.
Selon son biographe, Manson était impressionné par la musique, mais bien plus encore par l'adulation que recevaient les Beatles : « Charlie a toujours recherché l'attention ; maintenant, il a décidé que la célébrité était ce qu'il voulait vraiment. Si ces quatre Beatles pouvaient l'avoir, pourquoi pas lui ? Charlie a commencé à dire à tous ceux qui voulaient bien l'écouter, mais aussi à ceux qui ne voulaient pas, qu'il allait devenir plus grand que les Beatles. »
À partir de ce moment, Manson passe son temps à McNeil, penché sur sa guitare. Chaque fois que sa mère Kathleen lui rendait visite, il lui disait, avec une insistance presque maniaque, qu'un jour prochain, lui aussi serait célèbre.

---

53 *Scouse* est un mot anglais servant à désigner l'accent propre aux habitants de Liverpool et du Merseyside... mais désigne aussi un ragoût à base de pommes de terre, de viande salée et d'oignons (N.d.t.)

40

En janvier 1964, les Ronettes viennent à Londres pour leur première tournée britannique, soutenues par un groupe local, les Rolling Stones.
Le premier soir, une fête est organisée pour eux par le disc-jockey de Radio Luxembourg, Tony Hall, dans sa maison de Green Street, Mayfair, juste à côté de celle où vivent George et Ringo. John, George et Ringo étaient déjà là lorsque les Ronettes sont arrivées. Les Ronettes sont au courant de la célébrité des Beatles - depuis leur arrivée, elles n'ont guère entendu parler d'autre chose - mais n'ont toujours pas entendu leur musique. Les trois Beatles, quant à eux, ne cachent pas leur enthousiasme pour les Ronettes, avec leur voix lascive, leur désir ardent et leurs corps galbés. Lorsque les Ronettes entrent, John, George et Ringo se précipitent vers elles et les couvrent d'éloges.
« Vous avez la plus belle voix », a dit George à Ronnie Bennett, la chanteuse principale. « On a adoré la première fois qu'on vous a entendu. » Généralement économe de ses compliments, John était tout aussi dithyrambique. « Putain, c'est génial », a-t-il dit.
« Ils n'arrêtaient pas de nous dire à quel point ils aimaient nos longs cheveux noirs, et comment notre look les époustouflait, se souvient Ronnie. Et nous étions plutôt en train de passer un bon moment nous aussi. »
Ils se mettent tous à danser sur des disques des Ronettes : « Be My Baby », « Baby, I Love You », « I Saw Mommy Kissing Santa Claus ». Au cours de la soirée, les trois filles s'amusent à enseigner aux Beatles les derniers pas de danse américains : le Poney, le Jerk, le Nitty-Gritty. Habituellement réticent à la danse, John se montre très réceptif au cours de Ronnie. « Chaque fois qu'on commençait à danser, John venait et disait : "Je ne sais pas si j'ai encore compris ce mouvement, Ronnie. Je pourrais avoir besoin d'instructions supplémentaires." Il ne m'a pas fallu longtemps pour comprendre qu'il m'aimait bien. »

Au même moment, George fait comprendre qu'il est également épris de la sœur aînée de Ronnie, Estelle. « Nous étions jeunes et dans un pays étranger, alors nous avons décidé d'oublier nos petits amis à la maison et de nous amuser un peu », se souvient Ronnie, dont le petit ami très tendu, le producteur de disques Phil Spector, était rentré aux États-Unis.
Au fil de la soirée, George et Estelle ont disparu de la piste de danse, et Ronnie a accepté que John lui fasse visiter la maison. Elle a été impressionnée : « Il y avait des vases antiques et des objets d'art dans chaque pièce. » À l'étage, John a commencé à essayer toutes les poignées de porte. Ronnie s'est rendu compte qu'il cherchait une cachette. « John a finalement trouvé une porte ouverte, alors nous sommes entrés, mais il faisait si sombre que nous n'avons même pas remarqué que George et Estelle étaient déjà là, assis sur le lit. "Oups ! Désolée les amis !" j'ai dit. » Ils ont fini par trouver une chambre vide. Ensemble, ils se sont assis sur un siège à la fenêtre, contemplant une vue de « ce pays féerique de lumières et de tours qui semblait s'étendre à l'infini » alors que l'ambiance devenait plus intime.
« Comment ça se passe pour toi ? demande Ronnie.
- Il y a un courant d'air, et ce siège côté fenêtre me tue les fesses.
- Ce n'est pas ce que je voulais dire. Je veux dire : qu'est-ce que ça te fait d'être célèbre ?
- Oh, je vois. Tu veux parler de trucs sérieux. Je vais avoir besoin d'une cigarette pour ça, alors. »

Ils ont parlé de la célébrité. John se souvient des heures à traîner dans des cafés avec les autres Beatles, à fantasmer sur l'avenir. « On s'asseyait là avec nos beignets de confiture et notre thé, en se disant : "Quand on aura notre contrat de disque, tout va changer. On aura des limousines et des chauffeurs, et on n'aura plus jamais à manger de beignets de confiture de toute notre vie !" Puis on a eu notre contrat d'enregistrement, et tu sais ce qui est arrivé ?
- Rien n'a vraiment changé ?
- Si. Il s'avère que nous avions raison - tout a changé. On a eu nos limousines et nos chauffeurs, et maintenant on a arrêté les beignets à la confiture. Si je pense à eux, j'ai envie de vomir. »
Toutes ces discussions ont amené Ronnie à se demander si John n'était pas, lui aussi, « une de ces personnes au cerveau encombré, comme Phil ». Elle pouvait aussi voir que John l'aimait « pour autre chose que ma voix. Quand il s'est penché vers moi et a commencé à m'embrasser, je dois admettre qu'il m'a fait oublier Phil pendant quelques secondes. »
Ronnie avait souvent chanté à propos des baisers – « *I'll make you happy, baby, just wait and see. For every kiss you give me, I'll give you three* » - mais jusqu'à présent, elle n'était pas allée plus loin. « Je sais que cela peut sembler difficile à croire maintenant, mais je n'avais jamais fait plus qu'embrasser un gars sur les lèvres jusque-là, et cela incluait Phil. » La romance était tout, et le sexe restait un mystère. Mais vu la façon dont les choses se passaient sur le siège de la fenêtre, ça ne semblait pas devoir rester comme ça longtemps. Alors qu'ils s'embrassaient, John a commencé à « déplacer ses mains à des endroits dont je ne connaissais même pas l'existence. » Il les a ensuite mises autour de sa taille et a essayé de la pousser vers le grand lit, mais à ce moment-là, les pensées de Ronnie se sont tournées vers Phil, et elle a soudainement enfoncé ses pieds dans le tapis, ce qui a fait basculer John sur le sol. « Tu crois qu'on pourrait retourner à la fête ? » a-t-elle demandé.
Estelle et Ronnie se lancent dans une série de rendez-vous doubles avec George et John. Ronnie est intriguée par la curiosité des deux Beatles, qui veulent toujours en savoir plus sur les chanteurs et les musiciens américains : « Parlez-nous des Temptations ! ... Comment est vraiment Ben E. King ? »
Un soir, George et John sont allés chercher Estelle et Ronnie dans le hall du Strand Palace Hotel. Pris au dépourvu, John commet l'erreur de demander à leur mère, qui accompagne les filles, si elle aimerait venir aussi. Sa réponse enthousiaste est une amère déception. « Un dîner ? Oh, ça a l'air amusant. Laissez-moi prendre mon sac à main. » La soirée s'est avérée gênante, en particulier pour Ronnie. « Comment peux-tu dire quoi que ce soit avec ta mère assise près de toi ? Et le pire, c'est qu'elle n'a pas dit un mot de tout la soirée. Elle n'a cessé de nous fixer pendant tout le repas. » Des décennies plus tard, sa mère a avoué à Ronnie qu'elle n'aimait pas la façon dont « ces grands hommes aimaient vraiment mes petites filles... J'ai pensé, "Eh bien, quel genre de vie vais-je avoir maintenant ?" » C'était, pensait-elle, « la nuit la plus douloureuse de ma vie. »
Vers la fin du mois, Phil Spector arrive en ville. Ronnie savait que sa présence sonnerait le glas de leurs amusements : il refuserait forcément de sortir en boîte et ne la laisserait certainement pas sortir sans lui. Phil ne dit jamais rien, mais Ronnie sent qu'il n'apprécie pas qu'elle passe autant de temps avec les Beatles : Phil était plutôt possessif sur ce point[54]. Au même moment, lors de leur

---

54 Et comment ! En 1968, peu après leur mariage, il lui offre une voiture pour son vingt-cinquième anniversaire, mais insiste pour qu'elle ne la conduise qu'accompagnée de lui - ou, s'il n'est pas disponible, d'une réplique de lui en plastique gonflable grandeur nature, les genoux pliés en position assise permanente. « Maintenant, personne ne te fera chier quand tu conduiras seule », explique-t-il triomphalement. Année après année, la jalousie de Phil a augmenté. Il enferme Ronnie dans leur maison, l'entourant de barbelés et de chiens de garde, et lui confisque ses chaussures pour l'empêcher de s'enfuir. De plus, il a menacé de la faire assassiner si jamais elle essayait de s'échapper. « Je suis complètement préparé pour ce jour », a-t-il dit à sa mère. « J'ai déjà son cercueil. Il est en or massif. Et il a un couvercle en verre, pour que je puisse garder un œil sur elle après sa mort. »

tournée au Royaume-Uni, Keith Richards, guitariste des Rolling Stones était tombé amoureux de Ronnie : « Keith disait, "Oh, on aurait de superbes bébés parce que tu as des cheveux noirs et épais et que j'ai des cheveux noirs et épais." »

Le 5 février, Tony Hall organise une autre fête dans son appartement de Green Street, cette fois pour les Beatles, qui s'apprêtent à entamer leur première tournée américaine. « C'était une soirée charmante », se souvient une personne présente ce soir-là, « parce que les Beatles, aussi grands qu'ils étaient à l'époque, n'avaient aucune idée de ce qui allait les attendre lorsqu'ils iraient en Amérique, et ils avaient donc beaucoup d'appréhension. » Tout le monde a dansé sur « Heat Wave » de Martha and the Vandellas, et Ronnie s'est jointe au chant à tue-tête.

« Ronnie était l'oiseau que tout le monde voulait baiser », se souvient Tony Calder, alors attaché de presse des Rolling Stones. « Tout le monde salivait devant cette incroyable petite chose. » Pendant ce temps, il a vu Phil Spector « s'énerver à cause de l'attention que tout le monde portait à Ronnie. On pouvait sentir la tension sexuelle, tous les gars de la salle la regardaient. Parce qu'elle était exotique. Et elle était américaine ! »

La jalousie de Phil a encore augmenté lorsqu'il a appris par la mère de Ronnie que John avait invité les Ronettes à se rendre en Amérique avec les Beatles. Ronnie n'avait pas eu le courage de parler à Phil de leur offre généreuse, elle avait donc demandé à sa mère d'aborder le sujet.

« Tu sais, Phil, ce serait une bonne publicité si les filles retournaient dans le jet avec les Beatles.
- Non, j'ai déjà acheté leurs billets. »

Les Ronettes reprennent l'avion pour New York le lendemain, sans les Beatles. Phil a dit à Ronnie qu'il rentrerait tout seul plus tard.

41

Ronnie était de retour chez elle, avec sa mère et sa sœur, dans le Harlem espagnol, et regardait la retransmission télévisée de l'arrivée des Beatles à JFK, lorsqu'elle a reconnu par hasard une silhouette familière à l'écran : « J'ai failli m'évanouir lorsque j'ai regardé la télévision et que j'ai vu Phil suivre les Beatles à la sortie de leur avion. J'avais envie de l'étrangler ! »
Ayant réussi à s'introduire à bord de l'avion des Beatles, Spector s'est avéré être un passager plutôt ingérable. « Il est fou à lier, a observé Ringo. Nous avons réalisé à quel point il était fou parce qu'il a "littéralement marché jusqu'en Amérique". Il était tellement nerveux à l'idée de prendre l'avion qu'il ne pouvait pas s'asseoir, alors nous l'avons regardé marcher de bas en haut sur toute la longueur de l'avion pendant tout le trajet. »
Au moment où leur avion atterrit à New York, « I Want to Hold Your Hand » est numéro 1 au hit-parade *Billboard*. Et les précommandes de produits dérivés affluent : une demi-tonne de perruques des Beatles les suit en Amérique, ainsi que 24 000 rouleaux de papier peint des Beatles. Après une conférence de presse à l'aéroport, les Beatles ont été conduits à l'hôtel Plaza[55], où ils sont passés devant des milliers de fans qui criaient « Nous voulons les Beatles ! ».
John et George ont pris la peine de laisser les noms des Ronettes à la sécurité de l'hôtel. Ronnie et Estelle ont été conduits à l'étage, ensemble avec leur cousine Nedra, le troisième membre du groupe, et le petit ami de Nedra, Scott. Pour une fois, Phil Spector ne supervise pas tout : pendant que Ronnie s'amuse, il est occupé en studio.
Les Beatles avaient un étage entier de l'hôtel pour eux seuls. On trouvait sandwiches et alcool dans les moindres recoins. « Nous sommes comme des prisonniers ici, alors ils doivent bien nous nourrir » explique John. Dans chaque chambre, il y a une télévision allumée, mais le son est baissé. Des tourne-disques sont éparpillés un peu partout, avec des singles éparpillés sur le sol. « J'adore l'Amérique, dit John. Les gens d'ici t'apportent tout ce que tu veux. »
Estelle et Ronnie sont assis sur le sol avec George et John, jouant des disques et discutant. À la tombée de la nuit, Ronnie a remarqué que de nombreux visiteurs avaient commencé à diminuer et qu'un grand nombre de nouveaux invités arrivaient, pour la plupart des jeunes femmes aux jupes très courtes : « Ce n'était pas la peine d'être un génie pour comprendre qu'un tout nouveau type de scène était sur le point de commencer. »
Mal Evans fait le tour du reste du premier groupe d'invités pour leur dire qu'il est temps de partir. « Ne vous inquiétez pas, Scott est avec nous », a déclaré Ronnie. « Nous ne le connaissons pas, Ronnie, répondit John. Il doit partir. »
Dans ce cas, répond Estelle, elle part aussi. Elle a essayé d'encourager Ronnie à venir avec elle, mais, comme le nom du groupe l'indique, Ronnie a toujours été la plus audacieuse des Ronettes : « Si des choses bizarres devaient se produire là-haut, je ne voulais pour rien au monde les manquer. » Les

---

55 Dans son autobiographie, Ronnie affirme qu'il s'agissait de l'hôtel Warwick, mais lors de leur première visite aux États-Unis, les Beatles ont séjourné au Plaza, avant d'être transférés au Delmonico lors de leur visite suivante, en août de la même année, après que le Plaza, contrarié par la pagaille, a refusé de les reprendre. Elle ne mentionne pas non plus la présence de Cynthia, la femme de John, bien que celle-ci ait pris l'avion avec lui. Albert Goldman, l'un des biographes les moins fiables de John, affirme sans ambages que « dès que Cynthia a eu le dos tourné, il a poussé Ronnie dans une chambre adjacente. » Il est possible que Ronnie ait confondu ses dates et que la séduction ratée de John ait eu lieu au Delmonico. Les Beatles n'ont pas séjourné au Warwick avant 1966.

autres invités ont commencé à affluer dans une des chambres. John a attrapé la main de Ronnie. « Allez, tu veux que je te montre un truc intéressant ? »

La chambre était, aux yeux de Ronnie, anormalement remplie. Tout le monde s'était rassemblé en cercle ; un homme était debout sur une chaise et prenait des photos de tout ce qui se passait au centre. Lorsque les gens aperçoivent John et Ronnie, ils leur font de la place.

Ronnie a regardé avec effroi. « C'était la chose la plus incroyable que j'avais jamais vue. Cette fille était allongée sur le lit, et l'un des gars de l'entourage des Beatles faisait l'amour avec elle - juste devant tous ces gens... Et d'après l'expression sur son visage, elle ne semblait pas se soucier d'être utilisée ainsi, comme divertissement à une fête des Beatles, même si aucun d'entre eux n'y participait. Je suppose qu'il lui suffisait d'être dans la même suite d'hôtel qu'eux, comme si cela lui donnait quelque chose à raconter à ses petits-enfants. »

L'homme et la femme ont continué à faire l'amour dans tous les sens, tandis que le photographe prenait des photos. Pour Ronnie, c'était comme une éducation. Elle est encore vierge et, de plus, elle a toujours pris soin de garder ses sous-vêtements au lit, par sécurité. Bien qu'elle connaisse les détails de base, « je ne savais pas la moindre chose sur le soixante-neuf, ni sur aucune de ces autres variations. On était en 1964, on ne pouvait même pas trouver de films avec ce genre de choses - et voilà une vraie fille qui fait l'amour nue dans toutes les positions possibles ! C'était une scène que je n'oublierai jamais. »

Elle était tellement déconcertée par ce qui se passait devant elle qu'elle ne pouvait s'empêcher d'émettre des exclamations « Oh mon Dieu ! » Peu après, John s'est penché et a murmuré : « Ronnie, tu peux faire ça un peu moins fort, s'il te plaît ? »

Alors que le spectacle continue, John s'installe dans le seul fauteuil de la pièce et encourage Ronnie à s'asseoir sur ses genoux. Son excitation est palpable : « J'étais peut-être bête à l'époque, mais je savais quand il était temps de me lever des genoux d'un homme. » Elle a quitté la pièce.

John l'a suivie, et ils sont allés dans sa chambre. Il lui a montré l'horizon de Manhattan et lui a demandé si elle se souvenait de la fois où ils ont regardé par la fenêtre à Londres. Puis Ronnie s'est assise, et John s'est tenu derrière elle, frottant son cou avec ses mains.

Ronnie a essayé de lui faire comprendre qu'elle devait lui dire quelque chose. Pas maintenant, lui a-t-il répondu. Elle a dit qu'elle devait le faire. Il a dit qu'il savait tout sur elle et Phil – « Je pense juste que, entre toi et moi, il pourrait se passer quelque chose. » Ronnie s'est levée. Elle aimait lui parler de musique, « mais parfois un gars peut ressembler plus à un frère qu'à un petit ami. Et c'est ce que je pense de toi. Je t'adore, John. Mais pas comme tu le voudrais. »

Lorsqu'elle a quitté la pièce, John a claqué la porte derrière elle. Mais quand il lui a téléphoné le lendemain, il s'est comporté comme si rien ne s'était passé. Était-elle libre ce soir-là ? Les Beatles voulaient s'évader et goûter à la vraie nourriture de New York.

Les trois Ronettes passèrent donc une soirée tranquille avec les quatre Beatles au Sherman's Barbecue de Harlem, sur la 151e et Amsterdam. Depuis ce soir-là, chaque fois que Ronnie passait chez Sherman, le gérant l'accueillait avec un sourire. « Je me souviens de toi ! Tu es la jeune fille qui a amené les Beatles ! »

42

En Grande-Bretagne, le succès des Beatles a été relativement progressif : ils se sont fait remarquer. Mais en Amérique, ils sont arrivés avec l'impact soudain d'un raz-de-marée. Une minute, le silence ; la suivante, partout les Beatles.

Pendant la majeure partie de l'année 1963, les Beatles sont célèbres en Grande-Bretagne, mais inconnus en Amérique. Brian Epstein et le groupe lui-même craignent de manquer leur première apparition dans ce pays. Ayant vu ce qui est arrivé à Cliff Richard, ils sont déterminés à ne pas faire la même erreur. « Beaucoup d'artistes britanniques ont traversé l'Atlantique et sont morts », note Alistair Taylor, l'assistant personnel d'Epstein. « Cliff Richard a attaqué le marché américain, mais personne ne l'a remarqué. »

Il se trouve que le 31 octobre au matin, le lugubre animateur de talk-show Ed Sullivan atterrit à l'aéroport d'Heathrow, après une tournée européenne de détection de talents. Il est immédiatement frappé par des milliers de filles hurlantes entassées sur le toit du Queen's Building. Serait-ce la famille royale ? Il pose cette question à l'une de ces filles, mais elle éclate de rire. Finalement, il demande à un fonctionnaire de l'aéroport, qui répond : « Ce sont les Beatles. » Sullivan ne s'est pas fait prier. Il contacte Brian Epstein afin de les faire venir dans son émission. Avec le spectre de Cliff en tête, Epstein a déjà prévu de rendre sa campagne américaine invincible : tout - marketing et contrats de disques, concerts et promotion, presse et télévision - sera en place avant l'arrivée du groupe. Début novembre, il s'envole donc pour New York pour une série de réunions d'affaires, dont une avec le producteur et gendre d'Ed Sullivan, Bob Precht.

Precht voulait vraiment les Beatles, mais seulement comme une nouveauté, une curiosité venue d'Angleterre. Epstein, en revanche, est déterminé à ce qu'ils apparaissent comme des stars, en tête d'affiche. L'accord qu'Epstein a finalement négocié était un compromis brillant - les Beatles seraient en tête d'affiche de deux spectacles consécutifs, mais pour un petit cachet de seulement 7 000 dollars. Ainsi, Precht engage peu d'argent - ils savent tous deux qu'Epstein subira une perte d'exploitation d'environ 50 000 dollars - et les Beatles obtiennent la plateforme qu'ils convoitent : deux semaines en tête d'affiche de l'émission la plus populaire d'Amérique. Et au début de l'année 1964, l'affaire se présente bien pour Ed Sullivan également : lorsque les Beatles atterrissent enfin en Amérique le vendredi 7 février, « I Want to Hold Your Hand » est déjà numéro 1 dans les charts, avec « She Loves You » à la 21ᵉ place, qui commence à se hisser vers le top.

Leurs fans hurlant les précèdent, pressés contre les fenêtres de l'aérogare de l'aéroport Kennedy. Lorsque la porte de l'avion s'ouvre, les cris couvrent le bruit des moteurs à réaction. Après leur conférence de presse à l'aéroport, les Beatles sont escortés jusqu'à l'hôtel Plaza par quatre voitures de la police de New York et deux motards, sirènes hurlantes. Sur la Grand Army Plaza, ils sont accueillis par une foule compacte, dont beaucoup attendent depuis l'aube.

Dans un complexe d'habitations de Philadelphie, Joe Queenan Sr, qui a un emploi précaire, apprend par le *Catholic Standard and Times* que les Beatles ne conviennent absolument pas aux enfants. Pour son fils de treize ans, Joe Jr, c'est comme si son père croyait que « leur seul but dans la vie était de corrompre la jeunesse américaine et de la conduire sur le chemin de la ruine. »

Joe Sr refuse de laisser Joe Jr et ses trois sœurs regarder l'apparition du groupe dans le Ed Sullivan Show. Il prévient les quatre enfants à l'avance qu'il va réquisitionner la petite télévision en noir et blanc de la famille chaque soir où les Beatles doivent apparaître. « C'était comme s'il nous invitait, voire nous encourageait, à glisser de la mort-aux-rats dans sa bière blonde », se souvient Joe Jr.

* * *

Lors de la répétition des Beatles dans l'après-midi, le public, composé principalement d'adolescentes, est raisonnablement calme et contemple la scène vide ; mais lorsque la batterie de Ringo est amenée sur scène, elles se mettent toutes à crier.
La répétition commence avec Ed Sullivan qui demande au public de prêter attention à tous les autres artistes, et pas seulement aux Beatles. « Parce que si vous ne le faites pas, je vais appeler un coiffeur. » Après cette petite boutade, il revient à son habituel caractère prémonitoire. « Notre ville - et même le pays - n'a jamais rien vu de tel que ces quatre jeunes hommes de Liverpool. Mesdames et Messieurs, les Beatles ! »
Un journaliste du *New York Herald-Tribune* compare le bruit qui s'échappe du public à « ce cri terrible que fait le train BMT Astoria lorsqu'il tourne vers l'est près de la 59e rue et de la Septième Avenue. » Dans les coulisses, Brian Epstein coince Sullivan. « J'ose espérer que votre formule de présentation des Beatles au public puisse se réaliser. »
Sullivan répond : « J'espère de tout cœur que vos vœux ne se réaliseront pas. »
Une heure plus tard, Sullivan retourne sur scène et réitère ses propos. « Écoutez, les enfants, dit-il, il y a d'autres artistes talentueux dans ce spectacle, alors applaudissez-les aussi. » Juste pour être sûr, il leur fait répéter leurs applaudissements. Ils sont obéissants. Et c'est bien normal : bien que le théâtre puisse accueillir sept cents personnes, plus de 50 000 demandes de billets ont été reçues pour le spectacle de ce soir.
« Nous commençons dans huit minutes », annonce-t-il, sous l'effet de faibles grognements : huit minutes, c'est une éternité.
Huit minutes plus tard, une fanfare de trompettes. Le rideau brillant se lève pour former une arche. « Bonsoir, Mesdames et Messieurs ! Ce soir, en direct de New York, le Ed Sullivan Show ! Ce soir, le Ed Sullivan Show vous est présenté par Anacin, le remède contre les maux de tête avec une combinaison spéciale d'ingrédients pour soulager la douleur, détendre la tension, apaiser l'irritabilité - *Anacin !* Et par Pillsbury, fabricant des biscuits réfrigérés légers et moelleux Pillsbury et d'une gamme complète d'aliments frais dans le rayon des produits laitiers. Et maintenant, dans un roulement de tambours, le voici, Ed Sullivan ! »
La tête baissée, le regard fuyant, Sullivan entre, sombre et sournois, ressemblant au frère ombrageux de Humphrey Bogart. « Merci beaucoup », dit-il, en levant les mains, puis en les ramenant rapidement vers le bas, pour que le public cesse d'applaudir. Il jette un regard nerveux sur sa gauche, puis se gratte le nez avec le dos de sa main. Une fois de plus, il fait signe au public de se taire ; il ne montre aucune trace de sourire.
Finalement, le silence se fait. « Vous savez, il s'est passé quelque chose de très bien à l'instant dans les coulisses et les Beatles en ont tiré un grand plaisir » dit-il, d'une manière étrangement désinvolte. Ses mains sont dans ses poches. « Nous venons de recevoir un télégramme d'Elvis Presley et du colonel Tom Parker, leur souhaitant un grand succès dans notre pays. C'est vraiment très gentil de leur part. » En fait, ce n'est pas tout à fait vrai : Le colonel Parker a envoyé le télégramme à l'insu d'Elvis.
Il y a des cris. « Maintenant ça... » Sullivan s'éclaircit la gorge. « Et maintenant... » Il s'éclaircit encore la

gorge. Encore des cris. Il lève un index, le secoue, comme le directeur irrité, puis baisse les yeux sur ses chaussures. « Maintenant, avant cette soirée particulière, nous avons reçu des très belles performances sur scène. Grâce à notre petit cuisinier italien, Topo Gigio. Merci à la chanteuse belge, Sœur Sourire. À Milton Berle... et dimanche dernier, bien sûr, l'inoubliable duo Sammy Davis et Ella Fitzgerald sur notre scène. Ce soir, le pays tout entier attend d'entendre les Beatles d'Angleterre. Et vous allez les entendre - et ce sont de formidables ambassadeurs - après cette publicité : "Maintenant, vous voulez séduire ? Rien ne remplacera la nouvelle mousse à raser Aero Shave !" »

Après la pause publicitaire, nous retrouvons Ed Sullivan, qui semble sur le point d'annoncer un accident de voiture mortel. « Hier et aujourd'hui, notre théâtre a été envahi par des journalistes et des centaines de photographes de tout le pays, et ces professionnels sont d'accord avec moi pour dire que la ville n'a jamais été témoin de l'excitation suscitée par ces jeunes de Liverpool qui s'appellent les Beatles. Ce soir, ils vont vous divertir deux fois - dès maintenant, et à nouveau dans la seconde partie de notre spectacle. Mesdames et Messieurs » - avec un signe extravagant des bras - « les Beatles ! »

Des cris, des cris et encore des cris. La caméra coupe sur le public – composé en grande majorité de filles entre douze et quinze ans.

« *Close your eyes and I'll kiss you* », chante Paul en remuant la tête en levant les yeux au plafond. À côté de lui, George tapote du bout des pieds. Ringo semble heureux. John, à droite, semble détaché, peut-être même légèrement ennuyé.

Des gros plans montrent des filles en larmes, hurlant et tenant leur tête comme si elles allaient s'effondrer. Elles restent toutes fermement assises : peut-être obéissent-elles aux instructions d'avant-spectacle du redoutable M. Sullivan. Paul semble à l'aise - il se trémousse, secoue la tête d'un côté à l'autre. Tout au long du spectacle, il est clair que c'est lui le Beatle qui dirige.

La caméra se déplace sur Ringo, qui, manifestement, repère la manœuvre : il sort son plus beau sourire, ce qui provoque une onde de choc dans le public.

« *All my loving, I will send to you-ou!* » Quand George et John font « ooo », la foule hurle de plus belle. John s'autorise un petit sourire. Le plus décapent des Beatles, il est aussi leur interprète le plus nerveux. George, qui souffrait d'une forte température ce matin, se lance dans un solo de guitare country et western. Ses sourcils sont tellement longs !

Une jeune fille de douze ans saute sur son siège, applaudit, crie, passe ses mains dans ses cheveux, de haut en bas, de bas en haut. La chanson s'achève ; ils s'inclinent tous profondément, puis Paul se lance directement dans « *There were bells, on a hill, but I never heard them ringing* » - la ballade ringarde de *The Music Man* - « *until there was you* ». Un sous-titre apparaît à l'écran sous sa tête, indiquant « PAUL ». Puis, sous l'effet de nouveaux cris, un gros plan de Ringo (« RINGO »). Ringo sourit, semble se dire quelque chose, et rit. Puis c'est au tour de George, qui affiche son premier grand sourire. Enfin John, dont le gros plan est accompagné de la légende « DÉSOLÉ MESDEMOISELLES, IL EST DÉJÀ MARIÉ ». Les cris pour lui sont plus discrets, mais il sourit quand même.

La chanson se termine. Une nouvelle révérence, et le groupe enchaîne : « *She loves you, yeah, yeah, yeah!* » Tout s'anime. Il n'y a presque pas une ado qui ne crie pas et ne se serre pas la tête, comme si elle était sur des montagnes russes particulièrement effrayantes.

« *She said she loves you* » - gros plan de Ringo, souriant et hochant la tête - « *and you know that can't be ba-ad. WOOOOOOH!* »

Les quatre secouent la tête avec une vigueur impressionnante, ce qui déclenche un regain de hurlements pas encore atteint jusqu'ici. John, les jambes écartées et arquées, trottine de haut en bas. Son micro est en veilleuse, de sorte que l'on entend à peine sa voix tout au long de la soirée, ce qui le fait passer pour un choriste, même lorsqu'il chante en tête.

À présent, tout le monde dans le public applaudit. La plupart des filles portent des raies latérales à l'ancienne et des pulls surmontés de robes à bretelles.

« YEAH, YEAH, YEAH, YEAH, YEAH, YEAH, YEAH, YEEEEAAAAAH! »

C'est fini. Cris à gogo. Gros plan sur Ed Sullivan qui applaudit. Il sourit, ou presque, mais avec les extrémités de sa bouche baissées. Il lève la main pour demander le silence.

« Maintenant, vous aviez promis ! », aboie-t-il, rappelant aux filles son discours avant le début du spectacle. Elles se taisent, mais pas complètement ; il y a des bavardages excités en arrière-plan alors qu'il continue, sur son ton « mangez tous vos légumes » : « Ils reviendront dans la deuxième partie du spectacle après que vous aurez apprécié Georgia Brown, la star d'Oliver ! et Tessie O'Shea, l'une des stars de *The Girl Who Came to Supper* - mais pour l'instant, un mot sur Anacin. »

À cent kilomètres de là, Joe Queenan Jr, âgé de treize ans, a réussi à court-circuiter son père et à se glisser au coin du pâté de maisons pour regarder la télévision de son oncle Jerry, plus clément. Il est stupéfait par ce qu'il vient de voir : « À ce jour, je crois que ma vie en tant qu'être humain sensible, et plus seulement en tant qu'objet appartenant à mes parents, a commencé à ce moment-là. »

À El Cerrito, en Californie, les frères Fogerty, Tom et John, regardent le Ed Sullivan Show avec leurs amis Doug Clifford et Stu Cook. Ils pensent immédiatement à former un quatuor, comme les Beatles. « Wouah, nous aussi pouvons le faire. Si ces types d'Angleterre peuvent venir jouer du rock'n'roll, on peut le faire[56]. » Ils ne peuvent pas mettre la main sur des perruques de Beatles, alors ils portent des perruques de Three Stooges à la place[57].

Le jeune Tom Petty, âgé de treize ans, qui regarde l'émission sur la télévision familiale à Gainesville, en Floride, se dit : « Il y a un moyen de s'en sortir… Tu as tes amis. Tu créées une cellule à part entière. Et tu fais de la musique. » En quelques semaines, des groupes jouent dans les garages de tout son quartier.

Chrissie Hynde, âgée de douze ans, est la fille d'un responsable des pages jaunes. Elle regarde le Ed Sullivan Show sur la télévision familiale à Akron, Ohio. Elle ne l'oubliera jamais : « C'était comme le sexe, mais sans le sexe. Je me souviens exactement où j'étais assise. C'était incroyable. C'était comme si l'axe s'était déplacé… C'était comme une invasion extraterrestre. Si vous étiez une petite vierge et que vous ne vouliez pas grandir comme moi, que vous ne vouliez pas entrer dans le monde des adultes comme moi, cela vous donnait une sorte de nouveau boulevard de sexualité. Ça pouvait être plus cérébral. On n'était plus obligé de se taper un ado boutonneux. » En entrant au lycée Harvey S. Firestone le lendemain, Chrissie remarque que tous les garçons se sont coiffés sur le front, alors elle fait de même : « Je ne pourrai plus jamais me mettre des bigoudis dans les cheveux. Je les ai coiffés droits et j'ai coupé ma frange. »

À Baltimore, Greg Kihn, treize ans, fait de même. Le vendredi, il avait quitté l'école en ressemblant à Dion. Le lundi, il revient en classe avec les cheveux non graissés et brossés en avant : « Oui, ça s'est passé si vite, instantanément. »

Pour les sœurs Wilson de Bellevue, Washington - Ann, treize ans, et Nancy, neuf ans - c'est comme si un éclair les avait frappées : « C'était un événement énorme, comme l'alunissage… Tout de suite, nous avons commencé à faire des concerts d'air-guitare dans le salon, en imitant l'accent anglais et en dévorant tous les fanzines.[58] »

---

56 Le groupe des frères Fogerty allait devenir Creedence Clearwater Revival.
57 Les Three Stooges étaient un trio comique burlesque qui avait sévi au cinéma et à la télévision américaine pendant de nombreuses décennies à partir des années 1920 (N.d.t.).
58 Les sœurs Wilson ont ensuite connu la gloire avec le groupe Heart.

Billy Joel, quatorze ans, regarde la télévision avec sa famille à Long Island : « Ils ressemblaient à ces gosses de la classe ouvrière, comme des enfants que nous connaissions tous. Et John Lennon avait ce regard quand il était sur Ed Sullivan, du genre : "Allez tous vous faire foutre. C'est des conneries pour moi." » Billy a su quel serait son destin à ce moment-là : « Je me suis dit : "Je connais ces types. Je peux m'identifier à eux. Je suis ces types. C'est ce que je veux faire. Je veux faire ça. Je veux être comme ces gars-là. C'est ce que je vais faire - jouer dans un groupe de rock." »

Ed Sullivan réapparaît, semblant avoir besoin de quelques doses d'Anacin. « Maintenant ici ... » Il y a un bourdonnement de bavardage dans le public. Ed baisse sa voix d'un ton : « Silence ! » Il claque des doigts, puis, peut-être surpris par sa propre irritabilité, il affiche un rapide sourire de lézard. « Voici un magicien très amusant que nous avons vu en Europe et signé l'été dernier - Fred Kaps ! » En cravate blanche et queue de pie, le magicien hollandais s'acharne à exécuter son numéro. Lorsque Kaps termine son numéro, Sullivan ne l'invite pas à venir lui serrer la main pour le féliciter. Au lieu de cela, il lui fait un signe de la main dans sa direction générale. Vient ensuite la troupe du spectacle *Oliver* qui passe à Broadway avec en tête Georgia Brown, qui chante « As Long as He Needs Me », puis « I'd Do Anything », accompagnée par l'acteur anglais Davy Jones, âgé de dix-sept ans.[59] Ils sont suivis par un imitateur, Frank Gorshin, qui fait défiler Dean Martin, Marlon Brando et Burt Lancaster sous les rires des spectateurs. Et c'est parti pour une autre pause publicitaire, pour les nouveaux Pillsbury Quick Refrigerated Dinner Rolls. « Rien ne dit mieux l'amour que quelque chose qui sort du four - et c'est Pillsbury qui le dit le mieux ! »

La merveilleuse Tessie O'Shea d'Angleterre entre en scène, une femme ronde, gaie, aux cheveux blancs, plutôt imbue d'elle-même, dans une longue robe à paillettes et une étole en fourrure blanche. « Oh bonjour, bonnes gens, comment allez-vous ? chante-t-elle dans son introduction. C'est merveilleux d'être ici, de chanter avec vous, mais mes chéris, ne me demandez pas quelles seront les chansons - j'aime un peu de tout, enfin, vous me connaissez ! »

Le jeune public, qui a patiemment assisté à la prestation du prestidigitateur néerlandais, de la troupe d'*Oliver !* l'impressionniste et la grosse dame au banjo, désespère d'entendre à nouveau les Beatles. Au lieu de cela, Sullivan présente le duo comique McCall et Brill, qui joue un sketch verbeux impliquant une série d'aspirantes actrices essayant d'impressionner un agent d'Hollywood. Le seul véritable rire qu'ils obtiennent provient d'une blague qu'ils ont ajoutée juste avant leur entrée en scène : « Ma petite fille attend dehors. Vous savez, elle faisait partie du public des Beatles. » « Que s'est-il passé ? » « Quelqu'un l'a piétinée ! »

Sullivan ne les remercie pas. Enfin, après une publicité pour le dessert ananas-citron de Pillsbury, le moment est arrivé. « Mesdames et Messieurs, encore une fois - les BEATLES ! » Pour la première fois, le sourire de Sullivan semble sincère.

« *She was just seventeen – you know what I mean!* » chante Paul, devant un public composé en grande partie de jeunes filles qui n'ont probablement aucune idée de ce qu'il veut dire. Mais elles ne s'en soucient guère : elles sont toutes en train de crier à tue-tête.

George a l'air beaucoup plus joyeux, mais c'est Ringo dont le gros plan semble provoquer les cris les plus forts. Peut-être par un effet de perspective, John semble un peu trop large et trapu, comme s'il était dans une galerie des glaces. « *Wooooh!* » Ils secouent tous les quatre la tête en même temps, ce qui incite les filles à devenir folles. « *Oh yeah, I'll tell you somethin', I think you'll understand* ». La

---

59 En entendant les cris qui accueillaient les Beatles, Davy Jones s'est dit : « J'aimerais bien avoir un peu de cette énergie ». Deux ans plus tard, il auditionne avec succès pour devenir le chanteur principal des Monkees.

caméra zoome sur une fille aux lunettes ailées, qui mâche un chewing-gum, sautille sur son siège, croise les mains comme pour une prière et rayonne de joie. « *I can't hide! I can't hide! I can't hide!* » Derrière elle, un homme corpulent aux cheveux gris, portant des lunettes à monture d'écaille et un nœud papillon, esquisse un sourire douloureux, mais on sent qu'il aimerait que ce soit fini. Et c'est le cas. Les cris s'accumulent. Paul, George et John sont rejoints par Ringo, qui saute de sa plate-forme surélevée et...saute derrière eux. Ed Sullivan leur serre la main à chacun. On peut voir George dire « Merci ! ». Il fait signe au dernier rang, et les autres se joignent à lui. Même Sullivan sourit. Ils disent « Merci » en quittant la scène. Sullivan veut dire quelque chose et demande le silence. « Nous tous », commence-t-il, mais les cris continuent. « Nous tous. Nous tous... » Il lève les mains. « Nous tous, dans ce spectacle, voulons exprimer notre profonde gratitude à la police de New York pour sa superbe gestion des milliers de jeunes qui ont encombré Broadway et la 53ᵉ Rue, prêts à accueillir les Beatles sous le commandement du chef adjoint Standford, et notre profonde gratitude aux journalistes, aux auteurs de magazines et aux photographes qui ont été si gentils avec les Beatles et avec nous. »

Ça devrait être fini, mais pour une raison quelconque, ça ne l'est pas. « Et maintenant, Mesdames et Messieurs, un très beau numéro inédit - Wells et les Four Fays ! » Une troupe d'acrobates chanteurs et danseurs trottent, faisant des roues et des contorsions en rythme avec la musique.

Et ce n'est toujours pas fini. « Avant de vous parler de l'émission de dimanche prochain avec Mitzi Gaynor et les Beatles, voici une vraie surprise de la part des gens de Pillsbury ! »

Sullivan, le sévère directeur, se permet juste un soupçon de bonne volonté. « Vous avez été un bon public, malgré de vives réactions. » Un rapide sourire de lézard. « Dimanche prochain, notre spectacle se déroulera à l'hôtel Deauville à Miami Beach... Dimanche prochain, le spectacle met en vedette Mitzi Gaynor d'Hollywood, les Beatles » – Encore des cris, qui continuent à un tel niveau qu'ils couvrent son annonce des autres numéros. « Nous aurons aussi le gagnant du combat Liston/Clay à Miami Beach, qui accueillera le Président Johnson le 27 février. » Et, pour finir : « Je suis ravi, nous sommes tous ravis, et je sais que les Beatles, pour leur première apparition ici, ont été profondément ravis de leur accueil. Vous avez été très bien. Maintenant rentrez chez vous en toute sécurité - bonne nuit ! »

Puis, alors que le générique de fin défile : « Ce soir, le Ed Sullivan Show vous a été présenté par Pillsbury, où les bonnes choses à cuisiner sont toutes chez Pillsbury. Et par la crème de rasage Aero Shave : avec Aero Shave, votre barbe sera parfaitement hydratée. »

43

De nombreux adolescents américains regardent les Beatles dans l'émission The Ed Sullivan Show sur fond de grognements et de ricanements. À New York, Sigrid Nunez, douze ans, doit faire face à son oncle moqueur qui raille leur apparence, leur voix et chacun de leurs mouvements. Certains parents les traitent de pédés. D'autres prennent la décision ultime d'éteindre leur télévision. « Tu appelles ça de la musique ? crie le père de l'amie de Sigrid. Et à ton avis, c'est quand la dernière fois qu'ils ont pris un bain ? »
Mais tous les membres de l'ancienne génération ne sont pas contre. Billy Graham regarde le Ed Sullivan Show pour, dit-il, « mieux comprendre la jeunesse d'aujourd'hui. » Pour la première fois, l'évangéliste le plus célèbre d'Amérique enfreint sa propre règle qui consiste à éviter la télévision le jour du sabbat. Après tout, il doit savoir ce qui se passe. Il conclut, non sans raison, que « les Beatles sont un produit de notre époque. Ils représentent l'agitation et l'aspiration des jeunes d'aujourd'hui à quelque chose de décalé, de différent. » Plus tard, à Omaha, il conseille à un public nombreux : « Regardez la réaction des enfants aux Beatles et vous saurez que l'homme est une créature émotionnelle. »
À New York, Jamie, Alexander et Nina Bernstein, âgés de douze à deux ans, gardent un œil sur leur père Leonard, âgé de quarante-cinq ans. Il y a à peine trois mois, au lendemain de l'assassinat du président Kennedy, il a dirigé le Philharmonique de New York en interprétant la Symphonie de la résurrection de Mahler pour une commémoration télévisée. Pour Leonard, comme, d'une manière différente, pour Billy Graham, les Beatles représentent une vision de l'avenir : « Je suis tombé amoureux de la musique des Beatles (et simultanément, bien sûr, de leurs quatre visages) en même temps que mes enfants, deux filles et un garçon, chez qui j'ai découvert le falsetto fracassant, le rythme inéluctable, l'intonation sans faille, les paroles d'une fraîcheur absolue, le flux d'invention musicale à la Schubert et la fraîcheur « *Fuck-You* » de ces quatre cavaliers de notre apocalypse... Ensemble, nous avons tous eu la vision, et nous avons tous entendu la fanfare de l'avenir, l'oiseau de l'aube, l'éléphant triomphant. »
Le lendemain matin, au petit-déjeuner dans leur suite de l'hôtel Plaza, les Beatles passent en revue les critiques. Les commentateurs conservateurs rivalisent entre eux pour exprimer le dédain le plus véhément. Le *New York Times* publie deux critiques, dont aucune n'est positive. « La qualité vocale des Beatles peut être décrite comme rauque et incohérente, avec l'énonciation minimale nécessaire pour communiquer des textes clichés », écrit le critique musical Theodore Strongin. Le critique de télévision, Jack Gould, qualifie leur performance à la fois « d'anti-climax sédatif » et de « bon placebo de masse ».
Sous un titre de première page, « Les Beatles explosent à la télévision », le *Herald Tribune* déclare : « Les Beatles n'ont apparemment pas été fichus de jouer une seule bonne mélodie de l'autre côté de l'Atlantique mais ont été sauvés par les belles du public. » Le critique les condamne comme étant « 75 pour cent de publicité, 20 pour cent de coupe de cheveux et 5 pour cent de complainte mélodieuse », et « un numéro de magie qui devait moins à la Grande-Bretagne qu'au cirque Barnum. » Le *New York Daily News* offre une réponse mitigée : admiration, stupéfaction, incompréhension.

« Même Elvis Presley n'a jamais suscité une telle folie risible parmi la génération des hurleurs. Les gesticulations et gémissements de Presley, en fait, n'étaient qu'une tiédeur de pissenlit comparée à l'élixir à 100 % servi par les Beatles. »

« Le simple fait de penser aux Beatles semble provoquer des troubles mentaux », note George Dixon dans le *Washington Post* une semaine plus tard. Comme beaucoup d'autres commentateurs, il ne peut s'empêcher de répéter qu'ils ne valent pas la peine qu'on s'y attarde. « Ils nous servent un numéro banal, plutôt ennuyeux, qui semble à peine mériter d'être mentionné, écrit-il, et pourtant les gens d'ici n'ont pratiquement parlé de rien d'autre depuis deux jours. »

Les chiffres d'audience n'apportent aucun réconfort aux détracteurs. Soixante-treize millions d'Américains l'ont regardé, soit le deuxième plus grand nombre de téléspectateurs de l'histoire de la télévision commerciale. Le premier est survenu onze semaines plus tôt, après les mots effrayants « On vient d'apprendre que des coups de feu ont été tirés à Dallas. »

Dans l'esprit de beaucoup de gens, les deux événements seront toujours liés : l'assassinat de JFK était l'hiver ; les Beatles sont le printemps. Des années plus tard, Joe Queenan Jr, aujourd'hui écrivain à succès, est convaincu de l'évidence de ce lien : « J'ai toujours cru que le succès prodigieux des Beatles en Amérique était directement lié à la mort de JFK. Je me souviens avoir lu cette théorie des années et des années après les faits et avoir pensé : "Oui. Voilà une théorie sur la culture pop qui n'est ni stupide ni évidente." Les Beatles ont aidé à guérir l'Amérique … Certains musiciens guérissent les groupes ethniques. Certains musiciens guérissent des nations. Les Beatles ont guéri une planète entière. »

44

Extrait du *Billboard* Hot 100 pour la semaine du 4 avril 1964 :
1. « Can't Buy Me Love » - The Beatles
2. « Twist and Shout » - The Beatles
3. « She Loves You » - The Beatles
4. « I Want to Hold Your Hand » - The Beatles
5. « Please Please Me » - The Beatles

Aussi :
31. « I Saw Her Standing There » - The Beatles
41. « From Me To You » - The Beatles
46. « Do You Want to Know a Secret » - The Beatles
58. « All My Loving » - The Beatles
65. « You Can't Do That » - The Beatles
68. « Roll Over Beethoven » - The Beatles
79. « Thank You Girl » - The Beatles

Deux chansons sur les Beatles sont également entrées dans le Hot 100 cette semaine-là : « We Love You Beatles » par les Carefrees, et « A Letter to the Beatles » par les Four Preps.

45

Une fois l'émission Ed Sullivan Show des Beatles terminée, un ou deux des interprètes invités ne s'en sont jamais relevés.

Pour Charlie Brill et Mitzi McCall, tout avait si bien commencé. C'était un jeune duo comique sophistiqué, qui cherchait à se faire un nom. Ils étaient, selon leurs propres termes, « assis à la maison, affamés » à Los Angeles, lorsque leur manager les a appelés. « Devinez quoi ? leur dit-il. Je vous ai fait passer au Ed Sullivan Show. »

Ils ont poussé un cri. C'était le plus grand spectacle d'Amérique, miraculeusement capable de transformer des artistes débutants en stars nationales.

Ils se sont immédiatement mis au travail pour mettre au point un nouveau sketch. « On a répété, répété et peaufiné… et on a dit à tout le monde : "On est sur le Ed Sullivan Show. Yippeeee !" Je crois bien que je l'ai même écrit dans le ciel de Hollywood. Nous étions sur notre chemin ! Ils étaient aussi excités par la chance de rencontrer certaines de leurs idoles : on leur avait dit que deux grandes stars du théâtre musical, « Two Ton » Tessie O'Shea et Georgia Brown, étaient à l'affiche, ainsi que l'impressionniste Frank Gorshin. Quelqu'un a également mentionné ce nouveau groupe pop d'Angleterre dont ils n'avaient jamais entendu parler.

Sur le chemin du studio, Charlie et Mitzi sont encore en train de travailler leur numéro lorsque leur taxi s'arrête. Les rues avaient été bouclées, et des milliers de personnes faisaient la queue dans le quartier. Ils ne comprennent pas pourquoi.

Ils ont hérité de la pire des loges, étant en bas de l'affiche. Dans le coin, il y avait une machine à soda à l'usage de tous. Peu après, ils ont été appelés pour une répétition générale. Peu après, une voix a retenti dans le haut-parleur : « McCall et Brill, le bureau de M. Sullivan, s'il vous plaît ! » Ils partent donc à sa rencontre. « Et il était là ! Ed Sullivan ! Il était assis sur la chaise en train de se faire maquiller et j'ai regardé l'homme qui pouvait faire toute notre carrière ! Sullivan avait observé leur répétition, et il n'était pas content. "Ce que vous faites est trop sophistiqué pour ce public, a-t-il dit. Il y aura surtout des filles de quatorze, quinze et seize ans dans le public ce soir, et des enfants." »

Dans une heure, ils allaient être en direct à la télévision, et voilà que M. Sullivan leur ordonne de changer leur sketch qu'ils peaufinent depuis des semaines ! Déterminés à ne pas paniquer, ils se sont mis immédiatement au travail.

Soudain, on frappe à leur porte. « Et il y avait ce type qui se tenait là, avec de drôles de cheveux et des lunettes de grand-mère, se souvient Charlie, et il a dit, "Filez-moi un Coca." Et je lui ai dit, "Oh - ouais ! Entrez !" Et il a dit, "Pouvez-vous me donner une pièce, 10 cents ?" Et j'ai dit, "Oh, je dois vous acheter le Coca aussi. Qu'est-ce que tu crois, qu'on est un distributeur de billets, gamin ?" » Le jeune homme a pris le Coca-Cola, puis s'est assis sur le canapé de leur loge et a commencé à bavarder. « Pendant qu'il nous parlait, il a sorti un stylo et une serviette et il m'a dessiné. Il me regarde et il dessine des images de Mitzi et moi sur des serviettes. »

Finalement, le spectacle commence, et le jeune homme est sur scène avec son groupe. Ils chantaient « *Close your eyes and I'll kiss you* », mais ni Charlie ni Mitzi ne pouvaient les entendre. « Franchement, les cris étaient si forts que je n'ai jamais eu l'occasion de les entendre. Je n'ai jamais entendu ou

vu un tel chahut de toute ma vie ! Et quand ils ont fini, les cris continuent ! »
McCall et Brill étaient le dernier numéro avant la réapparition des Beatles dans la seconde moitié du spectacle. Avant leur entrée en scène, le public a poussé des cris, pensant que les Beatles étaient les prochains. Sans se décourager, ils se sont lancés dans un numéro satirique enjoué dans lequel Charlie jouait un directeur de casting tandis que Mitzi, une mimique énergique, jouait une succession de femmes différentes. Chacun de leurs gags est accueilli par le silence.
« Nous avions l'impression d'être sur scène depuis une éternité... Nous ne savions plus ce que nous faisions. On ne savait pas si on avait fini ou pas notre numéro. Le chef d'orchestre avait la chute, et il la jouait - Ta-da ! »
Ils reconnaissent aujourd'hui que ce furent les trois pires minutes de leur vie. En fait, ils ont tellement foiré que lorsqu'ils sont sortis de scène, les autres artistes ont détourné le regard. Pendant ce temps, les Beatles chantent « I Saw Her Standing There » et « I Want to Hold Your Hand », et les cris ne faiblirent pas.
Après le spectacle, Frank Gorshin a emmené le couple chez Sardi's et a essayé de les réconforter. « Ne vous inquiétez pas, leur a-t-il dit. Ce n'est pas la fin de votre vie. » Mais ils étaient tellement abattus et embarrassés qu'ils ne pouvaient pas envisager de rentrer chez eux en Californie. Au lieu de cela, ils se sont dirigés vers le sud, en Floride, pour une semaine de vacances.
Un soir, à Miami, ils marchaient vers leur voiture quand une limousine s'est arrêtée à côté d'eux. À l'intérieur se trouvent les Beatles, venus pour une deuxième apparition au Ed Sullivan Show, qui est enregistré à l'hôtel Deauville. John Lennon se souvient d'eux depuis leur loge et les présente joyeusement à Paul, George et Ringo.
« Que faites-vous ici ? », a-t-il demandé. « On fait tout pour vous fuir », leur ont- ils répondu.
De retour à Los Angeles, leur agent ne les a pas appelés pendant six mois. Finalement, leurs carrières se sont remises sur les rails, mais ils n'oublieront jamais le jour qui avait tenu tant de promesses, et qui a livré une telle déception. « Nous étions parmi des géants. Nous ne le savions pas », dit Charlie. Pendant le reste des années 1960, ils ne pouvaient s'empêcher de grimacer chaque fois qu'ils entendaient les Beatles. Et nous n'étions encore qu'en 1964 : beaucoup de grimaces les attendaient.

46

Et il y a eu d'autres dégâts colatéreux plus graves encore. Pendant les onze semaines qui séparent l'assassinat de Kennedy de l'apparition des Beatles au Ed Sullivan Show, le classement *Billboard* est dominé par un disque des plus improbables : une jeune religieuse catholique belge qui chante un hymne à saint Dominique en français.

En septembre 1959, Jeanne-Paule Marie Deckers, âgée de vingt-cinq ans et fille de pâtissier, entre au couvent des Sœurs Dominicaines Missionnaires de Notre Dame de Fichermont, pour devenir Sœur Luc-Gabrielle.

Munie d'une guitare acoustique, elle interprétait parfois ses propres chansons devant ses consœurs. Ses supérieures ont été tellement impressionnées par son chant qu'elles l'ont encouragée à enregistrer un album, qui serait vendu comme souvenir aux visiteurs du couvent.

Sœur Luc-Gabrielle l'a enregistré dans les studios Philips de Bruxelles en 1961. Les ingénieurs du studio transmettent l'album aux dirigeants de la maison de disques, qui persuadent le couvent de sortir le titre « Dominique » en single, et Sœur Luc-Gabrielle de changer son nom en « Sœur Sourire ». La chanson devient un succès en Belgique, puis en Europe, puis aux États-Unis. Les charts ont toujours été mitigés, mais « Dominique » est sans doute le premier et le seul single sur le fondateur de l'ordre dominicain du XIIIe siècle, chanté en français, à être devenu un succès international.

> Dominique, nique, nique
> S'en allait tout simplement
> Routier, pauvre et chantant
> En tous chemins, en tous lieux
> Il ne parle que du Bon Dieu
> Il ne parle que du Bon Dieu

Sœur Luc-Gabrielle, surnommée « la nonne chanteuse », était une pop star improbable. L'argent qu'elle gagnait avec les disques allait directement à son couvent : « Mes supérieures voulaient protéger ma vie religieuse personnelle, et j'étais tenue à l'écart du monde de la chanson, du spectacle, etc. Dans un sens, c'était bien. Mes supérieures craignaient que je ne devienne hautaine. »

Lors de son voyage de prospection en Europe, Ed Sullivan avait visité le couvent de Fichermont et filmé Sœur Luc-Gabrielle, à lunettes, jouant de la guitare acoustique et chantant « Dominique ». Elle est devenue l'un des numéros les plus populaires d'Ed Sullivan, plus populaire encore que la marionnette insolente Topo Gigio et l'ours dansant du cirque de Moscou.

Après l'assassinat du président Kennedy, le public américain a adopté le son innocent et plein d'espoir de la nonne chantante. En l'espace d'une semaine, son album, *Her Joys, Her Songs*, a détrôné « Louie Louie » des Kingsmen pour atteindre la première place du hit-parade. Il y est resté de décembre à janvier. Mais avec l'arrivée des Beatles et la sortie de *With The Beatles*, la carrière de Sœur Luc-Gabrielle s'arrête. Après une tournée mondiale, elle se retire au couvent, où elle apprend que « Dominique » a remporté le Grammy de la meilleure chanson gospel ou religieuse et que son album s'est vendu à deux millions d'exemplaires.

En 1966, Debbie Reynolds joue le rôle-titre d'un long métrage intitulé *La Nonne qui chante*, mais Sœur Luc-Gabrielle est devenue nettement moins docile et qualifie le film « d'absolument stupide ». C'est à cette époque qu'elle quitte le couvent et reprend son ancien surnom, « Jeannine » Deckers. Décidée à poursuivre une carrière de chanteuse, elle sort une série de singles, mais ils sont trop radicaux pour ses fans. Le premier, une chanson de protestation contre l'attitude de l'Église catholique romaine à l'égard du contrôle des naissances, s'intitule « Glory be to God for the Golden Pill » (Gloire à Dieu pour la pilule d'or) ; le suivant est le singulièrement morose « Sister Smile is Dead » (Sœur sourire est morte). Ni l'une ni l'autre n'ont eu d'écho.
Plus tard, dans les années 1970, l'album *I Am Not a Star in Heaven*, tout aussi déprimant, fait également un flop. À cette époque, elle vit avec une femme, bien qu'elles fassent vœu de célibat, et transforme leur salon en chapelle. Consciente que sa carrière de chanteuse est terminée, Deckers devient enseignante pour enfants handicapés. Au début des années 1980 elle est poursuivie par les autorités belges pour 63 000 dollars d'arriérés d'impôts sur ses disques, somme qu'elle n'a pas en sa possession, non sans raison : elle a fait valoir que le couvent, ayant pris la majeure partie de ses royalties, était responsable des impôts sur les ventes discographiques. Pour tenter de trouver de l'argent, elle réenregistre « Dominique », cette fois sur un rythme disco lourd, mais le succès n'est pas non plus au rendez-vous.
En avril 1985, Deckers et sa compagne Annie Berchet, ou « Sœur Annie », se sont suicidées ensemble dans leur appartement commun à Wavre, près de Bruxelles. « Nous allons ensemble à la rencontre de Dieu notre Père », peut-on lire dans leur lettre de suicide commune. « Lui seul peut nous sauver de la banqueroute. »

47

Alors qu'ils se trouvent à Miami pour leur deuxième apparition au Ed Sullivan Show, les Beatles sont approchés par Harold Conrad, l'attaché de presse du championnat mondial de boxe poids lourd. Il veut des photos d'eux avec le champion, Sonny Liston, ou le jeune espoir Cassius Clay, qui le défiera à Miami dans une semaine. Les bookmakers donnaient une cote de 7 contre 1 à Clay ; le *New York Post* prédisait que le combat serait terminé en dix-huit secondes.

John n'a montré aucune hésitation : « Clay ne va pas gagner. C'est une grande gueule. L'autre va le tuer. C'est Liston que nous voulons. »

Mais Liston n'a aucune envie d'être photographié avec ce qu'il appelle « ces petits clodos maigres ». Il était allé avec Harold Conrad et Joe Louis voir les Beatles enregistrer le Ed Sullivan Show. À mi-chemin, il s'était tourné vers Conrad et avait dit, en reniflant, « Est-ce que ce sont ces enculés qui font hurler tout le monde ? Mon chien joue mieux de la batterie que ce gamin avec son gros nez ! »

C'est le photographe britannique Harry Benson, désespérément à la recherche d'un cliché combinant les deux plus grands sujets d'actualité du moment, qui a persuadé les Beatles de courtiser Clay, le challenger : « Je vais voir les Beatles et je leur dis : "Cet homme est très coloré, il est jeune et beau, et je vais voir ce que je peux faire." »

Clay accepte de rencontrer les Beatles au Fifth Street Gym le 18 février. Les Beatles sont rejoints par Robert Lipsyte, un jeune reporter de vingt-six ans du *New York Times* qui suit le challenger. Les journalistes sportifs chevronnés considéraient Cassius Clay comme indigne d'eux : ils sont convaincus qu'à l'issu du combat, ils devront passer leur temps à traîner devant l'hôpital du Mont-Sinaï, en attendant le dernier rapport du service de réanimation. Ils n'apprécient pas non plus la grande gueule de Clay ; ils sont irrités par son arrogance, sa verve, sa façon de danser sur le ring.

Les Beatles arrivent à l'heure, avec la nette impression d'avoir été manipulés pour cette séance promo non désirée. Lipsyte a été témoin de leur entrée hargneuse : « Ces quatre petits gars étaient rassemblés dans les escaliers et ils juraient avec des accents britanniques, et apparemment c'étaient les Beatles. Ils étaient très en colère - ils ne voulaient pas poser avec Clay, c'était un loser. »

Ringo, en particulier, avait l'impression qu'ils perdaient leur temps. « On se casse d'ici ! », dit-il. Lipsyte a entendu l'un d'entre eux dire : « Ce branleur va se faire assommer au premier round. »

Le mépris circulait dans les deux sens. Lorsque Ferdie Pacheco, le médecin personnel d'Ali, pose les yeux sur les Beatles, il est tout aussi dédaigneux : « C'étaient des enfants des rues de Liverpool, brûlés par le soleil comme des homards. Ils avaient l'air si petits et si pitoyables. »

Clay n'était nulle part, mais soudain la porte du dressing s'est ouverte. Son corps remplissait l'entrée. « Bonjour, Beatles ! » dit-il. « Allez, on y va, et on se fait du pognon ! »

Benson les a tous persuadés de monter sur un ring de boxe tandis que Clay prenait le contrôle : « Les quatre n'arrivaient pas à placer un mot. Ils étaient comme des petits agneaux. » Ils ont fait semblant de se battre, quatre contre un. Clay tenait Ringo en l'air, appelait Paul « joli garçon » et les alignait, frappant Ringo au menton et les faisant s'écrouler comme des dominos. Ils faisaient tout ce qu'il leur disait de faire. À un moment, il les a fait poser à plat ventre sur le sol. Puis il a dit : « Qui est le plus grand ? » et ils ont répondu en chœur : « C'est toi ! » Toutes les photos les font paraître faibles et chétifs à côté de Cassius Clay : ils arrivent à peine à son épaule.

Après un moment, Clay et les Beatles ont commencé à discuter de musique et de boxe, ainsi que de l'argent qu'ils allaient tous gagner.
« Tu n'es pas aussi bête que tu en as l'air, a dit Clay.
- Non, répondit John. Mais toi, tu l'es. »
C'était une réponse risquée. Clay a vérifié que John souriait, et a décidé que ce n'était qu'une blague. Après quelques minutes, ils ont fait leurs adieux, et les Beatles ont été emmenés. Une fois qu'ils sont partis, Clay se tourne vers Lipsyte et lui dit : « C'étaient qui ces petites poules mouillées ? »
Le 25 février 1964, Cassius Clay bat Sonny Liston en six rounds. Liston quitte la salle en larmes, le bras en écharpe, tandis que Clay s'écrie : « Je veux que tout le monde soit témoin ! Je suis le plus grand ! J'ai secoué le monde ! Je suis la plus grande chose qui ait jamais existé ! »
Clay avait vingt-deux ans, un peu plus jeune que Paul, un peu plus vieux que George. Les journalistes sportifs expérimentés sentent qu'il y a quelque chose de désagréable dans l'air. Le chroniqueur bourru Jimmy Cannon est particulièrement remonté. « Clay fait partie du mouvement des Beatles, écrit-il. Il s'inscrit dans la lignée des chanteurs célèbres que personne n'entend, des punks qui roulent à moto avec des croix de fer épinglées à leurs blousons de cuir, de Batman, des garçons aux cheveux longs et sales, des filles à l'allure négligée, des étudiants qui dansent nus lors de bals secrets organisés dans des appartements, de la révolte des étudiants qui reçoivent un chèque de leur père tous les premiers du mois, des peintres qui copient les étiquettes des boîtes de soupe, des surfers qui refusent de travailler, et de tout le culte du style de la jeunesse qui s'ennuie. »
Pour beaucoup de personnes de l'ancienne génération, Cassius Clay et les Beatles étaient des augures d'impertinence, de saleté, d'irrespect et de tout ce qui entraînait le monde vers le bas.
« *Yeah, yeah, yeah* » : mais quelle langue parlent-ils ?

48

« *Yeah, yeah, yeah* » : un critique de *Newsweek* s'est concentré sur ces trois petits mots – ou plutôt, un seul petit demi-mot, répété - pour exprimer tout ce qu'il détestait chez les Beatles : « Musicalement, ils sont un quasi-désastre, les guitares et la batterie claquant un rythme impitoyable qui fait disparaître les rythmes secondaires, l'harmonie et la mélodie. Leurs paroles (ponctuées par des cris dingues de *"yeah, yeah, yeah"*) sont une catastrophe, une farce grotesque de sentiments romantiques de carte de Saint-Valentin. ».

Dans la *National Review*, l'iconoclaste conservateur William F. Buckley a écrit une diatribe sous le titre *Yeah, Yeah, Yeah, ils sont nuls* : « Permettez-moi de le dire, comme preuve de mon ultime dévouement à la vérité : les Beatles ne sont pas seulement horribles, je considérerais comme un sacrilège de dire autre chose que "ils sont horribles." Ils sont si incroyablement horribles, si effroyablement peu musicaux, si dogmatiquement insensibles à la magie de l'art, qu'ils peuvent être qualifiés de têtes couronnées de l'anti-musique, tout comme les faux papes sont entrés dans l'histoire comme des "anti-papes". »

Mais les jeunes n'étaient pas du même avis. Roz Chast approchait de son neuvième anniversaire lorsqu'elle a entendu le « *Yeah, yeah, yeah* » pour la première fois. « Cette chanson m'a fait comprendre pour la première fois qu'il existait un autre monde, un monde qui n'incluait pas mes parents, ma famille, mes voisins, mes professeurs ou mes camarades de classe... – un monde de jeunes gens insouciants et séduisants qui ne s'inquiétaient pas de la maladie ou de l'argent, et qui ne se souciaient pas des devoirs ou de la raison pour laquelle on n'était pas populaire... Qu'y avait-il dans « She Loves You » qui ressemblait à un hymne de libération ? Peut-être était-ce ce refrain de « *Yeah, yeah, yeah* », ou peut-être était-ce cet exaltant « *Wooooo!* », ou peut-être était-ce les Beatles eux-mêmes. Je n'avais jamais vu quelque chose comme eux. »

Plus tard ce printemps-là, Roz séjournait avec ses parents dans un hôtel à Porto Rico. Elle s'est fait une copine de son âge. Un jour, les deux familles sont parties en voiture ensemble. Pendant que les parents discutent, les deux filles se mettent à chanter « She Loves You » aussi fort qu'elles le peuvent, bien qu'elles tremblent sur la plupart des mots, à l'exception de « *Yeah, yeah, yeah!* » et de « *Wooooo!* »

« Plus de cinquante ans plus tard, je me rappelle encore combien c'était excitant. Je ne me souviens pas que les adultes aient été particulièrement en colère contre nous. Ils étaient juste déconcertés. C'était nous, ce genre de musique. Pas pour eux. Et ça ne nous posait pas de problème. »

En CE2, Roz se retrouve tout en bas de la hiérarchie sociale. Les quatre filles les plus populaires de l'école s'étaient déguisées en costumes, bottes et perruques des Beatles, et jouaient de la guitare en carton. Elles chantaient « She Loves You » et faisaient « *Woooo !* » en secouant la tête.

« Quand je pense à « She Loves You », et à quel point j'aimais cette chanson, à quel point elle était nouvelle, et à quel point je me sentais heureuse de l'entendre, je pense à quel point elle représentait le mirage d'un avenir possible, plus joyeux et plus intéressant que mon enfance solitaire et limite sinistre, avec ses devoirs et ses contrôles, ses filles méchantes et ses garçons stupides, et ses parents qui s'inquiétaient pour tout et se mettaient en colère pour rien. »

Joe Queenan n'avait jamais rien entendu de tel. Avant que « She Loves You » ne retentisse dans le transistor de sa sœur à Philadelphie, « Je n'avais aucun intérêt pour la musique, point final. Jusqu'à ce moment-là, je considérais la musique, au mieux, comme une gêne et, au pire, comme un moyen punitif d'éduquer les enfants. » Ses parents écoutaient Frank Sinatra, Tony Bennett et Perry Como. « Lorsque les Beatles ont débarqué, nous avons ressenti ce que les Français ont dû ressentir lorsque les GI ont déferlé sur Paris en août 1944... Les Beatles nous ont donné l'espoir que la vie pouvait valoir la peine d'être vécue, que la culture populaire n'était pas nécessairement grise, prévisible, bégueule et mortelle. » Pour lui, la première fois qu'il a entendu « She Loves You », c'était « la première fois de ma vie que j'entendais une chanson qui semblait s'adresser directement à moi et non aux adultes... Je pense toujours que c'est la meilleure chanson jamais écrite. Pour moi, c'est et ce sera toujours la chanson qui a changé le monde. J'aime cette chanson. Je l'aime absolument. Et avec un amour comme ça, vous savez que vous devriez être heureux. »

49

À Reseda, en Californie, Pam Miller, seize ans, est tellement éprise des nouveaux arrivants que, dans l'intimité de son journal intime d'écolière, elle se transforme en Liverpudlienne. Le 10 février 1964, elle écrit : « Paul, tu es génial. Vraiment fabuleux. Dis-moi chéri, pourquoi es-tu si merveilleux, chéri ? Je suis la plus grande idiote de la terre, parce que je suis folle de toi. »

À partir de ce moment-là, elle a posté à Paul un poème chaque jour, scellé par un baiser. De février à mars, les entrées de son journal sont devenues plus intimes :

> 2 mars 1964 : Il est 2 h 21 du matin chez Paul. Il dort. Je suis contente. J'aimerais bien le voir dormir, vraiment. J'aimerais être avec lui en train de dormir (je plaisante). J'espère qu'il a lu mon poème avant de fermer ses beaux yeux bruns.

Pam était peut-être un peu plus effrontée que les autres fans des Beatles de son âge. L'un de ses trésors particuliers était une carte postale de Paul - une photo de lui jouant de la guitare basse sur un lit d'hôtel, les jambes écartées. Elle l'a étudiée de près : « On pouvait voir la forme de ses couilles écrasées par l'étroitesse de son pantalon. J'ai emporté cette carte avec moi dans une petite boîte en or recouverte de coton, comme si c'était un bijou précieux. »

Presque chaque jour, sur la station de radio locale *KRLA*, le disc-jockey Dave Hull, « le Hullaba-looer », fait le point sur l'état de la relation entre Paul et sa nouvelle petite amie. Pam écoute avec un ressentiment croissant contre la jeune femme qu'elle en est venue à appeler « l'effrayante Jane Asher », ou simplement « Face de cochon ».

Pam a couvert sa chambre de produits dérivés des Beatles. Ses trois meilleures amies sont également fans des Beatles. Chacune a son propre favori. Stevie aime Ringo : « Je dois rencontrer Ringo ou ma vie sera complètement vide. Oh, je souffre tellement. C'est mon amour et je l'aime. Oh, mon Dieu, ne laissez pas mon Ringo s'en aller ! »

Linda aimait John. Ensemble, Pam et Linda *seraient* Paul et John. Elles se parlent avec l'accent de Liverpool, prétendant aller à des fêtes et manger dans des restaurants chers. Pam a un magnétophone à bobines et invente de petites pièces de théâtre, en jouant elle-même tous les rôles. Dans toutes ces pièces, Jane Asher mourait. Mais dans ses lettres à Paul, elle n'était que délicatesse :

> Cher Paul, tes fans t'aimeront toujours. Personnellement, je ne m'arrêterai jamais. Depuis que j'ai appris vos fiançailles avec Jane Asher, je vais devoir vous aimer d'une autre manière, toute personnelle.

Kathy, l'amie de Pam, était amoureuse de George. Il se trouve que le père de Kathy avait un ami qui travaillait au Hollywood Bowl, où les Beatles devaient jouer en août. Par chance, cet ami a réussi à leur soutirer quatre billets. Pam encadre le sien, l'accroche au mur de sa chambre et commence le compte à rebours. Dans son journal du 3 juin, elle écrit : « Il y a un jour réel cette année qui s'appelle le 23 août ! Il arrive dans 83 jours ! »

À vingt et un jours de la date ultime, les quatre filles sont allées voir *A Hard Day's Night*. C'était tout ce que Pamela espérait. « Les Beatles sont les meilleurs acteurs du monde », dit-elle à son journal intime.

Le 23 août, elle a écrit : « Le jour de toute ma vie ! Ce soir, j'ai vu Paul. J'ai vraiment regardé son corps maigre et mince et ses jambes uniques trop longues. J'ai vu ses fossettes et ses dents blanches nacrées. J'ai vu ses cheveux longs, ondulés et pourtant raides, j'ai vu ses yeux de biche... et ils m'ont vu. C'est peut-être le destin qui l'a amené sur nos rivages ensoleillés... car je suis là moi aussi. »

50

Cher George.
Beaucoup de gens me demandent si je pense que les Beatles deviendront des citoyens américains après leur séjour, mais je vous connais assez bien pour dire que vous préférez votre maison (Liverpool), n'est-ce pas, George ? Mais bien sûr ! J'espère que je pourrai venir à ta fête d'anniversaire car je dois te parler, George, avant de devenir folle. Mon amie de l'école est allée à ta fête l'année dernière. Tu es venu avec les autres pour la prendre chez elle. C'était drôle, vraiment, parce que Paul a utilisé ses toilettes et elle a refusé pendant des mois que sa mère puisse les nettoyer. Ça commençait à sentir mauvais, alors il fallait le nettoyer au bout d'un moment. Mais c'était drôle, parce qu'elle était toujours dans ces toilettes.
Emma P.
Harrisburg, Pennsylvanie

Chers Beatles adorés,
Penser que moi, Harriet Watts, je vis sur la même planète que les Beatles, que je respire le même air que les Beatles, que je vois le même soleil, la même lune et les mêmes étoiles que les Beatles. Oh ! C'est juste trop !!
Affectueusement et pour toujours, Harriet W.
Atlanta, Géorgie

Chers Beatles,
J'ai dit à ma mère que je ne pouvais pas imaginer un monde sans les Beatles, et elle a répondu qu'elle le pouvait facilement.
Fidèle à jamais, Lillie K.
Fairbanks, Alaska

Chers Beatles,
J'ai 826 photos des Beatles, et je ne fais que commencer.
Avec tout mon amour, Diana A.
Ville de New York

Chers Beatles,
Nous avons créé un fan club des Beatles. Jusqu'à présent, nous avons deux membres. Je suis la présidente du club et Winifred est la vice-présidente en charge des nouveaux membres.
Vos fans, Gloria J. et Winifred Z.
Oakland, Californie

Chers Beatles,
S'il vous plaît, dédiez-moi votre prochaine chanson.

Si vous le faites, ce sera un excellente vente, parce que j'ai beaucoup d'amis, et ils achèteront tous le disque.
Votre fan, Irma S.
Raleigh, Caroline du Nord

Chers Beatles,
Veuillez m'appeler au téléphone. Mon numéro est 629-7834
Si ma mère répond, raccrochez. Elle n'est pas une grande fan des Beatles.
Avec l'amour de Maxine M.
Cleveland, Ohio

Chers Beatles,
Je suis une fan fidèle et loyale. J'ai chacun de vos disques et je n'ai même pas de tourne-disque.
Love, Donna J.
Portland, Maine.

Chers et tendres Beatles,
J'ai des photos des Beatles partout dans ma chambre. J'ai des photos des Beatles au-dessus de mon lit. J'ai des photos des Beatles sur mon bureau. J'ai des photos des Beatles dans mon armoire. J'ai des photos des Beatles au-dessus de ma bibliothèque.
Ma mère espère que vous n'êtes qu'une mode.
Love d'une fan des Beatles - jusqu'au bout ! Stella J.
Chicago, Illinois

CHERS BEATLES
PENSEZ-VOUS POUVOIR CHANTER AU BAL DE L'ÉCOLE LE 15 MAI ?
LA RAISON EST QUE PERSONNE N'A JAMAIS CHANTÉ AU BAL DE L'ÉCOLE, SAUF MARSHA GOLDMAN, QUI EST EN SECONDE.
MARSHA CHANTE BIEN MAIS ELLE OUBLIE TOUJOURS LES PAROLES.
S'IL VOUS PLAÎT, DITES OUI.
LOVE, JOAN G.
ST. PAUL, MINNESOTA

Très cher John,
Je voudrais une mèche de vos cheveux. Et une mèche de cheveux de George, Paul et Ringo. Vous savez que vous avez beaucoup de cheveux, alors vous pouvez me laisser une mèche chacun.
Avec amour,
Sylvia M.
Ville de New York

P.S. Veuillez écrire le nom de la personne sur chaque mèche, afin que je sache à qui appartient la mèche de cheveux, car il est difficile de le savoir lorsqu'elle n'est pas sur la tête d'une personne.

51

Lors de leur premier concert américain, au Coliseum de Washington, les cris sont si perçants qu'un policier s'est même bouché les oreilles avec des balles. Dans la foulée, les Beatles sont les invités d'honneur d'une réception à l'ambassade britannique, où l'hystérie prend une autre forme. Ils ont été accueillis par l'ambassadeur, Sir David Ormsby-Gore.
« Bonjour John », dit-il en tendant la main.
Cela a donné lieu à une plaisanterie classique des Beatles. « Je ne suis pas John », disait John. « Je suis Charlie. John c'est lui.
- Bonjour John.
- Je ne suis pas John, dit George. Je suis Frank. John c'est lui.
- Oh, mon Dieu. Je n'arriverai jamais à me souvenir de ces noms. Ma femme est bien plus douée pour se souvenir des noms. »
Ormsby-Gore les conduit ensuite dans la salle de bal de l'ambassade, remplie d'hommes en smoking et de femmes en robe de soirée, qui observent les Beatles avec un mélange particulier d'excitation, de curiosité et de dédain.
« Il n'y avait que des aristos, et nous n'avions jamais rencontré ce genre de personnes auparavant », se souvient Paul. John s'est échappé dans une pièce voisine à la recherche d'un verre, et s'est fait mettre le grappin par un diplomate britannique : « Nous nous demandions si nous pouvions convaincre nos invités de donner les résultat de notre petite mais non négligeable tombola. »
John a hésité.
« Venez maintenant ! Venez et faites le job », a lancé un autre membre de l'ambassade. John, le plus réticent des quatre Beatles insiste pour finir son verre en premier, ajoutant : « Je ne retournerai pas dans cette foule.
- Mais si, bien sûr ! Allez, allez !
- Venez nous rejoindre ! » dit en chœur une jeune femme en robe de bal.
John se tourne vers Ringo. « Je me barre. »
Ringo tente de calmer John. « Finissons-en avec ça. »
Les Beatles ont sorti les billets de tombola gagnants d'un chapeau. Après, une dame pompette a mis ses bras autour de Paul. « Et lequel es-tu ?
- Roger.
- Roger quoi ?
- Roger McCluskey, cinquième du nom. »
Plus tard, lorsqu'on lui demanda ce qu'elle pensait des Beatles, elle répondit : « Monstrueux ». Les Beatles sont bientôt entourés d'autres invités qui demandent des autographes pour leurs enfants ou petits-enfants. En regardant John, un des hôtes a dit dans un chuchotement presque théâtral : « Regardez, il peut vraiment écrire ! »
C'était une remarque conçue pour être entendue par sa victime. Les autres Beatles se figèrent, ainsi que Brian Epstein : il était tout à fait possible que John réponde avec ses poings. Au lieu de cela, il a simplement refusé de signer, même lorsqu'un fonctionnaire de l'ambassade lui a glissé un morceau de papier dans la main et a aboyé : « Vous allez me signer ça ! »

Ringo, plus docile, a continué à signer. Pendant qu'il signait, un mystérieux agresseur a sorti une paire de ciseaux et a commencé à lui couper les cheveux.

Pour chacune des versions de l'incident des ciseaux et de la mèche de cheveux, nous avons droit à une figure parabolique des rapports entre les Beatles et la haute société.

Ringo était convaincu que l'agresseur était un homme. D'après ses souvenirs, lorsqu'il avait été interpellé, l'homme avait répondu : « Oh, c'est bon, mon vieux... c'est que des conneries, des conneries. » Peter Brown, quant à lui, était convaincu « qu'une femme en robe de soirée avait sorti une paire de ciseaux à cuticules de son sac à main et, avant qu'il ne puisse l'arrêter, lui avait coupé une mèche de cheveux en guise de souvenir pour sa fille. » Cette version a été confirmée par un journaliste de *Newsweek*, qui a affirmé « qu'une matrone a sorti des ciseaux et a coupé une mèche de cheveux de Ringo », ajoutant qu'elle a disparu immédiatement.

John a pensé : « Une saloperie de crétin a coupé les cheveux de Ringo. Je suis sorti de là en les insultant tous, je suis parti en plein milieu. » Mais Paul était presque sûr qu'il y avait plus d'un agresseur, et que les quatre Beatles avaient été visés : « Je me souviens que les filles voulaient nous couper des bouts de cheveux, alors il y a eu quelques coups de coudes dans les gencives. »

Dans son autobiographie, George Martin a blâmé tous ces aristos, disant qu'ils « se sont comportés de manière abominable. Ils s'approchaient des garçons en leur disant de manière désinvolte "Oh, lequel es-tu?" et l'un d'entre eux a même pris une paire de ciseaux et a coupé un bout de cheveux de Ringo pendant qu'il parlait à quelqu'un d'autre. »

Le journaliste américain Michael Braun, qui suivait les Beatles pour un livre, était sûr qu'il s'agissait d'une « britannique débauchée » qui avait sorti « une paire de ciseaux à ongles de son sac à main. » Leur biographe autorisé, Hunter Davies, a affirmé que « plusieurs dames âgées, un verre de boisson à la main, ont accosté les Beatles et ont demandé des autographes. » Mais Davies pense que c'est une « jeune femme invitée isolée » qui « a commencé à arracher des mèches de cheveux de Ringo ». Dans *The Beatles Diary: An Intimate Day by Day History*, Barry Miles en rajoute : « La communauté britannique, des aristocrates arrogants, s'est déshonorée, et une femme a même arraché une mèche de cheveux de Ringo, juste derrière son oreille gauche. John a repoussé toutes les demandes d'autographes en disant : "Ces gens n'ont pas de foutues manières." »

C'est du côté de Cynthia Lennon que la version s'est avérée la moins indulgente.

Dans sa première autobiographie, *A Twist of Lennon* (1978), elle décrit l'épisode en termes de lutte des classes : « La véritable haute société britannique à l'étranger les a traités comme des monstres, comme seuls les Britanniques de la haute société, dans ce qu'ils ont de pire, peuvent le faire. Leurs hôtes ont sorti des ciseaux. "Oh, lequel êtes-vous ? Je suis sûre que ça ne te dérangera pas, mon chou, si je te coupe un peu de cheveux pour les envoyer à ma fille en pension." C'est peu probable, mademoiselle. Et c'est tout. Ils sont partis. Protocole ou pas protocole, ils n'allaient pas supporter ça. »

C'était un homme, ou une femme, ou des femmes, jeunes ou vieilles. En tout cas, la plupart des témoins sont d'accord pour dire que le coupable était britannique et chic.

Epstein a emmené les Beatles, et John a juré. Alors qu'ils partaient, Lady Ormsby-Gore a dit : « Merci beaucoup d'être venus. Je suis désolée pour tout ce qui s'est passé là-bas. Ça n'a pas dû être très amusant pour vous. »

Ringo s'est tourné vers Sir David et a demandé : « Et vous, qu'est-ce vous avez fait ? »

Dans la voiture qui les ramène à leur hôtel, Epstein assure aux Beatles qu'il ne les obligera plus jamais à assister à une réception officielle.

Les fonctionnaires du Foreign Office ont publiquement nié que de tels actes aient eu lieu, répétant les assurances de Sir David selon lesquelles « l'idée qu'ils aient été malmenés par qui que ce soit est fausse. » De retour à Londres, un député conservateur, Joan Quennell, écrit au ministre des Affaires étrangères, Rab Butler, pour lui demander s'il est vrai que « les jeunes artistes britanniques connus sous le nom de Beatles ont été malmenés par des fonctionnaires britanniques. » M. Butler lui répond qu'au contraire, le manager des Beatles a écrit à Lady Ormsby-Gore pour la « remercier de cette soirée délicieuse. »

52

Le mystère a été résolu quarante ans plus tard, lorsqu'une Canadienne de cinquante-huit ans, Beverly Markowitz, a tout avoué au *Oshawa Times*.

En 1964, Beverly vivait avec ses parents à Silver Spring, dans le Maryland, et sortait avec un disc-jockey local. Bien qu'elle ait entendu « I Want to Hold Your Hand » quelques fois à la radio, cela ne l'avait guère impressionnée : « Je pensais juste que c'était un autre groupe de rock'n'roll avec une coiffure cool. Ils étaient tous mignons, pourtant. »

Le petit ami de Beverly avait réussi à acheter des billets pour le premier concert américain des Beatles, au Colisée de Washington, et elle avait accepté de l'accompagner : « Il m'a dit que les Beatles allaient devenir très célèbres. » Après le concert, il a dit à Beverly que les Beatles seraient à une fête à l'ambassade britannique. Pourquoi ne pas essayer de s'y incruster ? Beverly était très confiante : « On était dans le parking. Il faisait froid. Il neigeait. Il était tard et sombre et tout, et je devais rentrer à la maison ou mon père allait me tuer. » Mais son petit ami n'a pas accepté de réponse négative. Après tout, ils avaient le look qu'il fallait : « Je portais une robe et des talons. Mes cheveux étaient coiffés, et mon copain était en costume. » Finalement, elle a accepté.

Il est beaucoup plus facile d'entrer dans l'ambassade qu'ils ne l'avaient imaginé : « Un type aux cheveux blancs, ivre, est sorti, et quand il est rentré, nous sommes entrés avec lui. On a pu passer devant la presse et la corde de velours et entrer directement dans la fête. »

Mais les Beatles étaient à l'étage, dans une zone réservée. Il se faisait tard. Beverly a demandé à son petit ami de la ramener chez elle, mais il lui a dit que « nous n'irions nulle part tant que les Beatles ne seraient pas descendus. »

Ils ont donc attendu, et bientôt les Beatles sont descendus. Beverly s'est approchée d'eux et leur a demandé un autographe. « Ils étaient tous très gentils, sauf John. Il ne voulait rien signer pour personne. Je n'arrêtais pas de lui dire : "C'est quoi ton problème ?" Tellement arrogant. »

Son petit ami refusait toujours de la ramener chez elle, même si elle insistait sur le fait que son père serait furieux. « Je n'arrêtais pas de dire "Allons-y, allons-y, allons-y", mais mon petit ami ne voulait pas partir. Je n'arrivais pas à trouver comment sortir, alors j'ai pensé que le meilleur moyen serait de se faire jeter dehors. »

Elle a compris que la méthode la plus rapide d'être éjectée était de couper les cheveux d'un Beatle. Elle choisit Ringo : « Il est plutôt petit, et j'avais des talons, donc je pouvais l'atteindre plus facilement que les plus grands... J'ai sorti ces petits ciseaux de mon sac. J'ai juste fait clip, clip, clip, clip, clip tout autour du côté, et il ne l'a pas senti au début. »

Beverly se souvient que Ringo s'est retourné et l'a attrapée par l'épaule. Comme prévu, elle a été immédiatement expulsée de l'ambassade et est rentrée chez elle avec une mèche de cheveux des Beatles.

Peu après, elle a collé les cheveux de Ringo dans son livre d'autographes, où ils se trouvent encore aujourd'hui, à côté de son autographe.

D'autres devaient trouver le processus de récolte des cheveux de Ringo moins pénible. En Angleterre, une fan des Beatles de treize ans, Katie Riggins, et une amie ont écrit des lettres aux mères de

Ringo et de George pour leur demander un objet appartenant à leurs garçons. Près d'un an plus tard, Katie reçoit par la poste une mèche de cheveux de Ringo, accompagnée d'une lettre de Freda Kelly, la secrétaire du Northern Fan Club des Beatles, disant que Mme Starr voulait qu'elle l'ait. Son amie a reçu une enveloppe similaire, contenant la vieille brosse à dents de George Harrison.

53

Pour Noël 1964, quand j'avais sept ans, mes frères et moi avons reçu de nos parents des perruques des Beatles. À cette époque, une usine de Bethnal Green fabriquait 30 000 perruques des Beatles par semaine, destinées à être vendues dans les magasins au prix de 30 shillings par tête. Mais il s'agissait de perruques de qualité, faites de tissu : les nôtres coûtaient 6 pence, et étaient faites du même plastique fin et moulé que les masques bon marché, si fragiles et aux arêtes si vives qu'elles étaient douloureuses à porter : si vous penchiez la tête vers le haut, le bord inférieur entrait dans le creux de votre cou, et si vous tourniez la tête sur le côté, il raclait la peau derrière vos oreilles. Ces « perruques » ne ressemblaient pas du tout à des cheveux. En fait, elles auraient pu servir de frisbees. La même année, le Père Noël a également mis un jeu de cheveux magnétiques des Beatles dans ma chaussette de Noël. Il s'est avéré que ce n'était pas vraiment un jeu, dans la mesure où il n'y avait pas de règles ni même d'instructions. Il se composait simplement de quatre silhouettes des Beatles, d'un aimant et de centaines de petites limailles de fer noires. Le petit jeu consistait à utiliser l'aimant pour mettre la limaille de fer en place, de sorte que chaque Beatle se retrouve avec quelque chose qui ressemble vaguement à une coupe de cheveux des Beatles, ou à ce à quoi une coupe de cheveux des Beatles aurait pu ressembler si les Beatles avaient été frappés d'alopécie. Cinquante-cinq ans plus tard, au printemps 2019, j'ai remarqué le même jeu de cheveux magnétiques des Beatles, en bon état, annoncé pour 1 250 livres.

Avant même d'entendre leur musique, tout ce que je savais des Beatles, c'étaient leurs cheveux ; ça, et leurs « *yeah, yeah, yeah* ». Tout le monde parlait de leurs cheveux, et dans les familles, ces discussions se terminaient souvent par des disputes, la jeune génération étant fortement pour, et la vieille génération tout aussi fortement contre. Ces querelles ont même éclaté dans les propres familles des Beatles.

« Ces cheveux, c'était la limite, la fin absolue », se plaignait Mimi, la tante de John, après avoir regardé l'une de leurs premières apparitions à la télévision, dans l'émission *Thank Your Lucky Stars*, le 13 janvier 1963.

À la fin de la même année, le maréchal Montgomery, « Monty », devient la première personne à mentionner les cheveux des Beatles dans un débat parlementaire. S'exprimant devant la Chambre des Lords pour soutenir les jeunes hommes effectuant le service national – « Regardez comme ils se sont bien battus en Malaisie, en Corée et contre les Mau-Mau » - il termine son discours par ces mots : « Pour conclure, je voudrais dire une chose : si l'on décide d'instaurer le service national, il se peut même que les Beatles doivent se faire couper les cheveux. » Quelques semaines plus tard, le 9 décembre, le député travailliste Emrys Hughes répond à la remarque de Montgomery.

> M. EMRYS HUGHES : Je ne vois pas pourquoi ils devraient se faire couper les cheveux. Je ne comprends pas que cet argument soit susceptible d'amener des jeunes hommes dans l'armée à l'heure actuelle. Pourquoi un soldat devrait-il se faire couper les cheveux d'une certaine manière ? Pourquoi les soldats ne seraient-ils pas autorisés à porter la barbe ? [rires] Mon honorable et savant ami le député de Northampton (M. Paget) rit. On m'a moi-même demandé pourquoi le jeune homme qui veut s'engager dans l'armée se voit dire que, s'il s'engage dans l'armée, il devra couper sa barbe, alors que s'il s'engage dans la marine, il pourra garder sa barbe.

Ce n'est ni la première ni la dernière fois qu'une discussion sur les cheveux des Beatles se transforme en une discussion sur tout le reste :

> LORD ROBERT GROSVENOR (Fermanagh et South Tyrone, Ulster Unionist) : L'honorable gentleman sait-il que certains soldats sont autorisés à porter la barbe ?
> M. EMRYS HUGHES : Je n'étais pas au courant de cela. Si l'honorable député souhaite développer ce point plus tard, je serai très heureux d'avoir des informations d'expert sur ce point.
> M. REGINALD PAGET (Northampton, porte-parole travailliste pour la Marine royale et l'Armée) : Si mon honorable ami est intéressé par une raison, la raison traditionnelle pour laquelle il est interdit aux soldats de porter la barbe est qu'une barbe est un objet pratique à saisir lorsque vous coupez la tête de quelqu'un, et cela se produit beaucoup plus rarement dans les navires.

L'origine de la coupe de cheveux des Beatles est généralement datée de l'après-midi du 12 ou 13 octobre 1961 au 29, rue de Beaune, à Paris. John, le plus fortuné du groupe, avait reçu 100 livres - 2 000 livres ou plus en termes actuels - pour son vingt-et-unième anniversaire de la part de sa tante Elizabeth. Il avait décidé de les dépenser pour des vacances à Paris avec Paul. À cette époque, tous deux portaient leurs cheveux gominés, avec une banane, à la manière d'Elvis.

Arrivés à Paris, ils retrouvent un vieil ami de Hambourg, Jurgen Vollmer, et traînent avec lui. Vollmer portait une frange dans ses cheveux, en réaction, selon ses propres termes, « aux horreurs bourgeoises de Hambourg. » Calculant que cela leur donnerait plus de pouvoir d'attraction auprès des filles rapides de la Rive Gauche, John et Paul veulent avoir les mêmes cheveux que Vollmer, bien que « les siens soient en fait plutôt sur le côté » se souvient Paul. « Une sorte de Hitler aux cheveux longs. » Dans sa mansarde de l'Hôtel de Beaune, Jurgen a accepté de le coiffer. Il a d'abord coupé les cheveux de Paul, puis ceux de John. Le lendemain, lorsque le concierge aperçoit toutes les pinces à cheveux sur le sol, il pousse un cri.

C'était peut-être la première fois que John et Paul adoptaient leur coiffure « moptop », mais d'où vient le style lui-même ? Astrid Kirchherr, la petite amie allemande exotique de Stu Sutcliffe, en a parfois revendiqué le mérite, bien qu'en d'autres occasions elle l'ait nié : « Toutes ces conneries que les gens ont dites, que j'ai créé leur coiffure, c'est n'importe quoi ! Beaucoup de garçons allemands avaient cette coiffure ! »

Elle avait certainement coupé les cheveux de Stu en une frange six mois plus tôt à Hambourg. Pete Best se souvient que John et Paul s'en moquaient. « Nous avons tous pensé que cela allait trop loin et nous sommes tous tombés d'accord en pointant du doigt la frange. Gêné, Stu s'était recoiffé. Mais selon Best, il la laisse réapparaître au cours des jours suivants, et c'est là que George finira par la copier. »

Astrid elle-même a retracé son origine il y a deux mille ans ou plus, affirmant avoir copié la coupe de cheveux de Jean Marais dans *Le Testament d'Orphée* de Jean Cocteau en 1960, « dont je suis certain qu'elle a été inspirée par les Grecs anciens. » Mais le plus acharné de tous les détectives des Beatles, Mark Lewisohn, met en doute cette affirmation, ayant découvert une photo de Jurgen Vollmer avec la même coupe de cheveux en 1957, près de trois ans avant la sortie du film de Cocteau.

Bien que la lignée de cette coiffure se perde dans le temps, son impact sur le monde est indéniable. Comme l'a demandé Pete Best, « Qui aurait pu prévoir que la simple expérience d'Astrid avec Stu aurait pour résultat que la moitié de la population masculine du monde s'y mettrait et que certains pays inquiets, comme l'Indonésie, iraient jusqu'à adopter des lois rendant illégales les coupes des Beatles ? »

John et Paul sont revenus de Paris à Liverpool le 15 octobre. Neil Aspinall était chargé d'aller les chercher pour leur prochain concert : « Nous sommes allés chercher John, et ses cheveux étaient défaits. Mais c'est quand nous sommes allés chercher Paul que nous avons compris qu'il se passait quelque chose, car non seulement les cheveux de Paul étaient également défaits, mais il est sorti de chez lui en *sautillant* - comme il le fait toujours - en montrant ses cheveux et en manquant, comme d'habitude, de subtilité. Ses cheveux étaient différents et nous devions tous le remarquer. » Paul se souvient que tout le monde disait : « Eh, tes cheveux sont devenus bizarres », ce à quoi John et lui répondaient : « Non, c'est le nouveau style. »

Et c'est ce qui s'est passé : dans les années 1950, les jeunes hommes britanniques portaient leurs cheveux en arrière, enduits de crème capillaire, et pensaient que cela donnait un air morose et métropolitain. Les cheveux des Beatles, peignés vers l'avant et non sculptés, donnaient l'air de garçons effrontés et vifs. En l'espace de deux ans, leur coiffure est devenue le symbole d'une nouvelle décennie de liberté et de jeunesse, si bien que, dans certaines institutions, elle est proscrite. En novembre 1963, le directeur de la Clarks Grammar School de Guildford interdit la coupe de cheveux des Beatles. « Cette coupe ridicule fait ressortir le pire chez les garçons, tonne-t-il. Il les fait passer pour des crétins. Si je constate que l'interdiction n'est pas respectée, j'écrirai à tous les parents pour leur demander de me soutenir. » Mais un élève a réagi de manière grincheuse à l'injonction : « L'interdiction ne sera pas bien accueillie par la plupart des garçons », a-t-il déclaré anonymement au *Surrey Advertiser*. « Je pense que c'est stupide. Les Beatles sont géniaux et je ne vois rien de mal à leur style de coupe de cheveux. »

En quelques mois, l'engouement a gagné l'Amérique. En février 1964, l'écrivain Tom Wolfe assiste à l'arrivée des Beatles aux États-Unis : « Lorsqu'ils sont arrivés à Kennedy, je pouvais voir tous les garçons courir dans les couloirs en se peignant les cheveux en avant. C'est là que les années 1960 ont vraiment commencé. » George Martin se souvient avoir vu des hommes adultes descendre la 5e Avenue avec des perruques des Beatles : « C'était de la folie. » Vingt mille perruques des Beatles étaient vendues par jour rien qu'à New York, au prix de 2,98 $ chacune.

À cette époque, Bruce Springsteen, âgé de quatorze ans, entre dans le rayon disques du magasin Newbury's de Freehold, dans le New Jersey, et pose les yeux sur *Meet the Beatles*. C'était, croit-il encore, « la plus grande couverture d'album de tous les temps... Tout ce qu'elle disait était *Meet the Beatles*. C'était exactement ce que je voulais faire. Ces quatre visages à demi-ombragés, le Mont Rushmore du rock'n'roll, et LES CHEVEUX ! LES CHEVEUX ! Qu'est-ce que cela signifie ? C'était une surprise, un choc. Vous ne pouviez pas les voir à la radio. Il est presque impossible d'expliquer aujourd'hui l'effet de CES CHEVEUX ! »

La réaction immédiate de Bruce a été de se faire coiffer comme les Beatles. Il connaissait les conséquences : « Les coups de pied au cul, les insultes, les rejets et le statut d'outsider qu'il fallait accepter pour le porter. » Lorsque son père a vu ce qu'il avait fait, « sa première réaction a été de rire. C'était drôle. Puis, pas si drôle. Ensuite, il s'est mis en colère. Puis, finalement, il a posé sa question brûlante : "Bruce, es-tu gay ?" »

La plupart des contemporains de Bruce se sont montrés tout aussi impitoyables. Mais un ou deux autres étaient, comme lui, prêts à braver les railleries du monde pour le bien des Beatles. Et c'est ainsi qu'ils se sont battus, navires contre la tempête : « J'ai ignoré les insultes, j'ai évité les confrontations physiques du mieux que j'ai pu et j'ai fait ce que j'avais à faire... chaque lever de soleil recelait la possibilité d'une épreuve de force. »

Vingt ans plus tôt, Frank Sinatra avait créée sa propre « Sinatramania ». Les filles étaient devenues folles à ses concerts, hurlant dans la salle. En 1962, le compositeur Jule Styne avait déclaré que Sinatra avait « vaincu le rock'n'roll », mais cette prédiction semblait désormais prématurée. À quarante-neuf ans, Sinatra n'a aucun single dans les charts, et un seul album, à la dixième place. En revanche, les Beatles ont les cinq premiers singles et les deux premiers albums. Sinatra avait du mal à digérer cette situation. « Il détestait sincèrement le rock'n'roll, les Beatles... Il n'avait que du mépris », note Rock Brynner, alors âgé de dix-sept ans, ami de la famille Sinatra[60]. Chaque fois que les Beatles passaient à la radio ou à la télévision, Sinatra demandait à ses enfants de les éteindre. « Les cheveux longs le rendaient fou », se souvient son valet George Jacobs. Il se moquait de la qualité de la nouvelle musique... pour lui, ce n'était qu'une excuse pour prendre de la drogue[61]. »

* * *

À la fin de l'année 1964, tous les opposants britanniques aux coiffures des Beatles, sauf les plus farouches, avaient hissé le drapeau blanc. En décembre de cette année-là, le comte Mountbatten de Birmanie, chef d'état-major, ancien First Sea Lord, dernier vice-roi des Indes, demanda au chef de son personnel privé, William Evans, d'obtenir une boîte de perruques des Beatles pour ses petits-enfants. Le directeur général de la société de fabrication se rendit à Broadlands, la résidence de Mountbatten dans le Hampshire, avec un coffret de présentation spécial. « Mountbatten s'est pavané en perruque tout au long du jour de Noël », se souvient Evans. Un an après avoir critiqué leur coiffure à la Chambre des Lords, le maréchal Montgomery fait volte-face et déclare qu'il a hâte de les inviter dans sa maison de campagne « pour voir quel genre de gars ils sont. »
Mais des régimes plus oppressifs ont cherché à interdire les coiffures des Beatles. En juillet 1964, le président indonésien Sukarno a annoncé que son gouvernement n'autoriserait plus « une coiffure à la Beatles » sur la tête des jeunes du pays : « Il y a quelques jours, on a vu l'émergence de jeunes Anglais fortement perturbés appelés les Beatles, a-t-il déclaré lors d'une assemblée. Leurs cheveux descendent jusqu'aux sourcils... Jeunes gens, s'il y en a parmi vous qui souhaitent les imiter, prenez garde ! Je vais donner l'ordre à la police de toute l'Indonésie d'attraper tout jeune homme qui tente de porter la même coiffure que ces Beatles, et de le raser complètement. La police est-elle là ou non ? Prenez note, prenez note de mon ordre ! »
En Union soviétique, les disques des Beatles sont interdits, les cheveux longs pour les hommes sont proscrits et la propagande anti-Beatles est omniprésente. En 1966, un journal télévisé diffusé sur la seule chaîne d'État présente une série de photos grotesques du groupe et de ses fans en délire, accompagnées d'un commentaire mêlant horreur et sarcasme :

> Le quatuor pop des Beatles - regardez comme ils sont élégants ! Mais au début de leur carrière, ils se produisaient sur scène en maillot de bain avec des sièges de toilettes sur le cou ! Puis ils

---

60 Rock Brynner (1946-), fils de Yul Brynner. Historien, universitaire, cofondateur du Hard Rock Café.
61 Que ce soit par familiarité ou par opportunisme, Sinatra finit par se rapprocher des Beatles, enregistrant à la fois « Yesterday » et « Something », qu'il décrit comme « La plus grande chanson d'amour des cinquante dernières années » (bien qu'il l'attribue à tort à Lennon et McCartney). Au cours de l'été 1968, il a également accepté de réaliser un enregistrement unique de « The Lady is a Tramp » pour le vingt-deuxième anniversaire de Maureen Starkey. Les paroles révisées comprenaient les lignes « *She married Ringo, and she could have had Paul/That's why the lady is a champ* » (« Elle a épousé Ringo, mais c'est Paul qu'elle aurait voulu avoir. C'est pourquoi cette femme est une gourde »). L'enregistrement original du single a été détruit, et il n'en existe qu'une seule copie, dont on ignore où elle se trouve. Il a depuis été décrit par Daniel Finkelstein dans le *Times* comme « le disque le plus rare et le plus précieux jamais réalisé. »

ont rencontré leur mentor - le dealer londonien Brian Epstein. Cette fée londonienne a compris que ces surdoués pouvaient être de vraies machines à sous. Atteints de sévères psychoses, les fans n'entendent plus rien. Des hystériques, des cris, des gens qui s'évanouissent ! Des salles de concert démolies et des bagarres sont le final habituel d'un concert. C'est un monde composé de quatre murs couverts des photos de quatre chanteurs aux cheveux longs.

S'ensuivent des images d'extrême pauvreté dans le Sud profond, d'adolescents dansant follement et de membres du Ku Klux Klan portant des croix brûlées, le tout contribuant à dresser un portrait de l'indifférence occidentale face à l'injustice sociale.

> Continuez à danser, les gars, ne regardez pas autour de vous ! Vous ne voulez pas vraiment savoir ce qui se passe ! Continuez, plus fort et plus vite ! Vous ne vous souciez de personne d'autre !

Mikhaïl Safonov était un écolier de Leningrad lorsque la radio soviétique a diffusé « A Hard Day's Night » comme exemple de chanson capitaliste sur la poursuite incessante de l'argent. C'était la première fois qu'il entendait les Beatles. Au début, il n'est pas impressionné, mais avant la fin de l'année 1965, il est pris d'une forme particulièrement périlleuse de Beatlemania. Lui et ses camarades de classe copient les disques des Beatles et les échangent sur le marché noir. Dans toute l'Union soviétique, de jeunes fans comme Mikhaïl écrivaient les paroles des Beatles et les faisaient circuler, apprenant ainsi l'anglais. Les plus rebelles aimaient échanger les noms de Lénine et de Lennon, même si la découverte pouvait leur coûter tout espoir de poursuivre leurs études. Une école a mis en scène et diffusé un procès des Beatles, avec un procureur qui les accusait d'être des « insectes ». À la fin du procès, ils ont été reconnus coupables, en leur absence, de comportement antisocial. Mais ce verdict va se retourner contre eux : « Plus l'État persécutait les Beatles, se souvient Mikhaïl, plus ils mettaient en évidence la fausseté et l'hypocrisie de l'idéologie soviétique. Et en s'attaquant à quelque chose dont le monde entier était tombé amoureux, ils se sont isolés encore plus. Cela nous a fait douter davantage que notre pays bien-aimé avait raison après tout. »
Le surnom de Mikhaïl à l'école était « Ringo », parce qu'il portait sa même coupe de cheveux. Ayant gagné une médaille d'argent à l'école, il est obligé de se rendre au Palais de la Culture pour la récupérer, de cacher son look Beatle, s'enduisant les cheveux de sucre et d'eau, pour présenter une coupe approuvée. Mais au moment de partir, un groupe de policiers a remarqué sa véritable longueur et l'a réprimandé pour ses cheveux longs, le libérant seulement après qu'il leur eut montré sa médaille d'argent.
À l'âge adulte, Mikhaïl est devenu chercheur principal à l'Institut d'histoire russe de Saint-Pétersbourg. Avec le recul, il estime que « la Beatlemania a détruit les fondements de la société soviétique... On pourrait dire qu'ils ont fait plus pour la destruction du totalitarisme en URSS que Soljenitsyne et Sakharov. »
Aussi étrange que cela puisse paraître, cette opinion a été confirmée par Mikhaïl Gorbatchev et Vladimir Poutine lui-même. Lorsque Paul s'est rendu à Moscou en mai 2003 pour donner un concert sur la Place Rouge, il a eu une audience avec le président Poutine, qui lui a dit qu'entendre les Beatles lorsqu'il était enfant en Union soviétique était « comme une bouffée de liberté ». Lors de la même visite, l'ancien président Gorbatchev a déclaré à Paul : « Je crois que la musique des Beatles a appris aux jeunes de l'Union soviétique qu'il existe une autre vie. »
Alors que les cheveux des Beatles descendaient vers le bas, dépassaient leurs cols, passaient sur

leurs oreilles et sur leurs épaules, les cheveux de la jeunesse du monde entier suivaient le mouvement. Pour les jeunes, les cheveux longs sont devenus un symbole de liberté, voire de bonheur. « Si mes cheveux semblent un peu longs, c'est parce que l'idée s'est implantée dans mon cerveau dès mon plus jeune âge : cheveux longs égale bonheur. Et ça, c'est grâce aux Beatles », raconte le violoncelliste Steven Isserlis, qui a eu neuf ans à la fin de l'année 1967.

Lorsque « Penny Lane » est sorti au début de l'année, nombre de ses clients réguliers s'attendaient à ce que Harry Bioletti, dont le salon de coiffure a été immortalisé dans la chanson, soit ravi. « Oh, mon Dieu, non !, a-t-il protesté. J'ai fait les coupes de cheveux des Beatles quand ils ont commencé à jouer et sont devenus les Quarrymen. Mais j'ai enlevé leurs photos. De tels cheveux sont mauvais pour le commerce. À aucun moment je n'agis en traître, mais les affaires sont les affaires. Je m'adresse à une clientèle plus large, pour mon salon de coiffure. »

Notre coiffeur de village dans le Surrey avait affiché un dessin d'humour, à côté de son miroir, qui présentait deux hommes debout l'un à côté de l'autre dans un urinoir public, l'un avec des cheveux longs, l'autre avec des cheveux courts. « Mince alors ! Tu m'as fait sursauter ! s'exclame l'homme aux cheveux courts. J'ai cru que vous étiez une fille ! »

Une blague populaire de l'époque mettait en scène un jeune homme qui se rendait chez son coiffeur local et déclarait qu'il souhaitait une coupe de cheveux à la Beatles. Le coiffeur lui fait alors un une coupe à ras, sur les côtés et à l'arrière..

« Mais les Beatles n'ont pas les cheveux coupés comme ça, proteste le jeune homme.

- Ils le feraient s'ils venaient ici », lui répond-on.

Du milieu à la fin des années soixante, il était difficile de suivre les Beatles et leurs cheveux, surtout si l'on tient compte de leurs moustaches, barbes et favoris. En septembre 1968, c'est la cinquième fois en quatre ans que les techniciens de Madame Tussauds sont obligés de mettre à jour les statues de cires des Beatles pour tenir compte de leurs apparences toujours changeantes ; trois mois plus tard, Paul s'est laissé pousser la barbe et ils ont dû recommencer le processus.

À cette époque, le coiffeur personnel des Beatles, Leslie Cavendish, est devenu une célébrité à part entière. Après avoir débuté dans le métier en lavant les cheveux pour Vidal Sassoon, il est désormais photographié et interviewé dans les magazines de mode, et invité à toutes les meilleures soirées. Il a ensuite écrit une autobiographie, *The Cutting Edge*, pleine de détails sur la façon dont chacun des quatre hommes réagissait à ses coiffures. Curieusement, c'est Ringo qu'il trouve le moins accessible, « le seul Beatle qui ne voulait pas qu'on oublie qu'il était un Beatle », alors que Paul était toujours facile à vivre et reconnaissant. George avait les cheveux les plus épais, « au moins deux fois plus épais que ceux de Paul », mais il parlait à peine pendant qu'on le coupait, se contentant d'offrir « un mot de remerciement poli » lorsque la coupe était terminée. John était délicat – « peut-être le pire client que j'aie jamais eu à gérer » - parce qu'il était terriblement remuant. « "Pourriez-vous garder votre tête immobile, John ?" Je demandais, encore et encore, aussi patiemment que je le pouvais. John me reconnaissait brièvement, hochant la tête comme s'il avait compris, mais le simple fait de hocher la tête démontrait qu'il n'avait pas tout à fait compris le message. »

Plus tard, John ferait superviser ses coupes de cheveux par Yoko Ono :

> Franchement, je ne comprenais pas la moitié de ce que Yoko racontait, mais John non plus. En fait, il était de plus en plus exaspéré par elle :
> « Je ne comprends pas ce que tu essayes de dire », se plaignait-il en secouant dangereusement la tête. « Je ne comprends tout simplement pas !

- Tu ne comprends pas parce que tu n'écoutes pas », répondait Yoko sur le ton de la plaisanterie, comme s'il était un petit garçon coincé - ce qu'il était peut-être.

Étonnamment, cela ne semblait que l'exciter davantage. John était a priori le personnage dominant dans toute conversation. Et pourtant ici, pour la première fois, j'ai vu cette petite dame féroce contrôler complètement leur couple.

Étant la seule partie du corps des Beatles qui pouvait être coupée et enlevée sans causer d'alarme, leurs cheveux étaient particulièrement convoités par les fans et les collectionneurs. En 1966, un coiffeur allemand, Klaus Baruch, a coupé les cheveux de John pour le préparer à son rôle de soldat dans le film *How I Won the War*. Cela a fait la une des journaux du monde entier : « LENNON JOUE SANS SES BOUCLES ». « QUAND UN BEATLE DIT ADIEU À SA COUPE AU BOL ». « LENNON TONDU : ADIEU LE CASQUE ». Brian Epstein était si déterminé à empêcher que les précieuses coupures de cheveux ne tombent entre les mains de chasseurs de souvenirs qu'il a chargé Neil Aspinall de superviser leur incinération.

Mais il semble maintenant que M. Baruch ait conservé quelques mèches comme pécule pour sa retraite. Cinquante ans plus tard, une mèche de cheveux de quatre pouces de Lennon provenant de cette coupe a été mise en vente par Heritage Auctions de Dallas. « C'est la plus grande mèche de cheveux de John Lennon jamais proposée aux enchères », a déclaré le commissaire-priseur, Gary Shrum. Elle a finalement été vendue à Paul Fraser de Bristol pour 35 000 livres, soit trois fois l'estimation. À l'heure où nous écrivons ces lignes, Paul Fraser Collectibles propose « une mèche de cheveux de John Lennon d'un demi-pouce d'origine garantie - provenance exceptionnelle - acquise auprès du barbier Klaus Baruck à Berlin » pour 399 livres. La brochure ajoute que cette mèche de cheveux est « présentée sur une feuille d'exposition prête à être encadrée. »

54

Cher Ringo,
Il n'y a qu'un seul Ringo, et il n'y a qu'une seule Winifred Henderson.
N'est-il pas temps que le seul et unique Ringo et la seule et unique Winifred Henderson se retrouvent enfin ensemble ?
Baiser et tout plein de trucs,
Winifred H.
Bayonne, New Jersey

Cher Ringo,
Que faisiez-vous avant d'être un Beatle ? Étiez-vous une personne ordinaire ?
Bisous, Janet L.
Miami, Floride

Cher Ringo,
Tu as le plus beau sourire de tous les Beatles. Ce sont tes vraies dents ?
J'espère que ma question ne te dérange pas.
Cordialement, Evelyn M.
Salt Lake City, Utah

Cher Ringo :
J'ai donné ton nom à mon nouveau chien, et il est le plus fier du quartier.
Bisous, Susie P.
Winston-Salem Caroline du Nord

Cher Ringo,
TU ES LE PLUS BEL HOMME DU MONDE, À L'EXCEPTION DE MON PÈRE.
MON PÈRE EST BEAU AUSSI, À L'ANCIENNE.
Bises, Norma A.
Denver, Colorado

55

Aujourd'hui, Ringo est synonyme de chance, mais ses débuts dans la vie ont été marqués par la malchance. La maison des Starkey était une maison à deux étages dans un quartier très rude de Dingle, où la rumeur veut que l'on « joue en bande avec des hachettes ». La maison n'avait pas de salle de bains, avec des toilettes extérieures. Son père a quitté la maison quand Ringo avait trois ans. « Nous étions de la classe ouvrière, et à Liverpool, quand votre père partait, vous deveniez soudainement de la classe ouvrière inférieure. » À l'école, il est placé dans la filière C, où il est considéré comme un élève moyen - ou, pour citer l'un de ses bulletins, « honnête, joyeux, volontaire et tout à fait capable de faire un employé satisfaisant. » Mais il a été hospitalisé pendant deux ans à partir de l'âge de treize ans, et son éducation s'est donc arrêtée à ce moment-là : sans les efforts de la fille d'un voisin qui lui a appris à lire, il aurait été fonctionnellement analphabète.

À quinze ans, le jeune Ritchie Starkey quitte l'hôpital pour travailler comme coursier pour les chemins de fer britanniques, mais au bout de six semaines, il est licencié pour avoir échoué à son examen médical. Pendant un certain temps, il a travaillé comme serveur, puis son beau-père lui a trouvé un emploi d'apprenti tuyauteur : « J'ai failli être un technicien, mais je me suis cogné le pouce le premier jour. Je suis devenu batteur parce que c'était la seule chose que je pouvais faire ». Il n'avait ni vanité ni apitoiement sur lui-même. Malgré tous ses malheurs, il refusait de croire que dès que l'on naît, on se sent petit. Lors d'une interview à la radio en 1966, Brian Matthew lui a demandé avec désinvolture : « Diriez-vous que, dans l'ensemble, vous avez eu une vie assez facile ?

> RINGO : J'ai eu une vie facile. Je n'ai jamais eu faim. Je n'ai jamais eu froid. Vous savez, j'ai eu une bonne vie. Je ne changerais rien à tout ça. Cette partie est bien meilleure, mais ça ne me dérangerait pas de repasser par tout le reste.
> MATTHEW : Êtes-vous d'une grande ou d'une petite famille ?
> RINGO : Je suis enfant unique.
> MATTHEW : Oh, eh bien, voilà.
> RINGO : Les gens disent, "Oh, tu es enfant unique, tu as dû être gâté", mais ma mère est partie travailler et elle était la seule à gagner de l'argent, donc je suppose que c'est pour ça que je ne demandais que des petites choses, pas des grosses. Elles pouvaient sembler importantes, mais elles ne l'étaient pas vraiment. »

La rumeur a toujours couru que Pete Best avait été licencié des Beatles parce que les autres étaient jaloux de son physique. Si c'est le cas, sa « gueule de chauffeur de bus » (comme il a été une fois qualifié) était le passeport pour la gloire et la fortune.

Il n'était pas le plus beau, le plus charismatique, le plus musical ou le plus intéressant des Beatles, mais d'une certaine manière, cela faisait de lui un élément essentiel du groupe. Il était la figure d'Horatio, le Dr Watson, le Tommy Atkins qui, dans sa façon de travailler, désintéressée et fiable, a peut-être quelques pas de retard sur les autres, mais est toujours là pour les empêcher de dépasser les limites. « Pourquoi tu ne dis jamais rien d'autre que "Je suis le batteur" ? » lui demande John avec irritation, devant un journaliste, alors qu'ils sont en tournée en Grande-Bretagne en 1963.

« Je n'aime pas parler. C'est comme ça que je suis fait. répondit Ringo. Ça ne me dérange pas de parler ou de sourire, c'est juste que je ne le fais pas souvent. Je n'ai ni un visage avenant ni un caractère facile. »

En termes narratifs, il sert de cheval de trait parmi les poneys de prix, le personnage honnête et franc auquel les autres peuvent s'identifier. Des quatre Beatles, il est le seul à pouvoir être décrit comme un mec. « Ringo n'est pas le batteur le plus inventif du monde, a observé George Melly, mais il est adorablement simple, un peu "épais" en tant que personnage public, et décidément ordinaire dans ses goûts. Il fait office de pont, de preuve rassurante que les Beatles ont une certaine parenté avec les gens ordinaires. »

En mai 1963, alors que les Beatles viennent de prendre leur envol, Ringo se rend dans le bureau de leur fan-club et demande à la secrétaire, Freda Kelly, si elle peut s'occuper du courrier de ses fans. Freda est réticente : « Demande à tes parents de le faire. Les autres parents le font bien pour les trois autres », dit-elle.

« Ma mère ne sait pas quoi répondre », a répondu Ringo, avant d'ajouter : « De toute façon, je n'en ai pas beaucoup. »

Se sentant désolée pour lui, Freda lui dit : « D'accord, apporte-le, mais juste pour cette fois. » Elle se souvient qu'il est arrivé le lendemain « avec l'un de ces petits sacs en polyéthylène dans lesquels sont livrés les collants - il y avait tout son courrier à l'intérieur. Paul a eu deux pieds de courrier, mais Ritchie n'avait que ce petit sac, avec dix lettres dedans. »

Aujourd'hui encore, des blagues sont faites sur sa position d'avorton de la portée des Beatles. Dans un épisode du dessin animé *Family Guy*, trois filles sont assises dans une chambre et parlent de leur Beatle préféré. Les deux premières déclarent leur amour pour Paul et pour John. « Vous savez quoi ? Je suis amoureuse de Ringo », dit la troisième fille. À ce moment-là, Ringo apparaît par la fenêtre de la chambre, en haut d'une échelle, et lui demande de répéter ce qu'elle a dit. La fille devient soudain hésitante : « Heu… je sais plus ce que j'ai dit. » Mais Ringo ne se laisse pas démonter : « Ça ressemblait à un truc du genre que tu étais amoureuse de Ringo…

- Hum. Hum. Je ne crois pas avoir dit ça.

- Je suis sûr que tu as dit : "Je suis amoureuse de Ringo." Eh bien, je suis là ! » Il ouvre grand ses bras et rayonne.

À ce moment-là, la première fille demande, avec espoir, « Est-ce que John et Paul sont là ? ». Ringo répond : « Non, juste Ringo ! » et les trois filles ont l'air abattues.

Mais au fil des ans, Ringo a eu le dernier mot. En Amérique, plus qu'en Grande-Bretagne, il a rassemblé un nombre considérable de ses propres fans. Des caractéristiques qui semblaient banales en Grande-Bretagne semblaient être remarquables, voire exotiques, pour les Américains. Phil Spector écrit et produit une chanson, « Ringo, I Love You », pour la chanteuse Bobbie Jo Mason[62] qui chantait qu'elle rêvait de Ringo lui tenant la main et passant ses doigts dans ses cheveux. Un single des Young World Singers, sorti pendant les élections présidentielles américaines de 1964, s'intitulait « Ringo for President »[63]. Comme l'a fait remarquer un jour Brian Epstein : « L'Amérique a découvert Ringo. Et Ringo continue de surgir dans les souvenirs intimes des mannequins, des

---

[62] La jeune Cherilyn LaPiere, âgée de seize ans, sa cache sous ce pseudonyme : Spector a toujours des noms à forte consonance américaine pour ses chanteuses. LaPiere va bientôt devenir plus célèbre sous le nom de Cher. « Ringo, I Love You » ne figure pas au hit-parade. Certains attribuent cet échec à la voix grave de Cher : apparemment, de nombreux producteurs de radio craignent que la personne qui aspire à « serrer Ringo contre elle » soit un homme.

[63] En Grande-Bretagne, la reprise racoleuse de Rolf Harris n'a pas réussi à se classer dans les hit-parades.

chanteurs et des actrices. » Il y a quelques années, je feuilletais les mémoires de Christine Keeler[64] quand je suis tombé sur ce passage dans son chapitre « La luxure et le mariage » :
Je continuais à aller à l'Ad Lib et un soir, j'ai fini par danser avec Ringo Starr. Les Fab Four étaient le plus gros truc du monde et nous étions de grandes curiosités sur la piste de danse. C'est pourquoi nous nous sommes retrouvés dans le lit ensemble le lendemain matin, le matin où Freddy est arrivé à l'improviste pour une réconciliation. Si ça avait été quelqu'un d'autre qu'un Beatle, je pense qu'il aurait pu frapper Ringo. En fait, il a été tellement surpris quand il a vu que c'était Ringo au lit avec moi qu'il n'a rien fait, il est resté là, bouche bée. Ringo s'est enfui - et a cassé ma rampe en partant. Il s'est marié pour la première fois une semaine plus tard.
Dans ses mémoires, le directeur du NEMS, Peter Brown, note que Ringo a été « le dernier Beatle à s'installer avec une fille », et qu'en outre, « avec ses grands yeux de chiot et son effacement, il semblait être une cible facile pour toutes les bombes blondes qui pouvaient l'approcher », parmi lesquelles le mannequin glamour Vicki Hodge[65]. Dans les mémoires de Chris O'Dell (*L'histoire remarquable d'une femme ordinaire qui a vécu le rêve de millions de personnes*), plusieurs pages sont consacrées à la liaison de l'ancienne employée d'Apple avec Ringo au début des années 1970 : « C'était comme si deux fils s'étaient soudainement connectés, envoyant une secousse électrique d'attraction à travers moi ». À cet instant, Ringo n'était pas seulement un ami, ni un Beatle, c'était un homme. Un homme très désirable... Nous nous sommes réconfortés mutuellement à un moment où nous avions tous deux besoin de réconfort. Il était bon pour moi, et toujours, toujours gentil, et le simple fait d'être avec lui me rendait heureuse. Je voulais que ça dure, mais je savais que ça ne durerait pas... » En 1981, Ringo épouse l'ancienne James Bond girl Barbara Bach.
D'une certaine manière, il possédait l'heureux talent de transformer le malheur en avantage. Il était né gaucher, mais sa grand-mère - la mère de son père - l'avait forcé à utiliser sa main droite. Une coercition aussi brutale peut entraîner des problèmes tout au long de la vie, mais dans le cas de Ringo, cela signifiait qu'il s'attaquait à une batterie pour droitier avec les instincts contrariés d'un gaucher, ce qui donne à son jeu de batterie un style idiosyncrasique que les groupes d'hommage aux Beatles ont encore du mal à reproduire.
Son jeu de batterie n'était jamais clinquant : il se contentait de le laisser passer inaperçu, au service de la chanson. Pendant toutes les années où il a été l'ingénieur du son des Beatles, Geoff Emerick l'a toujours trouvé ennuyeux – « Honnêtement, je ne me souviens pas avoir eu une seule conversation mémorable avec Ringo » - mais il a souvent été frappé par l'effet galvanisant que son jeu de batterie avait sur la créativité du groupe : « Cela pouvait devenir incroyablement ennuyeux et déprimant de les entendre jouer la même chanson pendant neuf ou dix heures d'affilée, surtout si c'était de pire en pire au fur et à mesure qu'ils se droguaient et prenaient des raccourcis. Il est intéressant de noter qu'au cours de ces longues sessions de jam, Ringo était le plus souvent celui qui les emmenait dans de nouvelles directions - il en avait assez de faire toujours le même rythme et le changeait, ce qui entraînait parfois un changement musical de la part de l'un des autres musiciens. »
Comme de nombreux musiciens, Graham Nash estime que la batterie de Ringo est sous-estimée : « Ringo joue un battement de cœur, un son que j'adore. C'est l'un des secrets d'un bon jeu de batterie, car, dans la vie, tout commence par un battement de cœur. Le battement de cœur de votre mère est la toute première chose que vous entendez lorsque vous êtes conçu, et cela donne

---
64 La call-girl dont la liaison avec le secrétaire d'État à la Guerre John Profumo aurait entraîné la chute du gouvernement conservateur britannique en 1964.
65 Qui s'est aussi vanté d'avoir eu des aventures avec, par ordre alphabétique, le Prince Andrew, David Bailey, John Bentley, John Bindon, Yul Brynner, Elliott Gould et George Lazenby.

le rythme pour le reste de votre vie. Le battement de cœur est la partie la plus importante de la musique si vous voulez vous connecter à un niveau personnel. Et c'est très subtil. C'est un batteur incroyable, l'un des plus sous-estimés. Et les Beatles ont eu beaucoup de chance de l'avoir. »

Il était toujours discret. « Ringo est un garçon adorable, a dit Brian Epstein à son avocat, Nat Weiss. L'un de ses grands atouts, c'est que même s'il est le moins talentueux, il ne s'en formalise pas. » Cela peut sembler condescendant, mais c'était sans aucun doute bien intentionné : avec trois auteurs-compositeurs en concurrence, le groupe devenait de plus en plus tendu - un quatrième aurait pu provoquer une explosion.

Seul de tous les Beatles, Ringo ne possédait aucun talent de compositeur. Mais un jour, dans un éclair d'inspiration, les germes d'une chanson lui viennent à l'esprit, comme s'ils venaient de nulle part. Il travaille sur cette chanson pendant trois heures, et la présente aux trois autres le lendemain. Après un silence gêné, ils se sentent obligés de rappeler qu'elle a déjà été écrite et enregistrée par Bob Dylan.

Il n'était pas non plus un grand chanteur, même si les autres étaient heureux de maintenir une tradition touchante consistant à lui donner une chanson à chanter par album. Pendant l'enregistrement de *Sgt. Pepper*, Emerick observe Ringo qui a du mal à chanter « With a Little Help from My Friends ». Comme il se doit, étant donné qu'il s'agit d'une chanson sur les amis qui vous aident à atteindre les bonnes notes, John, Paul et George se rassemblent autour de lui, « le dirigeant silencieusement et l'encourageant alors qu'il s'attaque avec courage à ses tâches vocales ». Mais lorsqu'il s'agit de soutenir la dernière note aiguë, il se sent gêné et perd son sang-froid. » C'est bon, il faut juste y mettre du sien. Tu peux le faire, l'encouragea George Martin. Mets ta tête en arrière et laisse-toi aller ! » Finalement, il réussit, et les autres l'acclament en lui portant un toast avec leur scotch et leur coca. Le lendemain, alors que les autres ajoutaient leurs chœurs, « Ringo était assis dans la salle de contrôle… rayonnant comme un papa fier. »

Il est la personnification de l'adage « têtu comme un chien ». Contre vents et marées, il continue, quoi qu'il arrive. Avant de jouer devant 10 000 personnes au Forum de Montréal en 1964, les Beatles reçoivent la nouvelle d'un complot d'antisémites visant à tuer Ringo. Ringo réagit en soulignant une faille dans leur logique : « La seule faute majeure est que je ne suis pas juif ». Cependant, les autorités prennent la menace au sérieux et craignent que derrière ses tambours sur scène, il ne soit, littéralement, une cible facile. Pour sa part, Ringo fait face à la menace avec son sang-froid habituel, sa seule concession étant d'ajuster ses cymbales à un angle de 45 degrés, dans l'espoir qu'elles puissent dévier une balle. Pendant toute la durée du concert, un policier en civil s'est assis à côté de lui. Tout en jouant de la batterie, Ringo n'arrête pas de penser à ce garde du corps : « Si quelqu'un dans le public me tire dessus, qu'est-ce que ce type va faire ? Va-t-il attraper la balle ? » Il ne pouvait plus s'arrêter de sourire. « Je trouvais ça de plus en plus drôle, et le gars restait assis là. »

Ringo est enjoué ; quoi qu'il arrive, il se relève. Il est l'homme ordinaire pour qui la providence ne cesse de faire des miracles, le héros triomphalement non tragique, élevé de plus en plus haut par ses défauts. Il y a une scène dans *Help!* dans laquelle il s'échappe d'un yacht en plongeant dans l'océan. Elle a été filmée aux Bahamas avec une caméra montée sur un radeau placé à une centaine de mètres. Pendant ce temps, la zone était entourée de filets pour tenir les requins à distance. Victor Spinetti a regardé Ringo sauter par-dessus bord, prise après prise, avant d'être ramassé et hissé à nouveau sur le yacht, en tremblant de froid.

« Oh V-vi-vic, dit-il alors que le coiffeur lui sèche une fois de plus les cheveux, je d-d-dois-je faire

ça encore une f-f-fois ?
- Pourquoi ? lui ai-je demandé. Sa réponse m'a stupéfié.
- Je ne sais p-p-pas nager. »

56

À la page 598 de la *Life of Johnson de James Boswell*[66], un ecclésiastique sans nom fait une brève apparition. Boswell et le Dr Johnson sont en pleine discussion sur les meilleurs sermons en anglais lorsqu'un « ecclésiastique, dont je ne me souviens pas le nom » intervient pour faire une suggestion. Johnson le rabroue – « Ils n'étaient rien, Monsieur... » - et l'ecclésiastique sans nom n'est plus jamais mentionné.

Cent vingt-cinq ans après que Boswell avait consigné cet incident, l'essayiste Max Beerbohm se lamentait sur le fait que ce renvoi brutal par le Dr Johnson était désormais tout ce que l'on saurait de cet ecclésiastique anonyme : « Fragmentaire, pâle, momentané ; presque rien ; entrevu et disparu ; comme si une faible main humaine s'élevait, pour ne jamais réapparaître, de sous les eaux tumultueuses du temps... »

Jimmie Nicol fait le même genre d'apparition fugace dans l'histoire des Beatles. Dans les 420 pages de la biographie pionnière de Hunter Davies sur le groupe, il n'apparaît nulle part, et il n'apparaît que deux fois dans la biographie de 983 pages de Bob Spitz, aux pages 506 et 507, son nom de baptême étant mal orthographié « Jimmy ». La vaste *anthologie* des Beatles ne lui accorde qu'une seule entrée, à la page 139. Dans l'ouvrage de 400 pages de Philip Norman, *Shout! The True Story of the Beatles*, qui compte 400 pages, il est mentionné trois fois en passant, dans le même bref paragraphe :

« En juin, ils partent en tournée en Scandinavie, en Hollande, en Extrême-Orient et en Australasie. Ringo Starr se fait enlever les amygdales et manque les trois quarts du voyage. Il est remplacé par Jimmy Nicol, un batteur de session suffisamment petit et obscur pour faire taire toute rumeur de changement permanent. Nicol joue de la batterie avec eux jusqu'à Melbourne, où Ringo a rejoint le groupe : l'histoire ne relate plus rien sur Jimmy Nicol à partir de ce moment-là. »

« Fragmentaire, pâle, momentané ; presque rien ; entrevu et disparu » : tel est le destin de Jimmie Nicol. Jusqu'en juin 1964, sa carrière avait connu des hauts et des bas, mais surtout des bas. Il avait joué de la batterie sur « Giddy-Up-a- Ding-Dong » de Colin Hicks & His Cabin Boys[67], mais cette chanson n'a pas réussi à se classer dans les hit-parades. Il rejoint ensuite brièvement Tony Sheridan et les Wreckers, avant de les quitter pour jouer avec Vince Eager et les Quiet Three[68]. Ils font une tournée en Grande-Bretagne en 1960, sur la même affiche qu'Eddie Cochran et Gene Vincent. Cochran se prend d'affection pour eux et leur promet de les ramener à Los Angeles à la

---

66 James Boswell : Écrivain écossais du XVIIIe siècle, a écrit la biographie de son contemporain, Samuel Johnson, un critique littéraire britannique réputé pour ses textes autour de Shakespeare.

67 Colin Hicks était le frère cadet de Tommy Steele. Il avait été garçon de cabine lors d'une croisière de la Cunard et, à son retour en automne 1957, il avait trouvé son frère aîné célèbre. Colin ressemblait à Tommy, et avait la même voix que lui : il attribuera plus tard à cette ressemblance insurmontable son incapacité à entrer dans les hit-parades.

68 Vince Eager est né Roy Taylor, mais son manager, Larry Parnes, lui a donné un nouveau nom. Connu par certains sous le nom de « Parnes, Shillings and Pence », Larry Parnes avait pour règle de choisir des noms de scène pour ses protégés, parmi lesquels Billy Fury (né Ron Wycherley), Marty Wilde (Reginald Smith), Dickie Pride (Richard Knellar), Lance Fortune (Chris Morris), Johnny Gentle (John Askew), Georgie Fame (Clive Powell) et Tommy Steele (Thomas Hicks). L'un des rares à résister avec succès aux changements de noms compulsifs de Parnes est Joe Brown, qui refuse de porter le nom que Parnes lui a attribué : Elmer Twitch.

fin de la tournée ; mais le 17 avril 1960, Cochran se tue dans l'accident de son taxi dans la banlieue de Chippenham[69]. Ayant perdu leur mentor, Vince Eager and the Quiet Three sont contraints de rester en Grande-Bretagne, jouant une saison d'été à Great Yarmouth au lieu de s'envoler pour Los Angeles. Par la suite, après une dispute sur l'argent avec leur manager/promoteur Larry Parnes, Eager et le groupe se sont séparés, laissant Jimmie une fois de plus en plan.

En faisant cavalier seul, il a formé Jimmie Nicol and the Shubdubs, mais leur version ska de « Humpty Dumpty » ne décolle pas. Au début de 1964, il a joué de la batterie sur « Beatlemania », un album à prix réduit de reprises des Beatles, puis il a joué de la batterie pour le groupe de Georgie Fame, les Blue Flames, la nuit, et a travaillé dans un magasin de musique le jour.

L'après-midi du 4 juin 1964, il était assis chez lui à Barnes, au sud-ouest de Londres, quand le téléphone a sonné. « Bonjour, est-ce que Jimmie Nicol est là ? C'est George Martin à l'appareil. Que faites-vous pour les quatre prochains jours ? Ringo est malade, et nous voulons que vous preniez sa place sur la tournée des Beatles. Ça vous dérangerait d'aller en Australie ? »

Qui pourrait refuser une telle proposition ? Martin a dit à Jimmie de venir aux studios EMI à 15 heures, ajoutant : « Les Beatles veulent revoir quelques morceaux avec vous. »

Plus tôt dans la journée, les Beatles posaient pour des photos marquant le début de leur première tournée mondiale lorsque Ringo s'est mis à vomir. Transporté d'urgence à l'University College Hospital, on lui diagnostique une amygdalite et une pharyngite. Brian Epstein annonce aux trois autres qu'ils auront besoin d'un remplaçant. George, qui n'a jamais été le plus souple des Beatles, s'y oppose : « Si Ringo ne fait pas partie du groupe, ce ne sont pas les Beatles. Je ne vois pas pourquoi nous devrions le faire. Je ne vais pas y aller. »

Epstein leur parle de l'aspect économique de l'annulation d'une tournée mondiale, après quoi George, toujours préoccupé par l'argent, change immédiatement d'avis. Ils ont maintenant vingt-quatre heures pour trouver quelqu'un qui sache jouer de la batterie et qui ressemble, même fugitivement, à un Beatle. Il se trouve que leurs deux premiers choix - Raye Du-Val des Blue Notes et Bobby Graham des Marty Wilde's Wildcats - ont déjà des engagements, mais après un coup de fil amical de Paul, Georgie Fame accepte de libérer son nouveau batteur.

À Abbey Road, Jimmie a passé avec succès son audition. Il y a joué « I Want to Hold Your Hand », « She Loves You », « I Saw Her Standing There », « This Boy », « Can't Buy Me Love » et « Long Tall Sally ». « Bon, OK, tu en es, dit John. »

Ce soir-là, deux femmes arrivent chez Jimmie : une coiffeuse, prête à lui faire une nouvelle frange Beatle, et une costumière, amenant le costume Beatle de Ringo, qui devra être modifié pendant la nuit pour ce nouveau Beatle plus grand et plus costaud.

Le lendemain, John, Paul, George et Jimmie s'envolent pour Copenhague, où ils sont logés au Royal Hotel, dans la même suite de chambres que le président Khrouchtchev avait occupé la veille. Pendant ce temps, Ringo est allongé dans son lit à l'University College Hospital, s'apitoyant sur son sort : « C'était très étrange parce que je n'étais vraiment pas bien et j'ai cru que Jimmie Nicol me remplaçait définitivement. Je pensais qu'ils ne m'aimaient plus. Tout ça m'est passé par la tête. » Mais le nuage de Ringo a été le rayon de soleil de Jimmie. « Le jour avant que je ne devienne un Beatle, pas une seule fille ne voulait me regarder. Le jour suivant, quand j'étais en costume et que j'étais à l'arrière d'une limousine avec John Lennon et Paul McCartney, elles mouraient d'envie de me toucher. »

---

69 Le premier policier sur la scène de l'accident était un jeune cadet appelé Dave Harman. De retour au poste, il commence à gratter sur la guitare Gretsch de Cochran, qu'il a sauvée de l'épave, et se rend compte qu'il a une aptitude pour la musique. Il quitte donc la police, change son nom en Dave Dee et forme Dave Dee, Dozy, Beaky, Mick et Tich. Entre 1965 et 1969, le groupe a passé plus de semaines dans le hit-parade britannique des singles que les Beatles.

Son premier concert en tant que nouveau batteur des Beatles démarre mal. Il était assis sur cette tribune et regardait toutes les femmes, se souvient Paul. On commençait « She Loves You » - « 1, 2, » et rien. « 1, 2, » toujours rien. Mais il a vite pris le coup de main.

Pendant les dix jours suivants, Jimmie est traité comme un membre à part entière des Beatles, apparaissant aux côtés de John, Paul et George lors des conférences de presse, affichant un large sourire et riant à toutes leurs blagues. Cependant, les séquences filmées montrent qu'il n'avait pas la même assurance que les trois autres. Lorsqu'on lui demande en Hollande ce qu'il pense de ses deux premiers concerts avec le groupe, il répond : « La sueur coulait à flots sur mes joues. » Mais le reste des questions – « Portez-vous quelque chose sur la tête quand vous allez nager ? » « Faites-vous ça pour l'argent ? » - s'adressent aux autres, et George a du mal à expliquer le jeu de mots dans le nom des Beatles par l'intermédiaire d'un interprète néerlandais.

À Hong Kong, l'attaché de presse des Beatles, Derek Taylor, les a présentés comme « John, Paul, George et Jimmie Nicol », ce à quoi les trois premiers ont répondu par des huées et des sifflets.

« M. Nicol, comment vous sentez-vous d'être précipité dans ce vaste monde du business d'un seul coup ? demande un journaliste.
- C'est une expérience des plus excitantes, répond Jimmie.
- Correct ! » crient John et George en chœur.

Aujourd'hui encore, les photos des Beatles prises lors de leur tournée de dix jours peuvent faire sursauter le spectateur : c'est comme si vous trouviez sur une fête foraine un panneau en bois, avec les Beatles, grandeur nature, et un trou pour y passer sa tête pour la photo « moi avec les Beatles ». Il vous saute aux yeux, comme un intrus dans un album de famille.

Sur le vol de Hong Kong à Sydney via Darwin, Jimmie était assis à côté de John. Ils semblaient bien s'entendre, et Jimmie a même pensé que s'il jouait bien son jeu, il pourrait avoir une chance de remplacer Ringo de façon permanente.

Lors de leur première conférence de presse à Sydney, les trois Beatles habituels ont repoussé les questions avec leur badinage habituel.

« Qu'est-ce que tu t'attends à trouver ici en Australie ?
- Des Australiens.
- Tu t'es exercé à prendre l'accent australien ?
- Non, c'est « quand mon gourou » m'a demandé de le faire que j'ai dit oui. »

Au fur et à mesure de la conférence, Jimmie, le fumeur invétéré, a été mis sur la sellette.

« Et toi, Jimmie ? Tu n'as rien dit. Comment te sens-tu, Jimmie, d'être dans les Beatles - un nouveau talent - à la place de Ringo ?
- C'est une bonne expérience, mec.
- Comment va Ringo ?
- Erm, il va beaucoup mieux. Il rejoint les gars dimanche.
- Et donc, qu'est-ce que vous aller faire ?
- Je retourne à Londres, ils m'ont trouvé un groupe, et je fais de la télévision. »

Les projecteurs sont revenus sur John, Paul et George, qui étaient mieux équipés pour répondre aux questions plus générales. Mais, remarquant le silence de Jimmie, un journaliste a demandé :

« Avez- vous un accord selon lequel Jimmie ne doit pas parler ?
- Posez-lui une question, dit George.
- Je ne peux pas répondre à des questions sur des sujets dont, euh, je ne connais rien.

- Avec quel groupe joues-tu en Angleterre, Jimmie ?
- Eh bien, j'ai joué avec beaucoup de groupes en Angleterre. Juste avant de partir, je jouais avec un groupe de rhythm and blues...
- Est-ce que Brian Epstein vous gère ? »
Jimmie a réfléchi quelques secondes. « Non... je n'ai pas de manager. » Les trois autres ont ri de sa réponse hésitante.
« Vous le sauriez si c'était le cas ! » dit John.
Trois cent mille personnes ont envahi les rues pour accueillir John, Paul, George et Jimmie à Adélaïde, où ils ont été salués par le maire et honorés par une réception à l'Hôtel de ville. Sur le balcon, devant la foule en liesse, chacun des Beatles est présenté à tour de rôle. La température a sensiblement baissé lorsque le nom de Jimmie a été appelé, et il y a même eu une ou deux huées. À la conférence de presse, un journaliste a observé : « Il y a plus de gens ici que de personnes venues voir la reine.
- Je pense que oui, dit George. Elle n'a pas eu de disque à succès.
- Jimmie, penses-tu que Brian Epstein va agiter sa baguette magique, te regarder un jour et t'inclure comme cinquième Beatle ?
- Je n'en sais rien.
- Comment on se sent, d'être boosté par les Beatles ?
- C'est la fin, tu sais ! » Il voulait dire par là « C'est le fin du fin », bien que cette phrase sonne plutôt comme une malédiction.
Tout au long de sa carrière de Beatle, Jimmie était partagé entre deux sentiments à l'égard de l'homme qu'il avait été engagé pour remplacer : « Jusqu'à ce que Ringo nous rejoigne à Melbourne, je priais pour qu'il se rétablisse. En même temps, j'espérais qu'il ne reviendrait pas. Je m'amusais comme un fou. » Mais devant le public, il montre un visage radieux.
« Jimmie, tu as tes dernières représentations ce soir et Ringo arrive demain.
- Oui, c'est vrai. J'ai hâte de le rencontrer.
- Et puis c'est fini pour toi. Que va-t-il se passer ? J'ai entendu dire que tu ne retournerais peut-être pas en Angleterre ?
- Pas avant un moment, non. J'ai envie de découvrir Sydney. »
À la fin du dernier concert des Beatles à Adélaïde, le tout dernier concert de Jimmie en tant que Beatle, Paul le remercie publiquement d'avoir été leur batteur. Il ajoute ensuite que Ringo reviendra le lendemain, et le public applaudit à tout rompre.

Ringo et Brian Epstein ont pris l'avion de Londres à Melbourne, arrivant juste avant les autres, qui venaient d'Adélaïde. Jusqu'à un quart de million de fans entourent leur hôtel en criant « *We want the Beatles!* Nous voulons les Beatles ! » La police fait appel aux services armés, mais ils ne parviennent pas à empêcher Ringo de se faire arracher des touffes de cheveux alors qu'il se précipite de sa voiture vers l'hôtel. Les trois autres Beatles sont alors introduits clandestinement dans l'hôtel par la porte arrière, avec Jimmie. Une fois à l'intérieur, John, Paul et George retrouvent Ringo, et Ringo et Jimmie se serrent la main.
Les cinq Beatles sont escortés sur le balcon de l'hôtel. « Bonjour tout le monde, comment allez-vous ? » dit Paul dans un haut-parleur. Ringo ajoute : « Bonjour, hé ! » et la foule est en délire. Jimmie s'est joint aux saluts, mais n'a rien dit. Sentant la nécessité d'un simulacre de pugilat burlesque, Ringo attrape le cou de Jimmie et singe une strangulation pour la caméra.

À la conférence de presse dans la salle de bal de l'hôtel, Jimmie était assis à un bout de la table. On lui a demandé s'il allait former un nouveau groupe, mais personne ne semblait particulièrement intéressé par sa réponse. « Je ne sais pas encore », commence-t-il. « Jusqu'à ce que je revienne… » John l'interrompt et Ringo fait signe à Jimmie de se taire. Se sentant indésirable, Jimmie a commencé à tambouriner ses doigts sur la table. C'était la dernière fois qu'il jouait de la batterie avec les Beatles. Ce soir-là, Brian Epstein a donné des instructions strictes pour que personne ne quitte l'hôtel : s'ils voulaient s'amuser, ils devaient le faire dans leur suite. Pendant que John, Paul, George et Ringo font la fête, Jimmie désobéit aux ordres et s'éclipse dans la rue. Réalisant qu'il s'était enfui, Epstein a envoyé Mal Evans et Derek Taylor à sa recherche ; ils ont fini par le retrouver dans un bar.
« Tu ne dois pas sortir, a dit Taylor. Tu ne peux pas entrer dans un bar.
- De quoi tu parles ? Je ne suis plus un Beatle.
- Tu es un Beatle jusqu'à ce qu'on te mette dans l'avion. »
Evans et Taylor ont réglé sa facture, et l'ont raccompagné à l'hôtel. Le lendemain matin, avant que ses anciens camarades de groupe ne se soient réveillés, Jimmie a été escorté à l'aéroport par Brian Epstein. L'atmosphère dans leur voiture était, selon lui, un peu tendue. Epstein était-il encore fâché de son comportement de la nuit précédente ?
Il n'y avait pas de fans à l'aéroport, ni de presse ou de télévision. Assis seul, il a été repéré par un journaliste qui passait par là. Le journaliste lui a demandé quels étaient ses projets.
« J'espère pouvoir faire ce que je veux faire, a-t-il répondu. Maintenant, il y a une possibilité que je sois capable de faire quelque chose. »
Avant de lui faire ses adieux, Epstein lui a offert une montre en or, portant l'inscription « *To Jimmie, with appreciation and gratitude - Brian Epstein and the Beatles* ». Il lui a également donné une enveloppe contenant 500 livres pour dix jours de travail. Jimmie a ensuite monté les marches de l'avion, faisant un signe d'adieu à un caméraman solitaire. Lorsque l'avion a quitté la piste, il a cessé d'être un Beatle. Il n'a plus jamais parlé à aucun des Beatles : « Après la fin de ma participation à la tournée des Beatles, je suis rentré en Angleterre par mes propres moyens. Aucun des Beatles ne m'a jamais téléphoné après ça. Aucun coup de fil. »
Pendant quelques semaines, il a ressenti les chaudes retombées de la célébrité : une ou deux personnes l'ont reconnu dans la rue, et lorsqu'il est allé voir Shirley Bassey se produire au Talk of the Town, elle a dit au public qu'il était là et lui a demandé de se lever et de faire un salut.
Et ensuite ? À sa place, lequel d'entre nous n'aurait pas senti, au fond de lui, qu'avec un peu de chance, toute cette gloire et cette fortune, ce plaisir et cette adoration, pourraient durer éternellement ? Au début, Jimmie semblait avoir le vent en poupe. Conscient de sa nouvelle célébrité, Pye Records réédite sa version ska de « Humpty Dumpty », en l'attribuant sournoisement sur l'étiquette à « Jimmy Nicol now with the Beatles ». Le *Daily Mirror* titrait « Jim projette de rivaliser avec les Beatles », en plus d'une histoire dans laquelle il était cité comme voulant faire regretter à Brian Epstein de ne pas avoir fait de lui un Beatle permanent. Georgie Fame avait gentiment gardé sa place dans les Blue Flames, mais, contrarié par sa nouvelle célébrité, Jimmie pensait qu'il pouvait faire mieux, et lui a dit qu'il passait à autre chose.
La chance semblait être de son côté. Il se trouve que, trois jours après le retour de Jimmie, Dave Clark, le chanteur-batteur des Dave Clark Five, est hospitalisé d'urgence pour un ulcère duodénal, juste au moment où son groupe a été engagé pour être en tête d'affiche d'une saison estivale de trois semaines aux Winter Gardens de Blackpool. Cette fois, plutôt que de simplement remplacer le batteur, Jimmie a été invité à remplacer le groupe au complet. Naturellement, il s'est senti heureux

de tout cela. « Je ne trouve pas les mots pour décrire ce que je ressens à l'idée de prendre la place de Dave », a-t-il déclaré au *Daily Mirror*. « Une semaine, vous jouez de la batterie avec le plus grand groupe du monde. Puis on vous appelle pour remplacer le deuxième groupe le plus important. » En deux jours, il a reformé son ancien groupe, les Shubdubs, avant de partir pour Blackpool. Inutile de dire que quelques-uns des groupes de première parties de la tournée Winter Gardens - dont le comédien Dick Emery et le trompettiste Eddie Calvert - ont été déconcertés par la nouvelle que Jimmie était maintenant en tête d'affiche. « La plupart des protagonistes étaient déconcertés par le fait que nous venions de nulle part, et que la seule raison pour que nous soyons placés directement en tête d'affiche, était la soudaine notoriété de Jimmie avec son aventure Beatles. » se souvient un des membres des Shubdubs.

C'est à ce moment-là, à Blackpool, que les choses ont commencé à mal tourner pour Jimmie Nicol. Le single suivant sorti en urgence, « Husky », n'a pas réussi à entrer dans les charts, malgré une apparition du groupe dans *Ready Steady Go* Jimmie avait un contrat de trois singles avec Pye ; après les échecs de « Humpty Dumpty » et « Husky », il était vital que son prochain single soit un succès, ou il serait abandonné.

Pour ce disque crucial, Jimmie a choisi de faire revivre une vieille chanson de blues des années 1930, « Baby Please Don't Go ». Il était loin de se douter qu'un autre groupe, Them, avait enregistré le même titre pour Decca, avec deux inconnus - Van Morrison et Jimmy Page - au chant et à la guitare, et une chanson appelée « Gloria » sur la face B.

La version de Them a grimpé jusqu'au top 10 ; les Shubdubs ont disparu sans laisser de trace. À partir de ce moment-là, la vie de Jimmie semble tomber en chute libre. Pye a refusé de renouveler son contrat ; sa femme a demandé le divorce. Sans se décourager, il s'achète une Jaguar flambant neuve, mais en l'espace d'une nuit, la police lui remet des convocations au tribunal pour quatre infractions au code de la route.

Il continuait à payer chacun des cinq autres Shubdubs 26 livres par semaine, même s'ils travaillaient peu, et lui-même jouait en solo dans des bars pour seulement 10 livres par semaine : « J'ai emprunté partout parce que je croyais qu'un jour il y aurait un tournant. » Mais le tournant n'est jamais arrivé. Au début de l'année 1965, le trompettiste des Shubdubs décide de mettre un terme à sa carrière, et les autres suivent bientôt.

Jimmie a ensuite formé un groupe de sept musiciens - le Sound of Jimmie Nicol - et a réussi à convaincre Decca qu'une version optimiste de « Oh My Darling Clementine », rebaptisée « Sweet Clementine », avait tous les ingrédients d'un succès. Dans la poursuite de ce rêve, il a emprunté 3 000 livres pour équiper son groupe. Ils ont fait leurs débuts au Chelmsford Corn Exchange le 3 avril 1965, mais n'ont pas réussi à attirer une seule critique.

L'échec a besoin d'une raison. Jimmie a développé une théorie pour expliquer sa chute de grâce : de toute évidence, Brian Epstein s'était retourné contre lui, le punissant pour son comportement rebelle cette dernière nuit en Australie ; Epstein avait clairement fait pression sur les promoteurs pour le mettre sur la liste noire. Personne ne pouvait voir la logique derrière cette théorie - pourquoi Epstein ferait-il une telle chose ? - mais le scepticisme des autres n'a fait qu'alimenter le sentiment naissant de conspiration de Jimmie.

En avril, George Harrison a pris la peine d'assister à une performance du groupe Sound of Jimmie Nicol. Entre les sets, il demande à un serveur d'apporter un verre à Jimmie, mais ce dernier le lui renvoie. « J'ai refusé l'offre, a-t-il expliqué plus tard. J'ai de l'amour-propre. Je ne me laisserai acheter par personne. » À présent, il trouve de la douleur partout.

« Sweet Clementine » a fait un flop, et Decca a laissé tomber Jimmie. Il n'avait plus les moyens de payer le groupe. Au même moment, il se sépare de son manager. Le 30 avril 1965, alors que les Beatles tournaient *Help!* il a été déclaré en faillite, ses dettes de 4 066 livres dépassant de loin ses capacités financière, avec ses 50 livres sur son compte bancaire.

Le *Daily Mail* a titré « L'ascension et la chute du cinquième Beatle ». Dans l'interview qui l'accompagne, Jimmie se plaint que « remplacer Ringo a été la pire chose qui me soit arrivée. Jusque-là, j'étais plutôt heureux, je gagnais 30 à 40 livres par semaine. Je n'avais pas réalisé que cela allait changer toute ma vie. Tout le monde dans le show-business disait que je ne pouvais pas refuser cette opportunité. J'étais le nom le plus sexy qui soit. Mais après que les gros titres ont disparu, j'ai commencé à mourir aussi. Personne ne voulait plus me connaître. » Interrogé sur son avenir, il a répondu : « L'avenir ? Rien. Il n'y a rien pour moi maintenant. »

Ringo Starr a lu cette interview larmoyante alors qu'il tournait la scène de *Help!* dans laquelle il ne remarque pas que quelqu'un a découpé le sol autour de sa batterie et tombe dans le trou. « Je ne pensais pas qu'il pouvait échouer, a-t-il dit. Personne ne le pensait. » La semaine suivante, Jimmie a été traîné au tribunal par son ex-femme, qui réclamait 30 livres d'arriérés de pension alimentaire. De son côté, Paul McCartney a essayé de donner un coup de main, en persuadant Peter Asher, frère de Jane, d'engager Jimmie pour une brève tournée avec son duo Peter and Gordon. Jimmie s'est ensuite installé à Göteborg, où il a joué avec un groupe suédois, les Spotniks. Il s'est finalement rendu avec eux à Mexico, où ils ont été employés comme orchestre maison à l'hôtel Alameda. Comme les Beatles, Jimmie expérimente la drogue dans la seconde moitié des années 1960, mais avec beaucoup moins d'aplomb : un soir, il tombe de son siège alors qu'il tente de jouer de la batterie pour les Spotniks, et on lui demande de partir.

En faisant équipe avec un musicien appelé Eddie Quinn, il a ensuite formé Los Nicolquinn, une combinaison maladroite de leurs deux noms de famille. Ensemble, ils interprètent une de ses chansons, « I'm Lost », dont les paroles lugubres parlent d'être « malmené ». Le refrain est constitué du titre, chanté en boucle.

Il se remarie au Mexique, mais sa nouvelle femme se lasse rapidement de ses plaintes incessantes selon lesquelles Brian Epstein a ruiné sa vie. Un jour, il a enlevé sa montre commémorative des Beatles et l'a brisée en morceaux. Le mariage devait durer à peine un an.

Et ainsi les décennies défilent. Jimmie réalise un film expérimental intitulé *Gas*, dans lequel on le voit jouer de la batterie sur une femme nue ; il forme un groupe appelé Blue Rain ; il enregistre une version de « Jumpin' Jack Flash ». De retour à Londres au milieu des années 1970, il abandonne la musique pour se consacrer au bâtiment. À l'heure actuelle, il est devenu un personnage trop oublié pour figurer dans la liste des personnalités oubliées.

Le livre de Philip Norman, *Shout!* avec sa seule référence désobligeante à Jimmie, a été publié en 1981. Trois ans plus tard, l'Official Beatles Fan Club of the Netherlands le retrouve et le persuade d'assister à leur convention à Amsterdam. Au cours d'une séance de questions-réponses, Jimmie a affirmé que les Beatles l'avaient forcé à se faire passer pour Ringo Starr : « Ils ne voulaient pas admettre, même si c'était noir sur blanc dans la presse, que quelqu'un d'autre que Ringo jouait de la batterie. »

Depuis, les apparitions de Jimmie Nicol ont été rares et espacées. En 1988, il y avait des rumeurs non confirmées qu'il était mort, mais il s'est avéré qu'elles avaient été lancées par Jimmie lui-même. En 2005, un journaliste du *Daily Mail* l'a retrouvé à Londres, mais il a refusé de dire un mot. Au Mexique, son ancienne épouse continue de croire qu'il ne s'est jamais remis de ses dix jours en tant que Beatle : « Jimmie a été affecté toute sa vie par son expérience avec les Beatles. Il n'a pas pu rester avec les Beatles. Il pense avoir échoué à cause de cette période passée avec eux. Il était frustré. Alors peut-être que toute sa vie a été frustrante, du fait d'être le cinquième Beatle. Je pense que ça a affecté sa santé mentale. »

Lors d'une convention de disques à Utrecht en 2011, un collectionneur de disques néerlandais a repéré Jimmie Nicol, ou quelqu'un qui lui ressemblait. « Je suis allé le voir et lui ai dit, "Vous êtes Jimmie Nicol ? Le batteur ?"... Il a signé son nom - Jimmie Nicol - sur un morceau de papier, mais il est parti sans dire un mot. »

57

Eric Clague était facteur. Chaque jour, tout au long de l'année 1964, il livrait un sac de lettres de fans au 20 Forthlin Road, à Liverpool, où Paul McCartney avait grandi et où son père vivait encore. « Au plus fort de la gloire des Beatles, je distribuais des centaines de cartes et de lettres à la maison », se souvient Clague trente-quatre ans plus tard. « Je me souviens avoir eu du mal à remonter le chemin avec toutes ces lettres. Mais bien sûr, elles ne faisaient que me rappeler John Lennon et sa mère. »
Six ans auparavant, Clague était un jeune agent de la police de Liverpool. Le 15 juillet 1958, alors qu'il n'était pas en service, il conduisait une berline Standard Vanguard sur Menlove Avenue lorsqu'une femme de quarante-quatre ans s'est mise sur sa trajectoire. Il a freiné, mais trop tard : sa voiture a heurté la femme, la projetant dans les airs.
Dans la cuisine de sa maison de Menlove Avenue, Mimi Smith et son locataire Michael Fishwick entendirent un crissement de freins et un bruit sourd. Ils se sont regardés, mais n'ont pas dit un mot. Selon Fishwick, ils ont « couru comme des dératés ».
Une ambulance est arrivée, mais il n'y avait plus rien à faire. La jeune sœur de Mimi, Julia, était morte. « Quand j'ai traversé la route en courant et que je l'ai vue, j'ai su qu'il n'y avait aucun espoir », se souvient Mimi.
À l'époque, Eric Clague était un apprenti conducteur et n'était pas censé conduire seul. Une enquête interne de la police a été suivie d'une enquête. Clague a insisté sur le fait qu'il conduisait à quarante-cinq km/h dans une zone à cinquante. Bien que cela ait été contredit par un témoin, le jury a choisi de le croire. Mimi est furieuse : « L'enquêteur semblait se plier en quatre pour aider cet homme qui avait tué Julia. » Le verdict est tombé : homicide involontaire, Eric Clague est disculpé. Mimi a agité sa canne vers lui. « J'étais tellement en colère... ce porc... Si j'avais pu mettre la main sur lui, je l'aurais tué. » Nigel Walley, l'ami de John, qui était présent lors de l'enquête, se souvient que Mimi a crié « Assassin ! » à Clague, avant d'être sommée de se taire par les huissiers.
Clague est suspendu de ses fonctions, et démissionne des forces de police peu de temps après. Il a ensuite pris un emploi de facteur, et c'est ainsi qu'il en est arrivé à effectuer des livraisons quotidiennes dans le quartier d'Allerton de la ville.
Son identité est restée secrète jusqu'en février 1998, date à laquelle il a été retrouvé par un journaliste du *Sunday Mirror*. Jusqu'à ce moment-là, il n'avait parlé à personne de son implication dans la mort de Julia Lennon.
« J'ai été hanté par cela pendant toutes ces années, a dit Clague au journaliste. Il ne se passe pas une semaine sans que j'y pense. Depuis que les Beatles sont devenus célèbres, je m'attends à ce que ça sorte. Pour être honnête, je l'ai redouté. Ce n'est pas quelque chose à laquelle j'aime penser. À l'époque, j'ai pensé à envoyer mes condoléances à la famille, mais je me suis dit que cela ne ferait qu'empirer les choses. Ils étaient très en colère et bouleversés par ce qui s'était passé, naturellement, je suppose. Je me suis souvenu que la famille m'avait blâmé et j'ai voulu leur dire que je n'aurais vraiment rien pu faire. Mme Lennon s'est précipitée devant moi. Je n'ai pas pu l'éviter. Je n'étais pas en excès de vitesse, je le jure. C'était juste une de ces choses terribles qui arrivent. J'ai lu plus tard que la mort de sa mère avait terriblement affecté John Lennon. J'en suis désespérément désolé. Mais, comme je l'ai dit, c'était juste un accident. »

Après que les Beatles étaient devenus mondialement célèbres, Clague avait lu dans un journal d'information que la mère de John avait été tuée par une voiture dans Menlove Avenue. « J'ai fait le rapprochement et j'ai réalisé que c'était sa mère que j'avais tuée. Tout m'est revenu et je me suis senti absolument horrible. Ça m'a fait un effet terrible. Les Beatles étaient partout, surtout à Liverpool, et je ne pouvais pas m'en détacher. Ma tournée de facteur m'a amené à Forthlin Road, où Paul McCartney habitait. Au plus fort de la gloire des Beatles, je distribuais des centaines de cartes et de lettres à la maison. Je me souviens avoir eu du mal à remonter le chemin avec toutes ces lettres. Mais bien sûr, elles me rappelaient John Lennon et sa mère. C'est quelque chose que j'ai toujours gardé au fond de moi. Je ne l'ai même pas dit à ma femme et à mes enfants. Je suppose que je vais devoir le faire maintenant. »

58

Les aversions de Noël Coward étaient légion, couvrant la majeure partie du vingtième siècle et une grande partie du dix-neuvième. Parmi eux, Gilbert et Sullivan (« JE DÉTESTE Gilbert et Sullivan »), Tallulah Bankhead (« une conne prétentieuse »), Marilyn Monroe (« une salope idiote »), Arthur Miller (« manque d'humour à un degré alarmant »), Mme Alexander Woolcott (« cet affreux chemisier qu'elle portait me rendait malade et elle louchait de façon ignoble »), Oscar Wilde (« une créature idiote, prétentieuse, inadéquate »), Neville Chamberlain (« vieux con prétentieux »), le duc de Windsor (« Je sais depuis des années qu'il a un esprit commun et qu'il aime les gens de seconde zone »), Mandy Rice-Davies (« petite salope sordide, prétentieuse et méchante ») et Samuel Beckett (« Je préfère jouer au bingo tous les soirs pendant un an plutôt que de retourner voir *En attendant Godot* »). Il n'est donc pas surprenant que « le Maître », comme on l'appelait, n'avait que peu de considération pour les Beatles.

Lorsque les Beatles ont rencontré Coward pour la première fois, le samedi 6 juin 1964, tout semblait se dérouler à merveille. Ils sont présentés par la flamboyante chanteuse à la chevelure bouffante Alma Cogan, célèbre pour ses disques fantaisistes « I Can't Tell a Waltz from a Tango » et « Never Do a Tango with an Eskimo », qui les a rencontrés pour la première fois dans les coulisses du Palladium de Londres. Alma s'était prise d'affection pour Brian Epstein ; il était même question de mariage. Il est donc tout à fait naturel qu'elle invite Brian et les garçons aux fréquentes fêtes du people qu'elle organise dans son appartement chic de Stafford Court, sur Kensington High Street. Les Beatles y côtoient des personnalités du showbiz, pour la plupart des artistes familiaux haut de gamme : Danny Kaye, Frankie Vaughan, Ethel Merman, Sammy Davis Jr. Paul, en particulier, s'épanouissent en cette compagnie : « Nous étions à l'aube de la transition entre les différents styles de showbiz… Ils étaient tous un peu plus âgés que nous, probablement dix ou douze ans de plus que nous, mais ils étaient très amusants, des gens du showbiz très confiants qui nous ont accueillis dans leur cercle. »

Il considérait ces fêtes, comme tant d'autres choses dans sa vie, comme une éducation : « J'ai vu un documentaire sur John Betjeman, qui a dit que lorsqu'il a quitté l'université, il a été invité dans un cadre identique. Et il a déclaré : "Là-bas, j'ai appris à être un invité." Et c'est ce qui nous arrivait dans les appartements d'Alma. On a appris à jouer aux charades, et on a commencé à le faire à nos propres fêtes. C'était juste comme un rite initiatique, pour nous. »

Le 6 juin 1964 est une journée typiquement mouvementée pour Noël Coward. Il déjeune avec Vivien Leigh (« elle était belle et gaie ») à son domicile, Tickerage Mill, dans le Sussex, et de là, il s'est rendu à Brighton pour rendre visite à l'ancien mari de Vivien, Sir Laurence Olivier, et à sa nouvelle épouse Joan Plowright. Le soir, il est retourné à Londres pour dîner avec Terence Rattigan et Robin Maugham, puis s'est rendu à la fête d'anniversaire d'Alma Cogan, peu après minuit.

Alma a présenté Coward à John et Paul. Il les a qualifiés « d'agréables jeunes hommes, assez bien élevés et avec une façon amusante de parler. » Mais il ne pense plus à eux : son tourbillon social ne lui laisse guère le temps de cogiter. Le lendemain, il déjeune avec « la chère reine mère à Clarence House. Elle était plus charmante que jamais. »

Peut-être se sentait-il, menacé par les Beatles ? En 1964, Coward faisait partie de la vieille garde. Il

est né en 1899, et a joué son premier rôle sur la scène du West End en 1911, à l'âge de onze ans. Bien que son milieu ne soit pas très différent de celui des Beatles - son père était un pauvre vendeur de pianos - il s'est rapidement assimilé à la haute société, adoptant facilement les manières et les accents du gotha anglais. Il n'est donc pas étonnant que l'essor actuel de la culture ouvrière ne l'attire guère. « Je me demande combien de temps va durer cette tendance à la grisaille pour la grisaille », s'est-il exclamé en 1956 en sortant de la pièce Look Back in Anger de John Osborne en 1956. Dans son style et ses manières, Coward était loin des Beatles. Quand il chantait, sa voix était précise et raffinée, ses chansons vives, pleines d'esprit, savantes et polies. Les trois mots les moins susceptibles de sortir de sa bouche étaient « *yeah* », « *yeah* » et « *yeah* ».
Coward a commis l'erreur de relater sa rencontre avec John et Paul, en termes désobligeants, à David Lewin du *Daily Mail*. Il n'a jamais pensé que Lewin le citerait dans la presse, se plaignant que les Beatles étaient « totalement dépourvus de talent. Il y a beaucoup de bruit. De mon temps, on apprenait aux jeunes à être vus mais pas entendus - ce qui n'est pas une mauvaise chose. »
Un an plus tard, le 11 juin 1965, Coward est bouleversé de lire que la reine prévoit, sur la liste d'honneur de son anniversaire, de décerner des décorations de l'ordre de l'empire britannique pour les Beatles. « C'est, bien sûr, une gaffe majeure et sans tact de la part du Premier ministre, confie-t-il à son journal. Et je ne pense pas non plus que la reine aurait dû accepter. Une autre décoration aurait dû être choisie pour les récompenser de leurs contributions sans talent mais considérables à l'Échiquier. »
Quinze jours plus tard, il se trouve à Rome pour le mariage de la princesse italienne Torlonia, auquel il assiste avec Merle Oberon. Ayant du temps devant lui, il se rend au Teatra Adriano, où les Beatles jouent. Il est plus que probable qu'il était le seul homme de soixante-six ans dans le public. Le concert s'avère exceptionnellement chahuteur et déglingué, probablement parce que le théâtre est à moitié vide, ce qui permet aux Beatles de faire des folies. Alors que Ringo chante « I Wanna Be Your Man », Paul est pris d'une crise de fou rire et doit quitter la scène ; George, peu amusé, lui adresse un regard noir. À son retour sur scène, le microphone de Paul se renverse, ce qui fait rire John, mais George reste irrité.
Mais très loin de l'irritation de Noël Coward, qui passait la plupart de son temps les doigts dans les oreilles. « Je ne les avais jamais vus en chair et en os auparavant, écrit-il dans son journal. Le bruit était assourdissant et je n'entendais pas un mot de ce qu'ils chantaient ou une note de ce qu'ils jouaient, juste un long brouhaha qui me cassait les oreilles. » Il décide néanmoins d'aller dans les coulisses pour les voir après le concert, mais il est accueilli par Brian Epstein, « qui m'a dit qu'ils étaient rentrés à l'hôtel et que je pouvais les y retrouver. »
Coward est dûment reçu à l'hôtel par Epstein et la directrice de communication du groupe, Wendy Hanson, qui lui offre un verre puis s'empresse d'aller chercher les quatre garçons, mais revient en disant qu'ils avaient été bouleversés par ses remarques dans le *Daily Mail* un an auparavant.
« J'ai pensé que c'était extrêmement inélégant, mais j'ai décidé de jouer le jeu avec fermeté et dignité, se souvient Coward. On m'a dit que les Beatles avaient refusé de me voir parce que cet âne de David Lewin avait cité mes propos peu flatteurs à leur égard. » À ce moment-là, soit Epstein, soit Wendy Hanson - les souvenirs de Coward et McCartney diffèrent sur ce point - ont décidé de retenter le coup.
Brian est venu nous voir et a dit : « Noël Coward aimerait vous rencontrer », se souvient Paul. « On a tous dit, "Oh, putain, non ! Non, non, non. Je vais me coucher." ... Brian a répété : "Vous ne pouvez pas ! Vous ne pouvez tout simplement pas !" » Ringo se souvient aussi que c'est Epstein

qui a essayé de les persuader : « Brian est venu nous voir et nous a dit, "Noël Coward est en bas et il veut vous dire bonjour". » Ringo décrit l'humeur générale du groupe : « "Va te faire foutre !" On ne voulait pas le voir. En un mot "Va te faire foutre, Noël." »

Mais Epstein a persisté. Finalement, Paul, toujours diplomate, a accepté d'apparaître comme leur représentant.

« J'ai demandé à Wendy d'aller chercher l'un d'entre eux et elle est finalement réapparue avec Paul McCartney, écrit Coward, et j'ai expliqué gentiment mais fermement qu'il ne fallait pas prêter beaucoup d'attention aux déclarations des journalistes. Le pauvre garçon était tout à fait aimable et j'ai envoyé des messages de félicitations à ses collègues, même si le message que j'aurais aimé leur envoyer était qu'ils étaient des petites merdes mal élevées. »

Coward est mort en 1973 ; ses journaux intimes, qui contiennent ces réminiscences, n'ont été publiés qu'en 1982. « Il a dit des choses pas très agréables sur nous... » a fait remarquer Paul à Barry Miles en 1997, « alors qu'il aille se faire foutre quand même. »

Mais Coward avait réservé des mots encore plus durs aux fans des Beatles présents ce soir-là :
« C'était comme une orgie de masturbation collective, bien qu'apparemment bénigne par rapport à ce qu'elle est habituellement. Toute cette histoire est pour moi un phénomène désagréable. L'hystérie collective, lorsqu'elle est promue commercialement, ou de quelque manière que ce soit, me rend toujours malade. Réaliser que la majorité du monde adolescent moderne devient rituellement fou à cause de ces quatre jeunes hommes inoffensifs, à l'apparence plutôt stupide, est une pensée dérangeante. Peut-être sommes-nous en train de tourbillonner plus rapidement vers l'extinction que nous ne le savons. Personnellement, j'aurais aimé prendre quelques-uns de ces jeunes maniaques qui piaillent et leur faire exploser la tête. »

59

Comment décrire autrement le son des « jeunes maniaques piaillant » de Coward ? En février 1965, Eleanor Bron est revenue avec les Beatles de Nassau à Heathrow, après avoir terminé le tournage de *Help!* aux Bahamas. « Je n'étais pas préparée au bruit lorsque nous sommes sortis sur le tarmac. C'était Trafalgar Square avec le volume à fond, au-delà de l'imagination - le bruit de millions d'étourneaux lancés en l'air. Mais les étourneaux étaient des filles, quand je regarde en arrière, de très jeunes filles, qui couvraient les bâtiments de l'aéroport. Partout où l'on pouvait voir, partout où elles pouvaient voir, là où elles étaient autorisées, et ailleurs, suintant et se glissant là où elles ne l'étaient pas ; agitant des banderoles et des bras, poussant et soulevant, en grand danger, j'imagine, de tomber par-dessus les bords, se tortillant et couinant sans cesse - un son aigu, soupirant, désespéré et poignant, inévitable. »

Du point de vue d'un cinéaste, les cris présentaient certains avantages. Clive Reed, le premier assistant réalisateur de *Help!* était chargé de veiller à ce que les Beatles arrivent à l'heure sur le plateau. Il a découvert qu'il était capable de surveiller la distance à laquelle se trouvait leur voiture grâce aux décibels des cris. « Il disait : "Ils sont juste à côté du rond-point" ou "Ils viennent de passer le pont" », se souvient le directeur de la photographie, David Watkin.

Ronnie Spector et sa cousine Nedra étaient dans le public du Shea Stadium. Après, elles profitèrent de la Bentley de leurs amis quand un groupe de fans a reconnu la voiture et a supposé que les Beatles étaient là aussi. « Nous avons eu juste le temps de fermer les portes avant que les gamines ne grimpent sur notre voiture, criant et hurlant et la faisant rebondir d'avant en arrière... Il y avait au moins une centaine d'adolescentes qui criaient devant notre voiture. Ils frappaient les vitres avec leurs poings, et celles qui étaient sur le toit de la voiture frappaient les vitres avec leurs talons. Être piégé dans une voiture pendant qu'une foule d'ados essaie de se frayer un chemin à coups de pied est la chose la plus terrifiante que l'on puisse imaginer. Nous avons regardé par la fenêtre et tout ce que nous pouvions voir était des poings et des pieds. Ça m'a rappelé les petits moineaux qui se jetaient contre la porte dans le film d'Alfred Hitchcock *Les oiseaux*. »

Les cris étaient incontrôlés, et incontrôlables. En novembre 1963, deux cents femmes travaillant dans une usine de coton à Accrington se sont mises en grève après que leur contremaître leur a interdit d'écouter l'émission de radio Housewives' Choice : il en avait assez de les voir se mettre à crier dès qu'une chanson des Beatles passait.

Toutes les fans n'étaient pas des adolescentes criardes. Le chanteur de jazz George Melly a emmené sa petite fille au spectacle de Noël des Beatles à Hammersmith en 1964. Avant le début du spectacle, il a entendu deux filles derrière lui qui discutaient pour savoir si elles allaient crier sur les groupes de soutien ou si elles allaient garder leur calme pour les Beatles. Elles ont décidé de garder le silence, et quand les Beatles sont arrivés, elles ont délibérément bouché leurs oreilles et se sont déchaînées. L'énergique Lady Christabel Ampthill, âgée de soixante-neuf ans, qui escortait un petit-enfant au même concert, n'a pas pu se contenir son irritation avec une aboyeuse. La poussant avec son parapluie, elle s'est écriée : « Vous savez, ma chère, il n'y a que les filles ordinaires qui crient. »

La jeune Linda Grant, âgée de douze ans, ne pouvait s'empêcher de crier, bien qu'elle ne sache pas pourquoi : « Je ne comprenais pas pourquoi il fallait crier, mais c'était ce que vous faisiez. C'était obligatoire. Il y avait un élément de culte. » Au Seattle Center Coliseum en août 1964, les cris ont commencé bien avant l'apparition des Beatles. Le journaliste Larry Kane note qu'au moment où Jackie DeShannon entame sa dernière chanson, « les cris sont si forts que pour la première fois de la tournée, j'ai dû mettre mes mains sur mes oreilles et tenir mon magnétophone entre mes coudes. Une véritable douleur s'était installée. Et ça ne faisait que commencer... Je pouvais lire une peur bleue dans les yeux de Paul McCartney. Paul avait toujours l'air optimiste, mais ses lèvres se sont pincées et ses sourcils se sont resserrés en signe de tension évidente... La combinaison du bruit, des fans qui se pressent et des bonbons qui volent au hasard sur la petite scène m'a donné l'impression d'être au milieu d'un service de psychiatrie avec quatorze mille fous. »

Le Dr Bernard Saibel, superviseur de la division des services communautaires de l'État de Washington, est posté dans le même public, figure improbable aux lunettes à monture de corne, notant studieusement ses observations psychologiques dans un carnet, prêt à rédiger un rapport. « ÉTUDE SUR LA BEATLEMANIA - Effrayant, dixit l'expert de l'enfance » titrait le journal de l'État de Washington, le *Seattle Daily Times* du lendemain.

> L'expérience de se retrouver avec 14 000 adolescents pour voir les Beatles est incroyable et effrayante... L'hystérie et la perte de contrôle vont bien au-delà de l'impact de la musique. Beaucoup des personnes présentes sont devenues des êtres humains frénétiques, hostiles, incontrôlés, hurlant, méconnaissables... Les aspects extérieurs sont terrifiants. Des filles normalement reconnaissables se sont comportées comme si elles étaient possédées par une pulsion démoniaque, défiant dans une extase émotionnelle les contraintes que les autorités tentent de leur imposer... La musique est forte, primitive, insistante, fortement rythmée et libère de manière déguisée (peut-on parler de sublimation?) les impulsions trop peu contrôlées et nouvellement acquises de l'adolescent. Mélangez cela avec le phénomène de l'hypnose de masse, la contagion hystérique et le sentiment béat d'être mêlé à une expérience orgiaque qui englobe tout, et chaque enfant peut devenir « Sa majesté des mouches » ou les Beatles.

Plus tard, à Vancouver, Larry Kane a assisté à « une émeute pure et simple », avec des filles piétinées dans le déchaînement, et des équipes médicales se précipitant dans toutes les directions. « Lorsque les victimes ont été récupérées, elles portaient les signes d'un combat *Beatlemaniaque* - lèvres et nez ensanglantés, ecchymoses, zébrures, abrasions et contusions ». À la fin de la soirée, 135 personnes avaient été traitées pour des blessures, notamment des membres cassés et des traumatismes crâniens. En atterrissant à Houston l'année suivante, l'avion des Beatles a été entouré de fans alors que ses moteurs étaient encore en marche. Certains parviennent à grimper sur les ailes, et rampent vers les hublots, saluant ceux qui se trouvent à l'intérieur. À Dallas, de jeunes fans ont marché de l'aéroport à l'hôtel des Beatles, beaucoup d'entre elles en larmes. L'une d'elles tenait un bouquet d'herbe dans ses mains en criant : « Ringo ! Ringo a marché sur cette herbe ! »

Lors de leur concert le soir suivant, lorsqu'ils ont commencé à jouer « I Saw Her Standing There », une jeune fan, Carol Bedford, a « complètement perdu le contrôle. Mes mains étaient tendues au-dessus de ma tête ». Espérant calmer la foule, les Beatles jouent le morceau plus lent « This Boy », mais sans grand effet : « Pendant cette chanson, un policier a failli perdre la vie. Il me bloquait la vue sur Ringo et je me suis précipitée pour le pousser par-dessus le balcon. » Heureusement, le petit ami de Carol a réussi à la retenir.

Lorsque les Beatles sont venus à Chicago en août 1965, la mère de Ruby Wax, âgée de douze ans, a acheté des billets pour les spectacles de l'après-midi et du soir au White Sox Stadium : « Mon préféré était Paul - j'étais prête à me donner à lui, mais je devais d'abord ressembler à Jane Asher. Je devais lisser mes cheveux, alors j'ai branché le fer à repasser. Personne ne m'a dit qu'il fallait mettre un chiffon entre le fer et les cheveux - la plupart de mes cheveux sont tombés, laissant quelques nœuds brûlés sur mon cuir chevelu. À la fin, quatre cheveux restants dépassaient de sous mon chapeau en plastique de John Lennon. »

Au concert de l'après-midi, elle crie avec toutes les autres filles, mais pour le concert du soir, elle élabore un plan astucieux pour rencontrer les Beatles en personne. Ayant remarqué qu'ils sortaient par un abri dans le stade, elle a décidé de les rencontrer en personne. Elle a calculé que c'était la route vers leur vestiaire. Elle a donc attendu qu'ils aient fini leur première chanson, puis s'est faufilée dans l'abri. Ruby est arrivée dans une salle de douche, mais, à son grand dam, « quatre autres filles grosses, tristes, imberbes » étaient déjà là. Ensemble, elles ont trouvé un endroit où se cacher. « Avant d'entrer dans la cabine de douche, j'ai fait le tour des couvercles de toilettes parce que je pensais qu'ils contenaient des germes de Beatles. Puis j'ai rejoint les quatre grosses, et nous sommes restées dans cette cabine de douche pendant Dieu sait combien de temps - nous ne savions pas combien de temps s'était écoulé, car nous haletions d'excitation. »

Après un moment, elles ont remarqué que les cris avaient cessé. Hésitantes, elles sont sorties de la douche et ont cherché les Beatles, mais ils n'étaient nulle part. « Le stade était vide et sombre, le silence n'était brisé que par la voix de ma mère qui criait "Ruby ! Ruby ! Où es-tu ?" »

Les journaux de tous bords ont fait appel à des psychiatres pour trouver des théories expliquant ce curieux phénomène. En Grande-Bretagne, le Dr David Holbrook a déclaré aux lecteurs du *New Statesman* que « les Beatles représentent un fantasme masturbateur, comme celui qu'une fille a probablement pendant l'acte onaniste - les images de jeunes hommes souriants et sympathiques, la musique comme un bourdonnement du sang dans la tête, le rythme, les cris, les noms criés, l'apogée. » Dans le *News of the World*, plus osé, le « psychologue résident » du journal déclarait : « Les filles se préparent inconsciemment à la maternité. Leurs cris frénétiques sont une répétition de ce moment. » Holbrook pense que la folie de lancer des bébés en gelée sur les Beatles est probablement symbolique aussi.

Victor Spinetti, qui a accompagné les Beatles à la première de *Help!* à Picadilly, a pu lui aussi expérimenter le maelström des cris. Alors que leur limousine se frayait un chemin à travers la foule, John a dit : « Pousse Paul d'abord. C'est le plus beau ! » Mais la porte de George a été la première à s'ouvrir. Une fille est entrée et lui a arraché les cheveux comme une folle. Spinetti compare cette scène à celle des *Bacchantes* : « Il y a deux mille ans, son auteur, Euripide, pourrait vous dire tout ce qu'il faut savoir sur les fans des Beatles, sauf que son héros n'avait pas seulement les cheveux, mais aussi les bras et les jambes arrachés. »

À Panama City, en Floride, un prédicateur fondamentaliste a détecté le diable à l'œuvre. « Que pouvons-nous apprendre des Beatles à la lumière la Bible ? », a-t-il demandé à ses fidèles. Il a suggéré que le groupe avait émergé des « bidonvilles de Liverpool » comme « les suppôts apocalyptiques de Satan ». En outre, des « puissances démoniaques et mauvaises » étaient à l'œuvre dans leur musique, comme le décrit *l'Évangile*, dans le passage *Timothée 4 :1* : « L'Esprit dit expressément que, dans les derniers temps, quelques-uns abandonneront la foi, pour s'attacher à des esprits séducteurs et à des doctrines de démons ». Il a rapporté que sa propre fille était tombée sous le charme de Satan : « J'ai vu ma fille chrétienne danser, frénétiquement, sur des disques de musique des Beatles et de rock'n'roll pendant cinq mois, a-t-il déclaré. Sa frénésie n'a pris fin que lorsque "le Seigneur l'a condamnée d'une voix calme" ». Même les plus sophistiqués ont succombé à l'hystérie générale. En février 1964, George Martin et sa femme Judy sont assis dans le public pour assister au premier concert des Beatles aux États-Unis, à Washington, DC. Sur le siège à côté de lui, une adolescente est occupée à sautiller de haut en bas.

« Ne sont-ils pas géniaux ? a-t-elle dit. Ne sont-ils pas tout simplement fabuleux ?

- Oui, a répondu Martin, à sa manière discrète. Oui, c'est vrai.

- Vous les aimez aussi, monsieur ?

- Oui, je pense. » Pendant tout ce temps, il pensait qu'elle devait se demander ce que ce vieux monsieur faisait là. Puis, lorsque les Beatles commencent à jouer « I Want to Hold Your Hand », Martin se surprend lui-même : « Judy et moi nous sommes levés et avons crié avec les autres. Cela peut paraître idiot, mais c'était exactement les mêmes cris que les adultes poussent lors des matchs de football… C'était tellement facile de crier, d'être emportés par ce formidable courant de bonheur et d'exaltation. »

60

Lors de ce même concert à Washington, une jeune fille de treize ans appelée Jamie se tenait près de la scène, serrant un sac en plastique contenant des bonbons, prête à les lancer sur les Beatles. Jamie traînait dans l'auditorium après le spectacle lorsqu'un sympathique policier lui a remis un morceau de papier froissé qu'il avait ramassé sur la scène : une liste de chansons griffonnée par John, commençant par « Roll Over Beethoven » et se terminant par « Long Tall Sally ».
Sans réfléchir, Jamie range le morceau de papier dans son sac en plastique, où il rejoint une poignée de bonbons non jetés. Pendant les trente années qui ont suivi, le sac a moisi dans un placard, mais en 1995, Jamie, devenue mère, avait besoin d'argent pour payer les études de sa fille adolescente et s'est souvenue de la liste des chansons. Elle l'a donc envoyé aux enchères, où il a été acheté par un collectionneur pour 5 000 dollars. Aujourd'hui, ce bout de papier atteindrait facilement les 40 000 dollars.
Le prix des reliques des Beatles, même les moins dignes d'intérêt, ne cesse de s'envoler. En 2016, un billet inutilisé pour ce concert à Washington a atteint les 30 000 dollars. Même un ensemble de quatre minuscules carrés de linge de lit blanc, mesurant chacun un demi-centimètre sur un demi-centimètre, découpés dans les draps dans lesquels dormaient les Beatles lorsqu'ils séjournaient à l'hôtel Whittier de Détroit la nuit du 6 septembre 1964, s'est vendu 595 livres.
Une seule brique rouge montée sur une plaque d'argent portant l'inscription « Ceci est pour certifier qu'il s'agit de l'une des 5 000 briques que Royal Life a récupérées de l'original Cavern Club, Mathew Street, Liverpool England » a été vendue à Los Angeles pour 896 livres en 2019. L'objet 83 de la même vente aux enchères était présenté comme « un formulaire de demande d'heures supplémentaires pour G.T.H. Hipson, qui était employé au domicile de Ringo Starr à Sunny Heights, Weybridge, la dernière semaine se terminant le 30 avril 1967. Starr a signé le formulaire "R. Starkey" lorsqu'il a été transmis pour paiement le 4 mai 1967. Vous trouverez ci-joint un formulaire de demande de petite caisse de The Beatles Limited, également daté du 4 mai 1967. »
Le plaisir que procure la possession de cet objet merveilleusement obscur est peut-être difficile à cerner, mais un collectionneur était néanmoins prêt à payer 384 livres pour l'acquérir. Parmi les autres objets, citons une feuille de papier énumérant les dossiers de retenue de John au lycée du 28 octobre 1954 au 9 janvier 1955 – « Les raisons des retenues sont "bavard ad nauseam", "parler à plusieurs reprises", "bruit" et "manger à nouveau" » (3 125 livres), une facture téléphonique trimestrielle de juin 1967 totalisant 12,91 livres, adressée à Mme M.E. Smith (tante Mimi) et signée « au stylo bleu » par John (1 024 livres), et un talon de billet pour l'enregistrement de *Juke Box Jury* par la BBC le 7 décembre 1963, dans lequel les Beatles sont apparus (437 livres).
Il s'agissait de certains des lots les plus abordables. Un brouillon de John, écrit à la main, adressé à la reine, lui annonçant son souhait de rendre sa médaille de l'ordre de l'empire britannique est parti pour 19 200 livres ; une balle de baseball signée par les quatre Beatles avant leur dernier concert aux États-Unis pour 56 250 livres ; un livre d'autographes néo-zélandais contenant les autographes des quatre Beatles ainsi que de Brian Epstein, Jane Asher, Pattie Boyd et Helen Shapiro pour 10 240 livres ; et une modeste annonce de 1964 (43 x 56 cm) déclarant que le salon Blenheim de l'aéroport de Liverpool « sera fermé dans l'intérêt de la sécurité publique » pour une conférence

de presse des Beatles, signée par le groupe, vendue pour 31 250 livres.

Au fil des ans, des articles plus importants ont atteint des prix infiniment plus élevés : en 2005, Madame Tussauds a découvert les têtes en cire de John, George et Ringo figurant sur la pochette de l'album *Sgt. Pepper*, qui avaient été perdues pendant près de deux décennies, et les a vendues aux enchères pour 81 500 livres sterling. En 2018, Sotheby's a vendu la « Dénonciation du contrat d'Apple Corps Ltd, signée par les quatre Beatles » pour 118 750 dollars. La copie de l'exemplaire appartenant à John de la couverture abandonnée de l'album *Yesterday and Today*, représentant le groupe en blouse de boucher avec des poupées démembrées, signée par John, Paul et Ringo, s'est vendue 179 200 livres. Mais ce n'était qu'une broutille comparé aux 790 000 dollars payés en 2015 pour l'exemplaire 0000001 de *The White Album* (« très propre en parfait état avec des abrasions très mineures »).

Les instruments de musique associés aux Beatles sont peut-être les reliques les plus précieuses de toutes : lors de cette même vente en 2015, une peau de la batterie jouée par Ringo au Ed Sullivan Show s'est vendue 2,1 millions de dollars, tandis qu'une guitare jouée par John a atteint 2,4 millions de dollars. Chez Bonham's en 1997, une guitare commandée par Paul mais dont il n'a jamais joué a été vendue à un enchérisseur de Tokyo pour 126 000 livres.

Une photographie de groupe signée par les quatre Beatles se vendrait actuellement à 29 500 livres. En comparaison, une photographie en couleur des trois membres de l'équipage spatial d'Apollo 11 - Neil Armstrong, Buzz Aldrin et Michael Collins - n'atteindrait que 10 000 livres, soit à peu près la même somme qu'une photographie signée de John Lennon. Une photo dédicacée de Neil Armstrong, le premier homme sur la lune, pourrait être vendue 3 000 livres ; les photos dédicacées de Winston Churchill et de John F. Kennedy sont actuellement en vente pour 1 750 livres et 3 000 livres respectivement. Les photographies signées du président Trump se vendent environ 1 000 dollars. L'autographe de Paul McCartney s'élève à 2 950 livres, ce qui en fait actuellement le plus précieux de toutes les personnes vivantes[70].

Lorsqu'une personne meurt, son autographe prend de la valeur, la mort ayant limité le stock. Il est dans la nature macabre de l'idolâtrie qu'un autographe associé à la mort de l'idole soit le plus précieux de tous : en 2011, la pochette de l'album *Double Fantasy* signée par John Lennon pour son assassin, Mark Chapman, s'est vendue aux enchères pour 532 000 dollars.

---

70 Malheureusement, j'ai perdu l'autographe que Paul m'a donné vers 1972. Je l'ai vu, lui et Linda, assis au fond de l'auditorium avant un concert du groupe Grimms, dont son frère était membre, au Victoria Palace Theatre. Le seul objet que j'ai pu trouver pour qu'il le signe était une photo de Roxy Music, signée par le groupe, que je portais depuis la veille. Paul a gentiment écrit « And me too - Paul McCartney » dans le coin supérieur droit.

61

Nouveaux faits sur les Fab 4
Extrait du magazine *Fabulous*, 1965

1 John a pris l'avion pour Hong Kong en pyjama.
2 John est un amoureux des chats.
3 Ringo a passé une grande partie de son enfance dans un hôpital du Cheshire.
4 John avait l'habitude d'envier le jeu de Meccano de son cousin Stanley.
5 Brian Epstein a longtemps hésité avant de prendre Ringo comme remplaçant de Pete Best.
6 George a peur de l'avion.
7 George a acheté un arc et des flèches.
8 Pattie Boyd n'aimait pas les Beatles avant de les rencontrer sur le tournage de *A Hard Day's Night*.
9 Le père de John était chanteur sur les paquebots de l'Atlantique d'avant-guerre.
10 Le beau-père de Ringo, Harry Graves, chante des chansons des Beatles lors des fêtes familiales.
11 Les Beatles ne vont jamais chez le coiffeur.
12 Paul se lave les cheveux tous les jours.
13 Les Beatles ont refusé l'offre d'une apparition au Royal Variety Show de 1964.
14 Ringo ne sait pas nager, à l'exception d'une brève séance de paddle.
15 Brian Epstein a obligé les Beatles à se faire couper les cheveux courts après les avoir signés en 1962.
16 Ils ne sont jamais photographiés avec les cheveux relevés.
17 Paul a mangé des corn-flakes, du bacon et des œufs lors d'un déjeuner au champagne et au caviar à Londres. L'éditeur de musique Dick James était l'hôte.
18 Les Beatles ne voulaient pas aller en Australie sans Ringo quand il était malade. Mais Brian les a persuadés de changer d'avis.
19 Paul a une Mini ainsi qu'une Aston Martin DB4.
20 La carte de Noël personnelle de George était une photo de lui se moquant d'un caméraman.
21 John n'a jamais vu un public correctement jusqu'à Dundee en Ecosse. Ensuite, il a porté des lentilles de contact.
22 Une entreprise américaine a écrit aux Beatles pour leur demander s'ils pouvaient commercialiser l'eau de bain des Beatles à un dollar la bouteille.
23 Ils ont refusé l'offre.
24 Leur road manager, Mal Evans, était autrefois videur au Cavern Club de Liverpool.
25 Neil Aspinall, leur autre road manager, a reçu une Jaguar à Noël dernier - un cadeau des Beatles.
26 Paul boit du café au petit-déjeuner. Les trois autres boivent du thé - même en Amérique.
27 Ringo a fait dessiner ses nouveaux vêtements par une femme, Caroline Charles.
28 Jane Asher a acheté à Paul un tourne-disque pour son Aston Martin.
29 Brian Epstein dit: « L'Amérique a découvert Ringo. »
30 Paul pense qu'il n'est pas un très bon guitariste.
31 Aucun des Beatles ne boit de scotch et de coca. Ils diluent maintenant l'alcool occasionnel

avec de la limonade.

32 John a dit à un journaliste américain que la mode américaine avait cinq ans de retard sur la mode britannique.

33 Les Beatles n'ont jamais vraiment aimé les bonbons gélifiés. Ils l'ont juste dit pour plaisanter.

34 Ils transportent une caisse de boissons dans le coffre de leur Austin Princess.

35 Leur nouveau chauffeur, Alf Bicknell, a conduit pour David Niven et Cary Grant.

36 Burt Lancaster a envoyé à Ringo un jeu de pistolets. Ils sont devenus amis à Hollywood.

37 Burt leur a permis d'utiliser sa maison pour une projection de A *Shot in the Dark*.

38 Edward G. Robinson et son petit-fils ont rejoint à deux reprises la file d'attente pour serrer la main des Beatles lors de leur garden-party à Hollywood.

39 Tout comme Mme Dean Martin et ses cinq enfants.

40 Les Beatles n'ont pas de poches dans leurs pantalons et seulement deux poches latérales dans leurs vestes. C'est Paul qui les a conçues.

41 Tout ce qu'ils portent sur eux en guise d'argent, ce sont quelques billets de banque.

42 John a acheté à sa belle-mère une maison près de la sienne dans le Surrey.

43 Aucun des Beatles ne porte de maillot de corps.

44 Paul veut acheter une ferme.

62

Le conte de Mary Wood
J'avais environ onze ans quand les Beatles sont arrivés au pouvoir. Nous vivions à Larne, en Irlande du Nord. Un des magazines pop était très grand - deux fois la taille d'un A4 - et comportait des portraits pleine page des Beatles. Je n'aimais pas particulièrement les photos de John, Ringo et George, mais je les ai quand même épinglées, car je pensais que ce serait déloyal envers Paul si je ne le faisais pas. Le visage de Paul était juste à côté de ma tête quand j'étais au lit. Je le chérissais, mais je l'ai coupé autour du visage et je l'ai collé sur le visage de mon ours en peluche pour qu'il puisse dormir à côté de moi. Très vite, il a commencé à tomber en poussière.
Les Beatles ont changé la donne quant au type d'hommes que l'on pouvait désirer. C'est simplement qu'ils avaient les cheveux longs. Les autres hommes de l'époque avaient tous les cheveux courts - et en plus, des cheveux courts avec des pellicules. Le style plus long et plus doux était tout simplement plus flatteur. Je suppose que c'étaient des hommes féminins.
Et c'était le but. Récemment, quelqu'un m'a dit qu'il y a une période de latence pendant laquelle une jeune fille ne fait que rêver d'hommes, mais ne veut pas vraiment coucher avec eux, et c'est pourquoi tant de membres de boys bands sont efféminés. C'est une période où l'adolescente est en plein désir romantique et où l'on idéalise l'objet de sa passion, mais où l'on ne veut pas que le fantasme soit gâché par la réalité d'un rendez-vous avec lui.
Mon père était médecin, un généraliste. Je rêvais que Paul, d'une manière ou d'une autre, se blessait légèrement et qu'il devait venir chez nous pour que mon père le recouse. Mon père décidait qu'il valait mieux qu'il aille au lit pendant quelques jours pour récupérer, et comme il serait reconnu s'il allait à l'hôtel, il devait rester chez nous, comme une sorte d'hôpital à domicile. J'aiderais à le soigner. Donc, ce ne serait qu'une question de temps avant que nous ne nous fiancions.
Le problème, c'est que Paul ne venait pas souvent en Irlande du Nord. Mais en novembre 1964, il est venu et ma tante Sheila a acheté des billets pour ma sœur, nos cousins et moi. Nous sommes allés au King's Hall à Belfast. Les quatre Beatles sont montés sur scène avec leurs instruments, mais la moindre note de musique était totalement noyée dans l'hystérie collective du public. La salle s'est mise à hurler et à gémir. J'ai juste mimé les cris, pour m'intégrer. Avez-vous essayé de crier ? Ce n'est pas du tout facile de le faire pour plus de deux éclats de dix secondes. On n'arrive à rien et ça épuise votre voix. Vous devriez essayer. On n'entendait pas un mot de toute façon, et je ne sais pas si les Beatles se donnaient la peine de jouer ou s'ils se contentaient de mimer.
Une chose m'a rebutée chez Paul, cependant. Il transpirait à grosses gouttes et il essuyait la sueur sur ses vêtements. Malgré cela, je pensais sincèrement, au fond de moi, que j'allais l'épouser. Je le sentais dans chaque fibre de mon être. C'était l'unique raison pour laquelle je n'ai pas travaillé pour mes examens au lycée. J'étais persuadée que, de toute façon, je n'aurais pas le temps d'aller à l'université ou de faire carrière car je serais constamment en tournée avec Paul. Le fait que j'allais épouser Paul a influencé mon comportement en général, mais je n'en ai parlé à personne, évidemment, parce que c'était une sorte de chose religieuse, un secret entre Dieu et moi.
Le jour de mes dix-huit ans, j'ai pris un avion pour Londres. J'avais quitté l'école et passé mon bac. J'ai eu de mauvaises notes. Je savais que Paul vivait à St John's Wood, alors je suis allée à la

station de métro la plus proche. Je pensais qu'il faudrait faire des recherches, mais non, l'homme derrière le comptoir de la station de métro m'a donné l'adresse exacte, et, armée de mon plan de Londres, j'ai marché directement vers la maison de Paul.

J'avais imaginé que je me tiendrais simplement devant sa maison et que, tôt ou tard, Paul sortirait et, me voyant, m'inviterait à entrer, puis qu'il tomberait amoureux de moi et que les fiançailles seraient annoncées en quelques jours, ce qui montrerait à mes parents que c'était moi qui connaissais le mieux mes projets de vie. Cela les remettrait à leur place mais quand je suis arrivée à la maison, j'ai été étonnée de voir qu'il y avait environ vingt à trente autres filles. S'est très vite installé cette idée de complicité entre les filles, alors que nous étions toutes, en quelque sorte, en compétition pour le même prix. Comment était-ce possible ? Je ne sais pas. Peut-être que ça faisait partie de ce truc d'adolescentes romantiques, et que nous ne voulions pas vraiment nous installer avec Paul, nous étions juste amoureuses de l'idée.

Les autres filles ont dit que Paul n'était même pas à l'intérieur de la maison de toute façon. Alors pourquoi restaient-elles dehors à pleurer et à gémir et à pousser des lettres à travers les grilles ? Je crois qu'il y avait une barrière.

Peu de temps après, il s'est marié avec Linda, et j'ai été véritablement déstabilisée, comme l'un de ces hommes qui vont à l'école d'agriculture de Cirencester pour se former à la gestion de leur domaine, puis le domaine est vendu et ils se retrouvent lessivés, sans rôle dans la vie, aptes à remplir leur mission mais incapables de démontrer leur aptitude. J'ai donc été trompée dans mon destin par Linda.

63

Les Rolling Stones étaient parmi ceux qui ont assisté à la première de A *Hard Day's Night* le 6 juillet 1964, en la gracieuse présence de Son Altesse Royale la princesse Margaret et de Lord Snowdon. À l'extérieur du Pavillon de Londres, deux cents policiers retenaient 12 000 fans qui scandaient « Beatles ! Beatles ! Beatles ! » Le groupe ne s'était toujours pas habitué à un tel brouhaha. En approchant de Leicester Square à l'arrière de leur voiture avec chauffeur, John a regardé par la fenêtre et a demandé à Brian Epstein, en toute innocence : « C'est une finale de Coupe ou un truc dans ce genre ? »

L'arrivée des Beatles est accompagnée de ce qu'un spectateur a appelé « un immense rugissement guttural », suivi d'un chœur de masse de « *Happy Birthday to You* ». Ringo, le plus âgé des Beatles, fêtera son vingt-quatrième anniversaire le lendemain.

Une fois les Beatles en sécurité à l'intérieur du cinéma, un tapis rouge est déroulé par le directeur du cinéma et son personnel, juste à temps pour l'arrivée du groupe royal. Le jour de leur mariage, en mai 1960, la princesse Margaret et Lord Snowdon étaient probablement les personnes les plus adorées de Grande-Bretagne, peut-être même du monde. À cette époque, à Liverpool, les Silver Beetles viennent d'échouer à leur audition pour assurer la première partie de la tournée nordiste de Billy Fury.

Mais quatre ans plus tard, la foule a clairement indiqué lequel d'entre eux inspirait le plus d'adoration. Après tout le chaos qui a entouré les Beatles, l'arrivée du couple royal a fait nettement chuter la température : les acclamations pour la princesse et son mari étant pitoyables comparées à celles qui avaient salué le groupe.

Lorsque la princesse Margaret et Lord Snowdon sont entrés dans l'auditorium, un détachement de trompettes a annoncé leur arrivée par une fanfare, et l'orchestre de la police métropolitaine s'est lancé dans une interprétation majestueuse de « God Save Queen ». Le public se met au garde-à-vous, et les Beatles aussi. Mais Mick Jagger et les Rolling Stones, assis sur les sièges situés juste derrière les Beatles, refusent de bouger. Alistair Taylor, l'assistant personnel de Brian Epstein, est consterné. « Bien sûr, John est considéré comme le grand rebelle, mais il n'était pas vraiment comme ça. En fait, il était le premier debout lorsque les premières mesures de l'hymne national, et tous les autres garçons se sont levés. Comme tous les autres, sauf les Rolling Stones. Ils se sont assis, étalés, comme dans un geste arrogant de défiance. John n'était vraiment pas impressionné. Quarante ans plus tard, Taylor avait toujours du mal à contenir son indignation. Je suppose qu'ils pensaient marquer un point, mais ils étaient les invités des Beatles ce soir-là et je crois qu'ils auraient dû montrer plus de respect. »

Après le film, les Beatles ont été présentés à la princesse Margaret. Cynthia Lennon avait fait un effort particulier. Elle portait une robe longue sans manches en soie noire et beige de Fenwicks, ainsi qu'un manteau noir en mousseline de soie Mary Quant, bordé de plumes noires. Sur l'insistance de John, elle a relevé ses cheveux pour ressembler davantage à Brigitte Bardot. Comme les autres Beatles, John porte un smoking et un nœud papillon noir. Dans son premier livre, *In His Own Write*, publié trois mois plus tôt, il avait fait référence au couple royal, à sa manière de faire des jeux de mots, en les appelant « Priceless Margarine and Bony Armstrove », mais il semblait maintenant intimidé en leur présence. « Lorsqu'il s'agissait de rencontrer des membres de la famille royale en chair et en os, John était aussi impressionné que nous tous, se souvient Cynthia. Il était si heureux et si fier que la princesse soit venue voir le film que ses opinions anti-establishment se sont envolées et qu'il est resté bouche bée lorsqu'elle lui a parlé. »

« Comment faites-vous face à toute cette adulation ? » a demandé la princesse.

Cynthia n'est pas impressionnée par une question aussi terne, et trouve la conversation de la princesse « sans-âme et superficielle ». Tentant d'attirer l'attention de sa femme, John dit : « Madame, voici ma femme Cynthia », mais la princesse ne lui offre qu'un regard distrait. « Oh, c'est tellement mignon. »

La princesse et son mari ont assisté à la réception au Dorchester, mais ils devaient partir avant le dîner pour un autre rendez-vous. Brian Jones et Keith Richards des Rolling Stones n'étaient pas invités, mais ont réussi à s'incruster, provocants et vêtus uniquement de pulls à col roulé. « N'est-ce pas la plus grande fête ratée de tous les temps ? », dit Jones en souriant. La veille, ils étaient apparus dans *Juke Box Jury* : les journaux du matin les avaient décrits comme « grossiers », « anthropoïdes », « rustres » et « sans charme ».

La fête était un mélange difficile d'anciens et de nouveaux, de jeunes et de vieux. Alors qu'un orchestre de danse grinçant se débattait dans une sélection d'airs du top 10, une vieille femme en robe de soirée s'est entichée de John.

« Vous êtes vraiment adorable », a-t-elle dit.

« Je ne peux pas en dire autant pour toi, mon amour », a-t-il répondu.

Pendant ce temps, la princesse Margaret et Lord Snowdon s'amusent manifestement et restent beaucoup plus tard que prévu. Cela signifie que le dîner a dû être reporté. Ignorant le protocole, George Harrison s'adresse au producteur du film, Walter Shenson, et lui demande : « Quand mangeons-nous ? » Shenson lui répond que le dîner ne peut être servi avant le départ du couple royal. George s'avance alors vers la princesse et lui dit sans ambages : « Madame, nous sommes affamés et Walter dit que nous ne pouvons pas manger avant votre départ. »

« Viens, Tony. Il faut qu'on s'en aille », répondit la princesse, sous les ordres du plus jeune des Beatles. On peut considérer qu'il s'agit là d'un moment charnière de la vie sociale britannique, celui où une princesse s'est éclipsée sur les ordres d'un Beatle ; pour la première fois, mais pas la dernière, la royauté s'en remet à la célébrité.

Alors que la réception touche à sa fin, tout le monde est plus détendu. Brian Jones et Keith Richards sont entourés de chasseurs d'autographes en tenue de soirée et de bijoux, et Jones est heureux de signer. À ce moment-là, l'orchestre a entamé l'hymne national. Fidèle à lui-même, Jones l'a ignoré et a continué à signer. « Arrêtez ! Mais arrêtez ! » siffle une femme âgée portant un collier de diamants. En réponse, Jones arrête de signer, prend un foulard de femme sur une table voisine, l'enroule autour de son cou et, au rythme de la lenteur de la musique, exécute un pastiche de danse burlesque.

Lorsque l'orchestre a atteint le dernier refrain, John Lennon a vu son attitude anti-establishment renforcée par le champagne et s'est écrié « *Go-od save the Cream!* » En sortant, il aperçut la vieille femme en robe de bal avec qui il avait été si laconique plus tôt dans la soirée. « Bonne nuit, Mme Haitch ! Nous danserons à nouveau tel Somerset Maugham ! », a-t-il crié. Rien de tel n'était jamais arrivé au Dorchester auparavant ; les temps changent.

64

Ensuite, John, Paul et Ringo se rendent avec Brian et Keith à l'Ad Lib Club, situé juste au coin de Leicester Place. Paul est parti relativement tôt - ils devaient participer à l'émission *Top of the Pops* du lendemain - et Ringo, devenu « Birthday Boy », est parti peu après 4 heures du matin, après avoir veillé pour lire les critiques du film dans les premières éditions des journaux : « J'ai reçu tous les journaux à 4 heures du matin, j'étais complètement ivre en essayant de les lire. Mais je n'arrivais pas à me concentrer. » C'était dommage, car les critiques étaient pleines de superlatifs, le *Daily Mail* les comparant aux Marx Brothers. »

John est manifestement prêt pour passer une nuit blanche, buvant scotch et coca l'un après l'autre. « Sa main tenait son verre comme s'il essayait de le broyer, note un observateur. Ses yeux semblaient durs, aigus et peu souriants. Sa lèvre supérieure se recourbait parfois lorsqu'il parlait, montrant des dents blanches et dures. »

Plus la nuit avançait, plus John aimait les deux Rolling Stones présents. « Je vous aime. Je vous ai aimés la première fois que je vous ai entendus », a-t-il dit. Mais, même lorsqu'il était ivre, il ne plongeait jamais si profondément dans le sentimentalisme. « Mais il y a quelque chose qui ne va pas avec vous, n'est-ce pas ? Il y a l'un d'entre vous dans le groupe qui n'est pas aussi bon que les autres. Trouvez-le est et débarrassez-vous de lui. »

La discussion tourne autour de la musique : Jones et Richards affirment que les Stones jouent un véritable rhythm and blues, alors que les Beatles ne font que de la pop commerciale. C'est un point sensible pour John ; il change brusquement de sujet.

D'abord, il a regardé Jones. « Tes cheveux, ça le fait », a-t-il dit. Puis il a regardé Richards. Il a dit : « Tes cheveux, ça le fait ». Puis il s'est tourné vers les absents amis. « Mais Mick Jagger. Vous savez aussi bien que moi que ses cheveux, ben ça le fait pas. »

Et ainsi de suite.

John a dit : « Encore un an, j'aurai mon argent et je serai libéré.
- Encore un an, lui répondit Brian, on sera là. »

John a tiré une bouffée philosophique sur sa cigarette. « Ouais, dit-il, mais est-ce qu'il y a vraiment un "là" ? »

Les Beatles et les Rolling Stones ont toujours été considérés comme des rivaux. Ils s'étaient rencontrés pour la première fois un peu plus d'un an auparavant, au Station Hotel de Richmond, dans le Surrey. À ce moment-là, les Beatles sont loin devant, en tête d'affiche d'une tournée nationale, tandis que les Stones jouent encore dans les pubs. Au cours de la première semaine de mai 1963, George Harrison jugeait un concours de talents au Liverpool Philharmonic Hall, et s'est retrouvé dans un jury avec Dick Rowe, qui était déjà largement connu comme l'homme qui a refusé les Beatles. Rowe dit à George qu'il s'en veut encore pour cette erreur. Gracieusement, George a répondu qu'il avait probablement eu raison, car leur prestation était horrible.

Sentant que Rowe était particulièrement déçu par les artistes présents lors de ce tremplin, au Philharmonic, George lui a parlé d'un nouveau groupe formidable qui jouait tous les dimanches à Richmond. Il n'a fallu que quelques jours pour que Rowe leur ait proposé un contrat. Toujours aussi compétitifs, les Beatles sont jaloux que les Stones aient négocié un meilleur contrat avec Decca qu'eux-mêmes avec EMI. Ils ont rapidement commencé à s'inquiéter que l'outsider devienne le leader. À partir de ce moment-là, leur amitié a toujours été tendue. Un jour, John et Paul sortaient du bureau de Dick James[71] sur Charing Cross Road quand ils entendent Mick et Keith leur crier dessus depuis un taxi qui passait. Les deux Beatles montèrent dans le taxi et alors qu'ils roulaient tous les quatre, Mick a dit : « On va au studio d'enregistrement. Vous avez des chansons à nous filer ? » John et Paul en ont trouvé une tout de suite. « Pourquoi pas la chanson de Ringo ? Vous pourriez en faire un single. » Et donc, de cette rencontre fortuite, les Rolling Stones ont obtenu leur premier single au top 20, « I Wanna Be Your Man ».

D'une certaine manière, John a contribué à alimenter ses propres craintes que les Stones soient une version plus authentique des Beatles : les Beatles sans leur costume étriqué. Mick Jagger chantait « *wanna* », alors que John chantait « *want to* » ; les Beatles se contentaient de faire des révérences, alors que les Stones étaient irrévérencieux. L'insolence brute et bluesy des Stones rappelait à John les Beatles avant qu'ils ne soient polis par Brian Epstein. Dans les cercles branchés, il était devenu à la mode de considérer les Beatles comme mous, jolis et artificiels, et les Stones comme durs, bourrus et réels.

John était de plus en plus irrité par cette comparaison. « John était fou de rage à cause de toute la publicité faite aux Stones pour leur côté brutal », se souvient Bill Harry, rédacteur en chef de *Mersey Beat*. « Il savait que les Stones étaient des garçons de la classe moyenne londonienne, pas du tout des Teds en veste de cuir. Pendant que les Beatles juraient et se prostituaient à Hambourg, ils fréquentaient des écoles branchées. John détestait ça. Il détestait vraiment ça. »

Très vite, les fans de musique se sentent obligés de soutenir soit les Beatles, soit les Stones, comme s'il s'agissait d'équipes de football rivales ou de pays en guerre. Les hommes se sentaient plus virils en préférant les Stones, et les femmes plus coquines. D'une certaine manière, les supporters les plus véhéments des Beatles ne faisaient qu'empirer les choses. « Cet horrible groupe n'est pas tout à fait ce qu'il semble être », écrit Maureen Cleave à propos des Stones dans l'Evening Standard en mars 1964. « Ils n'apportent rien à la scène musicale, la faisant même reculer, je dirais, d'environ huit ans. » Mais certaines de ses plaintes contre les Stones semblaient plus proches des compliments : « Juste au moment où nos chanteurs pop étaient bien rangés et, surtout, joyeux, les Rolling Stones sont apparus, ressemblant presque à ce que nous appelions les beatniks... Ils ont détruit l'image du chanteur pop des années 1960. »

Quelques jours plus tard, dans un gros titre, *Melody Maker* a demandé :
« LAISSERIEZ-VOUS VOTRE SŒUR AVEC UN ROLLING STONE ? »

Ce à quoi Maureen Cleave a répondu, une semaine plus tard : « Mais laisseriez-vous votre fille en épouser un ? Les parents n'aiment pas les Rolling Stones. Ils ne veulent pas que leurs fils grandissent comme eux, ils ne veulent pas que leurs filles les épousent. »

Elle associe ensuite les Beatles aux mêmes mœurs que John s'était efforcé de rejeter : « Jamais les vertus bourgeoises de propreté, d'obéissance et de ponctualité n'ont été aussi manifestement absentes que chez les Rolling Stones. Les Rolling Stones ne sont pas des gens avec lesquels on construit des empires : ils ne font pas partie des gens qui n'oublient jamais de se laver les mains avant le déjeuner. » Le fossé se creuse encore aujourd'hui. Des hommes et des femmes âgés de soixante-dix à quatre-vingts ans déclarent fièrement : « En fait, j'ai toujours préféré les Rolling Stones », comme s'il s'agissait d'une preuve de leur intégrité.

---

71 Dick James (1920-1986), éditeur musical des Beatles. Chanteur à l'origine du Henry Hall's Dance Band, son interprétation la plus célèbre est le thème de la série télévisée populaire Robin des Bois, avec son refrain entraînant, « *Raarbin Hood, Raarbin Hood, riding through the glen, Raarbin Hood, Raarbin Hood, with his band of men...* » James était connu pour son avarice. Pour Noël 1964, il a offert aux Beatles une bouteille d'après-rasage Brut chacun.

La fixette de John sur les Rolling Stones a duré des années, notamment parce que les gens comme lui ont tendance à préférer les groupes comme eux. En même temps, il les considérait comme des copieurs qui volaient les idées des Beatles. Après que les Beatles ont sorti « Yesterday », les Stones ont enregistré « As Tears Go By ». Apprenant par leur ingénieur commun, Glyn Johns, que l'une des nouvelles chansons des Beatles allait s'appeler « Let it Be », les Stones ont décidé d'appeler leur nouvel album *Let it Bleed*, et ainsi de suite. Peu avant la séparation des Beatles, John se plaignait encore de leur plagiat : « Je voudrais juste énumérer ce que nous avons fait et ce que les Stones ont fait deux mois après sur chaque putain d'album et chaque putain de chose que nous avons faits. Et Mick fait exactement la même chose. Il nous imite. Vous savez, *Majestic Request*, c'est *Pepper* ! « We Love You », mec, c'est des putains de conneries ! C'est « All You Need is Love ». »

A l'instar des foyers élisabéthains rivaux, les deux groupes les plus illustres de Grande-Bretagne entretenaient une rivalité délicate, dont les rouages étaient huilés par la déférence de l'arriviste envers le grand manitou. Du point de vue de George Harrison, « Mick Jagger se cachait toujours dans l'ombre, essayant de savoir ce qui se passait. Mick ne voulait jamais manquer ce que les Fabs faisaient. »

Jagger vivait dans Marylebone Road, à quelques pas de la maison de Paul à St John's Wood, en traversant Regent's Park. Ils se rencontraient de temps en temps, mais c'était Jagger qui venait toujours vers McCartney, et non l'inverse. « Je ne me souviens pas qu'il soit venu nous voir », dit Marianne Faithfull, la petite amie de Jagger à l'époque, à propos de Paul. « Mick devait toujours venir chez lui, parce que c'était Paul McCartney, et c'était vous qui alliez le voir. Paul n'est jamais venu à nous. J'étais toujours très curieuse de savoir comment Mick le voyait, ce qu'il ressentait pour lui. C'était toujours amusant à regarder. Il y avait toujours de la rivalité. Pas de la part de Paul, pas du tout. Paul était inconscient, mais il y avait quelque chose de Mick. C'était amusant. C'était comme regarder un match à la télévision. »

D'une certaine manière, les deux groupes étaient des images miroir l'un de l'autre : Paul et Mick, les *frontmen* avisés, qui ont toujours à l'esprit le sens de la compétition ; Ringo et Charlie, les gars plus âgés et imperturbables à la batterie ; John et Keith, les voyous, les durs à cuire, ceux qui ne sont pas trompés ; et Brian et George, les extraterrestres, qui nourrissent du ressentiment à l'égard de leur exclusion par les chefs de file.

Sous sa façade fragile, John était terrorisé par la vie. Nicky Haslam, qui le connaissait et l'appréciait, le décrit comme « une mauviette ». Sentant cette vulnérabilité, Keith Richards le désarçonnait. Comme beaucoup de brutes, John redoutait d'être brutalisé. En général, il faisait toujours tout pour dégainer le premier, mais contrairement à lui, Richards était imprenable. Une fois, John a dit à Keith que son solo de guitare au milieu de la reprise de Bobby Womack, « It's All Over Now », était « merdique ». Keith reste imperturbable : « Il s'est peut-être levé du mauvais pied ce jour-là. OK, ça aurait certainement pu être mieux. Mais je sais comment désarmer le mec : "Ouais, ce n'est certainement pas un de mes meilleurs solos, John. Désolé. Désolé pour les dégâts, mon vieux. Je te laisse la jouer comme tu veux, putain. »

Au début, Richards aimait dire à John qu'il portait sa guitare trop haut. « Tu as ta putain de guitare sous ton putain de menton, pour l'amour de Dieu. C'est pas un violon. » « Essaie une sangle plus longue, John. Plus la sangle est longue, mieux tu joues. » « Pas étonnant que tu n'aies pas de swing, tu sais ? Tu sais faire le rock, mais pas le roll. » Au fil du temps, il notait avec satisfaction la descente furtive mais régulière de la sangle de guitare de John.

65

La dernière fois que nous avons rencontré Pamela Miller[72], seize ans, c'était en 1964, lorsqu'elle a vu les Beatles au Hollywood Bowl. Dans son journal, elle se demandait si le destin avait amené Paul en Amérique « car je suis ici aussi. » Mais en moins d'un an, elle a rencontré un garçon appelé Bob, qui l'a convertie aux Rolling Stones. Lorsque Pamela fait part de sa nouvelle passion à ses anciens amis Beatles, Kathy et Stevie, ils réagissent mal :

5-9-65
Chère Pam, je suppose que tu te demandes pourquoi Linda, Stevie et moi avons agi comme nous l'avons fait hier après l'école. La raison principale est que tu es une personne fausse. Tu ferais mieux de faire attention avant de te retrouver sans amis. Pourquoi diable pourrais-tu commencer à aimer Mick plutôt que Paul ?... Pam, tu essaies d'être atypique, mais tu ne l'es pas. Tu es juste une perdante. Personne ne t'aime quand tu agis comme tu le fais... Tu étais toujours si enthousiaste à propos des Beatles et maintenant tu es fan des Rolling Stones. Je ne vois pas comment tu as pu les choisir au lieu des Beatles à moins que... tu n'aies toujours été faux-cul pendant tout ce temps. Les Stones sont sales et négligés et ils nous répugnent. Quand je repense à la façon dont tu signais ton nom « Paul & Pam », on ne peut pas imaginer que tu sois la même fille. Je ne te déteste pas, mais franchement, je ne t'aime pas beaucoup.
Kathy & Stevie

---

72 À partir de ce moment-là, elle s'appellera Pamela, et non plus Pam. Ses goûts s'élargissent encore : ses futures conquêtes seront, par ordre alphabétique, Woody Allen, Chris Hillman, Mick Jagger, Waylon Jennings, Don Johnson, Keith Moon, Jim Morrison, Jimmy Page, Gram Parsons et Noel Redding. Sous son nom de femme mariée, Pamela Des Barres, elle a écrit deux mémoires divertissantes, *Confessions d'une groupie* (1987, Le Serpent à Plumes, 2006), dont cette lettre est extraite, et *Take Another Little Piece of My Heart: A Groupie Grows Up* (1992).

66

Plus leur succès était grand, plus les Beatles étaient la proie des aventuriers et des charlatans.
Jeffrey Archer, âgé de six mois de plus que John Lennon, arrive à Oxford en octobre 1963, après s'être inscrit à un cours d'un an pour obtenir un diplôme du département de l'éducation d'Oxford. Plus tard, il était heureux d'être décrit comme un diplômé de l'Université d'Oxford, bien que ses qualifications pour l'inscription ne consistaient, en tout et pour tout, qu'en l'équivalent du brevet des collège et un diplôme de la Fédération internationale de culture physique, un club de culturisme géré depuis un immeuble de bureaux de Chancery Lane.

À partir de là, il s'est lancé dans une carrière d'autopromotion qui a duré toute sa vie. À son arrivée dans les bureaux du magazine étudiant *Cherwell* d'Oxford, il annonce qu'avec son aide, il va récolter 500 000 livres pour Oxfam. « Ce sera la plus grande histoire que vous ayez jamais eue. Mais j'ai besoin de votre aide »

Le rédacteur en chef de *Cherwell* a organisé une rencontre entre Archer et le correspondant du *Daily Mail* pour les universités. Autour d'un verre à l'Union, Archer présente son plan et demande si le *Daily Mail* le soutiendra. La réponse est « très peu probable ».

« Cela aiderait-il si je parvenais à faire venir les Beatles? » ajoute Archer. Selon Archer, il a alors envoyé un télégramme à Brian Epstein « et lui a demandé une interview, qu'il a signée au nom de huit mille étudiants d'Oxford, après avoir bien sûr obtenu la bénédiction du vice-chancelier et du directeur de l'école. »

Epstein hésitait à autoriser les Beatles à donner leur bénédiction à ce type de collecte de fonds caritative, estimant que ça risquait de créer un précédent, auquel il lui serait difficile de refuser. Bien qu'ils n'aient reçu aucune réponse de sa part, *Cherwell* a publié un titre en première page, *La campagne des Beatles pour un million de livres*, que la presse nationale a dûment couvert. Archer s'est ensuite faufilé dans les coulisses d'un concert des Beatles et les a persuadés de poser pour une photo en mettant de l'argent dans des boîtes de collecte avec une affiche signée Oxfam indiquant « WANTED 1 million de livres ».

En voyant la photo, Epstein est tombé de sa chaise. « Il n'en revenait pas, se souvient Pat Davidson, attachée de presse d'Oxfam. Il ne voulait plus parler à personne d'Oxfam. Il était furieux. » À ce moment-là, Archer explique à Epstein que la réputation des Beatles pourrait être gravement entachée s'ils se retiraient du projet. En même temps, il promet à Epstein d'organiser un déjeuner convenable pour que les Beatles rencontrent le nouveau chancelier de l'université, l'ancien premier ministre Harold Macmillan. Impressionné par l'idée d'une telle rencontre, Epstein se laisse convaincre, mais à contrecœur. « Il n'est pas certain, cependant, qu'Archer ait effectivement avisé Macmillan lorsqu'il a fait sa promesse à Epstein », écrit Michael Crick, biographe éclairé de Jeffrey Archer. « Mais il était certainement convaincu qu'il pouvait le faire. »

Le pouvoir des relations publiques, ou du mythe, ou des deux, est tel que beaucoup de gens continuent de croire que, grâce à Jeffrey Archer, les Beatles ont un jour déjeuné avec Harold Macmillan. Mais cette rencontre n'a jamais eu lieu. Archer prétend avoir organisé ce déjeuner à la fin du mois de février 1964, mais lorsqu'il appelle pour confirmer, il découvre qu'ils se trouvent en Floride et sur le point de rencontrer Cassius Clay. Macmillan a donc déjeuné seul avec Jeffrey Archer, se plaignant lugubrement que, sans les Beatles, l'événement était comme « *Hamlet* sans le fantôme ». Ou le fantôme sans Hamlet, aurait-il pu dire plus judicieusement.

Au retour des Beatles, Archer fixe une date pour qu'ils soient photographiés à l'Université d'Oxford avec leur affiche dédicacée. Cette fois, c'est Harold Macmillan qui fait la sourde oreille. Mais le 5 mars 1964, John, Paul, George et Ringo dînent au Brasenose College. Le doyen se souvient que John était « endormi la plupart du temps » et Ringo « monosyllabique », mais que George et Paul, en revanche, ne manquaient pas d'enthousiasme. En fait, le doyen considère que Paul est si « vif et intelligent qu'il aurait pu facilement être un étudiant d'Oxford. » Au cours d'un dîner, George lève le nez sur le saumon fumé et demande à un serveur : « Avez-vous des beignets à la confiture ? » « Je vous échange un autographe contre un beignet à la confiture », répond le serveur, et le marché est conclu.

Après le dîner, Sheridan Morley[73], étudiant au Merton College, se retrouve à côté de Ringo Starr dans les urinoirs de Brasenose. « Il m'a demandé si je connaissais ce Jeffrey Archer. J'ai dit que tout le monde à Oxford essayait de savoir qui il était. Ringo a répondu : "Il me semble être un type assez sympa, mais c'est le genre de type qui mettrait votre pisse en bouteille et la vendrait." »

---

73 Plus tard, un critique de théâtre.

67

Alors que l'année 1963 touche à sa fin, l'*Evening Standard* conclut : « 1963 a été l'année des Beatles. Un examen du cœur de la nation en ce moment révélerait le nom des Beatles gravé dessus. » À présent, les politiciens de tous les partis reconnaissent l'importance de mentionner les Beatles. Cela prouvait qu'ils étaient modernes, démocratiques et à la page. En février 1964, alors que les Beatles sont partis pour leur première tournée aux États-Unis, le Premier ministre conservateur Sir Alec Douglas-Home déclare à la conférence annuelle des Jeunes Conservateurs qu'ils sont « notre meilleur produit d'exportation ». Il fait l'éloge de leur « contribution utile à la balance économique », ajoutant : « Si un pays est en déficit avec nous, je n'ai qu'à dire que les Beatles arrivent... Laissez-moi vous dire pourquoi ils ont eu du succès aux États-Unis - c'est parce que c'est un groupe de jeunes hommes très naturels et très drôles. »

Bientôt, les politiciens rivalisent d'imagination pour couvrir les Beatles de superlatifs. À l'approche des élections générales, on conseille aux candidats conservateurs au Parlement d'intégrer les Beatles dans leurs discours aussi souvent que possible. C'est comme si leur nom était devenu un sortilège, avec des pouvoirs magiques pour transformer les vieux en jeunes, et les has-been en in.

Le leader du parti travailliste, Harold Wilson, n'est pas en reste. Défenseur de la modernité, des déclassés et de l'esprit d'initiative, et député du Merseyside de surcroît, se moque des tentatives à la fois aristocratiques et « troisième-âge » de Douglas-Home de paraître jeune et à la mode, se moquant de « ces apôtres d'un âge révolu qui essaient de prétendre qu'ils sont dans le coup en revendiquant les Beatles comme une arme secrète des Tories. » Wilson insiste sur le fait que le gouvernement conservateur « n'hésiterait pas, s'il y avait des votes en sa faveur, à nommer Paul, George, Ringo et John, collectivement à Washington pour diriger l'ambassade. »

Sachant que les Beatles allaient recevoir le prix du Variety Club « Show Business Personalities of 1963 », Wilson a téléphoné à Sir Joseph Lockwood, le président d'EMI, pour lui suggérer « qu'en tant que compatriote de la région du Mersey », il serait la personne idéale pour faire la présentation. Et c'est ainsi que, le 19 mars 1964, lors d'un déjeuner bondé à l'hôtel Dorchester, le chef de l'opposition prononce un discours à la gloire des Beatles.

> C'est une occasion apolitique, donc je vais rester apolitique. Sauf si je suis tenté. J'ai dit cela hier, et je l'ai fait. Mais il y a eu récemment des tentatives de la part d'un certain leader d'un certain parti – je ne vous citerai son nom pour rien au monde - d'impliquer nos amis les Beatles dans la politique. Pour ne pas me mêler de politique, je me contenterai de répéter ce qu'a dit le correspondant musical du *Times*, qui a qualifié cette musique d'indigène, de très imaginative et inventive et je suis sûr que le correspondant musical du *Times* a parlé au nom de nous tous, quand il a dit que les Beatles empruntaient des voies harmoniques particulières, faisant appels à, je cite, « des chaînes de groupes pan-diatoniques »
> (Rires)

Wilson s'est ensuite déplacé avec un air paternaliste alors que les Beatles venaient pour leurs trophées.

WILSON : « Un à la fois ! Voilà le tien ! Et voilà le tien !
GEORGE : Mesdames et Messieurs, M. Barker, M. Dobson (rires), et la presse, je voudrais juste dire que c'est très bien, surtout d'en avoir un chacun, parce que nous avons habituellement un peu de mal à les couper en quatre.
WILSON : (pour prouver à tout le monde qu'il est au parfum, qu'il sait reconnaître un Beatle parmi les autres) Et maintenant Paul.
PAUL : Merci beaucoup de nous avoir donné ce cœur en argent. Mais je pense franchement que vous auriez dû en donner un à ce bon vieux M. Wilson.
WILSON : Ringo…
RINGO : Tous ceux qui nous connaissent savent que je suis celui qui ne parle jamais, alors je voudrais juste dire merci beaucoup.
JOHN : Je voudrais juste dire la même chose que les autres - merci pour les « *Purple Hearts* ».
(Rires)
RINGO : En argent !! En argent ![74]
JOHN : Désolé pour ça, Harold ! Nous vous remercions tous sincèrement, mais nous devons partir car le type avec la caméra veut nous filmer tous les quatre et il dit que ça lui coûte une fortune. »

Quelques semaines plus tard, Edward Heath, récemment promu président de la Commission du Commerce, plaisante en disant que les Beatles gagnent désormais tellement d'argent qu'ils « soutiennent l'ensemble de l'économie nationale ».

Le parti travailliste de Wilson s'est présenté aux élections générales d'octobre 1964 avec un slogan de campagne délibérément « pop », « Let's Go with Labour ». Le jour du scrutin, les Beatles ont été filmés pour le journal télévisé pour le programme *North-East Newsview*, tous les quatre assis autour d'une table dans un hôtel de Stockton-on-Tees, fumant des cigarettes et se versant du thé dans une théière en argent. Comme d'habitude, ils sont légers et sarcastiques. Les seuls commentaires à la limite du politique sont ceux de George, contrarié par les exigences du fisc.

Q : « Avez-vous eu le temps de voter vous-mêmes ?
PAUL : Non, nous l'avons manqué en fait. Nous…
JOHN : On était en train de manger en même temps.
JOHN ET PAUL : (rires)
Q : Je pense que Paul aspire à devenir Premier ministre. Est-ce que vous avez toujours cette envie ?
PAUL : Non. Jamais je ne serai politicien. C'est une vie difficile, vous voyez. Les journées de travail sont bien trop longues !
RINGO : (pour lui-même) Dit-il, d'une voix enjôleuse.
PAUL : (à l'intervieweur) Vous voulez une cigarette ?
Q : Non, je ne fume pas. Merci.
RINGO : Elles ne cessent d'augmenter, tu sais.
GEORGE : Ouais, on va devoir arrêter de fumer.
RINGO : (allume la cigarette de Paul) Oui ! Un vrai luxe.

---

74 John, toujours à l'affut des jeux de mots, a transformé sciemment le nom de la récompense, « *Silver Heart* » en « *Purple Heart* », qui est une médaille militaire accordée par le président des États-Unis aux soldats blessés sur le champ de bataille, mais dans ce cas de figure là, John fait plutôt allusion au Dexamyl, une drogue en vogue en Grande-Bretagne dans les années 1960, très prisée par les Mods… comme on peut le voir dans le film *Quadrophenia* avec les Who (N.d.t.).

JOHN : Ne les taxe pas, Harold. C'est déjà assez difficile comme ça.
Q : Au cours des dernières semaines, on vous a vus beaucoup moins dans la presse, ces derniers temps, au détriment des boys band Grimond, Home et Wilson... En avez-vous ressenti de la jalousie ?
GEORGE ET JOHN : Non.
PAUL : Non. On vend plus de disques et de choses qu'eux.
GEORGE : La situation a l'air assez « Grimmond »[75] n'est-ce pas !
BEATLES : (rires)
RINGO : C'est une bonne chose.
PAUL : Non, vous savez. Bonne chance à eux.
Q : Est-ce qu'un parti politique vous a contactés pour vous demander si vous étiez prêt à voter pour nous ?
JOHN : Oh, non.
GEORGE : Non, sinon les autres n'achèteraient plus de disques. »

Harold Wilson a mené le Labour à la victoire lors des élections, devenant ainsi le plus jeune Premier ministre depuis 150 ans. Des décennies plus tard, un autre Premier ministre travailliste, Gordon Brown, a affirmé que « les Beatles ont aidé le Labour à gagner en 1964 ». Jeune étudiant en histoire à l'université d'Édimbourg à la fin des années 1960, il avait soutenu avec ses professeurs que « les élections de 1964 et 1966 avaient été remportées sur une vague d'enthousiasme pour le changement et que personne n'a mieux illustré cet état d'esprit que les Beatles. » Sans leur célébrité, Harold Wilson aurait peut-être eu du mal à rendre populaire son programme : la création d'une Grande-Bretagne vibrante et dynamique, libérée de l'establishment étouffant qui vivait dans le passé... « Les Beatles étaient l'incarnation même de son message, que la Grande-Bretagne était en train de changer, que des millions d'adolescents, dont moi, qui avions suivi depuis 1962, ces quatre jeunes hommes non-conformistes, originaire du nord, et et débordant d'une énergie nouvelle. »

Le président des États-Unis a été plus convaincant. Lors de la première tournée américaine des Beatles, au début de 1964, Lucy, la fille de Lyndon Johnson âgée de seize ans, supplie son père de les inviter à la Maison Blanche.
« Tout notre pays était en proie à la douleur, se souvient-elle un demi-siècle plus tard. Et il m'est venu à l'esprit qu'étant la fille du président des États-Unis, je pourrais peut-être réaliser le rêve de tout adolescent : faire venir les Beatles chez moi. J'ai donc été extrêmement enthousiaste à ce sujet et je suis allée voir mon père pour lui demander si nous pouvions faire venir les Beatles. J'ai été abasourdi par sa réponse. Il a dit que c'était le moment pour notre pays de se mettre au boulot. On ne pouvait pas faire que des « *yeah, yeah, yeah* ». Il ne m'a pas demandé de ne pas passer leurs disques et il n'a pas exigé que je ne danse pas dessus. Mais il m'a dit qu'ils ne viendraient pas à la Maison Blanche. Point final. Fin. Sujet clos. »
Mais à l'été de cette année-là, le président Johnson avait changé d'avis. Comme tout le monde, il avait besoin de leur lumière. Avant la deuxième tournée américaine des Beatles, le service de presse de la Maison Blanche a contacté Brian Epstein : accepteraient-ils d'être photographiés en train de déposer une couronne sur la tombe du président Kennedy à Washington, aux côtés du président Johnson ? Au nom des Beatles, Epstein refuse poliment mais fermement.

---

75 Cette fois-ci, c'est George, qui tente un jeu de mot entre « Grimond » et « immonde ». Il faut dire que Jo Grimond, leader du parti libéral ne portait pas les Beatles dans son cœur : « quatre tignasses semi-illettrées de Liverpool ». (N.d.t.)

68

Au fil des ans, même les politiciens qui s'intéressent le moins possible aux Beatles se sentent obligés de lâcher leur nom, juste pour montrer qu'ils sont quand même au courant. Le 11 octobre 1969, à l'occasion de son dixième anniversaire en tant que députée, Margaret Thatcher prend la parole au bal de l'association conservatrice de Finchley. « En 1959, nous n'avions pas encore entendu parler des Beatles ni de David Frost, il n'y avait pas de société permissive ni de hippies. » Bien qu'elle n'en soit probablement pas consciente, la semaine précédente, John et Yoko avaient enregistré « Don't Worry Kyoko (Mummy's Only Looking for Her Hand in the Snow) », la face B de « Cold Turkey » du Plastic Ono Band, à quelques kilomètres de là, à Abbey Road.

« Mais certaines choses n'ont pas changé, a-t-elle poursuivi. Le bien est toujours le bien et le mal est le mal… Ce sont les bonnes nouvelles qui doivent être diffusées, et à Finchley, il y a beaucoup de bonnes nouvelles ». Elle a ensuite rendu hommage à la Finchley Chrysanthemum Society qui « produit des fleurs de plus en plus grandes. »

Dix-huit ans plus tard, Mme Thatcher se prépare à disputer sa deuxième élection générale en tant que Premier ministre. Désireux d'exploiter le vote hésitant des jeunes, ses assistants ont organisé une interview avec *Smash Hits*, un magazine dont le nombre de lecteurs est estimé à 3,3 millions et dont le lecteur moyen est âgé de quinze ans.

Une semaine avant l'interview, l'assistante de Mme Thatcher, Christine Wall, lui a rédigé une note d'information, suggérant des sujets que l'interviewer, Tom Hibbert, pourrait aborder. Il s'agissait notamment de « tout héros de pop star ou de star de cinéma que vous avez eu dans votre jeunesse », « votre sentiment sur les stars d'aujourd'hui » et « votre position sur les drogues ».

Sous la rubrique *Points à retenir*, Mme Wall conseille : « Il convient de mentionner qu'un certain degré de rébellion chez les adolescents fait partie de la croissance » et « Les adolescents sont depuis longtemps contre l'ordre établi, quelle que soit la tendance politique du gouvernement en place », ajoutant que « Vous risquez de ne pas apprécier l'entretien. M. Hibbert peut poser des questions superficielles qui trahissent un manque de compréhension. Le défi de l'interview sera pour vous de démontrer que, même si vous ne faites pas partie de la scène pop, vous êtes toujours en contact avec les jeunes et comprenez leurs besoins… »

Le matin de l'entretien, elle a remis à Mme Thatcher un autre mémo :

PREMIER MINISTRE
VOTRE INTERVIEW AVEC SMASH HITS
Vous avez demandé quelques exemples de musique populaire contemporaine et passée. Voici quelques suggestions :

CHARTS POP ACTUELS
Les numéros 1 et 2 du hit-parade des singles sont occupés par deux chansons « soul » américaines, qui ont été des succès dans les années 1960 et le sont à nouveau vingt ans plus tard. Le numéro 1 est « STAND BY ME » de BEN E. KING. En deuxième position, on trouve « WHEN A MAN LOVES A WOMAN » de PERCY SLEDGE …je joins la dernière liste du Top Ten.

La musique de la comédie musicale d'Andrew Lloyd Webber « PHANTOM OF THE OPERA » continue de bien figurer dans les classements. L'album de la bande originale est à la première place dans les charts LP et le single « MUSIC OF THE NIGHT » chanté par MICHAEL CRAWFORD est maintenant à la 34e place dans les charts des singles après avoir été dans le top 10...

Un paragraphe bizarre rappelle à Mme Thatcher que « Deux des plus récents BIG BAND HITS sont « PASADENA » des TEMPERANCE SEVEN dans les années 1960 et « THE FLORAL DANCE » des BRIGHOUSE AND RASTRICK BRASS BAND dans les années 1970. Le mouvement punk était également mentionné dans la note. Le seul autre phénomène musical à se voir accorder sa propre note d'information, dix-sept ans après leur séparation, est le suivant :

LES BEATLES
Les deux chansons des BEATLES les plus célèbres parmi les nombreux hits sont probablement « YESTERDAY » qui a été enregistré par des centaines de personnes dont FRANK SINATRA et ELVIS PRESLEY et « ALL YOU NEED IS LOVE » qui a été interprété en direct devant 64 millions de personnes à la télévision en 1968.

Le grand jour venu, Mme Thatcher fait de son mieux pour montrer qu'elle est à l'écoute de la jeunesse. Après avoir offert un verre d'eau à Hibbert (« C'est de l'eau de Malvern. Britannique ! Nous ne servons que des produits britanniques ! »), elle énumère la plupart des points de la note, mentionnant même « When a Man Loves a Woman », les big bands et le punk (« Je sais que nous avons des punks en Grande-Bretagne. Les punks dépensent beaucoup de temps et d'argent pour leur apparence. »)
Lorsque Hibbert lui a demandé si elle aurait été très contrariée si ses enfants avaient formé un groupe pop, elle a répondu : « Non, je n'aurais jamais été contrariée... J'aurais été beaucoup plus inquiète s'ils n'avaient rien fait. Mark a, en fait, appris la guitare. » Il n'était pas particulièrement doué, ajoute-t-elle, « mais il avait un bon sens musical, et tous écoutaient les Beatles, pourtant, Dieu sait que nous avions tous les derniers disques de pop. Les Beatles sont très intéressants et ils reviennent au devant de la scène parce que leurs chansons étaient mélodieuses. Je me souviens de « Telstar », une chanson adorable, je l'ai absolument adorée. »
« « Telstar », a poliment fait remarquer Hibbert, n'est pas un titre des Beatles mais des Tornados. »
« Les Tornados, oui, puis nous avons eu Dusty Springfield, mais je me souviens surtout des Beatles. Ils devaient avoir ce truc allumé toute la journée, je disais à mes enfants, "Vous deux, vous étiez obligés d'écouter ça ?" Mais cette musique est très vite devenu une sorte bande son quotidienne. »
Le 31 mai 1990, six mois avant d'être chassée du pouvoir, Margaret Thatcher s'est rendue à Abbey Road, pour célébrer le quatre-vingtième anniversaire des studios EMI. Elle y pose pour des photos, joue de la batterie dans le studio et traverse le célèbre passage piétons. « J'ai toujours aimé les chansons des Beatles. » a-t-elle déclaré aux journalistes. « Ce sont des purs génies, tant dans leur façon de jouer que dans certaines des chansons qu'ils ont écrites. »
Mais cinq ans après son départ à la retraite, l'influence des Beatles ne l'enchantait plus. Dans son autobiographie, elle se plaint de « toute une "culture jeune" faite de mysticisme oriental abscons, de vêtements bizarres et d'indulgence pour les drogues hallucinatoires. »
« J'ai trouvé que Chelsea était devenu un endroit très différent lorsque nous sommes revenus à Londres en 1970, poursuit-elle. Mes sentiments étaient mitigés sur tout ce qui se passait. Il y avait

de la vitalité et du talent, mais c'était aussi, dans une large mesure, un monde de faux-semblants. En Grande-Bretagne, on tirait une fierté perverse de notre contribution à ces tendances. Carnaby Street à Soho, les Beatles, la mini-jupe et la maxi jupe étaient les nouveaux symboles de la *Swinging Britain*. Et ils se sont effectivement révélés de bons vecteurs d'exportation. Harold Wilson a su s'en attribuer un maximum de mérite politique.

Le problème, c'est qu'ils ont dissimulé les véritables faiblesses économiques que même une industrie de la mode talentueuse et des maisons de disques entreprenantes n'ont pu contrebalancer. Comme l'a fait remarquer Desmond Donnelly, "ma plus grande crainte est que la Grande-Bretagne sombre en riant dans la mer." »

69

*Une Fête
M. Brian Epstein. À la maison.
Dîner-Buffet 21 h 30.
Tenue informelle.
15 Whaddon House, William Mews
Knighstbridge, London SW1
12 août 1964*

Brian Epstein organise une fête pour lancer la deuxième tournée des Beatles aux États-Unis : trente représentations dans vingt-quatre villes en trente-deux jours, soit une balade de 36 115 km. Des invitations ont été envoyées à diverses stars, dont Cilla Black, Peter and Gordon, the Searchers, Tommy Steele, Mick Jagger, Keith Richards, Lionel Bart, Dusty Springfield et Alma Cogan. Trois disc-jockeys d'avant-garde ont également été invités : Alan Freeman, Pete Murray et Brian Matthew. Epstein a fait appel à son décorateur d'intérieur, Ken Partridge, pour créer l'ambiance. Partridge érige une marquise sur le toit, avec des porte-fenêtre, pour pouvoir admirer la ville. Le sol est surélevé et recouvert d'une moquette en jonc de mer rouge cerise. Il y a un kiosque à musique assez grand pour un petit orchestre, plus une piste de danse. Le mât central du chapiteau est recouvert de mousse espagnole et entrelacé de sept cents œillets en forme de palmier. Il a fallu cinq jours pour monter l'ensemble de la structure.

Brian est déterminé à faire preuve de bon goût. « Je ne veux pas de gadgets », insiste-il.
« Tu veux dire que tu veux des nappes blanches, des chandeliers en argent, des fleurs blanches ? dit Partridge.
- Parfait.
- Tu veux des rayures roses et blanches ?
- Oui, je veux tout ça.

Le jour J, Partridge est catégorique : personne ne doit monter sur le toit avant la fête. Mais, en fin d'après-midi, Brian lui dit que sa mère est en bas. « Elle revient de chez le coiffeur, et elle aimerait venir voir.
- Non, dit Partridge.
- S'il te plaît.
- Eh bien, d'accord. Juste pour cette fois. »

Queenie Epstein est conduite à l'étage. Elle jette un coup d'œil à tous ces œillets, moitié rouges, moitié blancs, et est horrifiée. Combiner le rouge et le blanc porte malheur, insiste-t-elle. C'est l'une des nombreuses superstitions qu'elle entretient : elle est également convaincue que les oiseaux représentés sur les rideaux portent malheur.

« Qu'allons-nous faire ? » demande Brian à Partridge, ajoutant : « Il faut tout changer ! Nous ne pouvons pas provoquer le malheur juste avant le départ des garçons en tournée !
- Qu'allons-nous faire ? Rien », répond Partridge. Mais il demande quand même alors à Pam Foster, qui s'occupe des fleurs, de trouver une solution. Elle fait un saut chez Harrods, à quelques

centaines de mètres de là, pour acheter une quantité d'encre rouge. De retour à l'appartement, elle verse l'encre dans un seau, puis retire les œillets blancs des différents présentoirs et les trempe tous dans l'encre.

Les invités arrivent. Le dîner sur le toit est somptueux. Tony Barrow estime que le mot « buffet » ne suffit pas à décrire « l'étalage spectaculaire de nourriture proposée, des filets de bœuf aux tranches de canard, du homard réfrigéré à toutes sortes d'autres délices de la mer et des paniers chargés de fruits exotiques. »

Tout va pour le mieux jusqu'à une petite agitation à la porte d'entrée. Une femme en manteau de vison insiste sur le fait qu'elle et son accompagnateur ont été invités, alors qu'ils ne figurent pas sur la liste des invités. « C'est lamentable », dit-elle au portier.

À l'étage, Ken Partridge est informé de l'agitation en bas. « Qui est cette femme ? » demande-t-il. Il descend, pour être confronté à « cette petite femme dans un manteau rose ». Elle lui dit, « Nous avons rencontré Brian avec Li dans un restaurant et il nous a demandé de venir. » Partridge la reconnaît. « Judy Garland ! » s'exclame-t-il avec joie. « Entrez, je vous en prie ! Vous êtes mon invitée ! » Comme beaucoup d'âmes brisées, Brian Epstein est un grand fan de Judy Garland. Il l'a croisée la veille au Caprice avec Lionel Bart, ou « Li », et lui a demandé de venir rencontrer les Beatles. Il a bêtement oublié d'ajouter son nom à la liste des invités.

Judy passe par la salle du bas, qui est maintenant déserte et qui, selon Partridge, semble avoir été touchée par une bombe : « Tout le monde était monté à l'étage et il y avait des centaines de verres sales, des mégots de cigarettes, tout autour. »

« Oh mon Dieu, je suis en retard, dit Judy.

- Non, ils sont sur le toit.

- Qu'est-ce qu'ils font sur le toit ?

- Eh bien, rassurez-vous, personne ne saute. Ils sont tout simplement en train de dîner. »

Partridge la fait monter à l'étage, et la place à côté de Lionel Bart. Cilla Black remarque que Judy n'a pas tenté de dissimuler ses récentes blessures : « La première chose que nous avons tous remarquée, c'est que ses deux poignets étaient couverts de bandages blancs. »

« Tiens ma main, demande Judy à Partridge. Je suis si intimidée. » Comme il bouge sa main dans sa direction, elle écrase sa cigarette sur le dos de celle-ci.

« Je n'ai jamais brûlé personne avant, insiste Judy.

- Je garderai la marque de brûlure précieusement pour le reste de ma vie », répond stoïquement Partridge.

Brian vient la saluer, et les membres plus âgés de la fête se rassemblent autour d'elle avec admiration. Judy commence à se détendre et, une fois le dîner terminé, semble heureuse de se mêler aux autres invités. Les plus jeunes - les Stones, les Searchers - ne savent pas vraiment, ou ne se soucient pas, de qui elle est. Elle a rencontré les Beatles il y a trois semaines, lorsqu'elle les a rejoints dans *La Nuit des mille étoiles* au Palladium de Londres, aux côtés de Gloria Swanson, Merle Oberon, Laurence Olivier et Zsa Zsa Gabor. Elle s'était rendue au Palladium directement après avoir été admise dans une maison de retraite où elle avait subi des coupures aux bras et aux poignets, en s'efforçant d'ouvrir une boîte de conserve avec une paire de ciseaux, comme elle l'a affirmé à la presse. L'actrice Hayley Mills, âgée de seize ans, se trouvait dans les coulisses à côté des Beatles lorsque Garland est entrée sur scène dans une robe fourreau rouge à paillettes et manches longues : « Il y a eu des applaudissements nourris, puis une accalmie avant qu'elle ne commence à parler ou à chanter. Et dans cette accalmie, on a soudain entendu la voix de John qui criait : "Montre-nous tes poignets, Judy !" Je ne pense pas qu'elle ait entendu. J'espère vraiment qu'elle n'a pas entendu. »

Ce soir, John ne tente pas de se soucier d'elle, mais Paul engage une conversation avec Judy sur la nouvelle émission de Lionel Bart, *Maggie May*. En regardant à travers la pièce, Tony Barrow estime que Judy est « pâle, faible, mal à l'aise et à mille lieues de la personnalité effervescente que nous avions vue tant de fois au cinéma. » Néanmoins, au milieu de la cohue générale, il la voit « comme une pile électrique et bavarder avec son hôte. »

À un moment donné, Brian aperçoit sa grand-mère en train de papoter avec Judy. Après que Judy est passée à autre chose, Brian demande de quoi elles parlaient. « Comment faire un gâteau au chocolat », lui répond Judy.

Judy part en courant à la recherche des toilettes, et ne réapparaît pas. Cilla Black est sur le point de partir lorsque Brian s'approche, paniqué.

« Judy est dans la salle de bain depuis au moins quinze minutes.

- Et alors? Les femmes ne sont pas comme les hommes, Brian, répond-elle. Elles mettent du temps là-dedans. »

Cinq minutes plus tard, Cilla dit bonne nuit à Ringo quand Brian déboule à nouveau. « Elle est toujours là-bas, siffle-t-il. On ne peut pas la laisser se suicider ici. Va la chercher, Cilla. »

« Oh mon Dieu! répond Cilla, qui commence à s'inquiéter. Tu veux que j'aille voir si elle s'est encore taillladé les poignets?

- *S'il te plaît*, Cilla. »

À l'extérieur des toilettes, l'inquiétude grandit. Un ou deux invités ont essayé de frapper à la porte, mais en vain. Enfin, Judy émerge. Tony Barrow note qu'elle « transpire abondamment », mais qu'elle est en pleine forme.

Vers minuit, la police arrive: des voisins se sont plaints du bruit.

Alistair Taylor, chargé de s'occuper des policiers, ramasse une bouteille de champagne non ouverte. Brian lui demande ce qu'il en fait. Il lui explique qu'il s'agit d'un cadeau de paix pour les voisins. « Ah non, vous n'avez pas à faire cela, dit Brian. Si quelqu'un doit donner mes bouteilles, c'est bien moi. » Il arrache la bouteille des mains de Taylor et s'en va. Mais ensuite il se ravise.

« Alistair, dit-il, donnez ce champagne à la police avec mes compliments, et à l'avenir, assurez-vous de me demander personnellement avant d'offrir mon hospitalité à des étrangers. »

Plus tard, après le départ de Judy, Brian et Lionel Bart échafaudent un plan pour la présenter dans le West End, mais rien ne se passe. À ce moment, Judy Garland a un peu moins de cinq ans à vivre, et Brian Epstein exactement trois ans et deux semaines.

70

Le 28 août 1964, alors que les Beatles s'efforcent de se frayer un chemin dans la cohue du hall de l'hôtel Delmonico sur Park Avenue, Ringo se retrouve coincé parmi les fans. L'une d'entre elles déchire sa chemise, une autre s'empare de la médaille de saint Christophe en or que lui a offerte sa tante Nancy.

Ringo ne se rend compte de sa disparition qu'après s'être extrait de la mêlée, mais il est déjà trop tard. Lorsque les Beatles arrivent dans leur suite de l'hôtel Warwick pour une interview en direct, il est clair que Ringo est bouleversé. « Qu'est-ce qui se passe ? » demande Morrow, le disc-jockey de *WABC*, « Cousin Brucie », qui doit mener l'interview. « Tu n'as pas l'air bien. »

« Quelqu'un m'a pris ma médaille de saint Christophe », dit Ringo en pleurant. Il l'avait portée, nuit et jour, depuis son vingt et unième jour de naissance, un an avant de rejoindre les Beatles ; il n'est pas étonnant qu'il l'ait associée à la chance.

L'interview est diffusée en direct. Dehors, dans la rue, six mille fans sont rivés à leur transistor pour entendre ce qui se dit dans la salle du dessus.

Le cousin Brucie a eu une idée lumineuse. « Je pris la parole à l'antenne et j'ai dit aux ados : « Regardez partout, quelqu'un devrait bien retrouver la médaille de saint Christophe de Ringo Starr." Je n'ai pas dit "l'a prise" ou "l'a volée", j'ai dit : "Quelqu'un devrait bien la retrouver." J'ai dit : "Si la personne qui la retrouve nous la rend, elle n'aura pas d'ennui, et elle viendra ici avec Cousin Brucie, et elle rencontrera Ringo qui l'embrassera." Bien sûr, l'endroit est devenu fou, et on les entendait dehors – "WOUAAAH !" - à travers les fenêtres. Ils étaient plusieurs milliers. »

D'autres interviews radiophoniques reprennent la triste histoire de la médaille de saint Christophe perdu, ainsi que la promesse de Ringo de récompenser par un baiser celle qui la retrouverait. Les fans se montrent rusés. En une heure, les magasins de Manhattan ont épuisé les médailles de saint Christophe, et un nombre égal d'appels a été reçu de filles prétendant avoir trouvé celle de Ringo. Cousin Brucie a même répondu à l'un de ces nombreux appels « Cousin Brucie, je suis Mme McGowan, et ma fille Angela a trouvé la véritable médaille de saint Christophe de Ringo. Va-t-elle avoir des problèmes ? »

Mais disait-elle la vérité ? Sa crainte que sa fille ait des ennuis laissait penser que oui. Quand Angela a dit qu'il s'était détaché du cou de Ringo quand elle avait déchiré sa chemise à l'hôtel Delmonico, le cousin Brucie a su qu'il avait trouvé la coupable.

« J'ai tout de suite su que j'avais un super sujet de reportage, et je ne voulais pas que quelqu'un d'autre me le pique. "Restez où vous êtes", j'ai dit. "Je vais vous envoyer une voiture." »

Le lendemain, alors que les caméras de télévision ronronnent, Ringo est intercepté par trois journalistes différents, qui le dominent avec leurs microphones. Puis Angie McGowan lui a été présentée par le cousin Brucie.

« Angie, ma chérie, c'est ton idole, c'est Ringo. »

Angie, une jolie brune, s'est avancée, a fait une petite révérence et a rendu le saint Christophe à son propriétaire.

« C'est en effet un tout petit objet, dit Ringo, mais ça signifie beaucoup.
- Désolé pour votre chemise, a dit Angie.

- Je peux acheter une autre chemise, mais je ne peux pas remplacer ma médaille. »
Ringo donne à Angie le baiser promis, puis trois de ses amies s'avancent et il les embrasse aussi. Angie l'a embrassé à nouveau, la main sur sa tête, et Ringo lui a signé un autographe. Le cousin Brucie rapporte que les filles l'embrassent à nouveau, hors caméra. « Il embrasse toujours Angie ; mais que se passe-t-il là-bas ? »
Pendant ce temps, Ringo a rangé son saint Christophe dans la poche de sa veste, par sécurité.

71

Penelope Fitzgerald a identifié le message à portée sociale qu'Evelyn Waugh souhaitait transmettre comme suit : *Je m'ennuie, vous avez peur.*

On pourrait dire la même chose de Bob Dylan. Bien que différent de Waugh dans la plupart des autres aspects, sa présence peut être intimidante, son dédain n'étant freiné que par l'indifférence. Cela n'a jamais été aussi vrai qu'au cours de l'été 1964. Dylan s'était récemment imposé comme l'interprète le plus branché, le plus grinçant et le plus énergique de la planète. Pourtant, le titre de plus populaire appartenait à quelqu'un d'autre.

Comme la plupart des Américains, Dylan a entendu les Beatles pour la première fois en janvier 1964. Ils sont rapidement devenus incontournables. « Nous traversions le Colorado en voiture, la radio était allumée et huit des dix premières chansons étaient des chansons des Beatles... « I Wanna Hold Your Hand », tous les titres de leur début », se souvient-il.

Dylan a immédiatement reconnu qu'il ne s'agissait pas d'un phénomène purement commercial, lié à des filles hurlantes : « Ils faisaient des choses que personne n'avait jamais faites auparavant. Leurs accords étaient horribles, juste horribles, mais leurs harmonies rendaient tout cela unique... Je savais qu'ils indiquaient la direction dans laquelle la musique devait aller. »

La rencontre entre ces deux superpuissances musicales a été négociée par un journaliste appelé Al Aronowitz. Alors que les Beatles séjournent au Delmonico, Dylan est chez lui à Woodstock, dans le nord de l'État de New York. Aronowitz reçoit un appel de John Lennon, avec qui il a sympathisé.

« Où est-ce qu'on le trouve ?

- Qui ?

- Dylan.

- Oh, il est à Woodstock, mais je peux le faire venir.

- Fais-le ! »

Ce soir-là, Dylan et Aronowitz se frayent consciencieusement un chemin parmi les fans à l'extérieur de l'hôtel, accompagnés de Victor Maymudes, le tour manager de Dylan, qui lui sert également de dealer. Dans la suite d'accueil située à l'étage des Beatles, Derek Taylor est occupé à divertir quelques célébrités de moindre importance, dont le disc-jockey Murray « The K » Kaufman, le Kingston Trio et Peter, Paul et Mary, mais Dylan et son entourage sont d'un niveau supérieur et ils sont introduits dans la suite des Beatles sans plus attendre.

Ils venaient de finir leur dîner en chambre quand Dylan est arrivé. Brian Epstein a fait l'accueil : « J'ai bien peur que nous ne puissions offrir que du champagne. » Dylan a dit qu'il préférait du vin bon marché, mais il a accepté de se contenter de champagne.

Les présentations sont timides. « Bob et les Beatles avaient besoin d'espace pour se jauger, se souvient Aronowitz, mais personne ne voulait marcher sur l'ego des autres. »

Aussitôt, la discussion s'oriente vers la drogue. Les Beatles ont proposé des *purple hearts*, mais Dylan a refusé, suggérant la marijuana.

« Nous n'avions jamais fumé de marijuana auparavant, a avoué Epstein.

- Mais qu'en est-il de ta chanson ? Celle qui parle de se défoncer ? dit Dylan.

- Quelle chanson ? demande John.

- Tu sais : *"I get high! I get high!"* ("Je me défonce ! Je me défonce") »
John s'est empressé de le corriger, en soulignant que le refrain de « I Want to Hold Your Hand » n'est pas *"I get high"*, mais *"I can't hide"*. Puis John a demandé comment ils allaient de sentir en consommant de la marijuana.
« Bien », a dit Dylan. Il a tenté, en vain, de rouler un joint.
Aronowitz regarde avec désespoir. « Bob se balançait au-dessus du bol, debout à la table, en essayant de soulever l'herbe du sachet du bout des doigts d'une main pour l'écraser dans la feuille de papier à rouler qu'il tenait dans l'autre main. À ajouter au constat que Bob était un mauvais rouleur de joint au départ, ce qu'il avait commencé à boire l'avait déjà sérieusement atteint. »
Une vingtaine de policiers sont postés dans le couloir à l'extérieur, tandis que des serveurs entrent et sortent sans cesse. Dylan, Aronowitz et Maymudes ont estimé qu'un endroit plus discret était plus judicieux, alors tout le monde s'est entassé dans l'une des chambres. Dylan allume le premier joint et le passe à John, qui, toujours plus prudent qu'il ne veut le paraître, le passe à Ringo – « Vas-y, essaie ». Ce simple geste, note Aronowitz, « révèle instantanément la hiérarchie des Beatles. Ringo était manifestement l'homme le plus bas sur le totem. »
« C'est mon goûteur royal », a expliqué John, confirmant les soupçons d'Aronowitz.
Ringo ne savait pas quoi faire, alors Aronowitz lui a expliqué la procédure à suivre : inspirez profondément, retenez la substance dans vos poumons aussi longtemps que possible, expirez. Mais il a omis d'ajouter « puis passer le joint à son voisin ». Comme il est devenu évident que Ringo considérait que le joint était à lui, Maymudes s'est mis à en rouler d'autres. En quelques minutes, ils en avaient chacun un, et tout le monde fumait.
Paul était déçu. « Pendant cinq minutes, on s'est dit : "Ça ne sert à rien", alors on en a repris. Soudain, Ringo s'est mis à rire. C'était contagieux. Son rire était si drôle que nous nous sommes mis à rire à gorge déployée de la façon dont Ringo riait à gorge déployée. Ringo nous a montré du doigt la façon dont Brian Epstein riait, et nous avons tous commencé à rire de la façon dont Brian riait. »
Aronowitz s'est souvenu qu'Epstein disait : « Je suis si haut que je suis au plafond », encore et encore. Puis il a commencé à se regarder dans le miroir, en disant « Juif, Juif… » C'était, pensait Paul, « comme si c'était une révélation pour lui "Oh, je suis juif. J'avais oublié." »
Plus tard dans la soirée, le journaliste britannique Chris Hutchins rentre d'une soirée avec Neil Aspinall. Au moment où il allait ouvrir la porte de sa chambre, Aspinall lui a chuchoté : « Viens voir ça. » Ils se sont glissés dans la suite des Beatles. « Assis sur cinq chaises disposées en ligne, les Fab Four et leur manager Brian Epstein, tous défoncés. De temps en temps, un type debout à l'une des extrémités de la ligne poussait le Beatle le plus proche de sa chaise et, par effet de domino, chacun faisait tomber le suivant, pour finir par Brian, qui s'effondrait sur le sol en riant de manière compulsive, déclenchant ainsi d'autres esclaffements. C'était une scène surréaliste, rendue encore plus bizarre par le fait que l'homme qui poussait était Bob Dylan. »
Puis, Paul se convainc qu'il a découvert le sens de la vie et se met à courir dans la suite à la recherche d'un crayon et d'un papier pour le noter avant de l'oublier. « Je me suis soudain senti comme un reporter, pour le compte de mon journal local à Liverpool. Je voulais dire aux gens ce que c'était. » Il demande à Mal Evans de le suivre dans la suite avec un carnet, pour y inscrire ses paroles de sagesse. Quand le téléphone sonne, Dylan répond en disant : « Bonjour, ici la Beatlemania. »
Les Beatles ont appelé Derek Taylor dans la suite voisine, lui demandant de les rejoindre. Taylor a trouvé Epstein « titubant, tenant une fleur », et lui a dit que je devais « absolument essayer ce truc merveilleux qui donne l'impression que tout flotte vers le haut. »

« On s'est défoncé », explique George. Pendant le quart d'heure qui suit, Taylor est confronté à « un fouillis d'expressions inconnues » - « allumé », « défoncé », « à l'ouest » - parsemé d'expressions plus banales comme « incroyable », « wow », « putain », « fab » et « matos ». Pour lui, il est clair que Bob Dylan est le meilleur, « mince et becqué, avec le regard perlé d'un petit oiseau. »

L'effet de la visite de Dylan sur les Beatles est profond et durable. Deux mois plus tard, ils enregistrent « She's a Woman », qui contient la phrase de John « *Turn me on when I get lonely* » (« Je me défonce quand je suis seul »). Lorsqu'ils viennent filmer *Help!* en février 1965, ils ont, selon John, « fumé de la marijuana au petit-déjeuner... ils avaient les yeux vitreux et riaient tout le temps. » En juin suivant, ils enregistrent « It's Only Love », qui contient, cette fois-ci, les mots que Dylan avait mal entendus : « *I get high* ».

À partir de ce moment-là, les références à la drogue dans leurs chansons n'ont cessé de déferler – « *riding so high* », « *find me in my field of grass* », « *because the wind is high, it blows my mind* ». La plupart d'entre elles sont passées inaperçues à l'époque : ce n'est que des années plus tard que Paul a avoué que sa chanson enjouée « Got to Get You Into My Life », avec ses paroles tendres et affectueuses « *I need you every single day of my life* » (« J'ai besoin de toi tous les jours de ma vie »), n'était pas une référence à la drogue et « *When I'm with you I want to stay there* » (« Quand je suis avec toi, je veux rester là »), était en fait une ode à l'herbe. Au moment où ils enregistrent *Sgt. Pepper*, les morceaux sans référence à la drogue sont rares.

Comme tant de fans, John a tout fait pour devenir son héros à lui. Sa voix est devenue plus rauque, son attitude plus sarcastique, ses paroles plus opaques. Des années plus tard, il a parlé au photographe David Bailey de ces instincts repliés. « Il m'a dit : "Vous savez, lorsque je découvre quelqu'un de nouveau, j'ai tendance à devenir cette personne. Je veux m'imprégner de tout ce qui le concerne à tel point que je dois être lui." Quand il a découvert Dylan, dit-il, il s'habillait comme lui et ne jouait que son genre de musique, jusqu'à ce qu'il comprenne un peu comment ça marchait. » Lors d'une session d'enregistrement, George Martin a dû demander à John s'il pouvait essayer de sonner moins comme Bob Dylan. « Il ne le faisait pas délibérément. C'était plus inconscient qu'autre chose. »

Dylan semble avoir apprécié la compagnie des Beatles. Leur amitié s'est épanouie dans une brume de drogue. Mais il n'a jamais été question de savoir qui était le maître, et qui étaient les serviteurs. Marianne Faithfull a vu les Beatles saluer Dylan après l'avoir vu jouer au Royal Albert Hall le 27 mai 1966.

« Dylan est entré dans la pièce où les Beatles étaient assis, recroquevillés sur le canapé, tous extrêmement nerveux. Lennon, Ringo, George et Paul, la femme de Lennon, Cynthia, et une ou deux roadies. Personne ne disait rien. Ils attendaient que l'oracle parle. Mais Dylan s'est assis et les a regardés comme s'ils étaient de parfaits inconnus dans une gare. Ils étaient figés dans la compagnie de l'autre. Ce n'était pas tant le fait qu'ils étaient si cool que le fait qu'ils étaient trop jeunes pour être vraiment cool. Comme les adolescents, ils avaient peur de ce que les autres pouvaient penser » Leur soumission l'a surprise. Je me suis dit : « Comment peut-on penser que ces petits garçons effrayés étaient des dieux ? »

72

Le phénomène Beatles a surpris les compositeurs classiques. Que penser de tout cela ?
Certains ont essayé de faire la grimace et de supporter la situation. « Je ne pense pas que les Beatles aient eu une influence totalement *mauvaise* », a déclaré Benjamin Britten, se retirant dans les litotes pour une interview avec *Radio Finland* en 1965. « Je pense que ce sont des personnes charmantes. Il se trouve que je n'aime pas beaucoup leur musique, mais c'est juste mon avis. Je pense qu'il est tout à fait naturel que la musique légère existe ; mais si quelqu'un aime les Beatles, cela n'empêche nullement qu'il aime Beethoven. Tout ce que je lis sur les Beatles me réjouit. Je pense aussi qu'ils sont *terriblement* drôles. »
Aaron Copland, qui avait soixante-trois ans lorsque les Beatles ont fait irruption en Amérique, les a adoubés, mais d'une manière un peu mystique. Leur musique, disait-il, « a un charme incompréhensible. Il est très difficile de dire ce qu'ils font, mais le résultat exerce une certaine fascination. C'est immédiatement reconnaissable et ça reste dans la tête. » Plus tard, il en est venu à reconnaître leur emprise surnaturelle sur l'esprit du temps. « Si vous voulez savoir ce qu'étaient les années 1960, jouez la musique des Beatles. »
Dans l'ensemble, les critiques de musique classique étaient tout aussi désireux de prouver qu'ils n'étaient pas des vieux schnocks. Dans le *Sunday Times*, Richard Buckle a qualifié les Beatles de plus grands compositeurs depuis Beethoven ; dans la *New York Review of Books*, Ned Rorem les a comparés à Schubert ; dans *The Listener*, Deryck Cooke a tenté de rendre toute la majesté de « Strawberry Fields Forever » en l'élevant au rang de branche des mathématiques supérieures :
« Elle comporte une première section de neuf mesures divisée en une et demie, deux, deux, une et demie et deux, l'avant-dernière mesure étant en 6/8 au lieu de 4/4, croche égale croche. Après une phrase majeure à six temps harmonisée par l'accord de la tonique (« *Let me take you down, 'cos I'm going* »), la mélodie plonge fiévreusement sur la septième bémol, harmonisée par la septième mineure sur la dominante, pour une phrase à six temps solidement rythmée (« *to Strawberry* »).
Dans le *Times* du 27 décembre 1963, William Mann avait fait l'éloge d'une chanson qu'il avait mal nommée « That Boy » pour ses « chaînes de groupes pan-diatoniques ». Il a poursuivi en notant « qu'ils pensent simultanément à l'harmonie et à la mélodie, tant sont fermes les septièmes et neuvièmes toniques majeures intégrées à leurs airs, et les changements de tonalités bémolisées, tant est naturelle la cadence éolienne à la fin de « *Not a Second Time* » (la progression d'accords qui termine *Le Chant de la Terre* de Mahler). »
A présent, Mann avait le vent en poupe. « Ces passages mineurs de do majeur en la bémol majeur, poursuit-il, et dans une moindre mesure les passages médians (par exemple l'ascension d'octaves dans le célèbre « I Want to Hold Your Hand ») sont la marque de fabrique des chansons de Lennon-McCartney. L'attitude autocratique, mais en aucun cas non grammaticale, vis-à-vis de la tonalité (plus proche, par exemple, des chants de Noël de Peter Maxwell Davies dans « O Magnum Mysterium » que de Gershwin ou Loewe ou même Lionel Bart) ; le duo vocal exaltant et souvent quasi-instrumental, parfois en scat ou en falsetto, derrière la ligne mélodique ; les mélismes aux voyelles altérées (« *I saw her yesterday-ee-ay* ») qui ne sont pas tout à fait devenus maniérés, et les variétés discrètes, parfois subtiles, de l'instrumentation - un soupçon de piano ou d'orgue, quelques

mesures d'orgue de bouche obbligato, une excursion sur les claves ou les maracas. »
Toujours ingrat, John refuse de remercier Mann pour son appréciation. « Il utilise un tas de termes savants », s'est-il plaint à un interviewer. « Et c'est un crétin. »
C'est au pianiste classique canadien Glenn Gould[76] qu'il revient de lancer une contre-attaque en règle contre les Beatles. Gould a refusé de suivre l'idée dominante selon laquelle ils étaient une bouffée d'air frais, les héritiers naturels de Schubert. Au lieu de cela, il a décrit leur musique comme « un primitivisme harmonique heureux, arrogant, belligérant et sans inventivité. »
Au fur et à mesure que la musique des Beatles s'est développée, Gould a désapprouvé leur prétention plus que leur primitivisme - ou plutôt, son analyse est que la tentative de primitivisme des Beatles cachent leur manque de talent : « Une fois que toute la prétention a été éliminée et que toute l'admiration fadasse a été enlevée, ce qui reste vraiment, ce ne sont que trois accords. » Pour lui, ces trois accords étaient « ultrasimplissimes », mais le groupe contrefait la complexité en agrémentant ses petites chansonnettes de ce qu'il appelle « des tas d'ordures ». Pour Gould, « les Beatles semblent vouloir dire : "Nous allons vous montrer qu'il est possible de travailler avec une structure harmonique minimale et de tellement brouiller notre incompétence que vous allez penser que c'est nouveau, que c'est différent et que c'est génial." Et toute cette saloperie électrique - je veux dire, on n'obtient pas nécessairement quelque chose de bon en ajoutant une sitar. » C'est ce sentiment de dissimulation qui faisait que Gould détestait particulièrement les chansons des Beatles que d'autres considéraient comme les plus avancées. Pour lui, leur sophistication apparente n'était rien de plus qu'une tromperie élaborée, artificiellement fabriquée avec des boutons et des interrupteurs ; il est même allé jusqu'à comparer « Strawberry Fields Forever » à « un mariage en montagne entre Claudio Monteverdi et un groupe de baloches. »
Ceux qui recherchent la vraie simplicité feraient mieux de chercher ailleurs. « Si ce que vous voulez, c'est un exercice prolongé sur la façon de triturer trois accords, alors les Beatles sont évidemment pour vous ; mais, d'un autre côté, si vous préférez avoir les mêmes trois accords non triturés - juste bien joués - alors Tony Hatch[77] est votre homme. »
Le critique musical Fritz Spiegl, que nous avons déjà rencontré pour la dernière fois en mai 1960 à la fête de Beryl Bainbridge à Liverpool, alors qu'il était émêché, est allé encore plus loin. Il a affirmé que les Beatles avaient fait plus de mal à la musique que quatre autres personnes dans toute l'histoire de l'humanité. Ils ont fait cela, dit-il, en offrant un bonheur instantané sans effort. Leur musique n'avait pas la réserve qui caractérise tout bon art ; elle ne retenait rien.

Dans le monde littéraire, les avis sur les Beatles étaient également partagés - principalement, mais pas exclusivement, en fonction de l'âge. Le poète anglais Philip Larkin (né en 1922) reconnaissait l'importance sociale et logique des Beatles, mais n'appréciait pas particulièrement leur musique.

---

76 Gould était aussi un non-conformiste à d'autres égards ; il a fait passer plus d'une rock star pour une personne coincée. Enfant, il avait un putois de compagnie. Il refusait de porter des queues de pie pour les spectacles publics, préférant apparaître dans des vêtements débraillés et des chaussettes dépareillées, ses chaussures étant souvent maintenues par des élastiques. Il aimait jouer sur une chaise basse, assise à seulement 35 cm du sol, de sorte que ses genoux étaient plus hauts que ses fesses. Sur nombre de ses enregistrements de Bach, on peut l'entendre fredonner et émettre d'étranges gloussements. Il a abandonné les concerts à l'âge de trente-et-un ans, décrivant le public comme « une force du mal ». Il n'aimait pas non plus les couleurs vives, le temps ensoleillé, les poignées de main, Mozart et l'opéra italien. Sur la route, ses compétences en matière de conduite automobile étaient particulièrement excentriques : il aimait conduire les jambes croisées, en conduisant de manière factice à partir d'une partition ouverte sur le siège du passager. Il n'y voyait rien de mal. « Il est vrai qu'il m'est arrivé de griller un certain nombre de feux rouges , a-t-il protesté un jour. Mais d'un autre côté, je me suis arrêté à beaucoup de feux verts et je n'ai jamais été félicité pour cela. »
77 Né en 1939. Compositeur de tubes tels que « Downtown » et « Don't Sleep in the Subway » pour Petula Clark, et plus tard des génériques accrocheurs pour, entre autres, *Emmerdale Farm*, *Crossroads* et *Neighbours*.

Dans l'un de ses poèmes les plus cités, « Annus Mirabilis », il déclare que :

> Sexual intercourse began
> In nineteen sixty-three
> (which was rather late for me) –
> Between the end of the 'Chatterley' ban
> And the Beatles' first LP.[78]

L'attitude de Larkin envers les Beatles a changé avec les années. Par nature fan de jazz traditionnel, il se sentait toujours en retrait. En décembre 1963, il note que leur deuxième disque, *With the Beatles*, « suggère que leur contenu jazz est nul, mais que, comme certains bonbons, ils semblent merveilleux jusqu'à ce qu'on en soit malade. » Après sa mort en 1985, il est apparu qu'il avait un jour eu envie d'au moins un de leurs bonbons, ayant acheté à son amie Maeve Brennan une copie de « Yesterday » avant de se l'écouter en boucle, d'une manière qui frise l'obsession.

En 1967, Larkin ressent une certaine nostalgie pour leurs premiers disques. Qu'est-ce que toute cette richesse et ces louanges leur avaient fait entre-temps ? En écoutant « A Collection of Beatles' Oldies », en mars 1967, il se dit qu'il s'agirait d'un « matériel de démonstration admirable pour la théorie Marx sur la dégénérescence artistique : « les éducateurs du WEA (Workers' Educational Association) n'ont qu'à bien se tenir. » Quatre mois plus tard, la sortie de *Sgt. Pepper's Lonely Hearts Club Band* confirme qu'ils sont partis dans la mauvaise direction. « Les Beatles, après s'être fait un nom dans le monde étroit, émotionnel et harmonique de l'adolescence pop, sont maintenant en train de flotter sur leur propre nuage. Je doute que leurs propres fantaisies et leur imagination soient assez fortes pour influencer un public au lieu de collaborer avec lui. »

Kingsley Amis, l'ami grincheux de Larkin, était moins bavard. « Oh, merde aux Beatles, écrit-il à Larkin le 19 avril 1969. J'aimerais poser mes fesses sur le visage de John L. pendant quarante-huit heures environ, en signe de protestation contre la guerre et la violence dans le monde. » Amis avait des raisons personnelles pour expliquer son aversion. « J'ai rencontré Lennon deux fois. La première fois, il était désagréable avec sa femme, l'Anglaise, pas la Jap', la deuxième fois, elle n'était pas là et il était tout simplement offensant. Aucunes manières, quoi ? »

La condamnation la plus virulente des Beatles est venue de Paul Johnson, écrivant dans le *New Statesman* en février 1964. *La Menace Beatlique* était une riposte vigoureuse à un discours prononcé par le ministre de l'information du gouvernement conservateur, William Deedes, devant les jeunes conservateurs de la City de Londres. Deedes avait judicieusement noté que les Beatles « annoncent un mouvement culturel parmi les jeunes qui pourrait faire partie de l'histoire de notre temps. Pour ceux qui ont les yeux pour le voir, quelque chose d'important et de réconfortant se passe ici. Les jeunes rejettent certaines des normes bâclées de leurs aînés. Ils ont discerné vaguement que dans un monde d'automatisation, de déclin de l'artisanat et d'augmentation des loisirs, quelque chose de ce genre est essentiel pour restaurer l'instinct humain d'exceller dans quelque chose et la faculté humaine de discrimination. »

Que ces remarques aient pu passer sans être contestées par le mouvement de Jeunesse Conservatrice exaspèrent Johnson, alors âgé de trente-cinq ans. « Pas une voix ne s'est élevée pour faire remarquer que l'Empereur ne portait pas de maille, tonne-t-il. Selon lui, ce n'est que parce que

---

78 Les rapports sexuels ont commencé / en 1963 / (ce qui était plutôt tardif pour moi) / Entre la fin de la censure de « Chatterley » / Et le premier LP des Beatles.

les Beatles gagnent plus de 6 millions de livres sterling par an qu'ils ont obtenu l'approbation des classes aisées : du jour au lendemain, ils sont devenus un élément du commerce d'exportation et ont acquis une valeur électorale. »

Johnson avait vu venir les signes : « Bien sûr, notre société a subi depuis longtemps un lavage de cerveau pour se préparer à cette apothéose de l'inanité. » On pouvait désormais apercevoir des écrivains de renom « accroupis sur les planches nues de cavernes malodorantes, tandis qu'à travers la brume de fumée, de sueur et des cosmétiques bon marché vient le braiment monotone d'instruments sauvages».

Johnson compare les adolescents de 1964 à sa propre génération vingt ans plus tôt : « À seize ans, mes amis et moi écoutons notre première interprétation de la neuvième symphonie de Beethoven ; je me souviens encore aujourd'hui de l'excitation ressentie. Nous n'aurions pas perdu 30 secondes de notre précieux temps avec les Beatles et leurs semblables. »

Il a terminé son article sur une note d'optimisme. Des cellules de résistance sont en train de naître. Les adolescents « qui se pressent autour des Beatles, qui se mettent à hurler jusqu'à l'hystérie, dont les visages vides clignotent sur l'écran de télévision, sont les moins chanceux de leur génération, les ennuyeux, les désœuvrés, les ratés. »

La Menace Beatlique a suscité plus de lettres de plainte que n'importe quel autre article jamais publié dans le *New Statesman*. De nombreux lecteurs s'inquiétaient du fait que Johnson avait vieilli avant l'heure ; l'un d'eux lui a même suggéré d'essayer d'ingérer des glandes de singe.

73

Q : Que ferez-vous quand la bulle éclatera ?
JOHN : J'irai trouver un job.

Conférence de presse, Los Angeles, 23 août 1964

Q : Que ferez-vous quand la bulle éclatera ?
JOHN : Je compterai l'argent.

Conférence de presse, Cincinnati, 27 août 1964

Q : Avez-vous réfléchi à ce que vous ferez lorsque la bulle éclatera, pour ainsi dire ?
PAUL ET GEORGE : (rires)
JOHN : On va passer un bon moment. On ne prévoit jamais rien.
Q : Qu'en est-il de votre retraite ou prévoyez-vous l'achat d'une grande entreprise...
JOHN : Nous sommes déjà une grande entreprise, nous n'avons donc pas besoin d'en acheter une autre.
Q : Eh bien, je parle de l'éventualité d'un léger déclin de cette activité.
GEORGE : Nous commencerons à planifier quand ça commencera à faiblir, mais pour l'instant nous allons laisser les choses suivre leur cours.
PAUL : Bref, oui. Nous n'avons jamais fait de plans pour quoi que ce soit, donc il n'y a pas vraiment de raison de faire des plans maintenant.

Conférence de presse, Chicago, 5 septembre 1964

Q : On suppose que vous allez chanter pendant un certain temps encore, mais que comptez-vous faire après que...
GEORGE : ...la bulle éclate.
PAUL : Personne n'a fait de plans, mais John et moi allons probablement... (rires) Ooo, on nous pose cette question tous les jours, vous savez. John et moi allons probablement continuer à écrire des chansons. Et puis George se lancera dans le basket.
GEORGE : Ou le roller. Je n'ai pas encore décidé.

Conférence de presse, Kansas City, 17 septembre 1964

Q : Fred Paul de KAXK. Tout d'abord, j'aimerais vous dire à nouveau bonjour à tous, c'est vraiment bon de vous voir. J'aimerais vous poser une question qui n'a jamais été posée auparavant.
JOHN : Oh non.
Q : Qu'allez-vous faire lorsque la bulle éclatera ?

Conférence de presse, Los Angeles, 24 août 1966

Je suis retourné voir mon éditeur et lui ai dit que j'avais le contrat exclusif pour être le biographe des Beatles, et il a répondu, dépité, « Oh.... la bulle va éclater. Nous sommes en 1967, nous savons tout ce que nous pourrions vouloir savoir sur les Beatles, et ils vont bientôt disparaître. »

Hunter Davies, nouvelle introduction à son ouvrage autorisé de 1968 sur les Beatles. (1996)

74

À 22 heures, le samedi 21 août 1965, une semaine après le début de leur deuxième tournée nord-américaine complète, les Beatles quittent Minneapolis pour Portland, dans l'Oregon, à bord d'un avion Electra. Parmi ceux qui voyageaient avec eux se trouvait Larry Kane, qui couvrait la tournée pour la station de musique *WFUN* Miami, classée au top 40. Après avoir mangé, Kane a repoussé son siège et s'est assoupi, avant de se réveiller en sursaut. « Mes paupières se sont ouvertes en réaction à ce qui semblait être une lumière vive provenant de l'aile. Étais-je en train de rêver ? J'ai regardé et regardé encore. Mon adrénaline est montée en flèche. J'ai avalé de toutes mes forces. Là, devant mes yeux, il y avait un feu qui s'échappait du moteur droit de l'aile. »

Kane a couru jusqu'à l'avant de l'avion et a frappé à la porte du poste de pilotage, mais il n'a reçu aucune réponse. L'avion était en pilote automatique, et le pilote et son copilote étaient à l'arrière de la cabine, en train de bavarder avec Paul et John. Kane s'est précipité vers eux en criant : « Il y a un incendie dans le moteur droit ! Immédiatement, tout le monde dans l'avion a commencé à paniquer. »

Chacun des Beatles a agi à sa manière. Ringo a simplement fixé le feu. Paul essayait d'être cool, mais Kane a remarqué qu'il se mordait la lèvre. George a couru vers l'arrière en disant : « Les Beatles et les enfants d'abord. »

John, quant à lui, ne pouvait pas cacher sa terreur. Il a regardé le feu, a dit « Oh merde, oh merde, oh merde », a couru vers la porte de secours à l'arrière et a commencé à tirer sur la poignée. Kane l'a attrapé, lui a arraché les mains et l'a repoussé en disant : « Tu es fou ? Tu vas tous nous faire tuer. » À ce moment-là, ils volaient à une altitude de 22 000 pieds.

Mais John n'était pas du genre à se laisser décourager par la logique. Il fonce à nouveau sur la porte, mais le costaud Mal Evans se met en travers de son chemin.

Les pilotes sont maintenant de retour dans le cockpit. L'interphone annonce qu'ils sont proches de Portland et qu'ils peuvent compter sur les moteurs restants pour les amener à bon port. « Quel ramassis de conneries ! » s'écrie John, les yeux bien fermés. Une demi-heure plus tard, l'avion atterrit à Portland, pour être accueilli par les pompiers, qui le recouvrent d'une mer de mousse. Kane se souvient que tous les passagers ont soupiré « Oh mon Dieu » et « Je ne prendrai plus jamais l'avion de ma vie ». Mais deux jours plus tard, ils doivent embarquer dans un autre avion qui les emmène à Los Angeles, où ils doivent rencontrer Elvis Presley. Au moment de l'embarquement, Ringo s'est écrié : « Restons en vie en 1965 ».

Huit mois plus tard, un avion Electra exploité par le même service d'affrètement s'est écrasé à Ardmore, dans l'Oklahoma, tuant soixante-dix-huit soldats qui rentraient de leur entraînement et cinq membres d'équipage, dont trois - le pilote et deux ingénieurs - avaient accompagné les Beatles lors de leur vol périlleux vers Portland.

75

Une fête :
525 Perugia Way
Beverly Hills, Los Angeles
27 août 1965

L'organisation de la fête a été longue et difficile ; elle se rapproche presque, par ses retraits, ses impasses et ses concessions, des négociations pour un accord de paix.
Cela y ressemble assurément, ne nous cachons pas. Les jeunes Beatles effrontés ont le vent en poupe. Elvis Presley était autrefois le sujet de conversation de l'Amérique, mais maintenant ce ne sont que les Beatles, Beatles, Beatles. Ils lui ont volé la vedette. Jusqu'au printemps, la carrière d'Elvis était dans le creux de la vague, sans single dans le top 10 depuis 1963. Sa carrière cinématographique est également à la dérive : son dernier film, *Tickle Me*, qui se déroule dans un salon de beauté, a été à peine remarqué. Mais les Beatles ne peuvent pas se tromper. Ils viennent de présenter *Help!* qui semble destiné à conaître le même succès que *A Hard Day's Night*. Il y a trois jours, la crème de la crème d'Hollywood - Rock Hudson, Jack Benny, Jane Fonda, Groucho Marx, James Stewart - a assisté à une fête en leur honneur et a même fait la queue pour des autographes.
Au début du mois, le manager d'Elvis, le colonel Tom Parker, invite Brian Epstein dans son bureau de New York pour conclure un accord. Ils s'assoient sur des chaises faites de pieds d'éléphants et finalisent les arrangements autour de sandwiches au pastrami et de soda aux herbes. C'est le colonel qui décide. Les Beatles viendront à Elvis, et non l'inverse ; aucune caméra ou magnétophone ne sera autorisé ; et aucune publicité d'aucune sorte. En retour, Epstein insiste pour qu'il y ait une sécurité supplémentaire à l'entrée.
John pose ses conditions : il ne veut pas que le colonel ou Epstein soient présent à la réunion : « Si les deux parties commencent à aligner des équipes de supporters, cela deviendra un concours pour voir qui peut aligner le plus de joueurs. » Mais lors d'un autre déjeuner d'affaires, au bord de la piscine de l'hôtel Beverly Hills, Parker insiste pour être présent, alors Epstein exige la parité. Peu de temps après, le nombre de participants a augmenté : alors qu'Elvis invite de plus en plus de membres de sa « Memphis Mafia », les Beatles invitent leurs roadies Neil et Mal, leur attaché de presse Tony Barrow et leur chauffeur Alf Bicknell, ainsi que Chris Hutchins du NME, qui a aidé Epstein à se faire accepter par le colonel.
Lorsque le grand jour arrive, les nerfs sont à vif des deux côtés. « Avant que les Beatles n'arrivent ce soir-là, Elvis et moi étions dans sa salle de bains à nous coiffer », se souvient un membre de son entourage, Larry Geller. « Elvis était inhabituellement calme, voire pensif, et tapait des doigts sur le rebord de marbre. Dans leur limousine, sur le chemin, Barrow remarque que les Beatles sont de plus en plus tendus. Ils sont, après tout, sur le point de rencontrer l'homme qui a longtemps été leur idole. « Tu crois que le colonel a pris la peine de dire à Elvis que nous venons ? » demande John. Les Beatles et leur entourage sont conduits dans une vaste pièce circulaire, éclairée en rouge et bleu. Dans une chemise rouge avec des manches de boléro, Elvis se tient au centre d'un cercle de vingt personnes. Sa femme Priscilla se tient à ses côtés. « Sa permanente noire dépassait de sa

tête et elle était très maquillée avec un mascara noir épais, de l'eye-liner bleu nuit, du fard à joues rouge et du rouge à lèvres "Heartbreak Pink", note Chris Hutchins. Elle portait une veste crème moulante avec un pantalon long et un diadème orné de bijoux sur la tête. »[79]

Pendant quelques secondes, le silence s'installe alors que les gangs anglais et américains se font face. Priscilla Presley sent une certaine tension : « On aurait pu entendre une mouche voler lorsqu'ils sont entrés. J'étais stupéfaite de leur timidité. Ils étaient sans voix, totalement sans voix, vraiment comme des enfants qui rencontrent leur idole. Surtout John - John était timide, timoré, il le regardait. Je veux dire, je crois vraiment qu'il n'arrivait pas à croire qu'il était vraiment là avec Elvis Presley. » Priscilla trouve l'atmosphère « un peu gênante parce qu'ils n'arrêtaient pas de le regarder, sans vraiment dire quoi que ce soit et sans vraiment s'asseoir, juste en le fixant. » Elle se souvient qu'Elvis a dit : « Les gars, si vous restez là à me fixer, autant que je fasse mon propre truc. » Il s'assoit, et les Beatles s'assoient par terre, les jambes croisées, autour de lui. « Une chaise pour M. Epstein », dit le colonel, et les gens se précipitent lui proposer un choix de plusieurs chaises.

Ils parlent des tournées ; George raconte à Elvis que leur avion a pris feu lors de leur vol pour Portland lundi. Elvis dit qu'un de ses moteurs d'avion a déjà lâché au-dessus d'Atlanta. Pendant ce temps, les deux managers se serrent les coudes dans un coin ; Brian souhaite organiser des concerts au Royaume-Uni pour Elvis, mais le colonel a pour règle de ne pas mélanger affaires et plaisir. Au lieu de cela, il annonce à la salle : « Mesdames et Messieurs, le casino privé d'Elvis est maintenant ouvert pour votre plaisir. Brian, jouons à la roulette. »

Les deux managers se rendent au casino tandis qu'Elvis prend une guitare basse et commence à jouer des chansons sur son juke-box. Une télévision est allumée, image sans le son. De temps en temps, Elvis sort une télécommande pour changer de chaîne. C'est la première télécommande que Paul ait jamais vue. « Il changeait de chaîne et on s'est dit : "Wow ! Comment tu fais ça ?" »

Elvis réclame des guitares pour les Beatles, et ils se joignent à lui. Paul lui parle de jouer de la basse. La conversation est un peu désordonnée, jusqu'à ce que John lui donne une direction. Il demande à Elvis : « Pourquoi as-tu laissé tomber les vieux trucs rock ? » Il ajoute qu'il a aimé ses premiers disques, mais pas les plus récents. Elvis répond qu'il va bientôt refaire des disques de rock. « Oh, bien, dit John. Nous les achèterons quand tu les feras. » Elvis n'est pas impressionné : il s'est habitué à ce que tout le monde lui dise ce qu'il veut entendre. Plus tard, John dit qu'il a repéré un slogan disant « All the Way with LBJ ». John considère Lyndon B. Johnson comme un belliciste. Est-ce la raison pour laquelle il a dénigré Elvis ? Ils retournent tous à leur jam, cette fois sur « I Feel Fine ». Ringo n'a pas de batterie, et se sent inutile en jouant sur une table avec ses doigts, alors il les quitte pour jouer au billard avec les roadies. John prend une voix comique digne de l'inspecteur Clouseau et dit : « Z'est comme za que za devrait être : une betite réunion familiale avec quelques z'amis et un beu de musique. » Elvis a l'air déconcerté. Au bout d'un moment, les chansons s'épuisent et ils rejoignent tous les autres dans la salle de jeux. Le colonel est plus loquace que son client. John est amusé par ses histoires de cape et d'épée sur sa vie de forain : comment il a lutté avec un lion, comment les poulets ne dansaient que lorsqu'il les plaçait sur une plaque électrique. « C'est un personnage étonnant, un vrai forain », dira plus tard John à Hutchins. « Mais Elvis, c'était un anti-ambiance total. Il semblait

---

79 C'est ce qu'a écrit Hutchins dans les notes qu'il a secrètement conservées au cours de plusieurs visites aux toilettes. D'autres se souvenaient différemment : Pour Paul, Priscilla portait « une robe vichy violette et un nœud vichy dans ses cheveux en forme de ruche. » ; pour Neil, il s'agissait « d'une robe longue et d'un diadème » ; George était convaincu qu'il s'agissait « d'une sorte de haut moulant de couleur crème avec un pantalon long et fragile assorti. » ; et Tony Barrow était également certain qu'il s'agissait « d'une robe longue de couleur citron ».

avoir complètement perdu la tête. Soit il prenait des pilules, soit il se droguait. Peu importe ce que c'était, il était totalement désintéressé et non communicatif. »
Le colonel Parker signale la fin de la fête en distribuant des disques d'Elvis à tout le monde. Il offre également aux quatre Beatles des petits wagons couverts qui s'allument lorsqu'on appuie sur un bouton. Il dit à Brian Epstein qu'il va lui acheter un meuble à cocktails. Brian dit qu'il va demander à Harrods d'envoyer au colonel un poney Shetland, en souvenir de ses jours dans le cirque.
« N'oubliez pas de revenir nous voir à Memphis si vous êtes un jour dans le Tennessee. »
Toujours d'une voix comique, John répond en criant : « Merzi pour ta musique, Elviz ! Longue vie au Roi ! » Puis il demande à Elvis de rejoindre les Beatles chez eux, à Benedict Canyon, le soir suivant.
« Eh bien, je verrai. Je ne suis pas sûr de pouvoir le faire ou pas. », répond Elvis.
Sur le chemin du retour, John décrit la fête comme un non-événement total : « Je ne peux pas décider qui est le plus merdeux des deux, Elvis Presley ou moi. »
Une fois les Beatles hors de vue, Elvis retourne dans la maison et attire Larry Geller sur le côté. Ce qui l'a vraiment époustouflé, dit-il, c'est l'état de leurs dents. Il ne comprend pas pourquoi, avec tout leur argent, ils ne les ont pas fait réparer.[80]

---

[80] Cinq ans plus tard, le 30 décembre 1970, lors d'une visite impromptue à la Maison Blanche, Elvis déclare au président Nixon que « les Beatles ont été une véritable force pour l'esprit anti-américain… Les Beatles sont venus dans ce pays, ont gagné leur argent, puis sont retournés en Angleterre où ils ont promu un thème anti-américain. » Présent à la réunion, Egil « Bud » Krogh, conseiller à la Maison-Blanche, note que, si le président a acquiescé, il a également « exprimé une certaine surprise. » Au début de l'année suivante, Elvis exprime des doutes similaires lors d'une visite du bâtiment du FBI à Washington : « Presley a indiqué qu'il était d'avis que les Beatles avaient jeté les bases de bon nombre des problèmes que nous rencontrons avec les jeunes en raison de leur apparence crasseuse et négligée et de leur musique suggestive », peut-on lire dans un mémo officiel.

76

Même les Beatles ont besoin de dentistes. Pour devenir les Fab Four, leurs dents ont nécessité autant de retouches que leurs cheveux et leurs vêtements, voire plus.

John Riley était le fils d'un agent de police du sud de Londres. Il avait étudié la dentisterie esthétique à la Northwestern University Dental School de Chicago avant d'ouvrir un cabinet dans Harley Street. On dit de lui qu'il possédait une qualité rare, et peut-être dangereuse, chez un dentiste : le charisme. « C'était le genre d'homme dont, s'il entrait dans une pièce, vous ressentiriez la présence avant même de le voir », observe l'un de ses clients. Au début des années 1960, il est devenu l'un des dentistes les plus en vogue de la ville, très recherché par les personnalités du show-business et des arts, y compris les quatre Beatles.

Les dents de George ont besoin d'une attention particulière : les photographies de l'époque de la Cavern montrent qu'elles sont inégales et branlantes. À la fin de l'année 1963 et en 1964, il se rend si souvent à la clinique de Riley que les deux hommes se lient d'amitié et sortent parfois en boîte ensemble. En février 1965, les Beatles invitent même Riley aux Bahamas pour leur tenir compagnie pendant le tournage de *Help!* Pourtant, Pattie Boyd ne s'est jamais sentie tout à fait à l'aise en sa présence, notamment lorsqu'elle s'allongeait sur son fauteuil dentaire, la bouche grande ouverte. Être dentiste dans le Swinging London pouvait sembler une anomalie, mais c'était la profession idéale pour quelqu'un qui considérait les dents comme de simples tremplins vers d'autres parties du corps humain, plus puissantes. Pattie se demande s'il n'en a pas profité : « Peu importe ce qu'il allait faire dans nos bouches, il nous donnait du Valium en intraveineuse. Tous les Beatles allaient vers lui et on prenait pour acquis que c'était ce qui se passait - personne ne le remettait en question. Nous tombions dans un profond sommeil et nous nous réveillions sans savoir ce qu'il avait fait. Je l'ai vu une fois ranimer George en le giflant. C'était glauque - il aurait pu nous faire n'importe quoi pendant qu'on était inconscients. »

En avril 1965, Riley et sa petite amie Cyndy, dont le travail consistait à embaucher les bunny girls pour le Playboy Club, ont invité John et Cynthia ainsi que George et Pattie à dîner chez lui, à Bayswater. « Nous avons eu un repas parfait, beaucoup à boire », se souvient Pattie.

Alors que le dîner touche à sa fin, George et Pattie se lèvent pour partir, expliquant qu'ils ont prévu d'aller voir Klaus Voorman et son nouveau groupe jouer au Pickwick Club, juste à côté de Leicester Square.

Comme Pattie s'en souvient, Cyndy a alors dit : « Vous n'avez pas encore pris de café. Je viens de le faire - et il est délicieux. » Ils se sont donc assis et ont bu leur café. Puis John a fait un autre mouvement pour partir, expliquant que Klaus devait arriver bientôt.

« Vous ne pouvez pas partir, a dit John Riley.
- Et pourquoi donc ?
- Vous venez d'ingérer du LSD.
- Non, à aucun moment.
- Si si, c'est vrai. C'était dans le café. »

Selon Pattie, John était « absolument furieux ». Il avait lu des articles sur cette drogue relativement

nouvelle dans le magazine *Playboy*. « Comment oses-tu nous faire ça, putain ! »
Par grandes vagues, le LSD a fini par faire effet. Cyndy pensait que le temps s'était arrêté, et comme si ce n'était pas assez grave, qu'ils allaient tous se noyer. « Le Bismarck coule ! Le *Bismarck coule* ! », a-t-elle crié, encore et encore. Pattie souhaitait absolument quitter cet endroit : « Je me demandais si le dentiste, qui, lui, n'avait pas pris de café, n'avait pas l'espoir que la soirée se termine par une orgie. » George avait des soupçons similaires : « Je suis sûr qu'il pensait que c'était un aphrodisiaque. Je me souviens que sa petite amie avait d'énormes seins et je pense qu'il espérait qu'il allait y avoir un grand gang-bang et qu'il allait pouvoir baiser tout le monde. Je pense vraiment que c'était son intention. »
Les quatre invités ont insisté pour partir. Riley a dit qu'ils ne devraient pas conduire, et a proposé de les conduire lui-même. Ils ont refusé, et tous les quatre se sont serrés dans la Mini de Pattie et sont partis. Pattie a ressenti que tout était en train de rétrécir : « Pendant tout le trajet, la voiture semblait de plus en plus petite, et au moment où nous sommes arrivés, nous étions complètement dans les vaps. »
Ils ont trébuché dans l'ascenseur du Pickwick Club, puis ont été convaincus que la petite lumière rouge qui s'y trouvait était un incendie ravageur. Quand les portes se sont ouvertes, ils sont entrés en hurlant dans le club. John Riley, qui les avait suivis dans sa voiture, s'est assis à leur table, et s'est transformé en cochon.
Pattie était décontenancée : « Les gens reconnaissaient George et venaient vers lui. Ils se rapprochaient et se perdaient de vue, puis se transformaient en animaux. » Ils ont quitté le Pickwick et ont marché jusqu'à l'Ad Lib, à Leicester Place : « En chemin, je me souviens avoir essayé de briser la vitrine d'un magasin. » Lorsque les portes de l'ascenseur se sont ouvertes, ils ont rampé et sont tombés sur Mick Jagger, Marianne Faithfull et Ringo. « John leur a dit qu'on avait été drogués. L'effet de la drogue était de plus en plus fort, et nous étions tous hystériques et fous. Quand on s'est assis, la table s'est soudainement allongée. »
Après Dieu sait combien de temps, ils sont rentrés chez eux, George conduisant « à pas plus de quinze kilomètres à l'heure » jusqu'à Esher. John ne peut s'empêcher de faire des blagues ; le LSD est la drogue idéale pour ceux qui sont accros aux jeux de mots, car il transforme tout en autre chose, et ainsi de suite.
Le LSD a mis huit heures à se dissiper. Cynthia se souvient qu'ils sont restés tous les quatre assis pendant le reste de la nuit « alors que les murs bougeaient, que les plantes parlaient, que les autres personnes ressemblaient à des goules et que le temps s'arrêtait. » Pour elle, c'était « horrible, je détestais le manque de contrôle et le fait de ne pas savoir ce qui se passait ou ce qui allait se passer ensuite. »
George et Pattie ont juré de ne plus jamais rendre visite à John Riley. Personne ne veut d'un dentiste génial, pas plus qu'ils ne veulent d'un directeur de banque sybarite ou d'un chirurgien du cerveau avec deux mains gauches. Mais alors que Pattie et Cynthia estiment que l'expérience a été très effrayante, George la voit comme une révélation : « C'est comme si je n'avais jamais goûté, parlé, vu, pensé ou entendu correctement auparavant. Pour la première fois de toute ma vie, je n'étais pas conscient de mon ego. » Et John aimait exactement ce que Cynthia détestait : le manque de contrôle, la bizarrerie inattendue de tout. Quelques semaines après ce premier voyage, il prenait de l'acide tous les jours.

77

Assez régulièrement, Omega Auctions – « fière d'être l'une des meilleures maisons de vente aux enchères au monde pour les souvenirs musicaux » - met aux enchères des objets associés aux Beatles. En mars 2019, par exemple, ils ont touché 3 600 livres aux enchères pour une carte de visite des Quarrymen, 2 640 livres pour un programme du carnaval et du gala de Northwich de 1963 (« où les Beatles ont couronné la reine du carnaval ») et 48 800 livres pour le manuel scolaire de littérature anglaise de Paul McCartney.

Le catalogue de leur vente du 5 novembre 2011 comprenait un article plus singulier :

> DENT DE JOHN LENNON - Cette pièce unique, une dent de John Lennon, a été donnée à sa gouvernante, Dorothy (Dot) Jarlett, lorsqu'elle était employée à sa maison de Kenwood à Weybridge, dans le Surrey. Dot était employée à Kenwood à peu près entre 1964 et 1968. John entretenait une relation chaleureuse avec Dot et sa famille, l'appelant souvent « Tante Dot » et nommant même son chien Bernard d'après le mari de Dot. Au fil des ans, John a offert de nombreux cadeaux à Dot et à sa famille, dont certains ont été vendus par la famille par l'intermédiaire de Sotheby's. La dent, étant un objet si rare, a été conservée dans la famille jusqu'à présent et est accompagnée d'une déclaration sous serment de Dot Jarlett attestant de l'authenticité de l'objet. La dent a été donnée à Dot comme souvenir pour sa fille qui était une grande fan des Beatles. La dent est décolorée et présente une carie évidente.
>
> Estimation : 10 000 à 20 000 livres.

« C'est de loin l'objet le plus étrange et le plus merveilleux qui nous ait été soumis », se souvient le commissaire-priseur, Paul Fairweather. « L'enchère était très tendue vers la fin, et une immense acclamation a retenti lorsque l'enchère finale a été faite. »

L'enchérisseur retenu était le Dr Michael Zuk, un dentiste de l'Alberta, au Canada, qui a payé 19 000 livres[81]. À l'époque, le Dr Zuk avait déclaré qu'il prévoyait d'exposer la dent dans son cabinet, avant de l'emmener faire le tour des écoles dentaires.

Il peut sembler étrange, ou en tout cas inhabituellement zélé, qu'un dentiste dépense autant d'argent pour une dent décolorée afin de l'emmener en tournée. Mais en fait, le Dr Zuk avait un autre plan, plus astucieux, en tête.

« Je suis à la recherche de personnes qui pensent être l'enfant de John Lennon et qui ont des droits sur ses biens, et j'espère pouvoir légitimer leur demande », annonce-t-il sept ans plus tard. « John était un homme très populaire qui avait des relations sexuelles avec de nombreuses femmes, et je doute que le contrôle des naissances fut dans ses pensées. Je demanderai à tous ceux qui participent de signer un accord de commission qui signifierait que s'ils sont apparentés, ils paieraient à ma société un pourcentage de leur héritage, comme une commission d'intermédiaire. »

Le Dr Zuk a déclaré qu'il prévoyait d'extraire l'ADN de la dent décolorée ; en cas de concordance, il demanderait un règlement à la société Lennon Inc, qui a récemment enregistré un revenu annuel

---

[81] Par hasard, un an plus tôt, une série de fausses dents de Sir Winston Churchill s'était vendue pour 15 200 livres.

de 10 millions sur des avoirs de 400 millions. Il a reconnu que Yoko Ono Lennon, selon toute vraisemblance, exprimerait une « énorme inquiétude » face à une telle demande. En une autre occasion, lorsqu'il avait publiquement suggéré de cloner John Lennon à partir de la dent, il avait reçu une lettre sévère de l'avocat de Lennon Inc.

Il ajoute qu'il recherche des hommes ou des femmes d'une cinquantaine d'années, nés à une époque « où les jeunes femmes se jetaient sur les Fab Four. » Il a expliqué qu'il avait déjà été contacté par une femme qui prétendait être la fille de John Lennon, mais son affirmation n'était basée que sur des preuves anecdotiques. « Je voudrais démarrer les tests jusqu'à ce que j'aie un petit groupe d'espoirs, ou un seul avec une histoire très bien étayée. »

Aujourd'hui installé à New York, le Dr Zuk a avoué avoir acheté la dent en tant qu'homme d'affaires plutôt qu'en tant que fan. C'était, a-t-il dit, « une opportunité commerciale. J'ai acheté la dent non pas parce que c'est une dent pourrie et puante. Je me suis dit : "Comment puis-je en faire quelque chose de rentable ?" »

78

Le matin du samedi 12 juin 1965, Tony Benn, le Ministre général des Postes, prend son *Daily Mirror*. Le titre est le suivant : « Maintenant, ils ont atteint le meilleur classement de tous les temps. » Il était annoncé que les Beatles allaient être nommés membres de l'Empire britannique lors de l'anniversaire de la reine mère. Jamais auparavant aucune pop star n'avait approché une telle récompense[82]. En véritable chasseur de truffes pour les conspirations, Benn pouvait flairer un complot de l'establishment : « Il ne fait aucun doute que Harold [Wilson] a fait cela pour être populaire et je pense que cela a été populaire - bien que cela ait pu être impopulaire pour certaines personnes aussi... Mais la vérité est que les Beatles ont fait plus pour la famille royale en acceptant les médaille de l'Empire britannique que la famille royale n'a fait pour les Beatles en les donnant. » La collègue de cabinet de Benn, Barbara Castle, était tout aussi sceptique. « Au cours d'un café à la table galloise, j'ai sondé les garçons au sujet des médailles des Beatles, a-t-elle écrit dans son journal. La réaction a été totalement négative, le mot « bidon » étant prédominant. Le stratagème d'Harold semble avoir fait boomerang ... Il semble avoir une pointe de vulgarité qui fait aussi partie de sa force. »

Les Beatles eux-mêmes avaient reçu la nouvelle par la poste. « Paul regardait la pile de courrier des fans dans notre loge il y a quelques semaines et il est tombé sur cette enveloppe sur laquelle était écrit "De la part du Premier ministre", a déclaré George lors d'une conférence de presse le jour de l'annonce. Elle devait être là depuis au moins deux jours. Il l'a ouverte et la lettre disait qu'il était pressenti pour un prix et qu'il devait signer le formulaire ci-joint. Nous avons tous dit : "Nous aussi nous aimerions recevoir un prix.", puis nous avons plongé dans le reste du courrier et avons découvert que nous avions tous la même lettre - une chacun !

Lorsqu'un journaliste leur a demandé ce qu'ils comptaient faire de leurs médailles, ils ont chacun réagi selon leur caractère.

« Je l'accrocherai au mur, dit George.

- Je la mets autour de mon cou, dit Ringo.

- Je la mets dans un endroit sûr, dit Paul.

- Je pense que je vais faire transformer la mienne en sonnette pour que les gens aient à appuyer dessus lorsqu'ils viennent à la maison. Ou je l'emmènerai chez un antiquaire pour savoir ce que c'est », dit John.

Les 182 autres récipiendaires de la MBE (Médaille de l'Empire britannique) cette année-là n'étaient pas ce qu'on peut dire des compagnons naturels des Beatles. Parmi eux, on trouve Thomas Arthur Bish, ingénieur exécutif au bureau du directeur des téléphones de la poste générale de Nottingham ; William Boggon, directeur de la mine de charbon de Ravensworth Ann ; Edwin Cuthbert Cory Crapp, chef de la section des approvisionnements du département des conférences, des services et des approvisionnements du bureau de l'administration diplomatique ; et Charles Edwin Puddle, le bien nommé jardinier en chef du jardin Bodnant dans le Denbighshire. Hormis les Beatles, la

---

82 Les récompenses pour les artistes populaires étaient à l'époque rares : George Robey, « le premier ministre de l'humour », a été nommé CBE (Commandeur de l'ordre de l'Empire britannique) pour son travail de charité en 1919. Gracie Fields (1938). George Formby (1946) et Stanley Holloway (1960) ont tous reçu des OBE (Chevalier de l'Ordre de l'Empire britannique).

seule médaille de l'Empire britannique décernée à un personnage public a été attribué à Louis George Martin, un haltérophile olympique.

Il était peut-être inévitable qu'un certain nombre d'anciens récipiendaires de distinctions honorifiques se sentent personnellement offensés. Hector Dupuis, un député canadien, s'est plaint d'être placé « au même niveau que de vulgaires icônes pops. » Richard Pape, un évadé de guerre, a rendu sa Médaille militaire à la reine, protestant que « la décoration des Beatles pue la mièvrerie, l'effronterie bizarre envers nos efforts de guerre. »[83]

Le plus mécontent de tous était le colonel Frederick Wagg, qui avait servi dans les forces armées pendant les deux guerres mondiales. Le colonel Wagg a rendu pas moins de douze décorations militaires et a annulé un legs de 12 000 livres au parti travailliste, déclarant que « Décorer les Beatles, c'est se moquer de tout ce que ce pays représente. Je les ai entendus chanter et jouer et j'affirme les trouver horribles. » Ses commentaires virulents ont donné lieu à une montagne de contre-plaintes que lui ont envoyées des fans des Beatles. Un message sur une enveloppe indiquant « WAGGY PAYERA L'AFFRANCHISSEMENT » n'a rien fait pour calmer l'humeur du colonel Wagg.

Avant la cérémonie proprement dite, les Beatles ont été entourés par leurs collègues récipiendaires de la médaille de l'Empire britannique qui leur demandaient des autographes. « Ils étaient tous gentils, observe Paul. Mais l'un d'entre eux a dit : "Je le veux pour ma fille, mais je ne vois pas ce qu'elle vous trouve !" » Pendant la cérémonie, il se souvient : « Un type a scandé : "George Harrison, John Lennon, Paul McCartney et Ringo Starr !" Le mot "Starr" était le signal pour que nous avancions, pied gauche en avant. C'était comme sur scène. »

La reine a demandé à John : « Avez-vous travaillé dur ces derniers temps ? ». Comme beaucoup de ses sujets lorsqu'ils sont confrontés à Sa Majesté, John est resté bouche bée. « Je n'arrivais pas à me souvenir de ce que nous avions fait, alors j'ai dit : "Non, nous étions en vacances", alors qu'en fait nous étions en train d'enregistrer. »

Elle leur a ensuite demandé à tous : « Vous êtes ensemble depuis longtemps ? ». Ringo a répondu : « Oui, depuis de nombreuses années. Quarante ans. » Et ensemble, Ringo et Paul ont fait chœur : « Cela fait maintenant quarante ans que nous sommes ensemble et il n'y a jamais un jour de trop. » Selon Ringo, à ce moment-là, un « regard étrange et perplexe » est apparu sur le visage de Sa Majesté.

« C'est vous qui avez démarré le groupe ? a-t-elle poursuivi, en s'adressant à Ringo

- Non, ceux sont eux, lui a répondu Ringo. Je suis arrivé en dernier. Je suis le petit gars.

- C'est un plaisir de vous le donner », a-t-elle dit.

« Mais c'est ce qu'elle a dit à tout le monde », a déclaré George lors de la conférence de presse qui a suivi. « Puis nous nous sommes inclinés et nous avons marché vers la reine, puis nous sommes revenus et nous nous sommes inclinés, puis nous sommes partis. »

« Elle était comme une maman pour nous, a ajouté John[84]. Elle était si chaleureuse et douce. Elle nous a vraiment mis à l'aise. »

Au fil des ans, les souvenirs de Paul de sa visite au Palais sont restés sensiblement les mêmes : un mélange d'étonnement et d'amusement, dans une mesure à peu près égale. « Pour quatre gars de

---

83 En 1953, Pape avait publié un livre sur ses exploits en temps de guerre, *Boldness Be My Friend*. « Unique parmi les escapades de la Seconde Guerre mondiale, Richard Pape n'était ni un officier ni un gentleman », écrit son agent littéraire Anthony Blond dans la notice nécrologique de Pape, après sa mort en 1995. « Roux, originaire du Yorkshire, sa carrure débordait de qualités qui n'avaient rien d'un officier ; il était brutalement ivre, meurtrier, perfide et rusé ». Blond réussit à négocier un contrat pour les mémoires de Pape : « Lorsque nous avons envoyé le contrat à Pape en Afrique du Sud - c'était un Boer pur et dur, qui me considérait comme un juif dégonflé et amoureux des nègres - il est sorti de sa voiture et est allé tirer sur sa femme. Heureusement, il a raté son coup. »

84 En fait, la reine n'avait que quatorze ans de plus que Ringo et John : trente-neuf contre vingt-cinq pour eux.

Liverpool, c'était : "Wow, hé mec !". C'était assez drôle. Mais elle était douce. Je pense qu'elle nous semblait un peu maternelle parce que nous étions de jeunes garçons et qu'elle était un peu plus âgée. » George et Paul portaient tous deux leur médailles sur la pochette de l'album *Sgt. Pepper*. Ringo, plus conservateur, a obéi à l'instruction qui accompagnait la médaille, laquelle précisait qu'elle ne devait en aucun cas être portée en public.

Une photo prise immédiatement après la cérémonie montre John brandissant sa médaille. Un sourire sans artifice se dessine sur son visage, et pas une trace de son détachement ironique habituel. Pete Shotton se souvient qu'il était « sincèrement ravi ». Lors de la prochaine visite de John à sa tante Mimi, il a épinglé la médaille sur sa poitrine, en disant qu'elle la méritait plus que lui. Pendant les quatre années suivantes, elle occupera une place de choix sur sa cheminée.

79

Un court clip en noir et blanc montre les Beatles montant les marches d'un avion à travers une arche portant le message « BOAC accueille les BEATLES ».
Deux bizarreries permettent de la dater du 7 juin 1964. D'abord, le Beatle à l'arrière est plus grand que Ringo, mais il n'est certainement pas George, qui est trois pas plus haut, ni John, deux pas plus haut, ni Paul, qui est à côté de lui. Lorsque ce Beatle non identifié se retourne pour saluer la foule, il s'agit de notre pauvre vieil ami Jimmie Nicol, qui a remplacé Ringo lorsque celui-ci a été victime d'une amygdalite.
Mais il y a aussi une autre personne qui monte ces marches avec le groupe : une silhouette matrone avec un chapeau à l'ancienne, comme sortie d'un dessin de Giles[85]. Pendant une fraction de seconde, elle se retourne à moitié, rayonnante. Il s'agit de Tante Mimi, qui a été invitée par John à les rejoindre lors de leur vol vers les Antipodes, où elle a des relations.
George a jugé ce voyage comme son préféré. « Je me souviens qu'ils ont dit : "Retournez à vos sièges car nous approchons de Hong Kong", et j'ai pensé : "Nous ne pouvons pas déjà être arrivés." Nous étions assis par terre à boire et à prendre des Preludins[86] depuis environ trente heures et cela nous a semblé être un vol de dix minutes. »
Tante Mimi n'aurait rien su de cette variété particulière de divertissement en vol. Si elle en avait eu vent, elle n'aurait pas été amusée, mais John s'est manifestement bien comporté. Interviewé pendant le vol par un journaliste australien appelé Bob Rogers, il s'est un peu endormi, a été peu loquace. Il a été inhabituellement très poli pendant le vol.
« John, avez-vous déjà été interviewé à 34 000 pieds au-dessus du niveau de la mer ?
- Euh... non. Certainement pas, non.
- Comment trouvez-vous le voyage ?
- Pas mal. C'est un peu long, tu sais. Mais ils s'occupent bien de nous.
- C'est le plus long voyage que vous ayez fait ?
- Je ne sais pas. » Il plisse les yeux, comme s'il essayait de trouver la bonne réponse. « Oui. Je crois, en effet. »
Dans une voix off, Rogers déclare : « La célèbre tante Mimi de John Lennon, qui l'a élevé à Liverpool, était également à bord. C'était la façon de Lennon de dire "merci". »
Tante Mimi est beaucoup plus extravertie que John. Elle a fait un effort : elle porte un collier de perles autour du cou et un chapeau élaboré composé d'un grand nombre de fleurs regroupées. C'est une belle femme, aux pommettes hautes, et, malgré sa réputation de grincheuse, elle est joyeuse presque au point de pétiller.
Rogers la présente. « Mme May Elizabeth Smith de la ville de Woolton, collée à Liverpool, plus connue sous le nom de Tante Mimi, la dame qui a élevé John Lennon en tant que garçon.
- Oui, c'est ça. Elle a l'air très fière. »

---
[85] Carl Giles était un illustrateur de presse (Le *Daily Express*) avec une pâte bien particulière : ses dessins très détaillés exprimaient souvent beaucoup plus que la blague qui était au premier plan. Lui aussi a reçu la même distinction honorifique des Fab Four. (N.d.t.)
[86] Le Préludin est un coupe-faim, qui donne les mêmes effets que l'amphétamine, sans ses effets indésirables. (N.d.t.)

- Quel genre de garçon était-il ?
- Un adorable rebelle. Elle rit à gorge déployée, et sourit.
- Un adorable rebelle. A-t-il eu des ennuis ?
- Pas vraiment des problèmes, juste de l'espièglerie, vous savez.
- Pensiez-vous qu'il allait devenir une telle star dans le monde de la musique quand il était petit ?
- Non. Pas du tout dans le monde de la musique. Mais j'ai toujours senti qu'il ferait quelque chose autour de l'écriture ou du dessin. »

La seule autre interview filmée de Tante Mimi a eu lieu dix-sept ans plus tard, en 1981, un an après la mort de John. James Montgomery[87], de Southern TV, l'a réalisée dans la maison de bord de mer de Mimi, « Harbour's Edge », que John lui avait achetée en 1965.

« ... maintenant, pour la première fois, sa tante Mimi Smith a ouvert la porte de sa maison dans le Dorset pour parler d'une amitié extraordinaire qui existait entre eux et a duré jusqu'à sa mort, il y a tout juste un an. John Lennon a acheté cette maison, qui donne sur la baie de Sandbanks, pour sa tante Mimi il y a seize ans ... »

Montgomery et tante Mimi sont vus en train de trier de vieux clichés du jeune John. Mimi porte un élégant costume noir avec une chemise en soie blanche, et une broche en argent.

Aujourd'hui âgée de soixante-quinze ans, elle se souvient avoir acheté à John sa première guitare. « J'ai lutté contre cette idée pendant assez longtemps. Je ne voulais pas qu'il perde son temps à l'université et qu'il rate ses cours en *perdant son temps à jouer de la guitare.* »

L'exaspération s'insinue dans sa voix, comme si, dans un univers parallèle, son neveu incapable la harcelait toujours pour sa première guitare et qu'elle essayait toujours de le guider dans le droit chemin. « On sait ce que c'est. Il joue avec ses groupes, ça marche. Tout le monde les réclame – puis ils disparaissent et personne n'en entend plus jamais parler... Et moi, qu'est-ce que j'aurais fait, si j'avais un garçon de vingt-et-un ans qui me retombait dessus, sans rien comme qualification ?!? »

Sa voix s'élève et tremble sur le mot « rien ».

Montgomery demande à tante Mimi si elle se souvient du moment où John a eu sa première guitare. « Il était un peu comme vous, un flatteur. Et il me prend dans ses bras, et, vous savez - ici elle fait des gestes et des bruits de baiser – m'embrasse sur la joue. "Mimi, je peux avoir une guitare ?" Et il *n'avait pas d'argent pour acheter une guitare.* Il n'y avait que moi qui pouvait lui en acheter une ! Et je me souviens que nous sommes allés à Liverpool et nous sommes entrés dans un magasin de guitares et il y en avait partout, et je n'y connaissais rien, alors il en a choisi une et elle coûtait *dix-sept livres !*
- Avez-vous été surpris que les Beatles aient atteint la gloire et le succès dans le monde entier ?
- Je savais qu'ils avaient quelque chose - mais *personne ne s'attendait à cela.* C'était un choc pour eux aussi. »

Elle parle des jours où John venait lui rendre visite dans sa nouvelle maison au bord de la mer. « Il descendait les week-ends. Soudain, il y avait un tourbillon, et il arrivait. C'était généralement lorsque la pression devenait un peu trop forte et il venait ici faire la roue sur la plage. » Elle rit et sourit. « Tout seul, sans personne d'autre. »

Après qu'il était parti vivre en Amérique, ils se parlaient au téléphone une ou deux fois par semaine, « à propos des affaires courantes, comment la livre montait et descendait, ce genre de choses. Une autre fois, il se remémorait son enfance. Les choses amusantes - je le poursuivais toujours, vous savez. » Elle émet un petit rire guttural. « Je savais ce qu'il faisait avant... » Elle marque une pause,

---

87 Plus tard, il épousera le mannequin, actrice et chroniqueuse de *Men Only* Fiona Richmond, star, entre autres, de *Let's Get Laid* (1977), *From Here to Virginity* (1981) et *Tell Tale Tits* (1987).

visualisant clairement le jeune John. « Ce qu'il ne *pouvait pas* comprendre, c'est comment je savais quand il préparait quelque chose ! » Elle continue de rire, appréciant visiblement ce souvenir.
« Et ses frasques, sa fameuse histoire d'amour avec Yoko Ono ? Vous lui avez déjà parlé de ça ?
- Je l'ai certainement fait. Je l'ai juste trouvé, je lui ai téléphoné et j'ai dit : "Ça suffit ! Merci ! On en a assez ! Réservez tout ça pour le music-hall !" Elle ricane. Et c'était la fin de l'histoire.
- Alors, il vous a écoutée ?
- Eh bien, même s'il se rebellait et disait "Je ne ferai pas ce que tu me dis", il le faisait toujours ! ... Quand il avait été méchant, je l'appelais et je lui disais, "Ne me fais pas venir à New York !" Et il répondait : "Tu es juste grincheuse." Dès qu'il disait ça, je raccrochais le téléphone, vous voyez. Et puis j'attendais environ une demi-heure et il redevenait amical avec moi. Elle imite la voix de John : « Bonjour, c'est toi, Gertie ? Peu importe, Gertie. » Elle rugit de rire.
- Il vous a fait beaucoup de cadeaux ?
- Honnêtement, l'endroit est plein de cadeaux – des billes, des perles, tout ! J'aurais pu avoir n'importe quoi au monde. Mais je fais partie de ces gens qui sont plutôt spartiates, et je ne veux rien. » La caméra s'attarde sur le cœur d'argent encadré de John, décerné par le Variety Club de Grande-Bretagne et posé sur la cheminée, qui lui a été offert par Harold Wilson en juin 1964.
« Que pensez-vous de toutes ces histoires qui ont été publiées sur lui depuis sa mort ? Des histoires sur sa vie privée, sa vie sexuelle ?
- Je n'ai jamais rien entendu de tel de toute ma vie ! Je pense qu'ils sont malades,
des personnes dépravées, obsédées par le sexe, avides d'attention.
- Quand vous a-t-il téléphoné pour la dernière fois ?
- La nuit avant qu'il ne soit assassiné. Deux heures. Et il disait, "Je te verrai bientôt Mimi, j'ai hâte de te voir", et puis bien sûr, à cinq heures le lendemain matin, c'est passé aux nouvelles d'outre-mer, et honnêtement, si je pensais qu'il était mort, je ne pense pas que je pourrais continuer. Je ne le considère pas comme mort.
- De toutes les chansons que John a jouées et chantées, y a-t-il une chanson préférée que vous avez appréciée ?
- Eh bien, je ne sais pas. Je pense que « A Hard Day's Night » n'est pas si mal en ce moment ! » Une fois de plus, elle rit de son rire guttural.

80

Sur YouTube, cette brève interview a été visionnée plus d'un demi-million de fois et a fait l'objet de plus d'un millier de commentaires, presque tous élogieux : « Quelle grande dame ». « Trésor national, reposez en paix ». « Quelle âme attentionnée et réaliste. » « Elle a donné à une légende de l'amour, un peu de discipline et des ailes pour grandir. » « Que le ciel bénisse les mamans et les tantes du monde entier. » « Je crois que sans Mimi, il n'y aurait pas eu le John Lennon que nous avons appris à aimer, et donc pas de Beatles. » « Aww, une dame charmante. Je sais qu'il a eu des difficultés pendant son enfance, mais il a eu de la chance d'avoir une personne au cœur si gentil, RIP. »

Pourtant, deux femmes qui la connaissaient bien - la première épouse de John, Cynthia, et sa demi-sœur Julia Baird - ont écrit des portraits accablants de Tante Mimi. Julia - la fille de la mère de John (également appelée Julia) et de son petit ami serveur Bobby Dykins - nourrit une antipathie particulière pour la sœur aînée de sa mère. Tante Mimi avait, dit Julia, un « besoin obsessionnel de contrôler la vie et les actions de ceux qui l'entouraient. » Dans ses mémoires, *Imagine This: Growing Up with My Brother John Lennon* (2007), elle accuse Tante Mimi de « la plus grande hypocrisie possible », affirmant qu'en 1956, à l'âge de cinquante ans, cette femme noble et intègre a eu une liaison avec un locataire de vingt-six ans son cadet. L'accusation d'hypocrisie est due à l'apparence de bienséance de Mimi et aux moyens apparemment sournois par lesquels elle a éloigné John de sa mère, se plaignant aux services sociaux qu'on ne pouvait pas faire confiance à un couple vivant dans le péché pour la garde d'un enfant. Selon Julia, les derniers mots de Tante Mimi, prononcés devant une infirmière, étaient « J'ai peur de mourir. J'ai été si méchante. » Bien que, pour être juste, la même infirmière a été rapportée ailleurs comme ayant dit que ses derniers mots beaucoup plus positifs : « Bonjour, John. »

Cynthia Lennon n'était pas plus indulgente. « Elle aimait alimenter l'image de la tante sévère mais aimante qui fournissait la toile de fond sûre du succès de John », écrit-elle de Tante Mimi dans l'une de ses deux autobiographies. « Mais ce n'était pas la Mimi que je connaissais. Elle a battu en brèche la confiance en soi de John et l'a laissé en colère et blessé. » Cynthia dépeint Mimi comme très prétentieuse : « Les manières de Mimi étaient presque royales. Elle parlait sans un soupçon de Scouse et je pensais que John avait dû adopter son accent de Liverpool de la classe ouvrière pour se rebeller contre elle. Très tôt, il m'est apparu que Mimi était quelque peu snob ; elle était de la classe moyenne avec des aspirations de classe supérieure, et l'un de ses mots favoris était "commun". Elle l'utilisait pour condamner la plupart des intérêts et des amis de John - y compris, je le soupçonne, moi. »

Loin d'accepter l'idée que tante Mimi a donné à John « des ailes pour grandir », Cynthia la dépeint comme essayant de les couper : alors que les autres familles ont encouragé les Beatles à aller à Hambourg, Mimi « a fait tout ce qu'elle pouvait imaginer pour empêcher John d'y aller. » À son retour d'Allemagne, John offre à Cynthia un manteau en cuir marron chocolat de chez C&A Modes : « Je me sentais tellement bien dedans que j'avais hâte de le montrer. » Ils sont tous deux passés chez tante Mimi avec un poulet pour le déjeuner, mais celle-ci n'a montré aucune gratitude : « Mimi a vu le manteau et a compris que John me l'avait acheté et elle a piqué une crise. Elle a crié à John qu'il avait dépensé son argent pour une "fille facile". Elle m'a pris le poulet des mains pour le balancer et a jeté un miroir à main sur John. "Tu crois que tu peux m'amadouer avec un poulet alors que tu as dépensé tout ton argent pour ça ?", a-t-elle crié. » Cynthia s'est souvenue que John était parti par la porte de derrière. « Tout ce qui l'intéresse, c'est le fric et les chats, a-t-il dit. » Pendant les résidences des Beatles à la Cavern, Jim McCartney passait souvent pour les écouter, et la mère de George, Louise, venait fréquemment pour les encourager. Mais ce n'était certainement un endroit pour Tante Mimi. Selon Cynthia, elle n'a passé la tête derrière la porte qu'une seule fois, pour voir où John perdait son temps. Louise Harrison lui a crié : « Ne sont-ils pas géniaux ? » « Je suis contente que quelqu'un le pense, a répondu Mimi en criant. Nous aurions tous eu une vie paisible et agréable si vous ne les aviez pas encouragés ! »

Elle était remplie d'horreur face à l'odeur et au bruit. « J'ai eu beau essayer, je n'ai pas pu m'approcher de la scène », s'est-elle plainte à Hunter Davies. » Si j'avais pu, je l'aurais tiré de là. »

Après le spectacle, elle s'est introduite de force dans la loge sordide de la Caverne. « C'était très bien, John », dit-elle sarcastiquement, avant de partir peu après. « Son départ abrupt a blessé John, se souvient Cynthia. Il aurait aimé qu'elle soit fière de lui. »

En 1962, John fait écouter à tante Mimi le premier single des Beatles, « Love Me Do ». Sa réaction est sans concession : « Si tu penses que tu vas faire fortune avec ça, alors tu te trompes. »

Lorsque John a finalement trouvé le courage de dire à tante Mimi que Cynthia et lui allaient se marier, « elle a crié, s'est mise en colère et a menacé de ne plus jamais lui parler s'il allait au bout de ce projet. »

Tout le monde s'accorde à dire que tante Mimi était une snob. Ils prennent note de sa collection d'assiettes Royal Worcester, de ses œuvres collectionnées reliées en cuir de Sir Winston Churchill, et du jardinier qu'elle employait. Mimi s'opposait à l'épais accent écossais de George, mais elle n'approuvait pas non plus Paul, lui reprochant d'avoir tenté John dans le monde peu recommandable du rock'n'roll. « Elle m'appelait toujours "ton petit ami", dit Paul. Je la regardais, elle souriait. Je savais ce qu'elle avait fait. Je l'ignorais. C'était très condescendant, mais elle m'appréciait secrètement, elle souriait en quelque sorte, mais elle était très consciente que les amis de John étaient de classe inférieure. C'était le genre de femme qui vous rabaissait avec une lueur dans les yeux, avec le sourire, mais elle vous rabaissait quand même. »

À l'époque, tante Mimi refusait que George ou Paul franchissent son seuil. « Il [Paul] avait l'habitude de venir devant ma porte. Il était sur son vélo, qu'il appuyait contre la clôture. Il me regardait avec ses yeux de mouton et disait : "Bonjour, Mimi. Je peux entrer ?" "Non, tu ne peux certainement pas", lui répondis-je. » Un jour, tante Mimi a semblé céder, disant à John que si George venait, elle serait prête à le laisser entrer. « Il est arrivé avec une coupe de cheveux en brosse et une chemise rose. Je l'ai mis à la porte. Ce n'était pas possible. J'étais peut-être un peu vieux jeu, mais des écoliers qui s'habillent comme ça ! Jusqu'à ce que John ait seize ans, j'ai toujours veillé à ce qu'il porte le blazer et la chemise réglementaires de l'école. »

Après que les Beatles étaient devenus célèbres dans le monde entier, elle reprochait à John de prendre un accent scouse exagéré. Après tout, elle l'avait élevé pour qu'il parle l'anglais de la reine. À une fan des Beatles de treize ans qui lui écrivait qu'elle avait vu John à la télévision, elle répondait : « Quand il est rentré à la maison, j'ai dit : "John, c'est quoi tout ça, qu'est-ce qui est arrivé à ta voix ?" Il ne parlait pas vraiment comme ça. Je l'ai élevé proprement, pour qu'il ne parle pas comme un voyou. » Alors que les proches des autres Beatles restaient ébahis par leur célébrité, tante Mimi a toujours traité John comme la mère de Brian traite son fils dans *La Vie de Brian* des Monty

Python : « Ce n'est pas le Messie. C'est un très vilain garçon ! » Lors de la sortie de *Two Virgins*, dont la photo de couverture montrait John et Yoko nus, elle a clairement exprimé ses sentiments : « Ça aurait été bien, John, mais vous êtes tous les deux si laids. Pourquoi ne pas mettre quelqu'un de séduisant sur la couverture si vous devez avoir quelqu'un de complètement nu ? »

Peu après le début de sa relation avec Yoko, John l'emmène rencontrer tante Mimi à Poole. Cela n'allait pas être la plus facile des présentations. Tante Mimi a parlé à James Montgomery de la rencontre : « Il est arrivé tout joyeux - typique de John - et elle a suivi derrière. J'ai jeté un coup d'œil sur elle et j'ai pensé : "Mon Dieu, qu'est-ce que c'est ?" »

« Eh bien, je n'ai pas aimé son apparence dès le début. Elle avait de longs cheveux noirs, partout, et elle était petite - elle ressemblait à une naine pour moi. J'ai dit à John ce que je ressentais alors qu'elle était dehors, regardant la baie. Je lui ai dit : "C'est qui, cette petite naine", John ? »

« Eh bien, je ne savais pas de quoi il s'agissait. Je me demandais qui c'était. Et il a dit : "C'est Yoko." Je n'ai rien pensé de tout ça, vous savez. Mais je lui ai demandé : "Que faites-vous dans la vie ?" Elle a répondu : "Je suis une *artiste*." Je lui ai répondu : "C'est très drôle, je n'ai jamais entendu parler de vous !" »

Pendant que John est aux toilettes, tante Mimi informe Yoko qu'elle l'a toujours élevé dans les bonnes manières, et que c'est pour cela qu'il se lève toujours lorsqu'une femme entre dans la pièce. À son retour, elle l'a prévenu de ce qui était arrivé au duc de Windsor, l'ancien roi Édouard VIII. Le duc avait été remarquablement populaire, dit-elle, mais le public l'avait délaissé lorsqu'il avait épousé Mme Simpson. « Il a perdu sa popularité, et John, tu ferais mieux de le savoir. »

Mimi se souvient que John a balayé sa petite homélie d'un revers de main. « Il en a ri, mais il savait que je ne l'aimais pas et que j'étais un bon juge de caractère. Je ne voyais pas ce qu'il voyait en elle et je pensais que c'était mal et que rien de bon n'en sortirait. »

81

Mais un autre argument, tout aussi fort, peut être avancé en faveur de Tante Mimi. Après tout, elle s'inscrit dans la grande tradition des grandes tantes britanniques : autoritaire, exigeante et redoutable, défenseur sans complexe du tissu social, capable de réduire en gelée même les neveux les plus récalcitrants. « Inutile de me dire qu'il y a de mauvaises tantes et de bonnes tantes. Au fond, elles sont toutes pareilles, observe Bertie Wooster. Tôt ou tard, le diable sort de sa boîte. » Pete Shotton s'est souvenu de l'obsession d'enfance de John pour la série de livres jeunesse autour du personnage de William, de Richmal Crompton, qui sont remplis de tantes, la plupart d'entre elles rébarbatives, dans les deux sens du terme. Elles vont de la tante Jane, « grande et guindée et ce qu'elle appelait "la fierté de la maison" », à la grand-tante Augusta, qui vit selon l'adage « Il n'y a pas d'autre joie que celle du devoir accompli. » Avec ses copains, Ivan Vaughan et Nigel Whalley à ses côtés, John dirige un gang appelé les Outlaws, tout comme celui de William, dans le roman. « Je vivais *Alice et Just William*, se souvient-il. J'écrivais mes propres histoires de William, avec moi en personnage principal... Après avoir lu un livre, je revivais tout cela à nouveau. C'est une des raisons pour lesquelles je voulais être le chef de bande à l'école. Je voulais qu'ils jouent tous aux jeux que je voulais qu'ils jouent, ceux que je venais de lire »

Ses Outlaws s'adonnaient à toutes sortes de farces et de plaisanteries, certaines sans conséquences, d'autres frisant la délinquance. Ils piquaient des pommes, remontaient Penny Lane sur les pare-chocs des tramways, dépensaient l'argent destiné à la quête de l'église en chewing-gum, cassaient les lampadaires avec des pierres, volaient des cigarettes à l'étalage et baissaient les culottes des filles. Lors de la fête de l'école, John et Pete ont installé un jeu de fléchettes décoré du visage de leurs professeurs. À une autre occasion, ils ont fabriqué des colliers de chien avec de vieux paquets de céréales et déguisaient leurs camarades de classe en vicaires. Pour gagner de l'argent, ils volaient des tickets de repas scolaires et les vendaient dans toute l'école. L'influence de William est tangible, et pourrait bien avoir contaminé les Beatles. « Les Beatles m'ont fait rire immodérément, comme je riais, enfant, des livres de *Just William* », se souvient Maureen Cleave, la journaliste qui les a le mieux connus au début de leur gloire. « Leur esprit était tellement vif et tranchant, surtout celui de John Lennon. Ils avaient tous cette merveilleuse qualité - ce n'était pas de l'innocence, mais tout était nouveau pour eux. Ils étaient comme William, découvrant le monde et essayant de lui donner un sens. » Les hors-la-loi de William, comme ceux de John, étaient toujours à l'affût de moyens louches de faire fortune. Dans *La Double vie de William* (1929), lorsque les Outlaws tentent de collecter des fonds, ils sont déçus par la faible réponse de leurs différents oncles et tantes :

> « Je suis allée TOUS les voir », a dit Ginger, « et ma tante Emma a dit : "Certainement pas, après que ta balle est passée à travers ma fenêtre comme la semaine dernière", et mon oncle John a dit : "Certainement pas après que tu es passé sur ma pelouse avec ton scooter comme tu l'as fait hier", et ma tante Jane a dit : "Certainement pas après que tu as poursuivi mon Pussy adoré comme je t'ai vu la semaine dernière", et mon oncle George a dit : "Certainement pas après avoir jeté des pierres sur mon noyer comme je t'ai vu le faire hier", et mon oncle John a dit : "Certainement

pas après avoir grimpé sur mon rosier et l'avoir cassé"... »

Dans *Just William* (1922), William met à profit l'une de ses tantes les plus effrayantes. Il arrive dans sa chambre pour découvrir que son imposante tante Emily s'est endormie, et « qu'elle gisait dans son immense stature en chemisier et jupon rayé, tandis que de sa bouche ouverte sortaient des sons fascinants. » Saisissant une occasion de faire du commerce, William place alors sur sa porte une pancarte disant :

GROSSE FEMME SAUVAGE
TORKIN NATIF
LANGWIDGE

et fait payer aux enfants du voisinage un penny pour la voir. « Ils se tenaient en un groupe silencieux et ravi autour de son lit. Les sons ne cessaient, ne s'atténuaient jamais. William leur accordait deux minutes dans la chambre. Une fois sortis à contrecœur, ils payaient plus d'argent, rejoignaient la fin de la file d'attente et rentraient à nouveau. »
William étend l'exposition pour y intégrer la coiffeuse de tante Emily, affichant des avis tel que « DENTS DE LA GROSSE FEMME SAUVAGE ». Mais soudain, Tante Emily reprend vie.

> Elle se leva d'un bond et, le saisissant par les épaules, le secoua jusqu'à ce que ses dents claquent, que la couronne de guirlandes tombe, encerclant les oreilles et le nez, et qu'une de ses moustaches tombe mollement à ses pieds.
> « Méchant garçon, a-t-elle dit en le secouant. MÉCHANT, MÉCHANT, MÉCHANT GARÇON ! »

Un jour, John et sa bande ont construit un radeau de fortune avec de vieilles planches, mais il s'est renversé, les propulsant dans un étang glauque grouillant de grenouilles. Pour faire sécher ses vêtements afin que tante Mimi ne sache pas ce qu'ils avaient fait, John a fait un feu de joie, mais il est devenu incontrôlable et les pompiers sont arrivés sirènes hurlantes. Cela aurait tout aussi bien pu arriver à William.
Appelés à voir le directeur adjoint, M. Gallaway, pour mauvaise conduite, John et Pete ont été priés de se tenir derrière lui pendant qu'il sortait le livre de punitions du directeur. Pour amuser Pete, John a tendu une main et a chatouillé le crâne chauve de M. Gallaway. Croyant qu'il s'agissait d'une mouche, M. Gallaway ne cessait de lui taper sur la tête. « Ce subtil jeu de mains s'est poursuivi pendant plusieurs minutes, se souvient Pete, jusqu'à ce que nous soyons tous deux pris d'un fou rire réprimé, au point que John (comme il en a l'habitude dans ces situations désespérées) s'est littéralement pissé dessus. » Lorsque M. Gallaway a demandé ce qu'était cette flaque, John a répondu : « Je pense que le toit fuit, monsieur. » Pete a explosé de rire, mais une fois de plus, John a sauvé la mise. Il ajoute, à l'intention de M. Gallaway : « Il a éternué toute la journée, monsieur. Il a un rhume épouvantable. »
Mimi était stricte avec John. Dès qu'elle entendait parler de son mauvais comportement, elle l'envoyait dans sa chambre sans souper. Une seule fois, elle l'a battu, l'ayant surpris à voler de l'argent dans son sac à main. Mais ces punitions avaient peu d'effet. « Un jour, je descendais Penny Lane et j'ai vu cette foule de garçons sur un ring, regardant deux garçons se battre, se souvient Tante Mimi. Je me suis dit : "Tout comme ces vulgaires bâtards de Rose Lane"... Puis ils se sont séparés

et un horrible garçon est sorti avec son manteau qui pendait. À ma grande horreur, c'était John. John a toujours aimé que je lui raconte cette histoire. "Comme tu l'as toujours dit, Mimi : Tous les autres sont d'un commun." »

Jusqu'à la fin de sa vie, John est resté en contact permanent avec tante Mimi, peut-être parce qu'elle était la seule personne sur la planète qui pouvait voir à travers ses bêtises. En 1968, Hunter Davies observait que de tous les parents des Beatles, « Mimi est probablement la seule dont la relation n'a pas vraiment changé. À bien des égards, elle traite toujours John comme elle l'a toujours fait, alors qu'avec les autres, il y a un soupçon de culte du héros, presque de la vénération. Mimi critique toujours les vêtements de John et son apparence, comme elle le faisait lorsqu'il était adolescent. Elle lui dit quand il a l'air gros et de ne pas trop dépenser. Mimi ne se soucie même pas de la façon dont John parle. Elle dit qu'il ne parle pas correctement, qu'il ne finit jamais ses phrases. "John a toujours été un mauvais orateur. Et il devient de plus en plus mauvais. Souvent, je n'arrive pas à comprendre ce dont il parle. Son esprit saute dans tous les sens." »

À son tour, la dévotion de John envers tante Mimi transcendait toutes ses lubies et ses échecs, et toutes ses diatribes contre eux, justifiées ou non. Enfant, il pouvait supporter ses réprimandes, et même ses louanges occasionnelles, mais il détestait quand elle l'ignorait. « Ne m'ignore pas, Mimi », disait-il. Quand il a grandi, et que le reste du monde a commencé à lui prêter attention, il avait toujours besoin d'être sûr que Mimi ne l'ignorait pas. Jusqu'à la fin de ses jours, Mimi a gardé en bonne place sur sa cheminée une plaque que lui avait offerte John et sur laquelle était gravé l'un de ses reproches de l'adolescence : « La guitare, c'est très bien, John, mais tu ne pourras jamais en vivre. » Pour tous les deux, ses remontrances étaient devenues une source de fierté. Jusqu'à la fin de ses jours, John lui a écrit une longue lettre une fois par semaine, signée « Lui-même ». Lors de leurs conversations téléphoniques mensuelles, il aimait la taquiner pour qu'elle réponde furieusement en exagérant son accent scouse. À New York, il a développé une envie pour des objets qui lui rappelaient son enfance avec sa tante Mimi. Elle lui a consciencieusement envoyé son service à thé Royal Worcester, ainsi que son blazer et sa cravate rayée de l'école de Quarry Bank : « Je lui ai envoyé paquet après paquet de tous ces trucs. »

John ne cessait d'exhorter tante Mimi à abandonner le Dorset pour un appartement dans le Dakota. Le ton intransigeant de sa réponse a sûrement dû lui plaire, car il était tout à fait dans son caractère : « Pour rien au monde tu ne m'enverras là-bas ! Je n'ai jamais aimé les Américains. Et tu ne devrais pas y être non plus, ce n'est pas bon pour toi. »

« Il vient me voir aussi souvent qu'il le peut », a-t-elle confié à Davies en 1968. « Il s'est assis sur le toit pendant quatre jours en été. Je courais dans tous les sens pour lui apporter des boissons. Il ne montre jamais beaucoup d'émotion. Il a du mal à dire qu'il est désolé. Mais un soir, il a dit que même s'il ne descendait pas me voir tous les jours, ou tous les mois, il pensait toujours à moi à un moment ou à un autre chaque jour, où qu'il soit. Cela signifiait beaucoup pour moi. »

En 1979, John écrit une longue lettre nostalgique à sa cousine Leila : « J'ai beaucoup pensé à toi à Noël, aux ombres au plafond quand les voitures passaient la nuit » Il termine par une référence à tante Mimi : « J'ai presque peur d'aller en Angleterre, parce que je sais que ce sera la dernière fois que je verrai Mimi - je suis lâche avec les adieux. » Pour sa part, Yoko trouvait que, lorsque John s'asseyait avec une tasse de thé dans leur appartement du Dakota, en caressant un chat, « il ressemblait toujours à Mimi. »

Chaque Noël, quand John était petit, Mimi l'emmenait voir *Le Chat botté* au Liverpool Empire.

Une année, il neigeait, et John y est allé avec ses bottes Wellington. Lorsque Le Chat botté est entré en scène, John s'est levé et a dit : « Mimi, il a mis ses bottes Wellington ! Moi aussi ! » Tous les spectateurs se sont tournés vers lui et ont souri.

En décembre 1963, après une année au cours de laquelle les Beatles ont, selon les mots de l'animateur de télévision Alexander Kendrick, transformé le pays en « Beatleland, anciennement connu sous le nom de Grande-Bretagne », ils présentent leur spectacle de Noël à l'Empire de Liverpool. Tante Mimi se tient à l'arrière, ayant refusé l'offre de John d'un siège au premier rang.

« J'étais bien sûr très fière de le voir jouer sur la scène de l'Empire. C'est la première fois que je me suis rendu compte de l'effet qu'ils avaient. Il y avait des policiers à cheval pour retenir la foule… C'était très excitant. Mais je ne pouvais pas m'empêcher de penser tout le temps : "Non, ce n'est pas vraiment un Beatle. C'est le petit gars qui, une fois, s'est assis au balcon avec moi et a crié : "Mimi, il a mis ses bottes Wellington !" »

82

Comparé aux trois autres, John était Lord Snooty[88]. Dans le Liverpool des années 1950, sa famille était considérée comme huppée par les adolescents George et Paul. Contrairement à eux, John vivait dans une maison mitoyenne privée qui avait un nom – « Mendips » - et non un numéro. Comme si cela n'était pas assez chic, elle donnait sur un terrain de golf. John avait une tante, pas une tatie, et pas n'importe quel vieux chat mais un chat siamois, ainsi qu'un parent qui était dentiste à Édimbourg et un autre qui travaillait pour la *BBC*. Il avait également un oncle qui enseignait à Paul l'écriture et l'anglais à l'Institut de Liverpool.

Paul était impressionné. « John avait une tante Harriet, et Harriet n'était pas un prénom très courant…, surtout qu'on l'appelait Harrie ! Nous n'avions jamais connu de femmes appelées Mimi, ce qui est très sophistiqué, très années vingt et trente, très époque jazz. C'était donc Harriet et Mimi. Je les imagine avec de longs porte-cigarettes. C'était comme les livres *Just William* de Richmal Crompton pour moi… Donc John était un personnage particulièrement attirant dans ce genre de monde. » Même maintenant, Paul parle de l'enfance relativement aisée de John, avec un léger élément de snobisme inversé. C'est comme si, après toutes ces années, il ressentait encore le besoin de contrer les affirmations de pauvreté de John. « John vivait juste de l'autre côté du terrain de golf, littéralement et métaphoriquement. Les gens ne réalisent pas à quel point il était de la classe moyenne. C'est un quartier très chic… En fait, John m'a dit un jour que la famille avait autrefois possédé Woolton, tout le village. » Dans *The Beatles Anthology*, il va un peu plus loin : « Pour nous, John était de la classe supérieure… C'est ironique, il était toujours très *"Fuck you!"*, et il a écrit la chanson « Working Class Hero » - en fait, il était loin d'être un prolétarien. »

Dans une interview accordée peu avant sa mort, John a reconnu qu'il n'avait jamais vraiment été issu de la classe ouvrière : « J'étais un gentil garçon de banlieue à la coupe propre, et dans le système de classes, j'étais environ un demi-niveau plus haut que Paul, George et Ringo, qui vivaient dans des HLM. Nous possédions notre propre maison, avions notre propre jardin, ils n'avaient rien de tout cela. J'étais donc un peu un vrai privilégié comparé à eux, d'une certaine manière. Ringo était le seul vrai enfant de la ville. Je pense qu'il venait du quartier le plus minable… J'ai toujours été bien habillé, bien nourri, bien scolarisé, et élevé pour être un gentil garçon anglais de la classe moyenne inférieure, vous savez ? » À l'âge mûr, il en était venu à penser que c'était le fait d'appartenir à la classe moyenne, et non à la classe ouvrière, qui avait rendu les Beatles différents. « Après tout, George, Paul et John étaient tous des lycéens. Jusqu'alors, tous les rockeurs… étaient noirs et pauvres : le Sud rural, les bidonvilles des villes. Et les Blancs avaient été des camionneurs, comme Elvis. Mais le truc avec les Beatles, c'est que nous étions plutôt bien éduqués et pas des camionneurs. Paul aurait pu aller à l'université. Il a toujours été un bon garçon. Il a réussi ses examens. Il aurait pu devenir, je ne sais pas - Dr McCartney. J'aurais pu le faire moi-même si j'avais travaillé. Je n'ai jamais travaillé. » Lorsqu'ils sont devenus célèbres, Paul et John ont tous deux pris soin de surjouer leurs accents de Scouse. Lorsque Paul est arrivé chez lui après la première apparition des Beatles à la télévision, son jeune frère Michael lui a demandé : « Pourquoi as-tu parlé comme ça à

---

88 Lord Snooty (« snobinard ») est un personnage de BD célèbre en Angleterre. Il représentait typiquement le fils d'une famille aristocratique et riche qui s'encanaillait avec le peuple. (N.d.t.)

la télévision ? On aurait dit George qui avait mal tourné. » Parmi ses contemporains liverpudliens, Paul était taquiné parce qu'il avait gravi un cran dans l'échelle sociale en passant son 11-Plus[89] et en allant au Liverpool Institute. « Il n'y avait pas beaucoup d'autres enfants de l'Institut qui vivaient par chez nous. On m'appelait "College Pudding". "Putain de collège pudding". »
Cela n'a guère contribué à endiguer le flot de snobisme qui a accueilli leur premier succès. Alors que les Beatles étaient partis pour une brève tournée en Scandinavie en octobre 1963, Lord Edward Heath, alors Garde des sceaux, a annoncé dans la presse qu'il avait du mal à reconnaître ce qu'ils disaient comme étant « l'anglais de la reine »[90]. À leur retour à Londres, on a demandé au groupe de commenter cette remarque quelque peu affectée. John a pris un accent théâtral : « Je n'arrive pas, moi-même, à comprendre ce que Teddy veut dire avec son accent "haut-perché". Non, je n'arrive pas à le comprendre. » Puis il sourit, regarde la caméra et dit, d'une manière un peu plus menaçante, « Je ne voterai pas pour Ted. »

> PAUL : Oooh !
> Q : Mais vous n'allez pas changer votre accent pour le Garde des sceaux ?
> JOHN : (prenant un accent exagéré) On vait ze gon beu, n'est-ce pas ? Oui, z'est za.
> PAUL : Oh, aye ! Oui !

À un autre journaliste, Paul a répondu : « Et je parie que la moitié des gens qui ont voté pour lui ne parlaient pas non plus "l'anglais de la reine". » Plus tard, Heath a essayé de faire amende honorable, en saluant de façon déconcertante le groupe comme « les sauveurs de l'industrie du velours côtelé ». Qui sait ? Peut-être que le velours côtelé représentait le top de la mode selon M. Heath.

* * *

Six mois plus tard, les Beatles tournaient *A Hard Day's Night*. Le réalisateur américain Richard Lester, qui avait vécu en Angleterre pendant une décennie, était intrigué par leur impact sur le système de classe britannique. « Je pense qu'ils ont été les premiers à donner confiance à la jeunesse du pays, ce qui a entraîné la disparition du jeune homme en colère à l'attitude défensive, a-t-il déclaré à son biographe. Les Beatles ont fait exploser la notion de classe sociale ; ils l'ont fait disparaître en riant et, je pense, ont introduit un ton d'égalité avec plus de succès que tout autre facteur que je connais. Finalement, on a fini par considérer comme acquis qu'ils brisaient à eux seuls le système de classes de la Grande-Bretagne, sans le bénéfice d'une éducation ou d'un milieu familial. » Pourtant, même lui n'a pas pu résister à l'envie d'ajouter un correctif : « Ils étaient, bien sûr, beaucoup plus de la classe moyenne que la plupart des gens ne l'admettent. »

Lors du tournage de *Help!* aux Bahamas en février 1965, Eleanor Bron se rend avec les Beatles à une soirée chic à Nassau, ostensiblement organisée en leur honneur.
Elle a été rebutée par ce qu'elle a vu. Les Beatles étaient, selon elle, simultanément traités avec condescendance et mépris. Les notables de l'île n'étaient pas « capables de contenir ni leur curiosité ni leur spleen de vieux croûlants en voyant ces quatre jeunes "sans éducation", "de classe inférieure"

---
[89] Le 11-Plus (ou Eleven-Plus) est un examen proposé à certains élèves en dernière année de primaire, surtout destiné à intégrer des écoles plus sélectives. (N.d.t.)
[90] Fils d'un maçon du Kent, Heath a modifié son propre accent et a été taquiné pour ses voyelles idiosyncrasiques, notamment par le Monty Python's Flying Circus, qui a publié un disque éducatif parodique intitulé « Teach Yourself Heath ».

(produits de l'État providence) réussir. Qui sait par quelles manœuvres ils ont dû passer pour avoir le privilège de pouvoir se réunir à ce scandaleux dîner donné en l'honneur de ces simples garçons, juste pour pouvoir lever le nez sur eux ; ou - s'ils pouvaient s'approcher suffisamment - pour les insulter personnellement, sous leur nez, avec des remarques sournoises ; demandant des autographes pour des petites-filles "démentes". Et s'ils ne pouvaient pas s'approcher, ils surveillaient de loin, avec des yeux globuleux, les preuves d'impolitesse, les solécismes sociaux et les accents inacceptables, afin de les relayer au monde entier, ainsi que leur sentiment d'avoir été trompés - le caractère choquant de ce à quoi le monde est en train d'arriver. »

Son collègue acteur Victor Spinetti est du même avis. « Nous avons été conduits au domicile du ministre des Finances. Les invités, des fonctionnaires de la Maison du gouvernement et leurs épouses, sirotaient leurs boissons et s'agitaient en groupe, préservant soigneusement, je l'ai remarqué, un écart entre eux et les Beatles. De leur point d'observation, ils fixaient les garçons et parlaient, non pas d'eux, mais d'eux. « Lequel est Ringo ? » J'ai entendu une voix l'appeler.

« Je pense que c'est celui-là, celui avec le gros nez, » vint une réponse traînante alors qu'ils continuaient tous à regarder fixement. L'un d'eux, une femme, a quitté le groupe et s'est dirigé vers George. « Ces cheveux sont-ils vrais ? » demanda-t-elle, et, sans attendre d'invitation, elle les tira. « Oh oui », dit-elle, en se tournant avec étonnement vers les autres. « Ils le sont. » « Ces gens regardaient les Beatles comme s'ils étaient des poneys de polo de prix, sauf que pour eux, les poneys de polo de prix auraient été plus intéressants. »

Ils ont tous été conduits au dîner. Chaque couvert était garni de rangées et de rangées de couverts en or et de verres variés. Toujours aussi espiègles, les Beatles ont joué les rôles que leur avaient attribués les dignitaires. « Oooh, qu'est-ce que c'est ? » demandaient-ils. La femme du gouverneur, à la mine patibulaire, se tourne vers son mari et murmure : « Ils ne connaissent pas leurs couteaux et leurs fourchettes. »

La nature omniprésente du système de classes britannique est telle qu'il existe des pièges même au sein de la famille. Quarante ans après la mort de sa mère, Paul a raconté à Barry Miles un moment de son enfance qui a pendant très longtemps été « un vrai moment de gêne, pour moi. » Il avait, dit-il, réprimandé sa mère pour avoir prononcé le mot « *ask* » avec un long « a ». Elle le prononçait de façon chic. « Je me suis moqué d'elle et cela l'a légèrement embarrassée. Des années plus tard, je ne me le suis jamais pardonné. C'est une petite chose terrible. J'aimerais pouvoir revenir en arrière et dire : "Je plaisantais, maman." »

Comme nous l'avons vu, la tante Mimi de John méprisait le jeune George Harrison parce qu'il avait ce qu'elle appelait une « voix basse de Liverpool ». « Tu sembles toujours aimer les types de la classe inférieure, n'est-ce pas, John ? » disait-elle.

Avec la célébrité des Beatles est venu le statut social. Ils sont entrés dans la classe des célébrités, qui a longtemps maintenu une sorte de pacte de non-agression avec la classe supérieure. Au sommet de leur succès, George parlait fièrement de ce qu'il avait appris de sa femme Pattie Boyd, qui avait fait des études plus poussées. « La chose naturelle à faire quand on a de l'argent est d'acquérir du goût », a-t-il dit à Maureen Cleave en 1966. « J'ai appris à travailler mon goût, avec Pattie. Vous avez aussi du goût en matière de nourriture. Au lieu des œufs, des haricots et du steak, vous préférez l'avocat. Je n'aurais jamais imaginé que je préférerais les poires à l'avocat. Je pensais que c'était comme manger des morceaux de cire - de fausses poires dans un bol – avant que je ne voie les gens se ruer dessus et les avaler. »

Dans leur ascension de l'échelle sociale, les Beatles ont parfois été obligés d'apprendre les ficelles du métier. En repensant à son mariage, Pattie se souvient que la famille de George « tenait ses couteaux comme des stylos, et le *tea time* consistait en du jambon froid ou de la tourte au porc, des tomates coupées en deux, de la betterave marinée et de la crème de salade, avec du pain blanc tranché. Ils le prenaient à six heures, et plus tard dans la soirée, il y avait du thé et des biscuits. »

Certains ont attribué aux Beatles le mérite d'avoir brisé la lutte des classes. Dans son roman *A Word Child* (1975), Iris Murdoch - une grande fan des Beatles - imagine son narrateur écoutant quatre jeunes hommes issus de milieux disparates discuter autour d'une table de cuisine. « Ici, en tout cas, les classes sociales n'existaient plus, dit-il. Les Beatles, à l'instar d'Empédocle, avaient tout jeté par-dessus bord. »

Les Beatles sont arrivés sur la scène après une série de pièces de théâtre et de romans - *Look Back in Anger* (1956), *Room at the Top* (1957), *Saturday Night and Sunday Morning* (1958), *The Loneliness of the Long Distance Runner* (1959) – qui ont pris comme sujet la jeunesse ouvrière anglaise. Mais alors que ces œuvres dépeignaient des jeunes hommes coincés au bas d'une hiérarchie impitoyable, ou obligés de s'adapter s'ils voulaient s'élever, dans *A Hard Day's Night* et *Help!* les Beatles se sont débarrassés de ces chaînes pour créer un monde à eux ; ils sont joyeux et sûrs d'eux, méprisant toute pression à se conformer aux règles.

Dans les deux films, ils bouleversent les attentes quant au comportement des jeunes de la classe ouvrière. Une scène de *Help!* montre les quatre Beatles arrivant à une terrasse traditionnelle de la classe ouvrière dans une Rolls-Royce conduite par un chauffeur. Deux vieilles dames, jouées par Dandy Nichols et Gretchen Franklin, leur font signe de l'autre côté de la rue.

« Des garçons adorables, et si naturels. Je veux dire, l'adulation ne leur est pas montée à la tête d'un iota, n'est-ce pas ? »

« C'est tellement naturel, et ils sont toujours les mêmes qu'avant. »

Chaque Beatle franchit une porte d'entrée différente. La caméra les suit à l'intérieur, pour révéler non pas quatre petites maisons, mais une grande et luxueuse demeure, remplie de tous les accessoires à la mode de la grande vie des années soixante - étagères coulissantes, moquettes, canapés en cuir, éclairage tendance, et même un orgue Wurlitzer qui sort du sol. C'est une douce plaisanterie, qui subvertit joyeusement le dicton selon lequel la bonne façon de gérer le succès est de ne pas le laisser vous changer. Les Beatles représentent le plaisir et l'amusement, le fait de faire ce que l'on veut, quel que soit son milieu. Contrairement à Jimmy Porter et Joe Lampton[91], ils ne sont ni en colère ni intimidés : ils sont libres.

---

[91] Jimmy Porter est le personnage principal de la pièce de théâtre *Look back in Anger* (traduite en français sous le titre : *La Paix du dimanche*, mais qui, littéralement traduite veut dire « Regarder en colère le passé »). Joe Lampton est, quant à lui, le personnage principal du roman *Room at the Top*, de John Braine. (N.d.t.)

83

Lorsque nous parlons des Beatles, nous parlons de nous-mêmes.
À la fin du mois d'août 1966, le *Saturday Evening Post* a publié *Les monarques de l'empire des Beatles*, un article du journaliste britannique James Morris[92], dans lequel ce dernier saluait les Beatles pour avoir libéré la Grande-Bretagne de ses classes. Pour des oreilles du vingt-et-unième siècle, son ton peut faire penser à Lady Bracknell, mais ses sentiments restent radicaux. Tout d'abord, il décrit l'arrivée de ces « quatre jeunes coqs du nord » dans « un pays si longtemps accablé par les classes sociales. » Lorsque Morris s'était rendu à Liverpool, quelqu'un s'était plaint que « ce ne sont que des lycéens », mais pour Morris, c'était sans importance : « le fait est qu'ils ont réussi à faire en sorte que tout le sujet des origines personnelles, qui a si longtemps été une obsession des Anglais, ne soit pas pertinent pour eux. » Par le passé, le caractère régional de l'Angleterre a toujours été exploité à des fins comiques, mais les Beatles ont continué sur leur lancée : « Ils ont tout simplement ignoré les vieilles divisions sociales anglaises et ont pris d'assaut sans effort les barricades de la coutume. » Morris a avoué qu'il n'était pas leur plus grand fan : « Pour être honnête, je n'aime toujours pas leur apparence - c'est-à-dire que je n'aime pas leur visage, tout comme je n'aime pas les graines de carvi ou Rubens. » Mais il a été attiré par les Beatles pour leur « éloignement absolu des vieux préjugés et des idées préconçues, leur marque d'iconoclasme festif. » Leur gloire réside dans leur détachement de la grandeur impériale de la Grande-Bretagne. Ce sont des hommes nouveaux, « les Britanniques enfin émancipés du fardeau de l'homme blanc. » Morris a proclamé « un sentiment inéluctable de vacances dans l'Angleterre d'aujourd'hui - un sentiment printanier et effervescent de libération. »

Il a ensuite abordé ce que beaucoup de gens considèrent comme leur androgynie, le produit des cheveux longs, des jolis visages et des cadres maigres. Ils avaient rejeté tous les vieux principes de la virilité : « On dit que les enfants les aiment parce qu'ils ne savent pas s'ils sont des garçons ou des filles. » Ils étaient, selon lui, des « ménestrels de l'émancipation » qui avaient « exprimé quelque chose que la plupart d'entre nous en Angleterre ont instinctivement ressenti - que les anciennes valeurs avaient vraiment besoin d'un joyeux dépoussiérage. Pourquoi devrions-nous être virils ? Pourquoi la vie devrait-elle être aussi réelle, aussi sérieuse ? Pourquoi devrions-nous raidir nos lèvres supérieures ? Qui nous impose cela ? Pourquoi ? »

Bien qu'il ne l'ait jamais mentionné dans l'article, deux ans auparavant, James Morris s'était lancé dans un traitement prolongé de pilules dérivées de l'urine de juments enceintes. Dans son autobiographie, *Conundrum*, écrite de nombreuses années plus tard, il raconte sa transformation « d'une personne qui ressemblait à un homme en bonne santé aux tendances sexuelles orthodoxes, approchant de l'âge mûr, en quelque chose de dangereusement proche d'un hermaphrodite, apparemment ni d'un sexe ni de l'autre, et plus ou moins sans âge. » Ce traitement initial l'a conduit à une chirurgie de réassignation sexuelle complète en 1972, moment où James est devenu Jan.

---

92 A fait ses études dans l'ancienne école d'Evelyn Waugh, le Lancing College, et à Christ Church, Oxford.

84

Une semaine après la réception civique des Beatles à l'hôtel de ville de Liverpool le 10 juillet 1964, John achète sa première propriété. Désormais, lui aussi avait un endroit où faire tinter ses bijoux. Kenwood est un manoir de style Tudor situé sur le domaine de St George's Hill à Weybridge, dans le Surrey, à côté du terrain de golf. Elle a coûté à John, âgé de vingt-trois ans, 20 000 livres sterling, à une époque où la maison moyenne en Grande-Bretagne se vendait 3 400. Il a fait ajouter une piscine – « qui ne ressemble pas à ce qu'il avait commandé », s'est-il plaint - et d'innombrables luxes et autres embellissements - deux canapés de près de 6 mètres, une cheminée en marbre, une baignoire encastrée, un jacuzzi dans la salle de bains principale. Ces éléments ont coûté 40 000 livres supplémentaires. Pour toutes ses excentricités, c'était le rêve bourgeois.
Chaque jour, des camionnettes des magasins les plus chics livraient des quantités inimaginables de marchandises : des téléphones et des magnétophones, un costume de gorille, une armure, un juke-box, un flipper, un vaste crucifix d'autel et cinq téléviseurs, que John aimait garder allumés, mais avec le son baissé.
Il a fait réaménager deux grandes pièces du grenier pour faire de la place pour une vingtaine de circuits de voitures électriques Scalextric. « Si l'on veut faire quelque chose, autant le faire proprement », a-t-il déclaré à un ami.
Il a acheté des livres à profusion, notamment des éditions reliées en cuir de Tolstoï et d'Oscar Wilde, et la série complète de *Just William*, ainsi que des ouvrages plus spécialisés et inattendus tels que *Forty-One Years in India* du maréchal Lord Roberts et *Curiosities of Natural History* de Francis T. Buckland.
La salle à manger, recouverte d'un papier peint en velours violet, arborait une longue table blanche entourée d'une douzaine de chaises anciennes. La cuisine contenait un grand nombre de gadgets de pointe, que John n'était même pas capable de faire fonctionner. Cynthia aussi était bien embêtée avec tous ces appareils high-tech, mais elle parvient à maîtriser l'appareil à gaufres. Fatigué de ne manger que des gaufres, John demande à son architecte d'intérieur, Ken Partridge, d'envoyer quelqu'un pour apprendre à Cynthia à faire fonctionner les autres appareils, bien que lui-même n'ait jamais pris la peine d'apprendre.
Le jardin était rempli de meubles et de statues, dont la plupart étaient recouverts de couleurs psychédéliques après que John et son ami Terry s'étaient déchaînés avec des bombes en spray. Plus tard, une botte géante de huit pieds de haut, tirée du film *Help!* se dressait au fond du jardin. Quatre garages, tous alignés, abritaient trois nouvelles voitures rutilantes - une Rolls-Royce, une Mini Cooper et une Ferrari.

Pendant la majeure partie de sa vie, le seul espace que John ait eu pour lui seul était sa petite chambre douillette de Mendips. Il est donc compréhensible que, plutôt que de s'étendre dans les vingt-sept chambres de Kenwood ou de parader dans ses impressionnants jardins, il ait passé la plupart de son temps confiné dans le modeste solarium, recroquevillé comme un embryon sur un minuscule canapé jaune qui avait été, naturellement, un cadeau de tante Mimi.

À l'époque, il suffisait à John de désirer un gadget ou un meuble supplémentaire et – abracadabra ! - ils apparaissaient du jour au lendemain. Une commande permanente auprès du magasin de jouets Hamley's lui fournissait chaque nouveau jeu de société dès sa sortie.

Il trouve son personnel plus difficile à gérer. Il aimait sa chère gouvernante, Dot Jarlett, mais elle s'entendait mal avec la cuisinière, dont le mari bricoleur n'arrêtait pas de flirter avec les invités. Très vite, la fille de la cuisinière quitte son mari et emménage dans l'appartement du personnel avec ses parents, mais elle commence alors à faire des avances à John. Pendant ce temps, les articles ménagers ne cessent de disparaître. Les épisodes interminables de chapardage et de chamailleries en haut et en bas donnaient à Kenwood un air de *Downton Abbey* psychédélique des Swinging Sixties. Dans un épisode ultérieur, Cynthia a été informée par un voisin fouineur que Jock, le chauffeur de John, qui sentait mauvais et fumait à la chaîne, vivait à l'arrière de la Rolls-Royce. « J'avais peu d'espoir lorsque John se devait de tenir tête aux gens », admet Cynthia. Finalement, Brian Epstein prend les choses en main et licencie la cuisinière, son mari et le chauffeur.

Bien que décoré et meublé comme un palais de plaisir, Kenwood est rapidement devenu le décor d'un drame d'Ibsen, des personnages oubliés émergeant du brouillard du passé, décidés à saboter l'avenir. À présent, John était l'un des quatre jeunes hommes les plus riches, les plus célèbres et les plus libérés du monde ; mais il était aussi un mari, un père, un neveu et un fils. Et un gendre, aussi : dès le début, il était à couteaux tirés avec sa belle-mère énergique, Lillian, qui avait déménagé de Liverpool pour vivre dans la ville voisine d'Esher. Lillian aimait passer ses journées à s'occuper de Kenwood, ou à fouiller dans les magasins d'antiquités et les salles de vente aux enchères pour trouver les pièces qui, selon elle, contribueraient à la décoration intérieure. Bien que bénéficiaire des largesses de John - il ne lui avait pas seulement acheté une maison, mais payait également son entretien et lui versait une allocation - Lillian restait convaincue que sa fille avait épousé un homme inférieur à elle. De son côté, John trouvait plus facile de prétendre que Lillian n'était pas là. Un visiteur se souvient l'avoir vue « affalée sur un canapé, se fourrant des fruits glacés dans la bouche », tandis que John « passait sans faire de commentaire. »

Et des personnages plus fantomatiques que Lillian venaient également frapper à la porte. Un jour, alors que Cynthia était seule à Kenwood, elle ouvrit la porte à un étranger, « un homme minuscule aux cheveux gris et dégarnis sur le dessus. » L'homme se présente comme étant le père de John, Fred, disparu depuis longtemps, une affirmation confirmée à première vue : « Il avait l'air aussi négligé et abattu qu'un clochard - mais, chose alarmante, il avait le visage de John. »

Cynthia a dit qu'elle attendait le retour de John dans une heure ou deux. Elle dit à Fred qu'il peut attendre, lui présente son petit-fils, Julian, et lui offre une tasse de thé et du fromage sur des toasts. Leur conversation s'avère guindée, mais ils trouvent rapidement une occupation commune : lorsque Fred, âgé de cinquante-deux ans, mentionne que ses cheveux sont en désordre, Cynthia propose de les couper pour lui.

Pour une raison quelconque, John avait omis de dire à Cynthia que, quelques semaines auparavant, il avait rencontré son père pour la première fois en dix-sept ans. John avait six ans lorsque Fred s'était disputé avec Julia pour savoir lequel des deux s'occuperait de lui. Fred était parti en mer pendant quatre ans, travaillant comme steward de navire. À son retour en Angleterre, il avait brisé la vitrine d'un magasin et volé un mannequin. Ayant été arrêté alors qu'il valsait avec le mannequin, il avait été emprisonné pendant six mois.

De la prison, il écrit à la sœur de Julia, la tante de John, Mimi, pour lui demander de l'aider à reprendre un rôle dans la vie de John. La réponse de Mimi avait été sévère : « Tu as fait de ta vie une véritable pagaille et tu as apporté la honte et le scandale sur ta famille. S'il te reste une once de décence en toi, je te conseille de partir seul en Nouvelle-Zélande et de laisser ta vie passée derrière toi. Tu ne veux sûrement pas que ton fils sache que tu as été en prison ? »

En 1963, Fred travaillait comme plongeur itinérant dans des hôtels et des restaurants. Il avait abandonné tout espoir de revoir son fils jusqu'à ce qu'un collègue de travail de l'hôtel Moore Place à Esher a fait remarquer que le leader des Beatles s'appelait Lennon et ressemblait à Fred. Fred envoie une série de lettres à John, mais elles restent sans réponse. Avec le temps, il contacte un journaliste du *Daily Sketch*, qui, sentant une histoire à dormir debout, entame des négociations avec Brian Epstein pour une rencontre entre le père perdu depuis longtemps et le fils célèbre. Enfin, le 1er avril 1964, les deux se rencontrent dans les bureaux de NEMS à Monmouth Street. Les premiers mots de John à Fred ont été pour le moins irritants : « Qu'est-ce que tu veux, alors ? » Fred a répondu qu'il ne voulait rien. « Je lui ai dit qu'il tenait son talent de moi », a-t-il déclaré au *Daily Sketch*, ajoutant, avec un manque de tact congénital « Je ne veux pas paraître vantard, mais je faisais ce que John fait aujourd'hui il y a vingt-cinq ans - et mieux ! » Lorsqu'il était marin, Fred avait diverti ses compagnons d'équipage avec des sélections de comédies musicales : pour sa pièce maîtresse, il noircissait son visage pour offrir une interprétation larmoyante de « Little Pal » d'Al Jolson. Après une quinzaine de minutes, Fred et John sont interrompus par Epstein, sous prétexte d'un engagement à la *BBC*. La réunion avait été gênante, mais pas désastreuse.

On peut certainement pardonner à John d'avoir des sentiments mitigés envers son père. À partir de ce moment, sa relation avec Fred oscillera entre l'amour et la haine, entrecoupée de longues périodes d'amertume. Il semble avoir reconnu des similitudes dans leurs caractères qui, si la providence avait agi différemment, auraient pu le mettre sur la même voie. « Je ne le déteste pas vraiment maintenant, comme je le faisais avant, a-t-il déclaré à Hunter Davies. C'était probablement la faute de Julia autant que la sienne s'ils se sont séparés. S'il n'y avait pas eu les Beatles, j'aurais probablement fini comme Freddie. » À l'époque, Davies pensait que ce scénario était improbable, mais il a fini par en reconnaître la véracité : « Il est difficile d'imaginer John s'intégrer dans un emploi correct, ou dans la hiérarchie d'un bureau, ou même réussir à gagner sa vie en tant qu'artiste ou designer, même s'il n'a pas réussi ses examens d'école d'art. Il se serait ennuyé bien trop vite. Il aurait donc très bien pu finir comme clochard. »

Fred a réussi à établir une sorte de relation inégale avec John, qui appréciait son côté insolent, racketteur et rebelle, et reconnaissait dans ses moments les plus indulgents que Fred - qui avait lui-même été élevé dans un orphelinat - était la victime des circonstances. « Il n'a rien à craindre. Il est un peu farfelu - tout comme moi », dit John à Cynthia ; et il dit à peu près la même chose à Pete Shotton : « C'est une bonne nouvelle. Un gars vraiment drôle - un cinglé tout comme moi. » Leur future relation était irrégulière et explosive, leurs réconciliations se terminant souvent par des disputes, nécessitant de nouvelles réconciliations. Lorsque les choses allaient bon train, Fred avait l'habitude de mettre les pieds dans le plat. En discutant un jour de musique, John demande à Fred laquelle de ses propres compositions est sa préférée. « Je pense que toutes vos chansons sont géniales, a-t-il répondu. Mais j'ai toujours eu une affection particulière pour « Penny Lane ».[93] »

L'intérêt de Fred pour John n'était pas vraiment paternel. « Maintenant, il s'agit pour moi de trouver du travail. John a ses dizaines de milliers de livres et moi quatre shillings, a-t-il déclaré à un journaliste après leur première rencontre. Mais je suis toujours le mec le plus heureux du

---

93 Faut-il rappeler que « Penny Lane » a été composée par McCartney, même si elle est créditée Lennon/McCartney. (N.d.t.)

monde. » Mais la tentation de capitaliser sur leur relation s'est avérée irrésistible. D'abord, il a vendu l'histoire de sa vie au magazine *Titbits* pour 200 livres, puis en 1965, il enregistre un single épouvantable, mi-chanté, mi-parlé, « That's My Life ». « J'ai été un amuseur toute ma vie », a-t-il expliqué à la presse.

Il avait de grands espoirs pour la chanson, mais elle ne s'est pas vendue. Comme beaucoup d'artistes ratés avant lui, Fred a cherché quelqu'un à blâmer, et a trouvé Brian Epstein. Il se peut même qu'il y ait une part de vérité dans cette histoire : dans son autobiographie, Cynthia raconte que John « était furieux de voir son père sauter dans le train de son propre succès » et « a demandé à Brian de faire tout ce qu'il pouvait pour l'arrêter. Je ne sais pas si Brian l'a fait ou non, mais le disque n'est jamais entré dans les charts. » Avec son nouveau manager, Fred est passé à Kenwood à onze heures du soir, prêt à exiger une explication, mais John n'était pas d'humeur accueillante : « Va te faire foutre ! », crie-t-il, avant de claquer la porte au nez de son père.
Pourtant, les deux hommes continuent à rester en contact, et John finance l'existence de Fred, bien que de façon modeste, en lui donnant un appartement d'une chambre à Kew et 10 livres par semaine. Alors qu'il était employé à la plonge à l'hôtel Toby Jug de Tolworth, dans le Surrey, Fred s'est fiancé à une étudiante nommée Pauline, de trente-cinq ans sa cadette. Il se présente alors à la porte de Kenwood avec Pauline, demandant si John et Cynthia pourraient lui donner un emploi et un endroit où vivre. Une fois de plus, Kenwood devient le cadre d'un mélodrame familial. « Elle a vécu avec nous pendant quelques mois, mais c'était un cauchemar, se souvient Cynthia. Elle était constamment en larmes et se disputait avec sa mère au sujet d'Alf [Fred]. Elle dormait dans le grenier, et nous l'entendions crier au téléphone et sangloter là-haut. »
Pour sa part, Pauline n'apprécie pas John : « Ses manières à table étaient les plus atroces que j'aie jamais vues. Il parlait peu, mais pendant qu'il mangeait, j'ai remarqué qu'il me jaugeait avec ces yeux pénétrants et suspicieux qui allaient me devenir familiers pendant mon séjour à Kenwood. » Un soir, Pauline et Fred sont sortis dans une boîte de nuit à Kew, où ils sont tombés sur Cynthia, toute seule. Selon Pauline, « Freddie est profondément choqué de trouver la femme de John en boîte de nuit sans une escorte appropriée, et il lui donne une leçon sur les devoirs conjugaux... J'étais furieuse contre lui d'avoir offensé Cynthia. » Mais peut-être avait-il également offensé Cynthia d'une autre manière, moins apparente. Pete Shotton se souvient que « Freddie a épuisé les limites de la tolérance de John lui-même lorsqu'il a tenté de séduire sa belle-fille. Cynthia était si désemparée que John a jeté son père hors de la maison, et a refusé de le revoir pour toujours. »[94] Avec un tel drame, il n'est peut-être pas surprenant que John se soit réfugié à « Sunny Heights », juste en bas de la colline.

---

94 La relation de John avec son père a finalement pris fin en 1970, lorsque Fred lui a écrit pour lui mentionner qu'il envisageait d'écrire son autobiographie. Une secrétaire d'Apple demande à Fred et Pauline de venir à Tittenhurst Park le jour du trentième anniversaire de John, le 9 octobre. Après avoir attendu dans la cuisine, ils sont accueillis par un John furieux, qui leur dit : « J'arrête de te filer de l'argent et te mets à la porte de la maison... Sors de ma vie - lâche-moi la grappe ! »
Il est apparu que la thérapie par le « cri primal » de John après les Beatles avait déclenché des sentiments violents contre son père. « As-tu la moindre idée de ce que j'ai enduré à cause de toi ? Jour après jour en thérapie, à hurler pour mon père, à sangloter pour que tu rentres à la maison ! » Selon Pauline, John a également décrit à plusieurs reprises sa mère comme une « pute ». Saisissant le revers de la veste de son père, il lui dit : « Pour ce qui est de l'histoire de ta vie, tu ne dois jamais *rien* écrire sans mon accord. Et si tu racontes à qui que ce soit ce qui s'est passé ici aujourd'hui... je te ferai tuer. » Cette menace inquiète tellement Fred qu'il remet un compte-rendu de leur conversation à un avocat, avec la consigne de le rendre public s'il devait « disparaître ou mourir d'une mort non naturelle. »

85

Ringo avait acheté sa propre résidence de style Tudor sur le même domaine chic, un an après que John avait acheté Kenwood. Il a ensuite engagé une entreprise de construction pour entreprendre d'importantes rénovations. Celles-ci sont vite devenues hors de contrôle. Pensant réduire les coûts, et espérant un investissement solide sur lequel se rabattre au cas où la fameuse bulle éclate, Ringo rachète alors l'entreprise de construction. Mais il n'est pas un homme d'affaires : il achète la propriété pour 37 000 livres, dépense 53 000 livres supplémentaires et la revend quatre ans plus tard pour 47 000 livres. Sa nouvelle entreprise de construction n'a pas non plus décollé. Lorsqu'on lui demande ce qui n'a pas marché, il répond : « Personne ne voulait acheter les maisons que nous construisions. »

Mais il s'est quand même bien amusé tant que ça a duré. John et Cynthia passaient quand ils avaient besoin de se remonter le moral, ce qui était le cas la plupart du temps. Contrairement à Kenwood, qui est rapidement devenu un musée pour les enthousiasmes épuisés, Sunny Heights[95] était, comme son nom l'indique, un palais du plaisir, sa jovialité n'étant pas atténuée par l'angoisse ou l'apitoiement. Outre l'ajout d'une toute nouvelle aile, d'une salle de travail et d'un home cinéma, Ringo a installé son propre pub, le Flying Cow, dans la pièce principale, avec des murs en miroir, des imprimés sportifs et un jeu de lumières psychédéliques. Il aimait jouer les hôtes, derrière le bar, tirant les fûts de bière et appuyant sur les boutons de la caisse entièrement opérationnelle. Le Flying Cow s'enorgueillissait également d'un jeu de fléchettes et d'un billard spécialement acheminé d'Amérique. « C'était toujours la fête chez les Starkey, se souvient Cynthia. Ringo était sociable et amusant, un clown et un plaisantin au rire contagieux. Ensemble, Maureen et lui formaient un duo irrésistible, à la fois extraverti et désinhibé. »

Sunny Heights était, à bien des égards, plus somptueux et luxueux que Kenwood. Trouvant les cinq téléviseurs de John un peu maigres, Ringo a installé une télévision et deux téléphones dans chaque pièce. Pour une raison quelconque, il détestait les points de couture. Il a donc commandé un tapis Wilton brun-chocolat tissé d'un seul tenant pour le salon principal. Mais il allait bientôt découvrir qu'il n'y a pas de corrélation claire entre le luxe et le bonheur, et que, le plus souvent, l'un est un substitut de l'autre. En dessinant le portrait de Ringo sur un mur libre, le caricaturiste Gerald Scarfe[96] a remarqué que de nombreuses pièces de Sunny Heights étaient complètement vides : « Je pensais qu'en venant d'une maison à deux étages, il ne savait pas quoi en faire. » Lorsque Ray Connolly rend visite à Ringo là-bas en mars 1968, il le trouve désemparé par le choix. « J'ai un ami à Liverpool qui s'appelle Roy, lui dit Ringo. Vous savez, il est menuisier, et il n'a qu'une trentaine de disques, mais il en tire un tel plaisir. Pourtant, j'ai une armoire ici avec environ cinq cents 33 tours, et quand je veux en écouter un, je dois refermer l'armoire parce que je ne sais plus lequel mettre... Je suppose que je m'ennuie comme tout le monde, mais au lieu d'avoir trois heures par nuit, j'ai toute la journée pour m'ennuyer. Même cette maison n'est qu'un jouet. À

---

95 Le propriétaire initial de la maison l'avait appelée « Haleakala », le nom du volcan massif qui forme la plus grande partie de l'île hawaïenne de Maui. « Haleakala » signifie « Maison du soleil », donc lorsqu'un certain M. Pope a acheté la propriété en 1948 et a changé son nom en « Sunny Heights », il n'était pas aussi radical qu'il n'y paraît. Donc maintenant vous savez.
96 Se marie plus tard avec Jane Asher.

Liverpool, j'avais toujours vécu dans un quatre-pièces et le comble de mes ambitions était une maison mitoyenne à Aigburth. Parfois, j'ai l'impression que j'aimerais arrêter d'être célèbre et revenir là où j'étais à Liverpool. Il ne me semble pas y avoir autant de soucis dans ce genre de vie, même si je pensais qu'il y en avait à l'époque. Mais il a fallu que je vienne ici pour me rendre compte qu'ils comptaient pour très peu. »

86

*Une fête :
Studio Two, EMI
Abbey Road, Londres NW8
1ᵉʳ Juin 1966*

Les Beatles ont déjà enregistré une piste rythmique pour « Yellow Submarine », ainsi que la voix instable de Ringo et son introduction sinueuse et poétique[97] (« *And we will march to free the day to see them gathered there, from Land O'Groats to John O'Green...* »). Mais il s'agit essentiellement d'une chanson à chanter, alors le soir, ils invitent quelques amis fêtards à les rejoindre dans le Studio Deux, parmi lesquels Pattie Boyd, Mick Jagger, Brian Jones, Marianne Faithfull, et le fidèle chauffeur des Beatles, Alf Bicknell.

En entrant, l'ingénieur des Beatles, Geoff Emerick, se rend compte qu'ils sont tous, ce qu'il décrit par un doux euphémisme, comme « nettement d'humeur à faire la fête ». En les regardant, il soupçonne qu'au cours du dîner, ils aient ingéré « plus que de la nourriture ». Bien qu'il n'ait jamais essayé l'herbe, il a côtoyé suffisamment de musiciens pour en reconnaître l'arôme : « Nous étions parfois conscients de la drôle d'odeur qui régnait dans le studio après que les Beatles et leurs roadies s'étaient enfilés un joint dans un coin, bien que je doute fort que le très strict George Martin ait su ce qui se passait. »

Le studio se transforme rapidement en l'ultime fête Swinging Sixties, avec des femmes en minijupes et chemisiers flottants, et des hommes en pantalons à clochettes violets et vestes en fourrure. Emerick soupçonne qu'il est peu probable qu'ils n'aient pas envie de se bouger – « Il n'était pas question que j'essaie de contenir ce groupe ! » – Il leur donne donc à tous des microphones à main sur de longs fils.

John dit qu'il veut avoir l'impression de chanter sous l'eau. Il essaie de se gargariser et de chanter en même temps, mais finit par s'étouffer. Il change donc de tactique et insiste pour qu'un réservoir soit apporté au studio afin qu'il puisse y mettre sa tête.

À présent, George Martin sait comment gérer les excès de John et tente de le dissuader. Mais John insiste. Emerick suggère un compromis : pourquoi ne pas demander à John de placer le microphone sous l'eau ? George Martin craint que le microphone ne soit endommagé, et prévient Emerick que tout dommage sera payé par lui.

Ils cherchent un objet avec lequel imperméabiliser le microphone. Mal Evans trouve un préservatif dans son sac. Emerick l'enroule autour du microphone, puis plonge le produit fini dans une bouteille de lait remplie d'eau. Ils sont sur le point de commencer à enregistrer lorsque le directeur du studio, M. Fowler, passe la tête par la porte pour vérifier que tout va bien.

Emerick sait que si M. Fowler aperçoit le microphone dans la bouteille de lait, il sera licencié sur-le-champ. Mais John est vif d'esprit : dès qu'il voit M. Fowler, il s'empare de l'appareil et le cache derrière son dos.

« Tout va bien, les gars ? demande M. Fowler.

---

97 Mis au rebut plus tard.

- Oui, monsieur le directeur du studio, absolument formidable, monsieur », dit John, au son des rires réprimés de tout le monde, y compris de George Martin.

L'enregistrement a lieu, mais le son sous-marin n'est pas satisfaisant et est rapidement abandonné. La fête continue !

Les Beatles dévalisent une armoire surdimensionnée dans le studio, connue sous le nom de « Trap Room », un trésor de bricoles : gadgets d'orage, vieux tuyaux d'arrosage, hochet de football, cloches à main de l'époque de la guerre, chaînes, gongs, machines à vent, sifflets et houblons. Le beau monde attrape ce qu'il peut, et au milieu de la gaieté et du tintement des verres, le chant commence. On peut entendre les glapissements et les braillements des fêtards sur le disque, pendant le deuxième couplet, le plus volubile venant de Pattie Boyd, à la voix jusque-là douce.

Bientôt, tout le monde se serre dans la minuscule chambre d'écho au fond du studio. Une fois de plus, Emerick détecte « la faible odeur d'encens ». « Pendant que les fêtards cliquettent, gloussent, s'agitent et hululent, John prend une voix à la Goon et dit : "En avant toute, M. Bo'sun ! Pleine vapeur en avant !" La soirée se termine avec Mal Evans marchant autour du studio, tapant sur la grosse caisse attachée à sa poitrine, et tout le monde se traînant derrière lui, criant et hurlant et dansant sur la conga.

87

Une soirée de lancement pour la discothèque Sibylla's de Swallow Street, Mayfair, a été organisée dans les locaux du club le 21 juin 1966. Dans un article du magazine *Queen*, Cathy McGowan, la présentatrice de *Ready Steady Go!* s'est enthousiasmée en déclarant que « l'on pouvait difficilement imaginer une liste d'invités plus brillante. »

Le prospectus de la discothèque stipulait que l'adhésion ne serait pas basée sur les anciennes divisions de classe tels que « le lignage, l'éducation et la richesse » ; la nouvelle exigence était plus moderne, bien que tout aussi inexacte : la « branchitude ». Interviewé par Jonathan Aitken[98], le copropriétaire Kevin Macdonald a déclaré que ses partenaires et lui avaient réuni « la nouvelle aristocratie britannique… la jeune méritocratie actuelle du style, du goût et de la sensibilité… les meilleurs créateurs, les meilleurs exportateurs, les meilleurs cerveaux, les meilleurs artistes ; les personnes les plus sociales. »

La liste des invités[99] a été publiée dans le numéro suivant de *Queen*, sous le titre « Combien de Swinging Londoniens connaissez-vous ? »

> David Bailey, photographe / John Barry, compositeur / Jane Birkin, actrice, épouse de John Barry / Jacqueline Bisset, actrice / Pattie Boyd, épouse des Beatles / Michael Caine, acteur / Leslie Caron, actrice / Julie Christie, actrice / Mike d'Abo, chanteur, qui rejoindra bientôt Manfred Mann / Nigel Dempster, chroniqueur de potins / Terry Donovan, photographe / Peregrine Eliot, aristocrate / Alan Freeman, disc-jockey (actionnaire) / Nicholas Gormanston, aristocrate anglo-irlandais / Celia Hammond, mannequin / Anita Harris, chanteuse / Bruce Higham, promoteur immobilier (actionnaire principal) / Terry Howard, photographe (actionnaire principal) / Mick Jagger, Rolling Stone / Brian Jones, Rolling Stone / John Lennon, Beatle / Paul McCartney, Beatle / Kevin Macdonald, rédacteur publicitaire (actionnaire principal) / Cathy McGowan, présentatrice de *Ready Steady Go!* / David Mlinaric, designer / Andrew Loog Oldham, manager des Rolling Stones / Jane Ormsby-Gore, fille de l'ambassadeur du Royaume-Uni aux États-Unis / Sir Mark Palmer, fondateur de l'agence de mannequins English Boy / Lance Percival, artiste de spectacle / Sir William Pigott-Brown, jockey de National Hunt (actionnaire principal) / Alexander Plunket Greene, entrepreneur de mode, mari de Mary Quant / Mary Quant, créatrice de mode / Michael Rainey, créateur de mode, « Hung On You », mari de Jane Ormsby-Gore / Keith Richards, Rolling Stone / Edina Ronay, designer et actrice / Maureen Starkey, épouse d'un Beatle / Eric Swayne, photographe, ancien petit ami de Pattie Boyd / Gordon Waller, chanteur de Peter et Gordon

Cette année-là, Robin Douglas-Home, un aristocrate écossais, écrivait dans le *Daily Express* que la « classe privilégiée » de Londres était désormais composée « d'acteurs, de chanteurs pop, de coiffeurs et de mannequins ». Les temps, disait-il, ont changé. « Si un 14e comte avec un lopin de

---

98 Aitken (1942-) est l'auteur, entre autres, de *The Young Meteors* (1967), un recueil de profils de jeunes à la mode, et de *Nixon: A Life* (1993), un portrait sympathique de l'ancien président américain. Il est devenu député conservateur en 1974. En 1999, il a été reconnu coupable de parjure et de détournement de justice, et condamné à dix-huit mois de prison. Vingt ans plus tard, en juin 2019, il a été ordonné prêtre anglican.
99 Ici abrégée.

terre et George Harrison avec Pattie Boyd entraient ensemble dans un restaurant et qu'il ne restait qu'une seule table, à qui donnerait-on la table ? Eh bien la table reviendrait évidemment à - si le maître d'hôtel avait un peu de bon sens - George et Pattie.

Mais des poches de résistance subsistent. Le soir du Nouvel An 1966, George se voit refuser l'entrée à l'Annabel's, la boîte de nuit chic de Mayfair, parce qu'il ne porte pas de cravate. Dans son autobiographie, Lady Annabel Goldsmith, qui a donné son nom au club, se souvient de l'incident avec une délectation à peine déguisée : « Le 31 décembre 1967 (en effet, elle s'est légèrement trompée d'une année) le Beatle George Harrison est arrivé au pavillon bleu et or, avec l'intention de fêter la nouvelle année en beauté. Il était accompagné de sa femme, Pattie Boyd, de son manager Brian Epstein et de son ami, la rock star Eric Clapton. Fortement barbu, vêtu d'un pull à col polo et d'une épaisse écharpe, il est étonné de se voir refuser l'entrée par le portier. Insulté de se voir offrir une chemise et une cravate alors que le code vestimentaire n'était pas respecté, M. Harrison a rappelé au portier qu'à son avis, l'Annabel's avait davantage besoin des Beatles que les Beatles n'avaient besoin de l'Annabel's. "Je ne pense pas que ce soit le cas de nos jours ou que cela ne l'ait jamais été dans le passé", fut la réponse du portier, et la fête des Harrison a vu la nouvelle année dans le club voisin, le Lyon's Corner.

88

Nous sommes sur le Tour Mop Tops de Liverpool. « C'est la cathédrale catholique romaine de la ville. Elle a quatre cloches - Matthieu, Marc, Luc et Jean. Mais les fans des Beatles les appellent John, Paul, George et Ringo ! Quand j'ai raconté ça à un touriste américain l'autre jour, il a dit : "Ringo ? C'est un bon nom pour une cloche !" J'ai répondu : "C'est moi qui fais les blagues, mon pote !" » Nous nous dirigeons vers ce qui était autrefois la maternité d'Oxford Street, mais qui fait maintenant partie de l'université. Un guide concurrent nous a devancés.

« *Good day, Sunhine!* » dit le guide rival à notre guide, puis ajoute : « *Here comes the sun!* » Notre guide, Stevie T, ricane péniblement, puis attend que son rival s'en aille pour nous conduire à la plaque près de la porte d'entrée.

À Julia Lennon, née Stanley,
et son fils John Lennon (1940-1980)
né ici, dans l'ancienne maternité de Liverpool
à 18 h 30 le 9 octobre 1940

Il nous parle du bombardement de Liverpool par les nazis qui a eu lieu la même semaine. « Mais heureusement, il n'y a pas eu de bombardement le 9 octobre. John a dû chanter *"Give peace a chance!"* À Liverpool, tout revient aux Beatles. »

Il nous conduit à l'autre bout de Hope Street, à Gambier Terrace, une belle terrasse des années 1830, près de la cathédrale anglicane.

« Maintenant, vous connaissez tous vos Beatles. Rod Murray - ce nom vous dit quelque chose ? C'est comme si nous l'avions tous sur le bout de la langue. »

« Eh bien, il est impossible de se souvenir de tout, n'est-ce pas ? » dit-il, avec un air de patience. C'est la semaine des Beatles à Liverpool, et le niveau d'expertise sur les Beatles est désarmant. Cela fait un an que je lis sans arrêt sur les Beatles, mais comparé à la plupart des fans, j'ai à peine atteint le niveau intermédiaire.

Il s'avère que Rod Murray faisait partie des Dissenters, un groupe arty qui se distinguait par son refus de jouer de la musique. John et Stu Sutcliffe ont vécu dans l'appartement miteux du premier étage de Murray à Gambier Terrace au début de 1960. John avait dit que ça ressemblait à un dépotoir. Stevie T. laisse le temps de photographier la porte d'entrée par laquelle John avait l'habitude d'entrer et de sortir. De retour dans le minibus, Stevie T. parle des différentes visites guidées des Beatles auxquelles il a participé. « Je suis allé avec l'équipe des Beatles à Manchester. Le problème, c'est qu'il n'y avait rien là-bas. Aucun des endroits où ils sont allés existent encore. Il y a un type adorable qui fait des visites guidées de Manchester dans le domaine du rock'n'roll – Stone Roses, Oasis, tous les autres. C'est quoi son nom, déjà ? Wilde. Paul Wilde. C'est ça ! »

Je lui demande si ses enfants sont passionnés par les Beatles. « Pour être honnête, ils ne sont pas très intéressés par la musique. Pourtant, l'autre jour, j'ai entendu mon fils cadet jouer de la musique dans sa chambre. Je suis donc entré, et savez-vous ce qu'il jouait ? Barry White ! BARRY WHITE ! » Je secoue la tête avec empathie.

Nous roulons jusqu'à Toxteth. Stevie T. se gare près du numéro 9 Madryn Street, la maison des grands-parents de Ringo, où Ringo est né. En 2005, le conseil municipal de Liverpool a décidé que Madryn Street et dix rues voisines devaient être démolies. Suite à un tollé de la part des fans des Beatles, il a été annoncé que le numéro 9 serait sauvé. Il devait être démantelé brique par brique et stocké jusqu'à ce qu'un site approprié puisse être trouvé. Il était même prévu de le reconstruire au musée de Liverpool, mais ces projets sont tombés à l'eau.

Nous marchons au coin de la rue jusqu'au 10 Admiral Grove, où Ringo a vécu avec sa mère depuis l'âge de six ans. Je demande à Stevie si Ringo a acheté à sa mère une maison plus chic quand il est devenu riche et célèbre.

« Il lui a acheté un joli bungalow à Gateacre. Elle y est restée jusqu'à sa mort, mais elle ne l'a jamais aimé. Trop chic pour elle. »

Le numéro 10 est peint en rose et blanc, comme un gâteau de fête. Une femme d'affaires d'âge moyen, Jackie Holmes, l'a récemment acheté pour 70 000 livres. Elle possède également le 9 Newcastle Road, l'ancienne maison de Julia Lennon, et le 25 Upton Green, où George a autrefois vécu. Personne ne semble savoir ce qu'elle compte faire de ses achats.

Une visite concurrente est occupée à regarder par les fenêtres du n° 10, nous devons donc attendre pour fouiner à notre tour. Il n'y a pas grand-chose à voir : la pièce de devant est entièrement vide. Stevie T. comble le hiatus par une anecdote. « La maison n'avait qu'une seule toilette extérieure, par ce mur à l'arrière. Le seul endroit où les fans de Ringo pouvaient s'asseoir était sur le mur. Lorsqu'il se dirigeait vers les toilettes extérieures, ils criaient tous, de sorte que chaque fois qu'il voulait aller aux toilettes, tout Liverpool le savait. »

« Et ainsi de suite jusqu'à notre prochaine destination « Moptop-Tabulous Tour ! » Ce sera le lac de Sefton Park. Nous le contemplons depuis la route. « C'est ici, dit Stevie T, que Fred Lennon a rencontré Julia pour la première fois. » Au loin, nous pouvons à peine distinguer le sommet de la tour du jardin botanique de Palm House. « La serre était dans un état terrible. George leur a donné un demi-million pour la restaurer, mais il voulait que personne ne le sache. »

En clair, un règlement de Liverpool exige que tout bâtiment associé aux Beatles, même de manière indirecte, affiche une statue ou une plaque. Il y a une statue des Beatles à Pier Head, et huit autres statues des Beatles se trouvent dans le quartier Cavern, dont une de John Lennon à l'extérieur du club lui-même et une d'Eleanor Rigby - par Tommy Steele, et les autres - dans Stanley Street. La statue de John à l'aéroport John Lennon de Liverpool a été inaugurée par Yoko Ono en 2002. Les plaques abondent également. Vous pouvez trouver des plaques à Bob Wooler, leur premier manager ; à Mal Evans, leur roadie ; aux Quarrymen et aux Dissenters. Une plaque entre un salon de tatouage et un salon de détatouage sur Rodney Street indique : CETTE PLAQUE COMMÉMORE LA NAISSANCE ICI DE BRIAN SAMUEL EPSTEIN NÉ LE 19 SEPTEMBRE 1934 - MORT À LONDRES LE 27 AOÛT 1967 ». Il y a d'autres plaques sur le Cavern Club, le Casbah Coffee Club, le pub Grapes, toutes les maisons individuelles des Beatles, et le Grosvenor Ballroom, où ils avaient l'habitude de jouer. Avec le recul, il aurait peut-être été moins long de placer des plaques sur la poignée de bâtiments de Liverpool sans association avec les Beatles.

Stevie T. nous conduit à l'hôtel Sefton Park, présenté comme « situé dans une ancienne maison des Beatles, offrant un hébergement confortable, un accueil chaleureux et une nourriture et des boissons excellentes. » La plaque près de l'entrée indique :

STUART SUTCLIFFE
LA MAISON FAMILIALE DE
STUART SUTCLIFFE
1961-1970

Cette affirmation semble un peu fantaisiste, car tout le monde sait que Stu est mort très jeune, avant que les Beatles ne décollent. Plus tard, je vérifie les dates. Stuart Sutcliffe est mort d'une hémorragie cérébrale à Hambourg le 10 avril 1962, après avoir passé la majeure partie de l'année 1961 en Allemagne. Certes, il était à Liverpool du 20 janvier au 27 mars 1961, mais c'était avant que sa famille ne déménage à Sefton Park. Cela ne laisse qu'une poignée de jours en août 1961, lorsqu'il est revenu de Hambourg pour des examens à l'hôpital, et quelques jours de plus en février 1962, lorsqu'il est revenu voir sa mère, qui se remettait d'une opération.
Ne vous inquiétez pas ! La salle à manger de l'hôtel est décorée de photos de Stu et des Beatles, Stu et Astrid, Stu et John. L'inscription au-dessus d'une copie encadrée de l'acte de naissance de Stu se lit comme suit : « La mort soudaine de Stuart à Hambourg fait partie du folklore des Beatles, l'histoire poignante d'un jeune homme dont la carrière prometteuse d'artiste/musicien a été tragiquement interrompue, mais l'importance de Stuart pour les Beatles en tant que membre fondateur et ami proche de John Lennon est légendaire. »
De retour dans le minibus, Stevie T. annonce que la semaine prochaine, il part pour Bangor au Pays de Galles avec un groupe de fans des Beatles venus de Suède. Ils ont l'intention de visiter les lieux visités par les Beatles lorsqu'ils ont séjourné à Bangor pendant deux nuits en août 1967, pour un séminaire du Maharishi. « J'y vais juste pour la balade, pas pour le travail. Ça devrait être très amusant. »
« Devinez où nous allons ensuite ? » dit-il en appuyant sur un bouton du tableau de bord. Les haut-parleurs diffusent « Penny Lane ». Nous nous arrêtons près d'une plaque de rue indiquant « Penny Lane » et attendons que d'autres circuits se déplacent avant de regarder de plus près. Ce panneau, dit Stevie T, n'est pas l'original. « À la minute où la chanson est sortie, elles ont toutes été volées. Finalement, la municipalité a cessé de les remplacer. Cela signifie qu'il y avait des panneaux « Penny Lane » partout dans le monde - sauf à Penny Lane ! » Le panneau actuel, solidement fixé au mur, est couvert de signatures de fans. Une panneau transparent a été collé dessus depuis que Paul McCartney est venu à Liverpool avec James Corden pour son Carpool Karaoke en 2018 et a ajouté son autographe de taille modeste.
Nous nous arrêtons à la salle paroissiale de St Barnabas, où Paul était choriste et où les Beatles jouaient de temps en temps. C'est maintenant un pub. « Ça fait une belle photo, tous ces paniers suspendus. Question amusante : quel musicien célèbre a vécu un jour dans cet appartement là-haut ? Vous ne devinerez jamais ! Non ? Non ? Je ne vais pas vous faire tourner en bourrique longtemps : Freddie Mercury ! Oui, Freddie Mercury ! Incroyable ! » Alors que nous partons, Stevie T. montre du doigt un vieil homme sur le parking. « Regarde ! Là-bas ! C'est LEN GARRY ! Et cette femme à côté de lui, c'est sa femme ! » Nous essayons d'avoir l'air excités. Sentant que nous n'avons pas la moindre idée de qui il parle, Stevie T. nous informe que Len Garry était l'un des premiers Quarrymen.
Penny Lane est riche en bâtiments mentionnés dans la chanson - le salon de coiffure, la banque, l'abri au milieu du rond-point - mais ils sont plus ternes que prévu. Le salon de coiffure est toujours là, il s'appelle maintenant Tony Slavin, mais au lieu de montrer des photos comme il est dit dans la

chanson, le coiffeur les subit : tous les touristes de la ville sont occupés à prendre un selfie contre la façade de la boutique. « John, Paul et George se sont tous fait couper les cheveux ici », dit Stevie T. avec fierté. Je pense lui demander pourquoi Ringo n'y est jamais allé, mais la question s'évapore dans ma bouche. Le célèbre abri au milieu du rond-point (« *shelter in the middle of a roundabout* ») a maintenant un panneau indiquant « Sgt Pepper Bistro », mais il est barricadé, sans bistrot en vue. Il s'avère qu'un certain Ray Maatook a acheté l'ancien arrêt de tramway en 2004, avec l'idée géniale pour décorer un « bistro inspiré des Beatles », mais il est resté vide depuis.
Et le banquier qui ne porte jamais de chapeau sous une pluie battante ? (« *And the banker never wears a mac in the pouring rain* ») Où est la banque ? « Il y avait autrefois trois banques qui revendiquaient le titre, dit Stevie T. Mais il n'en reste plus qu'une, la TSB. Vous l'voyez là-bas ? Ils ont donc le droit à la célébrité. »
Nous parlons de Len Garry. C'est sûr que certains de ces Quarrymen regrettent de ne pas avoir tenu bon et d'être devenus des Beatles. Si le groupe avait été composé de John, Paul, George et Craig, et que j'avais décidé de les quitter pour un vrai travail, je serais encore boursouflé de jalousie et de ressentiment. « Non, non, je ne pense pas, répond Stevie T. pensivement. Bon, peut-être Chas Newby. Vous voyez, Chas était beau - tout comme Paul. Il jouait de la basse - tout comme Paul. Il était gaucher - tout comme Paul. » J'essaie de hocher la tête d'un air entendu, en espérant que Stevie T. ne se rende pas compte que je n'ai aucune idée de qui est Chas Newby.
Plus tard, je fais des recherches sur lui. Chas Newby n'était pas, comme je l'avais imaginé, un vrai Quarryman, mais il a remplacé Stu Sutcliffe pour quatre concerts en décembre 1960. John a ensuite demandé à Chas de retourner à Hambourg avec eux, mais il a opté pour l'université à la place. Il est ensuite devenu professeur de mathématiques à Droitwich. À la retraite, à l'âge de soixante-quinze ans, il rejoint les Quarrymen pour la toute première fois, ayant manqué le train bien plus d'un demi-siècle auparavant.
« Voici une question pour vous. Superbe question finale pour *Qui veut gagner des millions* ! Quel nom George Harrison utilisait-il parfois comme pseudonyme ? » Nous avons tous le regard vide. « Vous voulez connaître la réponse ? » Stevie T. gare son minibus et montre du doigt le panneau de la rue. « Arnold Grove ! Nous sommes devant le numéro 12, le lieu de naissance de George Harrison. « Deux en haut, deux en bas. Six dans la maison, pas de salle de bain. Quand ils voulaient prendre un bain, ils enlevaient la baignoire en fer blanc de sa patère et mettaient la bouilloire à chauffer. » Nous fixons la porte d'entrée. Nous fixons les fenêtres du haut. Nous fixons les fenêtres du bas. Nous prenons des photos. Je me sens un peu penaud. Le 12 Arnold Grove n'est pas géré par le National Trust : c'est la maison de Kathleen Hughes, une aide-soignante à la retraite. Mme Hughes s'est plainte au *Daily Telegraph* en 2015 qu'elle était « malade à en mourir » de tous ces touristes qui s'arrêtaient devant chez elle : « Les taxis touristiques remontent la rue à toute allure et en été, ils sont des centaines chaque jour. Le week-end, ils arrivent constamment, même jusqu'à deux heures du matin. Je vis seule... C'est horrible d'avoir des étrangers qui se collent à ma fenêtre et frappent à toute heure de la journée... J'en ai vraiment marre et mes voisins aussi, surtout à cause de ces bateaux de croisière qui viennent à Liverpool et qui amènent des centaines de bus de touristes devant ma porte. Toute l'équipe de football du Bayern Munich est venue voir la maison une fois, et ils collaient tous leur visage à la fenêtre. Franchement, ça devient invivable. »
Nous nous éclipsons. Prochain arrêt Woolton, et Strawberry Fields, où une fois de plus Stevie T. se défoule sur ses confrères. « Vous trouverez des guides touristiques qui montrent du doigt cet arbre là-bas, ou celui-là, ou celui-là, et ils disent : « C'est l'arbre dans la chanson, où John dit : *"No one, I*

think is in my tree" ("Je pense qu'il n'y a personne dans mon arbre"). Eh bien, ça me rend fou ! Ils sont idiots ! Je veux dire, il ne parle pas d'un arbre RÉEL ! Il dit qu'il s'est toujours senti spécial et différent en grandissant. C'est ce que veut dire « personne d'autre n'est dans mon arbre » ! Et pourtant, ils continuent à montrer du doigt tel ou tel arbre ! Ça me rend fou ! »

En 2000, les grilles originales en fer forgé ont été volées et vendues à un ferrailleur. Deux jours plus tard, le marchand a commencé à avoir des soupçons et est allé voir la police. Les originaux sont maintenant entreposés, et les portails actuels sont des répliques.

Nous poursuivons notre route jusqu'à l'église St Peter. Le cimetière pullule de guides, alors Stevie T. nous fait traverser la route jusqu'à la salle paroissiale de St Peter, qui a encore une autre plaque :

DANS CE HALL
LE 6 JUILLET 1957
JOHN & PAUL
PREMIÈRE RENCONTRE

Cette plaque est accompagnée d'une autre plaque, la deuxième en métal, et beaucoup plus bavarde que la première, suggérant qu'elle a été dictée dans un pub vers l'heure de la fermeture :

> Les Quarrymen, avec Eric Griffiths, Colin Hanton, Rod Davies, John Lennon, Pete Shotton et Len Garry, se sont produits l'après-midi du 6 juillet à la fête de l'église St Peter. Dans la soirée précédant leur représentation dans cette salle, Ivan Vaughan, qui jouait parfois dans le groupe, a présenté son ami Paul McCartney à John Lennon. Comme John s'en souvient, « c'est ce jour-là, le jour où j'ai rencontré Paul, que ça a commencé à démarrer ».

Nous prenons des photos de la salle, de la plaque, et de la plaque de la plaque. Alors que nous retournons vers le cimetière, je remarque que Stevie T. prend soin d'éviter les autres guides.
« Avez-vous une rivalité amicale avec eux ? Je lui demande.
- Pas amicale », répond-il. La tension s'insinue dans sa voix. « Beaucoup d'entre eux ne savent pas de quoi ils parlent. » Il nous emmène dans la cour de l'église. « Regardez, venez par ici. Regardez ça ! » Nous regardons la pierre tombale de John Mackenzie, « décédé le 16 septembre 1915 à l'âge de soixante-treize ans. »
« Les autres guides, ils restent là à débiter des conneries. Ils disent que c'est le père Mackenzie de « Eleanor Rigby », et puis ils encouragent tout le monde à prendre des photos de la pierre tombale. Et vous me demandez pourquoi je ne les aime pas ! Voulez-vous connaître la véritable histoire ? Vous voulez ? Eh bien, je vais vous raconter la vraie histoire. La véritable histoire est que le vrai Père Mackenzie n'avait rien à voir avec ce Père Mackenzie. Le vrai personnage ne s'appelait pas John, il s'appelait Tom. Et ce n'était pas un prêtre, mais un type qui avait l'habitude de présenter les Beatles sur scène et qu'ils ont surnommé « Père Mackenzie ». En fait, c'était un ancien militaire, et on dit qu'il était toujours en train de repriser des chaussettes. Cela vous rappelle-t-il quelque chose - oui, « repriser ses chaussettes dans la nuit quand il n'y a personne » (*"darning his socks in the night when there's nobody there"*) – vous me suivez toujours ? Alors s'il vous plaît, s'il vous plaît, je vous en supplie, ne me dites pas que John Mackenzie était le père Mackenzie original. Ça me rend fou ! »

89

Les différences doctrinales ont conduit à des schismes parmi les historiens des Beatles tout aussi féroces que ceux qui ont assailli l'Église chrétienne primitive. Derrière et un peu à gauche de la pierre tombale de John Mackenzie, une autre pierre tombale commémore divers autres membres de la famille Rigby, dont, à peu près à mi-chemin, Eleanor Rigby. Stevie T. se plaint que les guides rivaux encouragent les gens à croire qu'il s'agit de la célèbre Eleanor Rigby. C'est une belle histoire romantique. Le seul problème est que ce n'est pas vrai ! Stevie T. a foi en ces théologiens des Beatles qui croient que Paul a emprunté le nom « Rigby » à un négociant en vins de Bristol, et « Eleanor » à Eleanor Bron. Paul lui-même a confirmé cette version des faits à plusieurs reprises, mais cela n'a rien fait pour étouffer les voix des dissidents.

Lionel Bart a déclaré un jour que « Paul a toujours pensé qu'il avait trouvé le nom d'Eleanor parce qu'il avait travaillé avec Eleanor Bron dans le film *Help!* mais je suis convaincu qu'il a pris le nom d'une pierre tombale dans un cimetière près de Wimbledon Common où nous nous promenions tous les deux. Le nom sur la pierre tombale était Eleanor Bygraves. Il est ensuite revenu dans mon bureau et a commencé à la jouer sur mon clavecin. »

L'étymologie nominative du Père Mackenzie a fait l'objet de schismes similaires. Pete Shotton se souvient avoir été dans la pièce lorsque Paul a nommé le prêtre dans sa nouvelle chanson « Père McCartney ». Shotton se souvient avoir dit : « Attends une minute, Paul. Les gens vont penser que c'est ton pauvre vieux père, laissé tout seul à Liverpool pour repriser ses propres chaussettes. » Il a alors dit, ou prétendu avoir dit : « Donne-nous cet annuaire, alors, et je vais jeter un coup d'œil aux Macs. » Il a d'abord suggéré « McVicar », puis, comme cela ne convenait pas, « Mackenzie ». Cependant, dans une interview de 1966 avec Hunter Davies dans le *Sunday Times*, Paul, qui souffre d'une tendance pardonnable à se placer au centre de la scène, a rappelé que c'était lui, et non Pete, qui avait consulté l'annuaire téléphonique à la recherche d'un autre Mac : « J'ai parcouru l'annuaire téléphonique et j'ai trouvé le nom Mackenzie. »

Trente et un ans plus tard, en 1997, Paul a raconté à Barry Miles que de faux pères Mackenzie étaient apparus dans sa vie, à l'instar des fausses Anastasias Romanov. « Un homme est apparu, à ce propos, mort il y a quelques années, qui s'est revendiqué : « Je suis le père Mackenzie. » Toute personne qui s'est fait appeler Père Mackenzie et qui a eu le moindre contact avec les Beatles se dit tout naturellement : « Eh bien, je dois parler à Paul, c'est certainement moi qui suis le sujet de la chanson. »

Il existe également des désaccords sur la question de savoir qui a composé la chanson - Paul ou John ou les deux. Dans le *Melody Maker*, John, en 1971, affirmait l'avoir écrite « au moins pour 50 % ». En 1972, lors d'une interview avec *Hit Parader*, ce chiffre était passé à « 70 % ». Plus tard la même année, en parlant à Ray Connolly, il a augmenté ce chiffre à « 80 % ». Une semaine avant sa mort en 1980, il était moins précis sur les pourcentages mais tout aussi propriétaire, affirmant à un interviewer de *Playboy* que « Le premier couplet de Paul et le reste est essentiellement de moi. » Mais ceux qui étaient présents lorsque la chanson a été composée se souviennent que la contribution de John était négligeable. Même son ami le plus fidèle, Pete Shotton, a estimé qu'elle était « pratiquement nulle ». Lorsque Paul n'arrivait pas à trouver une fin, Pete avait été « saisi d'une idée lumineuse ». « Pourquoi ne pas faire mourir Eleanor Rigby ? J'ai proposé, et que le Père Mackenzie fasse le service funéraire pour elle ? De cette façon, les deux personnes solitaires se retrouveraient à la fin - mais trop tard. »

Puis John a pris la parole pour la toute première fois, juste pour rabaisser son ami : « Je ne pense pas que tu comprennes où nous voulons en venir, Pete. » Pete s'est senti humilié. « Tout ce que j'ai trouvé à dire, c'est "Va te faire foutre, John." Avec ça, la séance de répétition a pris fin. Mais lorsque Pete a entendu le disque pour la première fois, il était « aux anges » que Paul ait suivi sa suggestion. « Peut-être, me suis-je dit, que c'était *John* qui n'avait pas compris où nous voulions en venir. »

Pourquoi John aurait-il exagéré sa contribution à « Eleanor Rigby » ? Peut-être s'agissait-il d'une simple jalousie. De toutes les chansons des Beatles, c'est la chanson qui a recueilli le plus d'avis dithyrambiques, et surtout par les bonnes personnes. À sa sortie, George Melly a déclaré : « La pop est arrivée à maturité » et Jerry Leiber a dit : « Je ne pense pas qu'il y ait jamais eu une meilleure chanson écrite. » « Eleanor Rigby » a été reprise par des poètes, dont Allen Ginsberg, qui a affirmé l'avoir fait écouter à Ezra Pound, qui, selon lui, « a souri légèrement ». Thom Gunn l'a comparée au poème de W.H. Auden, *Miss Gee*. Karl Miller l'a incluse dans son anthologie *Writing in England Today*. James Fenton se souvient qu'Auden l'écoutait « à la recherche de quelque chose qui l'influencerait. » Plus récemment, le romancier et critique A.S. Byatt a fait l'éloge de ce texte qui présente « la perfection minimaliste d'une histoire à la Beckett. » Son attrait est vaste : au fil des ans, il a été choisi comme disque à apporter sur une île déserte par, entre autres, le cosmologiste Professeur Carlos Frank, l'actrice Patricia Hayes, la mezzo-soprano américaine Cathy Berberian, Charles Aznavour et l'ancien ministre des finances Geoffrey Howe.

Une théologienne des Beatles, Erin Torkelson Weber, auteur de *The Beatles and the Historians* (2016), propose une autre raison pour expliquer les affirmations douteuses de John. Dans une interview accordée à *Playboy* en 1971, Allen Klein, l'impresario douteux des Beatles, a admis que, dans ses tentatives de séduction auprès de John par la flatterie, il avait pris soin de lui « rappeler » qu'il était l'auteur de « Eleanor Rigby », en lui assurant qu'il avait écrit 60 ou 70 % des paroles. « Il n'en avait pas réellement conscience, jusqu'à ce que je le fasse asseoir et qu'il dresse le bilan sur la chanson. » Torkelson attribue la fausse revendication de John à la force de persuasion de Klein. Il semble que dans ses efforts pour devenir le manager des Beatles et gagner l'approbation de Lennon, Klein ait pu convaincre le compositeur qu'il avait écrit des paroles écrites en réalité par McCartney.

90

Il y a des avantages à être mondialement connu. Un dimanche tranquille, l'auteur-compositeur-interprète Donovan est assis dans son appartement de Maida Vale quand on sonne à la porte. Paul était arrivé, avec sa guitare acoustique.
Ils ont fumé un ou deux joints. Paul a joué à Donovan deux chansons sur lesquelles il travaillait. L'une d'elles parlait d'un sous-marin jaune, et l'autre disait :

> Ola Na Tungee,
> Blowing his mind in the dark with a pipe full of clay –
> No one can say...[100]

Avec le temps, « Ola Na Tungee » se transmuterait en Eleanor Rigby, et son esprit dans le noir avec une pipe en argile se transformerait en riz dans l'église où avait eu lieu le mariage. Mais pour l'instant, Paul ne faisait que bricoler.
Avant longtemps, la sonnette de la porte a sonné à nouveau. Donovan est allé répondre. Un jeune policier lui a dit qu'il y avait une voiture dehors ; elle était mal stationnée, dans un angle bizarre, les portes ouvertes, avec sa radio toujours allumée.
Paul les a rejoints à la porte.
Les yeux du policier s'illuminent. « Oh, c'est vous, M. McCartney. C'est votre voiture, monsieur ? Une voiture de sport ? »
Toute autre personne aurait été confrontée à une réprimande et à une amende de stationnement. Au lieu de cela, le policier a proposé de garer la voiture de Paul à un endroit plus approprié. Paul l'a remercié et lui a remis les clés. Quelques minutes plus tard, le policier est revenu, pour lui dire que tout était maintenant en ordre.
En remettant les clés, il l'a salué, permettant à Paul de retourner à sa guitare, et à « Ola Na Tungee ».

---

[100] « Ola Na Tungee, Se défonce dans le noir avec une pipe en argile - Personne ne peut dire... »

91

Paul a remplacé « Ola Na Tungee » par « Daisy Hawkins », mais ça ne *matchait* pas, alors il l'a changé à nouveau, cette fois en « Eleanor Rigby ». Un demi-siècle plus tard, Colin Campbell, professeur de sociologie à l'université de York, allait consacrer un livre entier à l'analyse des paroles de « Eleanor Rigby » :

> Comme nous l'avons vu, Paul semble envisager qu'Eleanor Rigby ramasse du riz une fois le mariage terminé, ayant « manqué le mariage ». En d'autres termes, elle s'est présentée au mariage mais est arrivée trop tard pour prendre part aux célébrations. Cela suggère que si elle a ramassé le riz, c'est pour avoir quelque chose qui la relie non seulement aux mariages en général, mais aussi à ce mariage en particulier, auquel elle avait l'intention de participer. Devons-nous donc vraiment la considérer comme une invitée du mariage ? Dans ce cas, on peut supposer que le fait de ramasser du riz n'est pas quelque chose qu'elle fait régulièrement. C'est simplement qu'elle souhaite avoir quelque chose qui lui rappelle ce mariage. Mais alors, si elle est invitée et qu'elle a manqué le service, ne serait-elle pas maintenant en route pour la réception ? Ou bien l'a-t-elle également manquée ?

… Et ainsi de suite. Mais, comme pour de nombreuses chansons des Beatles, les paroles ont été mal entendues et mal interprétées. Certains entendent « *all the homely people* ». Plus tard dans la chanson, les mots après « Father Mackenzie » sont parfois interprétés comme « *Darling it sucks in the night when there's nobody there* » (« Chérie, ça craint, la nuit quand il n'y a personne »). Au même moment, Eleanor Rigby « *picks up her eyes from the church where the wedding has been* » (« pose son regard sur l'église où le mariage a eu lieu »).[101]

Et quelle est cette chanson ? « *Take the back right turn!* » « *Pay per bag right turn!* » Lorsque l'auteur-compositeur Bobby Hart l'a entendue pour la première fois en 1966, il a imaginé que les Beatles chantaient « *Take the last train !* » Lorsqu'il a réalisé qu'il s'agissait de « Paperback Writer », il était trop tard : les mauvais mots s'étaient logés dans son cerveau. Trois mois plus tard, il essayait d'écrire un premier single pour les Monkees. Leur management lui ayant demandé quelque chose qui ressemble aux Beatles, il compose une chanson à partir de la ligne mal entendue. La chanson commence par « *Take the last train to Clarksville* » et permet aux Monkees d'atteindre la première place du hit-parade américain.

Chacun a des paroles différentes des chansons des Beatles nichées dans sa tête, car chacun entend des mots différents sur des chansons différentes. Au fond de moi, je pense toujours que John chante « *Kangaroo days, ah !* » dans « *Across the Universe* ». C'est peut-être parce que j'ai entendu ce titre pour la première fois sur l'album de charité du World Wildlife Fund, *No One's Gonna Change*

---

[101] Les bonnes paroles pour « *homely people* » (« gens accueillants ») sont « *lonely people* » (« gens seuls ») / Eleanor Rigby ne pose pas son regard sur l'église, mais ramasse le riz jeté lors de la cérémonie « *Picks up the rice* » / La bonne phrase est « *Darning his socks in the night when there's nobody there* » (« Father McKenzie (…) reprise ses chaussettes la nuit, quand il n'y a personne ») (N.d.t.)

Our World[102], avec la photo d'un panda sur la couverture et des notes de pochette rédigées par le Duc d'Edimbourg. En fait, John chantait la non moins obscure « *Jai Guru Deva* »[103].

Lors de la sortie de « Penny Lane », de nombreux fans américains, ignorant tout de la journée caritative britannique du coquelicot[104], se sont demandé pourquoi une jolie infirmière vendait des coquelicots sur un plateau (« *A pretty nurse is selling poppies from a tray* »). L'autre face du single a également fait l'objet de mauvaises interprétations. Le manager d'Elvis Costello, Jake Rivera, a longtemps pensé que sur « Strawberry Fields Forever », John chantait « *Living is easy with nice clothes* » au lieu de « *Living is easy with eyes closed* ». De plus, il pensait que Paul aimait la fille dans « And I Love Her » parce qu'elle lui donne tout, et même du veau tendre (« *She gives my everything and tenderly* »). D'autres l'ont entendu comme « *And I love fur* » (« J'aime la fourrure ») parce que « *She gives me everything, internally* » (« Elle me donne tout, de l'intérieur »). Et que dire de l'orthodontiste ? « *And in my orthodontist, she is standing right in front me* » (« *And in my hour of darkness she is standing right in front of me* »).

Même la plus simple des paroles des Beatles peut être mal entendue.

« *And when I get home to you, I find a broken canoe* » (« Et quand je rentre chez toi, je trouve un canoë cassé »).

« *I don't care to march for money* » (« Je m'en fiche de défiler pour l'argent ») au lieu de « *I don't care too much for money* » (« Je m'en fiche de l'argent »).

« *Friday night arrives without a fruitcake* » (« le vendredi soir vient sans un gâteau aux fruits ») au lieu de « *Friday night arrives without a suitcase* » (« le vendredi soir vient sans bagage »).

« *Michelle, ma belle, Sunday monk, he wants to ban odd socks, to ban odd socks* » (« Michelle, ma belle, le moine du dimanche, il veut interdire les chaussettes dépareillées, interdire les chaussettes dépareillées ») au lieu de « *Michelle, ma belle, sont des mots qui vont très bien ensemble, très bien ensemble* ».

« *There beneath the goose and bourbon skies* » (« Là-bas, sous le ciel d'oie et de bourbon ») au lieu de « *There beneath the blue suburban skies* » (« Là-bas, sous le ciel bleu de la banlieue »).

« *But if you go carrying picture of German cows* » (« Mais si vous portez des photos de vaches allemandes ») au lieu de « *But if you go carrying pictures of Chairman Mao* » (« Mais si vous portez des photos du président Mao »).

Du sens au non-sens ; du non-sens au sens. Pendant des années, j'ai cru que j'entendais mal les paroles de « Come Together ». Elles semblaient insensées, de la première ligne – « *You come all flat up* » - à la dernière. Lorsque j'ai finalement pris le temps de lire les paroles, il s'est avéré que la première ligne était « *Here come old flat top* », ce qui n'a pas plus de sens que « *You come all flat up* », et peut-être même moins. Deux lignes plus loin, j'ai été soulagé de constater que ce que j'avais toujours pris pour « *Jew Jew eyeballs* » - John n'était pas étranger à l'antisémitisme - était écrit « *joo joo eyeballs* », bien qu'il n'y ait que Dieu pour savoir ce que sont ces « *joo joo* ». D'autres paroles que j'avais toujours pensé avoir mal entendues – « *Joe jam football* », « *walking finger* », « *he back production* », « *oh, no sideboard* » - n'étaient pas si fausses : il s'agit en fait de « *toe jam football* », « *monkey finger* », « *he bad production* » et « *Ono sideboard* ».

Comme pour chercher des visages humains dans un nuage, ceux qui cherchent suffisamment fort

---

102 Je vous accorde que c'est certainement une des manières les plus improbables qu'il soit pour découvrir les Beatles. L'album était sous-titré « Les stars chantent pour le World Wildlife Fund ». Parmi les autres titres figurent « Cuddly Old Koala » de Rolf Harris, « When I See an Elephant Fly » de Bruce Forsyth, « I'm a Tiger » de Lulu, « Wings » des Hollies, « The Python » de Spike Milligan et « Land of My Fathers » de Harry Secombe.
103 Littéralement, « Gloire au brillant destructeur des ténèbres ».
104 La campagne du coquelicot (Poppy Appeals) est un appel aux dons lancé tous les ans, de la fin octobre au 11 novembre, par la Royal British Legion, dans tout le Commonwealth, dans l'objectif de récolter des fonds pour les familles de soldats blessés (N.d.t.).

une signification particulière finissent par la trouver. Certains étaient convaincus que chaque couplet de « Come Together » contenait une description d'un Beatle différent - George, le rouleau sacré ; Ringo, le tireur de Coca-Cola ; Paul, le beau gosse qui est si difficile à voir. Mais, comme c'est si souvent le cas, cette interprétation n'est jamais venue à l'esprit du compositeur de la chanson. L'amour de John pour les bêtises remonte à l'époque où il a appris à lire et à écrire. Tante Mimi s'est souvenue que dès son plus jeune âge, son orthographe était particulièrement décalée : « La « varicelle » était toujours le « vermicelle ». Enfant, il était captivé par les œuvres d'Edward Lear et de Lewis Carroll, récitant *Le Jabberwocky* encore et encore à ses amis : « *Twas brillig, and the slithy toves / Did gyre and gimble in the wabe ...* » Pour le reste de sa vie, John a réagi gaiement aux jeux de mots, savourant la façon dont, par le simple fait de modifier une lettre, le sens pouvait si facilement être transformé en non-sens.

> « Vous devriez dire ce que vous pensez, a poursuivi le Lièvre de mars.
> - C'est vrai, s'empresse de répondre Alice ; au moins - au moins je pense ce que je dis - c'est la même chose, vous savez.
> - Non ! ce n'est pas du tout la même chose ! dit le Chapelier Fou. Vous pourriez tout aussi bien dire que "je vois ce que je mange" est la même chose que "je mange ce que je vois" ! »
> Alice se sentait terriblement perplexe. La remarque du Chapelier Fou lui semblait n'avoir aucune sorte de sens, et pourtant elle était certainement sensée.

Paul pense que « Strawberry Fields Forever » et « I am the Walrus » sont tous deux issus de l'obsession de John pour *Le Jabberwocky* : « *I am he as you are he as you are me* » (« Je suis lui comme vous êtes lui... ») C'est grâce à *Jabberwocky* qu'il a pu faire ça... » Son ami d'enfance Pete Shotton s'est souvenu que dès son plus jeune âge, l'ambition ultime de John était d'un jour « d'écrire une Alice lui-même ». Chaque soir, John, âgé de douze ans, travaillait furieusement à des pastiches de Carroll et de Lear, les griffonnant dans un cahier d'exercices avant de les transférer dans un journal écrit à la main qu'il appelait *The Daily Howl*. Les articles comprenaient un bulletin météo – « Demain sera Muggy, suivi de Tuggy, Wuggy et Thuggy » - et une parodie de Davy Crockett, « The Story of Davy Crutch-Head ». Il a également été clairement influencé par *1066 and All That*, le livre populaire d'histoire fictive de deux maîtres d'école, W.C. Sellar et R.J. Yeatman. Yeatman, dans lequel des faits dont on se souvient à moitié sont mélangés et retournés, reproduisant le désordre interne de l'esprit d'un écolier, de sorte que le passé et le présent, les faits et la fiction, le ridicule et le solennel sont transformés en une version confuse de la vérité : « Le complot de la poudre à canon était une chose affreuse, on le fête encore le 5 novembre. Guy Fawkes a choisi le 5 novembre parce que c'était le jour des feux d'artifice. Guy Mitchell, le chanteur, prétend descendre directement de Guy Fawkes. »
En lisant ceci, Sellar et Yeatman auraient reconnu John comme l'un des leurs.
John aimait écouter les jeux de mots incessants et imparables des Goons sur la radio, et les imiter en classe le lendemain. Il a dépensé l'argent qu'on lui avait donné pour son seizième anniversaire pour acheter deux disques 78 tours. L'un est « Hound Dog » d'Elvis Presley ; l'autre « The Ying-Tong Song » des Goons, avec sa face B « Bloodnok's Rock'n'Roll Call », « avec le Major Denis Bloodnok, Roland Rockcake et ses Wholly Rollers.
Les scénarios des Goons ont tous été écrits à un rythme effréné par Spike Milligan, un maniaco-dépressif qui a vécu sa vie à la merci des jeux de mots, victime consentante de la logique tordue

qu'ils reflétaient et alimentaient. Au sommet de son succès, Milligan était en train d'écrire la troisième série des Goons lorsqu'il a fait une dépression mentale complète : « La folie s'est installée progressivement. Je me suis aperçu que je n'aimais pas de plus en plus de gens. Puis j'en suis arrivé à les détester. Même ma femme et mon bébé. » Bientôt, il commence à croire que ce n'est qu'en tuant son collègue Goon Peter Sellers que son esprit se corrigera. En conséquence, il se rend chez Sellers et passe directement à travers une porte vitrée, se coupant gravement et se retrouvant dans le service d'isolement d'un hôpital psychiatrique, attaché dans une camisole de force.

« Avant de devenir le producteur des Beatles, George Martin, qui n'avait jamais enregistré de rock'n'roll, avait déjà enregistré avec Milligan et Sellers, ce qui le rendait d'autant plus fréquentable », se souvient John dans le *New York Times* en 1973, alors qu'il passait en revue *The Goon Show Scripts*. « Nos séances de studio étaient pleines des cris de Neddie Seagoon, etc., comme la plupart des endroits en Grande-Bretagne. » Dans le même article, il affirmait, avec justesse, que *The Goon Show* était plus original et révolutionnaire que *Look Back in Anger* de John Osborne. En repensant au journal d'information de son école, *The Daily Howl*, il reconnaît « qu'il ressemble étrangement au *Goon Show*. »

Les blagues de Milligan - ces blagues maniaques, incessantes, inarrêtables - étaient-elles une échappatoire au piège de la dépression ? Ou faisaient-elles partie de ce piège - les petits morceaux de fromage sous le ressort enroulé ? Dès qu'il sentait que le monde n'était pas assez fou, son cerveau trouvait le moyen de le rendre encore plus fou. Et il y avait un degré de mégalomanie dans sa comédie : il voulait que le monde, et tout le monde en son sein, s'incline devant ses blagues. S'ils refusaient, il leur faisait vivre l'enfer. Se produisant sur scène avec les Goons à Coventry en 1954, il est de plus en plus furieux de la réponse terne du public. Finalement, il craque, crie « J'espère que vous serez tous bombardés à nouveau ! », quitte la scène et s'enferme dans sa loge. Lorsque ses camarades Goons ont finalement réussi à forcer la porte, ils ont trouvé Milligan debout sur une chaise avec un nœud coulant autour du cou, en essayant d'accrocher l'autre extrémité de la corde autour d'un tuyau au-dessus de sa tête.

Le calembour est une sorte de schizophrénie verbale, dans laquelle un mot pointe dans deux directions à la fois, signifiant deux choses totalement différentes au même moment. Les personnages shakespeariens tombent dans un monde de jeux de mots lorsqu'ils entament leur descente dans la folie. Dans sa critique du *New York Times*, John a décrit les scripts du *Goon Show* comme « une conspiration contre la réalité. Un coup d'État de l'esprit. » On pourrait dire la même chose de ses propres jeux de mots incessants.

Un phénomène psychologique connu sous le nom de « syndrome de Forster » doit son nom au chirurgien allemand qui l'a décrit pour la première fois. Le Dr Forster était en train d'enlever une tumeur au cerveau lorsqu'il a observé un phénomène singulier. Alors qu'il manipulait certaines zones du cerveau, son patient se lançait dans une envolée maniaque de jeux de mots, le son d'un mot faisant écho mais aussi déformant celui de son prédécesseur, le transformant en quelque chose de plus sauvage et brutal. Tous les mots que le patient prononçait avaient un rapport avec les couteaux et la boucherie - et cet humour noir provenait, comme l'a dit Arthur Koestler, « d'un homme attaché à plat ventre sur la table d'opération, le crâne ouvert. »

Le jeu de mots peut également découler d'une agression, d'une vengeance pour avoir été moqué ou traité avec condescendance. C'est une façon déguisée d'établir une supériorité dans un environnement hostile, d'ordonner le monde selon son propre caprice. Le calembour glisse la folie dans le langage : qu'est-ce que le lapsus freudien, sinon un calembour ?

Lennon avait une facilité, à la limite de la compulsion, pour les jeux de mots. Peut-être que le fait de devoir choisir entre votre mère et votre père divise votre esprit et vos émotions à la manière d'un jeu de mots. Le jeu de mots vous permet de dire deux choses à la fois. Comme le lapsus freudien, dont il est une variante plus consciente, il pourrait être défini comme le fait de dire une chose alors que vous voulez dire une mère.
Lorsqu'il s'est lié d'amitié avec Paul, John lui montrait les blagues à base de jeux de mots qu'il avait tapées la veille au soir, dont beaucoup ont été reprises plus tard dans son livre intitulé *In His Own Write*[105]. « Nous nous asseyions en gloussant, en faisant des jeux de mots, ça n'allait pas plus loin. Dans les premiers hiboux du Morecambe, je me souviens que *« a cup-o-teeth »* était une section qui était dans la machine à écrire quand j'étais là. »

Le nom des Beatles passe désormais pour n'être jamais remis en question. Même si les coléoptères se sont établis sur cette planète environ 300 million d'années avant leurs homologues liverpudliens, ce sont les coléoptères, et non les Beatles, dont nous nous interrogeons instinctivement sur l'orthographe. Le nom du groupe est lui-même un jeu de mots, « le pire et le plus glorieux nom de groupe de toute l'histoire du rock'n'roll », comme l'a dit un jour Bruce Springsteen. John et Stuart Sutcliffe avaient essayé de penser à un nom d'animal, dans la lignée des Teddy Bears de Phil Spector ou des Crickets of Buddy Holly. Ils ont proposé les Lions ou les Tigres, avant de tomber sur les « Beetles » (« Coccinelles »). Avec la perversité qui le caractérise, John a aimé l'idée de nommer son groupe d'après une forme de vie aussi basse, puis il l'a transformée en jeu de mots, pour y incorporer « beat ». Dès les premiers jours des Beatles, leurs longues lettres adressées aux fans sont truffées de jeux de mots, dont beaucoup sont impénétrables. L'une d'entre elles, écrite en 1961 ou 1962 à une Norvégienne nommée Lindy Ness, commence ainsi : « *I am typing this one fingered lettuce to you* » (« Je te tape cette laitue d'un seul doigt ») et poursuit en la mettant en garde contre « *the evil temptations which confront a jung girl in a forrid country* » (« les tentations maléfiques auxquelles est confrontée une fille de la jungle dans un pays forride »). D'autres jeux de mots dans la même lettre incluent « condiment » pour « continent », « debb and duff » pour « deaf and dumb » (« sourd et muet »). Qu'est-ce qu'a pu en penser Lindy Ness - surnommée Sad Ness (« tristesse ») ?
Après un spectacle au cinéma Rialto de York en novembre 1963, le journaliste américain Michael Braun a enregistré le badinage entre les quatre Beatles. « Une clope de plus et je vais mettre la viande dans le torchon, c'est une expression bien étrange que nous a donné Gary Coople alors qu'il se débattait avec une horloge dans *Hi, Goons* » dit John, ajoutant : « Mais je n'ai jamais vraiment aimé mettre la viande dans le torchon., ça fait, euh, ça fait comme si on n'était pas vraiment vivant, non ? » « L'idée même d'aller mettre la viande dans le torchon, dit Paul. C'est tellement - tellement dégradant, et ça peut signifier beaucoup de choses. »
« Vous pouvez mettre mettre la viande au four, ou passer un coup de torchon – ou vous pouvez brûler le torchon, jouer d'un instrument à viande. »
Cinq ans plus tard, Victor Spinetti a travaillé avec John sur l'adaptation scénique de *In His Own Write*. Il a été étonné par la facilité de John avec les jeux de mots :
« Pendant le travail sur la pièce à la Mamounia, j'ai remarqué qu'il manquait quelque chose. J'ai dit à John : "J'ai besoin d'un discours de la reine ici." Sans hésiter, il a pris une feuille de carton dans une chemise que Cynthia venait d'acheter et a écrit :

---

[105] L'un de ces exemplaires porte une inscription à l'intention d'une admiratrice : « À Sheila, avec amour et meilleurs vieux »

> My housebound and eyeball take great pressure in denouncing this loyal ship in the blue corner, two stone three ounches, and he was sitting on the lav at the time.

"Est-ce que ça fera l'affaire ?" a-t-il dit, en me présentant la feuille. Il avait tout écrit d'un seul tenant. Sans rature. »
Les albums *Revolver* et *Rubber Soul* des Beatles avaient des titres ronflants, tout comme les deux premiers livres de John, *In His Own Write* et *Spaniard in the Works*. Dans certains passages, les jeux de mots sont tellement omniprésents qu'ils en deviennent claustrophobes :

> Azue orl gnome, Harrassed Wilsod won the General Erection, with avery small marjorie over the Torchies. Thus pudding the Laboring Partly back into powell aft er a large abscess.[106]

Les figures d'autorité de l'époque voient leur nom entrer dans la machine à jeux de mots, pour en ressortir éviscérés : Selwyn Lloyd, Harold Macmillan, Ted Heath, LBJ, Emmanuel Shinwell et la princesse Margaret sont transformés en « Seldom Loyal », « Harrassed Macmillion », « Head Teeth », « LBW », « Emmanuel Shitwell » et « Priceless Margarine ».

Une fois que les Beatles ont fini d'enregistrer *Sgt. Pepper*, ils se réunissent dans le Studio 2 d'Abbey Road pour écouter le résultat final, jusqu'au dernier accord de piano tonitruant de « A Day in the Life ». Tous les quatre étaient ravis, mais John et Paul ont alors eu l'idée de glisser quelque chose en plus, sur la partie intérieure du disque, là où l'aiguille finit par tourner en rond.
L'ingénieur, Geoff Emerick, se souvient que John avait dit : « Mettons un peu de charabia, puis bifurquons, inventons et bouclons. » Ils sont ensuite retournés dans le studio, et ont débité toutes les absurdités qui leur passaient par la tête. Emerick leur fait écouter la bande, et ils choisissent un extrait de Paul disant « *Never needed any other way* »(« Pas besoin d'autre chose »). Cela signifiait que les auditeurs munis de tourne-disques pouvaient entendre « *Never needed any other way, Never needed any other way, Never needed any other way* » ad nauseam, jusqu'au moment où ils n'auront pas d'autre choix que de lever le bras de la platine disque pour faire cesser la litanie.
À cette époque où les distractions étaient rares, certains fans des Beatles aimaient placer le diamant du bras à la fin de la deuxième face, puis tourner le disque à la main dans le sens inverse des aiguilles d'une montre, afin d'entendre les mêmes mots à l'envers. Pour beaucoup de gens, « *Never need any other way* » à l'envers ressemblait à « *Will-Paul be back as Superman* » (« Paul reviendra t-il en Superman »), une phrase qui encourageait encore plus ceux qui étaient déjà convaincus que Paul était mort. Mais d'autres personnes ont entendu d'autres choses. Certains ont entendu « *The corned beef there is super, man* » (« Le corned-beef est super, mec ») ou « *We're parking our Kings Super van* » (« Nous garons notre van Kings Super »). Ces questions continuent de passionner les fans des Beatles qui ont du temps devant eux. Sur YouTube, un film montrant le disque de *Sgt. Pepper* tournant en rond sur une platine, d'abord dans le sens des aiguilles d'une montre, puis dans le sens inverse, a attiré plus de 200 000 vues, et sept cents commentaires, la plupart d'entre eux défendant, avec plus ou moins de passion, leur propre interprétation des mots, en avant et en arrière, en arrière et en avant, du sens au bruit, du bruit au sens.

---

106 Harold Wilson a remporté l'érection générale avec un tout petit mage-autorité sur les Torchés. Ainsi, le Parti Laborieux est revenu « dans la reine » politique après une grosse absinthe.

92

Le 29 août 1966, les Beatles terminent leur concert au stade de baseball Candlestick Park à San Francisco avec « Long Tall Sally », un vieux titre de Little Richard qui fait partie de leur répertoire depuis le tout début. « On se revoit l'année prochaine », a dit John en quittant la scène. Le groupe grimpe ensuite dans une voiture blindée et est emmené. Ce devait être leur dernier véritable concert. Leur tournée américaine avait été épuisante, sporadiquement effrayante et peu gratifiante. Leur brève tournée aux Philippines le mois précédent avait été encore plus épouvantable. La première dame, Imelda Marcos, de sa « hauteur », estimait que les Beatles l'avaient snobée en ne participant pas à une fête en leur honneur, et avait par conséquent chargé des voyous de les bousculer et de leur donner des coups de pied alors qu'ils essayaient de naviguer dans la salle d'embarquement de l'aéroport de Manille. « Je n'ai jamais été aussi terrifié de ma vie, a déclaré George. Nous ne retournerons jamais là-bas. »

À ce stade, le plaisir qu'ils éprouvaient à l'égard de leur propre célébrité s'était estompé. Ils en avaient assez de tous les tracas des tournées et étaient fatigués des cris qui noyaient littéralement leur musique, au point qu'eux-mêmes étaient incapables de l'entendre. Après avoir été conduit dans un camion vide et sans fenêtre suite à un concert particulièrement horrible à St Louis sous la pluie, Paul dit aux autres : « Putain, je suis vraiment d'accord avec vous. Moi aussi, j'en ai bavé jusqu'ici. » « On te le dit depuis des semaines ! »

Sur leur vol de retour vers l'Angleterre, George a dit à Tony Barrow : « C'est fini. Je ne suis plus un Beatle. » Comme les autres, mais peut-être plus encore, après 1 400 concerts, il en avait assez de jouer en live : à l'âge de vingt-trois ans, il en avait assez.

John, lui aussi, était découragé. « Il était très déprimé à propos de tout », a déclaré un journaliste qui était assis avec lui dans l'avion. « Il avait l'impression qu'il ne servait à rien de faire quoi que ce soit, puisque cela ne durerait pas très longtemps de toute façon. » Au fil des années, John a fini par transformer ses désirs de tournées en auto-apitoiement. Cinq ans plus tard, il devait les décrire à Eric Clapton comme « une torture, nuit après nuit. »

Pour la première fois depuis des années, les quatre ont pu faire une pause dans leur vie de Beatles. Avec trois mois de liberté, ils pouvaient faire ce qu'ils voulaient. Ringo a choisi de se détendre à la maison avec sa femme et son nouveau bébé. John est parti en Europe pour jouer le rôle du soldat Gripweed dans le film de Richard Lester, *Comment j'ai gagné la guerre*. George s'envole pour Bombay pour étudier le yoga et se faire enseigner le sitar par Ravi Shankar. Paul est donc laissé à lui-même. Pendant un certain temps, il se plaît à Londres, s'immergeant dans la contre-culture, comme on appelle brièvement l'avant-garde à l'époque. À présent, il était l'un des hommes les plus célèbres du monde. Même en tant que membre d'un public, ou visiteur d'une galerie, il était toujours le centre d'attention. Début novembre, il décide donc de mener une petite expérience : qu'est-ce que cela ferait d'être normal ?

La recherche de l'anonymat par Paul avait son aspect ostentatoire. C'était presque comme s'il faisait semblant de ne pas agir, ou d'être ostensiblement incognito. Il s'est d'abord rendu dans une entreprise appelée Wig Creations, qui a mesuré consciencieusement sa lèvre supérieure et jaugé la

couleur exacte de ses cheveux afin de produire une fausse moustache, et lui a fourni deux paires de fausses lunettes équipées de verres transparents. En attachant ses cheveux avec de la vaseline et en enfilant un long manteau, Paul a découvert qu'il pouvait se promener sans être reconnu.
Bien habillé, il part pour des vacances en solo en France. En repensant à cette escapade, il se voit comme un humble voyageur comme les autres. « J'étais un petit poète solitaire sur la route », dit-il, bien que peu de poètes dans l'histoire aient pu faire le tour du continent dans une Aston Martin DB6 flambant neuve.
Paul et son Aston Martin ont été transportés en France par la voie aérienne depuis un petit aéroport du Kent. À son arrivée, il a collé sa moustache, enfilé son pardessus et ses lunettes, sauté dans sa voiture de sport et s'est dirigé vers Paris.
Une fois sur place, il s'est promené tout seul, filmant des bribes, employant des techniques de tournage expérimentales qu'il avait acquises auprès du cinéma de la Nouvelle Vague et d'Andy Warhol. Parfois, il restait dans sa chambre d'hôtel à écrire un journal. Au dîner, il s'asseyait seul et prenait des notes. Il voulait « reprendre goût à l'anonymat. S'asseoir seul et penser à toutes sortes de choses artistiques, comme "Je suis seul ici, je pourrais écrire un roman, facilement." » N'oublions qu'il n'avait alors que vingt-quatre ans et qu'il avait la vie devant lui.
Après Paris, il s'est lancé dans un voyage tranquille vers la Loire, filmant au fur et à mesure. « Je regardais par la fenêtre de l'hôtel dans une ville française et il y avait un gendarme à la circulation. Il y avait beaucoup de trafic venant de ce côté, puis il les arrêtait et les laissait tous partir. Donc l'action pendant dix minutes était un gendarme dirigeant la circulation. » Après avoir tourné cette scène, il a rembobiné le film et tourné d'autres séquences, de sorte que l'une était superposée à l'autre, les voitures semblant passer à travers le gendarme comme des fantômes.
En arrivant à Bordeaux, il ressent une envie de vie nocturne. Toujours déguisé, il se présente dans une discothèque locale, mais on lui refuse l'entrée. « J'avais l'air d'un vieux con. "Non, non, monsieur, non" - espèce d'imbécile, "on ne peut pas vous laisser entrer !" » Il est donc retourné à son hôtel et a enlevé son pardessus débraillé, sa moustache et ses lunettes. Puis il est retourné à la discothèque, où il a été accueilli à bras ouverts.
À présent, il avait commencé à reconnaître les défauts de l'anonymat. « C'était en quelque sorte thérapeutique, mais j'en avais assez. C'était bien, parce que je me suis souvenu de ce que c'était que de ne pas être célèbre, et ce n'était pas forcément mieux que d'être célèbre. Cela m'a fait me rappeler pourquoi nous voulions tous être célèbres ; pour obtenir cette chose. » En réfléchissant à son bref retrait de la célébrité, il s'est senti plus heureux de son sort. La célébrité, le succès et l'argent ont peut-être leurs défauts, mais ils sont toujours bien meilleurs que leurs alternatives.
Avant de partir en voyage, Paul avait donné rendez-vous à Mal Evans sous la Grosse Horloge dans le centre de Bordeaux, estimant qu'il aurait alors besoin de compagnie. Tous deux ont roulé jusqu'à Madrid, puis jusqu'à Cordoue et Malaga, pensant vaguement qu'ils retrouveraient John. Mais lorsque Paul découvre que John a déjà quitté l'Espagne, il abandonne ses plans, téléphonant à Brian Epstein pour qu'il envoie quelqu'un de Londres conduire sa voiture jusqu'à la maison. Epstein a également réservé à Paul et Mal Evans des vols pour Rome, puis pour le Kenya, où ils ont fait un safari, avec une nuit au Treetops Lodge dans le parc national d'Aberdare.
Paul a pris l'avion de Nairobi à Londres le 19 novembre, prêt à enregistrer le nouvel album des Beatles le 24. Pendant le vol de retour avec Mal, il pensait à son récent changement d'identité et se demandait si les Beatles pourraient bénéficier de quelque chose de similaire. « Avec un groupe alter ego, ce ne sera pas nous qui ferons tout ce bruit, ce ne seront pas les Beatles, ce sera cet autre

groupe, donc nous pourrons y perdre notre identité. Mais comment s'appelleraient-ils? Pendant qu'il se demandait, leurs repas en vol sont arrivés, avec des paquets marqués « S » et « P ». Qu'est-ce que ça veut dire?» demande Mal, avant de répondre à sa propre question :
« Oh, sel et poivre. »
« Sergent Pepper », a dit Paul, sans réfléchir.

93

Aux premières heures du jour, John, Paul et George travaillent sur « It's Getting Better » à Abbey Road. Depuis la salle de contrôle, George Martin remarque que quelque chose ne va pas. John était assis, et George et Paul avaient leurs mains sur ses épaules.
Martin appuie sur le bouton de l'interphone. « Qu'est-ce qui se passe, John ? C'est quelque chose que tu as mangé ? »
George et Paul ont ri. John a dit : « Non, ce n'est pas ça. J'ai juste du mal à me concentrer.
- Tu veux qu'on te ramène chez toi ?
- Non.
- OK. Alors tu peux venir ici ? »
Lentement, John a monté les escaliers jusqu'à la salle de contrôle. Puis il a regardé le plafond.
« Cor, regarde les étoiles, George. »
Martin a levé les yeux, mais n'a vu que le plafond.
Quelques minutes auparavant, John avait plongé dans son discret petit pilulier art-nouveau Liberty. Dans l'intention de prendre des *uppers*, il avait pris un comprimé de LSD par erreur. George Martin était d'une autre génération ; il n'avait aucune idée des hallucinogènes. « Ça te dirait, un peu d'air frais, John ? »
Mais où aller ? Dehors, la panoplie habituelle de fans traînait, prête à bondir. Martin pensait que le toit serait le meilleur endroit. « Viens, John, je connais un chemin par l'escalier de derrière. »
Paul et George ont commencé à faire les clowns, chantant de vieilles chansons avec des voix idiotes, sans savoir que Martin emmenait John sur le toit.
Martin et John se sont promenés pendant un moment. C'était une belle nuit, avec des étoiles très brillantes. « Ne sont-elles pas fantastiques ? » dit John.
John a senti que Martin le regardait d'une drôle de façon. À ce moment-là, il a réalisé qu'il avait accidentellement pris du LSD.
« Ne t'approche pas trop du bord, il n'y a pas de barrière par là, John » dit Martin.
Il devait bien y avoir une trentaine de mètres de vide.
Après un moment, Martin est revenu seul dans la salle de contrôle. Paul a demandé : « Où est John ?
- Je l'ai laissé sur le toit, à regarder les étoiles.
- Ah, tu veux dire comme Vince Hill ? » plaisante Paul - l'interprétation de Vince Hill de « Edelweiss », tirée de *The Sound of Music*, était en train de concurrencer leur single « Penny Lane » / « Strawberry Fields Forever » pour la deuxième place dans les charts[107]. Paul et George ont commencé à chanter « Edelweiss » à tue-tête.
« Edelweiss! E-del-weiss! You look happy to gree-ee-! »
Soudain, ils ont compris que John, sous l'emprise du LSD, était en grand danger. Ensemble, ils se sont précipités en haut des escaliers et l'ont ramené en bas. Puis ils ont tous décidé que c'était le bon moment pour mettre fin à la séance, et Paul a ramené John chez lui, tout près d'ici.
Depuis un certain temps, John harcelait Paul pour qu'il essaie le LSD, mais Paul, naturellement prudent, avait toujours repoussé l'idée. Mais à ce moment, il a pris la décision d'en prendre. « John en prend déjà, je vais donc le rattraper. »

---

[107] « Release Me » d'Engelbert Humperdinck était en tête du classement.

Ils sont restés debout toute la nuit, à halluciner ensemble. « Et nous nous sommes regardés droit dans les yeux, le truc du contact visuel que nous faisions, qui est assez époustouflant. Vous vous dissolvez l'un dans l'autre… Et c'était incroyable. Vous vous regardez dans les yeux et vous voulez détourner le regard mais vous n'arrivez pas à le faire, et vous pouvez vous voir dans l'autre personne. C'était une expérience très effrayante et j'étais totalement époustouflé. John était assis de façon très énigmatique et j'ai eu une grande vision de lui comme roi, l'empereur absolu de l'éternité. C'était un super trip. »

94

Le 8 février 1967 à 20 heures, quarante-deux musiciens classiques, pour la plupart d'âge mûr, se sont rassemblés au Studio One d'Abbey Road. Sur les instructions des Beatles, ils avaient revêtu une tenue de soirée complète, pour laquelle ils devaient être payés un peu plus cher.
Les musiciens comprenaient les violonistes Henry Datyner, quarante-quatre ans, qui avait remporté le premier prix du Concours international de musique de Genève en 1944, et Erich Gruenberg, quarante-trois ans, qui avait dirigé l'Orchestre de la Palestine Broadcasting Corporation de 1938 à 1945, et, depuis, avait dirigé l'Orchestres philharmonique de Stockholm, l'Orchestre symphonique de Londres et l'Orchestre philharmonique royal. Le chef de l'orchestre de ce soir était David McCallum, soixante-neuf ans, qui avait dirigé l'Orchestre philharmonique de Londres.
À leur arrivée, les musiciens ont trouvé le studio paré de ballons aux couleurs vives. On leur ordonne ensuite d'enfiler une sélection de masques comiques, de chapeaux de fête, de nez en caoutchouc, de perruques chauves, de pinces pour tétons et de pattes de gorille. « Tiens, mon pote, prends-en un », dit Mal Evans en les distribuant.
« La plupart des musiciens semblaient décontenancés, se souvient Geoff Emerick. L'un d'entre eux a même grossièrement écarté la main de Mal. »
David McCallum était assis immobile dans son nez de clown, tandis qu'Erich Gruenberg tenait son archer dans une patte de gorille.
Les prochains à arriver sont une sélection de belles personnes triées sur le volet, ou les « amis de la rue » des Beatles, comme George Martin, également en robe de soirée, préfère les surnommer. Parmi eux, Mick Jagger et Marianne Faithfull, Keith Richards, Donovan, Pattie Boyd, Mike Nesmith des Monkees et Graham Nash des Hollies.
Après s'être infiltrés, ils ont déambulé dans l'orchestre en distribuant des articles de fête, des cierges, des joints et, comme l'a dit Martin, « Dieu sait quoi ». Comme il était de coutume en de telles occasions, de jolies bulles remplissaient l'air. Fait inhabituel, Brian Epstein est également présent dans le studio, surveillant nerveusement cet étrange choc des cultures. Pour Geoff Emerick, la session a marqué une transition : « Les lignes entre la musique classique et la musique pop s'estompaient, et même si de nombreux musiciens d'orchestre dédaignaient la musique contemporaine, ils pouvaient voir que c'était dorénavant inscrit pour toujours dans l'histoire. »
Les quatre Beatles arrivent en dernier, Paul dans un pardessus en tweed, John dans un élégant costume de velours bleu et une cravate rouge vif, le visage orné d'une moustache de Zapata et de favoris extravagants. « Ils sont tous, note Emerick, d'une humeur résolument joviale ... comme s'ils avaient commencé la fête plusieurs heures auparavant. » Comme des membres de la famille royale, ils « déambulent en accordant leur attention à un sujet, puis à un autre. »
Déjà décontenancé par les déguisements et les nouveautés de la fête, l'orchestre était maintenant obligé de prendre des instructions sur la façon de jouer leurs propres instruments. Entre eux, Paul et George Martin avaient décidé que le pont de vingt-quatre mesures entre le « *I read the news today, oh boy* » et la section « *Woke up, got out of bed* » de Paul devait être rempli individuellement par des musiciens de l'orchestre jouant les notes les plus basses jusqu'aux notes les plus hautes dans un glissement non synchronisé.

En dehors d'un départ et d'une arrivée communs, il ne devait y avoir aucune coordination, aucun sentiment d'unité, aucun des travaux d'équipe habituels de l'orchestre. « Je veux que chacun pense individuellement », leur a dit Martin. « C'est chacun pour soi. N'écoutez pas le camarade à côté de vous. S'il est à un tiers de vous, et que vous pensez qu'il va trop vite, laissez-le partir. »

Gruenberg, qui avait donné la première exécution russe du concerto pour violon de Benjamin Britten à Moscou, semblait mécontent. « Tout ce que nous voulons, c'est que vous fassiez de l'improvisation libre », lui a dit Paul.

« Pas complètement libre, Erich », dit Martin, encourageant. « Je dirigerai, et il y a une sorte de partition. Mais nous avons besoin que chaque musicien joue par lui-même, sans écouter ceux qui l'entourent. »

Emerick se promène en ajustant les microphones pendant que Gruenberg transmet ces instructions farfelues à ses collègues déconcertés. Pendant un moment, on pouvait entendre une mouche voler. Puis les murmures ont commencé. « Faire *quoi* ? » « Qu'est-ce que c'est que ce bordel... ? »

« Ils m'ont tous regardé comme si j'étais complètement fou », se souvient Martin. Emerick a senti que « la réaction générale n'était pas tant l'indignation que la consternation. Les musiciens savaient qu'ils étaient là pour faire un travail ; ils n'aimaient tout simplement pas ce qu'on leur demandait de faire. Il s'agissait de quarante des meilleurs musiciens classiques d'Angleterre, et ils n'avaient certainement pas passé des décennies à affiner leur art pour qu'on leur dise d'improviser de leur note la plus basse à leur note la plus haute ... Ce n'était pas vraiment digne, et ils n'ont pas apprécié. »

Mais Martin, optimiste de nature, estime qu'ils ont fini par s'y faire. Au début, ils « pensaient qu'il s'agissait d'un caprice absurde et d'une perte de temps », mais finalement « ils se sont laissés emporter par l'esprit de la fête parce que c'était tellement burlesque. » La session s'est terminée, de manière inattendue, par une salve d'applaudissements spontanés de la part de toutes les personnes présentes dans le studio, y compris l'orchestre. Avaient-ils compris qu'ils venaient de participer à la création de quelque chose d'extraordinaire ? Peut-être étaient-ils simplement soulagés.

Douze jours plus tard, les Beatles enregistrent le long accord de piano retentissant qui termine « A Day in the Life ». Pour cette partie, les roadies d'EMI ont déplacer pas moins de cinq pianos différents dans le Studio 2 : deux pianos à queue Steinway, un piano droit Steinway, un piano électrique Wurlitzer et un clavecin. John, Paul, Ringo, Mal Evans et George Martin se tiennent chacun près d'un clavier, et lorsque Martin annonce « *One, two, three – go!* », ils frappent les accords aussi fort que possible. Peu après qu'ils ont terminé, George Harrison arrive avec Dave Crosby des Byrds. « C'est sympa d'être venu, George », dit John d'un ton timide. Tu as seulement manqué l'overdub le plus important que nous ayons jamais fait.

« A Day in the Life » dure 5 minutes et 34 secondes. Il avait fallu, en tout, trente-quatre heures pour l'enregistrer. Quatre ans plus tôt, l'enregistrement complet du premier album des Beatles, *Please Please Me*, avait été réalisé en une journée.

95

Au cours de cette même semaine de janvier où les Beatles ont commencé à enregistrer « A Day in the Life », Joe Orton a été contacté par Walter Shenson, le producteur de A Hard Day's Night et de Help! Serait-il intéressé par la réécriture d'un scénario pour les Beatles ?
Orton - le jeune dramaturge le plus à la mode, le plus spirituel et le plus effronté de l'époque - tente de se la jouer cool. « Eh bien, je suis terriblement impliqué en ce moment. J'écris ma troisième pièce. »
« J'aimerais beaucoup que vous jetiez un coup d'œil à ce projet, a déclaré Shenson. J'en ai discuté avec les garçons, je veux dire que je leur ai mentionné votre nom. Ils n'ont pas trop réagi, je dois dire. Mais je pense que je peux les persuader de vous avoir. »
À ce moment, Orton redescend littéralement d'un ou deux rangs. « Oui, a-t-il répondu. Envoyez-moi le script et je le lirai. »
Il l'a trouvé plutôt morne, mais avec une marge d'amélioration, d'autant plus que Shenson avait déclaré que les Beatles voulaient le rendre plus complexe. Dans son journal, Orton écrit : « J'ai déjà l'idée que la fin devrait se passer dans une église avec quatre mariés et une mariée... mais d'une manière telle que personne ne s'y opposerait. Beaucoup d'opportunités pour des ambiances sexuelles... » Il pensait qu'il y avait également des opportunités pour remanier de vieux matériaux d'un roman rejeté qu'il avait écrit avec son petit ami, Kenneth Halliwell.
Au cours du déjeuner, Walter Shenson lui a dit que les Beatles avaient envisagé de faire un remake des *Trois Mousquetaires*.
« Oh, non, lui ai-je dit. Ça a déjà été fait à mort.
- Brigitte Bardot voulait jouer Lady de Winter, a-t-il dit.
- Pour elle aussi, ça a déjà été fait à mort, ai-je dit.
- Oh, hé, hé, hé, mon garçon ! dit-il. Vous êtes déjà sur le coup ! »
Orton s'est mis au travail sur un nouveau script, avec le titre provisoire de *Up Against It*. À la fin de la journée, il avait terminé les deux premières pages. Il a été impitoyable en se débarrassant de beaucoup de vieux morceaux sur les Beatles. « Je ne me donne pas la peine d'écrire des personnages pour eux, confiait-il à son journal intime. Je me contenterai de faire toute ma boîte à malices - Sloane et Hal - sur eux. Après tout, si je me répète dans ce film, cela n'a aucune importance. Personne qui verra le film n'aura vu *Sloane* ou *Loot*.[108] »
Le lendemain, Walter Shenson a téléphoné pour dire que Brian Epstein était « ravi » qu'il soit à bord. « Vous aurez des nouvelles de Brian ou de Paul McCartney. Ne soyez donc pas surpris si un Beatle vous appelle.
- Quelle expérience ! Je me sentirai aussi nerveux que si St Michel, ou Dieu, était en ligne.
- Oh, il n'y a pas lieu de s'inquiéter, Joe. Je peux dire, du fond du cœur, que les garçons sont très respectueux du talent. Je veux dire, très respectueux de toute personne qu'ils estiment avoir du talent. Je peux vraiment le dire, Joe. »
Une semaine plus tard, quelqu'un du bureau d'Epstein l'a invité à « rencontrer les garçons » le mercredi suivant. Le rapport d'Orton sur sa visite est caractéristiquement comique : « un homme

---

[108] *Loot* est une des pièces loufoques écrite par Joe Orton. Sloane et Hal sont également des personnages qu'il a mis en scène précédemment. Joe Orton a inspiré le personnage principal du film de Stephen Frears, *Prick up your Ears* (N.d.t.).

jeune, coiffé d'une manière qui serait démodée... en 1958. Petit, avec un air d'éternel étudiant, s'est approché et a dit : "Je suis l'assistant personnel de Brian Epstein." Il m'est venu à l'esprit de me demander pourquoi les Anglais n'ont jamais réussi à trouver un mot parfaitement respectable pour "*boy-friend*". «Je crains qu'il y ait eu une confusion plannings des plus horribles. Tous les rendez-vous des garçons ont été repoussés d'une heure et demie." Je devais certainement me montrer très distant : "Voulez-vous que je revienne à six heures ?" J'ai dit. "Eh bien, non. Ne pourrions-nous pas prendre un autre rendez-vous ?" "Quelle garantie y a-t-il que vous ne l'annulerez pas aussi ?" lui ai-je dit. "Je pense que vous feriez mieux de vous trouver un autre scénariste." Ceci dit avec un succès indifférent, bien que l'effet soit saisissant. Il m'a demandé d'attendre une minute et est parti pour revenir avec Brian Epstein lui-même.

« Je m'attendais à type proche d'un Michael Codron[109]. J'avais imaginé qu'Epstein était fleuri, juif, brun et autoritaire. Au lieu de cela, j'étais face à face avec un jeune homme léger aux cheveux de souris. Délavé d'une certaine façon. Il avait un accent de banlieue. Je suis entré dans son bureau. "Pourriez-vous nous rejoindre, Paul et moi, pour dîner ce soir ?" m'a-t-il proposé. "Nous voulons vraiment avoir le plaisir de vous parler." "J'ai un engagement au théâtre ce soir", ai-je répondu, désormais boudeur et peu serviable. "Pourrais-je envoyer la voiture vous chercher après le spectacle ?" » Orton est arrivé à la maison d'Epstein à Belgravia dix minutes en avance, et s'est promené pour tuer le temps. Lorsqu'il a sonné, un vieil homme est apparu. Il avait l'air surpris de me voir. « "Est-ce la maison de Brian Epstein ?" ai-je demandé. «Oui, monsieur», a-t-il dit, et il a ouvert le chemin vers le hall. J'ai soudain réalisé que l'homme était le majordome. Je n'en avais jamais vu auparavant... Il m'a emmené dans une pièce et a dit d'une voix forte : "M. Orton." Tout le monde a levé les yeux et s'est levé. On m'a juste présenté à une ou deux personnes. Et Paul McCartney. Il était comme sur les photos. Sauf qu'il s'était laissé pousser la moustache. Ses cheveux étaient aussi plus courts. Il jouait le dernier disque des Beatles « Penny Lane ». J'ai beaucoup aimé. Puis il a joué l'autre face – « Strawberry quelque chose ». J'ai beaucoup moins aimé. »

Ils ont discuté et se sont mis d'accord sur le fait que le film ne devait pas se dérouler dans les années 1930. Plus tard, ils sont allés dîner. « L'homme de maison- qui qui ressemblait beaucoup trop à un majordome pour un bon casting - s'affairait dans un coin. La seule chose qui me vient à l'esprit, si on me demande ce que je pense du théâtre, a déclaré Paul M., c'est un cul douloureux." » Paul a ajouté que *Loot* était la seule pièce qu'il n'avait pas voulu quitter avant la fin.

« "J'aurais même aimé en avoir un peu plus", a-t-il dit. Nous avons parlé du théâtre. J'ai dit que comparé à la scène pop, le théâtre était coincé. "Le théâtre a commencé à se dégrader quand la reine Victoria a anobli Henry Irving, ai-je dit. Trop respectable, putain !" »

Les deux hommes ont parlé de drogue, de champignons magiques et de LSD. « "La drogue, pas l'argent", ai-je dit. On a parlé de tatouages. Et après une ou deux références voilées, de marijuana. J'ai dit que j'en avais fumé au Maroc. L'atmosphère s'est un peu détendue. »

Après le dîner, ils ont regardé une émission de télévision. « Il y avait des expressions comme « la foule en vogue » et « swinging London ». Il y a eu un petit grattement à la porte. J'ai cru que c'était le vieux serviteur, mais quelqu'un s'est levé pour ouvrir la porte et environ cinq très jeunes et jolis garçons sont entrés. J'espérais plutôt que ce soit le divertissement de la soirée. Mais ce n'était pas le cas. C'était un groupe pop appelé les Easybeats. Je les avais vus à la télé. Je les aimais beaucoup à l'époque. » C'est alors qu'arrive le photographe français Jean-Marie Périer, porteur d'une série de photos pour la couverture de *Strawberry Fields Forever*. « Excellente photo, juge Orton. Les quatre Beatles ont

---

[109] Producteur de théâtre (né en 1930), fait chevalier en 2014.

l'air différents avec leurs moustaches. Comme les anarchistes des premières années du siècle. » Orton a engagé la conversation avec un Easybeat, « se sentant légèrement comme une sorte de presse-purée Edwardien face à une fille légère » avant de décider qu'il était temps de rentrer chez lui. « J'ai eu un dernier mot avec Paul M. "Eh bien, ai-je dit, j'aimerais faire le film. Il n'y a qu'une chose à arranger." "Tu veux dire le fric?" "Oui." Nous avons souri et nous nous sommes séparés. J'ai pris un taxi pour rentrer chez moi. »

Le lendemain, Orton a parlé à son agent, Peggy Ramsay. «" Nous devrions demander 15 000 livres", lui ai-je annoncé, "s'ils rejettent notre offre, ne pas descendre en dessous de 10 000 livres. Après tout, que je le fasse ou non n'a aucune importance pour moi." Peggy était d'accord. Elle a dit qu'elle allait demander 15 pour obtenir 12 avec un pourcentage. "S'ils veulent nous payer en dessous de 10, ils n'ont qu'à aller se faire voir", ai-je dit. "Bien sûr, chéri", m'a répondu Peggy. »

Laissant Ramsay s'occuper du contrat, Orton s'est attelé à l'écriture, pillant sans vergogne son roman inédit *Head to Toe* pour la majeure partie de l'action. Il pensait qu'il « aurait pu être conçu en pensant aux Beatles », bien que, même en 1967, il ait probablement surestimé leur propension à la décadence.

En l'espace de quinze jours, il avait presque terminé son scénario. Après une vague suggestion d'Epstein selon laquelle ils pourraient demander à Antonioni de réaliser le film, Orton n'entend plus parler ni de Shenson ni d'Epstein ; tous deux ne répondent pas à ses appels. Peggy Ramsay, livide, décrit Epstein comme « un amateur et un imbécile ». Dans son journal, Orton le condamne comme « un type extrêmement faible et flasque ».

Après un certain temps, il a été informé que *Up Against It* lui serait rendu. « Aucune explication. Aucune critique du scénario. Et apparemment, Brian n'avait pas de commentaire à faire non plus. Qu'ils aillent se faire voir. » Mais au fond de lui, il savait très bien pourquoi ils l'avaient refusé. « À la page 25, les Beatles avaient commis des adultères, des meurtres, s'étaient habillés en travestis, avaient été en prison, avaient séduit la nièce d'un prêtre, avaient fait exploser un monument aux morts et toutes sortes de choses de ce genre. Je ne peux pas vraiment leur en vouloir, mais cela aurait été merveilleux. »

Dans la semaine qui suit, le producteur Oscar Lewenstein achète le script rejeté d'Orton pour 10 000 livres. Le 9 août un chauffeur arrive à l'appartement d'Islington de Joe Orton pour le conduire aux studios de Twickenham pour une réunion avec Lewenstein et l'ancien réalisateur des Beatles, Richard Lester. En l'absence de réponse, il téléphone à Lewenstein. Ce dernier lui demande d'insister. Finalement, le chauffeur jette un œil par le trou de la boîte aux lettres et voit le corps nu d'un homme chauve étendu sur le sol du couloir.

La police a trouvé deux cadavres : Kenneth Halliwell sur le sol, et Joe Orton sur le lit, matraqué à mort avec un marteau. Le succès de Joe Orton avait exacerbé le sentiment d'échec déjà de Keneth Halliwell. Après avoir tué Orton, il avait avalé vingt-deux Nembutals, arrosés d'une canette de jus de pamplemousse.

Aux funérailles de Joe Orton, dans la chapelle ouest du crématorium de Golders Green, « A Day in the Life », qui était le morceau préféré de Joe, a été diffusé. Certains l'ont trouvé trop calme ; d'autres ont désapprouvé la façon dont toutes les références psychédéliques avaient été supprimées. En sortant de la chapelle, l'une des personnes en deuil a fait remarquer que l'accord de piano retentissant à la fin sonnait exactement comme le couvercle d'un cercueil que l'on frappe pour le fermer.

96

Plus ils voyageaient, plus ils regardaient en arrière. Ils étaient comme Till l'espiègle, avec leurs flûtes, entraînant leur génération dans une file indienne sur des chemins inexplorés ; mais ils étaient aussi les petits garçons au bout de la file, remplis de nostalgie pour le monde qu'ils avaient laissé derrière eux.

Après que les Beatles ont fini de jouer au Liverpool Empire en décembre 1963, John se rendit chez sa tante Harrie et fouilla dans ses vieilles affaires. Son ami d'école Pete Shotton regarde avec étonnement John trier de vieux livres et dessins : « Il me semblait que John, à un carrefour étincelant de sa vie et de sa carrière, se raccrochait instinctivement aux souvenirs de son enfance - comme si ces objets familiers et rassurants pouvaient en quelque sorte faciliter sa transition vers un avenir inconnu. »

À l'âge de vingt-quatre ans, John était perplexe face aux complexités de l'âge adulte, et nostalgique des jours passés. « *When I was younger, so much younger than today* » (« Quand j'étais plus jeune, tellement plus jeune qu'aujourd'hui »). À vingt-cinq ans, il chante avec nostalgie « *places I'll remember all my life* » (« les endroits dont je me souviendrai toute ma vie »). À vingt-six ans, son grand éloge de l'enfance, « Strawberry Fields Forever », juxtapose l'hallucinogène et le nostalgique, comme un trip d'acide dans une pépinière. Paul a décrit le jardin de l'Armée du Salut sur lequel il s'est basé comme une forme d'utopie, le « jardin secret de John... il y avait un mur à franchir pour rejoindre ce lieu imaginaire dans lequel on pouvait se coucher. C'était un jardin plutôt sauvage, pas du tout entretenu, il était donc facile de s'y cacher. La partie dans laquelle il entrait était un jardin secret comme dans *Le lion, la sorcière blanche et l'armoire magique*[110], et il y pensait comme ça, c'était une petite cachette pour lui où il pouvait peut-être fumer une cigarette, vivre un peu ses rêves, une escapade. C'était une évasion. »

Certaines des chansons les plus sombres de Lennon et McCartney présentent le caractère impitoyablement jovial des comptines pour enfants. Bungalow Bill va dans la jungle avec son fusil et tue des animaux ; Maxwell assassine ses victimes avec un marteau en argent. La chanson solo de John « My Mummy's Dead » a le même air que la comptine « Three Blind Mice », dont les queues sont coupées avec un couteau à découper.

Lorsque Kenneth Tynan travaillait sur la version scénique de deux des livres de John pour le National Theatre, il s'est fixé la tâche délicate d'essayer d'expliquer leur signification à un Laurence Olivier déconcerté. « Les poèmes de John parlent tous du début des choses, a-t-il déclaré. La première prise de conscience du cinéma, des livres ou de la poésie. À travers cela, nous obtenons une image complète de son enfance à Liverpool. » Il s'est ensuite souvenu de quelque chose que le Maharishi avait dit à propos de « cette absorption qui se produit lorsque les enfants jouent et qu'ils ne sont nulle part ailleurs. »

Pour sa part, Paul a été élevé dans les chansons de famille. Il prenait plaisir à écrire de la musique que son père aurait pu jouer « il y a très, très longtemps ». Le film surréaliste des Beatles, *Magical Mystery Tour*, était considéré comme presque incompréhensible par tout adulte, mais il était en grande partie constitué de souvenirs aléatoires de l'enfance. « J'ai eu une idée, avait dit Paul à son

---

110 Roman jeunesse de C.S. Lewis, premier tome du *Monde de Narnia*, publié en 1950. (N.d.t.)

assistant Alistair Taylor alors qu'il se demandait quoi filmer. Est-ce qu'ils font encore des visites guidées en bus ? » Malgré son côté progressif et farfelu, le film est un voyage dans le passé, parsemé de scènes de l'enfance des Beatles - fanfares, chants dans les bus, numéros de danse de Busby Berkeley, hommes avec des mouchoirs noués sur la tête, tirs à la corde dans les fêtes de village - le tout vu à travers les miroirs déformants des rêves ou du LSD, voire des deux. Les Beatles se sont lancés dans le tournage comme mus par des caprices d'enfants. Paul a un jour téléphoné à Taylor à deux heures du matin en disant : « Je veux une douzaine de lutteurs nains pour demain. » Le film a l'air sans queue ni tête parce que c'est ce qu'il était au fond : les idées qui avaient germé pendant la nuit étaient filmées le lendemain. Un matin, John dit à Paul : « Mon Dieu, j'ai fait un rêve étrange. » « Allez, répond Paul. Souviens-toi de ce rêve et nous le filmerons. » John a dit qu'il s'était transformé en serveur et qu'il était en train de pelleter des spaghettis sur quelqu'un. « Fantastique ! dit Paul. C'est parti ! »

Lors de sa sortie en mai 1967, *Sgt. Pepper's Lonely Hearts Club Band* est salué comme une vision du futur. Timothy Leary, allergique à l'euphémisme, déclare : « John Lennon, George Harrison, Paul McCartney et Ringo Starr sont des mutants. Des agents évolutifs envoyés par des dieux, dotés de pouvoirs mystérieux pour créer une nouvelle espèce humaine ». Même le plus nuancé Kenneth Tynan a considéré qu'il s'agissait « d'un moment décisif dans l'histoire de la civilisation occidentale. » Mais il s'agit tout autant d'une tentative pour renouer avec le passé : une complaisance dans la nostalgie, brodée de fanfares pittoresques et d'attirail de fête foraine. Les hippies adorent repérer les références à la dope et au LSD dans l'album, mais Joe, le grand-père de Paul, le tubiste de son orchestre de son entreprise[111], aurait repéré tout autant d'allusions aux cirques et aux music-halls édouardiens. La chanson-titre revient vingt ans en arrière, à l'époque où « Sgt. Pepper a appris au groupe à jouer » ; « Getting Better » est basée sur l'école ; dans « She's Leaving Home », les parents de la fugueuse ont sacrifié la plupart de leurs vies ; « Being for the Benefit of Mr Kite » célèbre le bon vieux temps, quand un moment splendide était garanti pour tous ; dans « Good Morning Good Morning », John décide de faire un tour à son ancienne école, et découvre que « rien n'a changé, c'est toujours la même chose ». Même dans le morceau le plus progressiste, « A Day in the Life », John voit un film dans lequel « l'armée anglaise vient de gagner la guerre » ; et « When I'm Sixty-Four » étend la portée de la nostalgie vers l'avenir, avec Paul qui attend avec impatience le moment où il pourra se remémorer un passé doré.

---

111 Cope Bros & Co. Ils fabriquaient des produits du tabac - tabac à priser, cigarettes, tabac à pipe, cigares.

97

Figures sur la couverture de *Sgt. Pepper's Lonely Hearts Club Band* :

Fred Astaire, danseur / Mahavatara Babaji, gourou / Aubrey Beardsley, artiste / Les Beatles, en personne et en cire / Larry Bell, sculpteur / Wallace Berman, artiste / Issy Bonn, comédien / Marlon Brando, star de cinéma / Bobby Breen, chanteur / Lenny Bruce, comédien / William Burroughs, auteur / Lewis Carroll, auteur / Stephen Crane, auteur / Aleister Crowley, auteur, occultiste / Tony Curtis, star de cinéma / Marlene Dietrich, chanteuse, star de cinéma / Dion, chanteur / Diana Dors, actrice / Bob Dylan, auteur-compositeur-interprète / Albert Einstein, physicien / W.C. Fields, comédien / Sri Yukteswar Giri, gourou / Huntz Hall, acteur / Tommy Handley, comédien / Oliver Hardy, comédien / Aldous Huxley, romancier et philosophe / James Joyce, auteur / Carl Jung, psychologue / Stan Laurel, comédien / T.E. Lawrence (Lawrence d'Arabie) / Richard Lindner, artiste / Sonny Liston, boxeur / Dr David Livingstone, explorateur / Karl Marx, économiste et philosophe / Merkin, artiste / Max Miller, comédien / Tom Mix, star de cinéma / Marilyn Monroe, star de cinéma / Sir Robert Peel, premier ministre, fondateur de la police / Edgar Allan Poe, auteur / Tyrone Power, star de cinéma / Simon Rodia, sculpteur / George Bernard Shaw, dramaturge / Terry Southern, auteur / Karlheinz Stockhausen, compositeur / Albert Stubbins, footballeur / Stuart Sutcliffe, ancien Beatle / Shirley Temple, enfant star de cinéma / Dylan Thomas, poète / Johnny Weissmuller, acteur / H.G. Wells, auteur / Mae West, star de cinéma / H.C. Westermann, sculpteur / Oscar Wilde, auteur et dramaturge / Sri Paramahansa Yogananda, gourou / Timothy Carey, acteur (masqué par George Harrison) / Sophia Loren, actrice (invisible derrière les cires des Beatles) / Marcello Mastroianni, acteur (invisible derrière les cires des Beatles si ce n'est pour son chapeau)

Proposés mais non utilisés :

Mahatma Gandhi, activiste politique (abandonné suite à la pression de Sir Joseph Lockwood, directeur d'EMI) / Leo Gorcey, acteur (abandonné après avoir demandé 400 $ pour son image) / Adolf Hitler (demandé par John, mais abandonné car trop controversé) / Jésus-Christ (demandé par John, mais abandonné car trop controversé)

98

Si vous aviez vingt ans l'été 1967, San Francisco était le meilleur endroit au monde où aller. Mais j'avais dix ans, et j'étais pensionnaire dans une école préparatoire catholique romaine appelée Farleigh House, à Farleigh Wallop, à quelques kilomètres de Basingstoke. Mon ami Miller a essayé de porter une fleur dans ses cheveux, mais le major Watt lui a dit de l'enlever immédiatement. La rumeur voulait que le Major Watt soit un espion nazi. Quelqu'un l'avait vu dans la cour de l'école, tard dans la nuit, transmettre des messages secrets aux Allemands à l'aide d'une torche. Les personnes gentilles étaient rares. Notre nouveau maître d'histoire, M. Wall, portait des chaussettes roses et avait un air de bohème débraillé, mais il est parti sous le coup de l'émotion après avoir baissé son pantalon lorsque quelqu'un lui a demandé de quelle couleur était ses sous-vêtements. La gentillesse, les fleurs et même les cheveux étaient en quantité limitée.
J'étudiais dur pour ma confirmation. Pourquoi Dieu m'a-t-il fait? Dieu m'a fait pour le connaître, l'aimer et le servir dans ce monde et être heureux avec lui pour toujours. Dans nos cours de confirmation, nous prenions un plaisir particulier à interroger M. Callaghan sur les points délicats de la théologie catholique romaine. On en revenait toujours à la même vieille île déserte. « Monsieur, monsieur, monsieur! Mais si vous étiez coincé sur une île déserte, et qu'il y avait un bébé qui mourait, et que le bébé n'avait pas été baptisé, monsieur, et qu'il n'y avait pas d'eau à proximité, monsieur. Auriez-vous le droit d'utiliser votre salive, monsieur? Seriez-vous autorisé à utiliser votre pipi, monsieur? »
Nous avions deux messes par semaine, le mercredi et le dimanche, et deux bénédictions, le mardi et le vendredi. À chaque bénédiction, nous chantions un hymne appelé « Tantum Ergo »:

> Tantum ergo Sacramento
> Veneremur cernui
> Et antique
> Documentum
> Novo cedat ritui

Je l'ai chantée deux fois par semaine pendant cinq ans. Aucun d'entre nous n'a jamais demandé ce qu'elle signifiait, et je ne le sais toujours pas. Sacrements, vénérer, antiquité, documents ... mais sa signification n'avait pas d'importance. Sa sonorité était sa signification; son absence de signification était sa signification. Le latin était la première langue de Dieu, et sa signification flottait directement vers le ciel sur un nuage d'encens sortant d'un encensoir balancé avec une telle vigueur par les aînés que les nouveaux garçons au premier rang disparaissaient souvent, toussant et bafouillant, dans un brouillard impie.
« Lady Madonna » est sortie au milieu du trimestre de printemps suivant. Je me souviens très bien de l'avoir entendue en provenance d'une radio appartenant à des ouvriers du bâtiment qui réparaient la piscine de l'école. Son titre représentait l'amalgame parfait des deux éléments essentiels d'une éducation catholique privée en Grande-Bretagne, suggérant que la Vierge elle-même était une aristocrate. Mais qu'est-ce que tout cela signifiait? Pourquoi Lady Madonna devait-elle s'inquiéter de joindre

les deux bouts ? (« *how you manage to make ends meet.* »)
« Lady Madonna » a été suivi de « Hey Jude » et « Instant Karma ». La musique pop s'éloignait du sens et se rapprochait du langage du « Tantum Ergo », forçant le sens à faire place à quelque chose de plus mystérieux.

Au camp des scouts, nous avons chanté « *Gin gan gooly-gooly-gooly-gooly watch-a, gin gan goo, gin gan goo* ». En maths, nous avons dessiné des diagrammes de Venn. Les Beatles ont chanté « I am the Walrus » (« *goo-goo-ga-joo* »). Le mercredi des cendres, nous entendions le prêtre répéter sans cesse « Souviens-toi que tu es poussière et que tu redeviendras poussière » en frottant de la cendre sur nos fronts. Les jours d'obligation, nous allions tous visiter les cachettes des prêtres dans les demeures catholiques. Je me suis souvent demandé si les groupes aux noms latins, comme Procol Harum et Status Quo, étaient aussi catholiques. Et derrière tout cela, « Tantum Ergo » était notre bande-son. Ma révérence pour le paradis lointain de San Francisco n'a jamais été en désaccord avec ma révérence pour un de mes autres hymnes appelé « La Foi de nos pères ». Je me souviens avoir ressenti un choc brutal en apercevant pour la première fois le titre en haut de la partition du maître de musique pour « While Shepherds Watched Their Flocks ». Il y était écrit tout simplement « *Sox* ».

Cinquante ans plus tard, je gagne ma vie en parodiant, en donnant du sens à l'absurde, en traduisant les mots des autres en leur charabia d'origine. Je trouve que « Tantum Ergo » s'est logé dans ma tête, comme si un groupe dissident de mes cellules cérébrales forment un chœur de chapelle, chantant « Tantum » à pleine voix à des moments impromptus. Et à d'autres moments, je perçois le chœur dans ma tête chanter :

> Friday night arrives without a suitcase
> Sunday morning creeping like a nun[112]

ou

Semolina pilchard, Climbing up the Eiffel Tower / Elementary penguin singing Hare Krishna[113]

ou

There's nowher you can be that isn't where you're meant to be[114]

et mon imagination revient sans cesse à Farleigh House, Farleigh Wallop, Basingstoke, Hampshire. Ou peut-être a-t-elle toujours été coincée là-bas, et je suis en quelque sorte un pensionnaire qui n'est jamais rentré.

---

112 « *le vendredi soir vient sans bagage / Dimanche matin traîne comme une nonne* »
113 « *La semoule à la sardine grimpe en haut de la Tour Eiffel / Les jeunes pingouins chantent Hare Krishna* » (« *Pilchard* », qui se traduit par sardine à l'huile, est plus complexe quand il s'agit d'une personne : en général, le « *pilchard* » est un bon à rien, ou un manipulateur sournois (N.d.t.).
114 « *Il n'y a aucun endroit où vous pouvez être qui ne soit pas celui où vous devez être.* »

99

À l'aube du *Summer of Love*, Brian Epstein informe George Martin de ses plans audacieux pour que les Beatles obtiennent le plus large public de leur histoire. « Il est venu me voir et m'a dit : "Écoute, il y a un rendez-vous international avec toutes les nations et les Beatles ont été choisis pour le représenter. Nous ferions une émission en direct pour 200 à 300 millions de personnes dans toutes les parties du globe." » Une « ambiance de fête » était indispensable, et le temps était compté. Epstein a chargé Tony Bramwell de rassembler des stars suffisamment groovy pour l'émission en direct du lendemain. Bramwell décide d'écumer les clubs les plus en vogue : le Speakeasy, le Cromwellian, le Bag o'Nails, le Scotch of St James. Au Speakeasy, il trouve Keith Moon, « absolument stupéfiant ». Moon accepte avec empressement l'invitation, mais refuse la suggestion de Bramwell de se reposer d'abord : « Si ça ne vous dérange pas, je vais continuer. »

Bramwell retrouve Mick Jagger au Scotch de St James, et lui explique que l'émission sera diffusée dans le monde entier. L'acceptation désinvolte de Jagger – « Pas de problème » - cachait peut-être un certain degré d'envie. « Vous ne pouvez pas acheter ce genre de publicité », a-t-il déclaré. D'autres clubs se sont avérés tout aussi fructueux, avec Eric Clapton et divers Small Faces acceptant de se présenter. Et c'est ainsi que, dans l'après-midi du 25 juin 1967, tout ce beau monde afflue au Studio One d'Abbey Road : Jagger et Richards, Marianne Faithfull, Graham Nash des Hollies, Gary Leeds des Walker Brothers. À l'instar de la course hippique du Royal Ascot, qui avait lieu au même moment, de nombreux participants ont fait des efforts vestimentaires, notamment Paul, qui est resté debout toute la nuit pour appliquer des motifs psychédéliques sur sa chemise. Ringo portait un costume taillé sur mesure par Simon et Marijke du collectif psychédélique néerlandais The Fool, tandis qu'Eric Clapton est arrivé avec ses cheveux fraîchement permanentés, une nouvelle avancée frappante dans le toilettage masculin.

Regarder la rediffusion du clip de « All You Need is Love », lors de cette retransmission mondiale, c'est comme regarder le *Summer of love* à travers un kaléidoscope. Le film commence par les trompettes de l'orchestre de treize musiciens, en smoking et cravate noire, qui entonnent « La Marseillaise ». Paul chante « Love, love, love » assis sur un tabouret haut, une fleur rouge dépassant de l'écouteur de son oreille gauche. Les violoncellistes ont les yeux rivés sur leurs partitions. Que ressentent-ils à l'idée d'être plongés dans ce nouveau monde de l'amour libre, dont la musique est si différente de la leur ? Ces musiciens sérieux, ces hommes d'envergure, n'apprécient-ils pas de devoir faire des courbettes à une bande de hippies défoncés, ou sont-ils exaltés d'être admis dans cet univers magique où il n'y a rien que vous puissiez faire qui ne puisse être fait ?

John a une main appuyée sur son casque au-dessus de son oreille gauche, ses yeux sont fermés, ses lunettes descendent jusqu'au tiers de son nez, deux fleurs sortent du sommet de sa tête et une autre surgit de son front comme une torche de mineur. Il mâche distraitement un chewing-gum en chantant *« Nothing you can say but you can learn how to play the game »*. Il semble imperturbable à l'idée de chanter devant 350 millions de téléspectateurs dans le monde entier, mais en même temps concentré sur son travail : il ne regarde pas autour de lui, ni ne reconnaît le public. Tony Bramwell dira plus tard que John était « concentré et speed », mais il donne plutôt l'impression de l'insouciance.

Et voilà le quatuor de violons, assis en cercle, à lunettes et studieux, l'un d'entre eux ayant un crâne chauve se balançant dans une mer de cheveux. Le premier violon, Sidney Sax, a cinquante-quatre ans et se trouve dans une pièce remplie de jeunes de vingt ans ; il a également joué sur « Yesterday » et « Eleanor Rigby ».

La caméra passe à un magnétophone qui tourne en rond, puis à un plan plus large du studio, décoré de fleurs à profusion et, pour ajouter à l'illusion d'une fête d'enfants, de centaines de ballons aux couleurs vives. Aha ! Voilà Mike, le frère de Paul, assis par terre près des genoux de John, qui a l'air de s'ennuyer, ou d'être défoncé, ou peut-être un peu des deux. Nous voyons George pour la première fois, en fuseau rouge, manteau de fourrure et moustache, et là, à l'arrière, la silhouette rassurante de Ringo, d'une fiabilité à toute épreuve, qui marque le rythme sur sa batterie, joue le hippie dans une veste de soie violette avec des perles partout, mais, imperturbablement, il sera toujours le type serviable qui conduit le bus.

Retour à la section de cuivres musclés, et aux temps anciens. Ils sont dirigés par David Mason, quarante et un ans, professeur au Royal College of Music. En 1958, il a joué du bugle lors de la première de la neuvième symphonie de Ralph Vaughan Williams, dirigée par Malcolm Sargent, en présence du compositeur.[115] Vaughan Williams - élève de Ravel, ami de Holst - avait alors quatre-vingt-cinq ans, et était à trois semaines de la mort. Pendant les dix premières années de sa vie, il avait connu son grand-oncle, Charles Darwin. Lorsque le jeune Ralph avait interrogé sa mère sur *L'Origine des espèces*, elle lui avait répondu : « La Bible dit que Dieu a créé le monde en six jours. Le grand-oncle Charles pense que cela a pris plus de temps ; mais nous ne devons pas nous en inquiéter, car c'est tout aussi merveilleux dans les deux cas. » De Charles Darwin à John Lennon en seulement trois connexions : les Beatles distendent la flèche du temps à merveille[116].

Le studio est rempli de tant de choses qu'il a des airs de plateau de *Steptoe and Son* : pendant que l'esprit était à la célébration de l'amour et de la paix, les caméramen, noyés dans un imbroglio incontrôlable ponctuaient l'ensemble de jurons. À l'arrière-plan, une marionnette à fils porte quatre ballons à lettres – L, O, V et E - attachés à sa tête.

De nombreux membres du public regardent dans le vide, l'air soit ennuyé soit cool : à l'époque, il était difficile de faire la différence. Mick Jagger est assis à l'avant, faisant face à la caméra, deux énormes yeux brodés regardant à l'arrière de sa veste. Tout au long du film, on aperçoit des bizarreries : lorsque John chante « *All you need is love* » pour la énième fois, la caméra passe à un homme dégarni en chemise blanche et pantalon noir, à l'air légèrement déconcanté, comme s'il attendait de fermer à clé le studio.

Quelques secondes plus tard, alors que John chante « *It's eea-seey!* », une personne ressemblant à la princesse Margaret apparaît. Aurait-elle été là ? C'était l'été de l'amour, quand le monde était sens dessus dessous : tout était possible[117]. En août, le président de EMI, Sir Joseph Lockwood, est reçu par la reine au palais de Buckingham. « Les Beatles deviennent horriblement drôles, n'est-ce pas ? » lui dit-elle.

Pour une raison quelconque, George mérite à peine un coup d'œil, et n'est pas filmé du tout pen-

---

115 Il a également joué du bugle sur « Penny Lane ».
116 À cette époque, Paul a discuté du Vietnam avec Bertrand Russell, qui se souvenait de rencontres d'enfance avec William Gladstone ; Gladstone lui-même avait l'habitude de prendre le petit déjeuner avec le vieux William Wordsworth (né en 1770). C'est donc de « Blackbird » à « Daffodils » en trois connexions. Le grand-père de Russell, le premier ministre victorien Lord John Russell, a rendu visite à Napoléon en exil sur l'île d'Elbe. Donc, si vous préférez, vous pouvez passer de Paul McCartney à Bertrand Russell à Lord John Russell à l'empereur Napoléon en seulement trois bonds.
117 En avril 1969, la princesse Anne, vêtue d'un tailleur-pantalon bleu marine, s'est jointe à d'autres membres du public pour danser sur la scène de la comédie musicale hippie *Hair*. « La princesse, âgée de dix-huit ans, s'est lancée dans une danse avec moults déhanchements, balançant ses bras avec abandon », a observé le *Daily Telegraph*.

dant son bref solo de guitare, autrefois élu cinquième plus mauvais de tous les temps. Puis la coda démarre, l'orchestre s'élance sur le magistral méli-mélo de Bach, « Greensleeves » et « In the Mood » de George Martin, et le public applaudit mollement ; Mick Jagger abandonne les applaudissements à mi-chemin. Où sont les autres membres des Rolling Stones, des Who, des Small Faces, des Walker Brothers, dont on disait qu'ils étaient là ? J'ai dû regarder la vidéo vingt-cinq fois ou plus, mais je ne les ai toujours pas aperçus.

Vers la fin, cinq proches hommes-sandwichs défilent avec panneaux portant le slogan « *All You Need is Love* » en différentes langues. Ils forment un petit cercle inconfortable, comme des enfants forcés de participer à une parade de Pâques. Le panneau de Tony Bramwell indique « LOVE LOVE LOVE », et celui d'Alistair Taylor « LOVE **ЛЮБОВ** AMOR AMORE ». Plus tôt dans la journée, Taylor avait été contraint par Paul McCartney de porter une chemise psychédélique, qui trouvait sa tenue de bureau habituelle trop coincée. Vers l'arrière, quelqu'un tient un panneau disant « COME BACK MILLY », un message personnel à l'une des tantes de Paul, partie en Australie rendre visite à son fils et ses petits-enfants.

Alors que la chanson touche à sa fin, John et Paul se mettent à chanter « *She loves you yeah, yeah, yeah* », qu'ils avaient sorti quatre ans plus tôt, mais qui perce maintenant le brouillard hippie comme un hymne à la jeunesse perdue. Et que dire de « All You Need is Love » ? Certains puristes des Beatles la trouvent trop banale, ses paroles étant un étrange mélange de truismes – « *Nothing you can sing that can't be sung* » (« Rien que vous puissiez chanter qui ne puisse être chanté ») - et de non-truismes – « *nowhere you can be that isn't where* » (« nulle part où vous puissiez être qui ne soit pas là »), le tout étant trop mielleux, insignifiant et contradictoire pour être pris au sérieux.

Ian MacDonald le décrit comme « l'un des hits les moins méritants des Beatles », ajoutant qu'il « doit davantage à la réputation du groupe qu'à son son inspiration. » Pour lui, il s'agit d'une œuvre superficielle et bâclée : « La paresse sous l'emprise de la drogue était la moitié du problème. » Il s'en prenait autant à l'esprit du temps qu'à la chanson qui l'exprimait : l'idée que tout ce qui vaut la peine peut être atteint sans effort – « *it's ea-seey* » - et que chaque personne, aussi terne et morose soit-elle, peut se considérer comme un artiste.

C'est peut-être la raison pour laquelle elle est aimée par un si grand nombre de personnes : le boxeur George Foreman, l'actrice comique Penelope Keith, le danseur Wayne Sleep et le pilote de course Jackie Stewart l'ont tous choisie comme disque à emporter sur une île déserte. Lorsqu'il était ministre de l'Intérieur au milieu des années 1990, Michael Howard avait l'habitude d'écouter les Beatles dans sa voiture de fonction. Il considère « All You Need is Love » comme « peut-être la quintessence du disque des années 1960. » De l'autre côté de l'Atlantique, Al et Tipper Gore l'ont joué lors de leur mariage en 1970. En 2005, la transcription du couplet par John, qu'il a utilisée lors de l'enregistrement, s'est vendue 1 million de dollars aux enchères.

Brian Epstein semblait être le plus heureux et le plus détendu ce jour-là. C'était, déclarait-il, la meilleure chose que les Beatles aient jamais faite : « C'est une chanson merveilleuse, magnifique, qui donne des frissons. » Il a assisté à la séance en chemise à col ouvert et costume de velours noir, semblant inhabituellement insouciant. Peut-être que la chanson disait tout ce qu'il a toujours voulu dire, mais sans l'avoir fait… en homme torturé qu'il est. Il pouvait regarder par la fenêtre et contempler un monde utopique au-delà, mais la fenêtre elle-même restait fermement fermée. On ne peut pas sauver quelqu'un qui ne peut pas être sauvé ; sauf Brian. Ce jour-là, il lui restait neuf semaines à vivre.

100

Un mois avant sa mort, Brian Epstein a écrit à son partenaire commercial américain, Nat Weiss, pour le remercier de ses bons mots suite au récent décès de son père.

Il poursuit : « La semaine de Shiva se termine ce soir et je me sens un peu bizarre. Cela m'a probablement fait du bien d'une certaine façon. Du temps pour réfléchir et constater qu'au moins, ma mère a vraiment besoin de moi. Du temps aussi pour constater que le cercle juif non mondain des amis de mes parents et de mon frère n'est pas si mal. Provincial peut-être, mais chaleureux, sincère et basique. »

Il est passé, comme toujours, aux Beatles : « Les garçons sont partis en Grèce pour acheter une île… une idée saugrenue, mais ce ne sont plus des enfants, ils doivent suivre leur propre chemin. »

L'idée d'acheter une île grecque avait été lancée dans la tête de John par son nouveau meilleur ami, « Magic Alex » Mardas, peut-être le plus crapuleux de tous les parasites des Beatles.

Alexis Mardas était le fils d'un major de la police secrète grecque. Arrivé à Londres en 1965 avec un visa d'étudiant, il a travaillé brièvement comme réparateur de télévision avant de rencontrer par hasard le mari de Marianne Faithfull, John Dunbar. Muni d'un tournevis, Mardas avait construit une boîte avec de petites lumières qui s'allumaient et s'éteignaient au hasard. Cela a suffi à convaincre Dunbar de son génie. La boîte n'avait aucune utilité pratique, ce qui ne faisait qu'ajouter à sa merveille.

Dunbar lui présente les Rolling Stones, et Mardas saisit l'occasion pour leur proposer un système de projecteurs conçus pour s'allumer et s'éteindre au rythme de la musique en direct. Les Stones ont utilisé ce système lors de leur tournée suivante, mais avec des résultats mitigés. À la décharge de Mardas, Dunbar a affirmé que le système avait fonctionné « de temps en temps » - peut-être pendant les moments « d'arrêt ».

N'ayant pas réussi à convaincre les Stones, Mardas concentre son énergie sur John Lennon. Cynthia a vu John succomber à ses charmes : « John a été littéralement sous le charme de Magic Alex… C'était une personne vraiment sympathique, et il avait le visage d'un innocent. Ses cheveux étaient aussi blonds et aussi angéliques que son sourire. John, qui ignorait totalement les tours que l'on peut faire avec l'électricité, croyait qu'Alex avait vraiment quelque chose de magique. Il croyait chaque mot qu'il disait. »

Un matin, John l'a emmené chez Paul. Voici mon nouveau gourou – « Magic Alex », lui dit-il. Paul était un peu déconcentré, mais n'a fait aucun commentaire. C'était une époque heureuse, où le scepticisme était proscrit. « Nous n'avons pas vraiment hurlé à l'arnaque, cela aurait été un peu trop agressif, dit Paul. Alors nous l'avons simplement laissé faire. »

John considérait Mardas comme un génie, et cherchait à le récompenser en conséquence. Le 1er mai 1966, il se trouvait à Kenwood avec son vieil ami Pete Shotton lorsqu'il se souvint soudain que le lendemain était le jour de l'anniversaire de Mardas. Il s'est dit : « Putain de merde. Magic Alex vient demain et je n'ai rien prévu pour lui. Qu'est-ce que je peux lui offrir, Pete ? »

Shotton n'en avait aucune idée. John se souvenait que Mardas avait ronronné de manière appréciative sur la coûteuse voiture de sport italienne Iso Grifo que John avait achetée au salon de l'automobile d'Earl's Court une semaine auparavant. À l'époque, c'était la seule Iso Grifo du Royaume-Uni. « Donnons-lui la putain d'Iso alors ! »

Pete et John ont enroulé de grandes bobines de ruban autour de la voiture et ont complété le tout par un gros nœud. « Le garçon dont c'était l'anniversaire était impressionné. » se souvient Pete.

L'adoption de Mardas par les Beatles tombait à point nommé. À la fin de l'année 1966, le groupe avait été conseillé par ses comptables d'éviter une facture fiscale excessive en investissant leur argent dans des propriétés et dans le commerce de détails. Ils ont donc créé un certain nombre de sociétés sous l'égide d'Apple Corps, parmi lesquelles Apple Records, Apple Films et Apple Retail (qui gérait leur boutique sur Baker Street). Avec la promesse d'inventions d'une portée considérable et époustouflante, Apple Electronics est confiée à Alex Mardas pour la diriger.

À ce moment-là, John prenait des doses quotidiennes de LSD, ce qui le rendait peut-être mieux à même d'apprécier toute la splendeur de ce qu'il appelait « un des plus gigantesques laboratoires informatisés qu'on essaie d'inventer depuis des années. » Au cours des mois suivants, il s'est laissé convaincre par Magic Alex que de généreuses sommes d'argent étaient tout ce qu'il fallait pour inaugurer un âge d'or de la sorcellerie électronique.

Assis en studio, un soir, les Beatles se plaignaient mutuellement de leur manque d'intimité lorsque John suggéra qu'ils devraient créer leur propre petit royaume, comme une île, où ils pourraient construire des maisons, et un studio, et même une école. Julian pourrait y faire ses études aux côtés des enfants de Bob Dylan, qui ne manqueraient pas de les rejoindre. À ce moment-là, les oreilles de Mardas se sont dressées. Il y a, dit-il, des milliers d'îles au large de la Grèce, et en plus elles sont « très bon marché ».

Mardas a été sommairement dépêché en Grèce pour choisir l'île parfaite. Dans les quarante-huit heures, il téléphone pour dire qu'il a trouvé un groupe d'îles de la mer Égée, l'une de quatre-vingts acres, avec une oliveraie de seize acres et quatre plages isolées, entourée de quatre plus petites îles, une pour chaque Beatle. Le prix demandé était de 90 000 livres. Mardas a ajouté que, selon lui, les bénéfices des oliveraies permettraient de rembourser le coût total en sept ans.

Les quatre Beatles se sont envolés pour la Grèce, sans se soucier de l'interdiction des cheveux longs et de la musique rock par la nouvelle junte militaire au pouvoir, ni de ses déclarations selon lesquelles les infractions à la législation sur les stupéfiants étaient passibles de peines de prison à vie. Grâce à des relations familiales, Mardas semble avoir conclu une sorte de marché avec la junte : en échange d'une forme d'immunité diplomatique, les Beatles accepteraient de poser pour une série de photos pour le ministère du Tourisme. John a été averti de ne pas critiquer la junte, et de bien se tenir. « Tout ce dont je me souviens de ces vacances, c'est que certains d'entre nous ont pris de l'acide et que nous n'avons pas eu à passer le contrôle des passeports parce que le père d'Alex était si important », se souvient Pattie Boyd. Il se trouve qu'au moment où il atterrit à l'aéroport d'Athènes, John réalise avec horreur qu'il a laissé ses drogues à la maison. « À quoi bon le Parthénon sans LSD ? » se plaint-il. Après un appel frénétique au bureau du NEMS, leur chien de garde volontaire Mal Evans était à bord du vol suivant avec le paquet égaré.

« C'était un voyage formidable, se souvient George. John et moi étions tout le temps sous acide, assis à l'avant du bateau à jouer du ukulélé. La Grèce était sur la gauche ; une grande île sur la droite. Le soleil brillait et nous avons chanté *Hare Krishna* pendant des heures et des heures. »

Ils ont procédé à l'achat, contre l'avis de leurs comptables, qui insistaient sur le fait que cela mettrait davantage en péril leurs finances déjà précaires. Les dispositions pour le transfert de l'argent ont été prises directement avec le ministre des Finances, James Callaghan. À un moment donné, Callaghan a écrit aux Beatles pour les informer que 95 000 livres était « la limite absolue » qu'il autoriserait à sortir de Grande-Bretagne, ajoutant de sa propre main au bas de la lettre : « Mais pas un penny de plus... Je me demande comment vous allez le meubler ? »

Ce problème particulier a été résolu par l'indifférence. Après avoir acheté les îles, les Beatles s'en sont immédiatement désintéressés, ont oublié de construire leur utopie et ne les ont plus jamais visitées. Un an plus tard, ils les ont vendues pour un bénéfice de 11 400 livres. Avec le recul, George note avec approbation que « c'est à peu près la seule fois où les Beatles ont gagné de l'argent dans une entreprise commerciale. »

101

George et Pattie s'envolent de Grèce pour la Californie, où ils assistent à une séance d'enregistrement des Mamas and the Papas, font un saut à l'école de musique de Ravi Shankar et dînent sur Sunset Strip. Le 7 août 1967, ils se rendent à San Francisco dans un jet privé avec Derek Taylor et Neil Aspinall pour voir la sœur de Pattie, Jenny, qui y vivait. Ce n'est probablement pas une coïncidence si la face B de « All You Need is Love » est « Baby, You're a Rich Man ».
Après le déjeuner avec Jenny, George et sa bande ont pensé qu'il serait amusant de se rendre en voiture à Haight-Ashbury, le quartier hippie, où les musiciens les plus groovy - Jefferson Airplane, le Grateful Dead, Janis Joplin - étaient connus pour traîner. Sur leur chemin, Derek a fait circuler du LSD. « Puisque nous allions à Haight-Ashbury, ça aurait été bête de ne pas en consommer », se souvient Jenny. Dès qu'ils sont sortis de la voiture, « l'acide a fait effet et tout était juste "wouah", psychédélique et très... Je veux dire, c'était juste *totalement cool.* »
George espérait se promener sans être reconnu dans sa veste en jean bleu, son jean psychédélique, ses lunettes en forme de cœur et ses mocassins : après tout, la plupart des gens du Haight-Ashbury essayaient de lui ressembler, alors qui pourrait faire la différence ? De plus, San Francisco était réputée pour sa douceur : même si les hippies le reconnaissaient, ils seraient sûrement trop décontractés pour lui causer du souci.
Ce fut donc une surprise lorsque George et Pattie sont entrés dans un magasin, et l'ont trouvé immédiatement rempli de nouveaux clients. Alors qu'ils quittaient la boutique et marchaient dans la rue, une foule de personnes les suivait. Pattie pouvait même les entendre marmonner : « Les Beatles sont là, les Beatles sont en ville... »
Ce n'était pas ce à quoi George s'attendait. « Nous marchions dans la rue, et j'étais traité comme le Messie. » Qu'est-ce que ça vous a fait d'être l'une de ces belles personnes ? À ce moment précis, très mal à l'aise. Pattie était secouée : « Nous nous attendions à ce que Haight-Ashbury soit spécial, un endroit créatif et artistique, rempli de gens magnifiques, mais c'était horrible – pleine d'affreux loosers, de clochards et de jeunes délinquants, tous hors d'état de nuire. Tout le monde avait l'air défoncé - même les mères et les bébés - et ils étaient si près derrière nous qu'ils nous marchaient sur les talons. C'en est arrivé au point où nous ne pouvions pas nous arrêter de peur d'être piétinés. »
Dans l'espoir de se débarrasser de ces parasites, ils se dirigent vers le Golden Gate Park, dans le quartier connu depuis peu sous le nom de Hippie Hill. Mais George était devenu un joueur de flûte involontaire. Alors qu'ils s'assoient tous les cinq sur l'herbe, un flot de hippies leur emboîte le pas, pour être rejoints par beaucoup d'autres.
De l'arrière du rassemblement, une guitare est sortie, et est passée de main en main jusqu'à l'avant, avant d'atteindre finalement George. Pattie s'est alors rendu compte qu'ils voulaient plus de lui que ce qu'il voulait ou pouvait donner. « J'avais l'impression qu'ils avaient écouté les disques des Beatles, qu'ils les avaient analysés, qu'ils avaient appris ce qu'ils pensaient devoir apprendre et qu'ils avaient pris toutes les drogues que les Beatles chantaient. Maintenant, ils voulaient savoir où aller ensuite. Et George était là, évidemment, pour leur donner la réponse. »
George a tenté de leur donner un peu de ce qu'ils voulaient, en faisant une démonstration des accords de la guitare –« Voici le sol, voici le mi, voici le ré » - plutôt que de chanter une chanson.

Une fille a commencé à crier : « Hé ! C'est George Harrison ! C'est George Harrison ! » À cet appel, d'autres hippies commencent à se diriger vers lui ; la foule devient de plus en plus nombreuse.
Ils ont tous commencé à réclamer une chanson, mais George, de plus en plus effrayé, a poliment rendu la guitare en disant : « Désolé, mec, on doit y aller maintenant. »
Alors que lui et ses amis se levaient pour partir, un hippie s'est approché de lui en disant : « Hé, George, tu veux du STP ? » George a hésité. Une semaine ou deux auparavant, cinq mille comprimés de STP (Sérénité-Tranquillité-Paix) avaient été distribués lors de la célébration du solstice d'été, et un grand nombre de personnes s'étaient retrouvées à l'hôpital. « Non, merci, je suis cool, mec. », dit-il, et il continue à marcher.
Le hippie est contrarié et dit : « Hé, mec, tu m'as rabaissé », puis il se tourne vers la foule des adeptes et se plaint : « George Harrison m'a rabaissé. » L'ambiance décontractée et hippie a soudainement changé. « La foule est devenue hostile, se souvient Pattie. Nous l'avons senti parce que lorsque vous êtes défoncé à ce point, vous êtes très conscient des vibrations. »
George et les autres ont commencé à s'éloigner lentement, avant de se rendre compte que leur voiture était garée à un kilomètre de là, alors ils ont accéléré le pas. Mais comme ils marchaient plus vite, la foule faisait de même. George a vécu une sorte de crise de panique, accélérée par le LSD : « C'était comme la manifestation d'une scène d'un tableau de Hieronymus Bosch, de plus en plus grande, des poissons avec des têtes, des visages comme des aspirateurs. »
Neil Aspinall se souvient qu'ils étaient de plus en plus frénétiques. Les drogues leur avaient fait baisser la garde, les mettant dans la même situation qu'ils avaient toujours pris soin d'éviter. À présent, un millier de personnes environ les poursuivaient. « À la fin, nous courions pour sauver nos vies. »
Ils repèrent enfin leur limousine, et sautent dedans en claquant les portes. La foule de hippies a fait le tour de la voiture. Les fenêtres étaient pleines de ces visages, aplatis contre la vitre, qui nous regardaient. Ils ont commencé à secouer la voiture. L'adulation s'est transformée en menace, et la menace en attaque. D'une manière ou d'une autre, George et ses amis ont réussi à faire avancer la voiture, puis à s'enfuir.
C'était la dernière fois que George prenait du LSD ; plus jamais il ne placerait sa foi dans les adeptes. « Cela m'a certainement montré ce qui se passait réellement dans la culture de la drogue. Ce n'était pas ce que j'avais pensé - l'éveil spirituel et le fait d'être artiste - c'était comme l'alcoolisme, comme n'importe quelle dépendance. Cela a été le tournant pour moi - c'est à ce moment-là que j'ai abandonné tout le culte de la drogue et que j'ai arrêté de prendre le redoutable acide lysergique. »

102

Une autre figure messianique jouant de la guitare sur Hippie Hill, pendant ce *Summer of Love* attirait également un troupeau de dévots.

Plus tôt dans l'année, Charlie Manson était arrivé au terme de sept années de prison pour avoir falsifié des chèques et avoir bénéficié d'une libération conditionnelle. Pendant cette période, il s'était documenté sur la Bible et la scientologie. Grâce à son QI élevé, les autorités l'ont inscrit à un cours spécial sur le livre de Dale Carnegie, *Comment gagner des amis et influencer les gens*, dans l'espoir qu'il l'aide à se forger une vie meilleure et plus productive. Le livre de Carnegie correspondait certainement à ses principales convictions. « Tout ce que nous faisons, vous ou moi, découle de deux motifs : l'envie de sexe et le désir d'être grand », écrit Carnegie. Après sa libération en mars, Manson s'est dirigé vers Haight-Ashbury, alimenté par sa foi en lui-même en tant que musicien et sa mission de recruter des adeptes parmi les quelque 75 000 jeunes qui allaient y graviter pendant le *Summer of Love*. Contrairement à Manson, la plupart d'entre eux étaient à la recherche de quelque chose - ou quelqu'un - de plus grand qu'eux.

Bien que son séjour en prison ait duré de juin 1960, alors que les Beatles étaient encore les Silver Beetles, à mars 1967, lorsqu'ils enregistraient *Sgt. Pepper*, Manson avait réussi à s'imprégner de leurs chansons sur les radios de la prison, et avait l'habitude de dire à ses codétenus qu'un jour il les surpasserait.

Alimentées par sa paranoïa, les paroles des Beatles constituaient un élément essentiel de la philosophie de Manson. En les combinant avec des passages du *Livre de l'Apocalypse*, il a construit un message urgent de révolution et de destruction. Dans le quartier de Haight-Ashbury, il a transmis ses découvertes aux jeunes aux yeux brillants qui se sont rassemblés autour de lui, dont certains avaient seize ans, soit à peine la moitié de son âge.

103

À cette même époque, les Beatles étaient à la recherche d'un gourou à eux. C'est Pattie Boyd qui a eu l'idée la première. En feuilletant les journaux du dimanche en février 1967, elle tombe par hasard sur une publicité pour un cours de méditation transcendantale dans le centre de Londres. « Parfait. Nous sommes allés à Caxton Hall et nous nous sommes inscrits au Mouvement de régénération spirituelle. Au cours d'un long week-end, nous avons été initiés et avons reçu nos mantras. » Le leader du Mouvement de régénération spirituelle, Maharishi Mahesh Yogi, était un personnage quelque peu mystérieux, âgé de cinquante ou soixante ans, ou quelque part entre les deux : il était convaincu que de telles considérations personnelles détournaient de l'universalité de son message. Fils d'un fonctionnaire, Mahesh Prasad Varma a grandi dans la ville de Jabalpur, dans le centre de l'Inde, avant de passer un diplôme de physique et de mathématiques à l'université d'Allahabad. En 1940 - l'année de la naissance de John et Ringo - il est devenu le disciple d'un swami connu sous le nom de Shri Guru Deva, qui, seul parmi les mystiques indiens, allait apparaître dans une chanson des Beatles, « Across the Universe ».

À la mort de Guru Deva, en 1953, Mahesh Prasad Varma s'est rebaptisé Maharishi (« grand voyant ») et s'est taillé une carrière à part entière. En 1958, il avait élaboré un plan décennal pour « la régénération du monde entier par la méditation ». À cette fin, il a développé des techniques spirituelles telles que la lévitation, ou « vol yogique », dans lesquelles les participants volent, sautent ou rebondissent, en fonction de leur relation avec la gravité. La promesse du Maharishi de « l'expérience positive de la félicité céleste » s'est avérée particulièrement attrayante pour les Occidentaux aisés, et en 1959, il a établi une base pour son Mouvement de régénération spirituelle dans le sud de l'Inde.

Il s'est lancé dans une tournée mondiale annuelle, partant de Hollywood, en passant notamment par Hong Kong et Hawaï. Loin d'être timoré, il appelle à la création d'un nouveau centre du Mouvement de régénération spirituelle pour chaque million d'habitants de la planète : chacun de ces centres formerait alors un millier d'initiateurs, qui en initieraient chacun un millier d'autres, et ainsi de suite, jusqu'à ce que toute l'humanité ait été guérie de la souffrance.

Pour Pattie, ses cours ont changé sa vie. « J'avais hâte de le dire à George. Dès qu'il est rentré, je l'ai bombardé de ce que j'avais fait, et il était vraiment intéressé. Puis, joie des joies, j'ai découvert que le Maharishi venait à Londres en août pour donner une conférence à l'hôtel Hilton. Je voulais absolument y aller, et George a dit qu'il viendrait aussi. Paul avait déjà entendu parler de lui et était intéressé, et finalement nous y sommes tous allés - George, John, Paul, Ringo, Jane et moi. » La séance s'est bien passée. « Nous étions sous le charme. »

Le lendemain, le vendredi 25 août 1967, les Beatles annulent une séance d'enregistrement et montent dans un train pour Bangor, où le Mouvement de régénération spirituelle tient sa conférence d'été de dix jours. Cynthia Lennon est venue aussi, ainsi que Mick Jagger, Marianne Faithfull et la sœur de Pattie, Jenny. Brian Epstein avait été tenté, mais il était déjà engagé pour organiser une fête à domicile dans le Sussex. Se retrouver sans la main directrice de Brian mettait les Beatles mal à l'aise. C'était, se plaint John, « comme aller quelque part sans pantalon. » En quelques heures, ils ont réalisé à quel point ils comptaient sur lui : le soir même, ils ont mangé dans un restaurant

chinois à Bangor, pour découvrir qu'ils n'avaient pas d'argent pour payer l'addition. Au cours des dernières années, ils étaient devenus aussi exigeants et sans défense que des nourrissons.
Ce dimanche matin, ils apprennent la mort soudaine de Brian Epstein. John, Paul, George et Ringo se rendent immédiatement auprès du Maharishi pour être guidés. Marianne Faithfull regarde le Maharishi dire aux Beatles : « Brian Epstein est mort. Il prenait soin de vous. Il était comme votre père. Je serai votre père maintenant. » Elle a été frappée par le fait que le Maharishi exploite leur chagrin, et elle a trouvé cela effrayant : « Ces pauvres bougres ne le savaient tout simplement pas. C'était la chose la plus terrible. »
Les Beatles sont bientôt entourés d'équipes de presse et de télévision, désireuses de jauger leurs réactions. John n'avait jamais été aussi discret.
Il semblait abattu : « Je ne trouve pas les mots pour lui rendre hommage. C'est juste qu'il était adorable, et c'est à ces adorables choses que nous pensons maintenant. »
Paul a déclaré : « C'est un choc terrible. Je suis terriblement bouleversé. »

104

GEORGE MARTIN : Personne n'aurait pu imaginer que cela arriverait, et les garçons en ont été complètement brisés. Ils étaient comme un navire sans gouvernail. Une des choses terribles est que, si Brian avait vécu, il aurait perdu les Beatles. Il n'aurait pas survécu en tant que leur manager. Parce qu'ils se seraient séparés de toute façon. Ils auraient probablement cherché leurs propres personnes, plus jeunes et différentes, pour s'occuper de leurs affaires. Brian, de son propre chef, était devenu trop fragmenté, et les Beatles étaient trop égoïstes pour avoir quelqu'un comme ça. Ils voulaient quelqu'un qui ne fasse rien d'autre que les Beatles. Plus encore : à cette époque, Paul voulait quelqu'un qui ne fasse rien d'autre que Paul, John voulait quelqu'un d'exclusif, et ainsi de suite. Cela serait donc devenu une situation impossible.

JOANNE PETERSEN, ASSISTANTE PERSONNELLE DE BRIAN EPSTEIN : Les choses ont commencé à dérailler assez rapidement, presque immédiatement. Il me semble que les choses sont devenues instables très rapidement. Brian était le ciment. Il tenait tout ensemble, et dès qu'il n'était plus là, c'était comme un navire sans gouvernail. Il n'y avait personne pour diriger le navire.

DEREK TAYLOR : S'il avait vécu, Brian aurait peut-être été plus décisif et plus tenace et aurait fait traverser aux Beatles beaucoup de choses que personne d'autre ne pouvait faire. John avait une citation célèbre, « On en a marre maintenant », et dans la mesure où ils se sont séparés, c'est vrai.

MARIANNE FAITHFULL : Les Beatles ne faisaient que batifoler, vraiment, avec le Maharishi, c'est tout. Brian était bien plus qu'un brillant homme d'affaires. Il était un centre spirituel. Je pense donc que ce qui s'est passé avec le Maharishi était une trahison des valeurs spirituelles, c'est ainsi que cela a dû apparaître à Brian. S'il avait rencontré le Maharishi, il aurait vu immédiatement que ce petit bonhomme idiot n'allait pas être capable de prendre sa place. Je pense que tout le monde l'a compris dès qu'ils l'ont rencontré.

Voici ce qui se serait passé s'il n'avait pas fait cette overdose. Ils seraient rentrés à Londres et Brian aurait demandé : « Comment c'était ? » et ils auraient tous éclaté de rire comme si c'était la chose la plus ridicule. Le problème avec sa mort à ce moment-là, c'est qu'elle les a en fait poussés dans les bras du Maharishi, alors que s'il n'était pas mort, tout aurait été oublié. Le Maharishi était le petit homme le plus ridicule qu'on puisse imaginer. Tout le monde s'en est rendu compte, et nous étions tous embarrassés.

Brian avait une antenne incroyable pour sentir les choses. S'il avait été là, à Londres, lorsqu'ils sont revenus du Pays de Galles et qu'il avait répondu au téléphone dans sa robe de chambre en soie lorsque John ou Paul a appelé, les Beatles ne seraient pas partis en Inde et toutes ces choses ne seraient pas arrivées.

PAUL : La mort de Brian a en quelque sorte ouvert les vannes. Elle a donné à d'autres personnes la possibilité d'entrer alors qu'il n'y avait aucune possibilité auparavant.

Il serait trop désinvolte de suggérer que les Beatles se sont tournés vers le Maharishi pour combler le vide laissé par Brian Epstein. Comparé à Epstein, il n'était qu'un feu follet. Mais à présent, le rythme qu'ils s'étaient imposé était devenu si rapide, leurs besoins, leurs quêtes et leurs modes si aléatoires et agités, qu'ils étaient peut-être obligés de chercher une autre main pour les guider.

John et George ont quitté Bangor tellement convaincus des bienfaits de la Méditation Transcendantale qu'un mois plus tard, ils sont apparus dans l'émission *The Frost Report* pour en vanter les mérites. La semaine suivante, ils ont été invités à nouveau dans la même émission. De manière inhabituelle, George était de loin le plus bavard des deux, déblatérant sur les niveaux de conscience :

> ... La Méditation Transcendantale vous amène à ce niveau transcendantal de pure conscience, mais en y allant assez souvent, vous amenez ce niveau de conscience sur ce niveau, ou vous amenez ce niveau sur ce niveau. Mais plus ce niveau devient la conscience cosmique, plus cela signifie que vous êtes capable de vous accrocher à la pleine conscience de félicité dans le champ relatif, de sorte que vous pouvez poursuivre vos actions tout le temps avec la conscience de félicité...

Et ainsi de suite ; et ainsi de suite ; et ainsi de suite. Le fait que David Frost, d'habitude si vif, l'ait laissé s'étendre sur une telle longueur, et sur un sujet aussi abscons, laissant même ses affirmations les plus folles incontestées, en dit long sur l'admiration que suscitaient les Beatles. À un moment donné, George a mentionné qu'il avait lu un livre sur un yogi qui a vécu jusqu'à l'âge de cent trente-six ans, « et il y en a un autre qui vit dans l'Himalaya en ce moment même... Cela semble assez éloigné, vous savez, pour la personne moyenne, qui n'y connaît rien. Mais ce type est là depuis avant Jésus-Christ, et il est toujours là maintenant dans le même corps physique. Ils ont le contrôle sur la vie et la mort. Ils ont le contrôle en tout, ayant atteint cet état supérieur de conscience... »

105

Le 23 août 1967, Brian Epstein avait assisté au deuxième jour d'enregistrement de « Your Mother Should Know ». Quatre jours plus tard, il était mort. Les Beatles espéraient assister à ses funérailles à Liverpool deux jours plus tard, mais sa famille leur a demandé de rester à l'écart, car ils voulaient éviter toute agitation. Une semaine plus tard, le soir du 5 septembre, ils se retrouvent tous les quatre à Abbey Road, déterminés à poursuivre l'enregistrement de *Magical Mystery Tour*. L'ambiance est sombre. « Il y avait une coloration pâle dans la session ce jour-là, se souvient Geoff Emerick. Nous étions tous distraits, à penser à Brian. »

Sur sa guitare acoustique, John a parcouru une nouvelle chanson. « *I am he as you are he as you are me and we are all together* » (« Je suis lui, comme tu es lui, comme tu es moi, et nous sommes tous ensemble »), a-t-il commencé.

Geoff Emerick s'est demandé de quoi il pouvait bien s'agir : « Tout le monde semblait déconcerté. La mélodie se composait en grande partie de deux notes seulement, et les paroles étaient plutôt absurdes. » Certaines des paroles semblaient s'éloigner de l'absurde. Lorsque John a chanté « *pornographic priestess* » (« prêtresse de la pornographie ») et « *let your knickers down* » (« retire ta culotte »), George Martin s'est tourné vers Emerick et a murmuré : « Qu'est-ce qu'il vient de dire ? »

John a finalement atteint la fin. Il y avait un silence. John leva les yeux vers la caisse de résonance pour connaître la réaction de George Martin. « Celle-là s'appelait « I am the Walrus », dit-il. Alors, qu'est-ce que tu en penses ? »

Martin était demeuré bouche bée, mais l'hésitation a vite fait place à l'irritation. « Eh bien, John, pour être honnête, je n'ai qu'une seule question. Que diable veux-tu que je fasse avec ça ? »

Des rires nerveux s'ensuivent. Pour Emerick, il est évident que John « n'est pas du tout amusé ». L'élément déclencheur des paroles absurdes pour John est venue d'une lettre qu'il a reçue fin août envoyée par Stephen Bayley[118], un élève de quinze ans de Quarry Bank, l'ancienne école de John. Bayley expliquait que son professeur d'anglais avait l'habitude de passer des chansons des Beatles en classe, et de demander aux garçons d'analyser les paroles, avant de donner sa propre interprétation. Pete Shotton, qui était avec John lorsqu'il a lu la lettre pour la première fois, se souvient de John hurlant de rire à l'idée que son ancienne école, qui l'avait autrefois considéré comme un raté, élevait maintenant sa production à un texte imposé. Shotton a remarqué qu'il voyait cela comme un défi. « Inspiré par l'image de ce maître de littérature de Quarry Bank pontifiant sur le symbolisme de Lennon-McCartney, John a lancé les images les plus ridicules que son imagination pouvait évoquer. » En essayant de penser aux rimes les plus stupides, John s'est souvenu d'un jingle de terrain de jeu. « Pete, c'est quoi cette chanson « Dead Dog's Eye » qu'on chantait à Quarry Bank ? »

Pete a réfléchi un moment, puis s'est souvenu :

---

118 Bayley (1951-) est devenu un critique culturel iconoclaste et l'auteur de livres sur les voitures, le sexe et l'Albert Memorial.

Yellow matter custard, green slop pie
All mixed together with a dead dog's eye,
Slap it on a butty, ten foot thick
Then wash it all down with a cup of cold sick[119]

Des versions de cette chansonnette étaient scandées par les écoliers de tout le pays dans les années 1950[120]. Elle figure dans *The Lore and Language of Schoolchildren* de Iona et Peter Opie, publié pour la première fois en 1959, à côté de nombreuses variantes régionales. À Manchester, la crème pâtissière faisait « *splish splashy* » (« plouf plouf ») et la tourte était faite d'abats ; dans la forêt de Dean, elle était faite de « *scab and matter* » (« croûtes et grumeaux »), et était accompagnée de « *green snot pies* » (« tarte à la morve verte »). À Ipswich, la tarte était la moins tentante - elle était faite de bile, et servie avec des escargots durs et l'œil d'un mort.

John était ravi du récital de Pete. « C'est ça ! dit-il en prenant un stylo. Fantastique ! » Il a dûment écrit « Flan de matière jaune », avant d'ajouter d'autres morceaux récupérés au hasard des souvenirs d'enfance. « Il a pensé à la semoule (un pudding insipide que nous avions été forcés de manger étant enfants) et au pilchard (une sardine que nous donnions souvent à manger à nos chats). "*Semolina pilchard, Climbing up the Eiffel Tower*" a entonné John, en l'écrivant avec beaucoup de délectation. » Il était manifestement amusé par l'idée que les enseignants passent leur temps à s'acharner sur un sens profond. « Laisse ces enfoirés se pencher dessus, Pete », a-t-il dit.

La chanson a été filtrée par la fascination de John, enfant, pour le monde à rebondissements de Lewis Carroll, et en particulier le poème *The Walrus and the Charpenter* (*Le Morse et le charpentier*), raconté à Alice par Tweedledee dans *De l'autre côté du miroir et ce qu'Alice y trouva*. Sous son rythme joyeux se cache une histoire à la Hannibal Lecter de deux psychopathes exquis. Tout commence par le morse qui encourage une foule de jeunes huîtres à se joindre à lui et au charpentier alors qu'ils se promènent sur le rivage. Mais une fois qu'ils arrivent à leur destination :

'A loaf of bread,' the Walrus said,
Is what we chiefly need:
Pepper and vinegar besides
Are very good indeed –
Now if you're ready, Oysters dear,
We can begin to feed!'

'But not on us!' the Oysters cried,
Turning a little blue.
'After such kindness, that would be
A dismal thing to do!'

Le morse et le charpentier changent immédiatement de sujet, complimentant les huîtres et soulignant la belle vue. Le morse devient alors sentimental :

---

119 « Flan de matière jaune, du pâté en croûte vert / Le tout mélangé avec l'œil d'un chien mort, et mis sur un beignet de trois mètres d'épaisseur / Puis arrosé d'une tasse de vomi froid. »
120 Mais aussi dans les années soixante : Je me souviens l'avoir scandé dans la cour de récréation de l'école Grove House à Effingham, dans le Surrey, aux alentours de 1964.

'I weep for you,' the Walrus said:
'I deeply sympathize.'
With sobs and tears he sorted out
Those of the largest size,
Holding his pocket-handkerchief
Before his streaming eyes.
'O Oysters,' said the Carpenter,
'You've had a pleasant run!
Shall we be trotting home again?'
But answer came there none –
And this was scarcely odd, because
They'd eaten every one.[121]

Comme le psychanalyste Paul Schilder l'a souligné il y a quelque temps, c'est un poème d'une « étonnante cruauté ». Cette cruauté, protégée par le non-sens, a clairement touché une corde sensible chez John. Comme John l'avait prédit, son méli-mélo de mots a en effet été soumis à toutes sortes d'analyses - en fait, presque autant qu'*Alice au pays des merveilles* lui-même. Est-il anticapitaliste (« pigs in a sty » « cochons dans une porcherie »), anti-académique (« expert texperts ») ou anti-bureaucratie (« corporation T-shirt »)? Vous pouvez y trouver ce que vous voulez. « J'écrivais de manière obscure, à la Dylan, sans jamais dire ce que vous voulez dire, mais en donnant l'impression de quelque chose, où l'on peut y lire plus ou moins de choses. Ça m'amusait bien. », a avoué John des années plus tard. Il avait, ajouta-t-il, écrit toute la chanson sous LSD.

Son rejet de toute intention sérieuse n'a rien fait pour endiguer le flot des interprétations. Et pourquoi le ferait-il? Certains y voient une attaque contre la police (imaginant que « pilchard » est la quasi homonymie de John, le sergent Pilcher[122]), tandis que d'autres y voient une défense de la culture de la drogue. Le passage « I-am-he-as-he-a » a été interprété à la fois comme une attaque satirique de la religion orientale et une défense passionnée de celle-ci. Pour Jonathan Gould, biographe des Beatles, le morse est « un symbole puissant du mépris de John pour l'image idéalisée des Beatles en tant que héros populaires de la jeunesse. » Ian MacDonald, qui la considérait comme le point culminant de l'œuvre de Lennon, estimait que la chanson était « la diatribe anti-institutionnelle de son auteur - une tirade "anti-britannique" qui fustige l'éducation, l'art, la culture, la loi, l'ordre, les classes, la religion, et même le sens lui-même. » Victor Spinetti, l'ami acteur de John, pensait qu'il s'agissait d'une protestation cachée contre la vie de famille.

Certains ont tenu à revendiquer des rôles centraux dans l'histoire. « *I was the Egg-man* » (« J'étais l'homme-œuf »), écrit Eric Burdon, le compagnon de boisson de John, dans son autobiographie des *Animals*. Ou, comme certains copains m'appelaient, « Eggs ». « Le surnom est resté après une expérience sauvage que j'avais eue à l'époque avec une petite amie jamaïcaine du nom de Sylvia. Un matin, j'étais debout tôt pour préparer le petit-déjeuner, nu à l'exception de mes chaussettes, et elle s'est glissée derrière moi et m'a fait craquer une capsule de nitrate d'amyle sous le nez. Alors que les vapeurs enflammaient mon cerveau et que je glissais sur le sol de la cuisine, elle s'est approchée du

---

121 Je pleure pour vous, dit le morse :/ « Je compatis profondément. / Avec des sanglots et des larmes, il a trié ceux de la plus grande taille, / Tenant son mouchoir de poche devant ses yeux qui coulaient.
Ô Huîtres », dit le charpentier, « Vous avez eu un parcours agréable ! / Allons-nous encore trotter jusqu'à la maison ? Mais aucune réponse ne vint - Et ce / n'était guère étrange, car elles les avaient toutes mangées.
122 Voir les pages 316-321.

comptoir et a attrapé un œuf qu'elle a cassé dans le creux de mon ventre. Le blanc et le jaune de l'œuf ont coulé sur mon front nu, et Sylvia a glissé ma queue baignée d'œuf dans sa bouche et a m'a ainsi fait découvrir une spécialité culinaire jamaïquaine. J'avais raconté cette histoire à John lors d'une fête dans un appartement de Mayfair, un soir, avec une poignée de blondes et une petite asiatique. » « Allez, vas-y, *Egg Man* », rigole Lennon par-dessus les petites lunettes rondes perchées au bout de son nez crochu alors que nous nous partagions les filles. »
Il se trouve que la revendication d'Eric Burdon a été soumise aux aléas de l'histoire, ou du moins des historiens, beaucoup d'entre eux ayant confondu son rôle et faisant de lui l'œuf ou la poule.

John était particulièrement fier de « I am the Walrus » : « C'est l'une de ces chansons qui ont suffisamment de caractère pour la rendre universelle, même cent ans plus tard. » Cela peut sembler fanfaron, mais cinquante ans plus tard, c'est aussi à moitié vrai. Néanmoins, il en est venu à penser qu'il avait fait une erreur en se donnant le rôle du morse de Carroll. « Plus tard, j'y suis retourné et je me suis rendu compte que le morse était le méchant de l'histoire et que le charpentier était le gentil. Je me suis dit : "Oh, merde. J'ai choisi le mauvais gars." » C'est ainsi qu'au moment d'écrire sa chanson autoréférentielle « Glass Onion », il a eu l'idée de dire : « *Here's another clue for you all* » (« Voici un nouvel indice pour vous tous ») - le morse était Paul.
Mais John s'est avéré être un lecteur un peu paresseux. Dans le poème original, il n'y a guère à choisir entre le morse et le charpentier : tous deux usent de leur charme pour attirer les huîtres, avant de les engloutir sans une once de remords.
« Que diable voulez-vous que je fasse avec ça ? » La réponse à la question de Martin était que John n'en avait pas la moindre idée, et les autres non plus. La mort d'Epstein les avait laissés désemparés. Au début de la session, Ringo avait été au bord des larmes, et John lui-même semblait être en état de choc. George a regardé au-delà de l'ici et maintenant. « Le corps de M. Epstein est peut-être parti, dit-il, mais son esprit demeure. » Paul s'est montré, comme a l'accoutumée, plutôt pragmatique : « Nous devons simplement continuer, je pense. » « Je me souviens très bien du regard de vide sur tous leurs visages pendant qu'ils jouaient « I am the Walrus » », se rappelle Geoff Emerick. C'est l'un des plus tristes souvenirs que j'ai de mon temps avec les Beatles. »
John a dit à Martin et Emerick qu'il voulait que sa voix sonne comme si elle venait de la lune. Ils étaient bien embêtés. Emerick se met à déformer les amplis pour que la voix de John sonne à la fois plus aiguë et plus éthérée. « Je n'avais aucune idée de ce à quoi pouvait ressembler le son d'un homme sur la lune, ni même de ce que John entendait vraiment dans sa tête – mais, comme d'habitude, aucune discussion avec lui n'a pu apporter beaucoup de lumière sur le sujet. » Le lendemain, John a insisté pour ajouter des sons aléatoires provenant de la radio. George Martin roule des yeux. Le méli-mélo final comprend un bout de dialogue du *Roi Lear* et les Mike Sammes Singers[123] qui chantent « *Everybody's got one* » (« Tout le monde en a un »), ainsi que la chansonnette de la cour de récréation « *Oompah, oompah, stick it up your jumper.* » (« Oompah, oompah, mets-le dans

---

123 Les Mike Sammes Singers, doyens easy listening de *Sing Something Simple*, ont eu l'une des carrières les plus variées et les moins tapageuses de l'histoire de la musique populaire. On peut entendre leurs voix sur « Let it Be » et « Good Night », et ils ont également assuré le soutien, entre autres, de Tom Jones sur « Delilah », Ken Dodd sur « Tears » et Olivia Newton-John sur « Banks of the Ohio ». Ils ont également chanté la mémorable chanson thème de la série *Stingray* de Gerry Anderson. Le lendemain de leur session « I am the Walrus », ils enregistrent une session avec Kathy Kirby, puis se rendent directement aux studios ATV pour enregistrer le *Benny Hill Show*. À l'époque où il était musicien de session, Elton John travaillait occasionnellement à leurs côtés : « Effrayant n'est pas un adjectif que l'on associe normalement aux Mike Sammes Singers, qui font les chœurs pour tout le monde - ils ressemblent à des oncles et tantes d'âge moyen qui sont arrivés au studio directement après un dîner dansant au club de golf. Mais si vous deviez chanter à leurs côtés, ils vous inspiraient soudain la peur de Dieu, car ils étaient tellement bons dans ce qu'ils faisaient... »

ton pull »). Elle est à la fois tout et rien. Il dérive peut-être, selon les mots de George Martin, du « chaos organisé », mais, comme le « Kubla Khan » de Coleridge, il transcende en quelque sorte l'interprétation pour toucher au sublime.

106

Une fête :
Westbourne Suite, Royal Lancaster Hotel
Lancaster Terrace, Bayswater, Londres W2
21 décembre 1967

Le 8 décembre 1967, l'acteur comique névrosé Kenneth Williams prend son stylo plume et, dans son écriture italique parfaite, écrit une lettre enragée à un ami. « Sais-tu que les Beatles ont récemment donné une soirée privée au nouvel hôtel Royal Lancaster et que leur manager m'a appelé pour me demander si je voulais bien animer à leur cabaret ? – As-tu déjà entendu une telle impudence. Ce n'est pas parce que vous le faites à la télé que vous devez le faire pour des soirées privées ! Non mais, quel culot ! »

En fait, la fête en question, destinée à célébrer la fin du tournage du *Magical Mystery Tour*, ne doit avoir lieu que le 21 décembre, cinq jours avant sa diffusion télévisée le lendemain de Noël. Faisant écho à la nature pantomime de *Magical Mystery Tour*, la fête a pour thème les déguisements. Paul et Jane Asher viennent en roi et reine perlés, Derek Taylor en Adolf Hitler, Alistair Taylor en matador, Tony Bramwell en bouffon de la cour, et Peter Brown en roi Louis XIV, tandis que George Martin et sa femme Judy viennent en prince Philip et reine Elizabeth II. Comme pour souligner leurs différences, John arrive en petit garçon en peluche, tandis que Cynthia est une dame de la Régence en bonnet, crinoline avec des nœuds. Elle se sent immédiatement trop habillée, « comme la dame sur la boîte de Quality Street. »
La fête coïncide avec l'une des brèves réconciliations de John avec son bon à rien de père, Fred, qui s'habille, comme il se doit, en « Mon vieux est un éboueur ». Plus tôt dans la journée, Fred a payé un véritable éboueur 5 livres pour échanger ses vêtements avec lui. Pete Shotton n'a pas supporté d'être à proximité : « Il empestait littéralement les ordures, et tous les autres fêtards font tout leur possible pour le tenir à bonne distance. »
Même en tenant compte de la bizarrerie du showbiz, un invité inattendu est l'acteur comique corpulent Robert Morley, qui arrive en tant que Père Noël. « Il était vraiment en sueur, observe un invité. C'était peut-être un défaut de la climatisation de l'hôtel, mais il avait l'air si mal à l'aise que je n'arrivais pas à croire qu'il le faisait par plaisir. J'ai eu le sentiment que c'était peut-être son agent qui l'avait forcé. »
Le dîner est suivi d'une projection de *Magical Mystery Tour*. John est assis à une table avec son père qui sent mauvais et la jeune fiancée de Fred, Pauline, habillée, tout aussi convenablement, en écolière. À la même table se trouvent Cilla Black, habillée en ouvrière, et son mari Bobby, en nonne. Il y a un hiatus entre la fin du dîner et le début de la projection. « Allez, John, joue-nous une chanson pendant que nous attendons le film », suggère Lulu, qui est déguisée en Shirley Temple, en socquettes blanches, portant une sucette géante, les cheveux en boucles et coiffés d'un nœud. « Certainement pas, répond John. Et toi, Fred ? »
C'était typiquement l'erreur à ne pas commettre. Alistair Taylor, qui a organisé la fête, remarque

que Fred est « complètement bourré ». Par conséquent, lorsque Fred saute sur la scène, il tombe à plat sur le visage.

Après la projection, le Bonzo Dog Doo-Dah Band monte sur scène, et tout le monde se met à danser. John a toujours détesté danser, mais il est attiré sur la piste par la vision séduisante de Pattie Harrison, qui est venue en tant que danseuse du ventre. Cynthia donnant l'impression de tenir la chandelle est « restée assise de façon guindée et raide, bien à l'abri du froid. » Pete Shotton, habillé, comme John, en peluche, assiste à une scène désagréable : « Bien que Pattie se soit indéniablement rendue particulièrement désirable en tant que danseuse du ventre peu vêtue, ni Cyn ni George n'étaient le moins du monde amusés par le flirt ouvert de John avec elle. » Bouleversée par ce qui se passe, Lulu, toujours agrippée à sa sucette géante, passe un savon à John.

Enfin, Cynthia est invitée à danser par Billy J. Kramer, qui est habillé, par un heureux hasard, en soldat de la Régence. « Nous formions un couple charmant, se souvient-elle, jusqu'à ce que nous essayions de danser le jive au lieu de la valse. » Se prenant les pieds dans sa robe, Cynthia tombe à la renverse, « des masses d'étoffe se déployant comme un énorme ballon lavande autour de mon corps froissé. »

Lorsque John jette un coup d'œil dans sa direction, Cynthia capte son regard. « Son regard à cette occasion n'était pas fait d'amour ou d'admiration, mais de pure gêne. Je le décevais une fois de plus. »

107

Les Beatles n'ont pas assisté à la première réunion du conseil d'administration d'Apple. Parmi ceux qui ont réussi à s'y rendre figurait Pete Shotton, l'ami d'enfance de John, qui avait été nommé alors que sa seule expérience antérieure des affaires était la possession d'un magasin de presse sur l'île de Hayling, que lui avait donné John.

Shotton a donné le coup d'envoi de la réunion en déclarant qu'il ne connaissait rien à Apple : les autres membres du conseil pourraient-ils le renseigner ? Sa demande a été accueillie par un silence : personne d'autre ne savait rien non plus. C'est alors que Clive Epstein, le frère de feu Brian, a pris la parole. « Eh bien, j'avais l'impression, commença-t-il, qu'Apple fabriquait des cartes de vœux et les garçons ont accepté d'écrire des petits poèmes pour elles. »

Au fur et à mesure que chaque membre du conseil d'administration s'exprimait, il devenait de plus en plus évident que toutes les personnes présentes avaient une notion différente des objectifs d'Apple. Finalement, Terry Doran[124], qui avait été copropriétaire de Brydor Cars avec Brian, se tourna vers Shotton. « Dieu merci, tu es là, Pete. Comme vous pouvez le constater, personne d'autre n'a vraiment la moindre idée. Nous avons désespérément besoin de quelqu'un comme toi qui puisse organiser tout cela. » La réunion se termine peu après, chaque membre disant « Bonne chance, Pete » et « Félicitations, Pete » en partant.

Pete s'est ensuite rendu directement chez John pour savoir ce qui se passait. John a exposé son business plan. « En un mot, voici ce qui se passe, dit-il. On a été informé que les Beatles disposaient de 3 millions de livres sterling, que l'on devrait rendre au fisc si nous ne les investissons pas dans une entreprise. Tout ce que nous avons à faire, alors, c'est de le dépenser, putain ! Alors pourquoi ne pas se lancer dans les affaires et rire un peu pendant qu'on y est ? »

En l'occurrence, les rires ont été rares. Le business s'est emballé, puis, tout aussi rapidement, s'est déballonné. Dès le début, le journal musical *Disc and Music Echo* s'est associé à Apple pour lancer une chasse aux nouvelles stars à l'échelle nationale : « Il existe des centaines de groupes inédits qui, avec une bonne gestion, pourraient devenir aussi importants que les grands noms de la pop d'aujourd'hui. » Les lecteurs étaient invités à voter pour les meilleurs groupes de leur région, étant entendu qu'Apple dépêcherait des découvreurs de talents pour examiner les gagnants. Les six « heureux lecteurs » qui avaient désigné le groupe gagnant devaient recevoir des bons d'achat de 25 livres à dépenser en vêtements dans la toute nouvelle boutique Apple.

Des milliers de lecteurs ont envoyé des candidatures ; presque autant ont posté des cassettes, des romans et des poèmes. Pas plus d'une poignée d'entre eux n'ont été entendus, lus ou même ouverts. Au lieu de cela, ils ont été empilés dans des boîtes en carton qui ont ensuite été empilées dans un recoin sombre du siège social d'Apple, connu sous le nom de « Chambre noire ». Pete Shotton n'aimait pas trop y penser. « C'était vraiment un spectacle déchirant, quand on pense à tous ces enfants aux yeux brillants qui avaient été laissés sur le bord du chemin, attendant des nouvelles des Beatles et réclamant leurs Bentleys. »

En un rien de temps, tous les cinglés et les opportunistes de la ville se sont adressés à Apple, prêts à être couverts de gloire et de fortune. Un jeune Américain qui y travaillait, Richard DiLello,

---

124 Certains l'identifient comme étant le concessionnaire automobile dans « She's Leaving Home ».

comparait le couloir du bureau à « la salle d'attente d'une clinique pour MST à Haight-Ashbury au plus fort du *Summer of Love* de 1967. » Un jour, il a été convoqué pour traiter avec un homme qui prétendait être capable de communiquer avec les animaux, et vice versa. Comme preuve, il sort de sa poche un poème qu'il a transcrit au zoo de Londres, avec des vers alternés composés par lui-même et ses amis les animaux.

L'un des premiers bénéficiaires de la munificence d'Apple est l'indomptable artiste japonaise Yoko Ono, dont la relation avec John est encore essentiellement unilatérale. Ono avait déposé une demande de 5 000 livres pour financer une exposition à la Lisson Gallery d'objets blancs - une chaise, une table, une chaussure, un chapeau - tous coupés en deux. N'ayant pas reçu le feu vert, elle s'est incrustée au siège d'Apple, et a surpris John lui-même : « J'ai l'impression de n'être qu'une moitié, lui a-t-elle dit. Tu es mon autre moitié, et je suis la tienne. Nous nous sommes perdus dans l'espace en cherchant, et maintenant nous nous sommes trouvés. »

John lui a donné l'argent, à condition que son nom ne soit pas associé à son exposition. Tony Bramwell se souvient lui avoir demandé pourquoi il avait accepté. « Pour me débarrasser d'elle, avait répondu John. Avec ce genre de femmes, il faut les payer, sinon elles n'arrêtent jamais de vous harceler. »

En cela, Yoko allait lui prouver le contraire. Elle a immédiatement envoyé un communiqué de presse annonçant une exposition commune : « Half a Wind by Yoko Ono and John Lennon ».

108

On peut trouver des parallèles avec l'enfance de Yoko Ono dans celle de la reine Victoria, dont on dit qu'elle ne regardait jamais par-dessus son épaule avant de s'asseoir, car elle savait qu'un valet de pied serait toujours là, prêt avec une chaise. La famille Ono entretenait trente serviteurs, qui approchaient tous la jeune Yoko à genoux, puis repartaient à genoux à reculons. Chaque fois que Yoko s'aventurait hors de la maison familiale, il lui était interdit de s'asseoir avant qu'un domestique n'ait nettoyé le siège avec du coton imbibé de désinfectant.

Yoko Ono est née le 18 février 1933 (à peine trente-deux ans après la mort de la reine Victoria), produit d'une union entre deux des familles les plus riches du Japon. Son arrière-grand-père maternel, Zenjiro Yasuda, a fait fortune dans le commerce des devises et a fondé la troisième banque nationale du Japon. Son père, Eisuke Ono, était également banquier, et s'est élevé jusqu'à devenir directeur du bureau de New York de la Banque de Tokyo.

Sur un bateau transpacifique en provenance du Japon pour voir son père à San Francisco, la petite Yoko a participé à un concours de déguisements. Choisissant de se déguiser en Shirley Temple, elle est repartie avec le premier prix. Qui sait? Ce triomphe précoce a peut-être eu un impact durable, garantissant que, pour le reste de sa longue vie, elle s'inspirera des messages utopiques simples, agrémentés de sottises occasionnelles, caractéristiques des chansons les plus célèbres de Shirley Temple, comme « Tra-la-la-la » :

> Tra-la-la-la, what a merry world we live in
> Tra-la-la-la, all of it is yours and mine
> So wear a smile, sing a little while it's raining
> And through the clouds, ev'ry little star will shine[125]

Les nuages allaient également être un pilier des maximes de Yoko Ono pendant les quelque quatre-vingts années suivantes. Par exemple, dans « Cloud Piece », de son livre conceptuel *Grapefruit*, paru en 1964, elle écrit :

> Imaginez que les nuages dégoulinent. Creusez un trou dans votre jardin pour les mettre dedans.

Quatre ans plus tard, bombardant John à Rishikesh de lettres, elle le conseille :

> Je suis un nuage. Cherchez-moi dans le ciel.

Au cours des décennies qui ont suivi, elle semblait incapable de repérer un nuage sans en tirer une morale. Aujourd'hui en 2019, alors âgée de quatre-vingt-six ans, elle a posé cette question sur les nuages à ses 4,78 millions de followers sur Twitter :

---

[125] Tra-la-la-la, quel joyeux monde dans lequel nous vivons / Tra-la-la-la-la, tout est à toi et à moi / Alors souriez, chantez un peu pendant qu'il pleut et /à travers les nuages, chaque petite étoile brillera.

> Lorsque je regarde les nuages, je vois notre beauté et notre transcience [sic]. Et vous, que voyez-vous ?

Dans « Polly Wolly Doodle », Shirley Temple chantait :

> I came to a river and couldn't get across
> Sing Polly Wolly Doodle all the day
> I jumped on a gator and thought he was a hoss
> Sing Polly Wolly Doodle all the day.[126]

Des thèmes similaires de bonheur obtenu grâce à des exploits impossibles se retrouvent dans toute l'œuvre d'Ono. Dans l'une de ses maximes, elle conseille au lecteur de « porter un objet lourd sur son dos » ; une fois qu'il est en place, il lui faut « danser aussi vite que possible ». Dans une autre, elle nous dit de nous asseoir sur un quai, regarder les mouettes danser et « danser avec elles dans votre esprit ». Nous devons ensuite « continuer à danser jusqu'à ce que vous puissiez sentir les battements de leur cœur. »

Certaines maximes d'Ono :

> Transportez un sac de petits pois. Laissez un petit pois partout où vous allez

Et

> Imaginez que vous laissiez un poisson rouge nager dans le ciel. Laissez-le nager de l'Ouest à l'Est.
> Buvez un litre d'eau.

font clairement écho à la chanson la plus célèbre de Temple :

> On the good ship *Lollipop*
> It's a sweet trip to a candy shop Where bon-bons play
> On the sunny beach of Peppermint Bay[127]

La plupart du temps, Yoko prend encore la peine de partager ses mots de sagesse sur Twitter. Leur optimisme douillet fait paraître la petite Shirley Temple blasée : « Tous les animaux ressentent de l'amour », « Vous avez une sagesse infinie », « Commencez par imaginer un monde où nous nous amusons tous. »

Parfois, elle est politique : « La perspective de gagner beaucoup d'argent émousse toujours les sens de certaines personnes, même si c'est très mauvais pour la santé de tous les êtres vivants de la planète », a-t-elle tweeté le 22 mai 2019. « Nous devons continuer à communiquer la réalité jusqu'à ce que ces personnes se réveillent ». Sa propre valeur nette est actuellement estimée à 600 millions de dollars. De temps en temps, elle arrête de donner des conseils et en demande à la place. Sur Twitter, le 2 février 2019, à 17 h 18, elle a tweeté cette demande : « Donnez-nous un conseil qui fera que nos vies guérissent et brillent. »

Un flot de conseils a suivi, la plupart d'entre eux étant plus directs que ce qu'elle aurait pu prévoir :

---

[126] Je suis arrivé à une rivière et je n'ai pas pu la traverser /Chante Polly Wolly Doodle toute la journée. / J'ai sauté sur un alligator et j'ai cru que c'était un poulain / Chante Polly Wolly Doodle toute la journée.

[127] Sur le bon navire *Lollipop* / C'est un voyage sucré dans un magasin de bonbons où les bonbons jouent. / Sur la plage ensoleillée de Peppermint Bay

« Mettez du fromage sur votre toast avant de le mettre au grill »
« Le moyen le plus rapide de changer de ligne à Green Park est d'ignorer toutes les directions (très détournées) et de monter l'escalator jusqu'au guichet et de descendre l'escalator correspondant à la ligne choisie. Vous êtes dans la bonne direction. »
« Ouvrez facilement le sac poubelle en le tirant légèrement vers le haut. » / « Mettez un peu d'eau gazeuse dans votre pâte à Yorkshire pudding. »
« Tournez vos boîtes de haricots à l'envers lorsque vous les mettez votre placard, ainsi aucun ne reste coincé au fond quand on les ouvre. »
« Une paire correcte de gants de cuisine vaut 1000 torchons. »
« Évitez les rice crispies Tesco Value. Ils sont vraiment horribles. »
« Si vous faites la navette entre Barnsley et Sheffield, un café McDonald's est désormais 10 pence moins cher à Tankersley qu'au Meadowhall Retail Park. »

Et :

« Ne séparez pas les Beatles alors qu'ils ont encore quelques albums à produire. »

Yoko Ono a fait ses études à Gakushin, l'école privée la plus distinguée du Japon ; le prince héritier Akihito en était un contemporain. À l'âge de dix-huit ans, elle déménage avec le reste de sa famille à New York, pour rejoindre son père, qui a été nommé président de la Banque de Tokyo aux États-Unis. Là, elle entre au Sarah Lawrence College de Bronxville ; Barbara Walters et la princesse Lee Radziwill (née Bouvier) font partie de ses camarades de classe. En 1956, alors que John Lennon se débat avec ses devoirs à la Quarry Bank School, Yoko Ono quitte la maison pour vivre avec un jeune compositeur-pianiste, Toshi Ichiyanagi, qui étudie à Juilliard. Les deux partagent un loft à Greenwich Village, et se marient bientôt. C'est à cette époque qu'elle a commencé à porter du noir, une habitude à laquelle elle devait adhérer pour le reste de sa vie. Elle a toujours été la plus conservatrice des expérimentatrices.

En 1958, Toshi Ichiyanagi s'inscrit à un cours de composition expérimentale. Son tuteur est John Cage, qui présente Toshi à Merce Cunningham, qui l'emploie à son tour comme pianiste de répétition dans sa compagnie de danse. Grâce à son talentueux mari, Yoko rencontre non seulement Cage et Cunningham, mais aussi un groupe plus large d'expérimentateurs, dont Allan Kaprow et Jim Dine. Mais parmi cet ensemble bohème, elle ne parvient pas à s'imposer. Son mari savait jouer du piano et composer, mais ses propres talents particuliers étaient moins faciles à cerner : « Il était très difficile de faire comprendre aux gens que j'étais aussi une artiste. Mon mari était célèbre dans son propre cercle, autour de Juilliard, de John Cage et de ces gens-là… J'ai eu des aventures et d'autres trucs comme ça pour compenser. Alors notre relation a fini par se détériorer. »

Au cours de l'hiver 1960-1961, elle organise une série d'événements dans le loft qu'ils partagent et réussit à attirer certains des principaux acteurs de l'avant-garde, parmi lesquels les compositeurs minimalistes La Monte Young et Terry Riley, et la poète Beat Diane Wakoski. Le public est perché sur des caisses d'oranges. De temps en temps, Yoko se faufile dans la performance de quelqu'un d'autre, ou fait quelque chose de son cru. À une occasion, elle prend un bol de Jell-O et le lance sur une grande feuille de papier fixée au mur. Ayant épuisé le Jell-O, elle a jeté deux œufs sur le papier. Elle a ensuite pris un encrier et a commencé à peindre avec ses doigts le désordre déjà créé par la gelée et les œufs. Enfin, elle a allumé le papier avec une allumette. Malgré ces efforts, certains restaient peu convaincus de son génie. « Je ne supportais pas l'idée qu'elle qualifie sa performance d'écriture nulle et stupide comme de la "poésie" dit Diane Wakoski. Et je pensais qu'elle était une arnaqueuse, pas une artiste... parce qu'elle gagnait sa vie en tant que mannequin, semblait aller au lit avec tous les hommes du coin et, en fait, ne semblait jamais sacrifier beaucoup pour son "art" comme le faisaient tous les autres avant-gardistes que je connaissais. »

En 1961, Toshi retourne au Japon pour poursuivre une carrière musicale. Pendant ce temps, Yoko reste à New York, entretenant une liaison avec un galeriste du nom de George Maciunas, qui organise par la suite - ou conséquence - sa première exposition. À cette époque, elle a adopté avec agilité une forme d'art centrée sur l'affirmation de soi liée à une seule idée, aussi banale soit-elle. Sa première exposition comprenait un morceau de toile posé sur le sol, intitulé *Painting to be Stepped On*, et un autre morceau de toile avec un judas, intitulé *Painting to See the Room Through*. Elle a appliqué une technique minimale similaire lorsqu'elle a mis en scène une « performance » dans un petit théâtre de récital attenant au Carnegie Hall, dans laquelle la mélodie était reléguée au second plan au profit d'un pot-pourri de silences et de cris.

Aucun des deux événements n'a cependant été couronné de succès, si bien qu'elle est retournée au Japon, où son mari était disposé à la reprendre. Elle organise d'autres événements conceptuels dans son pays natal, mais ils suscitent également des critiques allant de la tiédeur au dédain. Angoissée par le refus des Japonais de reconnaître son art, elle fait une sorte de dépression et s'inscrit dans une clinique. Là, elle a reçu la visite de Tony Cox, un jeune cinéaste américain qui s'était attaché à elle. En 1962, elle divorce de Toshi et épouse Cox. Le couple a eu une fille, Kyoko.

La force de Yoko résidait dans la persévérance. Elle était aussi imperturbable dans son instinct que dans le monde de l'art, l'habileté serait bientôt dépassée par l'audace. En 1964, elle présente *Cut Piece*, dans lequel elle s'assoit sur scène et invite les membres du public à couper des morceaux de ses vêtements. Elle produit également *Grapefruit*, un livre de « poèmes d'instruction » qui ressemblent à des haïkus, mais en abandonnent les règles :

>Mangez votre soupe avec une fourchette.
>Conservez l'éternité.
>
>Laissez tomber un caillou dans l'océan.
>Le galet est mouillé.
>Mais l'océan n'est pas sec.

Aucun de ces textes n'est d'elle, mais ils pourraient tout aussi bien l'être. Ses poèmes, auxquels elle a consacré une si grande partie de sa vie créative, peuvent être reproduits en quelques secondes :

>Découpez un trou dans un sac rempli de graines
>de toutes sortes et placez le sac là où
>il y a du vent.

En fait, celui-là était d'elle.

>Faites le vide dans votre tête.
>Versez de l'eau dans votre oreille.

Vous êtes devenu un seau.
Ouvrez votre bouche.
Arrosez une fleur.

Alors que celui-là ne l'était pas.

* * *

Tony Cox s'est consacré à la gestion et à la promotion de la carrière de Yoko ; il a également assumé la responsabilité de s'occuper de Kyoko, laissant ainsi sa femme libre de poursuivre son art. « Je l'ai toujours considéré comme mon assistant », se souvient Yoko des années plus tard. Petit à petit, elle se forge une réputation dans les cercles d'avant-garde. En septembre 1966, après qu'un magazine anglais a publié un article enthousiaste à son sujet - écrit, en l'occurrence, par Cox - elle accepte une invitation à participer à un symposium londonien intitulé « The Destruction of Art ». Yoko a interprété *Cut Piece* ; parmi les autres artistes figuraient un nihiliste qui a brûlé une tour de livres d'art devant le British Museum, et un Australien qui a mutilé la carcasse d'un agneau. Grâce à *Cut Piece*, le galeriste modiste John Dunbar, mari de Marianne Faithfull, a offert à Yoko une exposition dans sa galerie Indica. Les œuvres qu'elle a rassemblées pour cette exposition comprennent *Hammer and Nail Piece*, composé d'un marteau enchaîné à un bloc de bois, avec un petit bocal de clous plaqués or à côté, et *Apple Piece*, une pomme fraîche sur un support en plexiglas, proposé pour 200 livres. *Ladder Piece* avait un escabeau qui menait à une carte collée au plafond, avec une loupe suspendue à côté. Vu à travers la loupe, le mot sur la carte était « Oui ». Pendant des décennies, Yoko Ono a été considérée comme une pionnière de l'art conceptuel, même si l'idée de Duchamp selon laquelle tout ce qui est banal peut être transformé en art simplement en le plaçant dans une galerie avait déjà un demi-siècle. Des yeux de lynx ont également détecté une certaine dose de plagiat dans ses poèmes. « Composition 1960 #10 », de La Monte Young, dit : « Dessinez une ligne droite et suivez-la ». « Piano Piece for David Tudor #1 », également écrit par La Monte Young en 1960, dit : « Apportez une botte de foin et un seau d'eau sur la scène que le piano puisse manger et boire. L'interprète peut alors nourrir le piano ou le laisser manger tout seul... » Ces poèmes auraient pu être écrits par Yoko, mais ils ne l'étaient pas. Son premier recueil de poèmes, *Grapefruit*, a été publié quatre ans plus tard, en 1964.

De nos jours, la rencontre de John et Yoko à Indica fait autant partie de l'histoire de l'Angleterre que la rencontre de Stanley et Livingstone à Ujiji, et fait l'objet d'autant de récits contradictoires. Yoko a insisté sur le fait qu'elle n'avait aucune idée de qui était John : « Je connaissais le nom Beatles et je connaissais Ringo, parce que Ringo est facile à retenir[128]. Je n'ai jamais lu de magazines ou de journaux pop, ni regardé un programme pop à la télévision, vous savez. C'est juste que ça ne m'est jamais venu à l'esprit », a-t-elle déclaré à un interviewer. « Lorsque John est arrivé à la galerie la veille de l'exposition privée, j'ai pensé : "Qu'est-ce qu'il fait là ? N'ai-je pas donné la consigne que personne ne devait voir la galerie avant le vernissage ?" Je me suis sentie un peu en colère à ce sujet, mais j'étais trop occupée pour me plaindre ou faire des histoires... Je ne réalisais pas alors qui était John. » Au fil des ans, Yoko a persisté à affirmer qu'elle n'était pas du tout impressionnée par le statut supposé de John : « Quand je l'ai découvert, je m'en fichais. Je veux dire, dans le monde de l'art, un Beatle c'est... eh bien, vous savez... De plus, il était en costume. Il avait l'air si ordinaire. »

---

128 Par ailleurs, et par coïncidence, « Ringo » signifie « pomme » en japonais.

Au biographe de John, Philip Norman, elle a même affirmé avoir découvert l'identité de John seulement après qu'il eut quitté le bâtiment : « Je suis descendue en bas, où il y avait plusieurs étudiants en art qui nous aidaient. Et l'un d'eux a dit : "C'était John Lennon… un des Beatles." J'ai dit : "Oh, vraiment ? Je ne le savais pas." »

D'autres se souviennent des événements de manière plutôt différente. L'historien lucide Jonathan Gould, spécialiste des Beatles, écrit : « Il est difficile de croire une telle insistance à dire qu'elle ignorait qui était John Lennon alors qu'elle a été présentée à lui par John Dunbar. » Albert Goldman était, comme on pouvait s'y attendre, plus enragé dans son scepticisme : « John Lennon et Yoko Ono … n'ont pas été réunis par hasard mais par les efforts incessants des Cox pour faire avancer leur carrière commune. »

Allan Kaprow se souvient avoir été surpris de voir à quel point Yoko connaissait les Beatles avant son départ pour Londres, ce qui suggère qu'elle aurait certainement reconnu le leader du groupe. Tony Bramwell se souvient que Yoko avait dit à Dunbar : « John Lennon a dit qu'il viendrait peut-être à l'exposition. Pourquoi ne pas l'inviter à un vernissage privé ? Il est millionnaire, il pourrait acheter quelque chose. » Dunbar a déclaré que si Yoko n'avait pas encouragé John à être présent, elle savait certainement qu'il allait venir : « Yoko ne voulait pas que quelqu'un la voie avant qu'elle ne soit totalement terminée. Mais nous avons dit : "C'est un Beatle. Il a beaucoup d'argent. Il pourrait acheter quelque chose." »

Il est probable que John lui-même aimait à croire que Yoko n'avait aucune idée de qui il était. Après trois ans à être adulé par tout le monde, il a clairement trouvé sa démonstration d'indifférence aussi réconfortante qu'un vent froid par une journée humide : « Donc, je cherche de l'action, vous savez, et je vois cette chose appelée *Hammer and Nail*. C'est une planche avec une chaîne et un marteau accroché dessus, et un tas de clous en bas. J'ai dit : "Je peux enfoncer un clou ?" et elle a répondu : "Non." Alors John Dunbar l'emmène en douce. Il l'emmène dans un coin et dit, "Ce type est millionnaire. Vous savez qui c'est ?" Elle ne savait pas qui j'étais. Bref, elle s'est approchée et a dit, "Cinq shillings, s'il vous plaît !" Alors j'ai dit, "Je vais vous donner cinq shillings imaginaires et enfoncer un clou imaginaire." Elle a dit : "D'accord." » C'était semblable, à sa manière, à la rencontre du duc et de la duchesse de Windsor trois décennies plus tôt. Dans ses mémoires, le duc se souvient s'être tourné vers Wallis Simpson lors d'un dîner et, en guise de conversation, lui avoir demandé si, en tant qu'Américaine vivant en Angleterre, elle regrettait le chauffage central.

« Je suis désolé, monsieur, mais vous me décevez.
- De quelle manière ?
- Chaque Américaine qui vient dans votre pays se voit toujours poser la même question. J'avais espéré quelque chose de plus original de la part du prince de Galles. »

Aussi habitué à la flagornerie que soit John, la réponse décapante de l'Américaine mariée deux fois a dû faire bondir son cœur. À partir de ce moment-là, il était à elle. Ces deux phrases s'appliquent aussi bien à John qu'au duc : « Dès le jour où je l'ai rencontrée, dit-il, elle a exigé un temps égal, un espace égal, des droits égaux. » Il poursuit : « Elle m'a montré ce que c'était d'être Elvis Beatle et d'être entouré de flagorneurs et d'esclaves qui ne pensaient qu'à maintenir la situation telle qu'elle était. Elle m'a dit : "Maintenant, tu es à poil." Personne n'avait osé me dire ça auparavant. Avec nous, c'est une relation maître-élève … Elle est le maître et je suis l'élève. »

Barry Miles a été témoin de ce qui s'est passé ensuite à la galerie Indica. Tout au long de l'exposition, Yoko avait passé son bras autour de celui de John alors qu'elle lui expliquait les œuvres, et lorsqu'il a fait un geste pour partir, elle lui a demandé de l'emmener avec lui, même si Tony Cox était présent. « John était sur place depuis trois jours et était sur le chemin du retour à Kenwood. Il a poliment refusé, est monté à l'arrière de sa Mini SS Cooper avec chauffeur aux vitres noires et est parti en trombe. »

Le chauffeur de John, Les Anthony, attendait à l'extérieur, mais cela ne l'a pas empêché d'offrir un panorama radiographique à Albert Goldman : « Yoko a jeté un coup d'œil à John et s'est attachée à lui comme une mine marine aimantée… Elle s'est accrochée à son bras pendant qu'il faisait le tour de l'exposition, lui parlant de sa drôle de petite voix aiguë jusqu'à ce qu'il s'enfuie. »

Dans les jours et les semaines qui suivent, Yoko Ono bénéficie de la nature confiante des médias britanniques. Elle les a convaincus qu'elle était une artiste majeure à New York et au Japon ; que c'était elle, et non son premier mari, qui avait étudié avec John Cage ; et qu'elle s'était produite au Carnegie Hall, plutôt qu'au petit théâtre de récital qui y est rattaché. Ils étaient heureux de répéter tout ce qu'elle leur disait, car cela faisait de meilleurs titres et des articles plus juteux. Personne ne semblait se préoccuper du fait que son travail faisait étrangement écho à celui d'autres artistes : comme Christo, elle a enveloppé les lions de Trafalgar Square dans une bâche ; comme Warhol, elle a produit un film de 360 fesses nues (en lui donnant le titre effronté de *Unfinished Film #4*). En plus de tout cela, elle affectait d'être contrariée par l'étendue de sa propre renommée. « Je me méprisais d'être trop respectée pour mon travail, d'être si inhabituelle et unique », se souvient-elle.

Peu après son exposition à l'Indica Gallery, Yoko arrive au bureau des Beatles, mais trouve John absent. Par chance, Ringo se trouvait dans le bâtiment, elle s'est donc adressée à lui à la place, et a commencé à raconter sa philosophie de la vie et de l'art. Malheureusement, Ringo n'a pas pu déchiffrer un seul mot de ce qu'elle disait, et est sorti aussi vite que ses jambes pouvaient le porter. Qui sait ? Si elle s'était exprimée plus clairement, et sur des sujets plus terre à terre, nous parlerions peut-être maintenant de Ringo et Yoko, et ce n'est peut-être pas John mais Ringo qui aurait posé nu sur la couverture de *Two Virgins*. Ou Ringo aurait-il insisté pour qu'ils restent tous les deux entièrement vêtus ? Son influence aurait pu se faire sentir dans sa poésie, aussi :

> Portez un objet lourd en haut d'une colline. Mais pas trop longtemps, ou cela vous fera mal au dos. Asseyez-vous sur le quai. Regardez les mouettes danser. Si elles s'approchent de vos chips, donnez-leur une bonne claque.

> Portez un sac de petits pois. Versez-le dans de l'eau bouillante. Laissez-le pendant deux minutes. Égouttez et servez.

Certains ont raconté la poursuite de John par Yoko en termes d'horreur à la Hammer, avec sa petite silhouette vêtue de noir surgissant du brouillard à toute heure du jour ou de la nuit. Tony Bramwell écrit qu'elle est arrivée à Kenwood sans y être invitée, prétendant avoir un rendez-vous avec John. Cynthia, qui n'avait aucune idée de qui elle était, lui a dit que John n'était pas là. Yoko semble partir, mais « lorsque Cynthia jette un coup d'œil par la fenêtre, elle voit Yoko debout au bout de l'allée… Elle regarde fixement la maison, comme si elle voulait que les portes s'ouvrent et la laissent entrer. Quelques heures plus tard, Cynthia a regardé à nouveau, et Yoko était toujours là attendant le retour de John. Finalement, à la tombée de la nuit, elle a disparu. C'était ça le truc avec Yoko : elle apparaissait de nulle part et puis disparaissait… Les étranges visites à Kenwood se poursuivaient par tous les temps. »

Une fois, lorsque Yoko s'est installée au bout de l'allée sous une pluie battante, la mère de Cynthia a eu pitié d'elle et l'a laissée entrer pour utiliser le téléphone et appeler un taxi. « Plus tard, Mme Powell a remarqué que Yoko avait laissé sa bague au vestiaire. "Je pense qu'elle va revenir", a-t-elle prophétisé. »

Bramwell raconte que des lettres et des cartes de Yoko arrivaient quotidiennement par la poste, « de mystérieuses petites notes avec de minuscules dessins noirs ou des phrases incompréhensibles. » Selon lui, l'un de ces colis contenait un gobelet blanc cassé maculé de peinture rouge à l'intérieur d'une boîte de tampons.

Cynthia elle-même dresse un portrait un peu moins gothique, bien qu'elle reconnaisse que Yoko faisait le pied de grue, et postait des lettres à John à un rythme effréné. Selon le récit de Cynthia, la première fois qu'elle a posé les yeux sur Yoko, c'était lors d'une réunion entre les Beatles et l'assistant du Maharishi, organisée pour finaliser les détails de leur prochain voyage à Rishikesh. « En entrant dans la pièce principale, j'ai vu, assise dans un fauteuil d'angle, habillée de noir, une petite femme japonaise. J'ai immédiatement deviné qu'il s'agissait de Yoko Ono, mais que diable faisait-elle là ? John l'avait-il invitée et, si oui, pourquoi ? »

Yoko est restée assise, sans rien dire. Lorsque John et Cynthia sont partis, le chauffeur de John a ouvert la porte de la voiture et, « à mon grand étonnement, Yoko est montée avant nous. John m'a jeté un regard qui laissait entendre qu'il ne savait pas ce qui se passait, haussant les épaules, les paumes de mains tournées vers le haut. » Yoko a demandé s'ils pouvaient la déposer quelque part. Elle a donné son adresse - 25 Hanover Gate - et ils s'y sont rendus en voiture, sans un mot de plus.

« Qu'est-ce qui s'est passé, John ? » a demandé Cynthia après qu'ils l'eurent déposée.

« J'en sais pas plus, Cyn », répondit John.

Certains ont comparé Cynthia à une autruche, mais elle était loin d'être idiote : « Il a insisté sur le fait qu'il n'avait pas invité Yoko et ne savait pas qu'elle était là, mais le bon sens voulait que ce soit John qui lui ait demandé de venir. »

Au milieu d'une pile de courrier de fans, Cynthia est tombée sur une lettre de Yoko à John dans laquelle Yoko s'excusait de parler autant d'elle-même, remerciait John pour sa patience, disait qu'elle pensait toujours à lui et exprimait une crainte permanente que, chaque fois qu'ils se disaient au revoir, elle ne le revoie plus jamais. Cynthia a confronté John à ce sujet. « Elle est folle, c'est juste une artiste bizarre qui veut que je la parraine, insiste-t-il. Encore une tarée qui veut de l'argent pour toutes ces conneries d'avant-garde. Ce n'est vraiment pas important. »

109

En février 1968, les Beatles s'envolent pour le camp du Maharishi à Rishikesh, John et George dix jours avant Paul et Ringo, plus hésitants. « Ils ne veulent pas de publicité, de fans ou de presse, explique Mal Evans à la nuée de journalistes présents devant les portes. Ils veulent qu'on les laisse seuls pour méditer et se baigner dans le Gange… Ils sont ici pour méditer pendant trois mois, et il ne fait aucun doute qu'ils resteront ici jusqu'à la fin du cours. »

Le lendemain, le Maharishi Mahesh Yogi, qui n'a pas froid aux yeux, s'est vanté que « dans les trois mois, je promets de faire de Harrison, Lennon, McCartney et Starr des enseignants pleinement qualifiés ou des semi-gourous de la méditation hindoue. George et John ont fait des progrès fantastiques au cours des quelques jours qui se sont écoulés depuis leur arrivée ici. Au début, je ne les pousse pas trop fort, seulement quelques heures de méditation par jour. Je les nourris de philosophie de haut niveau avec des mots simples. »

À première vue, il pourrait s'agir d'une photo d'école. Le directeur de l'école est assis au centre, avec les préfets et les stars du sport à ses côtés sur la tribune. Au fur et à mesure que votre regard s'éloigne des gros bonnets, les personnes assises deviennent de plus en plus petites : les élèves de l'école, les enseignants suppléants, les sous-maîtres ; les chauves, les simples, les personnes âgées, les inconséquents. Ce sont les gens lambda qui s'étaient inscrits au cours avant les Beatles. Parmi eux, Gunther, un pilote de la Lufthansa, Tony, un croupier de blackjack de Las Vegas, et Nancy, la femme d'un analyste de presse.

Seule Mia Farrow manque à l'appel. Dès le début, le Maharishi a fait grand cas d'elle, plaçant une couronne sur sa tête, parsemant des guirlandes sur ses épaules et lui demandant de poser pour des photos matin, midi et soir. Finalement, elle a décidé que c'en était assez et est partie à la place pour une chasse au tigre de cinq jours. « Des trucs comme ça, ça lui rappelait les appels de studio sur la côte », explique son ami l'acteur de télévision Tom Simcox, vétéran de *Bonanza et Gunsmoke*.

Le Maharishi lui-même avait organisé la photo de groupe et supervisé la construction de la plateforme, indiquant à deux de ses moines où placer exactement les fleurs, les plantes en pot et le tableau de Guru Dev. Il avait également élaboré le *placement* stratifié sans artifice, avec les plus gros poissons à l'avant. Lorsque les méditants se sont approchés, tous dans leurs plus beaux habits, on leur a dit précisément où s'asseoir.

Alors que les juniors prenaient leurs places prescrites au soleil, le Maharishi préférait s'asseoir à l'ombre d'un bosquet d'arbres avec les Beatles, leurs partenaires, la sœur de Pattie Boyd, Jenny, Mike Love des Beach Boys et « Magic Alex » Mardas. C'était l'équivalent ashramique de la Royal Box à Ascot. Enfin, le photographe âgé, propriétaire d'un petit magasin à Rishikesh, qui avait trimballé son lourd appareil photo en bois et en laiton sur la colline, a annoncé qu'il était prêt, et le Maharishi et son groupe ont finalement rejoint les autres dans la chaleur du soleil.

Le photographe plongeait sa tête sous un tissu noir pour cadrer et faire la mise au point. De temps en temps, il sortait, criait « Prêt ! Que tout le monde ait l'air heureux ! » et appuyait sur le bouton de sa main droite. Mais le Maharishi restait seul maître à bord, donnant des ordres au photographe : « Tu dois crier "un, deux, trois" avant de déclencher… À chaque fois que tu déclenches, tu dois crier » et beuglant : « Plus haut, l'objectif ! On n'obtiendra pas de bons clichés si tu es trop bas ! »

estimant que la position de l'appareil photo était trop basse.
L'ordre strict de préséance était maintenu le soir, lorsque tout le monde se rendait à l'amphithéâtre, décrit par un participant comme « un bâtiment humide et semblable à un hangar, aux murs blanchis à la chaux et au sol fait de bouse de vache compressée. » Les Beatles et leurs épouses s'asseyaient sur des chaises en osier à l'avant, tandis que tous les autres se rassemblaient en rangs bien ordonnés derrière eux.
« Le Maharishi arrivait invariablement avec au moins une heure de retard, hochant la tête et murmurant des louanges au Guru Dev, se souvient un participant. Un sourire presque coquet barrait son visage, il était assis les jambes croisées sur sa peau d'antilope, jouant souvent avec une fleur ou un collier de perles. Lorsqu'il nous parlait, sa voix restait douce et apaisante, comme s'il parlait depuis un endroit lointain, où tout, d'une certaine manière, était beaucoup plus simple. »

La vie à Rishikesh était loin d'être spartiate. L'ashram avait été construit en 1963 grâce à un don de 100 000 dollars de l'héritière du tabac Doris Duke. Il est étrange de penser que si les Américains avaient fumé des cigarettes Lucky Strike avec moins d'ardeur, le Maharishi n'aurait jamais reçu les Beatles à Rishikesh et la majeure partie de l'Album Blanc n'aurait peut-être pas été écrite. Située dans une forêt de 14 hectares, la propriété se composait de six grands bungalows, chacun avec une demi-douzaine de chambres doubles, plus un bureau de poste, un amphithéâtre et une piscine. Des paons se promenaient sur le terrain en gloussant. Le Maharishi employait un personnel de quarante personnes, dont des cuisiniers, des agents d'entretien et une masseuse. Avant l'arrivée des Beatles, de nouveaux matelas ont été livrés, ainsi que de nouveaux rideaux et miroirs. Les chambres des Beatles étaient équipées de lits à baldaquin et de poêles électriques. « C'était le retour au village-vacances de Butlin, dit Paul. Vous aviez tous votre propre chalet. »
« De temps en temps, un tailleur apparaissait, pour mesurer les invités pour les vêtements indiens. Nous portions tous des pantalons de pyjama et de grandes chemises amples, et les garçons se laissaient pousser la barbe », se souvient Pattie Boyd.
Le petit-déjeuner était servi entre 7 et 11 heures, avec un choix de porridge, de blé soufflé ou de cornflakes, de jus de fruits et de café, ainsi que des toasts avec de la marmelade ou de la confiture. Des conférences de quatre-vingt-dix minutes avaient lieu à 15 h 30 et 20 h 30, mais il n'y a jamais eu d'appel nominal ni de pénalités pour les absents. Ces conférences couvraient un ensemble de sujets variés, dont la réincarnation, la méditation, la nature de la créativité, comment vivre pleinement sa vie et le voyage astral.
Même Ringo, qui a apprécié son séjour à Rishikesh moins que les Beatles, n'avait pas à se plaindre de son rythme de vie. Souffrant d'un estomac fragile à cause de ses maladies d'enfance, il s'était préparé à l'arrivée de la nourriture épicée et inconnue en emportant une valise pleine de haricots cuits Heinz. Sa prévoyance lui a certainement évité des désagréments. « Nous nous promenions un peu pour méditer ou nous baigner, se souvient-il. Bien sûr, il y avait des conférences et d'autres activités tout le temps, mais c'était vraiment comme des vacances. Le Maharishi a fait tout ce qu'il pouvait pour que nous soyons à l'aise. » Il était toutefois moins satisfait des dispositions sanitaires. « Il fallait se battre contre les scorpions et les tarentules pour essayer de prendre un bain, et il y avait un bruit incroyable dans la salle de bains. Pour prendre un bain, vous vous mettiez à crier - "OH OUI, BIEN, JE PENSE QUE JE VAIS PRENDRE UN BAIN, MAINTENANT" – et en tapant sur vos pieds. Vous n'arrêtiez pas de crier dans le bain – "JE M'AMUSE BEAUCOUP, OUI, C'EST MERVEILLEUX." Puis vous sortiez du bain, vous vous séchiez et sortiez de la pièce avant que tous

les insectes ne reviennent. » Maureen, la femme de Ringo, qui nourrissait une aversion extrême pour les bestioles, a été particulièrement gênée. John est impressionné par la férocité de la haine de Maureen envers les insectes : il affirme qu'une fois, elle a lancé aux mouches de sa chambre un regard noir si tonitruant qu'une seconde plus tard, elles sont toutes tombées raides mortes. Lorsque le temps est devenu plus chaud, la population de mouches s'est multipliée et s'est installée sur la nourriture. Ringo et Maureen ont exprimé leurs doutes au Maharishi. « Pour ceux qui sont perdus dans la méditation, les mouches ne sont plus un problème », a-t-il répondu. Ringo a rapidement repéré les limites de cet aphorisme.

« Mais ça ne tue pas les mouches, n'est-ce pas ? » a-t-il répondu.

110

Le 25 février 1968, la communauté de Rishikesh organise une fête pour le vingt-cinquième anniversaire de George. Le Maharishi a fait son habituel tapage autour des Beatles et de leurs épouses, les invitant à monter sur scène pour s'asseoir sur des coussins spéciaux à ses pieds. Ses moines se sont mis à genoux, prêts à badigeonner le front de leurs invités d'éclaboussures jaunes. De temps en temps, le Maharishi caressait la tête de George. Pendant ce temps, alors qu'un moine chantait, une femme appelée Edna, vêtue d'un pyjama imprimé peau de léopard, paradait dans le public en distribuant des guirlandes de soucis frais. Lorsque le chant s'achève, tous font la queue pour accrocher ces guirlandes au cou de George. À la fin de ce processus, un observateur a pensé que George ressemblait « à un homme affublé d'un gilet de sauvetage. »

Le Maharishi s'est lancé dans un de ses soliloques pétillants, jaillissant comme le Gange. L'espoir est vivant dans le monde, a-t-il dit : dès qu'il a rencontré George Harrison et ses « amis bénis » les Beatles, il a su que son mouvement réussirait et que l'humanité ne souffrirait plus. George était, a-t-il ajouté, « une âme sublime pour laquelle Dieu et tous les anges rendent grâce. » Même pour un Beatle, c'était une flatterie d'une ampleur inconnue ; à peine six ans plus tôt, la nuit précédant le dix-neuvième anniversaire de George, les Beatles avaient été hués hors de la scène du YMCA de Hoylake.

Les amis occidentaux de Rishikesh ont repris en chœur le refrain « Happy Birthday to You » lorsque le Maharishi a offert à George un gâteau surmonté de deux bougies. Il lui a également offert un globe en plastique, retourné à l'envers. « George, le globe que je te donne symbolise le monde d'aujourd'hui, a-t-il expliqué. Comme tu le vois, il a besoin d'être corrigé. J'espère que tu nous aideras tous dans la tâche de le redresser. »

Cynthia Lennon estime que Rishikesh a marqué un tournant dans la vie de George. Alors qu'il était, selon elle, « le plus dépourvu de tact, le plus franc et souvent le plus têtu des Beatles », la combinaison de ses expériences avec le LSD et de son séjour en Inde a fait « qu'il a grandi très rapidement, passant d'un jeune homme sans tact à un individu sensible et réfléchi. Les bords rugueux ont été adoucis et l'autodiscipline est devenue la pierre angulaire de son caractère. »

Mais, avec le temps, la sainteté peut s'allonger en moralisation ; Rishikesh a également fait ressortir le côté plus solennel et désapprobateur de George. Un jour, alors que Paul lui dit en passant qu'il a réfléchi à leur prochain album, George lui répond : « Putain, on n'est pas là pour réfléchir au prochain album, on est là pour méditer. » Paul a été pris de court. « C'était comme, "Ohh, excusez-moi de respirer!" »

Alors que Pattie aimait s'ébattre dans le Gange, George trouvait cela frivole, et le lui disait. En revanche, il n'a jamais ressenti de conflit entre sa spiritualité et sa libido. Bien au contraire : avec le temps, il en est venu à les considérer comme fonctionnant en tandem, l'une étant la servante de l'autre. Au cours de leur séjour en Inde, Pattie a remarqué que George était « fasciné par le dieu Krishna, qui était toujours entouré de jeunes filles. » Elle pense qu'il est rentré en Grande-Bretagne « en voulant être une sorte de figure de Krishna, un être spirituel avec beaucoup de concubines. En fait, il le disait. Et aucune femme n'était exclue. »

Paul se souvient de son séjour à Rishikesh avec un mélange de satisfaction et de scepticisme. Il avait médité, mais d'une manière très anglaise. Tandis que George vantait les avantages de la méditation avec une ferveur évangélique : « Il y a élévation et *élévation*, et pour atteindre l'élévation - je veux dire l'élévation telle que vous pouvez marcher sur l'eau, cette élévation - c'est vers celle-ci que je me dirige. La réponse n'est pas dans l'herbe, mais dans le yoga, la méditation, le travail et la discipline, le travail sur le karma » - Paul a abordé la question de manière plus concrète. L'une de ses aides à la méditation consistait, dit-il, à imaginer quelqu'un penché au-dessus d'un portail de ferme avec une paille sortant de sa bouche – « ce sentiment d'être très, très calme. » Dans tout cela, il s'est accroché au sens naturel du ridicule des Beatles, associé à leur aversion instinctive pour l'autorité. « Vite, les gars, sortez les clopes, voilà Prof ! » disait-il lorsqu'il voyait le Maharishi s'approcher. Il était même amusé par l'intérêt du Maharishi pour le monde matériel, et admirait son pragmatisme : un jour, il avait demandé l'avis des Beatles sur la meilleure nouvelle voiture. « Nous avons répondu : "Eh bien, une Merc, Maharishi. Une Mercedes, très bonne voiture." "Pratique ? Longue durée de vie ? Bon fonctionnement ?" "Oui." "Eh bien, on devrait prendre une Mercedes alors." »

John était, comme d'habitude, le plus conflictuel des quatre, embrassant ou rejetant l'aura de Rishikesh au gré de son humeur. Exempt de drogues dures - aucune n'était autorisée ou disponible dans l'ashram - il se jetait dans la méditation. À un fan qui lui écrivait pour lui demander ce qu'était la méditation transcendantale, il a répondu sur deux pages, signant « jai guru dev », expliquant que « cela amène l'esprit à ce niveau de conscience qui est la félicité absolue (le paradis). » Dans cette optique, l'une des nombreuses chansons qu'il a écrites en Inde s'intitule « Child of Nature ». Ses paroles hippies (« *I'm just a child of nature/I don't need much to set me free* ») sont aussi peu John que possible, sans aucune trace de mordant. Mais lorsqu'il a enregistré la chanson trois ans plus tard, il a gardé la mélodie et a supprimé les paroles. Son nouveau titre est « Jealous Guy », et les nouvelles paroles parlent d'insécurité, de perte de contrôle, de douleur, de rancune, de jalousie et de remords. Au début, Cynthia a adoré l'Inde – « juste la paix, le calme et l'air doux de la montagne rempli de l'odeur des fleurs. Le mieux, c'est que John et moi pouvions être ensemble la plupart du temps. » Mais après une semaine, les choses ont commencé à tourner au vinaigre. Les autres ont remarqué que, bien que les autres Beatles soient affectueux et tactiles avec leurs partenaires, et que John soit parfaitement agréable avec tous les autres, il pouvait être très désinvolte avec Cynthia.

« Ils étaient brillants et amicaux avec moi, mais nettement distants et froids l'un envers l'autre », a noté le photographe Paul Saltzman. Ce n'est que plus tard que Cynthia a appris que les promenades matinales solitaires de John l'avaient conduit directement au bureau de poste, pour prendre les cartes quotidiennes d'une fan japonaise qu'il avait un jour décrite à Cynthia comme étant « à côté de la plaque. »

« J'étais tellement désolée pour Cynthia, se souvient Pattie. Il recevait des notes de Yoko par la poste presque tous les jours, disant des choses comme : "Si tu regardes le ciel et que tu vois un nuage, c'est moi qui t'envoie de l'amour." » Ces cartes étaient envoyées depuis un hôtel de Delhi par l'apparatchik des Beatles, Tony Bramwell, qui était au courant de leur secret : « Pour éviter les problèmes, j'ai mis ces cartes ouvertes dans une simple enveloppe en papier kraft pour que Cynthia ne soit pas contrariée. »

John se souvient de son séjour indien comme étant, avant tout, une période de doute de soi. « C'était cette période où je passais vraiment par l'introspection : "Qu'est-ce que ça veut dire ? L'écriture de chansons n'est rien. Ça ne sert à rien, je n'ai aucun talent, je suis une merde, je ne pourrais rien faire d'autre que d'être un Beatle et qu'est-ce que je vais faire ?" ». Redoutait-il le choix qu'il aurait à faire à son retour ?

Pourtant, les chansons sortent de sa bouche, peut-être parce qu'il n'y a pas grand-chose d'autre à faire, et pas de drogues, ou du moins de drogues dures, à portée de main : « Julia », « Dear Prudence », « Bungalow Bill », « Across the Universe », « Cry Baby Cry », « Polythene Pam », « Mean Mr Mustard », « I'm So Tired ». Certaines de ces chansons sont joyeuses, mais filtrées par la mémoire de John, elles se transforment en morosité. « Ce qui est amusant avec le camp, c'est que même si c'était très beau et que je méditais environ huit heures par jour, j'écrivais les chansons les plus misérables de la terre, se souvient-il. Dans « Yer Blues », lorsque j'ai écrit *"I'm so lonely I want to die"* ("Je suis si seul que je veux mourir"), je ne plaisante pas. Là-haut, j'essayais d'atteindre Dieu et je me sentais suicidaire. »

Ringo et Maureen sont les premiers à partir, chassés par les mouches et les bestioles. « Le Maharishi est un homme bien, mais il n'est pas pour moi », a déclaré Ringo à la presse. Lui et Maureen n'avaient rien contre la méditation, mais leurs enfants leur manquaient. « Ce n'est pas un gigantesque canular… Si tout le monde se mettait à méditer, le monde serait beaucoup plus heureux. » De retour chez lui à Sunny Heights, Ringo reçoit une carte postale de John : « Juste une petite vibration de l'Inde. Nous avons suffisamment de quoi remplir deux LP maintenant, alors sors ta caisse claire. » Paul et Jane sont partis après six semaines, déclarant que c'était « une expérience très enrichissante ». L'expérience a certainement été fructueuse pour Paul sur le plan musical : « Blackbird », « Rocky Racoon », « Back in the USSR », « I Will », « Mother Nature's Son » et « Ob-La-Di, Ob-La-Da », ainsi que le bref et audacieux « Why Don't We Do it In the Road ? », inspiré par la vue d'un couple de singes copulant en plein air.
Pour John et Cynthia, et George et Pattie, tout s'est terminé en larmes. Sur un coup de tête, John a dit au Maharishi qu'il avait un ami qui pourrait construire une station de radio à Rishikesh qui diffuserait le message de la Méditation Transcendantale dans le monde entier. Tout surplus d'énergie pourrait être utilisé pour éclairer l'ashram et tous les villages voisins. Ce magicien était, bien sûr, son nouvel ami grec « Magic » Alex Mardas, pour qui aucun travail n'était trop grand pour être commencé ou trop petit pour être laissé inachevé. Mardas est arrivé à Rishikesh équipé d'un petit sac à dos contenant une sélection de tournevis et quelques fils. On peut l'apercevoir sur la photo de groupe, à deux pas de Ringo, non souriant avec ses lunettes noires et fixant directement l'appareil photo, d'une manière qui rappelle le Bruno vengeur du tournoi de tennis dans *L'Inconnu du Nord-Express* d'Hitchcock.
Pour une raison quelconque, Mardas semble avoir pris le Maharishi en grippe. Peut-être était-il jaloux de la façon dont sa propre place chamanique dans le cœur des Beatles avait été usurpée par ce vieux gourou coriace avec ses promesses faciles de lévitation. Ou bien craignait-il d'être lui-même démasqué comme un imposteur ? Tony Bramwell a entendu la rumeur selon laquelle le Maharishi, titulaire d'un diplôme de physique, posait trop de questions sur la façon dont Magic Alex proposait de créer une station de radio internationale à partir d'une poignée de fils et de fusibles : « Il a posé de nombreuses questions approfondies auxquelles Alex était incapable de répondre, et le jeune Grec a paniqué. »
Iago s'était infiltré dans le Shangri-La. Deux semaines avant le départ de John et George, Mardas a commencé à déverser de la malveillance dans leurs oreilles, affirmant que le Maharashi avait fait des avances à une jeune femme, demandant d'abord à lui tenir la main, puis suggérant un endroit inapproprié pour la poser. Non seulement cela, mais ce végétarien autoproclamé avait été aperçu en train de grignoter du poulet dans leur dos. « Il semblait convaincu que le Maharishi était mauvais,

se souvient Pattie. 'Il n'arrêtait pas de dire : "C'est de la magie noire." »

Cynthia a assisté, impuissante, aux ragots de Magic Alex qui ont pris racine dans l'esprit de John et George : « Les déclarations d'Alexis sur la façon dont le Maharishi avait été indiscret avec une certaine dame, et quelle mauvaise influence il s'était avéré être, ont pris de l'ampleur. Tout, si je puis dire, sans l'ombre d'une preuve ou d'une justification. Il était évident pour moi qu'Alexis voulait en sortir, et plus que tout, il voulait aussi en sortir les Beatles. »

Bientôt, John et George se rallient à l'idée que leur gourou ne prépare rien de bon. « Pourquoi le Maharishi voudrait-il un lit double à baldaquin ? » s'est demandé Magic Alex, et George a semblé d'accord, suivi par John : « Quand George a commencé à penser que cela pourrait être vrai, j'ai pensé : "Eh bien, cela doit être vrai, parce que si George a commencé à penser que cela pourrait être vrai, il doit y avoir quelque chose là-dedans." »

À la fin de la nuit, ils avaient pris leur décision. Par hasard, Pattie avait fait ce qu'elle a décrit comme « un rêve horrible » au sujet du Maharishi, et était maintenant désireuse de partir elle aussi. « De la confusion et de l'accusation sont nées la colère et l'agressivité », se souvient Cynthia. Le lendemain matin, Magic Alex a commandé des taxis, et John, George et leur bande ont approché le Maharishi. « J'étais le porte-parole, se souvient John, et j'ai dit : "Nous partons." "Pourquoi ?" a-t-il demandé, et j'ai répondu : "Eh bien, si vous êtes si cosmique, vous saurez pourquoi !"... Il a dit, "Je ne sais pas pourquoi. Vous devez me le dire", et j'ai continué à dire, "Vous devez le savoir", et il m'a lancé un regard du genre, "Je vais te tuer, salaud." J'ai su alors que j'avais dévoilé son arnaque et j'ai été un peu rude avec lui. »

Mais Cynthia voit les choses différemment : « J'ai senti que ce que nous faisions était très, très mal. S'asseoir en jugeant un homme qui ne nous avait donné que du bonheur. »

Alors qu'ils attendaient leurs taxis près des tables extérieures, le Maharishi est sorti de son bungalow et est allé s'asseoir à une centaine de mètres de là, dans un petit abri en bois. Un de ses moines s'est dirigé vers les Lennon et Harrison avec un message du Maharishi. « Il y était écrit "qu'il était très triste et qu'il voulait désespérément arranger les choses et nous convaincre que nous devions rester», se souvient Cynthia. J'avais envie de pleurer. C'était si triste. »

Lorsque les taxis sont arrivés, tout le monde s'est levé et est passé devant le Maharishi sans un regard dans sa direction ni un mot. Cela a rappelé à Cynthia la scène biblique dans laquelle Jésus est renié par ses disciples.

En les emmenant dans leur voyage en Inde, George avait, pour la première fois, assumé le leadership des Beatles. En partant, il s'était permis de succomber une fois de plus au caractère plus énergique de John. Alors même qu'ils s'éloignaient, il commença à regretter de s'être rangé du côté de John contre son vieil ami et gourou. Sur la route de Delhi, John s'est mis à chanter : « Maharishi, qu'avez-vous fait ? Tu as trompé tout le monde. » Mais George s'y oppose : « Tu ne peux pas dire ça, c'est ridicule. » Pour l'apaiser, John a remplacé « Maharishi » par « Sexy Sadie ».

Plus tard, George en est venu à croire que John avait voulu partir, et qu'il avait saisi les affabulations de Magic Alex comme une excuse parfaite. « Toute cette connerie a été inventée. Il y avait beaucoup de faux-semblants là-bas ; l'endroit entier était plein de faux-semblants. Certains d'entre eux étaient nous. »

À leur retour en Grande-Bretagne, les Beatles sont restés étonnamment silencieux sur les réserves qu'ils avaient à l'égard du Maharishi. Tout aveu de désillusion aurait nécessité une reconnaissance de leur crédulité, aussi ont-ils peut-être jugé préférable de garder le silence.

Pour sa part, le Maharishi a tiré le meilleur parti de sa connexion. En mai de cette année-là, il s'est embarqué dans une tournée de concerts aux États-Unis avec les Beach Boys. Annoncé comme « l'événement le plus excitant de la décennie », il consistait en un concert des Beach Boys suivi d'une conférence sur la méditation transcendantale par le Maharishi, avec un temps pour les questions et les réponses. Malheureusement, le public avait tendance à crier « California Girls » ou « Barbara Ann » au moment où le Maharishi expliquait les aspects plus éthérés des chakras et des mantras. Suite à des ventes de billets décevantes, les vingt-quatre dernières dates de la tournée de vingt-neuf dates ont été annulées. Néanmoins, le Maharishi a continué à prospérer, attirant une foule de célébrités à ses ateliers de méditation transcendantale, parmi lesquelles Kurt Vonnegut, les Rolling Stones, le major-général Franklin M. Davis, chef du collège de guerre de l'armée américaine, et, peut-être inévitablement, l'actrice Shirley MacLaine.

Le Maharishi a ensuite pris la tête d'une chaîne de télévision mondiale par satellite diffusant vingt-quatre heures sur vingt-quatre la Méditation Transcendantale en vingt-deux langues dans 144 pays sur la base d'un abonnement. Un réseau complexe d'entreprises connexes s'occupait des marchandises liées à la Méditation Transcendantele - livres, CD, consultations spirituelles, huiles de massage. Il contrôlait également des centres de santé new-age, des universités et des trusts caritatifs, ainsi que la société immobilière Heaven on Earth, et a fondé le Natural Law Party, qui s'est présenté aux élections générales britanniques dans les années 1990 sur un programme de faibles impôts, de vols yogiques et d'un village d'herbes dans chaque ville. Il est mort en 2008, dans un ashram situé dans un ancien monastère d'une petite ville à la frontière entre les Pays-Bas et l'Allemagne, au nom étonnamment terre à terre de Vlodorp.

III

Qu'est-il arrivé aux Beatles ? Comparez leur première et leur dernière conférence de presse en Amérique. Dans la première, ils sont extravertis et pleins de joie de vivre ; dans la dernière, ils sont égocentriques et lassés du monde. Pourtant, à peine quatre ans séparent les deux.

Le 7 février 1964, ils arrivent à l'aéroport Kennedy, l'air bien réveillé et heureux, et sont conduits dans une salle de presse bruyante, où les cameramen se bousculent pour prendre des photos. Leur attaché de presse doit crier à tue-tête pour obtenir le silence. Debout derrière une douzaine de microphones, les quatre Beatles restent brillants et enjoués, plaisantant, sans se laisser décourager par le barrage de questions. Ils sont pleins d'entrain et d'enthousiasme, et manifestement les meilleurs amis du monde, se réjouissant de la compagnie de l'autre, riant aux blagues de l'autre et finissant les réponses de l'autre.

> REPORTER : Que pensez-vous de Beethoven ?
> RINGO : Super, surtout ses poèmes.
> REPORTER : Pouvez-vous expliquer vos étranges accents anglais ?
> GEORGE : Ce n'est pas de l'anglais. C'est de Liverpool.
> REPORTER : À Detroit, des gens distribuent des autocollants de voiture disant « *Stamp Out the Beatles* » (« Chassez les Beatles »)
> PAUL : Oui, eh bien, nous avons deux réponses à cela. Tout d'abord, nous lançons une campagne « *Stamp Out Detroit* ».
> REPORTER : Que pensez-vous du commentaire selon lequel vous n'êtes rien d'autre qu'une bande d'Elvis Presleys britanniques ?
> RINGO : (imitant la démarche et la voix d'Elvis) Ce n'est pas vrai ! Ce n'est pas vrai !
> REPORTER : Combien d'entre vous sont chauves, de sorte que vous devez porter ces perruques ?
> RINGO : Nous tous.
> PAUL : Je suis chauve ! Ne le dites à personne, s'il vous plaît !
> JOHN : Oh, nous sommes tous chauves, oui... Et sourds et muets aussi.
> REPORTER : Vous êtes sérieux ?
> JOHN : Venez vous faire une idée.

Le 10 février, le matin suivant leurs débuts américains au Ed Sullivan Show, ils donnent une autre conférence de presse, cette fois dans la salle baroque de l'hôtel Plaza :

> JOURNALISTE FEMININE : Qui choisit vos vêtements ?
> JOHN : Nous choisissons les nôtres. Qui choisit les vôtres ?
> REPORTER FÉMININ : Mon mari. Maintenant, dites-moi, y a-t-il des sujets que vous préférez ne pas aborder ?
> JOHN : Oui. Votre mari.
> REPORTER : Selon vous, quel est le plus grand danger pour vos carrières : les bombes nucléaires ou les pellicules ?

RINGO : Des bombes. On a déjà des pellicules.

Quatre ans plus tard, le 11 mai 1968, John et Paul sont de retour en Amérique, cette fois pour lancer leur nouvelle organisation, Apple. Même maintenant, en cette époque plus décontractée, ils sont accueillis par des fans hurlants à l'aéroport Kennedy. Le 14 mai, ils s'assoient pour une conférence de presse dans la salle Versailles de l'hôtel Americana.
John ne sourit jamais. Ses réponses sont teintées d'agressivité. De temps en temps, un éclat de rire poli salue l'une de ses réponses désinvoltes. Ces rires sont-ils le fruit d'un vœu pieux ? Ces journalistes espèrent-ils être transportés à l'époque de l'insouciance de 1964 ? Assis à la gauche de John, Paul a l'air ennuyé et distrait, et ne participe guère. Jane Asher l'a quitté il y a quelques jours ; cela pourrait-il être la cause de son découragement ? Quelles que soient leurs raisons, ni Paul ni John ne montrent une trace d'excitation au lancement de cette nouvelle entreprise.

REPORTER : Pourquoi êtes-vous ici aujourd'hui ?
JOHN : Pour faire ça. À quoi ça sert ? Et vous, vous faites quoi ici ?
...
REPORTER : Pourriez-vous nous parler de votre plus récente entreprise commerciale ?
JOHN : Il s'agit d'une entreprise concernant les disques, les films et l'électronique, et à titre accessoire, quel que soit le nom qu'on lui donne, la fabrication, ou autre. Nous voulons mettre en place un système grâce auquel les personnes qui veulent simplement faire un film sur n'importe quoi n'ont pas à se mettre à genoux dans le bureau de quelqu'un, probablement le vôtre.
...
REPORTER : Pourriez-vous nous donner une idée de la capitalisation de cette nouvelle société ?
JOHN : Non. Nous le ferons à court terme, et nous nous assurerons d'obtenir ce que nous voulons, vous savez. Sinon, on ne le fera pas. Donc on s'en assurera.
...
REPORTER : Comment allez-vous diriger votre entreprise ?
JOHN : Il y a des gens qu'on peut engager pour faire ça. On n'y connaît rien en affaires.
REPORTER : Comment allez-vous procéder au financement des films ?
JOHN : Nous ne planifions pas. Maintenant, nous n'avons pas de manager, il n'y a pas de planification du tout.
REPORTER : Parlez-nous de votre division électronique d'Apple. Que fera-t-elle ?
PAUL : Il n'y aura pas de gadgets. Mais nous ne dirons rien tant que rien n'est sorti.

La déclaration la plus complète, ou la moins incomplète, des objectifs de la nouvelle organisation vient de Paul : « Nous sommes dans la position heureuse de ne plus avoir besoin d'argent. Pour la première fois, les patrons ne sont pas là pour le profit. Si vous venez me voir et me dites : "J'ai fait tel ou tel rêve", je vous répondrai : "Voici tant d'argent. Partez et réalise-le." » Leur objectif, dit-il, est de créer « un bel endroit où vous pouvez acheter de belles choses, une bizarrerie contrôlée, une sorte de communisme occidental. »
Mais son ton - désinvolte et morose - est en désaccord avec son message. L'optimisme et la camaraderie de 1964 ont disparu. Une bande-annonce pour Apple insiste sur le fait que l'organisation mettra « l'accent sur le plaisir », mais il n'y a guère de preuves de cela ici aujourd'hui, dans la salle Versailles de l'hôtel Americana.

112

Tout au long de la conférence de presse de John et Paul à l'Americana, Magic Alex était assis à la droite de John, jouant avec un bouquet de fleurs. Les cheveux longs et la barbe, il ressemblait à n'importe quel autre hippie, mais il était maintenant à la tête de la division électronique d'Apple. Un mois plus tard, il est filmé pour un film promotionnel d'Apple qui sera projeté lors d'une convention de vente à Los Angeles le même jour. Le film commence par une musique de guitare lourde, et une voix off dit : « Le concept d'Apple est de réunir les artistes d'aujourd'hui avec les méthodes et les médias de demain. »

Pendant les trois minutes qui suivent, Mary Hopkin joue de la guitare sous un arbre et chante gentiment, tandis que Martha, la chienne de Paul, patauge. Quand elle a terminé, Paul s'avance et s'accroupit à côté d'elle sur l'herbe. « C'était Mary Hopkin, et voici Alex. »

La scène passe à une pièce remplie de boîtes et de machines. Magic Alex porte une chemise et un pantalon blancs sous une blouse blanche de technicien. On le voit « tripoter un tas de ferraille », comme l'a dit le réalisateur du film, Tony Bramwell.

Sur fond d'une clameur insistante de bruits bleepy-bloppy dignes de *Dr Who*, Magic Alex s'avance vers la caméra, prend un micro téléphone et dit, avec son lourd accent grec, « Hullo. Je zuis Alexis d'Abble Elegdronigs. Euh, je voudrais dire bonjour à dous mes vrères du monde endier et à doudes les villes du monde endier et à tous les élegdroniciens du monde endier et... - (il désigne les machines et les boîtes derrière lui) - voici Abble Elegdronigs. »

Les bruits bizarres continuent tandis qu'une lumière bleue se déplace de haut en bas sur un écran, comme dans un film de science-fiction à petit budget ou un moniteur cardiaque amateur.

Plan suivant : un bureau. John passe le combiné du téléphone à Paul. De la musique semble en sortir. Paul porte le téléphone à l'oreille de la figure peu avenante de Dick James, l'éditeur musical des Beatles, chauve et à fortes lunettes. « Pas mal », dit-il, avec la curiosité fatiguée d'un parent épuisé. « D'où cela vient-il ? Qu'est-ce que c'est ? Oh, c'est une radio intégrée. »

Faux, dit Paul, en riant. « C'est un téléphone. Juste un petit truc que nous avons dans nos manches. »

Les idées de Mardas qui ont fonctionné n'étaient pas les siennes, et celles qui étaient les siennes n'ont pas fonctionné. En tout, Apple a déposé cent brevets différents pour les inventions de Mardas, dont aucun n'a été accepté. Le téléphone dans la vidéo promotionnelle pourrait bien être celui qu'il prétendait avoir inventé, qui disposait de la reconnaissance vocale et pouvait afficher le numéro de l'appel entrant. Mais les avocats d'Apple allaient bientôt découvrir que ces deux éléments avaient été brevetés par la société Bell quelque temps auparavant.

Parmi les autres inventions de Magic Alex, citons :

    a)   une caméra à rayons X qui pouvait voir à travers les murs
    b)   un champ de force qui enveloppe tout bâtiment dans l'air coloré, le rendant invisible
    c)   une guitare électrique à énergie solaire
    d)   la peinture qui rend les objets invisibles
    e)   une maison qui plane dans l'air, suspendue à une poutre invisible

f) un système de chauffage domestique qui fonctionne avec des piles ménagères ordinaires
g) un dispositif permettant d'empêcher l'enregistrement sur la radio en émettant une série de couinements aigus
h) une peinture spéciale qui change de couleur en appuyant sur un interrupteur

L'une de ses inventions les plus audacieuses était le « loudpaper », une forme audible de papier peint. Paul a écouté, les yeux écarquillés, le gourou de l'électronique le décrire : « Il s'asseyait et nous racontait comment il serait possible d'avoir des papiers peints qui seraient des haut-parleurs, donc vous tapissiez votre pièce avec une sorte de substance et ensuite on pouvait la brancher et tout le mur vibrerait et fonctionnerait comme un haut-parleur – « loud-paper ». Et nous avons dit : "Eh bien, si tu peux faire ça, nous en voudrions un." C'était toujours : "Nous en voudrions un." » Mais George Martin, plus âgé et plus sage, était moins facilement impressionné. « De toute l'armée de parasites, celui dont je me souviens le plus fort… était Magic Alex… qui était si grotesque que cela aurait été drôle s'il ne m'avait pas causé tant d'embarras et de difficultés dans le studio d'enregistrement. » Son irritation a atteint un paroxysme après avoir entendu Mardas se vanter qu'il pouvait faire le travail de Martin tellement mieux. « J'ai eu beaucoup de mal à le virer, car les garçons l'aimaient beaucoup. Comme il était très évident que ce n'était pas mon cas, un schisme s'est développé. »
Martin est resté studieusement imperturbable. « J'avoue que j'avais tendance à rire bêtement quand ils venaient annoncer la dernière trouvaille de l'imagination fertile d'Alex. Leur réaction était toujours la même : "Rira bien qui rira le dernier, quand Alex aura développé son idée." Mais bien sûr, il ne l'a jamais fait. »
Sous les conseils de Magic Alex, Apple a acheté deux énormes ordinateurs pour 20 000 livres chacun. Mais personne n'arrivait à les faire fonctionner, surtout pas Magic Alex. Très vite, ils ont été déplacés dans le garage de Ringo, où ils sont restés pendant des années.
De toutes les visions de Mardas, celle qui a le plus impressionné les Beatles, et George Martin le moins, était le Sonic Screen. « Un jour, les garçons m'ont informé de cette œuvre de génie inventif. "Pourquoi devez-vous mettre Ringo avec sa batterie derrière tous ces terribles panneaux, dans le studio d'enregistrement ?" ont-ils demandé. "On ne peut pas le voir. On sait que ça donne un bon son de batterie, et ça coupe tous les débordements vers nos guitares et autres, mais bon sang, avec ces super écrans qui l'enferment, il se sent claustrophobe." J'ai attendu en silence, sachant que le problème aurait été résolu par un éclair d'inspiration grecque. Et ce fut le cas. "Alex a eu une idée brillante ! Il a trouvé quelque chose de vraiment génial : un écran sonique ! Il va placer ces faisceaux à ultra-haute fréquence autour de Ringo, et quand ils seront allumés, il ne pourra rien entendre, car les faisceaux formeront un mur de silence." Les mots, je l'admets pleinement, m'ont fait défaut. »
Mardas commence à travailler sur une soucoupe volante, construite autour de deux moteurs V12, l'un emprunté à la Ferrari de George, l'autre à la Rolls-Royce de John. Les Beatles ont également financé son projet de créer un soleil artificiel pour éclairer le ciel au-dessus de la nouvelle boutique Apple de Baker Street. Mais le soir de l'inauguration, le 7 décembre 1967, le soleil n'est pas apparu. Ce n'était, bien sûr, pas la faute de Mardas : tout était dû à un « manque d'énergie ». D'autres inventions, insiste-t-il, étaient à quelques jours de leur achèvement lorsque, par chance, un incendie a ravagé son atelier, ce qui a entraîné le report de leur date d'échéance.
Il a réussi à persuader les Beatles de le laisser leur concevoir un nouveau studio, le meilleur du monde, équipé de consoles d'enregistrement qui n'étaient pas seulement à quatre pistes, comme

chez EMI, ou à huit pistes, comme en Amérique, mais à soixante-douze pistes. Pendant des mois, il fait semblant de s'affairer, construisant un studio dans le sous-sol du siège d'Apple au 3 Savile Row, et demandant régulièrement plus d'argent pour cette tâche.

À mesure que l'automne se transforme en hiver, les Beatles, déjà hargneux, commencent à trouver leurs studios de Twickenham trop froids et pleins de courants d'air. Leur patience s'étiole ; ils exigent de déménager dans le nouveau studio dernier cri le plus rapidement possible.

Magic Alex les a finalement laissés entrer dans leur nouveau studio à la fin de l'année 1969. Il s'est immédiatement avéré inutilisable, sans bureau de studio ni aucune forme d'insonorisation. Les conversations des pièces voisines et les pas de l'étage s'entendent facilement, tandis qu'à chaque fois que le chauffage central de l'immeuble est allumé, un grand bruit sourd envahit le studio. Geoff Emerick n'est pas impressionné : « Alex ne savait pas du tout ce qu'il faisait. Le studio qu'il a construit pour eux était un désastre complet et total. » George Martin s'est tout de suite rendu compte qu'il n'y avait pas de place dans le mur pour les câbles entre le studio et la salle de contrôle ; la seule solution était d'ouvrir les portes pour que les câbles puissent serpenter le long du couloir. Loin d'être révolutionnaire, la console de mixage n'était qu'une feuille de contreplaqué avec seize faders et un oscilloscope coincé au milieu. « Cela ressemblait au panneau de commande d'un bombardier B-52 », se plaignait l'ingénieur du son Dave Harries. « Ils ont en fait essayé une session sur cette table de mixage, ils ont fait une prise, mais quand ils ont lu la bande, tout était bourdonnement et sifflement. Horrible. Les Beatles sont sortis, c'était la fin de tout ça. »

George Martin a passé un appel désespéré à Abbey Road : « Pour l'amour de Dieu, apportez du matériel décent ici ! »

« Il leur avait fait payer des milliers de dollars et avait acheté le matériel d'occasion », a déclaré John Dunbar, qui avait perdu ses illusions avec son ancien prodige. George Harrison, lui aussi, a souffert d'une crise de foi : « Le studio d'enregistrement d'Alex chez Apple était le plus grand désastre de tous les temps. Il se promenait avec une blouse blanche comme une sorte de chimiste, mais n'avait pas la moindre idée de ce qu'il faisait. » Alan Parsons, alors assistant ingénieur du son chez EMI, est arrivé avec du matériel emprunté à Abbey Road. Lui aussi a été déçu par les efforts de Mardas : « Il est évident que tout a été fait avec un marteau et un burin au lieu d'être correctement conçu et usiné. » Mais leurs enregistrements se poursuivent, créant ce que John appellera plus tard, à sa manière indélicate, « la plus grosse merde mal enregistrée avec un sentiment minable. » Enfin, lorsqu'Allen Klein reprend la gestion des affaires des Beatles en 1969, il met en liquidation Apple Electronics, et arrête tout paiement à Magic Alex. Au final, la célèbre console de mixage de pointe a été vendue comme ferraille à un magasin d'électronique d'occasion d'Edgware Road pour 5 livres.

Magic Alex en est venu à personnifier les crédulités hippies des dernières années des Beatles. Il a passé le reste de sa vie en Grèce, à vendre des voitures pare-balles et des dispositifs de sécurité aux riches et aux paranoïaques. Il a également fait fortune en vendant tous les souvenirs des Beatles qu'il avait réussi à accumuler : en 2011, il a été payé 408 000 dollars pour une guitare Vox Kensington faite sur mesure avec une plaque sur laquelle on pouvait lire :

À MAGIC ALEX ALEXI MERCI
POUR AVOIR ÉTÉ [sic] UN AMI
2-5-1967 JOHN

En 2008, après qu'un article du *New York Times* l'eut décrit comme un charlatan, il a menacé de poursuivre le journal en justice. Après deux ans de longues négociations, il a accepté d'abandonner son action à condition que le journal précise qu'en le qualifiant de charlatan, il ne voulait pas dire qu'il était aussi un escroc.

À sa mort en 2017, un article nécrologique paru dans le *Times* a calculé qu'en monnaie d'aujourd'hui, les projets d'Alex Mardas avaient coûté 4 millions de livres aux Beatles, sans aucun retour tangible.

113

À Quarry Bank, les garçons se livraient à des rendez-vous coquins dans les buissons après l'école. À cette époque, ils devaient avoir treize ou quatorze ans. « Nos fantasmes, du moins, étaient strictement hétérosexuels », se souvient Pete Shotton, légèrement angoissé. « Ça commençait toujours par une proposition des gars "Bon, les garçons, avec qui on le fait aujourd'hui ?" » À partir de là, étaient évoqués à tour de rôle les noms des pin-ups les plus célèbres. « Chaque nom nous poussant vers de nouveaux sommets d'extase. »
Quand vint le tour de John, il en appelait à son imaginaire à la vision de Brigitte Bardot, pour laquelle le terme « *sex kitten* » a été inventé récemment. L'actrice française a connu la gloire en Grande-Bretagne après avoir posé en bikini au Festival de Cannes pour faire connaître son rôle relativement mineur dans *Un Acte d'amour (Act of Love,* 1953). Sa carrière s'est épanouie pendant l'adolescence de John : elle a joué aux côtés de Dirk Bogarde et James Robertson Justice dans *Rendez-vous à Rio (Doctorat Sea,* 1955), avant de jouer le rôle-titre dans *Cette sacrée gamine (Naughty Girl,* 1956), puis « une tentatrice guidée par un démon » dans *Et Dieu créa* la femme (également en 1956)[129].
Au cours d'une de leurs séances sans retenue, John a soudainement changé son choix régulier de « Brigitte Bardot ! » à « Winston Churchill ! », ce qui a eu pour effet instantané de jeter un froid sur leurs fantasmes partagés[130].
À cette époque, il commence à amasser une série de photographies, toutes découpées dans le magazine *Weekend*. Par tranches hebdomadaires, le magazine propose un nouveau morceau de ce qui deviendra par la suite une pin up grandeur nature de Brigitte Bardot en maillot de bain. Ayant rassemblé la série complète, il a scotché l'affiche composite au plafond au-dessus de son lit. Paul partageait la passion de John pour la sulfureuse actrice française. « C'était elle, c'était la première, c'était l'une des premières qu'on voyait nue ou semi-nue, se souvient-il. Elle était très belle, et elle était française, donc pour nous, Brigitte, avec ses longs cheveux blonds, sa silhouette superbe et ses petites lèvres pulpeuses, était l'incarnation de la beauté féminine... Nous imaginions tous qu'elle avait des mœurs légères ; nous pouvions fantasmer sans retenu sur elle. »
John nourrissait encore ces fantasmes sur Brigitte Bardot en 1957, lorsqu'il a quitté l'école pour s'inscrire au Liverpool College of Art. Là, il avait attiré l'attention de Cynthia Powell, qui l'avait par hasard entendu comparer de manière élogieuse à Bardot par un de leurs camarades de classe. Déterminée à gagner le cœur de John, Cynthia a teint ses cheveux en blond, et a commencé à porter des faux cils, des pantalons noirs serrés et des pulls moulants. John commence à s'intéresser à elle, et ils deviennent bientôt un couple.

---

129 « Un rôle qui vous fera sursauter et que vous n'oublierez jamais », selon la bande-annonce.
130 Bien que Shotton ait omis de mentionner la participation de Paul à ce jeu, ce dernier s'est certainement inclus lorsqu'il a partagé à peu près la même histoire avec les lecteurs du magazine *GQ* en 2018 : « On était vraiment un petit groupe de gamins, et au lieu de nous saouler et de faire la fête - je ne sais même plus où nous étions ce soir-là - nous étions tous simplement assis sur des chaises, les lumières étaient éteintes, et quelqu'un a commencé à se masturber, alors nous l'avons tous fait. C'était juste : "Brigitte Bardot ! Whoo !" et ensuite tout le monde se masturbait un peu plus. Je crois que c'est John qui a sorti : "Winston Churchill !"... C'était assez tordu quand on y pense. Quand on regarde en arrière, on se dit "Mince, on a vraiment fait ça, mec ?" Mais c'était plutôt un amusement inoffensif. Ça n'a fait de mal à personne. Pas même à Brigitte Bardot. »

Juste avant que les Beatles ne partent pour leur premier voyage à Hambourg, Cynthia a reçu un appel téléphonique de John lui disant de venir aussi vite que possible. Tante Mimi était partie rendre visite à sa sœur Nanny à Birkenhead : la maison était libre. La première impulsion de John a été d'emprunter un appareil photo. « Il a insisté pour que j'essaie diverses poses séduisantes pendant qu'il prenait des photos, alors j'ai relevé mes cheveux, je les ai laissés tomber, j'ai remonté ma jupe et j'ai fait ressortir ma poitrine pour tenter de faire ma meilleure Brigitte Bardot. Après la séance photo, nous avons fait l'amour, puis allumé un feu et nous nous sommes allongés sur le canapé devant la télévision, en mangeant tout ce que nous pouvions trouver dans le réfrigérateur. C'était d'autant plus excitant qu'il s'agissait d'un acte illicite. »

John a emporté ces photos avec lui à Hambourg. Lorsque Cynthia et Dot, la petite amie de Paul, leur rendirent visite là-bas, John et Paul les persuadèrent toutes deux de porter des jupes en cuir, comme Bardot. Bien des années plus tard, Paul s'est souvenu que John avait dit : « Ouais, eh bien, plus elles ressemblent à Brigitte, mieux on se porte, mon pote ! » Tony Barrow est allé jusqu'à affirmer que pendant le mariage de John avec Cynthia, « John m'a avoué qu'il fermait métaphoriquement les yeux et pensait à une star de cinéma, probablement Brigitte Bardot. »

La fidélité de Paul et John à Brigitte a survécu à l'argent et à la célébrité. Une première version de la pochette du Sgt. Pepper, dessinée au stylo et à l'encre par Paul, montre les Beatles dans leurs uniformes colorés, debout devant un mur de photographies encadrées de leurs idoles. À leur gauche se trouve une pin-up de Brigitte Bardot agenouillée, les mains derrière la tête, dix fois plus grande que les autres. Mais pour des raisons obscures, elle n'a pas réussi à faire la couverture finale, sa place étant occupée par Mae West et Diana Dors.

En juin 1968, le fantasme se heurte à la réalité lorsque Brigitte Bardot arrive à Londres et fait savoir à Apple qu'elle aimerait rencontrer un ou plusieurs des Beatles. John fut le seul volontaire. Il s'est vanté auprès de Pete Shotton qu'il allait bientôt rencontrer la fille de leurs rêves d'écoliers. « Naturellement, j'ai supplié John de me laisser l'accompagner, mais comme Brigitte avait précisé qu'elle n'était pas prête à rencontrer une foule d'inconnus, seul Derek [Taylor] a été autorisé à l'accompagner. »

Avant la grande réunion, John est passé voir Taylor dans les bureaux d'Apple à Wigmore Street, et lui a demandé un peu de marijuana pour le calmer. Taylor n'avait que du LSD, alors ils en ont tous les deux pris à la place. Ils montent ensuite tous les deux dans la Rolls-Royce de John et sont conduits sur la courte distance jusqu'à l'hôtel Mayfair, où se trouve Bardot. John était dans un mauvais trip, secoué par une crise de nerfs, accroupi au plancher de la Rolls Royce. John envoie Taylor à l'hôtel.

Taylor a trouvé Brigitte Bardot toute vêtue de cuir noir, entourée de plusieurs femmes. Lorsqu'il lui annonce que John Lennon est dans la voiture à l'extérieur, elle semble déçue qu'aucun autre Beatles ne soit venu. À ce moment-là, les comprimés de LSD de Taylor faisaient effet, provoquant de grandes vagues de paranoïa. John et lui sont en danger, dit-il à Bardot, et ils sont surveillés par des personnes mystérieuses. Bardot ne comprend pas ce qu'il dit, mais lui suggère de demander à John de monter.

John finit par rentrer dans la pièce, mais le double traumatisme du LSD et de Brigitte Bardot en cuir l'a rendu muet. Avec un certain effort, il a réussi à dire « Bonjour », mais guère plus. Bardot a dit qu'elle avait réservé une table dans le restaurant de l'hôtel, mais ni John ni Taylor n'étaient sûrs de pouvoir marcher aussi loin. Taylor n'est pas impressionné : « Soudain, tout le monde s'est levé, prêt à partir. C'était terrible ! Pour commencer, aucun de nous n'était capable de manger quoi que ce soit ; nous n'étions même pas sûrs de pouvoir nous tenir debout... Ne nous prenez pas pour des bourgeois, avons-nous supplié, mais nous sommes tous deux mariés et cela devient incontrôlable et..." oh mon Dieu ! Quel gâchis ! »

Brigitte, selon les mots de Taylor, « n'avait pas vraiment apprécié ». Elle et ses compagnes se sont dirigées vers le restaurant en bas, laissant John et Taylor dans la suite de l'hôtel. Lorsque Bardot et son entourage reviennent du dîner, ils sont surpris de trouver les deux hommes toujours là, Taylor affalé sur le lit de Bardot, et John grattant une guitare, jouant une sélection de chansons qu'il avait composées en Inde. L'indifférence de Bardot se transforme rapidement en irritation ; elle ne tarde pas à leur demander de partir.

John est retourné à Kenwood, où l'attendait Pete Shotton. « Que s'est-il passé, que s'est-il passé ? » j'ai dit, totalement en haleine. « Je ne peux pas supporter le suspense une minute de plus !

- Putain, il ne s'est rien passé, a dit John. J'étais tellement nerveux que j'ai pris un peu d'acide avant d'entrer et j'ai complètement perdu la tête. La seule chose que je lui ai dite de toute la soirée, c'est "bonjour", quand on est allés lui serrer la main. Ensuite, elle a passé tout le temps à parler en français avec ses amis, et je n'ai jamais pu trouver quoi que ce soit à dire. »

Ce fut, conclut-il, « une putain de soirée de merde. »

114

LES TURDS[131]
La vérité explosive

Dans les bureaux de Bond Street de Rubbish Ltd., l'atmosphère est celle d'un ennui intense égayé à l'occasion par une hyper symétrie surréaliste. Un Turd passe en portant un pull oriental parsemé de cloches, avec des attaches en caoutchouc. Une fille mince plein de taches de rousseur à la réception lui dit : « C'est le liquidateur judiciaire. Dois-je dire que vous êtes sorti ? »
Dans Bond Street, on construit déjà la plus grande antenne de télévision du monde, quatre-vingt-neuf lanternes magiques et quelque huit inventions brevetées par un ami de longue date des Turds, « Mad Sid » Saint-Beuve.
Ces inventions comprennent un liquidateur électrique de papier buvard, un rouleau de papier toilette qui joue l'hymne national et une voiture sans roues.
Une entreprise de South Croydon a déjà offert aux Turds 2 livres pour racheter le brevet de la voiture.
L'année dernière, Turd Spiggy Topes s'est inquiété du déclin des ventes de disques Turds aux États-Unis. Avec la croissance des magnétophones miniatures, les fans enregistraient les disques à la radio et n'achetaient plus les disques. Sous le parrainage des Turds, un service tout entier a été créé pour trouver le moyen d'empêcher ce piratage intégral. À l'avenir, tous les disques des Turds émettront un bruit de gémissement si atroce à l'oreille nue que plus personne ne les écoutera jamais.
Pour les Turds, le bruit de gémissement constitue un nouveau départ. Leur dernier LP, *A Day in the Life of Ex-King Zog of Albania*, a pris plus de cinq ans à être réalisé et comprend des peignes et du papier, le son du Cornish Riviera Express quittant Paddington, deux millions de ziths, un hydroptère électrique et les cordes massives de l'orchestre de la police de Tel Aviv. Spiggy déclare : « J'ai toujours été terrifié par la musique classique. Je veux dire Mendelssohn et tout ça et tous ces noms hyper longs. Et puis l'autre jour, j'ai rencontré ce chauffeur de taxi qui lisait cette partition de Mozart. "Tu n'aimeras pas ça, m'a-t-il avoué franchement, c'est trop intellectuel." C'est ce que je pensais. Mais ça ne l'est pas, tu sais. Je veux dire, c'est exactement ce qui se passe dans la pop aujourd'hui. Nous sommes Mozart. Je veux dire le Christ. Nous sommes aussi lui, j'avais oublié. »

Private Eye, 13 septembre 1968

---

[131] « Turd » en argot veux dire « étron ». (N.d.t.)

115

À Rishikesh, Cynthia avait l'impression que John l'évitait : « Je ne passais pas la seconde lune de miel que j'avais espérée. John devenait de plus en plus froid et distant à mon égard. Il se levait très tôt et quittait notre chambre. Il me parlait très peu, et au bout d'une semaine ou deux, il a annoncé qu'il voulait déménager dans une autre chambre pour se donner plus d'espace. À partir de ce moment-là, il m'a pratiquement ignorée, tant en privé qu'en public. » Elle était loin de se douter que John recevait des lettres de Yoko Ono presque tous les jours.

Deux semaines après leur retour d'Inde, John a proposé à Cynthia de rejoindre Donovan, son manager Gypsy Dave, la sœur de Pattie Boyd, Jenny, et Magic Alex pour des vacances de quinze jours en Grèce. Comme John et elle partent rarement en vacances séparément, Cynthia est réticente. « J'ai beaucoup de choses à faire en ce moment et je ne peux pas y aller, mais tu devrais. Ça pourrait te remonter le moral », lui dit John.

À son retour de vacances, Cynthia se rend à Kenwood avec Jenny Boyd et Magic Alex, et arrive vers quatre heures de l'après-midi. Elle sait tout de suite que quelque chose ne va pas : « La lumière du porche est allumée, les rideaux sont toujours tirés et tout est silencieux. » Normalement, sa gouvernante, Dot, aurait dû sortir pour l'accueillir avec Julian. Au lieu de cela, c'était le silence. La porte d'entrée était déverrouillée. « Où êtes-vous tous ? » a-t-elle crié.

Se cachaient-ils derrière une porte ?

« En posant ma main sur la porte du solarium, j'ai ressenti un soudain frisson de peur. J'ai hésité une seconde, puis je l'ai ouverte. À l'intérieur, les rideaux étaient fermés et la pièce était faiblement éclairée, il m'a donc fallu un moment pour me concentrer. Quand je l'ai fait, je me suis figé. John et Yoko étaient assis par terre, les jambes croisées et se faisant face, à côté d'une table couverte de vaisselle sale.

Ils portaient les peignoirs éponge que nous gardions dans le poolhouse, j'ai donc imaginé qu'ils étaient allés se baigner. John était face à moi. Il m'a regardé, sans expression, et a dit : "Oh, salut." Yoko ne s'est pas retournée. »

Il était clair pour Cynthia qu'ils voulaient qu'elle les trouve comme ça. Elle avait du mal à comprendre la cruauté de l'acte de John. Elle était tellement décontenancée qu'elle est entrée dans un état de paralysie émotionnelle, se comportant comme si de rien n'était, et lui demandant s'il voulait bien venir dîner avec eux.

« Non merci. », a répondu John.

Cynthia s'est précipitée hors de la pièce. Jenny traînait maladroitement dans la cuisine, alors elle lui a demandé si elle pouvait rester avec elle. Puis elle est montée à l'étage pour préparer un sac. Sur le palier, elle est tombée sur une paire de petites pantoufles japonaises, placées proprement devant la chambre d'amis. Elle a regardé à l'intérieur. Le lit n'avait pas été touché.

116

Pete Shotton se retrouve responsable de la boutique Apple, qui doit être approvisionnée en vêtements psychédéliques, en bric-à-brac oriental, en meubles peints à la main et en chaises gonflables. Les trois jeunes designers hollandais connus sous le nom de The Fool ont été engagés pour concevoir la devanture de la boutique et approvisionner le stock d'objets, après avoir déjà proposés leurs services en tant que décorateurs, pour le chalet de George, fait de mobilier tourbillonnant, ondulant, à base de lampes à lave, pour le piano à queue de John, et pour le décor de « All You Need is Love ». Comme beaucoup de ceux qui voltigeaient autour des Beatles, ils portaient des coiffes gitanes, de grands faisceaux de colliers, des chemises à manches en cloche éclaboussées d'étoiles et de lunes, des justaucorps élisabéthains et des ceintures de satin tombantes. Leurs personnages aériens dissimulaient néanmoins un instinct avisé pour l'argent - ou le « fric », comme ils préféraient l'appeler - et la meilleure façon de le soutirer à leurs employeurs utopiques. En plus de leur salaire régulier, ils ont gentiment demandé une prime à la signature du contrat de 40 000 livres, soit 675 000 livres en monnaie d'aujourd'hui. Le comptable effaré des Beatles a fortement déconseillé au groupe de refuser, mais ils l'ont ignoré. Une fois le contrat conclu, The Fool s'est embarqué pour un voyage de « recherche » de dix jours au Maroc, tous frais payés.
Les vêtements qu'ils ont conçus, tout en arcs-en-ciel, fleurs et paysages de rêve, étaient mal exécutés, leurs formes disgracieuses, leurs coutures fragiles, leurs manches de travers. « Nous avons dû trouver des gens pour fabriquer ces vêtements, soupire Pete Shotton. Et même quand nous y sommes parvenus, les vêtements étaient merdiques. »

Le temps d'un week-end - le même week-end où les Beatles enregistraient la vidéo de leur chanson « Hello, Goodbye » - The Fool a réuni des étudiants en art pour peindre l'extérieur du siège d'Apple à Savile Row. La peinture murale représentait des lunes et des étoiles filantes ainsi qu'une figure androgyne hippie aux yeux écarquillés, s'étendant sur quatre étages. La soirée de lancement – « Venez à 19 h 46. Fashion Show at 20 h 16 » - a attiré un mélange de célébrités, dont John et George, Cilla Black, Eric Clapton, Victor Spinetti, Twiggy, Keith Moon et Richard Lester. Un clown distribuait des pommes, tandis que des hippies à la queue-leu-leu jouaient des cymbales à doigts et des tambourins. Vers la fin de la soirée, un trop grand nombre de personnes tentent de se serrer dans un espace trop petit ; alors que les fêtards sortent pour respirer, piétinant la moitié des produits en vente, un homme de la BBC s'évanouit par manque d'oxygène.
Quelques jours plus tard, le service d'urbanisme de Westminster insistait pour que la fresque soit retirée, alors qu'il n'avait jamais accordé d'autorisation. Apple a dépensé de l'argent supplémentaire pour contester la décision, mais en vain : la peinture murale a été enlevée.

Pete Shotton ne s'est jamais senti à l'aise en tant que gestionnaire de la boutique : « Chaque fois que j'attrapais une des chaises gonflables pour m'y asseoir, je m'effondrais en tas sur le sol. » Dans l'esprit de l'époque, les vêtements s'envolaient des rails et sortaient par la porte, sans passer par le comptoir. Le personnel, qui est cool, n'aime pas insister sur le paiement, bien qu'il soit lui-même heureux de sortir chaque soir en portant des brassées de pantalons à clochettes et de vestes

Nehru, sans chercher à les dissimuler. En sept mois, la boutique Apple avait perdu 20 000 livres, soit 340 000 livres en valeur actuelle.

Fin juillet 1968, les Beatles ont décidé de fermer la boutique. La nuit précédant sa dernière journée, les quatre hommes sont arrivés avec des amis et ont pris ce qui leur plaisait. John courait partout, s'emparant allègrement de tout ce qu'il pouvait, apparemment sans se rendre compte qu'il se dérobait lui-même. Le lendemain, les acheteurs s'entassent, attirés par l'idée qu'il n'y a désormais plus besoin de voler à l'étalage. En moins de vingt-quatre heures, Apple se débarrasse de vêtements d'une valeur de 10 000 livres. Mais cela laissait une nouvelle dette à traiter : dans leur hâte, les dirigeants ont oublié que tout le stock était soumis à une TVA de 12,5 pour cent, même s'il avait été donné pour rien.
Après avoir fermé la boutique, les Beatles déménagent le siège d'Apple au 3 Savile Row, perdant au passage leurs dossiers fiscaux. Leur nouveau quartier général s'est transformé en une foire d'empoigne, les invités et les employés rivalisant pour voir qui pourra facturer le plus à Apple. Chaque fois que John et Yoko passaient, Yoko commandait un pot de caviar coûtant 60 livres ; Barry Miles a calculé que cela représentait « environ cinq semaines de salaire pour l'un des cuisiniers qui le servait. » La facture du téléphone Apple s'élevait à environ 4 000 livres par trimestre. « À chaque fois que vous vous retournez, il y a au moins une demi-douzaine de personnes au téléphone qui ne travaillent même pas dans le bâtiment », a remarqué Richard DiLello, qui a examiné les factures avec étonnement. « Depuis quand y a-t-il un bureau Apple à Katmandou ? Ou à Sausalito ? Ou à Acapulco ? » Les visiteurs et les employés sont repartis avec toutes sortes de choses : télévisons, machines à écrire électriques, haut-parleurs, caisses de vin, radiateurs soufflants. Un employé enlevait quotidiennement le plomb du toit, créant bientôt des fuites qui ont causé des milliers de livres de dégâts. Les musiciens, les artistes et les cinéastes parrainés par Apple refusaient de reconnaître toute distinction entre prêts et cadeaux. « Nous distribuions tout cet argent, ces caméras et ces équipements, et la moitié des gens que nous n'avons jamais revus - ils sont simplement partis avec », observe Ringo. De temps en temps, la direction a fait une tentative timide de maîtriser tout le monde. Le 2 juin 1968, Neil Aspinall a envoyé un mémo aux chefs de service :

> Veuillez vous assurer que votre personnel est ponctuel chaque matin. Récemment, un certain nombre de personnes ont été très en retard. Il n'y a pas d'excuse. Dix heures devrait être à la portée de tous. De plus, veuillez ne pas mettre de bâtons d'encens dans les chariots des machines à écrire, veuillez empêcher les Irlandais ivres d'assister à nos réunions du conseil d'administration, veuillez dire à la fille qui se cache dans les toilettes que Paul n'utilise jamais celles-ci [et] veuillez ne pas essayer de mettre vos tartines à la confiture dans l'équipement hi-fi.

Apple était un cheval fugueur. Pendant un an, l'entreprise a employé un mystique à plein temps appelé Caleb, dont le rôle était de diriger l'entreprise avec des lectures régulières de cartes de tarot et du I Ching. « La bizarrerie n'était pas jugulée dès le départ. » note Derek Taylor. « De toute façon, on ne peut pas contrôler la bizarrerie ; la bizarrerie est la bizarrerie. » Il avait de quoi parler : en l'espace de quinze jours, son propre service de presse a facturé six cents cigarettes Benson & Hedges, huit douzaines de Cokes, huit bouteilles de whisky J&B, quatre bouteilles de cognac Courvoisier, trois bouteilles de vodka, deux douzaines de ginger ales, une douzaine d'eaux toniques, deux douzaines de citrons amers, une douzaine de jus de tomates, trois bouteilles de citron vert et quatre douzaines

de bières. Après avoir étudié la facture, un autre employé d'Apple a fait le commentaire suivant : « Oh, ils ont un peu réduit leurs dépenses alors. » Dans un éditorial du magazine de la maison Apple, Derek Taylor a déclaré : « Nous avons eu de nombreux invités chez Apple, des amis. Je ne me souviens d'aucun d'entre eux. Trop défoncé, vous voyez. Ça affecte la mémoire. »
George, autrefois si attentif à l'argent et si méfiant à l'égard du fisc, a succombé à l'anti-matérialisme ambiant. Ce n'est que lorsque les nuages se sont dissipés qu'il a pu voir la grande erreur des Beatles. « Nous avons trop donné aux mauvaises personnes, dit-il à Pattie. Cet endroit est devenu un refuge pour les marginaux. Le problème, c'est que certains de nos meilleurs amis sont des marginaux. » Dans cette armée désorganisée, le fait que les hauts gradés aient le plus souvent perdu la tête n'aide pas. Lorsque les Beatles ont finalement entendu les sirènes hurler, ils n'avaient aucune idée de la direction à prendre. « C'est vraiment comme au Vietnam, dit George, avec une pointe de surenchère. Il y a eu une escalade. C'est devenu si gros, mais on ne voit pas vraiment la sortie. » Après avoir pris conscience de ce qui se passait, John est passé de la stupeur à la panique, sans rien entre les deux, pointant un doigt accusateur sur tout le monde sauf sur lui-même : « Les gens nous volaient et vivaient sur notre dos... Dix-huit ou vingt mille livres par semaine sortaient d'Apple et personne ne faisait rien. Tous les copains qui avaient travaillé pour nous pendant cinquante ans vivaient, buvaient et mangeaient comme des putains de Romains ! Et j'ai soudain réalisé. Nous perdions de l'argent à un tel rythme que nous aurions été fauchés, vraiment fauchés. Nous n'avions rien à la banque, vraiment, aucun de nous. Paul et moi aurions probablement pu flotter, mais nous étions tous en train de couler finalement. C'était tout simplement l'enfer, et il fallait que ça s'arrête. » Désemparé par tout l'argent qui sortait de leur plan d'épargne, John a convoqué Derek Taylor et Neil Aspinall pour élaborer un plan d'action. Les trois hommes commencèrent leur réunion d'affaires en prenant du LSD, avant de décider - tout à fait raisonnablement, étant donné les circonstances - que tous les problèmes d'Apple pourraient tout simplement être résolus en se rendant à High Street, Weybridge et en frappant aux portes du directeur de la banque locale et du notaire local. « Bon, Apple est dans le pétrin, mais nous avons besoin d'une solution simple : un directeur de banque simple et fiable et un avocat simple qui peut s'y retrouver dans tout ce pétrin. »
John, selon Paul - ou Paul, selon John - fait alors appel aux mêmes grands hommes d'affaires contre lesquels Apple avait été fondée pour lutter. Sir Joseph Lockwood d'EMI leur suggéra d'engager l'ancien président du parti conservateur, Lord Poole, qui suggéra à son tour Lord Beeching, dont le rapport de 1963 sur l'avenir du réseau ferroviaire britannique avait entraîné la suppression d'un tiers des gares. Beeching a examiné les dossiers financiers d'Apple, avant de conseiller aux Beatles de s'en tenir à la musique.
Le 21 mars 1969, John, George et Ringo demandent à Allen Klein, une brute du New Jersey, un homme caractérisé par Alistair Taylor comme ayant « le charme d'un siège de toilettes cassé », de devenir leur directeur commercial. Dans une série de manœuvres habiles, Klein avait réussi à persuader John qu'il était l'homme idéal pour prendre en charge leurs affaires. Il a conquis Yoko en lui promettant d'organiser une grande exposition de ses œuvres aux États-Unis[132]. Ringo a été encore plus facilement courtisé : « Tout ce que je voulais, c'était qu'on s'occupe de moi. Je descendais de l'avion ou du QE2 à New York et il y avait un type là : un type plutôt trapu qui me faisait passer, me faisait monter dans une limousine, me donnait un paquet d'argent, m'obtenait une

---

[132] Celle-ci a aura finalement lieu le 9 octobre 1971. Comme Yoko n'avait pas réalisé suffisamment de travaux pour remplir l'espace disponible, une équipe d'ouvriers a été engagée pour construire d'autres installations. Les dépassements de coûts ont fait que les quatre Beatles se sont retrouvés avec une facture de 80 000 dollars.

suite dans un hôtel - et c'était tout. C'était cool pour moi. J'étais facilement satisfait. Amenez-moi juste à l'endroit prévu à l'heure ! »

Tel un éléphant dans un magasin de porcelaine, Klein s'est chargé de chambouler presque tout le monde chez Apple, y compris le diligent Geoff Emerick, qui ne supportait pas la fâcheuse habitude du nouveau dirigeant d'imiter le bruit d'un tiroir-caisse chaque fois qu'une chanson des Beatles passait à la radio. Derek Taylor a comparé cette période aux « derniers jours de Pompéi, lorsque la merde bouillante s'est abattue sur le ventilateur et a éclaboussé les dirigeants ainsi que tous les membres d'Apple, nous laissant tous dans un état de dégoût, de laideur et d'inutilité. » En quelques jours, Klein avait licencié la plupart du personnel d'Apple, y compris le directeur général, Alistair Taylor, qui avait travaillé pour les Beatles depuis le jour où ils avaient été signés par Brian Epstein. Taylor a tenté d'appeler chacun des quatre Beatles à tour de rôle pour leur dire ce qui s'était passé, mais aucun d'entre eux n'a pu venir au téléphone.

De nombreuses idées non réalisées, à divers stades de développement ou de non-développement, sont mortes avec Apple. John s'était fait le champion des Apple Limousines, une flotte de Rolls-Royce psychédéliques. Paul prévoyait d'ouvrir un magasin vendant uniquement des produits blancs : « On ne trouve jamais rien de blanc, comme des tasses et tout ça. Cela fait cinq ans que je cherche un ensemble décent de tasses blanches. » Les quatre Beatles envisageaient d'ouvrir une Apple School, offrant une éducation insouciante aux enfants des Beatles et de leur personnel. D'autres projets irréels comprenaient un Apple Entertainment and Shopping Centre sur Regent Street, avec un cinéma, un sauna et un restaurant ; Apple Cosmetics, offrant une gamme de parfums, de rouges à lèvres et de lotions dans des récipients en forme de pomme ; et une franchise internationale de discothèques Sgt. Pepper.

En un sens, l'esprit d'Apple a survécu en John et Yoko. Tout au long du reste de l'année 1969, ils ont lancé une variété de projets encore plus irréalisables et improbables que ceux qu'ils venaient d'abandonner. La plupart n'aboutirent à rien. À l'automne, ils écrivent une longue lettre à Eric Clapton dans laquelle ils suggèrent ce qu'ils appellent une sorte de « Easy Rider en mer » : un bateau pour trente personnes, comprenant musiciens et l'équipage, plus « des médecins, etc. en cas de problème », naviguant de Los Angeles à Tahiti, le tout étant filmé et financé par EMI ou une société de cinéma. Le voyage entier prendrait 3-4-5-6 mois, en fonction de ce que nous ressentons tous - toutes les familles, tous les enfants sont les bienvenus, etc.

En général, les idées de John allaient et venaient. Paul a développé une technique pour les laisser flotter dans l'air, comme des bulles. Un jour, John a suggéré qu'ils subissent tous les deux une trépanation commune : « C'est un ancien truc romain - on vous perce un trou dans le crâne. » Paul a hésité avant de dire : « Vas-y, fait le, et si ça se passe bien, on le fera tous » Cette réponse vaguement encourageante était, avait-il compris, le meilleur moyen de s'assurer que rien ne se passe. « Sinon, le lendemain matin, nous aurions tous eu des trous dans la tête. »

117

Un jour, peu après que John s'était enfui avec Yoko, Paul se rendit à Weybridge pour voir Cynthia. Il pensait qu'elle aurait besoin d'être réconfortée. « Paul était le seul membre de la famille Beatles à avoir eu le courage de défier John - qui avait apparemment fait comprendre qu'il s'attendait à ce que tout le monde suive son exemple en me coupant les vivres. Mais Paul a toujours revendiqué ses choix, et n'avait pas peur de John », se souvient Cynthia. Elle n'avait reçu aucune nouvelle de Ringo ou de George, ni de l'une ou l'autre de leurs épouses : « Ils ne voulaient pas attirer la fureur de John sur eux, et ne savaient probablement pas quoi me dire de toute façon. »

Julian avait alors cinq ans, le même âge qu'avait John lorsque son propre père a quitté la maison. Paul avait toujours été proche de Julian. Il avait un rapport avec les enfants qui échappait à John : lorsque les Beatles sont allés en Grèce pour acheter leur île, John a passé son temps à lire les journaux pendant que Paul jouait aux cow-boys et aux indiens avec Julian. « Il avait été comme un oncle pour lui, a admis John des années plus tard. Paul a toujours été bon avec les enfants. » À cet égard, Paul avait de la peine pour John. « Je me souviens que John est venu me voir une fois, il m'a pris à part et m'a dit : "Comment fais-tu ?" J'ai répondu : "Comment ça ?" Il a dit : "Avec Julian. Comment fais-tu pour jouer avec des enfants comme lui ?" Je me souviens avoir senti une vague de chagrin m'envahir... J'ai essayé de lui donner la formule magique : "Joue, fais comme si tu étais un enfant. Joue avec lui." Mais John n'a jamais compris. Il n'a jamais eu le coup de main. » Aujourd'hui, à la fin de l'âge mûr, Julian se souvient avoir vu davantage Paul que son père : « Nous étions très amis, et il semble y avoir beaucoup plus de photos de moi et de Paul jouant ensemble à cet âge que de photos de mon père et moi. »

En conduisant jusqu'à Weybridge dans son Aston Martin, Paul pense aux conséquences de la séparation sur Julian : « Je savais que ça n'allait pas être facile pour lui. J'ai toujours de la peine pour les enfants dans les divorces. » Sortie de nulle part, une chanson lui est venue à l'esprit. « *Hey Jules* », commençait-elle, « *don't make it bad. Take a sad song, and make it better* » (« ne sois pas négatif. Prends une chanson triste, et rends-la joyeuse »)

118

En août 1968, les Rolling Stones avaient beaucoup à célébrer. Ils avaient terminé leur nouvel album, *Beggars Banquet*, Mick Jagger venait d'avoir vingt-cinq ans, et le Vesuvio Club, dont Jagger et Keith Richards étaient copropriétaires, rouvrait ses portes.

La fête qu'ils ont organisée au Vesuvio était une célébration convenablement sauvage de ces trois événements. Des tapisseries marocaines drapaient les murs, ainsi que des photographies géantes des Stones. Un zeppelin rempli d'hélium flottait de haut en bas, de vastes bols en argent étaient remplis d'un mélange de punch et de mescaline, et les tables gémissaient sous les assiettes empilées de gâteaux au haschisch. Des pipes Hubble étaient fournies, ainsi que de délicats plats de hasch, pour ceux qui préféraient ingérer plutôt qu'inhaler.

« Ma seule crainte, se souvient le manager du club, Tony Sanchez[133], était la proximité du club avec le poste de police de Tottenham Court Road. Il n'était qu'à trois cents mètres, et quelques flics curieux auraient pu arrêter à peu près toutes les superstars de Grande-Bretagne s'ils avaient décidé de faire une descente ce soir-là. »

Jagger arrive en avance, ayant pris l'avion depuis l'Irlande avec, entre ses mains, le premier pressage anticipé de *Beggars Banquet*. Sanchez, agissant comme disc-jockey, a commencé à le faire jouer. C'est un succès instantané : toutes les personnes présentes semblent soit danser dessus, soit dire que c'est incroyable, soit les deux en même temps. En plus de tout cela, John Lennon et Yoko Ono défilent en couple royal à la manière d'un défilé psychédélique, typiquement 1968, de la reine et du duc d'Édimbourg.

Arrivant un peu plus tard que la plupart des autres fêtards, Paul McCartney, tout juste sorti des studios Trident, à quelques pas de là, à Soho, apporte avec lui le disque en acétate du prochain single des Beatles. Après avoir salué ses hôtes, il a traversé les danseurs jusqu'aux platines et a discrètement tendu le disque à Tony Sanchez en disant : « Fais nous voir ce que tu en penses, Tony. C'est notre nouveau titre. »

Une fois que le Beggars Banquet a pris fin, et que Mick et Keith se promènent, recueillant les éloges de leurs invités, Sanchez a glissé le nouveau single des Beatles sur la platine.

« Hey Jude, don't make it bad, take a –

Tout le monde s'est arrêté de parler. Pendant les sept minutes et onze secondes suivantes, ils sont restés complètement silencieux.

« Ça a fait boum, directement dans la poitrine, se souvient Marianne Faithfull. C'était la première fois que quelqu'un l'entendait, et nous étions tous époustouflés... Nous avions l'impression que tout le monde se trouvait au bon endroit, au bon moment, avec les bonnes personnes. »

Tony Sanchez a senti l'humeur de Mick Jagger changer : « Quand c'était fini, j'ai remarqué que Mick avait l'air énervé. » Paul se souvient que Mick s'est approché de lui et a dit : « Putain de merde ! Putain de merde ! C'est autre chose, non ? C'est comme deux chansons. Il y a la chanson et puis tout le "na na na" à la fin. Ouais. »

Plus tard dans la nuit, John s'approche de Sanchez en titubant, « comme si ses yeux allaient sortir

---

[133] Sanchez était « l'assistant personnel » de Keith Richards, et a également été crédité du rôle non moins onéreux de dealer préféré des Rolling Stones, de Robert Fraser et, de temps en temps, des Beatles.

des orbites », et lui demande d'appeler un taxi pour lui et Yoko. Les trois portiers sont sortis pour en héler un, mais ils ne sont pas revenus. Sanchez découvrit plus tard que l'interaction de l'air frais avec la mescaline et le hasch avait rendu les trois hommes totalement inconscients : ils avaient complètement oublié qui ils étaient, où ils étaient et ce qu'ils étaient censés faire. Jagger a sauvé la situation en offrant d'utiliser sa propre Aston Martin DB6, et le cousin de Tony Sanchez, faisant office de chauffeur, a réussi à ramener John et Yoko jusqu'à Ascot, dans le Surrey.

119

C'est la fin de l'après-midi d'une parfaite journée d'été anglaise, le 30 juin 1968. Paul est dans sa Rolls-Royce, on le ramène à Londres depuis le Yorkshire, où il a enregistré « Thingumybob » avec le Black Dyke Mills Band. Derek Taylor, Peter Asher et un journaliste du NME étaient également dans la voiture. Alors qu'ils roulaient sur la M1, ils ont décidé de s'arrêter quelque part. Mais où ? Derek, sous l'emprise du LSD, suggère à Peter de jeter un coup d'œil à la carte AA du Bedfordshire et de choisir le village portant le plus beau nom.

Après un très long moment, Peter a fait un choix improbable : Harrold. Le chauffeur s'engagea docilement sur des routes secondaires jusqu'à ce qu'ils arrivent au village. Pour Derek, c'est comme un rêve devenu réalité : « Les grives et les merles chantent, les hirondelles plongent dans les chaumières et une vieille tondeuse siffle tandis que nous descendons la seule rue existante. »

Dans le jardin de Mulberry Lodge, sa maison sur la High Street, Gordon Mitchell, un dentiste moustachu, était en short, en train de tailler une haie. Il a levé les yeux pour voir trois hommes menés par Paul McCartney, qui lui ont demandé le chemin vers la rivière. Mitchell lui a donné les indications, et ils ont poursuivi leur chemin. Mitchell a filé à l'intérieur pour raconter à sa femme Pat ce qui s'était passé : Paul McCartney venait de lui demander le chemin de la rivière. Ensemble, ils partent dans la même direction, en espérant tomber sur Paul et ses amis.

Bien sûr, ils les ont trouvés dans le pub Magpie, et ont entamé une conversation avec eux. Bientôt, ils ont tous eu un petit creux, et Pat a suggéré que s'ils revenaient à Mulberry Lodge, elle pourrait leur préparer quelque chose. « Paul a montré son humilité en rendant visite au père de Pat, à l'époque invalide au lit, et j'ai eu une longue conversation avec lui », se souvient Gordon Mitchell quarante ans plus tard.

Ils se sont régalés de jambon et de riz. Gordon a parlé à Paul de la tombola qu'il organisait pour la Playing Fields Association le week-end suivant. Shuna, la fille de Mitchell, a sorti une guitare de taille enfant et l'a tendue à Paul, qui a immédiatement commencé à l'accorder, en mettant deux pièces de monnaie sous le chevalet. Paul leur a demandé s'ils voulaient entendre une chanson qu'il venait de composer, et ils ont tous dit oui. « Hey Jude, don't make it bad », commença-t-il.

« Pourquoi la vie ne peut-elle pas toujours être comme ça ? » soupire Pat Mitchell.

Selon Gordon Mitchell, « Ils étaient les gens les plus gentils que l'on puisse souhaiter rencontrer, et très amusants, et ce fut une soirée très spéciale. »

Vers 23 heures, quelqu'un est arrivé pour dire que bien que l'Oakley Arms soit officiellement fermé, le propriétaire avait accepté de le rouvrir, « en votre honneur, Paul ». Ils se sont donc rendus à l'Oakley Arms, qui, selon Derek, était bondé : « Tout le village était là. Paul a joué du piano, y compris une autre interprétation de « Hey Jude », jusqu'à ce qu'à trois heures, une femme se lève et chante « The Fool on the Hill » et il a quitté le piano pour danser avec elle et l'embrasser sur la joue. » Aux premières heures du matin, Paul et sa bande sont repartis vers Londres dans sa Rolls-Royce. Quelques jours plus tard, Gordon et Pat Mitchell ont reçu une lettre de remerciement, ainsi que deux bouteilles de champagne pour la tombola.

120

Peut-être pour ne pas blesser le fragile amour-propre de John, Paul a remplacé « Hey Jules » par « Hey Jude » avant de la lui chanter pour la première fois. Pour John, la chanson parle de lui et de son besoin de Yoko : « Si on y pense une seconde, Yoko vient juste d'entrer dans le tableau. Il dit : "Hey, Jude - hey, John." Je sais que j'ai l'air d'un de ces dingos qui essaient de comprendre le sens des paroles, mais on POUVAIT l'entendre comme une chanson écrite pour moi. Les mots "va la chercher" : inconsciemment, il disait, «Vas-y John, quitte-moi.» Mais à un niveau conscient, il ne voulait pas que j'aille de l'avant. L'ange à l'intérieur de lui disait : "Que Dieu te bénisse." Le diable en lui n'aimait pas du tout ça, car il ne voulait pas perdre son partenaire. »

John n'était pas seul dans son solipsisme. De nombreuses chansons des Beatles ont une qualité vague et fluide qui attire l'auditeur vers une interprétation personnelle. Les paroles de « Hey Jude » sont à la fois floues et précises. Lors de sa sortie, certains ont pensé qu'elle s'adressait à Bob Dylan, qui était devenu un reclus dans sa ferme de Woodstock. Le magazine *Time* pensait qu'il s'agissait d'un appel à l'engagement ; *Rolling Stone* estimait qu'il s'agissait d'un plaidoyer pour que John mette fin à son attitude négative envers les femmes.
À seize ans, Douglas Adams[134] faisait la queue à l'extérieur d'une salle de sport lorsque le bruit courut qu'un de ses camarades de classe avait entendu le dernier single des Beatles. « Nous l'avons maintenu contre le mur et l'avons obligé à nous le fredonner. »
John Updike, trente-six ans, tout auréolé du succès de son roman *Couples*, profitait d'une pause prolongée à Londres avec sa famille. À la fin de l'été, les Beatles « étaient très présents» » Assis dans un bus à impériale, Updike regarde par la fenêtre et voit Paul marcher dans la rue, « mal rasé. »
Avec le recul, Updike a vu dans « Hey Jude » « une grande chanson d'adieu... adieu à Londres, adieu aux Beatles, en fait. Et elle monte d'une certaine manière, comme la plupart de cette musique, vers une sorte d'extase. C'est vraiment un morceau palpitant, qui montre les Beatles à la fois les plus aventureux et les plus désinvoltes. »
À dix-sept ans, Gordon Brown[135] était à l'hôpital, se remettant d'une opération destinée à sauver son œil droit, ayant déjà perdu la vue de son œil gauche. Pour toujours, il associera son séjour à l'hôpital à la diffusion de « Hey Jude ». Pour lui, ce message était à la fois mélancolique et optimiste : « C'est triste au début, mais en fait très positif à la fin. »
Le philosophe Raymond Tallis a vingt et un ans et termine un diplôme de médecine à Oxford. Plus que tout autre morceau, « Hey Jude » lui a fait ressentir l'esprit de « possibilité infinie que l'on a quand on est jeune. »
Cette toile vierge de sens était évidente dès le départ. La première fois que Paul a fait écouter la chanson à John, ce dernier était gêné par le côté poussif d'une ligne particulière : « *the movement you need is on your shoulder* »[136].
« Je vais arranger ça », lui a-t-il assuré.

---

134 Douglas Adams (1952-2001), auteur *du Guide du voyageur galactique*.
135 Gordon Brown (1951-), premier ministre 2007 à 2010.
136 Traduit littéralement par « le mouvement dont tu as besoin est sur ton épaule » (N.d.t.).

« Tu ne le feras pas, tu sais, dit John. C'est la meilleure phrase de la chanson. Je sais ce qu'elle signifie - c'est génial. »

Mais que signifie exactement, ou même inexactement, cette expression ? Paul, qui est un peu à cheval sur la précision, a eu deux objections immédiates à cette ligne : premièrement, il avait déjà utilisé le mot « *shoulder* » (« épaules ») plus tôt dans la chanson ; et deuxièmement, « C'est une expression stupide, on dirait un perroquet. » Les deux sont vraies ; pourtant, pour une raison quelconque, lorsqu'elle est liée à la musique, elle a une sorte de sens. Jusqu'à ce que je commence à écrire ce livre, j'avais toujours pensé qu'il chantait « *the moment you need is on your shoulder* », ce qui signifie évidemment quelque chose de tout à fait différent de « *the movement you need is on your shoulder* ». Pourtant, lorsque j'ai réalisé que j'avais fait une erreur pendant cinquante ans, j'ai été surpris de constater que cela ne changeait pas grand-chose au sens. L'un a plus de sens que l'autre, mais sans la musique, aucun des deux n'a beaucoup de sens.

Chantés sur la musique, ces mots ont quelque chose de très émouvant : en fait, ils deviennent les lignes clés du couplet, parlant de bonté, de consolation et du besoin de continuer. Nous avons tendance à considérer la musique comme abstraite, et les paroles comme concrètes. Mais dans une bonne chanson, ils sont indissociables. Les paroles retirées de la musique sont comme des poissons retirés de l'eau, ou des papillons épinglés sur une carte.

On pourrait presque dire que plus les paroles ont de sens à l'écrit, moins elles ont de pouvoir dans la chanson : le rock fonctionne plus puissamment lorsqu'il est comme un chant indigène, ou un hymne latin, ses significations éparses transformées en sonorités abstraites, flottant sans spécificité. C'est pourquoi les vaillantes tentatives du professeur Sir Christopher Ricks de renforcer l'importance de Bob Dylan en interprétant ses paroles avec la solennité de l'académie sont vouées à l'échec. C'est comme si un fan de baudruches essayait de transmettre son enthousiasme en sortant une épingle pointue et en les perçant. Allouant trois pages de son livre de cinq cents pages, *Dylan's Visions of* Sin, à la chanson « All I Really Want to Do », Ricks exhorte le lecteur à « remarquer la dextérité de Dylan avec "*knock you up*" » :

> I ain't lookin' to block you up
> Shock or knock or lock you up

L'astucieuse bienséance sépare avec tact, de manière prégnante, « *knock* » de « *you up* » ; pour quelques mots ; après tout, le « *shock* » qui précède suggérerait davantage « *shock you* » que « *shock you up* ». Sous l'œil aiguisé du professeur, la ligne « *Why wait any longer for the one you love* » (« Pourquoi attendre plus longtemps celui que vous aimez ») devient d'une complexité insondable. « C'est comme si "plus longtemps" était une forme plus longue du mot « long », et c'est le cas, mais pas de ce sens de désir ardent du mot. Le sentiment de désir est évoqué, de nostalgie et d'attente. Mais combien de temps encore ? »

Pour expliquer la fin de « If Not for You », Ricks écrit : « Comment la fin de « If Not for You » réussit-elle à sonner juste ? La reconnaissance inéluctable que même la gratitude ne peut être exprimée pour toujours est mise en évidence par la décision de Dylan de quitter la chanson avec les mots *"If not for you"* répétés et répétés - dans leur belle simplicité - comme s'ils pouvaient, bien qu'ils doivent partir, continuer à l'infini. » Attendez, Professeur, vous pouvez disséquer encore plus cette chanson : mais cela s'appelle un *fade-out*, pratique souvent employée dans les chansons pop quand un producteur ne peut pas trouver mieux.

Les paroles de « Hey Jude » sont-elles vraiment importantes ? Après tout, au fil des ans, de nombreux auditeurs les ont mal entendues, convertissant « Hey Jude » en « Hey dude », ou même « Hay chewed » (littéralement : « mâcher du foin »). Il y a ceux qui ont passé toute leur vie à entendre « *The minute you let her under your skin* » (« Dès que tu l'auras dans la peau ») comme « *Remember, there's lettuce under your skin* » (« Souviens-toi que tu as de la laitue sous la peau »). Qui sait ? Peut-être que cette méthode de Rorschach a augmenté l'impact de la chanson, chaque auditeur fabriquant sans le savoir des paroles appropriées aux exigences particulières de sa propre existence. Il n'est pas étonnant, d'une certaine manière, que John ait pensé que tout tournait autour de lui. Aujourd'hui, lorsque Paul chante la chanson lors de concerts, il trouve le vers « *The movement you need is on your shoulder* » particulièrement poignant : « Lorsque je joue cette chanson, c'est le passage qui me fait penser à John, et je suis parfois un peu ému à ce moment-là. » Le soupçon de John s'est donc, dans une certaine mesure, avéré exact : dans l'esprit de son compositeur et de son interprète, pendant ces quelques secondes, « Hey Jude » est bien une chanson sur John.

Les quatre dernières minutes de « Hey Jude » sont, bien sûr, pratiquement sans paroles, toute signification étant subsumée par le chant. Les na-na-na-nanananas sont un mantra, dont la force naît de la répétition sans fin. « Hey Jude » était à l'origine un message d'espoir pour Julian Lennon, âgé de cinq ans, mais il s'est rapidement transformé en un message d'espoir pour le monde entier. Pour John Updike, les Beatles étaient comme « le soleil qui se lève le matin de Pâques. »

121

Joel Soroka a vingt et un ans en 1968. Ayant grandi à New York, il passe cet été-là à voyager en Europe. C'était la première fois qu'il quittait l'Amérique du Nord. « Début septembre, je me suis retrouvé dans un B&B sur Edgware Road. Il n'y avait ni douche ni chauffage central, et nous mangions du bacon presque cru au petit-déjeuner. Tout cela était nouveau pour moi. »

Le 3 septembre, il a pris un bus de Edgware Road vers Piccadilly, afin de récupérer du courrier chez lui. Encore novice dans les complexités des transports londoniens, il a pris le mauvais bus au retour. Par hasard, une femme séduisante s'est assise à côté de lui. « Nous avons commencé à bavarder. Puis, de but en blanc, elle m'a demandé : « Veux-tu rencontrer les Beatles ? » J'ai répondu quelque chose comme « C'est ça, fous-toi de moi. »» Elle lui a dit qu'elle travaillait pour Apple, et que les Beatles tournaient un film promotionnel pour leur nouveau single la nuit suivante. « Ils cherchaient des figurants pour créer une foule, et elle a aimé mon visage. »

Lui remettant ce qu'il décrit comme « un morceau de papier d'apparence non officielle », elle lui a dit d'être à la gare de Victoria le lendemain à 16 heures : un bus l'attendrait.

Joel n'en croyait pas un mot, mais il s'est rendu sur place au cas où. Bien sûr, un bus attendait, et, avec beaucoup d'autres, il est monté à bord. « Nous composions un melting pot, d'âges et d'origines, tout le monde discutait avec enthousiasme, mais on sentait que personne ne croyait que nous allions vraiment rencontrer les Beatles. »

Ils ont été déposés aux studios Twickenham, qui ressemblaient selon lui à un hangar, et ont ensuite été conduits dans une zone très éclairée, où des techniciens s'affairaient autour d'une plate-forme sur laquelle une batterie et d'autres instruments avaient été disposés. Un groupe d'une centaine de personnes attendait dans l'expectative, sous le regard du réalisateur Michael Lindsay-Hogg. Soudain, la porte s'est ouverte et les Beatles sont entrés en trombe. J'ai pensé : « C'est vraiment en train d'arriver ? » On nous a dit de rester là pendant qu'ils s'échauffaient. « J'étais dans un état de jubilation totale. Bien qu'étant un Beatlemaniaque, je ne les avais jamais vus en concert. »

Les Beatles ont joué « Hey Jude » trois ou quatre fois. On a demandé à la caravane de personnes choisies au hasard d'entourer la scène et de chanter avec le refrain. Joel a remarqué que la plupart d'entre eux « étaient si calmes et britanniques, mais j'étais déterminé à marquer les esprits. » Il a réussi à se placer dans une position stratégique près de l'estrade. À un moment donné, Ringo a posé son tambourin sur le sol et, très vite, Joel a saisi l'occasion de monter sur scène pour le ramasser. « J'espérais qu'ils retiendraient cette prise, mais ils en ont fait une douzaine. À chaque fois, de plus en plus de personnes me rejoignaient sur scène. À chaque prise, j'étais obsédé par l'idée de mettre la main sur le tambourin. Je devais être un peu pénible. »

Entre les prises, il s'est présenté à chacun des Beatles. Paul était charmant. John était sarcastique. Je me souviens qu'il disait : « Tu viens de New York ? Tu es déjà venu à nos concerts là-bas ? » Dans l'esprit du sarcasme, j'ai répondu : « Quoi, payer pour voir les Beatles ? » Je pense qu'il a apprécié ma réponse. George était silencieux. Et Ringo était un amour. « Appelle-moi Ritchie », disait-il. Joel a invité chacun des Beatles à revenir dans son bed-and-breakfast, mais lorsque le tournage s'est terminé, ils ont tous été emmenés en limousine.

À l'arrivée de Joel à New York, personne ne croit à son histoire, « mais peu de temps après, le film

317

apparaît dans l'émission des Smothers Brothers, ainsi que dans *Top of the Pops* au Royaume-Uni. Et voilà, j'étais là. »

En 2020 Joel a eu soixante-treize ans. « Ils ne sont que des hommes pour moi maintenant, mais en 1968, les Beatles étaient des dieux. À part la naissance de mes enfants, c'est la chose la plus incroyable qui me soit arrivée. »

Tom Topping avait onze ans en 1968 et passait un mois de vacances à Londres avec ses parents et sa sœur de douze ans. Alors qu'ils faisaient la queue pour voir le film *Yellow Submarine* à Leicester Square, un homme-sandwich s'est approché de son père et les a tous invités à prendre un bus au départ de la gare de Victoria jusqu'à Twickenham le jour suivant. « Pour deux enfants de Los Angeles qui adoraient les Beatles, c'était une aventure incroyable. »

Lors d'une des prises, Tom a réussi à se faufiler sur scène et à s'asseoir à côté de Paul et de son piano. J'ai tendu le bras et touché le smoking en velours rouge comme si c'était le suaire du Christ, à Turin. Plusieurs jeunes femmes étaient entassées autour, et l'une d'elles me pinçait la jambe pour que je m'écarte de son chemin. OUCH ! Elle était sérieuse. »

Margaret Morel avait un correspondant américain, en vacances à Londres, qui a l'informée ainsi que sa colocataire, Coral, du voyage à Twickenham. Margaret est arrivée à la gare de Victoria dans une robe jaune vif. Lorsque leur car s'est arrêté devant les studios, les filles ont jeté un coup d'œil à l'extérieur et ont vu les Beatles les regarder à travers une fenêtre, « en nous faisant des sourires et des signes. Tout le monde était très excité et heureux, bien sûr. »

Dans le studio, on leur a dit de se rassembler autour des Beatles à la seconde où le refrain commençait. Paul les aidait en disant « Maintenant » quand il était temps de se joindre à eux. Coral et Margaret ne se sont pas fait prier : « Mon amie Coral et moi sommes montées sur la scène à chaque fois et nous sommes restées debout à côté de George Harrison. Je ne sais pas comment nous avons réussi à le faire avec tous les gens qui se bousculaient pour s'approcher le plus possible des Beatles… Ils ont filmé de nombreuses prises de « Hey Jude » toute la journée. Il semble que nous ayons chanté nos « na-na-nas » des dizaines de fois. Si je me souviens bien, ils ont commencé à filmer dans la matinée et nous avons terminé vers 22 heures, voire plus tard. Les parents de mon amie sont venus nous chercher avec leur voiture. Nous étions épuisés mais très heureux, la tête pleine de tout ce qui s'était passé ce jour-là. »

Malheureusement, lorsque le film a été présenté en avant-première quatre jours plus tard, lors de l'émission de David Frost, le patron de Margaret était justement en train de regarder, et il a repéré Margaret dans sa robe jaune, debout à côté de George. « Je m'étais fait porter pâle, ce jour-là pour poser un arrêt-maladie, se souvient Margaret. J'ai juré que ce n'était pas moi. » Son patron a gracieusement accepté son démenti. « C'était un homme charmant et il m'a laissé croire qu'il me croyait. »

Dans le clip finalisé, semblent être seuls dans le studio jusqu'à ce que Paul entame le refrain. À ce moment-là, de nombreuses personnes les rejoignent, dont un homme avec un turban violet, une femme avec une grande robe blanche, un homme noir avec un gilet fantaisie et une blonde très maquillée avec une coiffure élaborée. Ils font tous la course pour s'emparer d'une place de choix à côté de Paul. Bien qu'ils se bousculent, ils semblent détendus et ravis d'être là. Deux jeunes garçons, l'un en veste de tweed, cravate et lunettes à monture d'écaille, l'autre en veste militaire plus groovy, se placent de part et d'autre de Ringo, qui leur fait un large sourire. Encore une fois, il semble le plus heureux de tous les Beatles.

Six minutes plus tard, un vieux bonhomme édenté apparaît, Albert Steptoe, un hippie, avec de grandes fleurs cachées derrière les deux oreilles. Tout aussi bizarrement, il tient une sorte de paquet brun plat. Il introduit une note de menace dans le scénario. De temps à autre, il considère qu'il est de son devoir de se retourner et de diriger tous les autres. À un moment donné, il se rapproche de Paul et lui touche l'épaule. Pendant une seconde, Paul montre un éclair d'irritation - le mouvement dont il n'a pas besoin est sur son épaule - et le repousse.

Au fil des ans, ce vieux fou est devenu un objet de fascination dans les groupes de discussion en ligne.

> « Quelqu'un sait-il qui est le vieux type étrange à la fin de « Hey Jude » qui emmerde Paul ? »
>
> « Je ne me souviens pas de son nom... C'était un ivrogne local et peut-être un sans-abri qui traînait dans le coin, alors ils l'ont fait venir. Il gâche un peu la vidéo, mais en même temps, il la rend meilleure. »
>
> « Il ressemble à un homme qui errait dans les rues du Soho de Londres à l'époque (1968). Nous l'appelions tous "Rosie" en référence à son penchant pour les parures florales, bien que je pense qu'il portait généralement des œillets comme dans la vidéo. Je ne suis pas sûr qu'il ait réussi à se rendre à Twickenham, cependant. »
>
> « Il s'appelle Bill et il a aidé les Beatles avec *Magical Mystery Tour*. »
>
> « D'où vient-il et pourquoi y a-t-il un morceau de carton pincé sous son aisselle droite ? Et quel est l'objet noir qu'il soulève en l'air avec sa main gauche à 6:31 et à nouveau à 6:50 ? S'agit-il d'une bouteille ? Pourquoi montre-t-il cela ? Cet objet a disparu à 7:14 »

Plus on regarde la vidéo de « Hey Jude », plus ce vieux fou devient hypnotique. Comme tout le monde, il est au bon endroit au bon moment, mais contrairement aux autres, il est la mauvaise personne au bon endroit au bon moment. Pourtant, il n'hésite pas à en tirer le meilleur parti. Débordant de confiance en lui, il se rapproche de plus en plus de Paul, orchestrant la foule, débordant de joie de vivre, fièrement convaincu de son caractère indispensable.

Les observateurs des Beatles consacrent un temps fou à identifier cet énergumène. Il est, à sa manière, l'équivalent britannique de l'homme au parapluie du Dealey Plaza[137].

> « Y a-t-il un rapport avec les œillets rouges et la guitare pour gaucher faite d'œillets blancs sur la couverture de *Sgt. Pepper* ? Quel est le rapport avec les œillets dans le livret accompagnant l'album *Magical Mystery Tour* ? »
>
> « Ce qui m'intrigue le plus, c'est qu'il touche deux fois l'épaule droite de Paul. D'abord à 7:26 et à nouveau à 7:36 ... Et puis à 7:46, il regarde vers le haut et pointe l'index de sa main gauche vers le plafond. »

Les Beatles brillaient tellement que toute personne prise dans leur faisceau, même brièvement, devenait une partie de leur mythe.

---

[137] L'homme au parapluie (« *umbrella man* ») apparaît sur des films et photographies lors du défilé de John Kennedy, à Dallas, le 22 novembre 1963.

122

Dans la mythologie des Beatles, le sergent-détective Norman Clement « Nobby » Pilcher se profile comme un ange vengeur maladroit. Il est Tom essayant de piéger Jerry, Jaws s'en prenant à d'innocents baigneurs, Cruella de Vil évaluant les dalmatiens pour l'abattage, ou - peut-être plus proche de la réalité - un Keystone Kop faisant tenir un seau d'eau en équilibre sur le dessus d'une porte puis oubliant tout et se faisant tremper lui-même.

De cinq ans plus âgé que John et Ringo, Norman Pilcher est entré dans la police métropolitaine en 1955, passant de la Flying Squad à la Drugs Squad en 1966, l'année même où les Beatles exhortaient les jeunes à se déconnecter, à se détendre et à se laisser aller. De tels passe-temps étaient loin d'être à l'ordre du jour de Pilcher : il voulait traduire les criminels en justice, par n'importe quel moyen. L'une des premières victimes de Pilcher, Eric Clapton, l'a décrit, non sans erreur, comme « une sorte de groupie de la police. » C'était un chasseur d'autographes avec des menottes à portée de main. Il gardait un œil sur les chanteurs et les musiciens aux yeux vitreux, puis les ciblait pour une enquête immédiate. En conséquence, sa propre renommée a commencé à augmenter proportionnellement.

Le sergent Pilcher a effectué son premier raid sur les célébrités le 11 juin 1966. Quelques semaines auparavant, il s'était intéressé de près à *A Boy Called Donovan*, un documentaire télévisé sur le style de vie hippie de ce fou, autoproclamé troubadour, dont le dernier single, « Sunshine Superman », faisait clairement référence à l'idée de faire griller les synapses. Sa face B, « The Trip », est on ne peut plus explicite.

Dans le documentaire, on voit des jeunes hommes louches aux cheveux longs et des femmes groovy allongés sur des coussins, jouant de la guitare, distribuant des cigarettes en forme de ballons de barrage et parlant de la liberté et de l'amour et la fin de toutes les guerres. Le film se termine par l'entrée de deux policiers dans un de ces rassemblements libres et décontractés, apparemment organisé par Donovan, fouillant partout, ne trouvant rien et repartant les mains vides. À ce moment-là, Donovan a fait un grand clin d'œil à la caméra, signalant effrontément qu'il était lui-même sous influence et qu'il se fichait éperdument de savoir qui le savait.

Pilcher avait trouvé sa prochaine cible. Quelques semaines plus tard, il dirigeait neuf agents de la brigade des stupéfiants lors d'une descente dans l'appartement de Donovan, dans la Edgware Road. Là, dans la chambre de l'ami du chanteur, « Gypsy Dave » Mills, ils ont trouvé un bloc de résine de cannabis. Donovan, Gypsy Dave et une amie ont été immédiatement arrêtés et accusés de possession de drogues.

George et Paul se mobilisent et proposent leur avocat, David Jacobs, pour représenter les accusés. Mais ils sont déclarés coupables, et condamnés à une amende de 250 livres. Huit mois plus tard, en février 1967, Pilcher autorise une descente dans la maison de Keith Richards, « Redlands », à West Wittering, manquant de peu George et Pattie Harrison, qui étaient partis quelques minutes auparavant.

Et cela a continué. Le 19 août 1968, il réussit une descente dans l'appartement du musicien de jazz Tubby Hayes, l'accusant de possession de diamorphine et d'héroïne. Plus tard dans le mois, Donovan reçoit un appel urgent de John, qui lui dit : « Je viens de recevoir un appel d'un ami. Je vais me faire arrêter. » Donovan et Gypsy Dave se sont rendus dans le Surrey, où ils ont trouvé

John « titubant comme un marin, ses longs cheveux volant, en colère et prêt à se battre. » Donovan a essayé de le calmer : « Laisse faire Gyp, il sait ce qu'il faut faire. »

Sur une longue table basse en verre se trouvaient ce que Donovan a immédiatement reconnu comme étant « trois pyramides de sinsemilla », une variété de cannabis hautement psychoactive, la dernière d'un lot livré à John tous les trois mois par un riche admirateur américain, cachée dans les ailes d'une Mercedes. John s'est assis et a joué une chanson de Howlin' Wolf sur son jukebox pendant que Gypsy Dave et Donovan se chargeaient de jeter les pyramides dans les toilettes. Selon Donovan, ils venaient de terminer une autre série de rinçage vigoureux lorsque le sergent-détective Pilcher est arrivé. Ne trouvant rien, il a rassemblé ses hommes dans le hall et a dit : « La prochaine fois, nous t'aurons, Lennon, crois-moi sur parole. » Donovan a regardé d'un air interrogateur. « J'ai cru que John allait l'écrouler sur le champ, mais Gyp l'a retenu. Alors que les flics sortaient en file indienne, John leur a tenu la porte, puis l'a refermée avec un "Bon débarras. Allez-vous faire foutre, bande de salauds !" Et ils étaient partis. »

Victor Spinetti, l'ami acteur de John, se souvient de l'incident de manière légèrement différente. Dans sa version, Donovan était déjà chez John, se préparant à projeter un film, lorsque quelqu'un a téléphoné pour donner un tuyau. « Oh mon Dieu, dit John, il va y avoir une descente de police. » Il a fait le tour de la maison, a ramassé le cannabis, l'a jeté dans les toilettes et a essayé de tirer la chasse : « Ça a mis une éternité à s'envoler, mais c'était le pire des endroits pour s'en débarasser. » John a alors repéré un objet dans une boîte, l'a saisi et l'a enterré dans le jardin. « À ce moment-là, la police a fait irruption, est montée à l'étage, a réveillé Julian, le fils de John, et secoué son lit ! Le lit d'un enfant ! Il n'y avait rien de caché dedans. Après ça, ils ont fouillé toute la maison, ils ont tout saccagé. Nous sommes restés assis là. » Selon Spinetti, la police a quitté la maison les mains vides, mais pas avant d'avoir demandé un autographe à John.

Deux mois plus tard, John et Yoko vivaient dans l'appartement de Ringo à Montagu Square. Un vendredi, Pete Shotton est passé, et a trouvé John en train de s'acharner avec l'aspirateur.

« Oh mon dieu, Pete ! Je suis content de te voir ! La brigade des stupéfiants est en route ! »

Cette fois, John avait été mis au courant par Don Short, le correspondant du *Daily Mirror* pour le showbusiness, qui avait lui-même été mis au courant par la police. Avant de se lancer dans un raid, Pilcher aimait être sûr de la publicité.

John est devenu de plus en plus frénétique dans son nettoyage. « Jimi Hendrix vivait ici, putain ! », hurlait-il en poussant l'aspirateur d'avant en arrière contre les murs. « Dieu sait ce qu'il y a dans ces tapis ! »

Pendant que Pete et John s'affairaient à chercher tout ce qui pouvait être incriminé, John a disparu dans la chambre. À travers la porte, Pete l'a entendu se disputer avec Yoko. Pete s'est vite rendu compte qu'ils se disputaient à son sujet. « Je ne veux pas de lui ici ! Je ne veux pas de lui ici ! » criait Yoko. Ces deux-là ne s'étaient jamais entendus.

« Eh bien, je veux qu'il soit là, putain ! répondit John. Nous avons besoin d'un peu d'aide en ce moment, et Pete veut juste nous aider !

- On peut s'en occuper nous-mêmes, John, on n'a pas besoin de lui dans les parages ! Je ne *veux pas de* lui dans les parages ! »

Avec tact, Pete est sorti, emportant avec lui le sac de l'aspirateur. Juste avant minuit, six policiers et une policière sont arrivés sur le pas de la porte. Yoko a ouvert la porte juste assez longtemps pour entendre la policière dire qu'ils avaient un mandat de perquisition. Puis, selon les mots mesurés du sergent Pilcher, « Après avoir été informée que nous étions des officiers de police et de la raison de notre visite, elle a couru le long du couloir dans l'appartement et a claqué et verrouillé la porte. »

Au même moment, un agent se rend à l'arrière du bâtiment et tente d'ouvrir la fenêtre de la chambre à coucher, tandis que John la maintient fermée en criant : « Je me fiche de qui vous êtes, vous n'entrerez pas ici ! » Yoko a alors pris la relève de la fenêtre pendant que John s'habillait.
« Ouvrez simplement la fenêtre ! Vous ne ferez qu'aggraver votre cas ! » a crié l'officier.
« Je veux voir le mandat ! » John a répondu en criant. La police a appuyé le mandat sur la fenêtre, et il a fait semblant de le lire. Les policiers ont ensuite essayé de forcer la porte d'entrée. À contrecœur, John les a laissés entrer.
Le contingent de police comprenait deux maîtres-chiens, mais pour une raison quelconque, ils avaient négligé d'amener leurs chiens. Pendant la demi-heure qu'il leur faut pour arriver, John appelle Neil Aspinall, qui à son tour appelle Peter Brown, occupé à guider la dernière découverte de Paul, l'innocente chanteuse galloise Mary Hopkin, entre ses différents rendez-vous. Brown se précipite pour découvrir que John et Yoko sont officiellement accusés de possession de drogue : les chiens renifleurs, qui portent les noms inappropriés de Yogi et Boo-Boo[138], ont apparemment découvert du cannabis dans un étui à jumelles en cuir et une valise. John était piégé – selon ses mots, « Je ne suis pas stupide. J'avais nettoyé toute la maison. » À présent, la presse s'est rassemblée en force devant le bâtiment. Ils ont vu John et Yoko être emmenés au poste de police de Paddington Green, où ils ont été libérés sous caution de 100 livres chacun, et où ils devaient comparaître au tribunal dès le lendemain matin.
Leur audition a duré cinq minutes. Le sergent Pilcher lit les deux chefs d'accusation retenus contre eux, l'un pour possession d'une drogue dangereuse, l'autre pour « obstruction volontaire à Norman Pilcher, un agent de la Metropolitan Police Force… » L'affaire est ajournée au 28 novembre. En quittant la salle d'audience, John et Yoko sont contraints d'attendre l'arrivée de leur voiture dans une mêlée de journalistes et de photographes. En bons situationnistes, leur talent résidait à retourner une mésaventure à leur avantage, ils ont inclus l'une de ces photos sur la quatrième de couverture de leur futur album, *Unfinished Music No 2: Life with the Lions.*
Deux jours après leur comparution devant le tribunal, un député travailliste a déposé une question écrite au ministre de l'Intérieur, James Callaghan, attirant l'attention sur l'utilisation excessive des effectifs lors du raid. Dans sa défense, remise en main propre au ministre de l'Intérieur, le sergent Pilcher a expliqué « qu'au moins cinq officiers étaient nécessaires en raison de la difficulté à entrer dans les locaux et du fait que les locaux consistaient en deux étages avec de nombreuses pièces qui étaient dans un état très désordonné. » Il avait besoin d'effectifs supplémentaires, s'est-t-il défendu, car « il n'est pas inhabituel, lors de l'exécution de mandats de perquisition dans des locaux occupés par des membres du monde du spectacle, de constater la présence d'un grand nombre de personnes participant à des fêtes inhabituelles. Dans ce cas, il a été constaté que seules deux personnes étaient présentes, et toutes deux étaient en petite tenue. »
Deux jours plus tard, on a demandé à M. Callaghan « dans quelle mesure la police métropolitaine a informé les services de presse et de publicité de son intention de faire une descente dans la résidence privée de John Lennon. » Le sergent-détective Pilcher a nié avoir divulgué la nouvelle du raid à venir, suggérant qu'un voisin pourrait en être responsable. Cependant, un rapport interne de la police a conclu plus tard que « une chose est certaine en ce qui concerne cet incident, et c'est que la presse a été informée par quelqu'un. »

138 Ou s'agissait-il de pseudonymes ?

Cinq mois plus tard, Pilcher frappe à nouveau. Cette fois, il choisit le jour du mariage de Paul et Linda pour faire une descente au domicile de George à Esher, s'imaginant qu'il n'y aurait personne. Mais, à l'insu de Pilcher, Paul avait décidé de ne pas inviter les autres Beatles et leurs partenaires. Cela signifie que Pattie est à la maison, attendant que George passe plus tard pour l'emmener à une fête à Londres : « Soudain, j'ai entendu beaucoup de voitures sur le gravier dans l'allée - beaucoup trop pour que ce soit juste George. Ma première pensée a été que peut-être Paul et Linda voulaient faire la fête après le mariage. Puis la cloche a sonné. J'ai ouvert la porte pour trouver une foule de policiers en uniforme, dont une policière avec un chien. »

Le policier le plus expérimenté se présente comme le sergent-détective Pilcher, et lui montre son mandat de perquisition. « Ils sont entrés, environ huit policiers par l'avant, cinq ou six autres par l'arrière, et il y en avait d'autres dans la serre. » Yogi et Boo-Boo sont venus aussi. George soupçonnera plus tard que Pilcher a nommé Yogi d'après le Maharishi – pas improbable, étant donné la relation particulièrement nécessiteuse de Pilcher avec ceux qu'il cherchait à poursuivre. Pattie a appelé George chez Apple. Calmement, George a dit qu'il allait trouver une solution. Bientôt, le toujours fidèle Pete Shotton, qui vivait au coin de la rue, arriva. Pendant que la police fouille le bungalow, Pattie se sert à elle-même et à Pete une vodka-tonic. Pete a sorti un paquet de Rothmans, pour se rappeler en sursaut que parmi les cigarettes se trouvaient quelques joints. Soudain, le sergent-détective Pilcher est apparu. « Regardez ce que Yogi a trouvé ! » dit-il à Pattie en brandissant un bloc de haschisch.

« Vous êtes taré ? dit Pattie. Vous avez apporté ça avec vous. »

Pilcher a nié : « Yogi l'a trouvé dans une des chaussures de votre mari.

- C'est une blague », a rétorqué Pattie, ajoutant, avec une honnêteté séduisante, « Si nous avions un morceau de haschisch comme ça, nous ne le garderions certainement pas dans les chaussures de George. Si vous aviez dit au départ que vous cherchiez du cannabis, je vous aurais dit qu'il se trouve dans le salon, sur la table, dans un pot. Mais vous avez dit que vous cherchiez de la drogue. Je pensais que vous vouliez dire de l'héroïne ou quelque chose de dangereux... »

Pilcher n'était pas amusé. « Je veux vous sauver des maux et des périls de l'héroïne », a-t-il dit, ou plutôt, a-t-elle rapporté.

Pattie a répondu qu'elle n'avait jamais touché à l'héroïne. Elle accusa alors Pilcher une fois de plus d'avoir planté le morceau de haschisch. Il y eut un silence.

« Qu'est-ce que vous allez faire maintenant ? demanda-t-elle.

- Prendre une tasse de thé, si c'est possible ? demande Pilcher.

- Eh bien, ne comptez pas sur moi. »

Jusqu'à maintenant, les bonnes conduites sont difficiles à définir dans une telle situation. En fait, une policière a fait bouillir la bouilloire et a distribué les tasses. Les différents policiers sont alors restés debout, l'air embarrassé. L'un d'eux a demandé s'ils pouvaient regarder la télévision. Un autre a essayé de briser la glace avec une question polie : « Est-ce que les Beatles ont de nouveaux titres actuellement ? »

« Oui, grogne Pattie, mais vous ne les entendrez pas. »

Pete les a interrogés sur la vie dans la brigade des stupéfiants. Avaient-ils déjà pris des drogues, juste pour savoir ce qu'ils cherchaient ? L'un d'entre eux a dit qu'il avait passé son doigt le long de la cheminée de quelqu'un, puis l'avait léché, pour se retrouver embarqué dans un trip d'acide. Au bout d'un moment, George est arrivé, accompagné de Derek Taylor et d'un avocat. Taylor a noté à quel point la police était en admiration devant George : à l'âge tendre de vingt-cinq ans, il était, après tout, l'un des quatre hommes les plus célèbres dans le monde : « Ils étaient au garde-à-vous et se poussaient presque du coude pour s'approcher de lui. » Calme face à l'adversité, George s'est élevé vers une plaine plus élevée. « Les oiseaux ont leurs nids et les animaux leurs trous, dit-il, mais le fils de l'homme n'a nulle part où poser sa tête. » N'ayant peut-être pas saisi l'allusion biblique, le sergent-détective Pilcher l'a arrêté.

George se montre méprisant à l'égard des deux pièces à conviction produites par Pilcher et ses agents. Sa défense était à la fois originale et, dans ses propres limites, convaincante : un morceau de dope était bien le sien, « mais je n'ai jamais vu celui-ci avant dans ma putain de vie ! Vous n'avez pas besoin d'apporter votre propre dope chez moi, j'en ai plein moi-même ! J'aurais pu te montrer où était la came si tu m'avais demandé. »

Plus tard, il a expliqué qu'il était exceptionnellement ordonné de nature : « Je range les disques dans le porte-disques, le thé dans la boîte à thé, l'herbe dans la boîte à herbe. C'était le plus gros bâton de haschisch que j'aie jamais vu, et quelque chose que j'aurais évidemment su si je l'avais vu auparavant. »

Alors que George et Pattie partent pour le poste de police, un photographe de presse apparaît et commence à prendre des clichés, ce qui fait perdre son sang-froid à George. « Qu'est-ce que tu crois faire sur mon terrain ? Je vais te tuer, espèce de salaud ! » Il a poursuivi le photographe dans le jardin, suivi de près par la brigade des stupéfiants. » Je n'ai pas pu m'empêcher de rire », se souvient Pete - cela lui rappelait une poursuite des Marx Brothers.

Au poste de police, on a pris les empreintes digitales de George et Pattie et on les a inculpés. « Nous sommes rentrés à la maison avec un sentiment de morosité, se souvient Pattie, alors George a dit : "Viens, allons à la fête." »

La fête en question était organisée par le talentueux peintre et musicien Rory McEwen. En entrant, George et Pattie sont tombés sur Lord Snowdon et la princesse Margaret. « Vous ne pouvez pas croire ce qui s'est passé, dit George. On s'est fait arrêter.

- Quel malheur, a déclaré la princesse Margaret.

- Pouvez-vous nous aider ? demanda George. Pouvez-vous user de votre influence ?

- Oh, je ne pense pas ! » répondit la princesse, d'un air alarmé.

Paula, la plus jeune sœur de Pattie, qui était également présente, n'a pas saisi le message. Au lieu de cela, elle a allumé un joint, pris une bouffée et l'a offert à la princesse, qui a brusquement tourné les talons et est partie, entraînant avec elle son mari déconcerté.

Au tribunal correctionnel d'Esher et Walton, au mois de mars suivant, George et Pattie Harrison sont reconnus coupables de possession de cannabis et condamnés à une amende de 250 livres chacun, plus dix guinées de frais. « J'espère que la police va nous laisser tranquilles maintenant », a déclaré George en quittant le tribunal.

Le mois suivant, George et Eric Clapton se sont rendus à une soirée donnée par l'organisation caritative de lutte contre la drogue, Release, mais ils ne sont pas restés longtemps. Peu après leur départ, le sergent Pilcher arrive avec sa bande d'officiers de la brigade des stupéfiants, exigeant de savoir où se trouvent Harrison et Clapton. On leur a dit qu'ils étaient en route pour un concert de B.B. King au Royal Albert Hall, il soupire et repart.

Comme tant d'autres qui ont suivi les Beatles, le sergent Norman Pilcher a essayé de les suivre, mais s'est perdu en mer. En 1972, il démissionne de la police métropolitaine dans des circonstances obscures. Vers la fin de cette année-là, il s'embarque sur un paquebot à destination de l'Australie, où il compte commencer une nouvelle vie ; mais à son arrivée à Fremantle, il est arrêté pour parjure et conspiration visant à détourner le cours de la justice, et extradé vers la Grande-Bretagne. En septembre 1973, Pilcher est condamné à quatre ans de détention. Les rôles avaient changé. « Vous avez intoxiqué les fondements de la justice pénale et vous l'avez fait délibérément », a déclaré le juge Melford Stevenson, qui a une réputation d'incorruptible. « Ce qui est tout aussi grave, c'est que vous avez trahi vos camarades de la Metropolitan Police Force, qui jouit du respect du monde civilisé - ce qu'il en reste. »

Par la suite, Norman Pilcher disparaît de la circulation, bien que certains disent qu'il s'est retiré dans le Kent. Mais sa légende perdure. Le temps a fait de lui une figure pantomime : le flic fouineur, cherchant des preuves, hypnotisé par ceux qu'il aspire à faire tomber, frappant à la porte après que sa proie s'est enfuie. Pourtant, il a atteint une forme d'immortalité. Dans un sketch des Monty Python, il a été immortalisé sous les traits d'un hérisson géant appelé Spiny Norman, « douze pieds du museau à la queue », qui dort dans un hangar à avions de l'aéroport de Luton et espionne le célèbre gang des frères Piranha. Dans un autre, il est l'agent de police Pan-Am, déterminé à arrêter tout le monde, y compris les témoins et les victimes : « Je dois vous avertir que tout ce que vous direz sera ignoré... Encore un coup d'œil de votre part et je vous condamne pour hérésie... Je vous inculpe de possession illégale de tout ce que nous avons là-bas. » Dans le documentaire parodique sur les Beatles d'Eric Idle et Neil Innes, *The Rutles*, il est l'inspecteur-détective Brian Plant, qui plante du thé et des biscuits indiens sur un membre des Rutles. Norman Pilcher est aussi souvent crédité comme étant la « sardine à la semoule » dans « I am the Walrus », bien que les dates ne le confirment pas : la chanson a été enregistrée en septembre 1967, un peu plus d'un an avant que le sergent Pilcher ne se présente sans invitation sur le pas de la porte de Montagu Square.

123

Le 26 août 1968, les quatre premiers singles Apple – « Hey Jude » des Beatles, « Those Were the Days » de Mary Hopkin, « Sour Milk Sea » de Jackie Lomax et « Thingumybob » du Black Dyke Mills Band - sont livrés par Mercedes avec chauffeur à Sa Majesté la Reine au palais de Buckingham, à Sa Majesté la Reine Mère au palais de St James et à Sa Majesté la Princesse Margaret et Lord Snowdon au palais de Kensington. Quelques jours plus tard, cette lettre a été reçue :

Cher Monsieur :
Je suis chargée par la reine Elizabeth, reine mère, de transmettre les remerciements de Sa Majesté pour avoir si gentiment envoyé les quatre nouveaux disques récemment réalisés par l'Apple Corps. Sa Majesté est très touchée par cette gentille attention de la part des Beatles et de leur nouvelle société, et a beaucoup apprécié l'écoute de ces enregistrements.
Je vous prie d'agréer, Madame, Monsieur, l'expression de mes sentiments distingués,
Jean Rankin, dame de compagnie, Birkhall, Ballater

124

Le samedi 23 octobre 2010, une petite foule de personnes, parmi lesquelles une poignée de dignitaires d'English Heritage, s'est réunie pour une cérémonie devant le 34 Montagu Square, à cinq portes de l'endroit où Anthony Trollope a autrefois vécu. Yoko Ono a prononcé un bref discours, à la manière précise et professionnelle de sa quasi-contemporaine, la reine Elizabeth II.

« Je suis très honoré de dévoiler cette plaque commémorative et je remercie English Heritage d'honorer John de cette manière. Cette adresse réveille beaucoup de souvenirs pour moi et constitue une partie très intéressante de notre histoire. En ce qui aurait été la soixante-dixième année de John, je vous suis reconnaissant à tous de commémorer John et cette période spécifique de sa vie londonienne, qui a donné naissance à sa grande musique et à son grand art. »

Sous un tonnerre d'applaudissements polis, elle a tiré un cordon, faisant s'écarter deux rideaux de velours rouge et révélant la dernière plaque commémorative à Londres :

JOHN LENNON
1940-1980
Musicien
et auteur-compositeur
a vécu ici en
1968

En février 1965, Ringo avait signé un contrat de location pour l'appartement 1, 34 Montagu Square, peu avant son mariage avec Maureen Cox. Les résidents ont fait de leur mieux pour prendre la chose en main. « Nous sommes une place très distinguée », a déclaré à un journaliste Lord Mancroft, ancien ministre conservateur, « et je suis sûr que nous accueillerons un gentleman aussi distingué et sa dame. »

L'appartement se composait de deux chambres et d'un salon au rez-de-chaussée, avec un autre salon et une cuisine au sous-sol. Il était petit et peu pratique, selon le jugement snobinard de Peter Brown, l'assistant de Brian Epstein, mais Ringo et Maureen ont insisté.

Ringo et Maureen engagent le designer de Brian, Ken Partridge, pour la décorer. Ils veulent qu'il accomplisse la tâche en un mois, pendant que les Beatles sont partis tourner *Help!* À son retour, Ringo trouve le salon du premier étage recouvert de papier peint en soie bleue et meublé de chaises, tables et canapés ultra-modernes blancs et épurés qui faisaient fureur. Les rideaux de soie et les miroirs en plomb abondaient, et le tableau à la mode était complété par une baignoire creusée dans la salle de bains rose du rez-de-chaussée.

La passion de Ringo pour les gadgets électroniques était également bien représentée, avec une large sélection de téléviseurs, d'alarmes antivol et de tourne-disques. Les visiteurs se souviennent de téléphones « tous les deux mètres » - un téléphone rouge vif dans la chambre principale avait une ligne directe avec M. Epstein.

Quelques jours après l'arrivée des Starr, les fans des Beatles affluent pour contempler le n°34, causant beaucoup de problèmes de voisinage. En août, des plaintes ont été déposées par l'ambassade de Suisse, qui donnait sur le n°34 ; des fans inconsidérés avaient apparemment défiguré le mur arrière avec des graffitis, souvent obscènes. « C'est maintenant très inesthétique, a expliqué un porte-parole de l'ambassade. Notre chauffeur, qui est français et a participé à la Première Guerre mondiale, affirme que le langage de certains de ces jeunes est pire que tout ce qu'il a pu entendre dans les tranchées. »

En juillet, les Starr déménagent à « Sunny Heights » à Weybridge, louant leur appartement de Montagu Square à Paul, qui vit avec les Asher dans Wimpole Street mais a besoin d'un studio. Paul transforme immédiatement la pièce du sous-sol en studio de fortune, et laisse son technicien en électronique, Ian Sommerville, vivre dans la chambre.

En ces jours d'insouciance, l'appartement est rapidement devenu un lieu de rencontre à la mode, avec des personnalités en vogue comme John Dunbar, Christopher Gibbs, Barry Miles et Robert Fraser qui s'y arrêtaient régulièrement. L'un des visiteurs les plus insupportables étaient le petit ami de Sommerville, William Burroughs, le frêle avant-gardiste américain auteur de *Junky* et du *Festin Nu*. Dans un certain cercle éclairé, il était tristement célèbre pour un événement dramatique qui s'est déroulé lors d'une fête très arrosée. Un soir au Mexique, en 1951, il avait encouragé sa femme Joan à mettre un verre en équilibre sur le dessus de sa tête. En disant : « C'est l'heure de notre numéro de Guillaume Tell. » Il a ensuite tiré sur le verre avec son automatique 380. Malheureusement, son tir est parti de travers et Joan s'est effondrée en avant, morte. Le silence s'ensuit. « Bill, je crois que tu l'as touchée », observe un invité.

La mort de Joan n'a pas été un obstacle à la renommée de Burroughs ; en fait, elle s'est avérée une aubaine, scellant sa réputation de casse-cou littéraire. Désormais, il pouvait s'étendre sans interruption sur ses rêves alimentés par la mescaline, tout en conservant l'intérêt des gens branchés et cool. Burroughs privilégiait le *cut-up*, une technique d'écriture consistant à découper des mots et des phrases dans des livres et des journaux, puis à les aligner au hasard pour, selon les termes des plus enthousiaste, « créer des textes entièrement nouveaux... pour révéler le sens secret des choses. » En réalité, cela donnait lieu à un charabia flottant librement :

« La vieille mère Hubbard du show-business est allée chercher dans le placard les bottes de cow-boy du chien de la famille, il était connu quand il a dit que blackout était fatal le jour de Noël glissant pour les bottes encapuchonnées du chien du policier ivre. » L'influence de Burroughs sur John a été considérable, notamment dans des chansons comme « I am the Walrus » et « Happiness is a Warm Gun ». En retour, les Beatles l'ont honoré en lui offrant une place sur la couverture de *Sgt. Pepper*. Il passe des heures à Montagu Square à expérimenter sur un magnétophone Uher des « découpages musicaux » et des « enregistrements de sommeil ». Paul était heureux de lui permettre d'utiliser l'appartement de cette manière, même s'il ne se sentait jamais entièrement sur la longueur d'onde de Burroughs. Pour sa part, Burroughs décrit Paul comme étant « très agréable et avenant. Un beau jeune homme, assez travailleur. »

Après que Paul a acheté sa propre maison dans Cavendish Avenue, Ringo, le plus facile des propriétaires, a laissé Jimi Hendrix emménager dans l'appartement de Montagu Square avec Chas Chandler des Animals et leurs petites amies respectives, Kathy Etchingham et Lotta Null. Après une dispute avec Kathy, Hendrix compose « The Wind Cries Mary ». Une autre fois, sous l'effet de l'acide, il jette de la peinture sur le précieux papier peint en soie de Ringo. Finalement, Ringo lui demande de partir ; après le départ de Jimi Hendrix, il fait repeindre l'appartement en blanc.

En juin 1968, Cynthia et Julian se retirent à Montagu Square après que Yoko a emménagé à Kenwood. Trois mois plus tard, ils échangent leur place avec John et Yoko, qui se plaignent de trouver la vie de campagne ennuyeuse.

John et Yoko se sont montrés à peine plus casaniers que Jimi Hendrix. Selon les mots d'un visiteur, « Ils vivaient d'un régime de champagne, de caviar et d'héroïne. » L'aspirateur et la vaisselle ne figuraient pas dans leur option.

Un jour, John a demandé à son compagnon Tony Bramwell d'installer un appareil photo avec un minuteur, et de lui apprendre à le faire fonctionner. Le lendemain, il remet furtivement à Bramwell le film à développer : « Elles sont un peu osées, tu vois. Ne laisse personne les voir, tu vois ce que je veux dire ? »

Lorsque les photographies développées sont arrivées chez Apple, Peter Brown a pensé qu'il s'agissait d'une blague de mauvais goût. « Elles étaient si scandaleuses que je les ai enfermées dans le tiroir de mon bureau et ne les ai partagées avec personne. » Fidèle à son habitude, il ne voulait regarder ni Yoko, « souriant timidement, ses seins s'affaissant vers le sol », ni John, « les yeux vitreux sous héroïne... souriant bêtement, si fier d'exposer au monde son pénis ratatiné et non circoncis. » Il était presque plus bouleversé par l'état de l'appartement. La chambre est une porcherie, un havre de junkie avec des draps froissés, des vêtements sales, des journaux et des magazines entassés sur le sol. »

Quelques jours plus tard, John annonce que l'une de ces photos, de lui et Yoko complètement nus, fixant l'appareil photo, sera la couverture de leur nouvel album, *Two Virgins*. Selon Bramwell, en apprenant la nouvelle, tout le monde au bureau « s'est roulé par terre de rires... Yoko n'était pas belle à voir, mais elle et John nus ensemble étaient tout simplement embarrassants. Aucun d'entre nous ne pensait qu'ils iraient jusqu'au bout. »

Jusqu'alors, John avait fait preuve d'une attitude résolument primaire vis-à-vis de la nudité. En entrant dans une fête d'anniversaire pour Allen Ginsberg en juin 1965, lui et Cynthia avaient été accueillis par le poète Beat poilu qui ne portait qu'un caleçon sur la tête et un panneau « Ne pas déranger » sur le pénis. John n'était pas amusé : « On ne fait pas ça devant les oiseaux. »

D'une manière étrange, John a également essayé de se dissocier de la figure nue sur la couverture de *Two Virgins*. Dans une interview décousue accordée à *Rolling Stone* plus tard cette année-là, il a déclaré : « Lorsque nous avons reçu les photos, j'admets que j'étais un peu choqué. Bien sûr, je n'avais jamais vu ma queue sur un album ou sur une photo auparavant. J'ai pensé : "Bonjour ! Mais qu'est-ce que c'est que ça ? Il y a un type qui sort sa bite" ... On n'est pas habitué à ça, à être nu. »

Lorsque John et Yoko ont montré leur proposition de couverture à Ringo, il ne savait pas où regarder. Cherchant quelque chose à dire, il a montré du doigt un exemplaire du *Times* sur la photo, posé sur le sol à côté des pieds de John, et a fait la remarque suivante : « Oh, vous avez même le *Times* dedans. » Mais il a fini par prendre un peu plus d'assurance. « Je lui ai dit : "Ah, allez, John. Tu fais tous ces trucs, et c'est peut-être cool pour toi, mais tu sais que nous devons tous en répondre." »

Paul était plus farouchement opposé. Peter Brown se souvient qu'il « détestait la pochette au-delà des mots », tandis que Bramwell le voyait avoir « sept mille sortes de crises. Il la trouvait dégoûtante, et était absolument consterné que John ait sérieusement l'intention de l'utiliser. » Selon Bramwell, Paul a rejeté la faute sur Yoko : « John était très pudique avant de rencontrer Yoko. Maintenant, selon Paul, elle avait libéré ses inhibitions, pour un effet désastreux. "John ne se rend-il pas compte que nous sommes tous dans le même bateau ? C'est peut-être lui et Yoko, mais les gens diront que ce sont les Beatles qui sont tombés de leur arbre et se sont mis au porno." »

Paul convoque une réunion avec John et Yoko et Sir Joseph Lockwood, le président d'EMI. Sir Joseph lance la discussion en disant qu'il ne trouve pas les photos obscènes. C'était une tactique astucieuse, qui soulignait le désir de John et Yoko d'être considérés comme *des enfants terribles.*

> JOHN : « Eh bien, vous n'êtes donc pas choqué ?
> SIR JOSEPH : Non, j'ai vu pire que ça.
> JOHN : Alors, tout va bien, n'est-ce pas ?
> SIR JOSEPH : Non, ça ne va pas. Je ne m'inquiète pas pour les riches, les duchesses et les gens qui vous suivent. Mais vos mamans, vos papas et vos fans féminines s'y opposeront fermement. Vous serez affectés, et qu'y gagnerez-vous ? Quel est le but de tout cela ?
> YOKO : C'est de l'art.
> SIR JOSEPH : Eh bien alors, pourquoi ne pas montrer Paul tout nu ? Il est tellement plus beau ! »

Finalement, Sir Joseph déclara qu'EMI ne distribuerait pas l'album avec la pochette nue, mais qu'elle pouvait prendre en charge la fabrication du disque pour la rémunération habituelle. L'album est finalement sorti sur le label Apple et distribué par le label des Who, Track. Il était vendu chez les disquaires dans un emballage brun ordinaire. Inévitablement, de nombreuses personnes ont acheté *Two Virgins* pour la seule pochette : pour certains des jeunes fans des Beatles, ce devait être leur tout premier aperçu d'adultes nus.

125

Le récit de Katie Green
Vers l'âge de sept ans, je me suis rendu compte que les Beatles m'observaient. Je me rendais compte, de temps en temps, qu'il y avait quatre têtes alignées le long de la porte de ma chambre ou regardant autour du mur. Le haut des torses était tout juste visible, rassurant et contraint par des vestes, des cols blancs et des cravates noires. Ils faisaient sentir leur présence à un moment gênant - lorsque je m'habillais, par exemple. Je réarrangeais hâtivement mes vêtements, retirant et enfilant des pyjamas à travers des sous-vêtements, de sorte qu'à aucun moment la chair ne soit exposée. Je pensais que les Beatles seraient plutôt impressionnés, tant par ma modestie que par ma dextérité. Mais en général, comme les mamans noires dans les vieux films, ils étaient là pour les grands moments. Lorsque je terminais une course le jour du sport, ils étaient là, sur la ligne de touche, à applaudir. Si je me blessais dans la cour de récréation, ils étaient là, scrutant la porte de l'infirmière, secouant la tête et faisant claquer leur langue, notant sans doute à quel point j'étais courageuse.
Je voulais contenir les Beatles dans mes pensées ; là, ils resteraient les mêmes, protégés des vicissitudes de la réalité. Malheureusement, les vrais Beatles changeaient sans cesse. Les Beatles de mes pensées étaient généralement en retard de deux changements environ. À peine m'étais-je habitué à les voir en tenue décontractée (*Revolver*) que je devais apprendre à les visualiser dans d'étranges uniformes de soldats en soie (*Sgt. Pepper*).
J'ai entendu *Sgt. Pepper* pour la première fois avec mon amie Fiona. Mon aversion pour le changement faisait que j'étais toujours la dernière à écouter les nouveaux albums. Et ma conviction que les Beatles auraient dû être figés dans le temps en 1964 a été confirmée par ce qui m'a semblé être une spirale infernale de sexe et de drogue. On m'a parlé d'allusions à la drogue dans plusieurs chansons ; je suis moi-même tombée sur des allusions choquantes au sexe, comme « *Girl, you let your knickers down* » dans «I am the Walrus». J'étais dans la salle de jeux de Fiona lorsque j'ai examiné avec horreur un poster de John nu. C'était donc à cela que John ressemblait vraiment ; ce à quoi il avait vraiment ressemblé depuis le début. Pendant un instant, je me suis sentie dupée
J'ai commencé un journal d'écolière de Lett's en 1969. Après des mois de « rien ne s'est passé aujourd'hui », j'ai introduit un nouveau personnage mystérieux, un grand frère, « Alicky ». Je savourais les conversations imaginaires au cours desquelles je révélais à mes amis, sous la contrainte appropriée, la véritable identité d'Alicky - Paul McCartney.
J'imaginais leurs expressions d'étonnement et d'admiration. Hélas, malgré des mois de notes fascinantes – « Je suis allé à Abbey Road », « J'ai vu John aujourd'hui » - personne d'autre que moi n'a jamais vu mon journal.
Lorsque les Beatles se sont séparés en 1970, j'ai eu un petit pincement au cœur. Constatant que mes amis étaient passés à autre chose et étaient indifférents, je me suis emparé du manteau du chagrin avec une juste délectation. Je ne me souviens pas à quel point je faisais semblant. Je sais que je ressentais un malaise dans la poitrine et que je me souvenais ensuite, avec une légère angoisse, de ce qui avait mal tourné. Je sais que je me sentais stupéfaite que ce changement se soit produit sans que j'en aie eu la moindre idée.
Mais je n'ai pas pleuré. C'était gênant, car je pensais que pour servir l'honneur, je devais verser

des larmes tous les soirs. Au lieu de cela, je devais m'allonger dans mon lit en imaginant certaines chansons dans ma tête – « And I Love Her » ou « Let it Be » - afin d'extraire une larme de chaque œil. Lorsque les gouttes tant attendues coulaient enfin sur l'arête de mon nez, j'étais sûre que les Beatles seraient émus par ma dévotion.

À l'âge de trente ans, je voulais embrasser la musique classique, mais je trouvais les Beatles interminablement impérieux. Des mélis-mélos de paroles continuaient à couler dans ma tête comme autant d'invités indisciplinés et non invités : comme « *rain into a paper cup* ». Et chaque fois que j'entendais la date du 18 juin, j'essayais d'empêcher l'association de surgir - mais je n'étais jamais assez rapide pour faire taire la petite voix jubilatoire : « C'est l'anniversaire de Paul ! »

126

De tous les intellectuels qui ont détesté les Beatles, aucun ne l'a fait aussi longtemps, ou avec autant de passion, qu'Anthony Burgess.
« Normalement, il me suffit de voir une photo des Beatles pour commencer à frissonner d'agonie », écrivait-il dans *The Listener* en octobre 1963. « ... De toute évidence, le phénomène durera aussi longtemps que l'argent : il y en a certainement beaucoup à gagner. Mais, pour l'amour de Dieu, qu'allons-nous faire de ces enfants, avec leurs cris stridents comme en plein orgasme, leurs visages déformés, leur rupture neuronale ? »
En 1968 Burgess a été interviewé par Tony Palmer pour son célèbre documentaire sur la musique pop contemporaine, *All My Loving*. Dans le Crush Bar du Royal Opera House, Burgess s'est déchaîné contre la culture jeune en général, et les Beatles en particulier :
« Je me souviens d'un vieux proverbe qui dit : "La jeunesse se croit sage, tout comme les hommes ivres se croient sobres." La jeunesse n'est pas sage ; la jeunesse ne connaît rien de la vie. La jeunesse ne connaît rien d'autre qu'une masse de clichés qui, pour la plupart, à travers le média des chansons pop, leur sont juste refilés par des entrepreneurs et des exploiteurs d'âge mûr qui, eux, en savent beaucoup plus. »
La même année, à l'âge de cinquante et un ans, Burgess publie un roman, *Enderby Outside*, dans lequel son héros anarchiste Hogg Enderby nourrit une haine pour Yod Crewsy. Pas seulement Yod Crewsy, mais l'ensemble de son groupe The Fixers, qui viennent de tourner un film aux Bahamas, et reçoivent une médaille de l'Empire britannique dans les Birthday Honours. Crewsy est maintenant inscrit en tant que membre de la Royal Society of Literature : « Il y a eu des acclamations. Les invités d'honneur étaient enfin arrivés, embrassés et adulés dès leur entrée. Hogg a arrêté de se mêler à la foule. "Ils étaient, pensait-il, d'une apparence aussi horrible qu'il était possible à quatre jeunes hommes de l'être." Ils étaient tous les quatre "vulgairement à la maison, se frappant les uns les autres dans l'allégresse et faisant ensuite une sorte de danse folklorique autour du Premier ministre." »
Crewsy est un plagiaire, un fraudeur et un solipsiste, ainsi qu'un terrible poète. Devant un public en adoration, il lit quelques lignes d'un de ses poèmes, ajoutant : « Ne me demandez pas ce que cela signifie, je l'ai seulement écrit. Non, sérieux comme ça, je me sens très humble. Mais j'ai mis ces poèmes ensemble dans ce livre juste comme pour montrer. Vous savez, montrer que nous aimons penser un peu et que les "coincés" ne peuvent pas tout avoir à leur façon. »
Le dégoût de Burgess pour les Beatles s'est poursuivi longtemps après leur dissolution. « Les paroles de leurs chansons, pathétiques lorsqu'on les compare à celles de Cole Porter, sont si insipides qu'il faut leur imposer des significations psychédéliques. » se plaignait-il. Il méprisait particulièrement les membres de l'intelligentsia, comme Kenneth Tynan, qui faisaient la promotion de leurs « sornettes » par rapport à Wagner et Beethoven : « Méritent-ils du vitriol, même une goutte de vitriol ? Oui, parce qu'ils corrompent les jeunes, les persuadant que le monde mûr, qui a produit Beethoven et Schweitzer, accorde une valeur encore plus grande aux anodins passagers de la jeunesse que la jeunesse elle-même. Pour cela, ils puent jusqu'au ciel. »
En vieillissant, Burgess a prié pour qu'un cercle spécial de l'enfer soit réservé aux Beatles, dans lequel ils seraient attachés à « une platine chauffée à blanc (45 tours pour l'éternité), piquée par-

tout avec des aiguilles acoustiques émoussées et rouillées, chaque dent creusée jusqu'au nerf à vif et remplie d'un micro-transistor (trente-deux stations de pop diffusant à travers toute l'éternité trente-deux faces usées dans leurs sinus), un Ringo éternel battant la membrane tympanique. »

127

D'autres laissent mijoter leur ressentiment.

Un an après la mort de Joe Orton, les Beatles étaient toujours à la recherche de matériel pour leur prochain long métrage. *Le Seigneur des Anneaux* pourrait-il convenir ? En février 1968, Donovan avait apporté la trilogie de Tolkien à Rishikesh, donnant à John, Paul et George un volume à lire chacun ; Ringo n'était pas un rat de bibliothèque, préférant les bandes dessinées.

Peu après le retour des Beatles en Angleterre, des rumeurs circulent dans la presse musicale selon lesquelles ils joueraient dans une adaptation du *Seigneur des Anneaux*. Paul jouerait l'adorable Frodon Sacquet, Ringo son fidèle acolyte Sam Gamegie, et George le magicien Gandalf. John devait jouer Gollum. Son casting pourrait avoir cristalliser ses sentiments, tellement ceux-ci, envers son groupe, étaient semblables à ceux de Gollum envers l'anneau : « Il l'aimait et le détestait, tout comme il se détestait et s'aimait lui-même. »

Avec ses elfes, ses quêtes et sa magie, *Le Seigneur des Anneaux* a attiré un fort public hippie. Bien que forgé dans les tranchées de la Première Guerre mondiale, il serait possible de le recouvrir d'une vision rêveuse et psychédélique dérivée des récentes chansons des Beatles.

Au fur et à mesure que l'année avançait, la discussion s'est tournée vers le réalisateur. Qui cela devrait-il être ? David Lean ? Antonioni ? Le film préféré de l'année 1968 de John était *2001 : L'Odyssée de l'espace* ; il a dit qu'il prévoyait de le regarder chaque semaine. Un jour, il a appelé le réalisateur du film, Stanley Kubrick, dans l'espoir de susciter son intérêt. Mais il en est ressorti déçu : Kubrick lui a dit que le livre était trop vaste et trop complexe pour être adapté à l'écran. John s'est plaint à Pete Shotton de la négativité de Kubrick. « Comment, grommelle-t-il, le réalisateur de *2001* peut-il être aussi "à la ramasse" ? »

Peu après, Victor Spinetti, un pilier de *A Hard Day's Night* et *Help!* est assis dans son lit à la maison quand on sonne à la porte. C'était le facteur, avec un colis d'Apple Corps. Il y avait quatre livres : *Le Hobbit* et la trilogie du *Seigneur des anneaux*. Il commence à les lire, mais trouve le processus laborieux. Avant qu'il ne soit allé très loin, le téléphone sonne.

C'était John. « Tu as les livres ? Ils vont faire un film. Nous serons les hobbits et tu seras Gandalf. » Spinetti a accepté de poursuivre la lecture des quatre tomes, mais « cela n'a servi à rien. Je les trouvais ampoulés et tièdes. »

Il a rappelé John. « Qu'en pensez-vous ? demande John.

- Oh, John, soupire Spinetti. Je n'ai pas eu la force de les finir.

- Ce n'est pas grave, moi non plus. Oublie ça. »

Néanmoins, les Beatles persistent dans leur projet, le seul obstacle étant le professeur Tolkien lui-même. De cinquante ans leur aîné, et par nature traditionaliste, il nourrissait une aversion particulière pour la musique pop, née d'une expérience amère. En 1964, au plus fort de la Beatlemania, un groupe local répétait dans un garage proche de la maison de Tolkien sur Sandfield Road à Oxford. Il avait détesté le vacarme. « Dans une maison située à trois portes de là, habite un membre d'un groupe de jeunes hommes qui ont manifestement l'intention d'en faire un groupe à la Beatles, a-t-il écrit à un ami. Le bruit est indescriptible. »

Quatre ans plus tard, lorsque les Beatles l'ont approché pour transformer sa trilogie en film, l'esprit du professeur Tolkien s'est remémoré le charivari qui l'avait assailli depuis ce garage au bout de la rue. N'y pensant plus, il a refusé sans autre forme de procès.

128

J'ai terminé mon premier trimestre d'internat à Farleigh House en juillet 1965. Le directeur et fondateur de l'école était Jocelyn Trappes-Lomax, un homme trapu d'une soixantaine d'années qui avait l'habitude de porter le même uniforme que ses élèves (short de flanelle gris, ceinture de scout, chemise à manches courtes, sandales Start-Rite). Vers la fin de ces longues et chaudes vacances d'été, nous avons été informés que M. Trappes-Lomax était mort d'une crise cardiaque dans son bain. Il a été remplacé par un professeur de géographie et d'art plus entreprenant, connu sous le nom de « CJ », qui devait avoir une trentaine d'années. L'une des premières actions de CJ en tant que directeur a été de convertir une cave souterraine désaffectée sous la chapelle en un club pour les garçons dans leurs deux dernières années à l'école, dont le plus jeune aurait eu onze ans et le plus âgé treize. Il s'appelait la Caverne, probablement en clin d'œil aux Beatles, et consistait en trois chambres sombres, légèrement humides, animées par des peintures murales psychédéliques de scènes sous-marines peintes par CJ et les garçons plus âgés. L'une des chambres avait une table de ping-pong, une autre un billard, et la troisième était meublée de fauteuils, d'un pouf et d'un tourne-disque.

Le *White Album* des Beatles est sorti en novembre 1968, alors que j'avais exactement onze ans et demi. C'était un double album, donc doublement cher – près de 4 livres. Mes parents me l'ont offert pour Noël, et j'ai passé les mois suivants à m'extasier devant sa pochette d'un blanc pur, si lisse et si brillant, à étudier ses portraits en quadrichromie des Beatles fraîchement souriants et, par-dessus tout, à examiner chaque détail de son affiche pleine longueur, qui était livrée pré-pliée pour pouvoir être insérée dans l'emballage.

Sur un côté de l'affiche figuraient les paroles de toutes les chansons sauf une, du premier titre de la première face, « Back in the USSR », au dernier titre de la quatrième face, « Good Night ». J'aimais suivre les paroles avec mon doigt pendant que le disque tournait, imaginant que je dirigeais en quelque sorte les paroles qui s'échappaient du papier et s'envolaient dans l'air.

De nombreuses paroles semblent soulever plus de questions qu'elles n'apportent de réponses. Qu'est-ce qu'un « stupid git » ? Comment un oignon peut-il être fait de verre ? Pourquoi ne fait-on pas *quoi* sur la route ?[139]

De l'autre côté du feuillet des paroles se trouvait un collage de photographies, certaines grandes, d'autres si petites qu'on pouvait à peine les voir. Là encore, les sourires étaient rares, et principalement sur des clichés datant d'il y a longtemps : les Beatles avec Harold Wilson en mars 1964 ou un Brian Epstein rayonnant, calme et détendu en chemise et cravate à la même époque.

Mais de manière générale, tous les quatre avaient l'air morose. Si vous comparez les mines renfrognées de *The White Album* aux sourires joyeux de la couverture de *Please Please Me*, juste cinq ans auparavant, vous en sortiriez avec une piètre impression de gloire et de fortune. La seule photo vraiment heureuse du *White Album* est aussi la plus formelle : Ringo Starr, barbu, en cravate noire et veste de soirée, dansant bras dessus bras dessous avec une Elizabeth Taylor visiblement ravie, sur un fond chic de lustre et de rideaux froncés.

---

[139] « Stupid git » (paroles de la chanson « I'm so tired ») est un vaurien. Puis il fait référence aux chansons « Glass Onion » et « Why don't we do do it in the road ? ».

À cette époque, j'étais habitué aux photos de famille où tout le monde avait l'air joyeux, ou du moins faisait un effort, ce qui signifiait à peu près la même chose. Nous nous habillions élégamment, et souriions lorsque le photographe nous le demandait (« Dites ouistiti ! »). Mais l'une des plus grandes photos du collage des Beatles, en haut à droite, montrait Paul allongé dans un bain trouble et détrempé par le savon, le menton épais et les yeux fermés, un peu comme le pauvre M. Trappes-Lomax. Il ne faisait certainement pas d'effort. En bas à gauche de l'affiche se trouve une photo en noir et blanc de John, nu à l'exception de ses lunettes, assis les jambes croisées sur un lit, parlant au téléphone pendant que Yoko dort, ou du moins fait semblant de dormir (sa tête est placée dans un angle inconfortable). Les adultes nus abondaient. Près du centre, juste à côté d'Elizabeth Taylor, se trouvait une petite photographie de Paul, également nu, debout dans une salle de bains avec une serviette autour des épaules. La photo a été prise à travers une fenêtre : le cadre central couvrait son intimité, mais de justesse. Un peu plus haut et un peu plus à gauche se trouvait l'un des dessins en forme de gribouillis de John le représentant avec Yoko. Eux aussi étaient nus. D'autres photos étaient mystérieusement de mauvaise qualité : c'était comme si les Beatles avaient pillé leur boîte de rebuts pour y trouver des clichés mal cadrés, ternes ou les montrant sous leur plus mauvais jour : un Polaroïd maculé de John semblant sur le point de se battre avec le photographe ; une grande photo de George - la plus grande du lot - avec la moitié de son visage perdue dans un flamboiement de blanc surexposé ; une photo floue de Ringo à la batterie, s'ennuyant fermement.

Le collage était sommaire mais hypnotisant - ou sommaire et hypnotisant, comme le *White Album* lui-même. Et comme le *White Album*, il semblait moderne, avant-gardiste et insouciant, mais en même temps, il était imprégné d'un sentiment de nostalgie. Je constate aujourd'hui que la moitié des photos sont de jours plus heureux - à Rishikesh, ou sur le plateau de *Help!* ou lors de la remise des prix du Variety Club. Deux d'entre elles remontent à l'insouciant voyage de John à Paris pour son vingt-et-unième anniversaire avec Paul, avant qu'ils ne soient célèbres. Sur l'une d'elles - vraisemblablement prise par Paul - John est assis dans son lit, portant un T-shirt noir et un chapeau melon. Sur l'autre, ils sont tous les deux appuyés contre un mur couvert d'affiches de concerts, les mains à moitié dans les poches de leurs jeans noirs. La photo elle-même est bancale : la moitié de chaque tête est coupée et, sans raison, la caméra est inclinée vers le bout de leurs chaussures. En lettres italiques fantaisistes, un message indique : «*Ordre de l'Empire britannique à notre fidèle et bien-aimé Ringo Starr (Richard Starkey Esquire)*». Ceci aussi est un retour à des jours plus innocents. Les seuls autres mots sur l'affiche sont écrits à la main au stylo rouge sur l'empreinte de lèvres roses :

I love you

Qui était le « I » et qui était le « you » ? Aucun indice n'a été fourni. Pourrais-je être le « *you* » ? J'ai trouvé cette pensée sinistre.

129

Avec mon copain d'école Charlie Miller, je m'asseyais dans la Caverne, écoutant *The White Album* encore et encore, lisant les paroles, fixant le collage sur l'affiche presque comme s'il pouvait, si nous le fixions assez longtemps, nous donner des indices sur le monde des adultes. Bien qu'une grande partie de l'album soit étrange ou menaçante - le petit morceau bizarre et criard « Wild Honey Pie », les lugubres « I'm So Tired » et « Yer Blues » (« *I'm lonely wanna die* ») - rien ne nous a paru aussi effrayant que « Revolution 9 », le seul morceau pour lequel les paroles n'étaient pas imprimées. À un moment donné pendant le trimestre de Pâques, Charlie et moi nous sommes lancés un défi : l'un de nous deux serait-il capable de s'asseoir seul dans la Caverne, lumières éteintes, dans le noir complet, et d'écouter « Revolution 9 » jusqu'au bout ? Nous avons tous les deux essayé un certain nombre de fois - avec ses 8 minutes et 12 secondes, « Revolution 9 » est le plus long morceau des Beatles jamais enregistré - mais nous ne sommes jamais arrivés à la fin avant d'allumer les lumières et de nous précipiter vers la sortie.

La voix ressemblait à celle de James Callaghan, le ministre de l'Intérieur de l'époque, mais en fait, il s'agissait d'un homme dont John avait pillé la voix sur les bandes d'examen de la Royal Academy of Music qui, pour une raison quelconque, étaient stockées dans les studios d'EMI.

Le morceau se transforme rapidement en une cacophonie de bavardages et de cris sans signification - des voitures qui klaxonnent, des foules qui chantent, des mitraillettes qui tirent, des instructions jouées à l'envers, des gens qui gémissent et qui crient - avec des mots aléatoires prononcés par des êtres humains anonymes, tirés de Dieu sait où : « *Every one of them knew that as time went by they'd get a little bit older and a little bit slower.* » « *Only to find the nightwatchman unaware of his presence in the building.* » « *Take this brother, may it serve you well* »[140] Non soumise à la mélodie, Yoko émet régulièrement des bourdonnements aigus intermittents, des gémissements, des hurlements et des cris, ainsi que les mots prononcés « *You become naked* » (« mettez-vous à poil »).

Rolling Stone a qualifié la chanson d'être « une limite d'expérience auditive de paranoïa aiguë ». Moins indulgent, le *New Musical Express* l'a décrite comme « un morceau prétentieux de vieilles balivernes ». Dans son livre magistral *Revolution in the Head*, Ian MacDonald suggère d'abord qu'il s'agit d'une sorte de prophétie : « Ici, dans l'interaction aléatoire de dizaines de fragments de bande - certains en boucle, d'autres tournés à l'envers - se trouve une représentation de l'état d'esprit mi-sceptique, mi-éveillé, du changement successif de canaux télés et radios dans lequel John aimait se détendre (et qui, vingt-cinq ans plus tard, est devenu caractéristique de la génération zapping). » Mais à la fin, il est vaguement d'accord avec ces deux garçons de onze ans qui l'ont écouté assis dans le noir pour un défi : « l'expérience réelle de l'écoute de ce morceau, lorsqu'elle n'est pas simplement ennuyeuse ou déroutante, penche souvent vers le sinistre. »

Pourtant, John restait convaincu de son génie. Pete Shotton se souvient de lui déclarant : « C'est la musique du futur. Vous pouvez oublier tout le reste de la merde que nous avons faite - c'est ça !

---

140 « Chacun d'entre eux savait qu'avec le temps, ils deviendraient un peu plus vieux et un peu plus lents. » « Pour découvrir que le veilleur de nuit n'était pas au courant de sa présence dans le bâtiment. » « Acceptez ce frère, qu'il vous serve bien. »

Tout le monde fera ce genre de choses un jour - il n'est même pas nécessaire de savoir jouer d'un instrument de musique pour le faire ! »

Pendant quatre jours, John et Yoko ont fouillé dans les archives d'EMI pour trouver des bribes de musique classique, des discours, des chants et des bruits aléatoires. Le jeudi 20 juin 1968, Paul et Ringo étant absents, John a réservé les trois studios d'Abbey Road. Pendant que tous les techniciens d'entretien disponibles se tenaient dans leurs blouses blanches réglementaires en train de bobiner des boucles sur les magnétophones avec leurs crayons, John et Yoko étaient assis à la console pour faire entrer et sortir les sons. Geoff Emerick n'était pas impressionné : « Il y a eu beaucoup de ressentiment parmi le personnel car la session s'est prolongée assez tard - bien après minuit - et ils voulaient rentrer chez eux. Beaucoup d'entre eux étaient là depuis neuf heures du matin. » La piste est finalement terminée à 3 h 30 du matin le 21 juin.

Lorsque Paul revient de New York, John lui fait écouter « Revolution 9 ». Geoff Emerick observe sa réaction : « Je pouvais voir, au nuage noir qui recouvrait le visage de Paul, qu'il était totalement sous le choc... et il y a eu un silence gênant après la fin du morceau. John a regardé Paul dans l'expectative, mais le seul commentaire de Paul a été "Pas mal", ce qui, je le savais, était une façon diplomatique de dire qu'il n'aimait pas. Ringo et George Harrison n'avaient rien à dire sur le morceau du tout. Ils avaient l'air nettement embarrassés, et on pouvait dire qu'aucun d'entre eux ne voulait être pris au milieu de tout ça. "Pas mal ?" Lennon a dit avec dérision à Paul. "Tu n'as aucune idée de ce dont tu parles. En fait, ça devrait être notre foutu prochain single ! C'est la direction que les Beatles devraient prendre à partir de maintenant." »

Yoko a pris le parti de John : « Je suis d'accord avec John. Je pense que c'est génial. »

John et Yoko ont ajouté le « 9 » au mot « Revolution » parce qu'ils étaient tous deux adeptes de la numérologie. John était né le 9 octobre 1940. Son premier domicile était 9 Newcastle Road, Wavertree, Liverpool : les trois noms de lieux de cette adresse contiennent neuf lettres, tout comme « McCartney ». Et « Revolution 9 » figure sur le neuvième album des Beatles.

Yoko a un jour donné une explication supplémentaire de leur choix : « Il s'avère que c'est le nombre le plus élevé parmi les un, deux, etc. jusqu'à neuf. »

130

Pour Charles Manson, le *White Album* des Beatles a réuni tous les points restants. Même la blancheur pure de la pochette servait de signal que son heure était venue. À Canoga Park, en Californie, dans sa maison louée de Gresham Street, qu'il a peinte en jaune et surnommée « The Yellow Submarine », Manson organise des séminaires sur l'album. Il voulait que ses adeptes comprennent que ce qui pouvait sembler être un groupe disparate de chansons sans lien entre elles était en fait un appel aux armes cohérent, spécialement codé pour sa propre « Family », privilégiée parmi les privilégiée. Manson a convaincu la Famille que les Noirs d'Amérique s'armaient, prêts à se soulever et à tuer des millions de leurs riches oppresseurs blancs. Cette insurrection serait suivie d'une guerre civile entre Blancs et Noirs. Pendant que le massacre avait lieu, la famille Manson s'abritait dans un trou mystique de la Vallée de la Mort. « Les gens vont être massacrés, ils seront étendus morts sur leurs pelouses », promet-il. Puis les Noirs triomphants utiliseraient leur « super conscience » pour trouver leur véritable chef : Charles Manson.

Ces prophéties se trouvaient toutes dans les paroles des Beatles. La chanson « Blackbird » de Paul était une incitation à la guerre raciale. La chanson « Piggies » de George n'a pas besoin d'être interprétée : la vie de tous les petits cochons empire, tandis que les gros cochons « ont toujours des chemises propres... et s'accrochent à des fourchettes et des couteaux pour manger leur bacon ». Comme le souligne Ian MacDonald, même sans erreur d'interprétation, c'est un texte qui montre « la misanthropie au cœur de tant de piété spirituelle ».

George a commencé à écrire la chanson en 1966, et se débattait encore avec les paroles alors qu'il séjournait chez ses parents à Liverpool en 1968. N'ayant jamais été un parolier aisé, il n'arrivait pas à trouver une rime pour « *backing* » autre que « *lacking* », qu'il avait déjà utilisé. Sa mère a sorti de nulle part le texte « *What they need's a damn good whacking!* » (« Ce dont ils ont besoin, c'est d'une bonne raclée »). La seule incursion de Louise Harrison dans l'écriture de paroles aurait-elle contribué par inadvertance à la mort de Leno LaBianca, retrouvé avec une fourchette dans l'estomac et « Mort aux cochons » barbouillé de sang sur le mur de son salon ?

Les Beatles eux-mêmes étaient les quatre anges chargés d'apporter la mort à l'humanité ; les buggys sur lesquels chevauchait la Manson Family seraient leurs chevaux. Manson a découvert dans le livre de l'Apocalypse que les sauterelles arriveraient « avec des écailles comme des cuirasses de fer » - ces sauterelles étant bien sûr des « scarabées » *(beetles)* et leurs écailles des guitares. Les Beatles auraient un jour un cinquième membre, ou « ange », qui recevrait « la clé de l'abîme » : il s'agit évidemment de Manson lui-même. Ensemble, ils feront des ravages : « Ils ne se repentiront pas de leurs meurtres, ni de leurs sorcelleries, ni de leurs fornications, ni de leurs vols. »

Les mots évoqués comme des absurdités facétieuses par les Beatles se sont métamorphosés, dans l'esprit de Manson, en cris de ralliement pour une bataille à mort. En Grande-Bretagne, un « *helter skelter* » est un toboggan de fête foraine aux couleurs vives qui tourne en spirale autour d'une colonne centrale. Mais c'est une de ces expressions anglaises qui n'a jamais fait le voyage outre-Atlantique. Ignorant sa signification, Manson s'est convaincu qu'il s'agissait d'un appel à l'insurrection : l'un de ses disciples a déclaré qu'il employait le terme « *Helter Skelter* » comme raccourci de la guerre raciale à venir. « Ce que cela signifiait, c'est que les Noirs allaient débarquer et mettre les villes en pièces. » Dans *My Life with Charles Manson*, l'un de ses disciples, Paul Watkins, a écrit : « Avant « Helter Skelter », Charlie ne s'intéressait qu'aux orgies. » À la fin de son procès pour meurtre en novembre 1970, Manson a déclaré : « *"Helter Skelter"*, c'est l'anarchie. Un chaos qui s'installe rapidement. Si vous ne voyez pas le chaos s'installer rapidement, vous pouvez l'appeler comme vous voulez. Ce n'est pas ma conspiration. Ce n'est pas ma musique. J'entends ce qu'elle raconte. Ça dit "Debout !" Ça dit "Tuez !" Pourquoi me le reprocher ? Je n'ai pas écrit la musique. Je ne suis pas la personne qui l'a projetée dans votre conscience sociale. » Les paroles nées de la fantaisie étaient devenues aussi menaçantes que des machettes. Plus tard, Manson a expliqué que la musique des Beatles « amenait la révolution, le renversement non organisé de l'establishment. Les Beatles savent dans le sens où le subconscient sait. »

Même la plus légère, la plus fluette des chansons était un code pour quelque chose de bien plus sinistre. D'humeur joyeuse, Paul avait écrit « Honey Pie », un pastiche clinquant du ragtime des années 1920, comme cadeau pour son père amateur de jazz. Mais pour Manson, tout tournait autour de l'apocalypse, les vers « *sail across the Atlantic / back where you belong* » (« Naviguez à travers l'Atlantique / retournez à votre place ») indiquant clairement que les Beatles allaient bientôt rejoindre la Famille dans leur ranch de la Vallée de la Mort. Accusé lors de son procès d'avoir ordonné les meurtres, Manson a répondu : « Ce sont les Beatles, la musique qu'ils diffusent. Ils parlent de la guerre. Ces enfants écoutent cette musique et captent le message. C'est subliminal. » Ses disciples ont griffonné les mots « *RISE* » et « *DEATH TO PIGS* » avec du sang sur le mur de la maison de leurs victimes, et « *HEALTER SKELTER* » sur le réfrigérateur.

En écoutant « Revolution 9 » au casque, Manson était certain d'entendre les Beatles dire « Charlie, Charlie, envoie-nous un télégramme. » Peter Brown et Derek Taylor se sont souvenus plus tard avoir reçu un flot d'appels téléphoniques de Los Angeles d'une femme qui se faisait appeler Squeaky Fromme. Elle n'arrêtait pas de glousser à propos d'un type appelé Charlie.

En écoutant « Revolution 9 », Charlie s'est mis à crier « *Rise! Rise! Rise!* » (« Lève-toi ! »). Pour lui, c'était comme l'Apocalypse, chapitre 9 :

> De la fumée sortirent des sauterelles, qui se répandirent sur la terre ; et il leur fut donné un pouvoir comme le pouvoir qu'ont les scorpions de la terre.
> Il leur fut dit de ne point faire de mal à l'herbe de la terre, ni à aucune verdure, ni à aucun arbre, mais seulement aux hommes qui n'avaient pas le sceau de Dieu sur le front.
> Il leur fut donné, non de les tuer, mais de les tourmenter pendant cinq mois.

Après l'arrestation de Manson, les membres de la Famille ne comprenaient pas pourquoi les Beatles n'étaient pas venus à la rescousse de Charlie, comme il avait dit qu'ils le feraient. « Dites-leur d'appeler. Donnez-leur notre numéro », ont-ils dit à deux rédacteurs de *Rolling Stone*. Manson lui-même a demandé à ses avocats d'appeler les Beatles comme témoins : il savait qu'ils le soutiendraient. Ses avocats ont obéi à ses instructions ; mais leurs lettres sont restées sans réponse.

131

Fête de Noël d'Apple
3 Savile Row, Londres W1
23 décembre 1968

Le 4 décembre 1968, George a fait circuler le mémo suivant à tout le personnel d'Apple :

> Les Hell's Angels seront à Londres la semaine prochaine, en route pour redresser la Tchécoslovaquie. Ils seront douze, avec leurs vestes en cuir noir et leurs motos. Ils arriveront sans doute chez Apple et j'ai entendu dire qu'ils pourraient essayer d'utiliser pleinement les installations d'Apple. Ils peuvent donner l'impression qu'ils vont vous faire du mal mais ils sont honnêtes et font de bonnes choses, alors ne les craignez pas et ne les crispez pas. Essayez de les aider sans négliger votre travail avec Apple et sans les laisser prendre le contrôle de Savile Row.

Une lecture attentive de ce texte enjoué aurait pu tirer la sonnette d'alarme – « *J'ai entendu dire qu'ils pourraient essayer d'utiliser pleinement les installations d'Apple* »… « *Ils peuvent donner l'impression qu'ils vont vous faire du mal* »… « *Ne les craignez pas et ne les crispez pas* ». Mais l'ambiance chez Apple pendant cette période prélapsaire, avant l'arrivée d'Allen Klein, était résolument, presque obligatoirement, libre et facile.
L'arrivée des Hell's Angels a été précédée d'un appel des Douanes à Derek Taylor. « Me confirmez-vous bien cette info ? Nous avons deux Harley-Davidson sur lesquelles vous allez payer les droits de douane ? » Obéissant à l'ordre de George d'aider les Hell's Angels, Taylor acquiesce et s'est acquitté de la somme de 250 livres pour les droits de douane. À l'heure actuelle, deux Anges - Frisco Pete et Billy Tumbleweed - se sont présentés au 3 Savile Row, en compagnie de l'auteur Ken Kesey, d'un hippie appelé Spider, et de douze parasites : « zonards, excités », selon les mots de Richard DiLello, assistant de Taylor, « puants, défoncés » selon Peter Brown.
DiLello a vu ce mélange de personnes « dans toute leur splendeur, étalées dans le salon de réception, riant, fumant et empestant l'huile de patchouli. Il y avait des hommes, des femmes et des bébés dans les bras ; du cuir, du daim, des bandeaux, des chapeaux de cow-boy, des cloches, des sacs de couchage, des sacs à dos, des perles, des bottes de montagne, des bâtons d'encens, des flûtes et des guitares. » Collectivement, ils se sont présentés devant le personnel d'Apple comme le California Pleasure Crew.
Des bribes de la conversation des Hell's Angels enregistrées par DiLello, véritable mix de l'ignorance à l'arrogance :
« Hé, où sont les Beatles ? »
« Combien font dix shillings en argent américain ? »
« J'ai envie de pisser ! »
« Qui a le numéro de téléphone de Mick Jagger ? »
« Où peut-on jeter toutes nos merdes ? »
À leur arrivée à la réception, Taylor est descendu pour les saluer, et a entrepris de les présenter à

tous les autres comme s'ils étaient des dignitaires en visite, ce qui est, d'une certaine manière, ce qu'ils étaient. DiLello a transcrit les méandres de l'accueil de Taylor :
« Eh bien, vous êtes ici et nous aussi, et voici Sally qui vient de nous rejoindre et Carol qui a toujours été avec nous et Richard, vous savez, et si vous voulez une tasse de thé, alors c'est une tasse de thé, mais si vous préférez un verre de bière ou une bouteille de vin ou un whisky-coca ou un gin-tonic ou une vodka-citron vert, alors c'est là parce que tout est là et si ce n'est pas le cas, nous trouverons quelque chose, mais asseyez-vous ou prenez une cigarette ou un joint, et je serai de retour dans trois minutes alors s'il vous plaît ne partez pas parce qu'il y a beaucoup de choses à discuter et plus à découvrir et des jours plus étranges à venir.
- De la bière ! » ont-ils répondu.
Leur attitude exigeante a bientôt incité Taylor à envoyer un autre mémo au personnel :

> Attention, ne les laissez pas prendre le dessus. Vous devez continuer à faire ce que vous faites, mais soyez gentils avec eux. Et ne les énervez pas, car ils pourraient vous tuer.

À la même époque, le salon d'Apple était occupé par deux hippies américains, Frank et Emily, et leurs cinq enfants hippies[141]. Ils étaient entrés chez Apple en expliquant que, lors d'un trip à l'acide, Emily avait reçu un message psychique lui disant d'emmener John et Yoko aux îles Fidji. Par conséquent, elle et le reste de la famille étaient autorisés à camper à Apple jusqu'à ce que John et Yoko puissent prendre le temps de la voir. N'étant pas à cheval sur les formalités, Emily est restée nue la plupart du temps, ce qui signifie que les deux cuisinières d'Apple, Shirley et Janet, ont refusé d'entrer dans la pièce. En quelques jours, le salon des invités d'Apple a développé son propre arôme, un mélange piquant de haschisch, d'huile de patchouli et de sueur.
Pendant ce temps, les Hell's Angels occupaient leurs heures de loisir en conduisant leurs Harley-Davidson jusqu'au poste de police West End Central, en haut de Savile Row, en s'arrêtant brusquement, en faisant demi-tour et en revenant en trombe. « Ils savaient que c'était un poste de police », se souvient Debbie Wellum, une réceptionniste d'Apple. « Je leur ai dit. Mais ils s'en foutaient. Ils ont essayé de me faire monter à l'arrière d'une moto avec eux et je n'ai pas voulu y aller. »
Les Hell's Angels vivaient toujours chez Apple le 23 décembre, date prévue pour la première fête de Noël de l'entreprise. Tout avait été méticuleusement planifié. Par exemple, une dinde de quarante-trois livres - présentée par le boucher comme la plus grosse du Royaume-Uni - avait été commandée, et les invitations avaient été postées bien à l'avance, un mélange typiquement excentrique de formel, de décontracté et de longue haleine :

---

141 Taylor a baptisé, plus tard, ce jour le « Black Friday », les autres visiteurs d'Apple comprenaient les managers du groupe Grateful Dead, les Beach Boys, le temple Radha Krishna, deux méditants transcendantaux de Rishikesh, Yoko Ono, un producteur de télévision allemand et le poète Tambi Muttu, ainsi que les Hell's Angels et leur fête de sans-abri. Les souvenirs de la famille sans-abri diffèrent. Taylor pensait qu'ils s'appelaient Mick et Annie, qu'ils avaient quatre enfants et non cinq, et qu'ils étaient venus en Grande-Bretagne pour persuader Paul, et non John, de financer leur achat d'une île près de Fidji « où le soleil brille tout le temps. » Ils étaient convaincus que leur dossier pour le parrainage de Paul était bon : après tout, « Annie était la Lady Madonna de la chanson, n'est-ce pas ? » D'un contact facile, Taylor les a laissés vivre dans la salle d'attente du troisième étage jusqu'à ce qu'ils trouvent une maison. Finalement, John les a laissés vivre sur une île qu'il avait accidentellement achetée au large des côtes irlandaises. « La détermination porte ses fruits », conclut-il. Il aurait pu ajouter : « Et l'argent aussi. » Chris O'Dell, qui travaillait chez Apple à l'époque, se souvient « qu'ils ont installé leur campement au quatrième étage, ont mangé notre nourriture et se sont promenés dans nos couloirs comme si l'endroit leur appartenait. » Pour couronner le tout, leur fille de quinze ans « n'arrêtait pas de demander à Derek si elle pouvait baiser avec George. »

La fête de Noël d'Apple aura lieu le 23 décembre à 14 h 30 et se poursuivra jusqu'au soir. Au milieu de la fête, nous recevrons la visite d'Ernest Castro et April[142], les amuseurs de la reine et du duc de Cornouailles et de feu Sir Winston Churchill, McDonald Hobley[143], et d'autres. M. Castro est un prestidigitateur, ventriloque et un amuseur d'enfants. April est son assistante et aussi sa femme, et elle joue de la guitare. L'idée est donc que tous les membres d'Apple amènent leurs enfants et ceux d'entre nous qui n'en ont pas sont invités à en amener deux avec eux, à moins qu'ils ne puissent s'arranger pour en avoir entre-temps. Les immaculées conceptions ne seront pas acceptées. Il y aura une fête avec de la nourriture et du vin, des enfants et un arbre de Noël, et ce sera très bien. Je serais heureux qu'aujourd'hui vous inscriviez votre nom sur ce mémorandum ainsi que le nombre d'enfants que vous amènerez et que vous le remettiez à Carol Paddon. Il va sans dire que les épouses, les maris, les amis garçons et filles sont les bienvenus, mais pas plus d'un par personne, à moins que les bigames ne souhaitent plaider un cas spécial.

À 9 heures le jour J, les préparatifs vont bon train. Les deux cordons bleus d'Apple sont déjà à pied d'œuvre. À 11 heures, le bureau de presse était rempli de journalistes et de personnalités du monde de la musique, qui buvaient déjà du champagne. Dès 11 h 30 la Black room est, selon Richard DiLello, « remplie de fumeurs de haschisch qui s'en donnent à cœur joie. » Pendant ce temps, la réception s'occupait de la brigade plus traditionnelle des « *Scotch and Coke* ». À midi, la musique avait été mise à fond et les deux courants de la fête - boisson et drogue - avaient fusionné en un seul. Le premier groupe de la quarantaine d'enfants prévus est arrivé à l'aéroport à 14 h 15, pour être introduits dans le bureau de Peter Brown, où la fête devait avoir lieu. À 15 heures, selon DiLello, « le bureau de Peter Brown était le théâtre d'une frénésie sans pareille, alors que plus d'une centaine d'enfants hurlaient et se frayaient un chemin à travers une profusion de glaces, de gâteaux et de petits pains aux saucisses, réclamant impatiemment d'être divertis par le ventriloque et le prestidigitateur qu'on leur avait promis. »

Ernest et April Castro se sont lancés dans leur splendide numéro de magie, de ventriloquie et d'imitations de basse-cour (« *With a moo-moo here, and a moo-moo there...* ») avec leur enthousiasme habituel, terminant le spectacle sur leur air fétiche, « The Lettice Leefe Hop ». DiLello se souvient avoir entendu les enfants réunis pousser des cris de joie à s'en briser les tympans.

Ensuite, moins d'un mois après leur apparition nue sur la couverture de *Two Virgins*, John et Yoko sont entrés dans la pièce déguisés en Père et Mère Noël. Pete Shotton estime que John n'a pas

---

142 Cette même année, Ernest et April Castro – anciens animateurs pour enfants dans tout Londres et les Home Counties – se sont rendus à Westcott, près de Dorking dans le Surrey, pour divertir la famille Brown. J'imagine que nous avons dû les accueillir en premier dans notre maison, car la fête des Beatles était si proche de Noël. Dans nos shorts bleu marine et avec des cheveux bien brossés, nous ressemblions sans doute davantage au public habituel des Castro. Ernest faisait partie de la vieille école. Il portait une veste de dîner et une cravate noire, tandis que sa femme April portait une robe rose à larges bords, étincelante et glamour, du type de celles que l'on voyait souvent à l'époque dans *Come Dancing*. Je me souviens que M. Castro a sorti d'un étui noir une poupée appelée Lettice Leefe, puis l'a engagée dans un dialogue enjoué pendant que nous criions tous « Je peux voir tes lèvres bouger ! ». Lettice Leefe et les Castro nous ont encouragés à chanter avec eux sur une chanson qu'ils ont interprétée ensemble et qui s'appelait « The Lettice Leefe Hop » - bien loin des morceaux des Beatles de l'époque, comme « Why Don't We Do it in the Road » et « I'm So Tired ». Avant de partir, M. Castro a donné à la famille Brown une brochure en noir et blanc pleine de photos de son spectacle, ainsi que six copies de « The Lettice Leefe Hop », enregistrées sur un disque rouge brillant. Nous le trouvions irritant, mais pour une raison quelconque, nous l'écoutions assez souvent.

143 McDonald Hobley (1917-1987), un des premier annonceur des programmes de télévision de la BBC sur l'antenne, favori des émissions de débat, élu « personnalité de la télévision de l'année » en 1954. Servant dans l'artillerie royale pendant la Seconde Guerre mondiale, Hobley (pronocé « nobly ») avait été impliqué dans un plan visant à enlever Adolf Hitler et à l'amener en Grande-Bretagne. Le plan a été abandonné par la suite. Sa carrière télévisuelle d'après-guerre n'a connu qu'un seul accroc : il a un jour présenté Sir Stafford Cripps, le Chancelier de l'Échiquier, comme « Sir Stifford Crapps » (« *Crap* » voulant dire « merde ».)

l'air très enjoué : « Il a fait le Père Noël le plus misérable que j'aie jamais vu de toute ma vie. » Il a néanmoins réussi à marmonner « *Ho ho ho !* » pendant que Yoko et lui distribuaient les cadeaux, tous deux assistés de Mary Hopkin.
Alors que les enfants déballent leurs paquets, le bruit de la baraque vient du fond de la salle. « Hé mec ! On veut bouffer ! DONNEZ-NOUS DE LA PUTAIN DE BOUFFE, MEC ! » C'était le Hell's Angel Frisco Pete, dans son apogée gastronomique.
« Ils sont en train de tout préparer en ce moment même, intervient John. Ça ne devrait pas tarder.
- Qu'est-ce qui se passe dans cet endroit ? ! On veut manger ! C'est quoi ce bordel ! on n'a pas à ATTENDRE ! »
À ce moment-là, Alan Smith, un journaliste du *New Musical Express,* est intervenu, demandant poliment un peu de considération. Frisco Pete l'a rapidement frappé au visage, puis a crié à John : « Vous avez plus de nourriture dans cette cuisine qu'il n'y a de personnes et tout est fermé à clé et ces deux putains de gonzesses à l'étage me disent que je dois attendre jusqu'à sept heures comme tout le monde ! Il y a une dinde de quarante-trois livres dans cette putain de cuisine et j'en veux MAINTENANT !!! »
John n'a pas trop envie de s'aventurer sur ce terrain.
« Je ne sais pas comment ça fonctionne, ici, a poursuivi Frisco Pete, mais d'où je viens, quand on a de la nourriture, on nourrit les gens, on ne les affame pas ! »
Peter Brown intervient : « Nous avons bien l'intention de vous nourrir et je m'excuse pour ce retard, mais j'espérais que vous pourriez comprendre que le personnel de cuisine travaille depuis neuf heures et qu'il subit une pression considérable. Nous attendons que les traiteurs finissent de dresser les tables et cela ne devrait pas prendre plus de dix minutes, après quoi nous pourrons tous descendre et nous gaver, mais je vous en prie, soyez patients. »
En réponse, Frisco Pete a secoué la tête et est sorti de la pièce en tapant des pieds.
Dix minutes plus tard, les portes du bureau de Neil Aspinall s'ouvrent, révélant des tables débordantes de hors-d'œuvre, de viande froide, de poisson en gelée, de salades, de fromage et de biscuits, de gâteaux, de fruits et de bonbons bouillis. Au centre de la table trônait la plus grande dinde du pays, rôtie à la perfection par Prudence et Primrose.
Passant en trombe devant tout le monde - personnel et enfants, hippies, journalistes, badauds - est arrivé Frisco Pete, qui a ramassé la dinde, lui a arraché la patte gauche et a commencé à la ronger.
« Elle pesait facilement deux kilos, et ressemblait plus à un gourdin d'un homme des cavernes qu'à une cuisse de dinde », se souvient DiLello.

Début janvier, George commençait à regretter sa politique de portes ouvertes. Dans tout le bâtiment, des choses avaient disparu, notamment des téléviseurs, des machines à écrire électriques, des machines à calculer, trois cents exemplaires de *Two Virgins*, une caméra de cinéma, trois paquets de paie de secrétaire, une demi-douzaine de cônes de haut-parleur du studio, six radiateurs soufflants, un poêle électrique, plusieurs caisses de vin et tout le plomb du toit. George complota maintenant pour expulser l'équipe de California Pleasure Crew. Il a d'abord émis une directive à Derek Taylor disant qu'il ne voulait plus les voir dans les parages. « Qu'est-ce que je suis censé dire ? » demande Derek, se souvenant des coups de poing qui ont fusé lors de la fête de Noël, et à quel point Peter Brown et John ont failli être battus.
En fin de compte, c'est George, le têtu George, qui a finalement donné aux Hell's Angels l'ultimatum. Une fois, alors qu'il était adolescent, un homme était venu frapper à la porte de la maison

familiale, essayant de leur vendre quelque chose. La mère de George, Louise, a instinctivement su quoi faire. Elle se rend dans la chambre à l'étage avec une bassine d'eau et la verse sur le pauvre homme en criant : « Va-t-en ! »

« Je pense que c'est d'elle que George tenait sa fermeté... se dit Paul des années plus tard. Elle ne se laissait pas berner facilement, et George non plus. »

Si sa récente adhésion au mysticisme hippie a parfois conduit George sur le mauvais chemin, il y avait toujours une partie plus solide de lui qui savait comment revenir sur la bonne voie. Ainsi, un soir, il est entré dans le salon des invités d'Apple et a simplement annoncé : « Bonjour tout le monde ! Donc, vous allez déménager toutes vos affaires d'ici ce soir ? »

À leur tour, les membres de l'équipe California Pleasure Crew sont restés muets, étonnés d'être interpellés de la sorte par George lui-même.

Spider a été le premier à parler. « Hé, mec. Je veux juste te poser une question. Est-ce que tu nous kiffes ou pas ?

- Yin et yang, pile et face, oui et non », répond George, énigmatique.

DiLello a remarqué un changement immédiat dans l'atmosphère. « La réponse à cette question a complètement désarçonné tout le monde. Personne ne savait vraiment quoi dire ni comment le dire. »

Finalement, c'est Spider qui a pris la parole.

« Très bien, mec, on peut se casser. On sera sortis d'ici dans dix minutes. »

132

Le 30 janvier 1969, peu après midi, l'agent de police Ken Wharfe a remarqué que la lumière bleue clignotait sur la cabine téléphonique de la police au coin de Piccadilly Circus. Il s'est approché et a ramassé le récepteur en bakélite.

C'était le sergent de service.

« Vous entendez ce bruit affreux ?

- Quel bruit ? »

- Mettez vos hommes là-bas et allez les faire cesser ce boucan. »

L'agent Wharfe raccroche le combiné et se tourne vers son collègue. « OK, écoutez. Le patron veut qu'on aille là-bas baisser le son. »

Les deux hommes descendent Regent Street, où ils trouvent une foule – « Principalement des femmes, je dois dire » - qui se précipite dans Vigo Street. Il s'est avéré que le bruit provenait du toit du 3 Savile Row, le quartier général des Beatles.

Chez les experts-comptables Auberbach Hope, sur Regent Street, un jeune employé du nom de Sidney Ruback mangeait un sandwich à son bureau lorsque la musique s'est mise à jouer : « Nous sommes allés à la fenêtre et nous pouvions voir des gens jouer des instruments sur le toit, mais à cette distance, nous ne pouvions pas distinguer qui ils étaient. » Avec quelques jeunes collègues, Sidney a grimpé par la fenêtre, « et nous avons filé sur le toit et sommes montés par un escalier de secours jusqu'au toit d'en face, qui était sur Savile Row. Nous avons aussi utilisé un tuyau d'évacuation ... Nous avons marché et nous nous sommes soudainement retrouvés à environ cinq mètres des Beatles. »

Travaillant, ou du moins essayant de travailler, chez Wain, Shiell & Son Wool Merchants au 2 Savile Row, Stanley Davis était beaucoup moins enchanté.

Quelques minutes après le début de la musique, il a téléphoné au commissariat de West End Central pour se plaindre que les standardistes de la société n'arrivaient pas à entendre les appels téléphoniques. « C'est insupportable, a-t-il déclaré. J'exige que cette satanée musique s'arrête ! »

L'agent Wharfe - qui n'est encore qu'un officier stagiaire - frappe dûment à la porte d'entrée de l'immeuble Apple, et on le laisse entrer, pour découvrir que plusieurs autres policiers sont déjà là. Ils semblaient être trop nombreux pour s'occuper d'une infraction mineure en matière de bruit, mais aucun n'était prêt à partir. « Nous avons discuté entre nous : "devions-nous rester ou partir?" Mais nous nous sommes tous dit que plus jamais de nos vies nous ne pourrions assister à un événement comme celui-ci. L'ordre de faire arrêter le boucan s'est envolé immédiatement : l'occasion était trop unique. »

La plupart des policiers réunis ce jour-là dans le hall d'Apple avaient le même âge que les Beatles ou étaient plus jeunes, et donc, presque nécessairement, des fans des Beatles. À dix-neuf ans, Ken Wharfe était de près de sept ans le cadet de George. Rien d'étonnant, donc, à ce qu'ils ne sachent pas trop quoi faire. « En fait, nous étions en fait des intrus, parce que nous n'avions pas été invités, pas franchement, et ils auraient pu nous demander de partir. »

Le collègue de Wharfe, le policier Ray Shayler, a essayé de comprendre la situation juridique. « Nous nous sommes posé la question. Nous pensions qu'il s'agissait d'une violation de la paix,

car si la propriété était privée, les conséquences avait un impact public. Et c'est comme ça que nous avons travaillé - c'est comme ça que nous allions traiter le problème si nous devions le faire. »
Ils se sont approchés de la réceptionniste, Debbie Wellum, et ont demandé à voir la personne en charge. Debbie est allée chercher Mal Evans, qui a essayé de faire patienter la police aussi longtemps que possible en descendant les escaliers au lieu de prendre l'ascenseur. Lorsqu'il est finalement arrivé dans le hall « environ dix minutes plus tard », Debbie était tout ouïe : « Il a parlé à la police. Ils disaient "Vous ne pouvez pas faire ça" et "C'est trop bruyant, nous recevons des plaintes, et des accusations seront portées." Mal a dit que ce serait bientôt terminé, mais la police a insisté pour qu'ils montent. Je me souviens que Mal leur a dit qu'ils ne pouvaient pas monter, parce que le toit était instable et qu'il y avait déjà des gens là-haut. Nous pensions que s'ils montaient tous là-haut, ils auraient pu tous arrêter un Beatle chacun. »
Dans les rues à l'extérieur, la circulation s'était arrêtée. Les chauffeurs de taxis se plaignaient – « ils criaient et braillaient », se souvient une passante, Paula Marshall. Pendant ce temps, de plus en plus d'employés de bureau grimpent aux échelles et escaladent les escaliers de secours pour monter sur les toits des immeubles, mais pas Paula. « Je portais une mini-jupe, donc je ne pensais pas que cela aurait été une bonne idée. »
Jimmy, le portier d'Apple, a finalement escorté tous les policiers à l'étage. Ken Wharfe se souvient être arrivé sur le toit, près de la cage d'ascenseur, et s'être retrouvé à côté de Ringo. « J'étais complètement sidéré par le fait que moi, comme la plupart des gens de cet âge, un vrai fan des Beatles, j'avais ce concert gratuit sur le toit de Savile Row. Personne de la police ne savait quoi faire. Personne ne voulait faire quoi que ce soit. Je me souviens de John Lennon lançant de nombreuses boutades sur le fait d'être arrêté ou autre, mais il y avait une vraie ambiance de fête. »
Pendant que les Beatles continuaient à jouer, les officiers de police négociaient avec Peter Brown. « Les flics nous ont dit : "Vous ne pouvez pas faire ça", et j'ai dit : *Pourquoi on ne peut pas le faire ?* "Eh bien, vous ne pouvez tout simplement pas faire ça." Et j'ai dit, "Je ne vois pas pourquoi nous ne pouvons pas le faire." et ils ont dit, "Eh bien, votre propriétaire le sait-il ?" Et j'ai dit, "Nous sommes nos propres propriétaires. Nous *sommes* propriétaires de l'endroit. Alors pourquoi ne pouvons-nous pas le faire sur le toit de notre propre propriété ?" Et ils n'avaient pas de réponse à ma question. »
Mal Evans a déclaré à l'agent Shayler que les Beatles devaient enregistrer juste une piste de plus, et qu'ensuite ils auraient terminé, et le bruit cesserait. « J'ai donc dit : "Si ça se passe comme vous dites, ça ira. Mais si vous essayez de jouer au-delà, alors nous devrons prendre des mesures." » En entendant leur conversation, l'un des techniciens des Beatles, Dave Harries, a remarqué que George Martin blanchissait à l'idée d'une éventuelle arrestation. D'un autre côté, lui-même ne pouvait s'empêcher de penser : « C'est génial ! Nous allons tous être arrêtés : les Beatles au complet ! »
« *One, two, three, four...* » dit George, et ils se lancent dans « Get Back », la dernière chanson qu'ils joueront ensemble en concert. À la fin du concert, les quatre Beatles se sont comportés selon leur caractère : Paul s'est excusé auprès des policiers ; John et George ont refusé de leur parler ; et Ringo a fait des folies : « Je vais partir tranquillement - n'utilisez pas les menottes ! » Plus tard, Ringo s'est dit déçu que la police ait été si discrète : le film aurait été beaucoup plus dramatique, pensait-il, s'il avait été arraché de sa batterie et mis aux fers.
Lorsque Ken Wharfe[144] s'est présenté au poste de police de West End Central, le sergent qui avait téléphoné pour l'alerter plus tôt dans la matinée lui a dit : « Vous avez fait baisser la musique, alors ? »

---

144 Dix-huit ans plus tard, l'inspecteur Ken Wharfe est nommé officier de protection personnelle de Diana, princesse de Galles.

« Hé, Sergent, c'était incroyable, a répondu Ken. C'étaient les Beatles sur le toit de l'immeuble Apple. »

« Laissez-moi vous dire quelque chose, mon garçon, a répondu sergent, qui avait une quarantaine d'années. Quand je suis arrivé à Londres, je sortais avec une fille à Holborn. Tous les mercredis après-midi, si le travail le permettait, nous allions prendre le thé à l'hôtel Waldorf dans l'Aldwych et écouter la musique d'un vrai groupe. Tout groupe de musiciens qui est obligé de jouer sur le toit de son bureau n'a pas d'avenir. »

133

À Farleigh House, le courrier du matin était distribué pendant le petit-déjeuner dans la salle à manger, un bâtiment extérieur de construction récente, dont les murs étaient tapissés d'amiante gris, agréablement friable et cassant, facile à extraire pour jouer avec.

Une fois par semaine, je recevais une lettre bavarde de ma mère, qui parlait de ce qui se passait à la maison et se terminait par « Plus très longtemps avant le 1er semestre » ou « Plus très longtemps avant les vacances. »

Les colis étaient une rareté, essentiellement limités à mon anniversaire, au début du trimestre d'été, mais pendant les vacances, j'avais précommandé *Abbey Road* chez un disquaire de ma ville natale, Dorking. Pour un petit supplément, pour couvrir les frais de port et d'emballage, ils ont accepté de me l'envoyer à Farleigh House. Je peux maintenant dater son arrivée au 27 septembre 1969, le lendemain de sa sortie nationale. Je me souviens de mon excitation lorsque je l'ai sorti de son enveloppe en carton marron rigide sous le regard des autres garçons, moins étonnés que perplexes. Seule une poignée d'entre eux s'intéressait à la musique pop - la plupart préféraient le football, les yoyos, le *Beezer* ou l'*Eagle*, la fabrication de dodécaèdres en carton, ou la construction de modèles Airfix de Spitfires et de bombardiers Lancaster.

« Qu'est-ce que c'est? » a demandé le maître de latin, M. Needham, alors que j'étais assis là, à feuilleter la couverture d'*Abbey Road*. « Top of the Flops? » Il aimait parler en jeux de mots : il appelait les frères Everett « *Ever Wet* »(« toujours mouillés »), et les frères Brown « Hovis », d'après le slogan du pain brun : « *Don't Say Brown, Say Hovis* ».

Au cours du trimestre d'été, j'avais tenté de me mettre dans les petits papiers de M. Needham en lui faisant remarquer que Status Quo et Procol Harum avaient tous deux des noms latins. Se méprenant sur mon niveau d'intérêt, il s'est longuement étendu sur la signification de *statu quo*, et a fait remarquer de manière pédante que si *procol harum* signifiait quelque chose, cela voulait dire « à ceci », ce qui ne voulait rien dire du tout. J'ai regretté d'avoir voulu faire mon intéressant. En posant les yeux pour la première fois sur la couverture d'*Abbey Road*, j'ai ressenti un vif sentiment de déception. La pochette blanche brillante de *The White Album* avait l'air grandiose et luxueuse, et était accompagnée de toutes ces pièces à l'intérieur - les photos en couleur, le poster qui s'ouvrait pour révéler encore plus de photos et toutes les paroles de l'autre côté. *Sgt. Pepper*, lui aussi, avait tous ces différents personnages debout comme pour une sorte de photo d'école sur le recto, et la pochette gatefold, et les découpes, et les paroles en petits caractères fascinants sur le verso. Mais la couverture d'*Abbey Road* était tout simplement terne - les quatre Beatles traversant un passage à niveau comme s'il s'agissait d'une corvée, ne prenant même pas la peine de sourire ou de regarder l'appareil photo ou de s'amuser, et semblant généralement ne pas s'en soucier. Et le dos était encore plus terne : un panneau de signalisation lugubre indiquant ABBEY ROAD, plus quelque chose de flou et de bleu qui passe. De plus, il ne s'agissait que d'une seule pochette, sans aucun supplément à l'intérieur :

Pas de paroles, pas de découpages, pas de photos. Avec tout leur argent, les Beatles auraient sûrement pu proposer quelque chose de mieux que ça [145] ?

Mais la postérité ne peut être remise en cause. Comme pour la *Joconde*, la Tour Eiffel et Sa Majesté, le temps peut rendre iconique le plus terne. En 2010, le gouvernement britannique a accordé le statut de classé Grade II au passage à niveau d'Abbey Road, en raison de son « importance culturelle et historique ». Et les marchés l'ont également pris au sérieux : en 2014, une édition limitée de six tirages des différentes photos des Beatles/Abbey Road, numérotés et signés par le photographe, s'est vendue aux enchères pour 180 000 livres.

Il est difficile de penser à une pochette d'album plus fréquemment imitée. Booker T and the MGs, Benny Hill, George Benson, Sesame Street, la Communauté du Monastère St-Sauveur de Jérusalem, Ivor Biggun, les King's Singers, les Red Hot Chilli Peppers, Jive Bunny, Blur et bien d'autres ont sorti des albums avec des pochettes hommage à *Abbey Road*. La seule fois où les Simpsons ont figuré sur la couverture de *Rolling Stone*, c'était avec Lisa (en George), Bart (Paul), Marge (Ringo) et Homer (John) sur le passage à niveau d'Abbey Road[146]. Paul McCartney a parodié la couverture d'*Abbey Road* pour son album solo en 1993 *Paul is Live*, sur la couverture duquel il est représenté avec une jambe en l'air, traversant la route avec son chien de berger anglais ancien Arrow[147].

Au premier abord, les détails de base du tournage semblent relativement simples. À 11 h 35 le vendredi 8 août 1969, les quatre Beatles ont passé dix minutes à se faire photographier en train de traverser le passage à niveau d'Abbey Road par Iain Macmillan. Mais comme presque tout ce qui concerne les Beatles, même cela est sujet à caution. Il y a, par exemple, des disputes permanentes quant à l'heure exacte de la prise de vue : Mark Lewisohn et Barry Miles situent l'heure de la prise de vue à 11 h 35, mais *The Beatles Bible* dit qu'elle a eu lieu à 10 heures et Bob Spitz affirme qu'elle a eu lieu « un peu après 10 heures. »

La plupart des discussions en ligne tournent autour des personnes visibles à l'arrière-plan, en comparant les différentes photos prises par Macmillan au cours de la période de dix minutes. Le site Web de *The Daily Beatle* (Nouvelles et articles sur les Beatles depuis 2008) présente une longue discussion sur qui ils étaient, ou qui ils auraient pu être. Le webmaster consacre beaucoup d'attention à celui qu'il appelle « *Mystery man* », vêtu d'une veste marron, debout sur la droite, les bras croisés. Sur une autre photo, « l'homme mystère » est toujours là, mais il s'est éloigné et partage maintenant le trottoir avec une femme en pull rouge qui regarde directement l'appareil photo.

« C'est là que ça devient intéressant, dit le webmaster, optimiste. Il faut regarder très, très attentivement sur le trottoir de gauche pour la repérer, mais dans la passerelle la plus proche, juste derrière la Coccinelle, se trouve une jeune femme avec un haut violet. C'est sa première apparition, mais elle est présente dans trois des six images - soit une apparition de moins que "l'homme mystère". » Sur une quatrième photo, « il n'y a aucun signe de "l'homme mystère", mais il y a un autre homme en chemise blanche, marchant d'un pas décidé vers la caméra. »

---

145 Je ne le savais pas encore à l'époque, mais ils avaient en fait prévu quelque chose de beaucoup plus ambitieux. Après avoir joué avec les titres « Four in the Bar » ou « All Good Children Go to Heaven », ils avaient décidé d'appeler l'album *Everest*, avec une photo de couverture des quatre Beatles escaladant la plus haute montagne du monde. Paul était enthousiasmé par l'idée d'un voyage au Tibet, mais John et George changeaient sans cesse d'avis, et Ringo s'y opposait fermement, la nourriture étrangère ne lui convenant pas. L'échéance approchant, John et George se rangent du côté de Ringo.
Selon Geoff Emerick, un Paul frustré a dit : « Si nous ne l'appelons pas *Everest* et que nous ne posons pas pour la couverture au Tibet, où allons-nous aller ? » Ce à quoi Ringo a répondu, à moitié en plaisantant : « Et puis merde. Mettons le nez dehors et appelons-le *Abbey Road*. »
146 En effet, la couverture de mon propre petit livre *1966 and All That* (2005), une mise à jour du classique *1066 and All That*, présentait un pastiche de Ken Pyne d'*Abbey Road*, les rôles de John, Ringo, Paul et George étant tenus, respectivement, par Bobby Charlton, la Reine Mère (sur un cadre Zimmer), Sid Vicious et Winston Churchill.
147 La progéniture de la plus célèbre Martha.

Et voici la photographie numéro cinq, choisie pour la couverture parce que c'est la seule où l'on voit les Beatles marcher au pas. « Sur le trottoir de gauche, plus en arrière, se tiennent trois figurants, identifiés par la suite comme étant Alan Flanagan, Steve Millwood et Derek Seagrove... Il n'y a aucun signe de la mystérieuse fille au haut violet. » Une Mme N.C. Seagrove écrit que Derek est son mari ; avec Flanagan et Millwood, il revenait d'une pause déjeuner lorsque la photo a été prise. « Ils sont restés dans les parages juste par curiosité. Derek pensait que si la photo était utilisée, lui et ses copains seraient effacés. »

La controverse s'intensifie autour de « l'homme mystère », qui se tient à côté d'un fourgon de police. En février 2008, on a appris que le résident de Floride Paul Cole, l'homme à côté du fourgon de police, est mort, âgé de quatre-vingt-treize ans. Mais était-il vraiment cet homme? Je ne le pense pas, et voici pourquoi. En 2004, Paul Cole a affirmé s'être trouvé à cet endroit, attendant sa femme qui visitait un musée voisin. Il a déclaré qu'il avait entamé une conversation avec le conducteur du fourgon de police lorsqu'il a aperçu les Beatles. « Une bande de fous, je les appelais, car ils étaient plutôt radicaux à l'époque. On ne se promenait pas pieds nus à Londres. » Un an plus tard, sa femme, organiste à l'église, avait reçu Abbey Road pour le jouer lors d'un mariage. « Je l'ai vu posé contre son clavier et j'ai dit : "Hé ! C'est ces quatre cinglés ! C'est moi là-dedans !" Cole n'avait jamais écouté l'album, bien qu'il ait entendu une ou deux chansons des Beatles. « Ce n'est pas mon genre de truc. Je préfère la musique classique. »

Mais le webmaster met en doute les affirmations de Cole : « Il n'y a pas de musée dans cette partie d'*Abbey Road*. Le fourgon de police est arrivé tardivement à la séance photo, comme en témoignent les photos précédentes, donc Paul Cole ne peut pas avoir eu de conversation avant l'arrivée des Beatles sur les lieux ». Il en conclut que Paul Cole était un imposteur. Mais a-t-il tort? Il y avait certainement un musée à proximité - la galerie Ben Uri, dédiée au travail des artistes émigrés. En outre, Cole a seulement prétendu qu'il entamait une conversation avec le chauffeur de police lorsque son attention a été attirée par les Beatles qui traversaient la route. Et il se souvenait d'événements survenus trente-cinq ans auparavant : il y avait forcément des incohérences.

« J'ai entendu des histoires sur des personnes prétendant être ou connaître « l'homme de la pochette » depuis que je suis fan des Beatles », écrit le webmaster. "L'un d'entre eux était soi-disant un homme gay qui est mort dans les années 1970." Il cite ensuite un dénommé Jo Pool, qui écrit : « Dès que j'ai vu la couverture, je me suis écrié : "C'est mon frère, Tony". Tony Staples avait trente-trois ans et mesurait six pieds quatre pouces. Le jour en question, il se rendait à son travail de secrétaire administratif pour le Syndicat national des agriculteurs. » Mais est-ce vrai? À mon avis, il a l'air plus âgé que trente-trois ans, et il semble peu probable qu'un secrétaire de la NFU soit appuyé avec autant de nonchalance contre un mur à dix ou onze heures du matin alors qu'il « se rendait au travail ».

Les mystères ne s'arrêtent pas là. Qui est la femme en robe bleue sur la quatrième de couverture? Certains blogueurs semblent convaincus qu'il s'agit de Jane Asher, bien qu'ils n'offrent aucune preuve. D'autres, fatigués de débattre des chiffres figurant sur les couvertures avant ou arrière, cherchent à étendre les paramètres de leurs enquêtes à ceux qui étaient ailleurs. Quelqu'un connaît-il le nom de l'agent de police qui a bloqué la circulation pendant que la photo était prise, ou sait-il quelque chose sur lui? demande Randy Ervin. Mais sa question fait chou blanc.

134

Quelques semaines après la sortie d'Abbey Road, le bureau de presse d'Apple a commencé à recevoir des appels du monde entier voulant savoir si Paul était mort. Ce type de rumeur n'était pas rare - déjà en 1961, un lecteur de Mersey Beat avait écrit pour demander si l'un des Beatles venait de mourir dans un accident de voiture - mais celle-ci a pris une ampleur considérable, chaque démenti agissant comme une confirmation supplémentaire d'une dissimulation.

La rumeur de la mort de Paul semble avoir commencé le 12 octobre 1969, lorsque Russ Gibb, disc-jockey sur la station WLNR-FM de Detroit, a pris l'appel d'un auditeur qui disait que Paul McCartney était mort dans un accident de voiture. Tom a attiré l'attention de Gibb sur la voix de « Revolution 9 » qui répétait sans cesse « numéro neuf, numéro neuf ». L'auditeur affirmait que si l'on écoutait le message à l'envers, il disait : « *Turn me on, dead man* ».

Gibb l'a diffusé à l'envers. Cela ressemblait plus à « *tunmyonden-mum* », mais pour toute personne prédisposée à croire, cela offrait une preuve à profusion. Et c'est ainsi que la rumeur s'est amplifiée, tout le monde s'est mis à la recherche de nouvelles preuves de la mort de Paul. Selon un auditeur, à la fin de « Strawberry Fields Forever », John avoue : « *I buried Paul* » (« J'ai enterré Paul »). Un autre a écouté attentivement les marmonnements entre les morceaux « I'm So Tired » et « Blackbird » sur *The White Album* et a entendu « *Paul is dead, man, miss him, miss him* ». Et ainsi de suite.

Le 14 octobre, un journal étudiant appelé le Michigan Daily produit une parodie satirique de ces folles rumeurs, illustrée par une photo de la tête de Paul séparée de son corps. Sous le titre *McCartney is Dead: New Evidence Brought to Light*, le reportage se concentre sur la couverture de Abbey Road. Les quatre Beatles étaient clairement en cortège funèbre, a soutenu l'auteur Fred LaBour. Mais les parodies sont bien trop souvent prises pour la vérité - en fait, c'est en partie leur but. En effet, la parodie n'a fait que renforcer la rumeur qu'elle avait pour but de démentir.

Avant longtemps, il semblait que pratiquement tout dans l'univers pointait vers le fait que Paul était mort :

1 Paul - ou plutôt, l'homme qui se fait passer pour Paul - est le seul Beatle à marcher pieds nus sur la couverture d'Abbey Road. Ses yeux semblent fermés, et il est en décalage avec les autres.

2 La Coccinelle VW blanche garée sur la gauche porte le numéro d'immatriculation LMW 28IF. LMW signifie « Linda McCartney Weeps » (« Linda McCartney en larmes »), et 28IF signifie que Paul aurait eu vingt-huit ans s'il n'était pas mort. Strictement parlant, ce n'est pas le cas (il aurait eu vingt-sept ans) mais - n'oublions pas ! - Les mystiques indiens datent l'âge réel d'une personne dès sa conception.

3 John, habillé en blanc, est le prédicateur. Ringo, en noir, est le porteur de cercueil. George, en jean, est le fossoyeur. Paul est représenté avec une cigarette dans la main droite, alors que le vrai Paul était gaucher.

4 À gauche de la route se tiennent trois hommes habillés en blanc. Une personne seule, habillée de vêtements sombres, se tient seule de l'autre côté.

5 Si vous tracez une ligne depuis le bas de la Coccinelle VW à travers les trois voitures derrière elle, la ligne passe par la tête de Paul. Paul est mort d'une blessure à la tête.

6 Sur la couverture australienne, il y a une tache rouge sur la route juste derrière Ringo et John,

indiquant un accident de la circulation.

7 Sur la quatrième de couverture, huit points sur le mur à gauche des mots « THE BEATLES » peuvent être réunis pour former un 3 - le nombre de Beatles restant après la mort de Paul.

8 Si vous tournez le couvercle arrière de 45 degrés dans le sens inverse des aiguilles d'une montre, l'ombre sur le mur crée l'image claire d'un crâne avec une robe noire.

9 La nuit de l'accident fatal, Paul a donné un coup de main à un fan. La femme en bleu sur la couverture arrière est cette même fan, fuyant la scène ou courant pour chercher de l'aide.

10 Les panneaux indiquant « BEATLES » et « ABBEY ROAD » sur la couverture arrière semblent être divisés en « BE AT LES ABBEY RO AD ». R et O sont les dix-huitième et quinzième lettres de l'alphabet. Additionnées, elles font 33, ce qui est l'équivalent numérique de « CC ». Paul est donc enterré à St Cecilia's Abbey sur l'île de Wight. Trente-trois multiplié par deux, qui est le nombre de lettres, donne soixante-six. Paul est décédé en 1966.

11 Sur « Come Together », John chante « One and one and one is three ». Cela indique qu'il ne reste que trois Beatles.

12 Sgt. Pepper recèle presque autant d'indices. Sur la couverture, l'homme situé juste derrière « Paul » - le comédien de music-hall Issy Bonn - tient sa main droite au-dessus de la tête de Paul. C'est un symbole de mort, tout comme l'instrument de musique noir tenu par Paul. La couverture entière est une représentation des funérailles de Paul, avec les Beatles debout autour d'une tombe fraîchement creusée.

13 À l'intérieur de la pochette, « Paul » porte un brassard noir avec les lettres « OPD ». Il s'agit de l'acronyme canadien pour « Officially Pronounced Dead ».

14 Sur la quatrième de couverture, Paul est le seul Beatle dont le dos est tourné à l'appareil photo.

15 « A Day in the Life » contient la phrase « He blew his mind out in a car. » (« Il s'est fait sauter la cervelle dans une voiture »).

16 À la fin de « While My Guitar Gently Weeps », George s'écrie « Paul, Paul ».

17 L'affiche incluse avec The White Album contient également un certain nombre de références opaques à la mort de Paul. La photo de Paul dans le bain - les yeux fermés, la tête flottant comme séparée de son corps - montre à quoi il aurait ressemblé après l'accident fatal. En bas à droite de l'affiche se trouve une petite photo de Paul en pantalon blanc, applaudissant et dansant. Derrière lui, il y a quelque chose de flou et d'inexpliqué. S'agit-il des mains d'un squelette ?

18 Sur « Glass Onion », John chante : « And here's another clue for you all - the Walrus was Paul. » (« Et voici un autre indice pour vous tous - le morse était Paul »). Dans de nombreuses cultures, un morse symbolise la mort - même si personne ne sait exactement de quelles cultures il s'agit.

19 « I am the Walrus » est le récit codé de John sur l'accident mortel, qui s'est produit après que Paul a quitté le studio d'Abbey Road en colère un « stupid bloody Tuesday » (« stupide mardi sanglant »). John chante « I'm crying » encore et encore. C'est l'expression du chagrin.

20 Au début de la même chanson, deux notes sont répétées, produisant un son semblable à celui d'une sirène d'ambulance. Les « pretty little policemen waiting for the van to come » (« jolis petits policiers qui attendent que la camionnette arrive ») sont les policiers qui sont arrivés sur le lieu de l'accident. Ils ont été payés pour garder le silence. « Yellow matter custard (...) dripping from a dead dog's eye » (« Flan de matière jaune (...) mélangé avec l'œil d'un chien mort ») est une description des horribles blessures au visage de Paul. « I am he as you are he and we are all together » (« Je suis lui comme tu es lui et nous sommes tous ensemble ») est une admission que les trois autres Beatles étaient impliqués dans une conspiration du silence. À la page 557 du roman Finnegans

Wake de James Joyce, les mots « googoo goosth » se trouvent dans la même phrase que « them four hoarsemen on their apolkaloops » (« les quatre cavaliers de l'apocataclop »)

21 Le faux Paul s'est laissé pousser une moustache pour dissimuler les cicatrices de la chirurgie plastique qu'il avait subie. Une fois les cicatrices guéries, les pouvoirs en place l'ont laissé l'enlever.

22 Le faux Paul a protesté que ce que John disait vraiment à la fin de « Strawberry Fields Forever » n'était pas « I buried Paul », mais « Cranberry Sauce » Cela fait partie de la dissimulation.

23 Sur la couverture de Magical Mystery Tour, le titre est écrit en étoiles. Si vous retournez la couverture, les étoiles forment un numéro de téléphone. Si vous appelez ce numéro, vous serez informé des détails de la mort de Paul.

24 Dans la somptueuse séquence « Your Mother Would Know » du film Magical Mystery Tour, « Paul » porte un œillet noir. Les autres portent des œillets blancs.

Tous ces signes ne menaient qu'à une seule conclusion : trois ans plus tôt, le 6 novembre 1966, Paul était mort dans un accident de voiture. Dès lors, sa place avait été prise par un sosie. Après tout, il n'y a eu aucune photo de Paul pendant dix-huit jours à partir du 6 novembre, puis il a été photographié avec une nouvelle pilosité faciale - manifestement là pour dissimuler les cicatrices de la chirurgie plastique de son sosie. Et qui était le sosie ? Un acteur appelé William Shears Campbell, également connu sous le nom de « Billy » Shears, qui avait gagné un concours de sosies de Paul McCartney et n'avait jamais été revu. Jusqu'à aujourd'hui.

Des fans au cœur brisé bloquent le standard téléphonique d'Apple. Derek Taylor a contacté Paul en Écosse, et lui a demandé ce qu'il voulait faire à ce sujet. « Rien, répond Paul. Laisse tomber. » Incapable de présenter le vrai Paul, l'acolyte de Taylor, Tony Bramwell, a imaginé un plan diabolique pour étouffer les rumeurs. Mettant à profit son propre accent liverpudlien, il téléphone au DJ Richie York sur CING-FM à Burlington, Ontario. « C'est Paul McCartney, dit-il. Comme vous pouvez l'entendre, je suis en vie et en pleine forme. »

Cela a éveillé les soupçons de deux autres stations de radio. Elles ont immédiatement soumis la bande à deux experts en reconnaissance vocale. Ayant comparé la voix de Bramwell avec un enregistrement de la voix connue de Paul McCartney, le professeur Oscar Tossey de l'université d'État du Michigan et le Dr Henry M. Truby de l'université de Miami ont tous deux témoigné du fait qu'il ne pouvait pas s'agir de la même personne. C'était une preuve supplémentaire de dissimulation : Paul McCartney était, en effet, mort.

Paul a été obligé de publier une déclaration écrite par l'intermédiaire du service de presse d'Apple : « Je suis bien vivant et préoccupé par les rumeurs de ma mort, mais si j'étais mort, je serais le dernier à le savoir. » Ce message en demi-teinte n'a fait que jeter de l'huile sur le feu. Maintenant, Derek Taylor était poussé à publier un communiqué de presse : « Paul refuse de dire quoi que ce soit de plus. Même s'il apparaissait en public, cela ne servirait à rien. Si les gens veulent croire qu'il est mort, alors ils le croiront. La vérité n'est pas du tout persuasive. » Une fois de plus, le démenti a été pris comme une preuve positive d'une dissimulation.

Deux des autres Beatles ont déclaré que Paul n'était pas mort. « C'est la rumeur la plus stupide que j'aie jamais entendue, a déclaré John sur WLNR. Bien sûr, vous pouvez jouer n'importe quoi à l'envers et vous obtiendrez des connotations différentes, parce que c'est à l'envers. » Ringo a également participé, mais seulement pour expliquer pourquoi il ne participait pas. « Je ne dirai rien, a-t-il dit, car personne ne me croit quand je le fais. »

À ce stade, même certains amis de Paul commencent à avoir des soupçons. Un jour, Peter Blake, le concepteur de la couverture du *Sgt. Pepper,* est tombé sur le vrai Paul McCartney, vivant. « Il m'a dit : "Oui, c'est vrai. Je ne suis pas vraiment Paul McCartney. Vous connaissez Paul McCartney, il n'avait pas de cicatrice sur la bouche. Je lui ressemble beaucoup, mais en fait je ne suis pas lui." J'ai regardé, et effectivement il y avait une cicatrice, mais Paul n'en avait pas. Ce qui s'était passé, c'est qu'il était tombé de son vélo et qu'il avait eu une cicatrice depuis la dernière fois que je l'avais vu. Bien sûr, c'était Paul, et il m'a fait marcher pendant deux minutes. Et pendant trois minutes, je l'ai cru. »

Entre-temps, le célèbre avocat de la défense, F. Lee Bailey[148], avait été engagé par RKO pour mener un procès fictif dans le cadre d'une émission spéciale à la télévision, dans laquelle il interrogeait des « témoins experts », dont Allen Klein et Peter Asher. Parmi ceux qui défendaient les allégations figurait Fred LaBour, dont l'article plaisantin paru dans le Michigan Daily avait mis le feu aux poudres. Avant de venir à la barre, LaBour a avoué à Bailey que tout cela n'était qu'un canular. « Eh bien, a répondu Bailey, nous avons une heure de télévision à faire, alors vous allez devoir vous plier à l'exercice. »

À ce jour, quatre singles différents sur le thème de *Paul is Dead* sont sortis : « Brother Paul » par Billy Shears and the All-Americans, « We're All Paul Bearers » par Zacherias and the Tree People, « Saint Paul » par Terry Knight, et « So Long Paul » par Werbley Finster[149], qui contient le refrain quelque peu amer :

> So long Paul, we hate to see you go,
> So long Paul, after making all that dough.[150]

Le même mois, le magazine *Life* envoie une équipe de photographes et de reporters en Écosse pour retrouver Paul. Après avoir parcouru quatre miles sur des terres marécageuses jusqu'à sa ferme, ils ont été confrontés à Martha, le vieux chien de berger anglais de Paul. Alerté par les aboiements de Martha, un Paul furieux est sorti de sa maison et leur a demandé de quitter son terrain, avant de jeter un seau d'eau sur eux, un acte filmé par l'un des photographes. Alors qu'ils partaient, Paul, toujours conscient de son image publique, et sentant qu'il était allé trop loin, les a rattrapé, leur offrant une interview et des photos exclusives en échange de la photo incriminée.

Sous le titre THE CASE OF THE MISSING BEATLE: *Paul is Still With Us,* la photo de la couverture du numéro de novembre 1969 de *Life* montrait la famille McCartney - Paul, Linda, Heather et la petite Mary - dans un bonheur rural. Dans l'interview qui l'accompagnait, Paul déclarait : « C'est complètement stupide. J'ai ramassé ce badge OPD au Canada. C'était un badge de police. Cela signifie peut-être Ontario Police Department ou quelque chose comme ça. Je portais une fleur noire parce qu'ils étaient à court de fleurs rouges. C'est John, et non moi, habillé en noir sur la couverture et à l'intérieur de *Magical Mystery Tour*. Sur *Abbey Road*, nous portions nos vêtements ordinaires. Je marchais pieds nus parce que c'était une journée chaude. Il se trouve que la Volkswagen était garée là… Les personnes qui inventent ces rumeurs devraient se regarder un peu plus. Ils n'ont pas assez de temps dans la vie. Ils devraient s'inquiéter d'eux-mêmes au lieu de s'inquiéter

---

148 Représentant légal de défendeurs célèbres, dont Albert DeSalvo (« l'étrangleur de Boston ») et, plus tard, Patty Hearst et O.J. Simpson.
149 Révélé plus tard comme un pseudonyme de José Feliciano, le chanteur portoricain aveugle encore probablement plus connu pour son interprétation en 1968 de « Light My Fire ».
150 « Au revoir Paul, nous sommes désolés de vous voir partir / Au revoir Paul, après avoir fait autant de fric. »

de savoir si je suis mort ou non. »
Pour coïncider avec l'interview, Apple a publié un communiqué de presse triomphant et caractéristiquement long.

> « Paul McCartney est vivant. Il le dit. Sa femme le dit, ses enfants le montrent. Les récentes photos le confirment, les nouvelles chansons le concrétisent, et le simple fait qu'il soit vivant devrait suffire. En cas de doute, lisez le magazine Life. Si le doute persiste, il n'y a rien à faire. Le Paul McCartney qui a écrit « And I Love Her » vous aime toujours, il est toujours en vie et il a encore beaucoup à écrire. Il y a un millier de chansons non écrites et beaucoup à faire. Ayez la foi et croyez. Il est vivant et en bonne santé et espère le rester aussi longtemps que possible. Si cela ne fonctionne pas, alors nous lancerons notre propre rumeur selon laquelle le public est mort sur le coup et que son cerveau est remplacé par un cerveau factice depuis trois ans et demi, puis nous verrons bien qui niera ce fait. »

Cinquante ans plus tard, il y a toujours ceux qui croient que Paul est mort en 1966, et que son rôle est joué par un imposteur doué. En 2009, l'édition italienne du magazine *Wired* a publié un article de neuf pages dans lequel une pathologiste médico-légale appelée Gabriella Carlesi et un informaticien appelé Francesco Gavazenni se sont donné beaucoup de mal pour tester des photographies avant et après de Paul, en mesurant les différences au niveau des dents, des lèvres, des mâchoires et des oreilles. Ils ont conclu qu'elles n'étaient pas du même homme.
Un livre de Tina Foster intitulé *Plastic Macca: The Secret Death and Replacement of Beatle Paul McCartney* (2019) présente encore plus de preuves, notamment la révélation que « les Beatles restants et leurs représentants commerciaux ont conclu un pacte avec les proches de Paul, moyennant une grosse somme d'argent, pour garder la mort de Paul secrète, et ont engagé un remplaçant pour protéger l'image, la carrière, la popularité et les finances du groupe. »
Foster suggère que l'un des motifs initiaux de la fraude était la crainte que les fans soient tellement désemparés par la mort de Paul qu'ils soient poussés au suicide. « Il existe un précédent à cette théorie, écrit-elle. Peu avant Noël 1962, un chiot nommé « Petra » est apparu dans l'émission télévisée pour enfants Blue Peter. Malheureusement, le chien est tombé malade puis est mort deux jours plus tard. Plutôt que de traumatiser des millions d'enfants en révélant le destin tragique du chiot, les patrons de l'émission ont trouvé un chiot noir et brun sosie pour remplacer le Petra original. Pas un seul téléspectateur ne l'a remarqué. » La notice du livre indique que « l'avocate et auteur Tina Foster a consacré des années de sa vie à découvrir ce qui est arrivé à James Paul McCartney... Reconnue comme une autorité en la matière, Tina a été invitée à parler dans des émissions de radio aux États-Unis, au Royaume-Uni, au Canada, Europe et en Australie.
Curieusement, Foster n'explique jamais pourquoi les Beatles restants et leurs co-conspirateurs étaient si désireux de dévoiler leur propre secret en offrant autant d'indices révélateurs de son dévoilement.

135

Il y avait de la folie dans l'air. Peu après la première de l'adaptation théâtrale des livres de John, *In His Own Write*, au Old Vic en juin 1968, Yoko Ono a convoqué Victor Spinetti, son metteur en scène. Spinetti a pris note de leur conversation.
« Ah, a-t-elle dit. Je veux que vous mettiez en scène ma pièce.
- Oh, ai-je répondu. Et qu'est-ce que c'est? Laissez-moi voir le script.
- Non, non. Pas de scénario. Tous les spectateurs montent dans le bus. Et seront autorisés à se rendre à la maison. Puis toutes les personnes dans le bus sont invités à ouvrir la porte pour symboliser la prise de conscience. Puis tout le monde retourne dans le bus. Puis ils vont dans une autre maison. Tous sont autorisés à sortir. Cette fois, ils sont autorisés à rencontrer une personne. Cela symbolise le début de la communication. Puis le public retourne dans le bus... »
Spinetti a interrompu son monologue. « Attends une minute, Yoko. C'est quoi, l'intention? Je veux dire, que se passe-t-il ?
- Oh, tout le monde va à Hyde Park et attend que quelque chose se passe.
- Comme quoi ?
- Comme une chaise tombant du ciel. »
À ce moment-là, Spinetti a jeté un regard à John, dont le visage rayonnait d'amour et d'émerveillement. « Ooh, c'est génial, c'est ça, Vic : la chaise qui tombe du ciel. »
Spinetti n'arrivait pas à savoir si John plaisantait ou non. Pensant qu'il était temps de partir, il a dit : « Ma chérie, tu n'as pas vraiment envie que ce soit moi, le metteur en scène. Fais appel à Cook's Tours. Ils sont super avec les bus. »
« Yoko n'était pas amusée. Elle ne m'a pas parlé pendant des mois », se souvient-il.

À peu près à la même époque, un ambitieux jeune homme de dix-huit ans appelé Richard Branson avait obtenu de John et Yoko la promesse de fournir au premier numéro de son nouveau magazine, *Student*, un enregistrement sur flexidisc à fixer sur la couverture. Fort de cette promesse, Richard Branson a commandé un tirage ambitieux de 100 000 exemplaires et a demandé à l'autoproclamé « homme aux yeux de kaléidoscope », Alan Aldridge, de créer l'une de ses images psychédéliques pour la couverture.
Mais à l'approche de la date d'impression, l'enregistrement promis n'apparaît pas. En désespoir de cause, Branson charge un avocat de menacer de poursuivre Apple et les Lennon pour un montant de 100 000 livres, pour cause de rupture de promesse.
La menace semble fonctionner à merveille. Quelques jours plus tard, Branson reçoit un appel téléphonique de Derek Taylor. « Passez à Apple, Richard. Nous avons quelque chose pour vous. » Branson a été conduit dans le studio en sous-sol de Savile Row, où il s'est assis avec John et Yoko tandis que Taylor allumait un enregistrement sur bande. Branson était tout ouïe.
« Le sifflement du magnétophone a été suivi d'un battement régulier et métronomique, comme le son d'un cœur humain. "Qu'est-ce que c'est?" ai-je demandé. "C'est le battement de cœur de notre bébé", dit John. À peine avait-il parlé que le son s'est arrêté. Yoko a éclaté en sanglots et a pris John dans ses bras. Je ne comprenais pas ce qui se passait, mais avant que je puisse parler,

John a regardé par-dessus l'épaule de Yoko, droit dans mes yeux. "Le bébé est mort", m'a-t-il dit. "C'est le silence de notre bébé mort." »
Taylor le rassure en lui disant qu'il s'agit d'« art conceptuel », mais Branson reste perplexe. Que doit-il faire ? L'enregistrement gratuit de la mort d'un bébé ne risque pas de faire exploser les ventes de son magazine.
« Je me suis senti incapable de publier ce moment privé sous forme d'enregistrement », écrit Branson, avec la solennité qui s'impose, dans son autobiographie, des décennies plus tard. Au lieu de cela, il a supprimé la couverture, redessiné le magazine et réduit la commande d'impression. De leur côté, John et Yoko avaient engagé avec succès une action en justice. Quelques semaines plus tard, le génial Taylor écrivait à Branson une note d'excuses pour tout problème causé, en signant « All you need is love ».

Après la fausse couche de Yoko, John est resté avec elle à l'hôpital Queen Charlotte pendant sa convalescence.
Un matin, il téléphone à Victor Spinetti et lui demande de leur rendre visite. Spinetti a trouvé Yoko assise dans son lit, en train de taper à la machine, tandis que John était allongé sur le sol, l'air épouvanté.
« Mon Dieu, dit-il. Lequel des deux a fait la fausse couche ? »
John a ri ; Yoko a continué à taper. « J'écris à ma petite fille, a-t-elle dit. Je lui envoie un poème. » Elle a ensuite lu le poème à haute voix : « Ne t'inquiète pas, Kyoko. Maman cherche seulement sa main dans la neige. »
Spinetti était décontenancé. « Quel âge a-t-elle ?
- Cinq ans.
- Et quand l'as-tu vue pour la dernière fois ?
- Il y a quatre ans.
- Chérie, envoie-lui une maison de poupée », lui conseille Spinetti.
Lors de la visite suivante de Spinetti, Yoko l'a mis au courant de sa prochaine aventure. « J'ai acheté dix mille tasses. John et moi, on prend un marteau. On casse les tasses. Nous vendons des tasses cassées et les gens du monde entier les achètent et collent les tasses cassées que John et moi avons cassées, les collent ensemble, parce que, voyez-vous, maintenant que nous sommes mariés, nous sommes plus célèbres que les Burton. » Cette fois, Spinetti a jugé opportun de se taire.

136

Le samedi 14 juin 1969, John et Yoko sont interviewés par David Frost à Londres. Ils démarrent l'émission en lançant des glands au public, expliquant que c'est la semaine des « glands pour la paix » (« Acorns for peace »). Yoko a ensuite présenté à Frost ce qu'elle a appelé une « boîte à sourire ». En l'ouvrant, Frost a trouvé un petit miroir. Il les a ensuite interrogés sur le *bagisme*.

JOHN : C'est quoi le Bagisme ? C'est comme une étiquette pour ce que nous faisons tous, nous sommes tous dans un sac, tu sais, et nous avons réalisé que nous venions de deux sacs - j'étais dans ce sac pop qui tournait en rond dans mon petit univers et elle était dans son petite univers de l'avant-garde qui tournait en rond et toi, tu es dans ton petit univers de la télé et tout ça c'est dans leur... tu vois ce que je veux dire ?

Et nous sommes tous dans nos petits univers en quelque sorte et nous nous regardons de temps en temps, mais nous ne communiquons pas. Nous intellectualisons tous sur le fait qu'il n'y a pas de barrière entre l'art, la musique, la poésie... mais nous sommes toujours tous – « Je suis un rockeur ». « Elle, c'est une poétesse. » Nous avons donc inventé ce mot pour que vous nous demandiez ce qu'est le bagisme - et nous vous dirons : « Nous sommes tous dans un sac, mec ! »

FROST : Eh bien maintenant, vous êtes dans un sac...

JOHN : Eh bien, nous sommes sortis d'un sac pour entrer dans le suivant, vous continuez à passer d'un sac à l'autre.

FROST : Vous avez un sac avec vous, que faites-vous avec ?

JOHN : Eh bien, parfois nous nous y mettons et parfois d'autres personnes s'y mettent.

YOKO : Vous savez, cette vie est tellement accélérée et le monde entier devient de plus en plus tendu parce que les choses vont tellement vite, vous savez, alors c'est tellement agréable de ralentir le rythme du monde entier, juste pour le rendre paisible. Donc, comme le sac, quand vous y entrez, vous voyez que c'est très paisible et que vos mouvements sont en quelque sorte limités. Vous pouvez vous promener dans la rue dans un sac.

FROST : Vous pouvez ?

JOHN : Si les gens passaient des entretiens pour des emplois dans un sac, ils ne se feraient pas refuser parce qu'ils sont noirs ou verts ou ont des cheveux longs, vous savez, c'est une communication totale.

FROST : Ils se faisaient refouler parce qu'ils étaient dans un sac. (Rires du public)

YOKO : Eh bien non, si c'était spécifié que lorsque vous interviewiez les personnes que vous vouliez employer - et vous aviez ce préjugé - et que les personnes devaient porter un sac, alors vous ne les jugeriez que sur ce qu'elles vous communiqueraient et vous n'auriez pas à penser «Oh, il porte du daim noir, n'est-ce pas ? » Je n'aime pas ça.

137

Extrait du journal intime de Kenneth Williams, 15 juin 1969

Le Beatle qui est marié à une dame asiatique était dans l'émission de Frost. L'homme a les cheveux longs et n'est pas très élégant, il porte des lunettes en fer-blanc et a une voix nasale très particulière avec un fort accent de Liverpool : son apparence est soit grotesque, soit pittoresque et l'impression générale est celle d'une grande bêtise. Lui et sa femme sont souvent « interviewés » de l'intérieur des sacs pour atteindre « l'objectivité » et ils font des « bed-in » dans leur lit pendant de longues périodes et autorisent un certain nombre de personnes dans la chambre. Je crois que cet homme s'appelle Ringo Starr ou quelque chose comme ça (non, c'est John Lennon), mais il a commencé comme « chanteur » et instrumentiste dans ce groupe appelé les Beatles et on cherche en vain une raison valable pour laquelle il est interviewé. Je ne peux pas imaginer ce que fait cet ex-chanteur de pop en pontifiant sur l'état de l'humanité. C'est hallucinant de l'écouter.

138

En septembre 1969, lors d'une visite à tante Mimi, John a furtivement retiré sa médaille de l'Empire britannique de la cheminée sur laquelle il était posé depuis quatre ans et l'a ramené à Londres sans un mot. Il a ensuite demandé à son personnel de se renseigner sur la manière correcte de la rendre à Sa Majesté la Reine. Bill Oakes, l'assistant personnel de Peter Brown chez Apple, a poursuivi l'affaire et a rédigé ce mémo officiel :

> La médaille, accompagnée d'une brève explication, doit être envoyée à :
> The Secretary of the Central Chancery, Buckingham 8 Gate, London, SW1
> Deux lettres facultatives doivent être envoyées à :
>
> a) Harold Wilson. La principale protestation devrait être déposée ici - on peut supposer que cette lettre deviendrait publique ?
>
> b) S.M. la Reine. Les avocats ne conseillent rien de plus qu'une note respectueuse et pleine de regrets.

Le 25 novembre 1969, John a écrit la lettre suivante en une seule phrase :

> Votre Majesté,
> Je renvoie cette médaille pour protester contre l'implication de la Grande-Bretagne dans l'affaire Nigeria - Biafra, contre notre soutien à l'Amérique au Vietnam et contre la chute de « Cold Turkey » dans les hit-parades.[151]
> Amicalement,
> John Lennon

Il a ensuite chargé son chauffeur, Les Anthony, de la remettre au palais de Buckingham, lui donnant également des lettres à remettre au Premier ministre et au secrétaire de la chancellerie centrale. Lors d'une conférence de presse au siège d'Apple, John a affirmé qu'il avait toujours été mal à l'aise à propos de sa médaille. Selon lui, Brian Epstein avait fait pression sur les Beatles pour qu'ils acceptent leurs récompenses : « Je me suis toujours mordu les lèvres quand je voyais « MBE » en signature de mes lettres. Je n'appartiens pas vraiment à ce monde. Je pense que l'Establishment a acheté les Beatles avec. Maintenant, je vous le rends, merci beaucoup…
J'y réfléchissais depuis quelques années. Même lorsque je l'ai reçu, j'y réfléchissais. Je l'ai donné à ma tante qui l'arborait fièrement sur la cheminée, ce qui est compréhensible - elle en était très fière. Mais je ne peux pas ne pas le faire à cause des sentiments de ma tante. Je l'ai donc pris il y a quelques mois sans lui dire ce que j'allais en faire - elle le sait sans doute maintenant. Et je suis désolé Mimi, mais c'est ma décision. »

---

[151] De 1967 à 1970, la guerre du Biafra, ancienne colonie anglaise s'inscrit dans le mouvement mondial de la décolonisation, cette fois-ci du Nigéria. « Cold Turkey » est le deuxième single de Plastic Ono Band.

Lorsque Mimi a découvert ce qui s'était passé, elle a été extrêmement bouleversée : « Si j'avais su ce que John voulait en faire, je ne le lui aurais jamais rendu. » Elle s'est clairement sentie trop humiliée pour admettre qu'il l'avait pris sans le demander.

139

Une fête :
Hôtel de ville de Chelsea
King's Road, Londres SW3
3 juillet 1969

Le lundi, Apple Records envoie une invitation :

Apple Peace/Postcard/Communication/John et Yoko et Apple Records vous invitent à les rejoindre le jeudi de cette semaine, le 3 juillet, pour rencontrer le Plastic Ono Band au Chelsea Town Hall, Kings Road.

Mais le mardi, en conduisant dans les Highlands écossais, John fait une embardée dans un fossé. L'avant de sa voiture est écrasé, et John, Julian, Yoko et sa fille Kyoko sont tous emmenés à l'hôpital. John reçoit dix-sept points de suture, Yoko quatorze et Kyoko quatre. Julian est traité pour le choc, mais il est vite autorisé à quitter l'hôpital. « John est un piètre conducteur, il n'a pas conduit depuis des années », explique Derek Taylor.
John tient cependant à ce que la soirée de lancement de l'album *Give Peace a Chance* du Plastic Ono Band ait lieu. Comme Yoko et lui ne pourront pas y assister, il demande à Taylor d'envoyer une équipe de tournage en Écosse pour « filmer un message d'accueil depuis son lit d'hôpital. »
La veille de la fête, Taylor reçoit un appel téléphonique du chef de l'équipe de tournage, qui lui annonce que John et Yoko n'acceptaient plus de les voir ; ils se sentaient apparemment « mal ». Il est donc sur le chemin du retour à Londres, sans aucun film.
Mais la fête continue, sans aucune dépense. L'hôtel de ville de Chelsea est somptueusement décoré de compositions florales et de vastes bannières blanches déclarant « LOVE AND PEACE ». Les tables regorgent de nourriture et de boissons pour cinq cents invités, même si seulement trois cents ont été invités.
Ils commencent à arriver à 17 h 30, pour être accueillis par Derek Taylor, qui s'excuse de l'absence des hôtes. La chanson « Give Peace a Chance » est diffusée en boucle dans les haut-parleurs. Quelques heures plus tard, après que ce que Taylor décrit comme des « quantités gargantuesques d'alcool » ont été bues, une file indienne se forme, et tout le monde danse dans la rue. C'est la dernière fête organisée par un Beatle, et aucun des Beatles n'était présent.

140

La journaliste américaine Gloria Emerson a interviewé John et Yoko au siège d'Apple le 3 décembre 1969. Ayant commencé sa carrière comme correspondante étrangère à Saïgon dans les années 1950, elle savait de quoi elle parlait. La discussion animée entre Emerson et John et Yoko a été diffusée par BBC Radio 2 quinze jours plus tard, et fut en tout point remarquable, car Emerson était loin d'être une réactionnaire de l'establishment.

> JOHN : Si je dois faire la première page, autant faire la première page avec le mot « paix ».
> GLORIA EMERSON : Mais vous vous êtes rendu ridicule !
> JOHN : Pour certaines personnes, certainement, mais je m'en fiche, si ça peut sauver des vies !
> GLORIA : Vous ne pensez pas que vous... Oh ! mon cher garçon ! Vous vivez dans un monde imaginaire ! Vous ne pensez quand même pas avoir sauvé une seule vie !?
> JOHN : Peut-être que nous en sauverons à l'avenir !

De onze ans l'aîné de John, et de trois ans celui de Yoko, Emerson semble exaspérée, comme un adulte confronté à des enfants impénitents.

> GLORIA : Que savez-vous d'un mouvement de protestation de toute façon ? Il consiste en bien plus que de renvoyer votre chauffeur dans votre voiture à Buckingham Palace !
> JOHN : Oh ! c'est facile d'être moralisateur sur ce sujet ! La seule façon de faire...
> GLORIA : Vous êtes d'un « faux » ! Je veux dire, je sais qu'en Angleterre c'est plutôt intelligent de ne pas être sérieux à propos de tout...
> Silencieuse jusqu'à présent, Yoko prend soudain la parole.
> YOKO : Tout a besoin d'un sourire, vous savez.
> GLORIA : Je vois. Le massacre de Pinkville[152]. Ha ha ha ! Vous pensez que vous pouvez abandonner quelque chose pour...

Il y a un silence gênant. John regarde Gloria avec des poignards et se met à mâcher son chewing-gum beaucoup plus vigoureusement. À son tour, elle tire des bouffées sur une cigarette.

> JOHN : Ce n'est pas un sacrifice. Vous ne pourrez jamais me mettre ça dans la tête, non ? Vous avez déclaré une demi-douzaine de fois que rendre la médaille n'est pas pertinent. Je suis d'accord, ce n'était pas un sacrifice de se débarrasser de cette décoration, tout simplement parce qu'elle ne cessait de m'embarrasser.
> GLORIA : Mais quel genre de protestation avez-vous fait ?
> JOHN : (haussant la voix) J'ai lancé une CAMPAGNE PUBLICITAIRE POUR LA PAIX ! VOUS COMPRENEZ ÇA ?
> GLORIA : Non, je ne le comprends pas.

---

[152] Le célèbre massacre de My Lai (mars 1968) était à l'origine connu sous le nom de massacre de Pinkville, « Pinkville » étant le nom donné par l'armée américaine à la zone dans laquelle il s'est déroulé.

JOHN : - une très grande campagne publicitaire pour la paix !
GLORIA : Je pense que ça crie à l'autosatisfaction ! Vous faites de la publicité pour John Lennon ou pour la paix ?

John se met à lui crier dessus. Si elle le traite comme un enfant, il la traite comme une putain de bourgeoise odieuse. Peut-être ne sait-il pas qu'elle est correspondante de guerre ; s'il le sait, il semble l'avoir oublié.

JOHN : Vous préférez de beaux gestes bourgeois-moyen pour la paix et des manifestes intellectuels rédigés par un tas d'intellectuels à moitié stupides et que personne ne lit ! C'est le problème avec le mouvement pour la paix !
GLORIA : Eh bien, on est en plein dans un monde puéril. Je dois vous avouer qu'il m'est impossible de penser à quelqu'un plus éloigné de la cruauté du monde que vous. Je vous vois bien vous lever un mardi matin et vous dire : « Voyons voir ce que nous allons faire aujourd'hui, quelle guerre est en cours ? »
YOKO : Mais tout ça est dans votre imagination !
JOHN : Pourquoi ne pas faire un film pendant que vous y êtes ?
GLORIA : Je suis quelqu'un qui vous admire beaucoup.
JOHN : Eh bien, je suis désolé que tu aies aimé les vieux moptops, ma chère, et que tu aies pensé que j'étais très satirique et plein d'esprit et que tu aies aimé *Hard Day's Night*, mon amour. Mais j'ai grandi, et toi, visiblement pas.
GLORIA : Vous avez grandi de combien ?
JOHN : Vingt-neuf ans.
GLORIA : Oui.

À ce stade, elle devient plus calme, plus conciliante. Peut-être vient-elle tout juste de réaliser à quel point il est jeune et trouve-t-elle sa naïveté plus pardonnable.

GLORIA : Comment était la Grèce ?
YOKO : Magnifique.
JOHN : Nous avons fait une belle manifestation contre la guerre retransmise par la télévision de l'armée pendant que nous étions là. Je suppose que vous n'avez pas aimé que nous soyons aller en Grèce, hein ? Vous pensez que l'on ne devrait pas aller dans un pays fasciste comme la Grèce alors qu'il est tout à fait normal de vivre dans un pays fasciste comme la Grande-Bretagne ou l'Amérique, non ?

Emerson reste imperturbable, elle regarde le plafond pendant une seconde et fait le point avant de poursuivre.

GLORIA : Je pense que l'Amérique est un bon endroit pour vivre en ce moment parce que je veux dire que si vous étiez intéressé ou engagé OU pas trop lâche, vous pourriez concevoir de faire la différence par ce que vous faites.
JOHN : Eh bien, nous essayons d'aller en Amérique pour faire ce quelque chose depuis sept ou huit mois, mais je n'ai pas le droit d'y entrer.

GLORIA : Vous ne comprenez pas comment ils protestent, mon cher...
JOHN : Dites-moi, que chantaient-ils lors du moratoire[153], récemment ? Ils chantaient « Give Peace a Chance » ! Et c'était écrit spécialement pour eux !
GLORIA : Mais où sommes-nous, là. Et qu'est-ce que vous avez à voir avec le moratoire ? Ils ont donc chanté une de vos chansons ! Superbe chanson, bien sûr. Mais c'est tout ce que vous pouvez dire à ce sujet ?

John lui fait un doigt d'honneur.

JOHN : Vous disiez qu'en Amérique (il commence à imiter son accent) « ils sont si sérieux à propos du mouvement de protestation mais ils étaient si désinvoltes qu'ils chantaient une chanson joyeuse », qui s'avère être une chanson que j'ai écrite et je suis heureux qu'ils l'aient chantée et quand je serai là-bas, je la chanterai avec eux, quand j'arriverai à entrer, et c'était un message de ma part à l'Amérique ou à n'importe quel endroit où j'utilise mon talent d'auteur-compositeur pour écrire une chanson que nous pourrions tous chanter ensemble, et je suis FIER qu'ils l'aient chantée au moratoire. Je n'aurais rien eu à faire s'ils avaient chanté « We Shall Overcome », mais il se trouve qu'ils l'ont chantée et j'en suis fier et je serai heureux d'y aller et de chanter avec eux !
GLORIA : Faites-en une fête.
JOHN : Mais oui, j'en ferai une fête.

Yoko prononce maintenant sa seule longue intervention. Elle parle d'une voix enfantine, comme si elle lisait un livre pour enfants.

YOKO : Nous devons transformer la manifestation en fête parce que si nous la rendons joyeuse, peut-être que nous pourrons arrêter la guerre. Le fait est que lorsque vous êtes heureux et que vous souriez, vous n'avez pas envie de tuer quelqu'un, n'est-ce pas ? Vous savez, c'est lorsque vous êtes très sérieux que vous commencez à penser à la violence, à la mort et au meurtre. Je veux dire, avez-vous déjà vu une personne tuer quelqu'un avec un sourire sur le visage et en étant heureux ? Non ! Les tueurs sont des gens malheureux et ils sont violents parce qu'ils sont si malheureux et si sérieux.

Emerson ramasse son sac.

GLORIA : M. et Mme Lennon, nous nous ennuyons mutuellement, alors je vais m'en aller. Merci. Au revoir !
JOHN : Eh bien, je pense que c'est ce que vous vouliez !

Emerson quitte la pièce, sans un mot de plus.

YOKO : (à John) Le dernier point était un bon point et elle n'a pas voulu y répondre.
JOHN : Elle n'a rien entendu.

L'année suivante, Gloria Emerson retourne à Saïgon, déclarant qu'elle « voulait y retourner pour écrire sur le peuple vietnamien et les immenses changements malheureux dans leurs vies, un

---

153 Le moratoire est un rassemblement à dimension internationale contre la guerre du Vietnam.

sujet peu couvert par l'énorme corps de presse qui était préoccupé par la couverture de l'histoire militaire. » Dans ses premiers rapports, elle a dénoncé les faux décomptes de corps américains et l'utilisation de drogues dures par les GI. Des années plus tard, elle a déclaré qu'à la fin de son séjour, elle avait perdu le compte du nombre de jeunes soldats américains qu'elle avait réconfortés dans leurs derniers instants.

Dix-neuf ans plus tard, dans le numéro de décembre 1988 du magazine Q, Yoko a parlé au journaliste Tom Hibbert de l'héritage des *bed-in*, au cours desquels elle et John étaient restés au lit « pour la paix ».

> HIBBERT : Ces *bed-in* sont-ils quelque chose dont vous vous souvenez avec fierté ?
> YOKO : Oh oui. Fierté et grande joie. Ces choses que nous avons faites étaient des bénédictions. À l'époque, les gens se moquaient un peu de nous. Nous espérions qu'ils riraient avec nous, mais ça ne s'est pas passé comme ça. Mais au bout du compte, vous voyez, cela a eu un effet. L'année dernière, lorsque Reagan et Gorbatchev ont tenu leur sommet et se sont serré la main, j'ai eu l'impression que John et moi avions eu un effet.

141

Le 6 décembre 1969, mon père était sur le point d'entrer à l'hôtel Bull de Long Melford, dans le Suffolk, lorsqu'il s'est retrouvé bloqué par John et Yoko, qui essayaient d'en sortir.
Pour un enfant - j'avais douze ans à l'époque - la différence d'âge entre mon père et John Lennon représentait un siècle ou plus. Il est étrange de penser qu'en réalité seulement vingt ans les séparaient : mon père (né en 1920) avait alors quarante-neuf ans, et John (né en 1940) vingt-neuf ans. Curieusement, ma mère (née en 1930) n'avait, et n'a toujours, que trois ans de plus que Yoko Ono (née en 1933).
Mon père était venu dans le Suffolk pour tirer sur des pigeons. John et Yoko étaient venus dans le Suffolk pour tourner un film, *Apotheosis no 2*. Il s'agissait d'une montgolfière s'élevant de la place du joli village médiéval de Lavenham. Comme cela arrivait souvent à cette époque où ils étaient le centre de l'attention, John et Yoko étaient également filmés pendant le tournage, cette fois pour un documentaire de la BBC intitulé *24 Hours: The World of John and Yoko*.
Vous pouvez encore les voir sur YouTube, s'enregistrer à l'hôtel Bull (en tant que « M. et Mme Smith »), puis prendre le thé au lit, avant de parcourir en Rolls Royce blanche le chemin enneigé, de Long Melford à Lavenham. Étrangement, au début du film, allongé dans un lit d'hôtel, John lit une lettre à Yoko :

> Cher M. Lennon,
> D'après les informations que j'ai reçues en utilisant une planche Ouiji [sic][154], je crois qu'il y aura une tentative d'assassinat à votre encontre. L'esprit qui m'a donné cette information était Brian Epstein.

John et Yoko rient tous les deux.
À Lavenham, ils sont assis sur un banc dans la neige, fixant le vide, enveloppés de noir, avec seulement leurs yeux et leur nez visibles. Une vaste montgolfière orange flotte dans les airs sous leurs yeux. Je me souviens avoir vu une vidéo d'eux et de leur montgolfière dans l'émission *Top of the Pops* de la BBC, en toile de fond de leur single « Instant Karma ».
Le seuil de la porte de l'hôtel Bull était suffisamment large pour permettre à mon père d'entrer, ou à John et Yoko de sortir, mais pas aux trois en même temps. « J'ai tenu bon », m'a dit mon père en rentrant chez lui. Finalement, John et Yoko s'étaient déplacés d'un côté - mais, comme le laissait entendre son ton triomphant, non sans avoir lutté.

À l'époque, le fossé des générations était souvent un problème, surtout lorsque l'on parlait de John et Yoko. La génération plus âgée savait qu'ils ne préparaient rien de bon : ils s'en sortaient, mais personne ne savait exactement quoi. Dans le *Daily Telegraph*, mon futur beau-père, Colin Welch (né en 1924), a tenté de formuler ces soupçons. « C'était comme si les Beatles et les jeunes avaient en commun un langage secret, incompréhensible pour les autres, mais plein de sens obscur pour eux », a-t-il écrit des années plus tard. Pour lui, à la fin des années soixante, les Beatles

---

[154] Le planche de Ouija (et non « Ouiji » comme il est écrit dans la lettre lue par John) est une planche de divination qui communique avec les morts par le biais de lettres. (N.d.t.)

étaient devenus « non seulement des amuseurs, mais des avatars et des prophètes, des héros et des philosophes de toute une génération, exemplaires dans leurs triomphes mesquins, leurs postures politiques, leur "pensée" superficielle et leurs sentiments romantiques. » Ils étaient, selon lui, l'incarnation du joueur de flûte Till l'espiègle conduisant les enfants loin de leurs parents. « De ce monde, certaines vertus ennuyeuses sont complètement absentes. Toutes les vertus militaires et conjugales, toute la fidélité, la retenue, l'économie, la sobriété, le goût et la discipline, toutes les vertus associées au travail, à l'acquisition pénible de connaissances, d'aptitudes et de qualifications. Tout cela fait place à une expression de soi décadente, dans laquelle rien n'est exprimé parce que rien n'a été cultivé pour être exprimé. »

Le grand fossé était, bien sûr, la Seconde Guerre mondiale. À l'âge de dix-neuf ans, John s'amusait à jouer du skiffle avec les Quarrymen dans la Casbah. Au même âge, mon père s'était engagé dans les Cameron Highlanders. Pendant les six années suivantes, il était parti à la guerre, blessé en Normandie, perdant son unique frère à Salerne. À vingt ans, Colin se battait également en Normandie : son bataillon du Royal Warwickshire Regiment a perdu le chiffre stupéfiant de 70 pour cent de son effectif initial dans les dix mois qui ont suivi le Jour J. « L'odeur de la Normandie, c'était la mort... un gigantesque abattoir, des corps partout, humains, animaux, les leurs, les nôtres, les Français, aucune chance de les enterrer, tous raides et hideusement gonflés, couverts de poussière blanche ou de boue, les visages explosés ou terriblement déformés, grouillant de mouches, pourrissant, dégageant cette terrible odeur aigre-douce qui, une fois sentie, ne s'oublie pas. »

La guerre a profondément affecté les deux hommes ; comment pourrait-elle en être autrement ? « La fragilité et la préciosité de la société civile, ainsi que les conséquences désastreuses de son effondrement, nous ont marqués de manière indélébile, écrit Colin. D'une certaine manière, nous sommes tous devenus profondément conservateurs, profondément conscients de ce qui avait été perdu, désespérément désireux de préserver ce qui restait. »

À vingt ans, John jouait à la Caverne, prêt à s'embarquer dans une vie de liberté phénoménale, chantant et jouant devant des publics adorateurs dans le monde entier, récompensé par tout le luxe et l'indulgence que la vie peut offrir. Il n'est donc pas étonnant que tant de personnes de la génération de la guerre aient considéré sa vie avec un mélange de perplexité, de frustration et - qui sait ? - peut-être un peu d'envie.

142

Cela a dû être difficile, aussi, pour la génération intermédiaire. Ross MacManus[155] avait trente-cinq ans en janvier 1963, et chantait avec le Joe Loss Orchestra. À l'époque, un accord entre la BBC et le syndicat des musiciens prévoyait que seules cinq heures de musique enregistrée pouvaient être diffusées à la radio chaque jour : au-delà, tout devait être interprété en direct. Le Joe Loss Orchestra a comblé cette lacune en apprenant les derniers tubes d'autres artistes en quelques jours, puis en les reproduisant à l'antenne.

Declan, le fils de MacManus âgé de neuf ans, écoutait son père travailler les derniers tubes en les jouant à plusieurs reprises et en chantant avec lui. « J'étais habitué à ce que la voix de mon père vienne de la pièce de devant où il répétait de nouvelles chansons. Elle faisait trembler la vitre en verre dépoli de la porte donnant sur le couloir. »

En janvier, on avait demandé à MacManus d'apprendre une chanson intitulée « Please Please Me », d'un nouveau groupe, les Beatles. Le jeune Declan a écouté attentivement le disque pendant que son père le jouait encore et encore. Il a été surpris par la ligne d'harmonie vocale : le deuxième chanteur semblait chanter la même note à plusieurs reprises en opposition au chanteur principal. « Je savais que les collègues de mon père, Rose et Larry, répondraient à ses *"C'mon"* et trouveraient probablement tout cela un peu idiot, mais je ne pouvais pas me lasser de crescendo, surtout lorsqu'il s'est lancé dans le refrain, avec un petit saut de fausset sur le premier *"Please"* »

Declan a demandé à son père s'il pouvait avoir le disque quand il l'aurait terminé. « Il a ri et m'a tendu le disque. » Au fur et à mesure que l'année passait, et que la notoriété des Beatles augmentait, Declan attendait avec impatience que son père ramène à la maison chaque nouveau single des Beatles, sachant qu'il serait bientôt à lui. Ils arrivaient tout chauds : beaucoup avaient une étiquette imprimée en rouge indiquant « DEMO DISC » et « DICK JAMES MUSIC LIMITED ». Début novembre, Ross MacManus a été engagé pour chanter « If I Had a Hammer » avec le Joe Loss Orchestra au Royal Variety Show. Pour Declan, l'idée que son père partage l'affiche avec les Beatles était infiniment plus excitante que de se produire devant la royauté.

Le matin suivant le grand jour, Declan a essayé de la jouer cool, en posant des questions objectives. « Tu as vu Steptoe et fils ?... Et Dickie Valentine ? »

Mais bientôt, il ne put tenir plus longtemps.

« Tu as vraiment rencontré les Beatles ?

Son père a marmonné que oui, il l'avait fait, et que c'étaient de très bons gars aussi. « Puis il a fouillé dans une veste accrochée au dossier de sa chaise et en a sorti une mince feuille de courrier aérien qu'il m'a tendue. Je l'ai dépliée, et il y avait les signatures des quatre Beatles sur une page ... L'encre semblait à peine sèche. » Le livre d'autographes de Declan était trop petit pour contenir toute la feuille de papier, alors il a coupé autour de chaque signature, a coupé le « e » du « The » dans « The Beatles », et a collé les quatre morceaux coupés.

---

[155] Ross MacManus (1927-2011). Sur YouTube, vous pouvez le voir interpréter « Please Please Me » avec le Joe Loss Orchestra en 1963. MacManus ressemble beaucoup à son fils et porte indubitablement les mêmes lunettes. Sa danse sur les rythmes latino-américains est remarquablement libre, presque expérimentale, et fait paraître la gigue des Beatles un peu grinçante. En 1970, sa version de « The Long and Winding Road » a atteint la 16ᵉ place du hit-parade australien.

Dix ans plus tard, lorsque Declan s'est lancé dans une carrière musicale, Ross lui a conseillé de ne jamais dire à une âme que son père avait chanté avec le Joe Loss Orchestra, sinon on ne le prendrait pas au sérieux. Declan MacManus a ajouté au subterfuge en changeant son nom en Elvis Costello. « Quand j'y pense, il avait trente-cinq ans. Ça a dû être difficile pour lui d'aller voir ces jeunes de vingt-deux ans et de leur dire : "Puis-je avoir un autographe pour mon garçon ?" »

143

Chaque jour de Noël, tout au long de son règne, la reine Elizabeth II a diffusé un message de Noël au peuple de Grande-Bretagne et du Commonwealth. Son premier message de Noël date de 1952, dix mois après son accession au trône. Elle était alors âgée de vingt-six ans.
« Chaque année à Noël, à cette époque, mon père bien-aimé diffusait un message à son peuple dans toutes les parties du monde, commence-t-elle. Aujourd'hui, je le fais pour vous, qui êtes maintenant mon peuple. »

Elle a poursuivi en demandant à ses sujets « de garder vivant cet esprit d'aventure courageux qui est la plus belle qualité de la jeunesse. » Se tournant vers son couronnement, elle a conclu son émission en disant : « Je veux vous demander à tous, quelle que soit votre religion, de prier pour moi ce jour-là - de prier pour que Dieu me donne la sagesse et la force de tenir les promesses solennelles que je vais faire, et que je puisse Le servir fidèlement, ainsi que vous, tous les jours de ma vie. »
Parmi les millions de personnes qui ont entendu ses paroles par radio ce Noël-là, il y avait le jeune Paul McCartney, âgé de dix ans, qui avait réussi son examen 11-Plus plus tôt dans l'année. Quelques mois plus tard, il s'est inscrit au concours de rédaction du Couronnement de Liverpool. Il a remporté le prix, qui lui a été remis lors d'une cérémonie spéciale au Picton Hall de la ville.
« Le jour du couronnement de Guillaume le Conquérant, des Saxons sans cervelle se sont rassemblés autour de l'abbaye de Westminster pour acclamer leur roi normand alors qu'il descendait l'allée », commence l'essai soigneusement écrit par « Paul McCartney, âgé de 10 ans et 10 mois ». « Les Normands, pensant que c'était une insulte, se sont retournés contre les Saxons, les tuant presque tous. » L'article se poursuit sur une note plus rassurante : « Mais lors du couronnement de notre charmante jeune reine, la reine Elizabeth II, il n'y aura ni émeute ni meurtre, car la royauté actuelle gouverne avec affection plutôt que par la force. »
Onze ans plus tard, Paul et ses collègues des Beatles se réunissent dans les studios d'EMI pour l'enregistrement du premier de leurs propres messages de Noël, destinés à être envoyés sur des disques souples aux membres de leur fan club. Cela allait devenir une tradition, se poursuivant jusqu'à Noël 1969, juste avant que les quatre membres du groupe ne prennent des chemins différents. Chacun de leurs sept enregistrements de Noël peut désormais être considéré comme une sorte de contrepoids étrange à la forme plus rigide et plus traditionnelle du message délivré par Sa Majesté.

1963

Le message de Noël de la reine

« Depuis le dernier message de Noël que je vous ai adressé, le monde a été témoin de nombreux grands événements et de changements radicaux, mais ils font déjà partie du long récit de l'histoire. (une référence indirecte à l'assassinat du président Kennedy en novembre). Aujourd'hui, comme toujours, le moment important pour l'humanité est l'avenir.

L'humanité ne peut progresser que si nous sommes réellement ambitieux pour ce qui est bon et honorable.

Nous savons que la récompense est la paix sur terre, la bonne volonté envers les hommes... ».

La reine termine en rappelant à ses sujets que « beaucoup a été accompli, mais qu'il reste encore beaucoup à faire », ajoutant que « toute ma famille se joint à moi pour vous envoyer, à chacun d'entre vous, mes meilleurs vœux pour Noël, et que la bénédiction de Dieu soit avec vous dans l'année à venir. »

Le message de Noël des Beatles

« Good King Wenceslas » est chanté par les quatre Beatles, avec des variations loufoques sur les paroles originales, par exemple « *Brightly shone the boot that night, on the mossy cruel...* »[156]. John : « Bonjour, c'est John qui vous parle, avec sa voix. Nous sommes tous très heureux de pouvoir vous parler, sur ce petit bout de plastique... L'année dernière, à la même époque, nous étions très contents parce que « Love Me Do » était entré dans le top 20 et nous n'arrivons pas à croire que tant de choses se sont déjà passées entre-temps. » Paul : « Tout ce que John a dit est valable pour moi aussi. »

(Au milieu du remerciement aux fans pour leurs cartes et colis, il est pincé par quelqu'un - vraisemblablement John - et crie - sans doute John - et glapit « Ow ! » avant d'éclater de rire). Paul poursuit en disant que, après avoir mentionné une fois que les Beatles aimaient les bonbons gélifiés, « Nous les avons reçus dans des boîtes et des caisses et de toute façon nous avons abandonné ces bonbons. » Cependant, « nous aimons toujours les bonbons à la menthe et les truffes au chocolat et les bonbons colorés. » Les Beatles terminent en chantant « *Happy Christmas* » dans une version libre de l'allemand, mais avec un accent assuré, souvenir de leurs nombreux mois à Hambourg. Puis ils chantent « Ringo, le Renne au Nez Rouge ».

---

156 Les bonnes paroles sont : « *Brightly shone the moon that night Though the frost was cruel* » : « *moon* » est remplacé par « *boot* » et « *frost* » (« givre ») par « *mossy* » (« mamie »)

1964

Le message de Noël de la reine

« Tous ceux d'entre nous qui ont eu la chance d'avoir des jeunes dans la famille savent par expérience que lorsque la maison est la plus bruyante, il y a souvent moins de raisons de s'inquiéter... » La reine lance un appel direct aux jeunes : « C'est sur vous que repose notre espoir pour l'avenir ».
« On a besoin de vous, les jeunes ; une grande tâche vous attend - la construction d'un monde nouveau. Vous avez de l'intelligence et du courage, de l'imagination et de l'humanité ; dirigez-les vers les choses qui doivent être réalisées au cours de ce siècle, si l'humanité doit vivre ensemble dans la paix et la prospérité. »
Elle termine en disant : « Que Dieu vous bénisse et un très, très joyeux Noël à vous tous. »

Le message de Noël des Beatles

Sur l'air de « Jingle Bells », que tous reprennent en chœur : « *I don't know where we'd be without you!* » (« Je ne sais pas où nous serions sans vous ! »), ce à quoi John ajoute : « *In the army, perhaps* » (« Dans l'armée, peut-être »).
Même à ce stade précoce, ils montrent des signes de nostalgie : « Nous enregistrons ce petit message dans le studio Number Two d'EMI, explique Paul. Le même studio que nous avons toujours utilisé depuis l'époque de « *Love Me Do* », il y a bien des années, il me semble. »
« Oh, c'était le bon temps », ajoute John.
John mentionne son nouveau livre – « les bêtises habituelles mais il ne coûtera pas cher. C'est le dernier contrat à venir que nous allons signer. »
Les Beatles terminent en chantant « *Oh, You Can Wash Your Father's Shirt* » (« Oh, vous pouvez laver la chemise de votre père »), avant de crier « *Happy Christmas* » encore et encore.

1965

Le message de Noël de la reine

« Il existe des preuves accablantes que ceux qui ne peuvent pas connaître une vie de famille pleine et heureuse pour une raison ou une autre sont privés d'une grande influence stabilisatrice dans leur vie... Les cyniques peuvent rejeter le message de Noël comme une perte de temps, mais ce n'est que le côté sombre du tableau ; il y a aussi des signes plus lumineux et pleins d'espoir. »
Elle conclut : « Je souhaite à chacun d'entre vous un très joyeux Noël, et si tout au long du Commonwealth nous pouvons tous faire un effort soutenu, peut-être que le Noël de l'année prochaine sera beaucoup plus heureux pour beaucoup plus de gens. »

Le message de Noël des Beatles

Chaque année, le message des Beatles devient plus détendu et plus improvisé. Celui de 1965 commence par une interprétation spontanée de « Yesterday », chantée faux, suivie de plaisanteries. John emploie une succession rapide d'accents, y compris l'accent écossais « Nous allons à Edimbourg ! Woyeux Noël ! » À un moment donné, il se laisse aller à chanter le numéro des Four Tops « *It's the Same Old Song* », jusqu'à ce que Ringo le mette en garde : « Copyright, Johnny ! »

1966

Le message de Noël de la reine

Une nouvelle vigueur se glisse dans le ton de Sa Majesté : « Cette année, je voudrais m'adresser tout particulièrement aux femmes... Il est difficile de réaliser qu'il n'y a que cinquante ans que les femmes ont obtenu le droit de vote en Grande-Bretagne. » Ce sont les femmes, dit-elle, qui ont « insufflé de la douceur et de l'attention dans le dur progrès de l'humanité. » Elle termine par : « Que Dieu soit avec vous, et un très joyeux Noël à vous tous. »

Le message de Noël des Beatles

Il s'ouvre sur Paul improvisant une chanson au piano : « Everywhere it's Christmas! »
Cette année, les Beatles prennent un jour de congé pour enregistrer leur épopée « Strawberry Fields Forever » afin de diffuser une pantomime improvisée à la Goon.
« L'intrigue est difficile à comprendre. Notre histoire débute en Corse, explique John. Pendant ce temps, dans les Alpes suisses, deux vieux Écossais grignotent un fromage suisse... »
Les Beatles concluent leur message par une chanson intitulée « Please Don't Bring Your Banjo Back, I Don't Know Where it's Been ».

1967

Le message de Noël de la reine

Sa Majesté célèbre le centenaire du Canada : « Le Canada a toutes les raisons d'être fier. »
Elle rend également hommage au « grand exploit de matelotage » de Sir Francis Chichester, qui a fait le tour du monde à la voile en solitaire avec Gypsy Moth.
Plus près de nous, elle déclare : « Qu'il n'y ait aucun doute sur le fait que la Grande-Bretagne est confrontée à de formidables problèmes, mais qu'il n'y ait également aucun doute sur le fait qu'elle les surmontera. » En fin de compte, « l'effort déterminé et bien dirigé d'un peuple qui, pendant des siècles, a donné de nombreuses preuves de ses ressources de caractère et d'initiative, doit apporter sa propre récompense. »
Elle conclut : « J'espère et je prie pour que, avec l'aide de Dieu, cet esprit de Noël d'unité familiale se répande et se développe au sein de la famille des nations du Commonwealth. »

Le message de Noël des Beatles

Il s'agit de leur dernier enregistrement en tant que groupe : leurs derniers messages seront collés à partir d'enregistrements individuels. Les choses sont devenues plus fragmentées depuis la mort de Brian Epstein en août. Le lendemain de Noël, *Magical Mystery Tour* est diffusé, suscitant la stupéfaction des téléspectateurs.
Dans ce message, une chanson de liaison, « Christmas Time is Here Again », réunit un mélange bizarre de voix de Goonish, de pauses orchestrales, d'applaudissements, d'effets sonores, de publicités fictives, de plaisanteries de quiz (« Et quel prix avez-vous en vue ? ») et de salutations sur un ton sarcastique (« Nous aimerions vous remercier pour cette merveilleuse année »). L'effet est psychédélique, hallucinogène, dénué de sens et inquiétant, en quelque sorte un prototype de « Revolution 9 », enregistré un an plus tard.

1968

Le message de Noël de la reine

Le thème de cette année est la fraternité des hommes, des mots qui « sonnent magnifiquement bien. » Cependant, « cela ne doit pas rester une pensée vague ou une idée abstraite. Chacun d'entre nous peut la mettre en pratique en se traitant mutuellement avec gentillesse et considération à tout moment et en dépit de toute sorte de provocation. »

Contrairement aux Beatles, Sa Majesté parle de paix. Dans un avant-goût de la chanson « Imagine » de John Lennon, elle déclare : « Les philosophes et les prophètes ont conclu que la paix vaut mieux que la guerre, que l'amour vaut mieux que la haine, et que l'humanité ne peut progresser que dans l'amitié et la coopération... Nous ne devrions pas être obsédés par les problèmes matériels. »

Elle conclut : « Noël est la fête de la paix. C'est la volonté de Dieu que nous nous efforcions constamment d'établir la paix sur la terre, la bonne volonté envers les hommes. Je vous souhaite à tous un très joyeux Noël et toute la chance possible pour la nouvelle année. »

Le message de Noël des Beatles

Des quatre Beatles, le personnage le plus proche de Sa Majesté est l'impassible Ringo, dont la voix est la première à se faire entendre. « Bonjour, c'est un grand bonjour et un sincère joyeux Noël de la part de votre serviteur, Ringo Starr. » Il est suivi d'une explosion de « Ob-La-Di, Ob-La-Da » du *White Album* récemment sorti, d'un extrait accéléré de « Helter Skelter », et d'éclats d'opéra, de tonalités téléphoniques et de cris aléatoires « *I think it's insAAAne!* » (« Je pense que c'est de la foOOOlie ! »), le tout assemblé de manière inégale par John, qui célèbre sa récente romance avec le charabia en roue libre. « Il était une fois deux ballons qui s'appelaient Jack et Yono, ils étaient strictement amoureux, ce qui devait arriver dans un million d'années, ils étaient ensemble, mais malheureusement, ils semblaient... »

Plus traditionnellement, George présente ses salutations « à tous nos fidèles fans bien-aimés dans le monde entier », et Paul chante un peu. Enfin, George annonce : « Nous avons un invité spécial, M. Tiny Tim. » L'aigu Tiny Tim chante alors « Nowhere Man » sur un accompagnement au ukulélé.

1969

Le message de Noël de la reine

« Dans peu de temps, les années 1960 seront terminées, mais pas sorties de nos mémoires. » Ce ne sont pas les Beatles qui parlent, mais la reine. Elle, au moins, garde le cap. Elle rappelle à tous qu'en juillet, les premiers hommes « sont allés au-delà de notre propre planète et ont posé le pied sur la lune, mais chacun d'entre nous aura ses propres triomphes ou tragédies à évoquer. » Elle dit que ses propres pensées « vont à mes enfants plus âgés qui entrent au service du peuple de ce pays et du Commonwealth. C'est une grande satisfaction et un grand réconfort pour moi et mon mari de savoir qu'ils ont gagné une place dans votre affection. »

« Nous nous réjouissons tous de notre visite en Australie et en Nouvelle-Zélande pour les célébrations du bicentenaire, ainsi qu'aux Fidji et aux Tonga. Plus tard dans l'année, nous espérons voir le développement fascinant du nord du Canada... »

Elle ajoute « qu'il est naturel que nous soyons tous éblouis et impressionnés par les triomphes de la technologie, mais Noël est une fête de l'esprit. » Sa Majesté conclut en disant : « En cette période, nous nous préoccupons particulièrement des personnes seules, des malades et des personnes âgées. J'espère qu'ils ressentiront tous la chaleur et le confort de la compagnie et que vous passerez tous un Noël très heureux avec vos familles et vos amis. Que Dieu vous bénisse tous. »

Le message de Noël des Beatles

Il peut sembler étrange qu'au cours des dernières semaines de 1969, à un stade avancé de leur désintégration, les Beatles aient enregistré une sorte de message de Noël pour leur fan club - ou même qu'à cette époque hippie, ils aient encore un fan club. Pourtant, le Fan Club officiel des Beatles a non seulement survécu, mais les a dépassés de près de deux ans.

Une fois de plus, leurs contributions sont enregistrées individuellement. John se promène dans son jardin, discute avec sa nouvelle femme, qui le dirige. « Tu te promènes dans le jardin d'Ascot avec ta femme Yoko, lui rappelle-t-elle gentiment. Mais as-tu des pensées particulières pour Noël ? »

« Eh bien, Yoko, c'est Noël, et mes pensées particulières sont plutôt dirigées vers un bon repas » Yoko émet un rire de jeune fille. « Alors, qu'est-ce que tu aimes manger ? »

« J'aime les cornflakes préparés par des mains parisiennes et j'aimerais qu'ils soient bénis par le mantra de Hare Krishna. »

George souhaite à tous un joyeux Noël en toute simplicité ; Ringo chante « Bonsoir à vous mes amis, heureux d'être ici », Paul chante d'une voix aiguë : « Je vous souhaite une bonne année » et dit qu'il souhaite à tous « une bonne chance et une bonne année ». John interroge Yoko sur la nouvelle décennie. « Tout le monde va voler dans tous les sens », répond-elle.

« Je voudrais un gros nounours, dit John. Oh, merci, maman ! »

« Tu es un bon garçon, John », lui répond Yoko.

144

Première page du *Daily Mirror*, vendredi 10 avril 1970

La fin du duo Lennon-McCartney
PAUL QUITTE LES BEATLES
par Don Short

Paul McCartney a quitté les Beatles. Cette nouvelle « choc » doit signifier la fin du groupe pop le plus célèbre de Grande-Bretagne, idolâtré par des millions de personnes dans le monde entier depuis près de dix ans.

Aujourd'hui, Paul McCartney, âgé de vingt-sept ans, annoncera sa décision, et les raisons qui l'ont motivé, dans une déclaration sans détour.

Cette décision fait suite à des mois de conflits sur la politique d'Apple, l'organisation qui contrôle les Beatles, et à un fossé toujours plus profond entre McCartney et son partenaire auteur-compositeur, John Lennon.

Dans sa déclaration, qui consiste en une série de réponses à des questions, McCartney déclare : « Je n'ai aucun projet d'enregistrement ou d'apparition avec les Beatles. Ou d'écrire à nouveau de la musique avec John. »

La nuit dernière, la déclaration a été enfermée dans un coffre-fort au siège d'Apple à Savile Row, Mayfair - dans les pièces mêmes où la rupture des Beatles a été entamée.

Les Beatles ont décidé de nommer un « conseiller d'affaires ».

Leur choix s'est dirigé vers l'Américain Allen Klein.

Sa nomination est fortement contestée par Paul, qui souhaitait choisir son propre beau-père, l'avocat américain Lee Eastman.

Après une réunion à Londres, Paul est mis en minorité 3-1 par John, et les autres Beatles, George Harrison et Ringo Starr.

Depuis la nomination de Klein, Paul a refusé de se rendre dans les bureaux d'Apple pour y travailler quotidiennement.

Il a gardé le silence et est resté dans sa maison de St John's Wood avec sa femme photographe Linda, sa fille Heather et leur bébé, Mary.

Des amis proches ont essayé de jouer aux médiateurs entre John et Paul. Mais c'est en août de l'année dernière qu'ils ont travaillé pour la dernière fois ensemble - lorsqu'ils ont collaboré à l'album *Abbey Road*.

Films

D'autres éléments ont précipité la décision de Paul de démissionner. John Lennon, à l'occasion

de son mariage avec Yoko Ono, s'est lancé dans ses propres projets, Ringo s'est lancé dans le cinéma et George a pris la relève en tant que producteur de disques.
Aujourd'hui, McCartney dévoilera ses propres plans pour une carrière solo.
En début de journée, un porte-parole d'Apple a démenti les informations selon lesquelles Paul McCartney avait quitté les Beatles.
Mais il a déclaré qu'il n'y avait pas de planning prévu « pour le moment » pour d'autres enregistrements.

145

C'est John qui a dit le premier : « Je veux divorcer. »
À l'automne 1969, Paul commence à se sentir nostalgique de l'époque où les Beatles étaient les plus heureux. Il pensait que la seule façon de restaurer leur sens de la camaraderie perdu était de reprendre la route, en se présentant à l'improviste pour jouer dans de petites salles dans des endroits isolés : « Je me suis dit : "C'est ce qui me manque, et ce qui leur manque aussi : jouer." » Il partage son idée avec Ringo et John. Ringo semble d'accord, mais John répond : « Tu es fou », ajoutant : « De toute façon, je quitte le groupe. Je veux divorcer. »
John avait en fait parlé de la fin des Beatles, de temps à autre, depuis l'époque de « I Want to Hold Your Hand ». « Parfois, j'ai l'impression que j'aimerais essayer quelque chose de complètement différent, comme la réalisation de films », a-t-il déclaré à un journaliste du magazine *Rave* en février 1964, juste au moment où ils conquéraient l'Amérique. « Je serais moins sous les feux des projecteurs, mais ça ne me dérangerait pas. » Deux ans plus tard, il déclarait sombrement à Maureen Cleave : « Nous ne pouvons pas continuer à nous tenir la main éternellement. Nous avons été les Beatles du mieux que nous ne pourrons jamais l'être - ces quatre joyeux lurons. Mais nous ne sommes plus ces gens-là. Nous sommes de vieilles personnes. » À cette époque, il avait vingt-cinq ans.
Pourtant, malgré toutes ces exagérations, les paroles de John contenaient une vérité étrange : les Beatles avaient vieilli avec une rapidité presque macabre. En cinq ans, de 1964 à 1969, ils ont mûri à une vitesse presque exponentielle, non seulement dans la gamme et la profondeur de leur musique, mais aussi physiquement. Il suffit de comparer des photos d'eux prises en cinq ans : c'est comme s'ils avaient été écrasés par le poids de l'adulation du monde. Tant de talent, tant de rêves, tant de joie - et maintenant ils ont juste l'air piégés et meurtris. En l'espace de ces cinq années, ils sont passés de l'innocence à l'expérience, de l'espoir au *weltschmerz*. Cela me rappelle le point culminant terrifiant de *Elle* de l'écrivain Rider Haggard :

> Oh, comme elle était belle là dans la flamme ! Aucun ange hors du ciel n'aurait pu porter une plus grande beauté. Même maintenant, mon cœur s'évanouit au souvenir de ce moment, alors qu'elle se tenait debout et souriait à nos visages ébahis, et je donnerais la moitié du temps qu'il me reste sur cette terre pour la revoir une fois comme ça.
>
> Mais soudainement - plus soudainement que je ne peux le décrire - une sorte de changement est apparu sur son visage, un changement que je ne pouvais ni définir ni expliquer, mais néanmoins un changement. Le sourire disparut pour laisser place à un regard sec et dur ; le visage arrondi semblait se pincer, comme si une grande anxiété y laissait son empreinte. Les yeux glorieux, eux aussi, perdaient leur lumière, et, comme je le pensais, la forme, sa forme parfaite et sa droiture... Et son visage - par le Ciel ! - *son visage vieillissait sous mes yeux !*
>
> « *Oh, regarde ! - regarde ! - regarde !* » cria Job, dans un falsetto strident de terreur, les yeux presque sortis de la tête, et l'écume sur les lèvres. « *Regarde ! - regarde ! - regarde !* elle se dessèche ! elle se transforme en singe !* » et il tomba sur le sol, écumant et grinçant des dents dans une crise absolue.

Des photos d'eux à cette époque pourraient presque accompagner des récits de mise en garde, ou illustrer la célèbre observation de Sainte Thérèse d'Avila : « On verse plus de larmes sur des prières exaucées que sur des prières non exaucées. »

À la fin, leur monde avait tourné au vinaigre. L'intimité et l'amitié se sont transformées en irritation et en récriminations. Malgré sa réputation croissante en tant qu'auteur-compositeur, George avait l'impression que John et Paul le traitaient toujours comme le petit garçon qui suivait les autres. « John et Paul lui ont permis de participer occasionnellement à des morceaux sur les albums des Beatles, mais seulement avec la même réticence que celle avec laquelle on jette un os à un chien pour le faire taire », observe Geoff Emerick. Il se souvient de George claquant la porte : « Hé, je ne suis pas obligé de t'écouter ! » lorsque Paul lui a donné des conseils sur « Here Comes the Sun ». John n'appréciait pas non plus que Paul lui donne des ordres ; à son tour, Paul était frustré par l'inertie de John, son refus sournois de participer.

Pendant ce temps, la présence continue de Yoko dans le studio, accroupie en silence, toute de noir vêtue, les met tous sur les nerfs, notamment le piquant John, en alerte rouge pour tout tremblement d'antipathie à son égard : lorsque Paul chante « *Get back to where you once belonged* » (« Retourne à l'endroit auquel tu appartenais autrefois »), John se convainc qu'il lance des regards méchants dans sa direction.

La paranoïa de John sur ce point n'était pas entièrement délirante. Paul, George et Ringo n'appréciaient guère la présence de Yoko dans le studio. « John est amoureux de Yoko et il n'est plus amoureux de nous trois », confie Paul à un journaliste de l'époque. George se souviendra plus tard : « J'avais l'impression qu'elle était un obstacle qui essayait de grandir de plus en plus entre lui et nous. »

Tony Barrow a été témoin des premiers jours de Yoko en studio. La première fois que Yoko a parlé à voix haute pendant une session d'enregistrement, c'était pour donner un conseil relativement banal à John sur ce qu'il chantait à ce moment-là. Les autres Beatles se sont regardés autour d'eux, les visags tendus, surpris, abasourdis. Il y a eu un moment de silence de mort qui a été rompu par Paul : « Putain ! Quelqu'un a parlé ? Qui c'était, putain ? » Bien sûr, il savait très bien qui avait parlé. Les autres se sont joints à lui : « Tu as dit quelque chose, George ? Tes lèvres n'ont pas bougé ! » « Est-ce qu'on a un nouveau producteur ? »

Sans tenir compte de Yoko, l'atmosphère entre les quatre était devenue hargneuse et grincheuse. Dès qu'ils le pouvaient, ils travaillaient séparément les uns des autres. Les harmonies étaient rares et espacées. À différents moments, George et Ringo ont tous deux quitté le studio en trombe en réaction à des affronts perçus et sont restés absents pendant plusieurs jours.

Il se trouve que c'est le deuxième jour de retour au travail de Ringo : deux semaines auparavant, alors qu'ils enregistraient « Back in the USSR », il était parti en disant « Je pars en vacances. » Tout s'est précipité : comme Paul et George, Ringo n'appréciait pas la présence de Yoko dans le studio, il craignait que son jeu de batterie ne soit pas à la hauteur et il avait l'impression que les trois autres le traitaient comme un étranger. La goutte d'eau qui fait déborder le vase, c'est lorsque Paul, au moment où il est le plus autoritaire, l'engueule parce qu'il gratte les tom-toms. En Sardaigne, Ringo reçoit un télégramme disant « TU ES LE MEILLEUR BATTEUR DU MONDE. RENTRE À LA MAISON. NOUS T'AIMONS. »

Lorsqu'il a enfin réapparu, ils avaient décoré tout le studio de milliers de fleurs pour lui souhaiter la bienvenue. « C'était un moment magnifique pour moi. »

Ringo en était venu à croire que les autres le regardaient de haut : « Je sentais que les trois autres n'étaient vraiment heureux qu'entre eux et que j'étais un outsider. Je suis allé voir John... Je lui ai dit : "Je quitte le groupe parce que je ne joue pas bien et je me sens mal aimé, et vous trois êtes vraiment trop proches." Et John m'a répondu : "Je pense la même chose pour vous trois !" Alors je suis allé chez Paul et j'ai frappé à sa porte. J'ai dit la même chose : "Je quitte le groupe. J'ai l'impression que vous êtes tous les trois très proches et je me retire." Et Paul a dit : " Je pense la même chose pour vous trois!" »

Travaillant comme ingénieur assistant sur *Abbey Road*, John Kurlander, âgé de dix-huit ans, a remarqué à quel point il était difficile pour le groupe de se retrouver dans une pièce ensemble : « Lorsqu'un seul des Beatles participait à une session, c'était absolument génial ; avec deux d'entre eux, ça allait ; avec trois d'entre eux, l'atmosphère devenait un peu tendue ; et lorsque les quatre étaient ensemble, c'était parfois insupportable. »

Et ils étaient en guerre pour l'argent : après leur séparation, leurs multiples actions en justice ont duré presque aussi longtemps que le groupe lui-même. Pour sa part, George Martin trouvait étrange qu'ils aient duré aussi longtemps : « Ils étaient dans la poche de l'autre en tant que prisonniers, virtuellement, pendant huit ans, et ils ne menaient pas de vie individuelle. Ils voulaient simplement mener leurs propres vies normales, avec des épouses et des familles, et ils ont même réussi à le faire, et je pense que c'était tout à fait normal qu'ils le fassent. » Mais il reconnaît que leur séparation a également été causée par des luttes plus terre à terre : « L'argent se met en travers des choses... Il y a forcément des différences quand il y a autant d'argent en jeu. Et c'était plus que cela. C'était aussi une question de contrôle. »

Le jour suivant l'annonce de Paul, Derek Taylor a donné une interview au *Daily Sketch*. « C'est presque comme s'ils avaient divorcé l'un de l'autre », a-t-il déclaré.

146

Le récit de Cressida Connolly
Je suis né en 1960 et les Beatles ont fait partie intégrante de mon enfance. Ils n'étaient jamais absents de la platine des tourne-disques de mes demi-frères et sœurs plus âgés, de sorte que leurs chansons semblaient vraiment être la bande-son de la vie elle-même. Les intervalles entre les sorties de leurs disques - parfois espacés de quelques mois seulement - semblaient interminables, aussi lointains et aussi attendus que le début des vacances scolaires, le premier jour d'un nouveau trimestre.
J'étais le genre d'enfant qui avait un ami imaginaire. Cela explique peut-être pourquoi je considérais John et Paul comme respectivement un second papa et une seconde maman. Ou c'est peut-être un cas de narcissisme extrême. Quoi qu'il en soit, mon père dans la vraie vie était un écrivain binoclard et n'était pas facile de caractère, discontinuellement préoccupé et un peu grincheux : John partageait ces caractéristiques. Paul, en revanche, était douillet, rond de visage et joyeux ; toutes les qualités que l'on souhaiterait trouver chez une mère. Je sentais que, si Paul était ma maman, tous les enfants de ma classe voudraient revenir dans la mienne pour le thé. Il sifflerait avec la bouilloire et afficherait son sourire effronté et tout le monde penserait que ma famille était la plus gentille et la plus heureuse.
Tous les enfants aspirent à ce que leurs parents s'aiment, et c'était le cas pour moi, Paul et John. Lorsqu'ils passaient à la télé, j'avais faim de preuves de leur affection mutuelle - et elles étaient là : les sourires complices, les rires réprimés ; comme Dud et Pete avec des guitares. Papa/John était plus intelligent que Maman/Paul, et même un peu sarcastique parfois ; mais Maman/Paul pouvait le manipuler, l'amadouer vers la bonne humeur.
Je ne savais pas vraiment qu'ils écrivaient des chansons séparément jusqu'à ce que *The White Album* sorte et que mon demi-frère me dise que John avait écrit « Julia » sur sa propre mère décédée. Cela a fait remonter des sentiments trop compliqués pour être facilement gérés. Comment était-il possible qu'il y ait des choses sur John/Papa que je ne connaissais pas ? Dans la vraie vie aussi, il y avait une grand-mère paternelle que je n'avais jamais connue, donc c'était au moins faisable. Mais pourquoi n'avais-je jamais vu une photo de la mère de John, alors qu'elle était, en un sens, ma propre grand-mère ?
Ma principale préoccupation était de savoir comment il était possible que Paul et John aient écrit des chansons séparément alors qu'ils étaient indivisibles. Lennon/McCartney : une seule entité. D'un autre côté, cette révélation a donné un sens à une grande partie de leur production. Il est clair que Paul/Maman pensait à la famille lorsqu'il a composé des chansons pour enfants telles que « The Fool on the Hill », « I Will », « Martha, My Dear » et - bien sûr - « Your Mother Should Know ». Alors que John/Papa était manifestement parti bouder dans son bureau et composer des trucs bizarres comme « I Am the Walrus ». Cela avait son équivalent dans la vie réelle, où mon père réel était dans la bibliothèque en train de réfléchir aux Cantos d'Ezra Pound tandis que ma mère était dans la cuisine en train de taper du pied sur Fred Astaire chantant Cole Porter.
La nouvelle de leur séparation, qui est tombée en avril 1970, a été cataclysmique. (Des décennies plus tard, mes propres filles prendront la nouvelle du départ de Geri des Spice Girls avec la même horreur et la même incrédulité). Un divorce ! L'éclatement de la famille ! Ce n'était pas possible,

sûrement ? Est-ce que ça pourrait être légal, même ? Quelqu'un les arrêterait, leur taperait sur la tête et leur dirait de penser aux enfants, n'est-ce pas ?

Et puis, avec une inévitabilité écœurante, sont arrivées les familles recomposées. Au moins Linda avait un visage aimable et rendait manifestement Paul/Maman heureux. Mais elle a amené sa fille, Heather, dans la nouvelle famille ; ce qui signifie que Paul/Maman vivait maintenant avec une vraie petite fille à lui. La concurrence, un usurpateur. Alors que Yoko... eh bien, John/Papa n'avait pas l'air bien du tout. Il était pâle, mal rasé et distant. (Le fait que Yoko ait aussi une fille n'a pas été pris en compte avant que je sois adulte). De plus, pourquoi fallait-il qu'elle soit là, TOUT LE TEMPS ? Comment pourrais-je jamais avoir une minute seule avec lui, maintenant ? Ces énigmes, ces ressentiments et ces chagrins ont duré au moins deux ans, peut-être trois. Puis, avec le temps, je suis devenue une adolescente et j'ai oublié mes parents pour ne penser qu'aux Jackson Five et aux Bay City Rollers et à la façon de me coiffer comme Suzi Quatro.

147

Theme park, *wheeler-dealer* et la coupe *beehive*[157] sont entrés dans la langue en 1960, l'année où les Silver Beetles ont changé leur nom en Beatles et sont parties pour Hambourg.

Les trois années suivantes voient l'arrivée du *life-style*, du *Purple Heart*, des *Chelsea boots*, *trendy*, du *no problem* et de *mind-expanding*. Les nouvelles tendances ont donné naissance à de nouveaux mots : les *flares*, pour pantalon fuseaux, sont apparus pour la première fois en 1964, de même que le *gonk* et le *disco*. *Swinger*, *topless* et l'expression *beautiful people*[158] annoncent une époque moins cachée. En 1964, l'écrivain liverpudlien Alun Owen a inventé l'adjectif *grotty* (grotesque) dans son scénario pour *A Hard Day's Night*. Owen a parsemé le dialogue du film d'un certain nombre de mots qu'il pensait que les Beatles pourraient utiliser, tels que *dig*, *fab* et *drag*[159]. Il avait l'impression que *grotty* était l'argot standard de Liverpool, et fut donc surpris de constater qu'aucun des Beatles n'en avait jamais entendu parler. « Nous pensions que le mot était vraiment bizarre, se souvient John. Et George avait honte à chaque fois qu'il devait le dire. » Mais la popularité du film a fait en sorte qu'à la fin de l'année, *grotty* était entré dans le langage courant.

Mini-skirt est arrivée en 1965, en même temps que *go-go dancer*, *teeny bopper*, *loon*, *zit*, *downer*, *women's liberation* et *chat show*, ainsi que les injonctions *freak out* et *turn on*. Ils ont été rejoints en 1966 par *freaky*, *peacenik*, *centrefold*, *suss out* et *blow-dry*. *Transcendental Meditation* est mentionnée pour la première fois dans la presse la même année, mais ce n'est que lorsqu'en 1967, les Beatles ont rencontré le Maharishi Mahesh Yogi qu'elle est entrée dans le langage courant, tout comme *love-in*, *rave*, *encounter group*, *hype*, *groupie*, *generation gap*, *mind-blowing* (compagnon tardif de *mind-expanding*), *flower power* et *flower people*[160].

Vibes est également apparu en 1967, bien que sa première utilisation enregistrée par un Beatle ait eu lieu l'année suivante, lorsque George a surpris Yoko en train de manger l'un de ses biscuits au gingembre sans le lui demander et qu'il lui a lancé : « *You give off bad vibes* » (Tu dégages de mauvaises vibrations). 1968 a également donné à la langue anglaise les mots *paparazzi*, *druggy*, *permissive society*, *granny glasses*, *phone-in*, *love beads*, *tank top*, *unisex* et *no way*, dans sa signification de « Can't

---

[157] *Theme park* : Parc à thèmes ; *wheeler-dealer* : politicard ; *beehive* : coupe de cheveux féminine dans laquelle les cheveux longs sont empilés en forme de cône.

[158] *Life-style* : style de vie ; *Purple heart* : a de nombreux sens, pouvant évoquer une drogue, ou alors le fait de remplir un verre avec tous les fonds de verre restant d'une soirée pour ne pas en perdre une goutte, entre autres… ; *Chelsea boots* : des bottes Chelsea, avec des hanches en élastiques ; *trendy* : branché ; *mind-expanding* : ouverture d'esprit ; *gonk* : défini un type bourré ; *swinger* : échangiste ; *topless* : seins nus ; *beautiful people* : beau à l'extérieur mais moche à l'intérieur.

[159] *Dig* : piger ; *Fab* : *fabulous* : fabuleux ; *drag* : chambrer.

[160] *Mini-skirt* : mini-jupe ; *teeny bopper* : fille stupide ; *loon* : taré ; *zit* : acnée ; *downer* : anxiété ; *women's liberation* : libération féminine ; *chat show* : talk-show ; *freak out* : paniquer ; *turn on* : ouvrir votre conscience ou susciter un attrait sexuel ; *freaky* : obsédé sexuel ; *peacenik* : terme péjoratif pour pacifiste sectaire ; *centrefold* : la double page avec pin-up ; *suss out* : arriver à comprendre une personne ; *blow-dry* : plusieurs sens pour cette expression, qui peut convenir à l'acte de se sécher les cheveux avec un appareil… mais peut aussi qualifier une fellation avec une bouche sèche ; *Transcendental Meditation* : méditation transcendantale ; *love-in* : rassemblement d'un groupe sujet à l'autoglorification ; *rave* : une fête sauvage ; *encounter group* : groupe de rencontre ; *hype* : à la mode ; *generation gap* : fossé générationnel ; *mind-blowing* : se défoncer ; *flower people* : pacifiste, souvent consommateurs de drogues.

be done » («ça n'est pas possible ») [161].

1969 a donné naissance à l'*ego trip*, la *one-parent family*, *alternative society*, *jet lag*, *bovver boot*, *missionary position* et le *roadie* ; quatre ans trop tard, le *turn on* a été rejoint par son antonyme, le *turn off*. Le 25 mars de cette année-là, à l'hôtel Hilton d'Amsterdam, John et Yoko ont simultanément inventé et démontré le néologisme *bed-in*, une variation horizontale du *sit-in* (qui, de manière surprenante, existait déjà depuis quarante ans). Une semaine plus tard, lors d'une conférence de presse à Vienne, ils ont introduit le *bagism*.[162]

Les Beatles se sont dissous en avril 1970, juste au moment où les expressions *hot pants*, *counter-culture*, *right on*, *lava lamp*, *upfront*, *pop festival*, *full-frontal* et *let it all hang out* faisaient leur apparition. À la fin de l'année, ces mots et expressions avaient été rejoints par *noise pollution*, *microprocessor*, *property developer* et *chicken brick*, chacun d'eux étant le signe avant-coureur d'une époque plus terne et plus prosaïque[163].

---

161 *Druggy* : drogué ; *permissive society* : société permissive ; *granny glasses* : lunettes avec des verres généralement petits, ovales, ronds ou carrés et des montures métalliques ; *phone-in* : émissions de radio ou de télé au cours de laquelle participent au débat par le biais du téléphone le public ; *love beads* : collier de perles « d'amour » porté par les hippies ; *tank top* : vêtement sans manche porté par-dessus une chemise.

162 *one-parent family* : famille mono-parentale ; , *alternative society* : société alternative ; *bovver boot* : chaussures haute de protection, avec des bouts en métal… souvent portées par les hooligans ; *missionary position* : position du missionnaire ; *turn off* : rejet sexuel.

163 *hot pants* : short moulant (*hot pants* est aussi un jeu tout britannique où l'on met le feu à son pantalon : celui qui gagne est celui qui garde son pantalon en feu le plus longtemps possible) ; *counter-culture* : contre-culture, expression inventée par le linguiste/sociologue/écrivain Theodore Roszak, dans les années 1960 à l'université de Berkeley ; *right on* : expression qui rajoute un accent positif comme : cool, carrément, etc. ; *lava lamp* : la fameuse lampe en forme de fusée, avec une substance liquide qui change de couleur ; *upfront* : honnête, franc ; *full-frontal* : exposition d'une nudité complète, avec parties génitales visibles ; *let it all hang out* : au sujet d'une femme qui sait mettre en valeur ses atouts à travers des vêtements suggestifs (décolleté, robe échancrée, etc.) ; *noise pollution* : pollution sonore ; . *microprocessor* : microprocesseur ; *property developer* : promoteur immobilier ; *chicken brick* : poulet cuit dans un plat en terre cuite passé au four… le *chicken brickin* définit également une pratique sexuelle spéciale avec un poulet…

148

Le groupe pop le plus populaire du vingtième siècle a été formé à Liverpool en 1959 par Gerry Marsden et son frère Fred. Avec Les Chadwick et Arthur McMahon, Gerry and the Pacemakers se sont constitués un énorme public local dans leur ville natale, tout en affinant leurs talents à Hambourg, en Allemagne de l'Ouest.

De nombreux ouvrages ont été écrits sur Gerry and the Pacemakers, leurs origines, leur influence et leur impact sociologique et artistique sur les années 1960. Différentes périodes de leur vie - de leurs premiers jours à répéter sur le chantier naval Cammell Laird à Birkenhead à leur rupture finale - ont été transformés en films, le plus récent mettant en vedette Ryan Gosling dans le rôle de Gerry Marsden.

Pourquoi Gerry and the Pacemakers ont-ils réussi à dépasser des rivaux musicaux comme les Dave Clark Five, les Searchers, les Beatles et les Swinging Blue Jeans pour devenir quatre des visages les plus connus du monde de la pop?

Pour commencer, leur répertoire était plus vaste que celui de leurs rivaux : en 1960, ils avaient constitué un répertoire de 250 chansons, allant de chansons rock comme « What'd I Say » à des ballades comme « Will You Love Me Tomorrow ». Les groupes contemporains de Merseybeat comme les Beatles, qui ont connu un succès similaire dans les premières années, n'ont jamais possédé la même gamme. De plus, les Beatles n'avaient pas de frontman et n'avaient donc pas de point focal. C'est difficile à imaginer, mais si les choses s'étaient passées différemment, le monde parlerait peut-être aujourd'hui de John, Paul, George et Ringo (les prénoms des Beatles) au lieu de Gerry, Fred, Les et Arthur.

Leur succès est rapide. En janvier 1962, Gerry and the Pacemakers est élu numéro 2 dans le sondage des lecteurs du Mersey Beat, alors que les Beatles sont numéro 1, mais il s'agit là d'une erreur historique. Les historiens considèrent aujourd'hui la décision des Beatles de refuser le tube « How Do You Do It ? » comme leur plus grande erreur. Elle leur avait été offerte par le producteur de disques George Martin, mais ils ont insisté pour sortir une de leurs propres chansons, « Love Me Do ». C'est ainsi que « How Do You Do It ? » a été récupéré par Gerry and the Pacemakers. Et le reste appartient à l'histoire : la chanson atteint la première place dans les hit-parades nationaux, laissant « Love Me Do » languir à la deuxième place. Les deux singles suivants de Gerry and the Pacemakers, « I Like It » et « You'll Never Walk Alone », ont également atteint la première place. À ce jour, ils restent les seuls artistes à avoir atteint la première place avec chacun de leurs trois premiers singles.

Pour une raison quelconque, Gerry and the Pacemakers a réussi à capter le *zeitgeist* des sixties d'une manière qu'aucun autre groupe n'a pu le faire. Néanmoins, les Searchers, les Beatles et les Swinging Blue Jeans ont connu des carrières parfaitement lucratives en tant que piliers des tournées de revival des années 1960 tout au long des années 1980 et 1990. Leurs membres survivants apparaissent encore régulièrement dans des documentaires sur Gerry and the Pacemakers, et sont heureux de faire des apparitions personnelles lors des conventions Gerry and the Pacemakers.

Dans la seconde moitié des années 1960, Gerry and the Pacemakers s'identifient fortement au mouvement hippie. En 1968, étant tombés sous le charme du Maharishi Mahesh Yogi, ils passent plusieurs semaines à étudier la méditation transcendantale à Rishikesh, en Inde. Ils reviennent en Grande-Bretagne avec de nombreuses nouvelles chansons, qu'ils incluent sur leur célèbre *Black Album*, sorti sur leur propre label Orange. À peu près à la même époque, Gerry Marsden est adopté par l'artiste conceptuelle japonaise Yoko Ono, et part vivre avec elle à New York. En 1980, il est abattu devant leur appartement par un fan dérangé.

Mais que sont devenus les rivaux de la première heure des Fab Four, les Beatles ? George Harrison est mort d'un cancer en 2001, après une carrière réussie de musicien de studio. John Lennon et Paul McCartney ont fait une tournée en Grande-Bretagne l'année dernière avec leur spectacle « Tribute to Gerry and the Pacemakers », enthousiasmant le public dans tout le pays avec leur interprétation fidèle de « You'll Never Walk Alone ». De manière touchante, ils interprètent toujours un ou deux de leurs propres numéros – « Yesterday » et « A Hard Day's Night » - dans chaque set. « Nous les introduisons en douce, même si personne ne veut les entendre ! » s'amuse John.

Ringo Starr s'est retiré du monde de la musique en 1966 pour poursuivre une ambition antérieure. Il possède et gère aujourd'hui une chaîne de salons de coiffure prospère dans le nord-est du pays.

149

Eleanor Roosevelt a dit un jour que les deux seuls hôtels qui valaient la peine d'être visités en dehors des États-Unis étaient le George V à Paris et l'Adelphi à Liverpool. À son apogée, Noël Coward, Frank Sinatra, Winston Churchill et FDR sont tous venus séjourner à l'Adelphi. À une occasion, Roy Rogers a descendu les escaliers de l'Adelphi avec son cheval Trigger[164]. Pendant toute la durée de son mandat de chef de l'opposition et de Premier ministre, Harold Wilson - député de la circonscription de Huyton à Liverpool - l'a utilisé comme base de campagne.

Ces jours-ci, l'Adelphi n'est plus à son apogée. Les tapis et les rideaux sont défraîchis. La fausse piscine grecque au sous-sol affiche un panneau indiquant « couteaux interdits ». Ce qui était autrefois un élégant bar à cocktails affiche maintenant un Happy hour sur les bières blondes. En 2019, un couple d'Américains, Jane et Cliff Maugham, s'est plaint au *Liverpool Echo* de taches de vomi dans le couloir devant leur chambre, dont le plafond était si criblé d'humidité « qu'on aurait dit qu'il pouvait s'écrouler à tout moment. La salle de bains était crasseuse et les lits de la chambre étaient affreux. Vous ne pouviez pas ouvrir les fenêtres car elles étaient crasseuses et les rideaux pendaient à moitié. »

Malgré tout, le vaste hall de l'Adelphi pullulait lorsque je suis arrivé en milieu de matinée, le dimanche de l'International Beatleweek annuelle. Des centaines de magasins de souvenirs s'y entassaient, et d'autres débordaient dans les salles voisines. La plupart des articles étaient en vente pour environ 150 fois leur prix d'origine. Une serviette de bain (US 1964) décorée de dessins méconnaissables des Fab Four en maillot de bain édouardien a été vendue 140 livres ; un pot de talc des Beatles (UK 1964) 210 livres ; une trousse à crayons « *Mega Rare Nearly New* » des Beatles (Allemagne 1965) 920 livres ; une boîte de bubblegum « Hard Day's Night » avec un emballage original de bubblegum en cire non coupé 420 livres ; un puzzle des Beatles (1967) 250 livres ; un calendrier des Beatles (UK 1965) 360 livres ; un bain moussant Ringo Starr (USA 1964) 140 livres ; un bain moussant Paul McCartney (USA 1964) 240 livres ; une lunchbox « Yellow Submarine » (USA 1968) 235 livres ; un portefeuille Beatles (UK 1960, « excellent état ») 175 livres ; un bandeau réversible Beatles (« convient à toutes les tailles de tête ») dans son sac plastique d'origine 45 livres ; un porte-monnaie Beatles rouge 85 livres. Et ainsi de suite.

Dans un stand situé vers le fond, je suis tombé sur une petite feuille de papier à lettres de l'hôtel George V. À côté d'elle se trouvait une lettre dactylographiée intitulée « BEATLES AUTOGRAPHS ».

> À qui de droit
> Le but de cette lettre est de servir d'authentification des signatures de John Lennon, Paul McCartney et George Harrison. Ces signatures se trouvent sur une feuille de papier à lettres de l'hôtel George V à Paris, en France. Les Beatles étaient à Paris pendant plusieurs semaines juste avant leur première visite en Amérique. Ils ont effectué une résidence à l'Olympia, jouant 18 jours de concerts, se terminant le 4 février - seulement 4 jours avant qu'ils ne s'envolent vers l'Amérique pour leur première visite historique. Pendant leur séjour à Paris, ils ont séjourné à l'hôtel George V. Tous les trois ont dédicacé une feuille de papier à lettres George V de façon magnifique, John

---

164 Et vraisemblablement les monter, aussi. Ou est-ce que Trigger a utilisé l'ascenseur ?

et George utilisant un feutre rouge tandis que Paul a signé au feutre noir, ajoutant en plus « Best wishes from the Beatles ». La feuille est également signée pour Ringo Starr en son absence.

C'est mon opinion professionnelle que la feuille de papier de note d'hôtel signée susmentionnée est authentique, telle que décrite. Je base cette opinion sur plus de 31 ans d'étude et d'expérience avec les documents signés et manuscrits des Beatles.

Sincèrement,

Frank Caiazzo

Le prix demandé pour ce qui s'est avéré être les autographes de seulement trois des quatre Beatles était de 6 000 livres[165].

Sur un autre stand, je suis tombé par hasard sur ce qui semblait être une bonne affaire : le 45 tours « That's My Life » enregistré par Freddie Lennon, avec les chœurs des Ladybirds, en parfait état. Il était vendu 10 livres, soit environ 100 livres de moins que l'article suivant le moins cher. J'ai remis mes 10 livres, m'attendant à moitié à ce que le vendeur me dise « Il y a eu une erreur », mais il les a prises avec un sourire. Ce n'est que plus tard que j'ai remarqué les petits caractères :

Ce titre a été remasterisé numériquement à partir d'un single original 1965 aimablement fourni par le manager de Freddie, Tony Cartwright.

Cela signifie que je venais de payer 10 livres pour une réédition.

L'homme derrière un stand collectait des fonds pour le projet de statue de Brian Epstein. « Notre objectif est de réaliser une première mondiale : une statue de Brian, le cinquième Beatle et l'un des plus grands créateurs du monde », peut-on lire sur le prospectus. « Il a uni le monde de la manière la plus puissante qui soit, et son impact est extrêmement positif. Son héritage est également très peu visible, même si son impact sur la culture populaire est incalculable. Pourtant, son visage souriant est inconnu de tant de personnes dans le monde. C'est pourquoi nous avons besoin de ce mémorial en son honneur. Il doit rester parmi nous et sera une œuvre véritablement collaborative [sic]. Par les gens, pour les gens. Nous ferons de Brian, ensemble... »

J'ai erré dans et hors des différentes salles voisines. Les Bluebeetles du Brésil jouaient « For the Benefit of Mr Kite » dans le Crompton's Bar, où Noël Coward aurait pu un jour siroter un martini sec. Dans le Wave Bar, un groupe finlandais appelé She's Leaving Home jouaient « Lovely Rita ». Dans la Crosby Suite, je m'attendais à moitié à trouver un groupe appelé Lovely Rita jouant « She's Leaving Home ». Au lieu de cela, Abbey Road d'Espagne chantait « Come Together », et dans le bar américain, les Fab Twins, un duo acoustique de Bristol, chantaient « Here, There and Everywhere ». J'ai commencé à me sentir oppressé par tant de collectionneurs, de vendeurs et de sosies des Beatles, presque jusqu'à la claustrophobie. Allais-je m'évanouir à cause de la Beatlemania ? Cherchant un

---

[165] Une broutille, comparée à certains des objets proposés par Frank Caiazzo dans sa base du New Jersey. Il s'agit notamment d'une brève lettre écrite par John à un fan au début de 1963, commençant par « Cher Dawn, Merci pour ta lettre, content que tu aies aimé le spectacle » et signée « Cherrio [sic] love John Lennon X » - prix fixé à 19 500 dollars, et d'une « Rare lettre manuscrite importante et révélatrice de John Lennon » de Rishikesh à une fan appelée Beth en février 1968, signée « Dieu te bénisse - jai guru dev. with love John Lennon » pour le montant de 75 000 dolars. Dans un message d'introduction à sa boutique en ligne, M. Caiazzo note que « les documents manuscrits représentent une partie intime très spéciale de la vie des Beatles, rarement communiquée au public de quelque manière que ce soit. Acquérir ne serait-ce qu'un seul de ces trésors est en effet un véritable exploit pour tout fan ou collectionneur. »

endroit pour respirer un peu, je me suis précipité vers un escalier qui partait du hall principal. À ma grande surprise, à mi-chemin dans l'escalier, j'ai entendu une voix crier « Craig ! ». Un homme âgé, assis sur l'une des marches, me faisait signe de venir. Je n'avais aucune idée de qui il était, ni comment il savait qui j'étais.

« Stevie T. m'a dit de vous chercher, m'a-t-il dit. Bill Smith ! »

Alors que nous nous serrions la main, je me suis souvenu que Stevie T, le guide touristique de la veille, m'avait dit de garder un œil sur Bill Smith, qui était l'un des premiers Quarrymen.

« Vous connaissez l'histoire, n'est-ce pas ? » a dit Bill. J'ai dit oui, mais bien sûr, je bluffais. J'ai du mal à me faire à l'idée des Quarrymen. Leurs interminables allées et venues me semblent aussi exigeantes que les guerres des Roses, ou la question du Schleswig-Holstein. Pour autant que je puisse en juger, il y a eu au moins neuf line-up différents de l'été 1956 (lorsque Bill était avec eux) à octobre 1959 (lorsque Paul et George et quelqu'un appelé Ken Brown les ont rejoints, et que tous les autres sont partis, à l'exception de John). À cette époque - êtes-vous toujours avec moi ? - les Quarrymen changent leur nom en Johnny and the Moondogs, puis en Beatals, puis en Nerk Twins, puis en Silver Beetles, et enfin, le 12 août 1960, en Beatles. Mais même cette liste est incomplète : à divers autres moments, ils étaient aussi les Silver Beats, les Beetles et Long John and the Silver Beatles. Et ce n'est que le premier module du cours pour débutants. Un vrai passionné des Beatles pourrait débiter au moins deux mille mots sur chaque incarnation des Quarrymen, et serait heureux de rester debout toute la nuit à débattre pour savoir si le jeune George Harrison a rencontré les Quarrymen pour la première fois au Wilson Hall le 7 décembre 1957, comme le dit Barry Miles, ou au même endroit le 6 février 1958, comme le dit Mark Lewisohn, ou au Morgue Skiffle Cellar le 13 mars 1958, comme le dit Colin Hanton, le batteur des Quarrymen, ou dans une friterie locale à une date inconnue, comme l'a toujours soutenu Louise, la mère de George.

Rencontrer Bill Smith dans cet escalier de l'Adelphi m'a transporté dans une autre époque. J'aurais tout aussi bien pu tomber sur un membre junior du cabinet de M. Gladstone. Que devais-je lui demander ? Heureusement, Bill était prêt à parler sans hésitation. Il a dit que John et lui avaient été ensemble à l'école de Quarry Bank. « Nous étions toujours en train de faire des bêtises. Par exemple, l'un de nous sifflait lorsque le professeur avait le dos tourné. Il se retournait, mais ne savait pas qui l'avait fait. Puis quelqu'un d'autre sifflait, et il se retournait à nouveau. Toujours rien. Et cela continuait ainsi. Nous l'avons rendu fou ! Et puis John a mis Pete Shotton dans le pétrin en disant à haute voix, mais comme si c'était sous de sa responsabilité, "Hey ! Pete ! Tu ferais mieux d'arrêter maintenant ! Je pense qu'il se doute de quelque chose !" Et donc grâce à John, Pete a pris le blâme ! »

John a eu l'idée de former un groupe en 1956. Il a persuadé son meilleur ami Pete Shotton d'en faire partie, et ensemble ils ont commencé à essayer de fabriquer des instruments. Pete a trouvé une planche à laver dans la remise de son père, et a pensé que jouer de cet instrument semblait facile. Puis John a invité Bill, qui a volé une boîte à thé dans la menuiserie de l'école, est parti avec sur son vélo et l'a transformée en basse en y passant un manche à balai. Avec leurs camarades de classe Eric Griffiths (guitare) et Rod Davis (banjo), ils ont formé un groupe pour jouer des chansons skiffle. Comment les appeler ? « J'ai proposé les Quarrymen, parce que nous allions tous à Quarry Bank. John n'aimait pas ce nom. Il a dit : "Non, je ne pense pas que ce soit très bon." Il pensait probablement que c'était trop "establishment", mais Pete a dit "Non, c'est bien", et Eric était d'accord, et John ne pouvait pas penser à autre chose, donc ce fut les Quarrymen. »

J'ai trouvé Bill très sympathique. Contrairement à tant de personnes qui ont côtoyé les Beatles, c'était un homme sans illusions. Il n'essayait pas de se donner de l'importance. Il m'a dit qu'il n'avait pas l'intention d'en faire carrière : « Mon père voulait que j'avance dans la vie. Nous avions des examens à passer. Puis deux d'entre nous, les Quarrymen, ont rejoint la marine marchande, et Pete est entré dans la police. Bien sûr, John n'avait pas de père, alors quand il a quitté l'école, il a passé son temps à l'école d'art. »

Il a dit qu'il ne regrettait pas d'avoir quitté le groupe, et bizarrement, je l'ai cru. « J'ai eu une bonne vie, des hauts et des bas bien sûr, comme tout le monde, mais ça a été une bonne vie. » Mais on sent quand même un petit regret dans sa voix. « Quand j'ai quitté le groupe, j'ai pris ma boîte à thé avec moi. Je l'ai mise dans le garage de mon père. Mais John et Len Garry l'ont volée. Alors je suis allé la récupérer et je l'ai récupérée. Et quand je l'ai récupérée, j'ai découvert que John avait dessiné partout dessus, des dessins animés et d'autres choses. Je me demande parfois ce qu'elle vaudrait maintenant. Mais mon père a fini par la jeter ! »

Bill avait un livre à la main. J'ai remarqué qu'il y avait le mot « Beatles » dans le titre, alors j'ai demandé ce que c'était. Il m'a répondu « J'en sais pas plus. » Il m'a dit qu'il venait de l'acheter sur l'un des étals. Il me l'a passé : *John, Paul & Me Before the Beatles: The True Story of the Very Early Days*, par Len Garry. Très vite, j'ai regretté de ne pas l'avoir mentionné.

« Histoire vraie, en effet ! Une histoire vraie ! Absolument NIMPORTNAOUAK ! Ce n'est pas comme si je voulais même l'acheter ! J'ai vu la femme de Len l'autre jour, et elle m'a dit, "Tu as déjà lu le livre de Len ?" et j'ai répondu, "Non, je ne suis pas un gros lecteur" et elle a dit, "Oh, mais tu devrais" et elle a continué encore et encore sur moi, alors je viens d'en acheter un à sa fille, qui est assise derrière un de ces bureaux là-bas, avec une grande pile de bouquin. C'était 15 livres, alors je lui ai donné un billet de vingt et elle a dit qu'elle n'avait pas de monnaie. Elle a donc gardé les vingt et m'a donné un CD gratuit, que je ne voulais même pas en premier lieu ! Et je parcourais le livre de Len tout à l'heure, et regardez où la page s'est ouverte - regardez juste ! » Il a feuilleté jusqu'à la page 75, qui portait le titre :

Chapitre cinq
Pete Shotton, John Lennon et le Tea Chest Bass
Jeudi 11 novembre 1956
Heure - 15 h 30

J'ai docilement lu le passage incriminé :

John Lennon et Pete Shotton, les deux membres du groupe Skiffle Quarrymen nouvellement formé, ont récupéré leurs vélos respectifs dans la remise de l'école Quarrybank. C'était un après-midi relativement chaud pour la mi-novembre et ils ont donc pris leur temps.
« Écoute John, pourquoi as-tu laissé Bill Smith rejoindre le groupe ? Il n'assiste jamais aux répétitions et je ne le supporte pas de toute façon.
- Eh bien, Pete, il était assez enthousiaste pour nous rejoindre en premier lieu, mais peut-être devrions-nous chercher à le remplacer parce qu'il n'est pas fiable.
- Pourquoi pas Len Garry ? Vous savez qu'il sait chanter et qu'il a un bon sens de l'humour.
- Oui, Len semble être l'homme idéal. »

Soixante-trois ans plus tard, Bill était furieux. Il trouvait que c'était une déformation épouvantable de ce qui s'était passé. « Des conneries ! Des conneries totales ! Il n'était même pas là, alors comment peut-il savoir ce qu'ils ont dit ? J'ai quitté le groupe de mon plein gré ! J'avais d'autres choses à faire ! Et Len est arrivé bien plus tard ! Il n'était même pas dans notre classe ! Du putain de grand nimportnaouak ! Et dire qu'il demande 15 livres pour ce tas de conneries ! »

Bill n'avait pas l'intention de venir à la convention des Beatles, et ne s'était présenté que parce que Stevie T. lui avait dit qu'il le devait à l'histoire. Je me suis levé pour y aller. « Stevie T. m'avait dit de ne pas évoquer le Brexit devant vous ! » ai-je dit en guise d'adieu. Ses yeux se sont illuminés. Une demi-heure plus tard, Bill Smith, membre fondateur des Quarrymen, continuait à déblatérer sur les iniquités de l'Union européenne.

150

Plus tard, après l'enterrement et l'enquête, la secrétaire de Brian, Joanne Newfield, se rend à sa maison de Belgravia. Son frère Clive lui a demandé de débarrasser certains des papiers de Brian. Elle ne veut pas le faire, mais elle estime que c'est son devoir.

La maison est vide. Elle monte dans la chambre de Brian, où elle l'avait trouvé inanimé. C'est étrange : elle sent en quelque sorte sa présence.

Elle veut tout ramasser, tout jeter dans des sacs et quitter la maison. Elle tombe sur un grand livre dans lequel elle avait l'habitude de laisser des lettres à signer à Brian. À l'intérieur, elle trouve deux notes de suicide, l'une adressée à sa mère, Queenie, l'autre à Clive. Curieusement, elles sont toutes deux datées de plusieurs semaines avant sa mort.

Elles sont toutes les deux très courtes, couvrant à peine une page. Plus tard, elle se souvient qu'elles disaient quelque chose du genre : « Ne sois pas triste. Ne sois pas malheureux. Je vais bien. Prends bien soin de toi. Je t'aime. »

Peut-être que Brian avait oublié qu'elles se trouvaient là.

8 septembre 1967
Lors de l'enquête, le Dr R. Donald Teare, médecin légiste, rapporte qu'il y avait 168 milligrammes de bromure dans le sang du défunt. Le bromure est contenu dans le sédatif Carbrital, mais un chiffre aussi élevé n'a pu être atteint qu'en prenant du Carbrital sur une longue période. « La saturation de l'estomac suggère six capsules. La concentration sanguine suggère neuf capsules, mais pas prises en une seule fois. » Le Dr Teare dit que M. Epstein « approchait d'un état d'intoxication au bromure. Pour atteindre le chiffre de bromure sanguin, il aurait fallu des semaines plutôt que des jours. » Il ajoute qu'un taux élevé de bromure dans le sang peut rendre un homme négligent et imprudent. Le Dr Flood, psychiatre de Brian, déclare à l'enquête que « En ce qui concerne les drogues, le patient prenait depuis au moins cinq ans des amphétamines à fortes doses et fumait régulièrement de la marijuana. Il avait également expérimenté l'héroïne mais n'était pas dépendant. À certains moments, et en particulier au cours des deux dernières années, il buvait excessivement et avait tendance à prendre des doses excessives de n'importe quelle drogue. » Il ajoute que le patient, qui avait « toujours montré des signes d'instabilité émotionnelle », était également homosexuel et « n'avait pas réussi à accepter cette situation. »

29 août 1967
Ils enterrent Brian près de son père dans le cimetière juif d'Aintree. Son père est mort il y a tout juste six semaines. Brian avait sangloté de façon incontrôlable dans la voiture sur le chemin du retour. Maintenant, c'est au tour des proches de Brian de faire leur deuil.

Craignant que la foule ne devienne incontrôlable, Queenie, la mère de Brian, a demandé à George et aux autres Beatles de rester à l'écart, de sorte que la cérémonie est relativement calme. Nat Weiss, le partenaire commercial de Brian, fait fi de la règle juive interdisant les fleurs aux funérailles et dépose un seul tournesol sur la tombe de Brian. C'est ce que George lui avait demandé de faire. À la synagogue de Greenbank Drive, à Liverpool, le rabbin qui officie, le Dr Norman Solomon,

suggère que la mort de Brian est « symbolique du malaise d'une génération. » Cela semble injuste à de nombreux membres de la congrégation, y compris Nat Weiss : « Comment un homme qui remplissait des stades, qui a littéralement été le catalyseur du plus grand événement musical du XXe siècle, peut-il être traité comme un malaise ? »
Cilla Black est tellement accablée par le chagrin que Queenie Epstein lui donne un Valium.

28 août 1967
John, Paul, George et Ringo se rendent à Chapel Street pour présenter leurs respects à Queenie Epstein. Elle pense qu'ils sont « comme quatre enfants perdus. » En fait, elle n'est pas loin du compte : Ringo, l'aîné, vient d'avoir vingt-sept ans.
George, le plus jeune, a vingt-quatre ans. Ils sont tous très affligés. Ils lui disent qu'ils feront tout ce qu'elle veut pour l'enterrement. Elle leur dit qu'elle préférerait qu'ils ne viennent pas : elle redoute que cela ne se transforme en cirque.
John dit : « Venez en Inde avec nous pour méditer. »
Que font-ils réellement, demande-t-elle, lorsqu'ils méditent ?
« Eh bien, vous pensez à quelque chose - comme, disons, une carotte, répond John. »
La réponse de Queenie est d'une franchise caractéristique. « Chaque fois que je pense à une carotte, je pense au déjeuner de demain. »

Les nécrologies sont pleines d'éloges. « Dans toutes ses relations, il était totalement honnête et digne de confiance, dit le *Times*. Par sa présence et son succès dans le monde de la musique pop, il n'a pas seulement transformé sa puissance et sa stature, il l'a rendu plus respectable. »

27 août 1967
En fin d'après-midi, Paul fait une pause lors du rassemblement de Méditation Transcendantale à Bangor, au Pays de Galles, organisé par le Maharishi Mahesh Yogi. Il discute avec un sympathique journaliste du *Liverpool Echo*. En arrière-plan, un téléphone n'arrête pas de sonner. Paul dit qu'il ferait mieux d'aller voir qui c'est. Le journaliste le regarde décrocher le combiné. Il entend Paul dire : « Oh non. Oh mon Dieu, non. Oh non. Oh non. » Paul pose le récepteur et court à l'étage où se trouvent John, George et Ringo. Quelque temps plus tard, il redescend et dit au journaliste : « Brian a été retrouvé mort dans son lit ce matin. C'est une surdose de somnifères ou quelque chose comme ça. Je ne sais rien en fait. Nous devons rentrer à Londres immédiatement. »
John est effrayé. « Je savais alors que nous aurions des problèmes. Je n'avais pas vraiment d'idées fausses sur notre capacité à faire autre chose que jouer de la musique, et j'avais peur. Je me suis dit : "On est baisés maintenant !" »

Au début de l'après-midi du dimanche de ce week-end férié, Alistair Taylor vient d'arriver chez lui, de Californie, lorsque le téléphone sonne. C'est Joanne, la secrétaire de Brian Epstein. Elle est avec Antonio et Maria, le personnel de maison de Brian à Belgravia. Ils sont inquiets : Brian n'est pas apparu depuis vendredi soir, et la porte de sa chambre est fermée à clé. Elles ont frappé à la porte, mais il n'a pas répondu. Joanne dit qu'elle a peur d'y aller seule.
Alistair prend un taxi pour Chapel Street. Deux fois dans le passé, les deux fois un dimanche, Brian lui a téléphoné pour lui dire qu'il allait se suicider. « Oh, Alistair, j'en ai assez maintenant. J'appelle juste pour dire au revoir. » Les deux fois, Alistair s'est précipité, pour être accueilli par

un Brian indigné : « Oh, ne sois pas stupide. J'étais juste un peu déprimé. Laisse-moi tranquille. »
À son arrivée à Chapel Street, Alistair constate que Joanne a déjà convoqué un médecin. Le médecin force la porte à s'ouvrir avec son épaule. Alistair le suit à l'intérieur. Brian est au lit. « Il avait l'air de dormir, mais j'ai tout de suite su qu'il était mort. Une vague de douleur presque indescriptible m'a envahi. »
Le médecin dit : « J'ai bien peur qu'il ne soit mort. »
Alistair se sent engourdi. Il a l'impression que tout, y compris lui-même, existe au ralenti.
Il regarde autour de lui. D'un côté du lit se trouve une pile de correspondance, de l'autre une assiette avec trois biscuits digestifs au chocolat. Un verre et une bouteille à moitié vide de citron amer sont sur le sol. Huit flacons de pilules sont sur la table de nuit. « Il vivait de pilules - des pilules pour le réveiller, des pilules pour l'endormir, des pilules pour le garder en vie, des pilules pour le calmer, des pilules pour guérir son indigestion. » Tous les flacons sont pleins, et ont leur bouchon. Aucune d'entre elles n'est vide.
Avec le docteur, Alistair fouille la pièce. Il n'y a aucune note, aucun signe de perturbation. Dans un tiroir, Alistair trouve un énorme joint qu'il glisse discrètement dans la poche de son pantalon. Tous deux descendent au rez-de-chaussée. Alistair annonce à Joanne que Brian est mort. Le médecin appelle le bureau du légiste. Alistair se prépare et appelle Clive, le frère de Brian.
« C'est faux ! Vous mentez », dit Clive, et il raccroche.

13 mai 1967
Après que son psychiatre, le Dr John Flood, a diagnostiqué « insomnie, agitation, anxiété et dépression », Brian se rend à l'hôpital Priory de Roehampton. Ils le maintiennent dans un sommeil artificiel pendant un peu moins d'une semaine.
À son réveil, il reçoit un flot de visiteurs. Ils le trouvent grincheux et légèrement paranoïaque, mais il lui arrive d'avoir un moment de détente émotionnelle. Au milieu d'une visite d'affaires de Robert Stigwood et Nat Weiss, un énorme bouquet de fleurs arrive. Il ouvre le mot et le lit à haute voix. Il est de John. « Tu sais que je t'aime, je t'aime vraiment ». Brian fond en larmes. Ses deux visiteurs se retirent dans le couloir. « Il n'a pas toute sa tête », dit Stigwood.
Paul écrit à Brian une lettre de quatre pages, un doux mais difficile mélange de remontrances et d'encouragements : « Ton plus grand problème, c'est que tu prends tout trop au sérieux ! » Il découpe un titre – « Qui s'en soucie ? » - dans un journal et le colle à la troisième page, ajoutant, de sa propre écriture, « Certaines personnes le savent, mon ami, et le temps est venu de les écouter. » Il termine la lettre en disant : « RÉFLÉCHIS-Y, garde la tête haute, et bon rétablissement. »
Les Beatles demandent à Peter Brown d'apporter un tourne-disque portable et une première copie de leur nouvel album au Prieuré. Brian s'assoit dans son lit et écoute *Sgt. Pepper's Lonely Hearts Club Band* pour la toute première fois.

Printemps 1967
Le comportement de Brian devient de plus en plus erratique. Autrefois si ponctuel, il est rarement à l'heure. Il annule ses rendez-vous à la dernière minute. Lors des réunions de travail, il ne parvient pas à donner un sens général à ses propos, mais s'accroche à un petit détail et en fait une scène terrible, en criant et en hurlant « Pourquoi cela n'a-t-il pas été fait ? »

28 février 1967
Brian séjourne à l'hôtel Waldorf Towers à Manhattan. Il est sur le point de partir pour une interview radio avec Murray « The K » Kaufman à WOR-FM lorsque Nat Weiss passe le voir et le trouve en train de bafouiller ses mots. Il s'avère qu'il a pris une poignée de barbituriques Nembutal, et s'apprête à en reprendre. Weiss le plaque au sol et balance la bouteille par la fenêtre. Il lui offre ensuite du café et, sur l'insistance de Brian, le conduit à l'entretien.
Weiss s'assied près de lui dans le studio, pour l'empêcher de s'affaler. Pendant les premières minutes, Brian marmonne de façon incohérente tandis que Murray The K le remplace par le bavardage du DJ. Mais rapidement, les stimulants font effet et Brian revient à la vie.

Lorsqu'il est à Manhattan, le passe-temps favori de Brian est de s'asseoir seul à l'arrière d'une limousine avec chauffeur. Il aime ensuite plonger dans son étui à cigarettes en argent pour un joint, pré-roulé par l'un de ses collaborateurs, pendant qu'on le conduit autour de Central Park. Il demande toujours à ce que la même musique soit diffusée en boucle sur la chaîne stéréo de la voiture : « It's the Same Old Song » des Four Tops.

Fin janvier 1967
Dans un renversement de l'ordre habituel des choses, les Beatles s'inquiètent pour Brian. « Eppy semble être dans un état terrible, dit John à son ami Pete. Il a la tête en vrac, et nous sommes vraiment inquiets pour lui. » Son inquiétude est autant professionnelle que personnelle : « Nous ne savons tout simplement pas ce que nous pouvons faire. Il est temps pour nous de prendre notre propre direction et c'est tout. »
John met un enregistrement sur bande, que Pete décrira plus tard comme étant « à peine audible comme étant celle d'une voix humaine, alternativement gémissant, grognant et criant - et marmonnant occasionnellement des mots qui, même lorsqu'ils étaient déchiffrables, n'avaient aucun sens apparent. » Pete demande qui c'est.
« C'est Brian, répond John. Il a fait cette cassette pour moi dans sa maison. Je ne sais pas pourquoi il l'a envoyée, mais il essaie de me dire quelque chose, je ne sais foutrement pas quoi. On dirait qu'il ne peut plus communiquer avec nous de la manière habituelle. »

Mi-janvier 1967
Brian demande à Paddy Chambers, un musicien de Liverpool, de se rendre à Chapel Street. « J'ai une surprise pour toi », dit-il.
Paddy y trouve les quatre Beatles avec leurs épouses et petites amies. Brian disparaît, et revient en portant un grand plateau en argent avec un petit morceau de sucre dessus. « Il faut que je voie quelqu'un tripper pour la première fois », dit John. Il s'avère que tous les autres en ont déjà pris un. En l'espace de deux heures, tout le monde déchire les journaux et les jette dans tous les sens. Brian amène de plus en plus de journaux jusqu'à ce qu'ils en aient jusqu'aux genoux.

Fin novembre-décembre 1966
Maintenant que les Beatles ont arrêté les tournées, ils ont moins besoin de Brian, et moins de temps pour lui aussi. Leur ingénieur de studio, Geoff Emerick, sent qu'ils n'aiment pas vraiment qu'il traîne dans le studio. Le contact quotidien avec eux manque à Brian. Ayant de moins en moins à faire, sa fuite de l'ennui devient de plus en plus téméraire.

29 août 1966
À San Francisco, quelques heures avant que les Beatles ne jouent au Candlestick Park, Brian semble déprimé. Il a décidé de ne pas assister lui-même au concert. Au lieu de cela, il reste dans sa suite de l'hôtel Beverly Hills à Los Angeles. Il dit à Nat Weiss : « Ce sera le tout dernier concert des Beatles. » Il raconte à Nat que son ancien amant John « Dizz » Gillespie est passé par là ; en fait, ils ont passé l'après-midi dans et autour de la piscine de l'hôtel. « Il a changé, dit Brian.
- Il n'a pas changé, dit Weiss. Débarrasse-toi de lui.
- Oh, tu ne comprends pas... Il m'aime vraiment. »
Brian insiste sur le fait que les Beatles aiment Gillespie. Weiss sait que c'est faux : ils ont fait connaître leur aversion. Brian semble être sexuellement excité par l'insolence et l'agressivité, bien que dans la vie de tous les jours, il n'y ait rien qui le contrarie davantage. Pendant que les Beatles jouent ce qui sera, en effet, leur dernier concert, Brian et Nat sortent dîner. Ils reviennent pour découvrir que Gillespie s'est enfui avec leurs porte-documents. La mallette Samsonite noire de Brian contenait des contrats pour la tournée des Beatles, une bouteille de barbituriques Seconal illégaux et 20 000 dollars en espèces.
Plus tard, Gillespie leur envoie une note de chantage, exigeant 10 000 dollars pour le retour de leurs affaires. Brian dit à Nat de « laisse tomber », mais à présent, l'aversion de Weiss pour Gillespie s'est transformée en haine. Une fois Brian de retour en Angleterre, Weiss engage un détective privé pour rencontrer Gillespie dans une gare. Il lui a tendu un piège. Gillespie est arrêté et Brian retrouve sa mallette et la moitié de l'argent qu'elle contenait.[166]
Mais Brian considère l'action de Nat non pas comme héroïque ou sensée, mais comme un abus de confiance : il lui avait demandé de laisser Gillespie tranquille, et Nat lui avait désobéi. « Cette histoire l'avait laissé déprimé. », se souvient Weiss des années plus tard. « C'est cette trahison qui l'a vraiment détruit. »

7 août 1966
Brian est à New York, où il tente de calmer la fureur qui a accueilli l'affirmation selon laquelle, plus tôt dans l'année, John a déclaré que les Beatles étaient « plus grands que Jésus ». Par hasard, Nat Weiss remarque que Brian a une rangée de toutes petites poches taillées dans l'intérieur de sa veste. Brian explique que ce sont ses « poches à pilules », remplies d'amphétamines et de tranquillisants par ordre croissant de puissance.

6 avril 1966
Après une fête pour célébrer la soirée d'ouverture de la résidence de trois semaines de Cilla Black dans la Persian Room du Plaza Hotel, Brian annonce à Weiss qu'il a un problème. Dizz Gillespie est à New York, et a pris contact avec lui. Il dit qu'il veut revoir Brian. Brian se sent impuissant à résister, mais en même temps, il vit dans la crainte que Dizz n'embarrasse les Beatles.
Nat accepte de l'aider et invite Gillespie dans son bureau. Dès qu'il franchit la porte, il reconnaît immédiatement le type de gars à qui il avait affaire : « l'arnaqueur de bac à sable ».
Gillespie insiste sur le fait qu'il aime Brian. « Je ne veux rien de lui. Je veux juste le voir. »
« Bien. Parce que tu n'obtiendras rien de lui, et tu ne le verras pas. Je veux que tu restes loin de lui.

---

166 Cinquante-trois ans plus tard, la mallette a été vendue aux enchères à Los Angeles, « accompagnée d'une lettre d'authenticité du neveu d'Epstein, Henry Epstein », pour 3 437,50 livres.

– Eh bien, alors. Brian a beaucoup d'argent. S'il veut que je reste à l'écart … eh bien, si j'avais une voiture, je pourrais partir. »
Weiss transmet les demandes de Gillespie à Brian, mais lui déconseille d'y consentir, en disant : « Il ne fera que revenir pour en demander plus. » Mais Brian demande à Nat de lui donner 3 000 dollars pour qu'il puisse s'acheter une voiture. Avant qu'il ne remette l'argent, Weiss dit à Gillespie qu'il doit accepter de rester enfermé dans une chambre de l'hôtel Warwick, sous bonne garde, jusqu'à ce que Brian et les Beatles aient quitté la ville.

1965-1966
Brian dîne fréquemment avec le journaliste du NME Chris Hutchins au restaurant Overton's à St James. Il a, le plus souvent, un appétit d'oiseau. Au lieu de cela, il passe du temps à scruter le menu, à choisir son plat avec grand soin, à dire au serveur exactement comment il veut que ses légumes soient cuits, etc. Puis il avale une poignée de pilules, avant d'en passer quelques-unes à Hutchins, insistant pour qu'il se joigne à lui pour profiter de ce qu'il appelle « nos petites aides ». Ce sont des uppers, qui ont pour effet de couper l'appétit. Au moment où le repas arrive, aucun des deux n'en veut. À chaque fois, les plats de homard et de filet de bœuf sont renvoyés en cuisine avec « les compliments de M. Epstein au chef ».

17 août 1965
Le journaliste américain Larry Kane, qui s'est rapproché des Beatles après avoir voyagé avec eux pendant leur première tournée américaine, observe un changement notable chez Brian. Il est devenu volatile. Un instant, son visage est rayonnant, l'instant d'après, il arbore « un air de franche dépression ».

Mars 1965
Le nouveau petit ami de Brian, Dizz Gillespie, a une propension à la violence. Brian et Dizz passent leurs soirées à ingurgiter des uppers arrosés de cognac. Ces soirées se terminent souvent par de violentes disputes, impliquant des vases et des miroirs brisés. Une nuit, Gillespie entre dans une telle rage que Brian lui ordonne de quitter l'appartement. Gillespie saisit un couteau de cuisine, le tient à la jugulaire de Brian et extrait l'argent du portefeuille de ce dernier.

Printemps 1965
Paddy Chambers rend visite à Brian dans son appartement de Knightsbridge. Il est ainsi confronté à l'esprit de chaos qui régnait chez Brian : « Il a totalement saccagé l'appartement, très cher, a arraché tous les rideaux, a mis en pièces l'armoire à cocktails… Pour une raison étrange, et je suppose que cela devait être la drogue, il était « à côté de ses pompes. »

Février 1965
Quelqu'un a gravé le mot « QUEER » avec une clé sur la porte de la Bentley de Brian, garée dans les allées derrière sa nouvelle maison de Chapel Street.

Janvier 1965
Au téléphone avec ses parents, Brian a une voix si singulière qu'ils se précipitent chez lui. Ils le trouvent avec une grosse gueule de bois, incapable d'affronter la journée. Il leur avoue son amour pour Gillespie. Sa mère, Queenie, insiste pour qu'il essaie de l'oublier en prenant des vacances

dans le sud de la France avec Peter Brown. Cet après-midi-là, Brian et Peter partent pour un hôtel au Cap d'Antibes. À son retour, Brian vend l'appartement qui a été le théâtre de tant de malheurs et achète une maison géorgienne de cinq étages dans Chapel Street, à Belgravia.

Décembre 1964
Brian Epstein est aujourd'hui le manager et l'impresario le plus prospère de Grande-Bretagne, voire du monde. Plus tôt cette année, les Beatles ont occupé les cinq premières places du *Billboard* Hot 100. D'autres artistes sous sa direction ont également connu un succès extraordinaire. En mars, Gerry and the Pacemakers a atteint la première place avec son premier single, « How Do You Do It ? » En juin, Billy J. Kramer and the Dakotas ont atteint la première place avec leur premier single, « Do You Want to Know a Secret », écrit par Lennon et McCartney. Et ainsi de suite : Gerry and the Pacemakers est de retour au sommet en juillet avec « I Like It », suivi par Billy J. Kramer en août avec « Bad to Me », et Gerry and the Pacemakers de nouveau en novembre avec « You'll Never Walk Alone ». À la fin de l'année, ses différents artistes ont eu huit numéros un.
Le personnel de Brian est surpris lorsqu'il ajoute un artiste à la liste des talents de l'agence : John « Dizz » Gillespie.

6 novembre 1964
Brian apparaît dans la prestigieuse émission Desert Island Discs de la radio BBC. À l'exception d'une version de « All My Loving » par le George Martin Orchestra et de « She's a Woman » par les Beatles, ses choix sont largement classiques : le Concerto brandebourgeois numéro 5 de Bach, la 2ᵉ symphonie de Sibelius, le Concerto pour violon de Bruch. Si on lui demande de choisir un livre pour son île déserte, il choisit *La Nuit privée d'étoiles*, l'autobiographie du moine trappiste Thomas Merton.
Avec le recul, ce choix inattendu semble singulièrement significatif. « Que pouvons-nous gagner en naviguant vers la lune si nous ne sommes pas capables de franchir l'abîme qui nous sépare de nous-mêmes ? » demande Merton dans un passage mémorable. « C'est le plus important de tous les voyages de découverte, et sans lui, tous les autres sont non seulement inutiles, mais désastreux. »

Octobre 1964
Brian fait la connaissance de Dizz Gillespie, un jeune Américain d'une vingtaine d'années avec, selon les mots d'un de ses associés, « des cheveux noirs, des yeux malicieux et un nez retroussé et espiègle. » Gillespie souhaite devenir acteur ou chanteur, ou les deux. « Il y a quelque chose de spécial chez lui, dit Brian. Quelque chose que je ne peux pas nommer. »
Brian rembourse les dettes de Gillespie, lui donne une allocation provenant de son compte personnelle, l'engage au sein de sa boutique NEMS avec une provision de 50 livres par semaine et lui achète une nouvelle garde-robe. Les journaux annoncent qu'il est la dernière découverte de Brian.

15 septembre 1964
Les Beatles se produisent au Public Auditorium de Cleveland, dans l'Ohio. Leurs fans n'ont jamais été aussi fervents. Un cordon de police encercle l'hôtel Sheraton où ils séjournent. Un jeune garçon est découvert caché dans une caisse d'emballage, dans l'espoir d'être introduit clandestinement dans l'hôtel. Une jeune fille simule une syncope, dehors dans la rue, puis refuse de recevoir les premiers soins à moins qu'on ne l'emmène à l'intérieur.

Pendant le spectacle, le disc-jockey local Jim Staggs grimpe sur un échafaudage d'éclairage de 60 mètres, dans l'espoir d'avoir une meilleure vue. À mi-chemin, il regarde par-dessus son épaule, pour voir Brian Epstein grimper derrière lui. « Jim !, lui crie-t-il. Vous ne devriez pas être en train d'enregistrer le concert ? »

Larry Kane, qui couvre la tournée pour la station de radio WFUN de Miami, est impressionné par une telle ténacité : « Le fait qu'il se soit mis en danger pour faire l'ascension était la preuve positive que Brian Epstein ferait tout pour protéger le caractère sacré artistique - et la rentabilité - de ses Beatles. »

Juillet 1964
La Fédération britannique des fabricants de vêtements remet à Brian Epstein une plaque en argent, citant ses « normes exemplaires en matière de choix et de port de vêtements », et ajoutant que « son goût vestimentaire fait mouche aussi sûrement que son œil pour le talent. »

Brian privilégie les costumes sur mesure, les imperméables Burberry, les cravates à pois, les cravates en soie Christian Dior et les boutons de manchette en or. Son valet personnel veille à ce que tout soit impeccable. Cilla Black, une cliente de Brian, a vanté son élégance : « Il était immaculé de la tête aux pieds, comme Cary Grant... Il était tout ce à quoi vous vouliez qu'un homme chic ressemble. »

« Il avait toujours l'air de sortir du bain », raconte George Hayes, son tailleur de Liverpool. « Il était toujours poli et reconnaissant, mais aussi exigeant. »

17 mai 1964
Brian est interrogé par l'interviewer vedette de *l'Observer*, Kenneth Harris, qui lui demande combien de temps il pense que les Beatles vont continuer. « Indéfiniment, répond-il. Ils sont obligés de le faire. Il y a tellement de talent. Chacun d'entre eux est un homme remarquable. » Lorsqu'on lui demande ce qu'ils ont de plus que les autres, il répond : « Ils ont ce naturel étonnant, cette absence de contre-nature. En privé, ils sont intacts, sans affectation, sincères... – eux-mêmes tout le temps, et à tout le monde, peu importe. »

Brian parle de sa timidité, et de son mal être à l'école. Harris demande : « Les Beatles ont donc résolu votre problème ? »

Brian répond : « Oui, c'est une chose amusante, et je n'y avais jamais pensé de cette façon auparavant. Mais c'est tout à fait vrai. Tout chez les Beatles me convenait. Leur attitude face à la vie, l'attitude qui ressort de leur musique, de leur rythme et de leurs paroles, leur humour et leur façon personnelle de se comporter - tout cela correspondait exactement à ce que je voulais. Ils représentaient les relations humaines directes, inconscientes, bon enfant et désinhibées que je n'avais pas trouvées, que j'avais souhaitées et dont je me sentais privée. Mon propre sentiment d'infériorité s'est évaporé avec les Beatles parce que je savais que je pouvais les aider, et qu'ils voulaient que je les aide, et me faisaient confiance pour les aider. Ensuite, le succès qui en découle en termes sociaux et financiers était important. Cela n'avait pas beaucoup d'importance pour moi en soi, mais cela avait de l'importance pour les autres. Mes parents étaient impressionnés par le fait que j'avais fait preuve de bon jugement et d'initiative, et j'avais donc le sentiment de ne pas les avoir déçus. Ainsi, mes tensions et mes frustrations se sont envolées. J'ai encore beaucoup de problèmes. Mais ils ne me tirent plus vers le bas. »

14 janvier 1964
Les Beatles entament une série de dix-huit concerts à l'Olympia à Paris. Après l'un des concerts, Brian déclare : « Ils ne le savent pas, mais j'ai pleuré ce soir, vraiment. Ils ne l'ont jamais remarqué, mais j'ai pleuré. »

Décembre 1963
Les Beatles terminent l'année en tant que groupe pop le plus célèbre de Grande-Bretagne, avec trois tubes numéro 1 – « *From Me to You* », « *She Loves You* » et « *I Want to Hold Your Hand* ». Brian prépare maintenant soigneusement leur arrivée en Amérique, où ils sont encore inconnus.

Janvier 1963
Dans le sondage annuel des lecteurs du *NME*, les Beatles terminent à la 111e place ex-aequo. Ils partagent leur position avec Mike Berry[167], les Clyde Valley Stompers[168] et Norman Vaughan[169]. Dans la catégorie « petits groupes britanniques », ils glanent 743 voix par rapport aux 45 951 voix données aux Shadows. Ils finissent en huitième position, entre les Temperance Seven[170] à la septième place et Sounds Incorporated[171] au numéro 9.

7 juin 1962
Après avoir écouté leur disque de démonstration, George Martin d'EMI convoque les Beatles pour un enregistrement test, mais sans grand enthousiasme : pendant leur session, il s'éclipse pour prendre un thé et des biscuits à la cantine. Il ne voit aucune raison d'accorder une attention particulière à « quatre gugusses de Liverpool ». Une fois leur audition terminée, il reste sceptique, notamment en ce qui concerne les chansons qu'ils ont écrites eux-mêmes. Il est « tout à fait certain que leur capacité à écrire des chansons n'avait aucun avenir commercial. »
Mais en discutant avec eux ensuite dans un café, il est frappé par leur magie : leur vivacité d'esprit, leurs plaisanteries à l'emporte-pièce, leur énergie à toute épreuve.
Les quinze à vingt minutes suivantes ont été un pur divertissement. Quand ils sont partis, je suis resté assis en me disant : « Ouf ! "Qu'est-ce que je dois penser de ces types ?" J'avais des larmes qui coulaient sur mon visage. »
En gros, c'est sur la base de leur personnalité, plutôt que de leur musique, qu'il décide de proposer un contrat aux Beatles.

8 mai 1962
Brian s'est adressé à tant de maisons de disques qu'il est à court de démos. Il se rend donc au

---

167 Mike Berry (1942-), chanteur. Son single « Don't You Think it's Time » a été numéro 6 en janvier 1963. En 1981, il a joué le rôle de Bert Spooner dans la huitième saison de la série *Are You Being Served ?* et est resté dans la série jusqu'en 1985.
168 The Clyde Valley Stompers, groupe de jazz traditionnel, formé à Glasgow dans les années 1950. Avant que la Beatlemania n'éclate, il y avait la « Stompermania » - The Scotsman. Les Clyde Valley Stompers ont atteint la 25e place en août 1962 avec leur version jazzée de « Pierre et le Loup », mais n'ont pas connu de succès ultérieur dans les hit-parades.
169 Norman Vaughan (1923-2002), amuseur familial complet, acteur (*No Sex Please, We're British*) et animateur de jeux télévisés (*The Golden Shot*, 1972-1973).
170 The Temperance Seven, groupe de traditionnel jazz connu pour son humour loufoque. Leur tube de 1960 avec Peter Sellers, « Ukulele Lady », a été produit par George Martin. Leur chanson « You're Driving Me Crazy » a atteint la première place en 1961.
171 Sounds Incorporated, groupe instrumental. Ils ont signé chez NEMS de Brian Epstein en 1963, et ont atteint la 30e place des charts avec « The Spartans » en avril 1964, et la 35e avec « Spanish Harlem ». Ils ont eu plus de succès en Australie avec leur version de « The William Tell Overture », qui a atteint le numéro 2. Ils ont fait la première partie des Beatles au Shea Stadium en août 1965, et se sont séparés un an après les Beatles, en 1971.

magasin HMV d'Oxford Street avec une cassette des enregistrements Decca refusés par les Beatles, et paie 1 livre pour la transférer sur disque. Le spécialiste du disque, Jim Foy, lui dit que le groupe n'est « pas mal du tout » et lui demande s'ils ont un contrat. « Non, j'ai essayé partout et avec tout le monde », répond Brian.

Foy l'emmène à l'étage, et le présente à l'éditeur de musique d'EMI, Sid Coleman. Sid lui demande s'il a essayé EMI, et Brian répond que oui : « On m'a dit de ne pas y aller. » Sid lui demande s'il a vu George Martin.

« Qui c'est ? »

« Il dirige Parlophone. »

Brian estime qu'il a maintenant vraiment touché le fond : pour lui, Parlophone est un non-événement, une poubelle pour la comédie et le jazz.

Mai 1962 - décembre 1961
Brian continue à prendre des congés pour aller à Londres, voyageant de maison de disques en maison de disques avec la démo des Beatles.

Il ne veut pas que son père soit au courant de ces voyages. « Ne dis rien à papa », dit-il à son assistant Alistair Taylor chaque fois qu'il part. « S'il vient dans le magasin, ne lui dis pas où je suis allé. » En attendant qu'il revienne de chaque voyage, Paul et John s'assoient toujours dans le même café de la gare de Lime Street. Lorsque Brian s'avance vers eux, ils regardent son visage pour voir si c'est une bonne ou une mauvaise nouvelle. C'est toujours mauvais.

En faisant circuler la démo, Brian porte toujours une brève note explicative sur les Beatles. Elle se lit comme suit : « Ces quatre garçons, qui sont de superbes instrumentistes, produisent également des voix passionnantes et palpitantes. C'est un groupe aux talents exceptionnels et aux personnalités attrayantes. » Il dit à tous ceux qu'il rencontre que les Beatles seront plus grands qu'Elvis. Il continue à le dire même après avoir essuyé d'innombrables refus. Au fond, observe un ami, Brian se considère comme un homme du destin.

Four

Février 1962
Les fans de la Cavern sont frappés par le changement d'apparence et de comportement général des Beatles. Que s'est-il passé ? Une écolière de quinze ans, Shelagh Carney, n'en croit pas ses yeux lorsqu'elle les voit. « Jusqu'alors, ils avaient l'air si rude. Soudain, ils avaient l'air nettoyés à la vapeur, de leur peau et de leurs cheveux brillants à leurs ongles et jusqu'à leurs vêtements. » Personne ne peut comprendre comment Brian Epstein a réussi à leur imposer ces changements radicaux. « Je ne saurai jamais comment Epstein a pu persuader Lennon de porter un costume », déclare Rod Pont, un musicien local.

Three

1 février 1962

Pour un tarif de 18 livres, moins la commission de Brian de 10 pour cent, le nouveau groupe de Brian joue au Thistle Café à West Kirby, à dix miles de Liverpool. C'est la première date qu'il a organisée pour eux.

Le même jour, les Beatles signent un contrat avec Brian Epstein pour une période de cinq ans. Brian doit recevoir 10 pour cent des revenus du groupe jusqu'à 1 500 livres sterling par an chacun, ce pourcentage augmentant ensuite à 15 pour cent.

Two

29 janvier 1962

Brian rembourse la dette de 200 livres des Beatles, accumulée suite à des contrats de location-vente de guitares et d'amplificateurs. Il emmène les garçons chez Beno Dorn, son tailleur, qui les équipe de costumes élégants en mohair bleu foncé à revers étroits. Ils ne cessent d'insister sur le fait qu'ils veulent des pantalons plus étroits. Brian négocie avec Dorn une réduction de 28 à 23 guinées, en lui disant que les Beatles vont être grands et qu'il aura donc plus de commandes.

L'assistant de Brian, Alistair Taylor, est également de la partie : « Brian s'est lancé dans un travail de nettoyage total des quatre garçons. Les coupes de cheveux ont suivi les costumes, et de nouvelles garde-robes complètes de chemises, cravates, chaussures, tout a suivi. Brian leur a demandé en tête-à-tête s'ils avaient des objections à ses plans, et il n'y a même pas eu un murmure de dissidence. Tout comme Brian croyait aux Beatles, il était clair dès le départ que les Beatles croyaient en Brian. »

Brian insiste pour qu'ils se mettent en valeur. Il leur donne à chacun des directives fermes, tapées sur du papier de qualité supérieure : « Sur scène, il ne faut pas boire, pas fumer, pas mâcher de chewing-gum et surtout pas jurer. Le public n'est pas là pour vous parler, alors ne discutez pas avec les jolies filles lorsque vous êtes sur scène. Soyez ponctuel. S'il est prévu que vous arriviez à une certaine heure, veillez à arriver à l'heure prévue. N'oubliez pas que vous êtes des professionnels maintenant, avec une réputation à tenir. »

L'élément perturbateur du groupe, John Lennon, en sort impressionné. Plus tard, il se souvient que « Brian a mis toutes nos instructions sur papier et tout semblait réel. Nous étions dans un rêve éveillé jusqu'à ce qu'il arrive... Nous avons arrêté de mâcher des petits pains au fromage et des beignets à la confiture sur scène. »

One

9 novembre 1961
One.
      Two.
            Three.
                  Four.

Dans leurs costumes et cravates noirs soignés, Brian Epstein et son assistant personnel, Alistair Taylor, descendent les dix-huit marches raides du sous-sol moite de Mathew Street. Brian le trouve « aussi noir qu'une tombe profonde, humide et puante ». Il aurait aimé ne pas être là. Taylor et lui auraient préféré assister à un concert classique au Philharmonique, mais la curiosité a eu raison d'eux. Quatre jeunes musiciens entrent sur scène. Brian les reconnaît grâce au magasin de disques familial dont il est le gérant : ce sont ceux qui se prélassent dans les cabines, écoutent les derniers disques et discutent avec les filles, sans avoir la moindre intention d'acheter un disque.

Entre les chansons, les trois voyous à guitares commencent à crier et à jurer, tournant le dos au public et faisant semblant de se frapper. Taylor remarque que les yeux de Brian s'écarquillent d'étonnement. Taylor lui-même est en train de vivre l'une des expériences les plus choquantes de sa vie. - comme si quelqu'un vous cognait - et il est sûr que Brian ressent la même chose.

Après le spectacle, Taylor dit, « Ils sont tout simplement épouvantables. »

« Ils sont « affreux », convient Brian. Mais je pense aussi qu'ils sont fabuleux. Allons-y et disons bonjour. »

George est le premier des Beatles à repérer l'homme du magasin de disques qui s'approche.

« Bonjour, dit-il. Qu'est-ce qui amène M. Epstein ici ? »

Quelqu'un peut-il sérieusement croire que la musique des Beatles fera partie intégrante de la vie quotidienne dans le monde entier dans les années 2000 ?
Bryan Magee, philosophe et homme politique, article dans *The Listener*, février 1967

REMERCIEMENTS

Merci à : Stephen Bayley, Antony Beevor, Vicky Bippart, Eleanor Bron, Alistair Brown, Jack Chalmers, Cressida Connolly, Seraphina D'Arby, Cathy Drysdale et tous ceux de *Desert Island Discs*, Cecily Engle, Edel Eustace, Ian Hislop, David Jenkins, Mary Killen, Robert Lacey, Naomi Mantin, Charles Miller, Sheila Molnar, Omega Auctions, Nicholas Pearson, John Preston, Zoe Shine, Maxine Sibihwana, Bill Smith, Jack Smyth, Robin et Liz Summers, Hugo Vickers, Francis Wheen, Felix White et, surtout, ma femme, Frances Welch.

SOURCES

Beaucoup de bons livres ont été écrits sur les Beatles : en fait, le niveau général est bien plus élevé en termes de style et d'honnêteté que ceux traitant de mon dernier sujet, la famille royale. Pour un compte rendu microscopique de leurs premières vies, *The Beatles: All These Years - Tune In Special Extended Edition Volumes 1 et 2* de Mark Lewisohn est indispensable. Je me suis également appuyé sur *The Beatles* de Hunter Davies ; *Beatles '66 : The Revolutionary Year* de Steve Turner ; *The Beatles: The Biography* de Bob Spitz ; *Shout! The True Story of the Beatles* de Philip Norman ; *Can't Buy Me Love: The Beatles, Britain and America* par Jonathan Gould ; *The Beatles Anthology* par les Beatles ; *The Complete Beatles Chronicle* par Mark Lewisohn ; *The Complete Beatles Recording Sessions : The Official Story of the Abbey Road Years 1962-1970* par Mark Lewisohn ; *The Beatles Diary: An Intimate Day by Day History* par Barry Miles ; *Love Me Do: The Beatles' Progress* par Michael Braun ; *The Beatles Off the Record* par Keith Badman ; *The Beatles: Paperback Writer - Forty Years of Classic Writing* édité par Mike Evans ; *The Beatles in Their Own Words* compilé par Barry Miles ; *The Beatles: A Day in the Life* compilé par Tom Schultheiss ; *Ticket to Ride: Inside the Beatles 1964 and 1965 Tours that Changed the World* par Larry Kane ; *The Rough Guide to the Beatles* par Chris Ingham ; *The Beatles Encyclopaedia* par Bill Harry ; et le toujours passionnant *Revolution in the Head: The Beatles Records and the Sixties* par Ian MacDonald.

Deux ouvrages traitant d'aspects plus spécialisés des Beatles ont été particulièrement utiles : *You Never Give Me Your Money: The Battle for the Soul of the Beatles* de Peter Doggett, une enquête merveilleusement claire sur leurs finances compliquées ; et *Riding So High: The Beatles and Drugs* de Joe Goodden, une enquête tout aussi claire sur leur vie de drogués tout aussi compliquée. Parmi les autres ouvrages spécialisés, citons : *The Beatles and the Historians* par Erin Torkelson Weber ; *The Beatles on the Roof* par Tony Barrell ; *The Beatles Lyrics: The Unseen Story Behind Their Music* par Hunter Davies ; *The Walrus Was Ringo: 101 Beatles Myths Debunked* par Alan Clayson et Spencer Leigh ; *How the Beatles Rocked the Kremlin: The Untold Story of a Noisy Revolution* par Leslie Woodhead ; *The Beatles Are Here!* par Penelope Rowlands ; *The Beatles Sent to Coventry* par Pete Chambers ; *Dear Beatles* compilé par Bill Adler ; *Dreaming the Beatles* par Rob Sheffield ; *The Greatest Beatles Stories Ever Told* édité par Luis Miguel ; *Beatles Hamburg: A Tour Guide to Beatles Sites in Hamburg* par Mark A. Schneegurt ; *The Beatles in India* par Paul Saltzman ; *The Beatles' Gear: All the Fab Four's Instruments, from Stage to Studio* par Andy Babiuk ; *A Day in the Life of the Beatles* par Don

McCullin ; *Get Back: The Unauthorized Chronicle of the Beatles' Let It Be Disaster* par Doug Sulpy et Ray Schweighardt ; *John, Paul & Me Before the Beatles: The True Story of the Very Early Days* par Len Garry ; *The Quarrymen* par Hunter Davies ; *The Beatles in Hamburg* par Ian Inglis ; *The Beatles' Liverpool* par Ron Jones ; *Plastic Macca: The Secret Death and Replacement of Beatle Paul McCartney* par Tina Foster ; et *Beatlemania! The Real Story of the Beatles' UK Tours 1963-1965* par Martin Creasy. De nombreux livres par et sur les membres individuels des Beatles ont été très utiles, notamment *Paul McCartney: The Biography* de Philip Norman ; *Paul McCartney: Many Years from Now* de Barry Miles ; *Paul McCartney* d'Alan Clayson ; *Conversations With McCartney* de Paul du Noyer ; *Sixties: Portrait of an Era* par Linda McCartney ; *George Harrison* par Alan Clayson ; *I Me Mine* par George Harrison ; *Ringo Starr* par Alan Clayson ; *Lennon et McCartney* par Malcolm Doney ; *Being John Lennon: A Restless Life* par Ray Connolly ; *John Lennon: The Life* par Philip Norman ; *John Lennon* par Alan Clayson ; *John Lennon in His Own Words* compilé par Barry Miles ; *The Lives of John Lennon* par Albert Goldman ; *John Lennon: One Day at a Time* par Anthony Fawcett ; *Memories of John Lennon* introduit et édité par Yoko Ono ; *The Penguin John Lennon* ; et *The John Lennon Letters* édité et avec une introduction par Hunter Davies.

Parmi les ouvrages écrits par des membres de la famille, citons les deux biographies intéressantes, quoique parfois contradictoires, de John par Cynthia Lennon : *A Twist of Lennon* (1978) et *John* (2005) ; *Imagine This: Growing Up With My Brother John Lennon* par Julia Baird ; *Thank U Very Much: Mike McCartney's Family Album*; *George Harrison: Living in the Material World* par Olivia Harrison ; *Wonderful Today* par Pattie Boyd avec Penny Junor ; et *Daddy Come Home : The True Story of John Lennon and his Father* par Pauline Lennon.

Pratiquement tous ceux qui ont travaillé pour les Beatles, à quelque titre que ce soit, semblent avoir pris la plume, ou avoir demandé à d'autres de le faire en leur nom. Nombre de ces livres regorgent de morceaux fascinants, parmi lesquels mon préféré, *The Beatles, Lennon and Me* de Pete Shotton et Nicholas Schaffner ; mais aussi *As Time Goes By* de Derek Taylor ; *The Love You Make: An Insider's Story of the Beatles* de Peter Brown et Steven Gaines ; *All You Need is Ears* de George Martin avec Jeremy Hornsby ; *Magical Mystery Tours: My Life With the Beatles* par Tony Bramwell avec Rosemary Kingsland ; *With the Beatles* par Alistair Taylor ; *The Man Who Gave the Beatles Away* par Alan Williams et William Marshall ; *The Cutting Edge: The Story of the Beatles' Hairdresser Who Defined an Era* par Leslie Cavendish ; *The Longest Cocktail Party* par Richard DiLello ; *Here, There and Everywhere: My Life Recording the Music of the Beatles* par Geoff Emerick et Howard Massey ; et *John Paul George Ringo and Me* par Tony Barrow. Des mentions particulières doivent être faites de *Beatle! The Pete Best Story* de Pete Best et Patrick Doncaster, ainsi que la biographie du malheureux Jimmie Nicol, *The Beatle Who Vanished* de Jim Berkenstadt.
J'ai particulièrement apprécié deux belles biographies de l'homme troublé, énigmatique qu'est Brian Epstein : *In My Life: The Brian Epstein Story* par Debbie Geller, édité par Anthony Wall ; et *Brian Epstein: The Man Who Made the Beatles* par Ray Coleman.
Une partie du plaisir d'écrire un livre sur les Beatles réside dans le nombre extraordinaire de personnages hauts en couleur qui les ont entourés. Parmi les biographies et mémoires de ces personnages, citons : *Tearing Down the Wall of Sound: The Rise and Fall of Phil Spector* par Mick Brown ; *Miss O'Dell* par Chris O'Dell avec Katherine Ketcham ; *I'm With the Band* par Pamela Des Barres ; *Walking Back to Happiness* par Helen Shapiro ; *I Read the News Today, Oh Boy* par Paul Howard ;

Groovy Bob: The Life and Times of Robert Fraser par Harriet Vyner ; *Allen Klein* par Fred Goodman ; *The Day Elvis Met Nixon* par Egil 'Bud' Krogh ; *Victor Spinetti Up Front* par Victor Spinetti ; *King of Clubs* par Peter Stringfellow ; *Freddie Starr Unwrapped* par Freddie Starr ; *Christine Keeler: The Truth at Last* par Christine Keeler et Douglas Thompson ; *Me* par Elton John ; *The Hurdy Gurdy Man* par Donovan ; *Be My Baby: How I Survived Mascara, Miniskirts and Madness* par Ronnie Spector avec Vince Waldron ; *King of the World: Muhammad Ali and the Rise of an American Hero* par David Remnick ; *Can You Tell What it is Yet? My Autobiography* par Rolf Harris ; *I Am Brian Wilson: A Memoir* par Brian Wilson avec Ben Greenman ; *Catch a Wave: The Rise, Fall and Redemption of the Beach Boys* par Brian Wilson ; *An Affectionate Punch* par Justin de Villeneuve ; *House of Nutter: The Rebel Tailor of Savile Row* par Lance Richardson ; *East End, West End: An Autobiography* par Bernard Delfont ; *Faithfull* par Marianne Faithfull ; *Memories, Dreams and Reflections* par Marianne Faithfull ; *What's it All About?* par Cilla Black ; *Eric Clapton: The Autobiography* par Eric Clapton avec Christopher Simon Sykes ; *Don't Let Me Be Misunderstood* par Eric Burdon avec J. Marshall Craig ; *Careless Love: The Unmaking of Elvis Presley* par Peter Guralnick ; *Elvis Meets the Beatles* par Chris Hutchins et Peter Thompson ; *Sinatra: The Life* par Anthony Summers et Robbyn Swan ; *Frank: The Making of a Legend* par James Kaplan ; *My Father's Daughter: A Memoir* par Tina Sinatra et Jeff Coplon ; *Parcel Arrived Safely: Tied With String* par Michael Crawford ; *Tom Jones: A Biography* par Stafford Hildren et David Gritten ; *Redeeming Features: A Memoir* par Nicholas Haslam ; *Long Drawn Out Trip: A Memoir* par Gerald Scarfe ; *Wild Tales* par Graham Nash ; *Losing My Virginity* par Richard Branson ; *The Harder Path* par John Birt ; *Grapefruit* par Yoko Ono ; *Chronicles: Volume One* par Bob Dylan ; *Mick and Keith* par Chris Salewicz ; *The Stones* par Philip Norman ; *Life* par Keith Richards ; *Stoned* par Andrew Loog Oldham ; *Brian Jones* par Laura Jackson ; *Sympathy for the Devil* par Paul Trynka ; *Up Against It: A Screenplay for the Beatles* par Joe Orton ; *The Orton Diaries* édité par John Lahr ; et *Prick Up Your Ears: The Biography of Joe Orton* par John Lahr. Relire, et re-relire, *The Pillowbook of Eleanor Bron* a été un plaisir particulier.

Parmi les autres ouvrages dont je me suis inspiré, citons : *Wondrous Strange: The Life and Art of Glenn Gould* de Kevin Bazzana ; *The Odd Thing About the Colonel and Other Pieces* de Colin Welch ; *The Virgin's Baby: The Battle of the Ampthill Succession* par Bevis Hillier ; *A King's Story* par le Duc de Windsor ; *The Mountbattens: Their Lives and Loves* par Andrew Lownie ; *Shirley Temple: American Princess* par Anne Edwards ; *R.V.W.: A Biography of Ralph Vaughan Williams* par Ursula Vaughan Williams ; *Born to Run* par Bruce Springsteen ; *Unfaithful Music and Disappearing Ink* par Elvis Costello ; *This Boy* par Alan Johnson ; *My Life, Our Times* par Gordon Brown ; *Let Me Take You Down: Inside the Mind of Mark David Chapman* par Jack Jones ; *Manson: The Life and Times of Charles Manson* par Jeff Guinn ; *My Life With Charles Manson* par Paul Watkins ; *It Could Have Been Yours* par Jolyon Fenwick et Marcus Husselby ; *The People's Music* par Ian MacDonald ; *Uncommon People: The Rise and Fall of the Rock Stars* par David Hepworth ; *Revolt Into Style: The Pop Arts in Britain* par George Melly ; *The People's Songs: The Story of Modern Britain in Fifty Songs* par Stuart Maconie ; *Stardust Memories: Talking About My Generation* par Ray Connolly ; *Hunting People: Thirty Years of Interviews With the Famous* par Hunter Davies ; et *Who the Hell...?* par le remarquable Tom Hibbert. Le premier livre que j'ai lu sur la pop reste l'un des meilleurs, même si son auteur n'est pas un fan inconditionnel des Beatles : *Awopbopaloobop Alopbamboom: Pop from the Beginning* par Nik Cohn.

Les journaux intimes et les lettres sont toujours mes sources préférées. J'ai beaucoup apprécié le pillage : Parmi les livres que j'ai dévalisés pour trouver des informations intrigantes sur d'autres mouvements, personnalités et événements des années 1960, on peut citer : *Modernity Britain: Opening the Box, 1957-59* par David Kynaston ; *Modernity Britain: A Shake of the Dice, 1959-62* par David Kynaston ; *The People: The Rise and Fall of the Working Class 1910-2010* par Selina Todd ; *Never Had it So Good: A History of Britain from Suez to the Beatles* par Dominic Sandbrook ; *White Heat: A History of Britain in the Swinging Sixties* par Dominic Sandbrook ; *The Great British Dream Factory: The Strange History of Our National Imagination* par Dominic Sandbrook ; *The Sixties* par Francis Wheen ; *1966 : The Year the Decade Exploded par Jon Savage* ; *1963 : Five Hundred Days* par John Lawton ; *Our Times: The Age of Elizabeth II* par A.N. Wilson ; *The Bad Trip: Dark Omens, New Worlds and the End of the Sixties* de James Riley ; *The Neophiliacs* de Christopher Booker ; et *The White Album* de Joan Didion. Pour le chapitre comparant les messages de Noël des Beatles et de la reine, *Voices Out of the Ai : The Royal Christmas Broadcasts 1932-1981* a été d'une aide précieuse. Parmi les ouvrages aléatoires mentionnés dans *One Two Three Four*, citons : *Through the Looking-Glass* de Lewis Carroll ; *Aspects d'Alice: Lewis Carroll's Dreamchild as Seen Through the Critics' Looking-Glasses* édité par Robert Phillips ; *The Lore and Language of Schoolchildren* de Iona et Peter Opie ; les livres *Just William* de Richmal Crompton ; *She* de H. Rider Haggard ; *A Word Child* d'Iris Murdoch ; *Iris Murdoch as I Knew Her* d'A. N. Wilson ; et *1066 and All That* par W.C. Sellar et R.J. Yeatman ; *The Goon Show Scripts* par Spike Milligan ; *Enderby Outside* par Anthony Burgess ; *20th Century Words* par John Ayto ; *Dylan's Visions of Sin* par Christopher Ricks ; et le charmant *A Complete Book of Aunts* par Rupert Christiansen.

Le monde de la musique pop continue d'amasser une bibliothèque d'ouvrages de référence qui semble désormais dépasser celle des ouvrages sur la religion ou la politique. J'ai passé de nombreuses heures agréables à consulter : *The Guinness Book of British Hit Singles* ; *The Sound and the Fur : Forty Years of Classic Rock Journalism* édité par Barney Hoskyns ; *The Rolling Stone Encyclopaedia of Rock & Roll* édité par Jon Pareles et Patricia Romanowski ; *The Rolling Stone Interviews 1967-1980* ; *The Book of Rock Lists* par Dave Marsh et Kevin Stein ; *Time Out Interviews, 1968-1998* édité par Frank Boughton ; *Teenage Idols* par Frank Clews ; *The Faber Companion to Twentieth-Century Music* par Phil Hardy et Dave Laing ; *Whatever Happened to...?* par Bill Harry ; *The Faber Book of Pop* édité par Hanif Kureishi et Jon Savage ; et *The Best of Rolling Stone* édité par Robert Love.
Les ouvrages de référence en ligne sont tout aussi précieux, peut-être même plus, car ils sont tellement à jour. billboard.com offre une vue omnisciente des hit-parades américains ; rocksbackpages.com donne accès aux meilleurs journaux musicaux ; et The Beatles Bible me semble être la meilleure source d'informations sur tous les aspects des Beatles : souvent, après m'être félicité d'avoir découvert un fait particulièrement obscur, j'ai découvert avec irritation qu'il se trouvait dans The Beatles Bible depuis le début. Mon livre a également bénéficié de recherches dans les archives du *New York Times*, du *Los Angeles Times*, du *New Yorker*, du *British Medical Journal*, de la Margaret Thatcher Foundation, de *The Listener*, de *Private Eye*, de *Desert Island Discs*, des nécrologies du *Daily Telegraph*, du *Daily Mirror*, du *Liverpool Echo*, du *Saturday Evening Post*, du *National Review*, du *Seattle Times*, de *GQ*, de *Life*, du *New Statesman*, de britishnewspaperarchive.co.uk ; rollingstone.com ; Omega Auctions ; *Queen* ; *Independent* obituaries ; thisamericanlife.org ; et beatlesinterviews.org. J'ai passé plusieurs centaines d'heures sur YouTube, à regarder de vieilles interviews, des vidéos, des conférences de presse, des séquences d'actualité et des documentaires, tels que *24 Hours: The World of John and Yoko* de la BBC, et *A Boy Called Donovan*. Mon chapitre sur le concert sur le toit a été grandement aidé par un documentaire de BBC Radio 4, *The Beatles' Final Concert*. Enfin,

un mot de remerciement à pratiquement tous ceux à qui j'ai parlé au cours des deux dernières années : rare est la personne qui n'a pas un Beatle préféré, ou un album préféré des Beatles, ou une anecdote sur la rencontre avec un Beatle ou un autre, ou des opinions fortes sur le Maharishi, ou les Rolling Stones, ou les années soixante en général.